DROIT CONGOLAIS DES DROITS DE L'HOMME

Collection « Bibliothèque de droit africain »

Dirigée par Evariste BOSHAB et MATADI NENGA GAMANDA.

Titre paru

1. NGONDANKOY NKOY-EA-LOONGYA, *Droit congolais des droits de l'homme*, 2004.

NGONDANKOY NKOY-ea-LOONGYA

DROIT CONGOLAIS DES DROITS DE L'HOMME

BIBLIOTHÈQUE DE DROIT AFRICAIN 1

ACADEMIA

A B

BRUYLANT

D/2004/4910/27 ISBN 2-87209-760-0

Grand'Place, 29
B-1348 LOUVAIN-LA-NEUVE

Imprimé en Belgique.

À tous les NGONDANKOY,
particulièrement à
Priscille, mon fils
Prescillia, ma fille
et Alda, mon épouse.

À Anne, ma mère.

À Luc-Nicolas, mon défunt-père.

PRÉFACE

POUR UNE MEILLEURE PROMOTION ET PROTECTION DES DROITS DE L'HOMME EN RÉPUBLIQUE DÉMOCRATIQUE DU CONGO

C'est dans un style autant étendu dans sa brièveté qu'évocateur et ambitieux que M. Ngondankoy Nkoy-ea-Loongya, en chemin vers sa thèse, juriste et auteur prometteur, se propose dans le présent ouvrage de nous en dégager les sources, d'examiner les droits et libertés garantis et, enfin, de réfléchir sur les mesures de sauvegarde des droits de l'homme, en termes de promotion et de protection. L'ouvrage est, en lui-même, une gageure, un défi que l'auteur se lance, tant les écrits proprement ou purement juridiques sur la matière sont rarissimes ou sectoriels. En réalité, il n'en existe pas à l'heure actuelle. D'où le caractère à la fois osé et pionnier de l'œuvre de ce Diplômé d'études spécialisées en Droits de l'homme.

Avec un style clair, limpide, didactique et pédagogique, parfois humoristique et « provocateur », avec une bonne systématisation de la matière, rencontrant ainsi les principales questions nécessaires dans l'étude d'un Droit « sérieux » des droits de l'homme[1]*, M. Ngondankoy Nkoy-ea-Loongya, que j'ai eu la chance d'avoir comme étudiant en dernière année de licence à l'Université de Kinshasa, nous présente, tour à tour, dans les sources du* Droit congolais des droits de l'homme, *et de façon heureuse, ce qu'il appelle « l'héritage ancien ou le passé congolais des droits de l'homme » ainsi que les sources juridiques proprement dites, constituées des sources d'origine nationale et des sources d'origine internationale.*

Concernant « le passé congolais des droits de l'homme », il s'agit, selon l'auteur, des antécédents historiques, politiques, philosophiques et/ou religieux qui, au Congo, ont contribué à l'édification de ce Droit particulier et sont susceptibles d'insérer le Congo dans le giron des nations dites « des droits de l'homme ».

Cependant, on peut regretter que, dans cet effort d'interrogation du passé, l'auteur n'ait pas jugé bon – peut-être le moment n'était pas encore venu – d'interroger et d'ausculter d'autres éventuels antécédents qui seraient logés par exemple dans toutes nos coutumes traditionnelles.

Certes, c'est avec bonheur que M. Ngondankoy effleure, dans ce vaste océan des mœurs et des coutumes, quelques-uns de nos proverbes et devinettes (…) qui, en guise de sources de Droit, contiennent des idées, des principes essentiels faisant du Droit des droits de l'homme *une discipline scientifique parfaitement accessible. Mais, la coutume, en tant que telle, n'est pas évoquée par l'auteur comme une source autonome de ce Droit.*

Cela est relativement regrettable dans un contexte où la Constitution – que l'auteur place à juste titre au premier rang de toutes les sources juridiques – la reconnaît comme une des sources du Droit applicable au Congo dans toute œuvre juridictionnelle[2]*. Dès lors, il aurait fallu lui reconnaître également sa place dans le* Droit des droits de l'homme.

Au moment où les philosophes africains, particulièrement ceux de l'Afrique australe, nous font découvrir toute la richesse du concept de l'« Ubuntu » ou de la « quintessence humaine universelle » (avec ses droits inhérents et inaliénables), cet effort heuristique de l'auteur, consistant à ausculter le passé historique de notre Droit des droits de l'homme, *mérite, en tout état de cause, d'être salué.*

C'est dans ce cadre qu'il paraît ravissant de constater de l'auteur un effort appréciable dans le rappel, même à titre évocatif, des figures africaines ou africanistes comme celle du Révérend Père Placide Tempels ou du philosophe rwandais Alexis Kagame, lesquels nous ont écrit « leurs » philosophies bantu. C'est une façon d'exhumer, à travers cette philosophie, quelques-unes des valeurs humaines africaines longtemps enfouies dans les subconsciences et qui sont susceptibles de fonder aujourd'hui – pourquoi pas – le Droit africain des droits de l'homme *ou le* Droit africain *tout court.*

Sur cette base et en référence à notre passé juridique, nous continuons, en ce qui nous concerne, à proclamer notre « profession de foi » dans nos coutumes traditionnelles africaines, lesquelles ne sont toutes ni ravalisantes, ni dégradantes, encore moins avilissantes, comme on a tendance souvent à les caricaturer. Les coutumes traditionnelles africaines ne sont pas, en effet, toutes, nocives aux droits de l'homme. Elles ne l'étaient pas à l'époque de nos ancêtres, elles ne le sont pas à notre époque, elles ne le seront pas à l'époque de notre progéniture : ni à l'endroit de la femme, ni, a fortiori, à l'endroit de l'homme, son « partenaire ».

Des chercheurs en Droit international humanitaire *(comme Djena Wembou, Fatsah Ougergouz et d'autres) nous ont montré l'exemple de ce que nos coutumes traditionnelles, contrairement aux idées reçues, promeuvent et mettent en valeur, de façon harmonieuse avec note propre conception de la vie, la dignité humaine. Il ne faut donc pas aller jeter cette source importante de nos droits et de notre Droit en général dans les oubliettes.*

Dans les sources juridiques d'origine nationale, après avoir, en bon constitutionnaliste, resitué la place éminente de la Constitution dans le Droit congolais des droits de l'homme, *M. Ngondankoy évoque avec bonheur la* Charte congolaise des droits de l'homme et du peuple, *une source de rang « législatif », à laquelle il se réfère constamment dans la deuxième partie de son ouvrage.*

L'auteur, qui a eu l'occasion de participer en qualité d'expert aux travaux de la Conférence Nationale sur les Droits de l'Homme (C.N.D.H., juin 2001) et dont la contribution a été plus que significative[3], *relève avec bonheur l'apport fondamental de cette Charte dans le développement du* Droit congolais des droits de l'homme.

À défaut d'avoir reçu la sanction de la juridicité positive, cette Charte n'en est pas moins un document à forte valeur symbolique digne de mention. Sa portée politique et éthique et, surtout, sa vision « radicale » des droits de l'homme, allant jusqu'à proclamer que les droits de l'homme « ne sont pas et ne peuvent pas être une faveur pour le peuple et le citoyen congolais » (art. 1), lui donnent évidemment un poids politique certain qui ne manquera pas d'inciter les pouvoirs publics à lui conférer le dernier titre de juridicité qui lui manque.

Il est même arrivé que des citoyens, prévenus ou détenus dans les prisons du pays, fassent recours à cette Charte (alors même qu'elle n'était pas encore promulguée par le Chef de l'État), tant pour défendre leurs droits que pour les promouvoir. Nous même, en tant que Ministre des Droits Humains en fonction à cette époque, nous avons, au-delà des encouragements et autres félicitations, reçu plusieurs témoignages que les recommandations de la Conférence Nationale sur les Droits de l'Homme (C.N.D.H.) ont inspiré beaucoup de collègues Ministres de l'époque, dont celui du Travail et de la Prévoyance Sociale, celui des Affaires Sociales, celui de la Jeunesse et des Sports (…) dans la conduite de leurs réformes respectives. Nous avons également reçu des demandes émanant de bon nombre de pays africains en rapport avec les recommandations de cet important Forum national et sa Charte.

Pour tout dire, la Charte congolaise des droits de l'homme et du peuple, *comme la C.N.D.H., auront de beaucoup contribué à la diffusion, ces dernières années, de la* culture des droits de l'homme *dans la communauté nationale. En tant que telle donc, la Charte, produit des délibérations de plus de 400 représentants de toutes les provinces du pays (choisies dans le cadre des « conférences provinciales » qui ont précédé les assises nationales), constitue une source de référence indéniable, ne serait-ce que sur le plan politique et éthique.*

Certes, au sommet de l'État, quelques questions auront gêné sa promulgation juridique. Il en est ainsi par exemple de la question de l'abolition totale de la peine de mort, question qui, au-delà du Chef de l'État ou de toute autre structure représentative, demande « l'avis de tout citoyen ». Il en est également ainsi de ce reproche encouru sur le « peu d'avancées dans les droits catégoriels »… Ces critiques sont peut-être fondées. Mais, en toute honnêteté scientifique, la Charte congolaise des droits de l'homme et du peuple *aura été un document plus que « catalyseur » de l'action publique en faveur des droits de l'homme au cours de ces dernières années.*

Et c'est avec raison que M. Ngondankoy relève si judicieusement l'ombre de sa présence lors de l'élaboration notamment de la Constitution *de la transition du 4 avril 2003 et de la signature de l'*Accord global et inclusif *du 17 décembre 2002.*

Concernant la question des rapports entre les sources internes et les sources internationales du Droit des droits de l'homme, l'auteur relève avec justesse la controverse qui a toujours existé entre juristes « internationalistes » et « internistes » au sujet de l'autorité hiérarchique des deux ordres juridiques. Nous laissons, quant à nous, aux constitutionnalistes leur point de vue pour préférer insister sur le fait qu'il est heureux de savoir de Monsieur Ngondankoy que tant le Droit international que le Droit national des droits de l'homme se rencontrent, tous les deux, dans l'idée même de la « centralité de l'homme » ; et que, si techniquement, la Constitution d'un pays est la source première du Droit, il est heureux d'apprendre de l'auteur lui-même que, au nom de ce principe de la « centralité de l'homme », certaines sources nationales des droits de l'Homme jugées « liberticides » (y compris la Constitution elle-même) peuvent céder le pas aux sources internationales plus « généreuses », et vice-versa ; pourvu que la juridicité au plan interne de cette dernière catégorie ne soit plus source de discorde.

Le fait pour M. Ngondankoy de se livrer ensuite, dans les « droits et libertés garantis » (deuxième partie de son ouvrage), à un examen sélectif mais approfondi des principaux droits qui, dans les différentes branches du Droit congolais, sont reconnus ou « aménagés » en faveur des hommes et du peuple, témoigne d'une large culture du Droit chez l'auteur. Cela est même méthodologiquement original, dans la mesure où, le savoir juridique étant un, il importe de ne pas continuer, ici comme ailleurs, à cloisonner les différentes branches du Droit.

Dans le cadre de cette deuxième partie de son ouvrage, interrogeant tour à tour le Droit constitutionnel, le Droit international, le Droit pénal, le Droit civil, le Droit commercial, le Droit du travail, voire même certains Droits particuliers de son pays (Droit électoral, Droit de la sécurité sociale, Droit de la fonction publique...), l'auteur fait apparaître avec bonheur le caractère de « discipline carrefour » du Droit des droits de l'homme. Il invite, par ricochet, tous les différents spécialistes du savoir juridique à faire « attention », chacun dans son domaine de spécialisation, aux droits et libertés revenant aux hommes, aux femmes, aux citoyens, au peuple, etc.

Dans ce cadre toujours, la systématisation bien pensée de la théorie des restrictions aux droits de l'homme ainsi que la mise en exergue de la théorie des dérogations aux mêmes droits constitue un des apports fondamentaux de l'auteur dans la construction du Droit congolais spécifique des droits de l'homme.

Formé à l'école des droits de l'homme de l'Occident, M. Ngondankoy pouvait-il, ici, ignorer l'apport que, dans ce contexte, la jurisprudence (surtout celle de la Cour européenne des droits de l'homme) et la doctrine occidentale (F. Sudre, G. Braibant, L.E. Pettiti, E. Decaux, F. Tulkens, O. De Schutter,

M. Verdussen, J. Velu, R. Ergec et d'autres) ont donné au développement des droits de l'homme en Occident !

C'est à juste titre qu'il est important de rappeler aux Congolais que le principe c'est la liberté, mais que la détention, ici ou ailleurs, ne peut constituer que l'exception ; une exception du reste qui, sous la bannière de la « théorie des restrictions et/ou des dérogations » est enfermée, elle-même, dans une série de « conditions de licéité » commandant sa juridicité et son admissibilité.

M. Ngondankoy nous le rappelle avec perspicacité et ténacité.

Pour qu'une restriction aux droits de l'homme soit licite et admissible, affirme-t-il, il faut qu'elle remplisse notamment une « condition de légalité » (avoir été prévue par la loi), une « condition de nécessité » (que la restriction décidée soit nécessaire, dans une société démocratique, à la réalisation des buts ou des intérêts supérieurs que la loi détermine), une « condition de proportionnalité » (que les moyens utilisés pour atteindre ces buts soient proportionnels aux buts eux-mêmes ainsi qu'à la gravité de la décision de restriction), et que, par-dessus tout, la décision de restriction préserve la « substance » même du droit protégé. En somme, on le voit, c'est le retour ici au principe même du respect inviolable de la liberté !

Cette contribution de l'auteur dans la future pratique congolaise des droits de l'homme est plus que capitale.

Dans la théorie des dérogations, la liste des « droits intangibles » que l'auteur nous propose, est non seulement large et juridiquement fondée, mais on ne peut plus « généreuse » ; preuve que le Droit congolais des droits de l'homme *est, en la matière, plus progressiste qu'une certaine pratique liberticide est en défaut de le remettre en cause.*

L'analyse particulière de chacun des droits ou de chacune des libertés choisi(e) par l'auteur est encore éclairante. Faisant montre, en effet, d'une connaissance « encyclopédique » étonnante, l'auteur essaie, tour à tour, de resituer juridiquement et historiquement chacun des droits ou chacune des libertés abordé(e) et d'en donner la quintessence, avant d'en étudier quelques « questions » majeures qui se posent (bénéficiaires, contenu ou « composantes », restrictions éventuellement admises, améliorations possibles à apporter...).

C'est surtout la question de la « justiciabilité » des droits de l'homme qui, dans l'ouvrage de M. Ngondankoy, est constitutive ici d'un autre apport scientifique particulièrement notable. Qu'il s'agisse du droit à la vie, du droit à la liberté, du droit à la sûreté, du droit à la propriété ou des autres droits « dérivés »... ou qu'il s'agisse du droit au travail, du droit à la santé, du droit à l'éducation ou même du droit au développement, M. Ngondankoy considère que toute cette liste des droits doit pouvoir être contrôlé juridiquement de manière à leur enlever le caractère « théorique » tiré de leur simple affirmation.

La problématique de la justiciabilité des droits de l'homme le conduit ainsi, dans la troisième et dernière partie de son ouvrage (consacrée aux « garanties des droits et libertés ») à préférer, dans la nébuleuse des mécanismes existant au Congo ou ailleurs, les mécanismes dits de « protection » des droits de l'homme. En effet, l'auteur distingue, tour à tour, les mécanismes dits de protection des mécanismes dits de promotion, les mécanismes universels et régionaux des mécanismes dits nationaux, etc.

Évoquant avec justesse et mémoire le « processus d'institutionnalisation des droits de l'homme au Congo », l'auteur rappelle les différents mécanismes de promotion, de défense et de protection des droits de l'homme qui ont eu ou ont encore cours au Congo, depuis la naissance du « mouvement des ONG » jusqu'à la mise en place du tout récent Observatoire National des Droits de l'Homme, en passant par la critique des « Cours et Tribunaux classiques », la mise en place du Département des Droits et Libertés du Citoyen, l'avènement du Ministère des Droits Humains et la proposition de la « Commission Congolaise des Droits de l'Homme et du Peuple », etc.

L'auteur fait ici un choix arbitrairement compréhensible : pour lui en effet, seuls les mécanismes dits de « protection » des droits de l'homme, dans la mesure où ils sont revêtus d'un caractère juridictionnel et ont un statut indépendant des autres pouvoirs publics, sont les seuls « efficaces » possibles.

À l'intérieur de ceux-ci, l'auteur nous livre, au final, ce qui constitue, en fait, l'essentiel de son apport et, en même temps, le leitmotiv de son livre. Pour l'auteur du Droit congolais des droits de l'homme *en effet, il faut l'instauration, au Congo, d'un* Ordre juridictionnel spécial des droits de l'homme, *bâti sous le modèle de l'Ordre juridictionnel « judiciaire classique » certes, mais différent de celui-ci tant par le contenu de sa mission, la philosophie de base de ses acteurs, que par le profil scientifique et public des « magistrats des droits de l'homme ».*

La mission du tout nouvel Ordre juridictionnel des droits de l'homme serait, selon l'auteur, de « mieux protéger » ceux-ci par un type de compétences qui accorderaient aux « cours et tribunaux des droits de l'homme » le pouvoir de contrôler l'application de ceux-ci, au-delà de l'intervention même tant des administrations publiques que des cours et tribunaux classiques.

Pour l'auteur de cette proposition, en effet, les cours et tribunaux « classiques » sont « inefficaces et inefficients » dans la « protection optimale » des droits de l'homme, ne serait-ce que parce que leur mission de « dire le droit » les conduit souvent à violer les droits, à cause du caractère parfois « liberticide » des lois ou des coutumes que le magistrat « classique » serait appelé, dans son œuvre, à appliquer.

De même, par le biais de la violation du « droit à un procès équitable » (procès tenus en dehors des « délais raisonnables », avec un déséquilibre structurel des pouvoirs entre l'Accusation et l'Accusé, le développement des « huit clos » dans le prononcé des jugements, et aussi l'absence ou l'insuffisance de motivation de ceux-ci...), les cours et tribunaux se positionneraient, selon l'auteur, comme des violateurs patentés des droits de l'homme, là où il aurait été plutôt préférable qu'ils apparaissent comme les premiers « remparts » desdits droits.

Quant aux règles applicables dans le déploiement de la « justice des droits de l'homme », elles seraient constituées de l'ensemble des lois qui, actuellement, reconnaissent, organisent ou aménagent les droits de l'homme au Congo. En somme, elles seraient constituées du « bloc » des sources qui ont été précédemment rappelées.

Enfin, selon l'auteur du Droit congolais des droits de l'homme, *la justice des droits de l'homme devrait être l'œuvre des magistrats, en quelque sorte, « formés à l'école du Droit et du Droit des droits de l'homme », c'est-à-dire ceux qui, en plus de leurs connaissances éprouvées du Droit classique, seraient également dotés d'un « sentiment d'humanité » qui ferait une richesse supplémentaire des membres de la « Communauté des droits de l'homme ».*

Sur ce plan, il est indéniable que l'ouvrage de M. Ngondankoy, dans le contexte d'un pays qui souffre de la faiblesse de son pouvoir judiciaire, constitue un apport fondamental et original. Mais, à la noblesse de l'idée a-t-on prévu les moyens de sa concrétisation ? !

Quant à la nature ou à la portée juridique du Ministère des Droits Humains (que l'auteur aborde dans son ouvrage), ce que nous pouvons dire est simplement que, le caractère politique du Droit constitutionnel fait et a fait, au Congo, qu'un certain nombre de ministères non classiques ou nouveaux, à l'instar de celui que nous avons eu l'insigne honneur de diriger, n'ont souvent été créés qu'avec la publication des actes de nominations de leurs titulaires, répondant ainsi d'abord aux impératifs plus politiques que juridiques.

Dans ce contexte, il est incontestable que le Ministère des Droits Humains a d'abord, pendant un certain long moment, fonctionné sur base simplement de l'arrêté de nomination de son titulaire, encore que certaines « attributions et compétences » de son devancier – le Département des Droits et Libertés du Citoyen – ont été, au nom du principe de la continuité de l'État, judicieusement et sélectivement utilisées.

Le seul problème qui se pose et qui s'est posé – et il n'est pas des moindres – est plutôt celui de ses attributions et compétences propres, ainsi que celui de son organisation administrative.

Quant à sa place et à son impact réel dans la sauvegarde des droits de l'homme au Congo, il appartient à chaque citoyen d'en juger...

Une conviction profonde est ici à partager : là où l'administration de la justice est saine, le Ministère des Droits Humains devient (et peut devenir) inutile.

La « justice des droits de l'homme » telle que nous la propose M. Ngondankoy, prémices d'un travail d'une longue lignée, doit être affranchie de toutes les pesanteurs qui obstruent le travail actuel de la justice « classique » : manque d'indépendance, mauvaises conditions de vie et de travail des magistrats, corruption, (...) pour une meilleure promotion et une meilleure protection des droits de l'homme au Congo.

Il faudra une justice de véritable proximité et une justice moins soumise aux forts, aux puissants, aux riches, en un mot aux « plus offrants » ou aux « plus opprimants ». Celle des droits de l'homme devra l'être davantage, on en convient.

*Dès lors, mon dernier souhait, en tant que Ministre honoraire des Droits Humains, Vice-ministre honoraire de la Justice et des Affaires parlementaires, Député honoraire et Professeur permanent à l'Université de Kinshasa, est que toutes les expériences internationales et nationales cumulées, digérées, mûries et intériorisées aident le Congo à améliorer la panoplie des droits et libertés qu'il reconnaît à ses citoyens ou à ses habitants, et qu'elles contribuent au perfectionnement de son système de protection. Si l'*Ordre juridictionnel des droits de l'homme *proposé par M. Ngondankoy dans le cadre de cet ouvrage peut contribuer à cette meilleure promotion et/ou protection, que le vœu ainsi exprimé puisse trouver les moyens de se réaliser.*

Que le Droit des droits de l'homme, *en tant que discipline scientifique mise en lumière dans cette publication, trouve sa place dans les chaires de nos écoles et de nos facultés pour une recherche toujours plus féconde et poussée en faveur de cette meilleure promotion et/ou protection des droits de l'homme au Congo.*

L'ouvrage de M. Ngondankoy, que nous recommandons vivement aux étudiants, aux magistrats, aux avocats, aux agents de l'ordre et de sécurité, ainsi qu'à toute la « communauté des droits de l'homme », nous y incite vivement et avec la même « précocité » que celle dont a fait preuve, au moment des grandes mutations de son pays, l'actuel Doctorant en Droit constitutionnel à l'Université catholique de Louvain, que nous encourageons.

Puisse notre jeune auteur, dont on reconnaît volontiers l'amour de la science, l'ardeur et la rigueur au travail, la prolixité et le « goût du risque », le sérieux et la maîtrise, continuer sur cette voie exaltante et noble, mais aussi ardue et exigeante. Le « métier d'homme », pour reprendre la belle expression d'Alexandre Jollien, n'est-il pas à ce prix !

Professeur NTUMBA LUABA LUMU
Ottignies-Louvain-la-Neuve, Clerlande, Monastère Saint-André
Octobre 2003.

SIGLES ET ABRÉVIATIONS

ABAKO	Alliance des Bakongo
ADAPES	Association des Anciens des Pères de Scheut
AFDL	Alliance des Forces Démocratiques pour la Libération du Congo
AG/NU	Assemblée Générale des Nations Unies
Art.	Article
ASADDHO	Association Africaine de Défense des Droits de l'Homme
BA	*Bulletin Administratif*
BAC	*Bulletin Administratif du Congo*
BO	*Bulletin Officiel*
CADH	Convention Américaine des Droits de l'Homme
CADHP	Charte (Commission ou Cour) Africaine des Droits de l'Homme et des Peuples
CCDHP	Commission Congolaise des Droits de l'Homme et du Peuple
CDH	Comité des Droits de l'Homme
CEDH	Convention (Cour) Européenne des Droits de l'Homme
CeDH	Centre pour les Droits de l'Homme
CEDI	Centre Protestant d'Évangélisation et de Diffusion
Ch/NU	Charte des Nations Unies
COCJ	Code de l'Organisation et de la Compétence Judiciaires
CoDH	Commission des Droits de l'Homme
CODESC	Comité des Droits Économiques, Sociaux et Culturels
CPLII	Code Pénal, Livre II
CSJ	Cour Suprême de Justice
CNS	Conférence Nationale Souveraine
CS/NU	Conseil de Sécurité des Nations Unies
Doc.	Document
DUDH	Déclaration Universelle des Droits de l'Homme
ECOSOC	Economic and Social Council (Conseil Économique et Social)
EIC	État Indépendant du Congo
FAO	Organisation mondiale pour l'agriculture et l'alimentation

HCNUDH	Haut Commissariat des Nations Unies aux Droits de l'Homme
J.O.RDC	*Journal Officiel de la République démocratique du Congo*
J.O.R.Z	*Journal Officiel de la République du Zaïre*
LGDJ	Librairie Générale de Droit et de Jurisprudence
MDH	Ministère des Droits Humains
MLC	Mouvement de Libération du Congo
MNC	Mouvement National Congolais
MNC/L	Mouvement National Congolais Lumumba
MONUC	Mission d'Observation des Nations Unies au Congo
MPR	Mouvement Populaire de la Révolution
OEA	Organisation des États Américains
OI	Organisations Internationales
OIT	Organisation Internationale du Travail
ONG	Organisation Non Gouvernementale
ONGD	Organisation Non Gouvernementale de Développement
O-L	Ordonnance-loi
Ord.	Ordonnance
Ord-loi	Ordonnance-loi
OUA	Organisation de l'Unité Africaine
PIDCP	Pacte International relatif aux Droits Civils et Politiques
PIDESC	Pacte International relatif aux Droits Économiques, Sociaux et Culturels
PNUD	Programme National des Nations Unies pour le Développement
PUF	Presses Universitaires de France
PUZ	Presses Universitaires du Zaïre
RCD	Rassemblement Congolais pour la Démocratie
RDC	République démocratique du Congo
RDP	*Revue de Droit Publique et de la science politique en France et à l'étranger*
Rés.	Résolution
RUDH	*Revue Universelle des Droits de l'Homme*
SG/NU	Secrétariat Général des Nations Unies
Spéc.	Spécialement
UA	Union Africaine
UE	Union Européenne
UNESCO	Organisation des Nations Unies pour la Science et la Culture
UNIKIN	Université de Kinshasa

INTRODUCTION *

* Les appels de notes renvoient aux pages 425 et s. du présent volume.

Discipline en quête de reconnaissance, le *Droit des droits de l'homme* peut être défini comme une science juridique étudiant l'ensemble des règles juridiques d'origines diverses (constitutionnelles, conventionnelles, légales, réglementaires, jurisprudentielles, voire, coutumières) qui reconnaissent à l'homme – homme-individu ou homme situé – l'ensemble des prérogatives et facultés inhérentes à la personne humaine et utiles à son bien et à sa dignité, et qui lui indiquent en même temps la manière dont ces facultés et prérogatives peuvent être protégées, parce que garanties par un système donné de règles et d'institutions.

La discipline qui, en République démocratique du Congo, se propose d'étudier l'ensemble de ces règles s'appelle *Droit congolais des droits de l'homme*[1]. Cette discipline semble cependant être méconnue en République démocratique du Congo, sinon oubliée par ses pouvoirs publics[2].

Pourtant, les définitions théoriques des droits de l'homme en RDC ne manquent pas et l'aspiration vers une plus grande connaissance et une plus grande protection desdits droits est grande et grandissante.

Selon les participants à la Conférence nationale sur les droits de l'homme (C.N.D.H.), « les droits de l'homme sont des prérogatives et des aspirations inhérentes à toute personne humaine. Ils ne sont et ne peuvent pas être une faveur pour le peuple et le citoyen congolais »[3].

Par ailleurs, on n'a pas encore, à ce jour, commencé le travail de la recherche des sources proprement congolaises des droits de l'homme. La matière relève à l'heure actuelle, semble-t-il, du domaine plutôt de l'utopie.

Pourtant, nos traditions ancestrales sont encore vivaces, au même titre que le sont nos « matières » dans les différentes disciplines du savoir juridique. Pourquoi donc ignorer, dans le cadre de la recherche de ce Droit particulier congolais, la discipline qui pourrait nous permettre ainsi de découvrir les « prérogatives et aspirations » qui, depuis les débuts, ont toujours été reconnues aux peuples et citoyens congolais ?

Mais là n'est pas le véritable problème. Le problème de l'acceptabilité de la discipline particulière des droits de l'homme résiderait, semble-t-il, plutôt dans des préoccupations d'un tout autre ordre, dont celles liées à son caractère « scientifique ».

En appeler à l'introduction de la « science des droits de l'homme » dans les études juridiques supposerait donc, en premier lieu, que l'intitulé même de ladite discipline scientifique (que nous prêtons à cet ouvrage) soit clarifié (1). En second lieu, il va falloir, pour répondre aux « canons » de la scientificité admis en la matière, que l'objet même de la discipline scientifique souhaitée soit défini pour être à même de faire l'objet d'étude (2). En troisième lieu, il faut, avant toute étude concrète de l'objet de la discipline proposée, que ses méthodes de recherche soient indiquées (3).

Tels sont, semble-t-il, les critères de la scientificité de toute discipline, tels que élevés, depuis plusieurs décennies maintenant, entre autres, par la célèbre auteure française, Madeleine Grawitz[4].

Une fois ces préalables remplies, le contenu même du *Droit congolais des droits de l'homme* devra brièvement être brossé et expliqué à nos lecteurs pour que nous soyons d'accord sur les contours de son objet (4). Enfin, pour que ladite discipline scientifique prétende acquérir en définitive ses lettres de noblesse, il va falloir, en dernière instance, tester son intérêt théorique ou pratique à travers la catégorie d'utilisateurs auxquels cet ouvrage consacré aux *Droit congolais des droits de l'homme* sera principalement destiné (5).

Tel est également le plan de la présente introduction qui se présente comme suit :

1. *Intitulé de l'ouvrage*
2. *Objet du Droit congolais des droits de l'homme*
3. *Méthodes d'étude ou d'enseignement du Droit des droits de l'homme*
4. *Contenu concret du Droit congolais des droits de l'homme*
5. *Destinataires du présent ouvrage.*

§1. Intitulé de l'ouvrage

Le programme officiel des enseignements à la Faculté de Droit de l'Université de Kinshasa prévoit, en deuxième licence, un cours « à option » dénommé *Libertés publiques.* Cette dénomination résulte d'une terminologie et d'une philosophie qui nous sont étrangères, puisque venant essentiellement du Droit public français[5].

C'est une terminologie qui est, en effet, problématique car, elle se dispute la reconnaissance et la respectabilité avec la notion très en vogue de *droits de l'homme.*

Dans sa tentative d'isoler les « libertés publiques » de la matière des « droits de l'homme », Jean Rivero prétend que les deux notions ne se « situent pas sur le même plan ». Pour lui, toutes les libertés « sont des libertés publiques en ce qu'elles n'entrent dans le droit positif que lorsque l'État en a consacré le principe, aménagé l'exercice et assuré le respect ». Le terme « droits de l'homme » au contraire, s'empresse-t-il d'ajouter, aurait plutôt une signification large et « relève de la conception du droit naturel selon laquelle l'homme, parce qu'il est homme, possède un ensemble de droits inhérents à sa nature »[6].

Philippe Foillard, son compatriote, ne se départit pas également de cette thèse du Droit public : les *libertés publiques*, selon lui aussi, sont des « *droits reconnus par la collectivité publique* et bénéficiant de la plus haute protection de la part du juge »[7].

Les auteurs de cette démonstration tombent tous, on le voit, dans un piège de logique élémentaire : tout en tentant d'isoler les libertés publiques de la matière des droits de l'homme, ils finissent par admettre l'inclusion de celles-là dans ceux-ci. Les libertés publiques, conclut par exemple J. Rivero, « *correspondent à des droits de l'homme* que leur reconnaissance et aménagement par l'État ont insérés dans le droit positif »[8].

Autrement dit donc, et si l'on saisit ces auteurs aux mots qu'ils utilisent, les libertés publiques ne seraient, dans ce contexte, qu'une *catégorie des droits de l'homme reconnus et aménagés par l'État.* Elles ne sont pas moins des droits au sens où ce sont des prérogatives et/ou facultés reconnues à tout Être humain par une collectivité humaine déterminée.

Si l'insistance sur « droit positif » est ici le propre du raisonnement juridique, ce raisonnement, une fois poussé à l'extrême, a cependant l'inconvénient d'exclure du champ de la protection étatique les droits de l'homme non expressément reconnus ou aménagés. Ils sont alors, par conséquent, abandonnés au pouvoir de la jungle et à l'aléa de la protection du ciel. On comprend, dès lors, non seulement le danger, mais surtout, l'infortune d'une telle thèse.

Nous préférons, quant à nous, l'expression *droits de l'homme* à celle de *libertés publiques* qui nous paraît plus restrictive.

Deux séries d'arguments viennent au soutien de notre choix : la première série concerne le rejet même de la notion de « libertés publiques » et la seconde le choix stratégique de celle de « droits de l'homme ».

Concernant le rejet de l'intitulé *Libertés publiques*, cela nous semble être une question tant de refus du mimétisme et que du rejet de l'anachronisme.

D'abord, par simple crainte de mimétisme, le terme *Libertés publiques* employé sans autre précision thématique, fait courir à la Faculté de Droit de l'Université de Kinshasa, notre *Alma mater*, le risque d'être accusée de « plagiat » du programme officiel des facultés universitaires françaises, dont la *Déclaration des droits de l'homme et du citoyen* de 1789 constitue, on le sait, le principal arrière-fond philosophique. Mais, il ne s'agit là que d'un épiphénomène, mieux, d'un faux problème puisque, selon certains, le plagiat pourrait constituer plutôt – surtout dans la matière de la définition des programmes universitaires – une technique et une institution à la fois bénéfiques et porteuses.

Ensuite, par crainte d'anachronisme, l'expression *Libertés publiques* est rejetée ici par nous, parce que le discours actuel des droits de l'homme a dépassé le simple niveau d'analyse juridique. On parle de plus en plus volontiers, à l'heure actuelle, de « politique des droits de l'homme », d'« éthique des droits de l'homme », ou même, de « diplomatie des droits de l'homme », comme pour indiquer que les droits de l'homme ne sont pas qu'une simple panacée des juristes. Politologues, philosophes, moralistes et autres diplomates s'y mêlent et contribuent, à n'en point douter, à l'enrichissement même de la « science des droits de l'homme ».

Dès lors, pourquoi s'en tenir à une expression qui a fait son temps et est aujourd'hui, sinon abandonnée, du moins dépassée ?

Il convient donc, selon nous, de dépasser cette notion de « Libertés publiques ». Et, c'est là que se situe le véritable problème.

Concernant le choix de l'intitulé *Droits de l'homme*, nous dirions qu'il nous semble le plus adéquat parce que, d'une part, tous les spécialistes en la matière s'y réfèrent et, d'autre part, il est susceptible d'englober toutes les facultés et toutes les prérogatives inhérentes à la personne humaine qu'il s'agit d'étudier dans le cadre du cours de Libertés publiques. Il est juste, à cet égard, d'inciter l'État à protéger, par des mécanismes appropriés, *tous* les droits inhérents à la personne humaine, quelle que soit leur reconnaissance ou leur méconnaissance officielle.

L'intitulé *Droit des droits de l'homme* nous paraît donc celui qui, le plus adéquatement, pourrait rendre compte des dispositifs et précautions qui, en Droit congolais, protègent toutes les facultés et toutes les prérogatives humaines, qu'elles soient ou non expressément reconnues ou aménagées dans le Droit positif *stricto sensu*.

En vue, précisément, de tenir compte du développement de cette « Science des droits de l'homme », feu le professeur Kakez Ekir N'kaz Azama avait préféré donner à sa chaire (lui confiée en deuxième licence en droit de l'Unikin) l'intitulé de *Cours des Droits de l'homme et du peuple et des libertés publiques*, accusant ainsi, certes, sa parenté philosophique d'avec son ancienne école française, mais, mettant non moins clairement un accent particulier sur l'apport essentiel de la *Conférence Nationale sur les Droits de l'Homme* au développement du Droit congolais des droits de l'homme.

Il s'agit, chez cet auteur, d'un intitulé qui se comprend, même s'il nous semble plutôt inutilement long[9].

En tenant compte des développements acquis aujourd'hui en matière des droits de l'homme, nous préférons, quant à nous, abréger l'intitulé du professeur Kakez en l'inscrivant tant dans le cadre de notre propre formation en la matière que dans la droite ligne des thèmes spécifiques que la Faculté de Droit se devra de prendre en compte, dans le cadre de la réforme toujours permanente de son programme d'enseignements et en particulier de l'introduction, en bonne et due forme, d'une chaire de *Droit des droits de l'homme*.

C'est ce souci d'un travail anticipatif, prenant en compte la nécessité d'une élaboration continue d'un *Droit congolais des droits de l'homme*, que nous avons donné à cet ouvrage l'intitulé qui est, à présent, le sien.

Il s'agit d'un cours et d'un intitulé qui, sur le plan des contenus, s'efforce de tenir compte de l'ancrage universitaire de cette nouvelle discipline scientifique, en prenant en compte les développements que subit la « science des droits de l'homme » à travers le monde.

Droit congolais avant tout, le *Droit congolais des droits de l'homme* restera cependant, dans une certaine mesure, dépendant et redevable du Droit des droits de l'homme en général, enseigné dans d'autres universités du monde, au nom précisément du *principe de l'universalité des droits de l'homme.*

Le cours qu'il s'agit d'enseigner et de diffuser ici à un large public, se situe donc, selon nous, *à un large carrefour des autres disciplines juridiques* et aussi aux confins de toutes les autres disciplines des sciences humaines, tant il est vrai que, selon le *principe foncier du Droit*, l'homme est au centre même de toute étude, voire de toute production juridiques.

Le terme *droits de l'homme* préféré ici à celui de *libertés publiques*, est donc, tel qu'il résulte de la science universelle des droits de l'homme, plus globalisant et plus progressiste. Il prend en compte à la fois les « droits reconnus par la collectivité publique » et les droits « à reconnaître » parce que « inhérents à la nature humaine ». En outre, de notre point de vue, seul ce terme *droits de l'homme* est à même de nous faire saisir d'autres réalités et d'autres institutions qu'ignore précisément le concept de « libertés publiques », tel par exemple le *droit au développement* ou la notion très controversée du « peuple ».

Concernant le terme « Droit » (utilisé en majuscule), il désigne la discipline scientifique qui s'occupera de l'étude de ces « prérogatives et facultés humaines » enfouies dans l'ensemble des disciplines juridiques ou potentiellement concernées par elles, parce que se trouvant encore « dans la nature humaine ».

Ce cours et cet ouvrage ainsi intitulés forment, selon nous, une discipline juridique tout à fait à part entière, dont la reconnaissance et le couronnement, à l'intérieur même de la Faculté de Droit, ne demandent plus qu'à rentrer dans l'ordre du possible et du réel.

A-t-elle un objet précis pour mériter le « grade » de discipline scientifique susceptible d'enseignement dans les facultés universitaires ?

§2. OBJET DE L'OUVRAGE

Défini ensuite par Frédéric Sudre comme une discipline scientifique s'occupant de l'étude de « l'ensemble des règles juridiques (...) qui reconnaissent sans discrimination aux individus des droits et facultés assurant la liberté et la dignité de la personne humaine et bénéficiant de garanties institutionnelles »[10], le *Droit congolais des droits de l'homme* sera, forcément, une « science » s'occupant de l'étude d'un tel objet.

Si l'on s'en tenait à son intitulé officiel, l'objet du cours de *Libertés publiques* à l'Université de Kinshasa consisterait à étudier les *libertés* qui, *en Droit positif congolais*, seraient reconnues aux Congolais – ou à tous ceux qui se trouvent sous la juridiction de la République démocratique du Congo – par des textes de portée générale ou individuelle dont l'existence juridique serait, à chaque fois, à prouver par celui qui en invoque la source et l'autorité. C'est cela le sens de l'expression *Libertés publiques*, c'est-à-dire, les libertés qui sont reconnus juridiquement.

Certes, les « libertés » ou les « droits » reconnu(e)s à l'Homme sont celles qui sont consacré(e)s juridiquement dans des textes bien précis et, bénéficient, de ce fait, d'une garantie juridictionnelle permettant d'en contrôler l'application. Il s'agit des critères bien connus des juristes.

Mais, pour constituer l'objet d'une discipline scientifique, les droits de l'homme n'ont pas nécessairement besoin d'être « juridiquement reconnus » et/ou « juridictionnellement protégés ». Cela est dans l'ordre du Droit, certes mais, toute science du Droit ne doit pas nécessairement se draper aux oripeaux du Droit positif ; elle rétrécirait son objet, ne serait-ce que parce que aucun législateur au monde ne peut prétendre, ni à l'infaillibilité, ni à l'exhaustivité dans son travail de production juridique.

La formulation des droits de l'homme est, d'ailleurs, une opération fortement contingente, c'est-à-dire dépendant des décisions politiques et, de ce fait, en constante dépendance de l'évolution des pensées et des mentalités. Lier l'objet d'un cours à une telle contingence serait condamner les études juridiques à l'errance intellectuelle, sans compter le nombre et le rythme des modifications de programme à prendre en compte.

L'objet de cet ouvrage consistera donc à étudier, certes, les droits ou les libertés qui, en Droit positif congolais, bénéficient de la plus haute protection juridictionnelle ; mais, il s'emploiera également, par souci de « réalisme » du Droit, à interroger toutes les autres disciplines qui, même accessoirement, pourraient apporter un élément de plus dans l'étude des prérogatives et des facultés reconnues ou à reconnaître à toute personne humaine.

En effet, si l'on regarde de près, tous les droits ou toutes les libertés dont se prévalent, à l'heure actuelle, la plupart des êtres humains ne sont pas – ou pas encore – portés par le Droit.

Ce serait donc réducteur de penser que l'objet d'étude du Droit des droits de l'homme se limiterait simplement aux droits « juridiquement reconnus ». Une telle vision, non seulement condamnerait le Droit des droits de l'homme à la sclérose, mais encore ignorerait toute capacité de l'homme à innover, à progresser.

De ce point de vue, nous dirions que le cours de « libertés publiques », dispensé à l'heure actuelle en dernière année de Licence en Droit à l'Université de Kinshasa, ne trouverait tout sons sens, toute sa portée pédagogique et tout son fondement que si et seulement si il s'efforçait à prendre en compte la nécessité de son élargissement à tous les autres droits « non reconnus » ou « à reconnaître » et de son ancrage culturel aux traditions spécifiquement africaines, congolaises.

L'ouvrage se propose donc de rendre compte de tous les droits de l'homme reconnus ou à reconnaître, dans la seule mesure où, « prérogatives inhérentes à la nature humaine », ces dernières sont susceptibles, à tout moment de l'histoire, d'être prises en compte par le Droit.

Tel est, on peut le dire, le point de vue et l'orientation imprimés à cet ouvrage. Telle est aussi la méthodologie délibérément choisie pour rendre compte, dans tous ses états, de ce Droit particulier et, en même temps, rassembleur.

§3. Méthodes d'étude ou d'enseignement du Droit des droits de l'homme

À la vérité, le *Droit des droits de l'homme* est, comme nous l'avons dit plus haut, une *discipline-carrefour*. Plusieurs disciplines scientifiques, qu'ils relèvent du Droit ou de la Sociologie, qu'ils soient philosophiques ou religieux, se côtoient dans la matière des droits de l'Homme.

Plusieurs approches et plusieurs méthodes sont ainsi possibles (et même à encourager) dans l'étude ou la recherche de la compréhension des règles, des institutions et des mentalités relatives aux droits de l'homme.

Ne sont-ce pas d'ailleurs, et pour commencer, des considérations de nature philosophique qui, à l'époque de la polémique, avaient été à la base de l'antagonisme entre « droits de l'homme » – droits naturels – et « libertés publiques » – droits positifs – ?

La Science et le Droit des droits de l'homme revêtent donc, d'abord, et à coup sûr, un *caractère interdisciplinaire*. À défaut d'hiérarchiser les disciplines qui concourent à la bonne saisie compréhensive de cette discipline-carrefour, il faut, néanmoins, distinguer chaque approche au risque de sombrer dans un amalgame tout autant négatif qu'improductif.

En ce qui nous concerne, non seulement parce que cet ouvrage est destiné d'abord aux juristes, mais surtout parce que, de nos jours, les droits de l'homme demandent à s'entourer d'un contenu juridique pour être mieux protégés, il s'agira bien entendu, au premier chef mais au premier chef seulement, de la *méthode juridique* qu'il faudra explorer.

Celle-ci nous aidera à connaître, grâce à l'interprétation, les dispositions nationales et internationales qui sont en vigueur en République démocratique du Congo ainsi que le contenu des droits et libertés qui y sont protégés. En outre, elle nous permettra de critiquer la série d'institutions nationales de promotion et/ou de protection des droits de l'homme expérimentées par cet État.

Mais, comme l'écrit Francis Delpérée, « La matière des libertés a de quoi effrayer le juriste. Sujet-vedette de la *philosophie* ou de la *science politique*, la matière des libertés *échappe, pour une large part, à l'emprise de la science du droit* – en tout cas, à celle du droit public –. Elle ouvre à une réflexion qui dépasse, et de loin, une interrogation sur le statut de l'individu dans l'État »[11].

Il faudra donc, en toute connaissance de cause, dépasser ce seul « cadre » juridique pour embrasser, dans leurs approches respectives, d'autres disciplines scientifiques.

Viendra ensuite, l'étape des autres disciplines « connexes » au Droit, telle l'histoire, la philosophie, la science politique ou la sociologie pour aider à la bonne compréhension du système congolais des droits de l'homme. Les approches *historique*, *philosophique*, *politique* et/ou *sociologique* du Droit congolais des droits de l'homme ne seront donc pas, du coup, évacués dans le cadre de cette étude qui se veut d'abord juridique, mais très sensiblement tournée aussi vers des disciplines des sciences humaines.

Science politique et Philosophie, Histoire et Sociologie au même titre d'ailleurs que d'autres disciplines des sciences sociales et humaines, sont ainsi indispensables et incontournables à l'étude du Droit des droits de l'homme, en général, et du Droit congolais des droits de l'homme, en particulier. Et, le juriste, sous prétexte de positivité qui frise le « fétichisme », ne saurait les ignorer, au risque de tomber dans la superficialité.

Pour tout dire, la méthodologie juridique choisie dans le cadre de cette étude est délibérément *interdisciplinaire*, dans laquelle le Droit, première discipline de connaissance et de protection des droits de l'homme, se côtoie avec les autres sciences, telle l'Histoire, la Sociologie, la Science politique et la Philosophie, pour mieux éclairer son objet et son action. Le juriste restera donc juriste, mais il ne fermera pas, pour autant, ses portiques aux autres spécialistes de la matière.

Telle est donc notre méthodologie de recherche ici.

Quel est, à présent, le contenu exact de ce cours, de cette discipline, de ce « Droit congolais des droits de l'homme » ?

§4. Contenu concret du Droit congolais des droits de l'homme

À travers les trois parties qui forment le plan de cet ouvrage, le *Droit congolais des droits de l'homme* se proposera, dans son aspect scientifique et pédagogique, de dégager les sources des droits de l'homme, d'examiner les principaux droits et libertés garantis en Droit congolais et de réfléchir sur les « garanties », c'est-à-dire sur les mécanismes prévus pour la sauvegarde desdits droits au Congo.

Dans les sources congolaises des droits de l'homme, il faut d'abord, dans un souci légitime de redécouverte de notre authenticité, interroger le passé congolais des droits de l'homme pour y puiser quelques repères indispensables au maintien de l'identité dans les débats culturels d'aujourd'hui.

Dans ce cadre, une seule préoccupation, sous forme d'interrogations existentielles, nous hante : quels sont les principaux éléments qui, dans la tradition juridique congolaise, peuvent être extraits et être considérés comme des antécédents historiques, politiques, philosophiques ou religieux des droits de l'homme dans ce pays parfois appelé « mosaïque de cultures » ? Peut-on dire, sur cette base là, que la RDC est une « nation des droits de l'homme », ne serait-ce qu'en référence à son passé ?

Cette question de la recherche des sources lointaines et indirectes des droits de l'homme est immédiatement suivie de celle de la « réalité immédiate » de ces sources, c'est-à-dire de celle des sources directement utilisables en Droit positif pour la revendication, la promotion et la protection des droits de l'homme au Congo.

Aux sources nationales proprement dites viennent se greffer les sources d'origine internationale qui, une fois « reçues » dans l'ordre juridique congolais, selon les règles souverainement définies par la Constitution, deviennent, en concordance avec les lois et les règlements existants, le Droit positif congolais des droits de l'homme.

Le Droit positif congolais des droits de l'homme est fait de plusieurs textes juridiques d'origine nationale et internationale qui reconnaissent aux Congolais et aux étrangers se trouvant sous la juridiction du Congo un certain nombre de droits et de garanties susceptibles de leur permettre de mener leur vie humaine en toute dignité et en toute responsabilité. Ce Droit positif peut découler de telle ou telle branche particulière du Droit en général (Droit constitutionnel, Droit administratif, Droit international, Droit pénal, Droit civil, Droit commercial, Droit social, etc.) ; cela est la preuve même de la richesse du contenu de la discipline qu'il s'agit ici de construire et de reconnaître.

Mais, aucune source du Droit congolais des droits de l'homme ne saurait, selon nous, s'affranchir de l'autorité éminente de la Constitution, sauf à doser cette autorité à l'aune du principe supérieur de la « centralité de l'homme », principe qui fait que, tant le Droit interne que le Droit international des droits de l'homme reculent devant le caractère « sacré » de la vie humaine (*infra*).

En attendant le recours à ce principe, il est peut-être utile de rappeler que la Constitution constituera dans ce cadre la première source juridique du Droit congolais des droits de l'homme, suivie des « conventions internationales régulièrement ratifiées et publiées », des lois votées par le législateur, des règlements pris par les administrations, des décisions des autorités judiciaires et des coutumes conformes à la loi et à la dignité humaine. Telles seront les sources du Droit congolais des droits de l'homme. Tel sera également le premier élément du contenu de ce Droit.

Dans le cadre de l'examen concret de chacun des droits ou de chacune des libertés sélectionné(e) dans cet ouvrage, le souci constant d'appréhender le maximum possible d'aspects du droit ou de la liberté étudié(e) a commandé et justifie une trop grande place qui leur est réservée ici.

Le Droit congolais des droits de l'homme se propose donc, dans une catégorisation singulière prenant en compte les éléments de la théorie moderne, d'étudier dans les détails, tour à tour, les droits politiques, les droits civils, les droits à vocation économique, sociale ou culturelle, qui se trouvent être juridiquement consacrés en Droit positif congolais. Cette première édition se limitera donc à quelques-uns seulement de ces droits, sans perdre de vue le fait que tous les aspects de la vie ou de l'existence humaines peuvent constituer le domaine d'extraction de ses droits.

Dans la catégorie des « droits singulièrement politiques », il s'agira d'étudier, tour à tour, le droit *à* et *de* la nationalité, le droit de participation à la vie politique de son pays (sous la forme du droit à l'électorat et à l'éligibilité), le droit d'accès aux fonctions publiques de son pays, le droit à la liberté partisane, le droit *à* ou *de* la pétition et le droit d'asile, dans la mesure où celui-ci implique l'utilisation de la « puissance publique » de l'État.

L'idée centrale qui domine les conceptions ici est que, au Congo comme ailleurs, les droits politiques sont, sauf exception qui confirme la règle, des droits exclusivement réservés plutôt aux nationaux. Il n'en demeure pas moins utile que, dans le cadre du *lege ferenda*, certaines conceptions surannées doivent céder le pas à des préoccupations plutôt universelles, prenant en compte le contexte de cette mondialisation toujours envahissante.

Les droits singulièrement civils, eux, prennent en compte les principaux droits suivants : droit à la vie, droit à l'intégrité physique de sa personne, droit à la « liberté », droit à la sûreté, droit au procès équitable, droit à la non discrimination (...) ainsi que leurs « dérivés » respectifs.

Ces droits sont, normalement, reconnus à « toute personne » en tant qu'être humain et en tant qu'habitant d'une « cité ». Ils sont parfois une condition pour l'acquisition des droits politiques. Mais, leur étude globale et détaillée ne peut que se buter ici à l'obstacle matériel du temps et du choix méthodologique.

En ce qui concerne les droits à vocation économique, sociale ou culturelle, ce sont des droits qui assurent à l'Homme une existence et un bien-être moral et matériel conformes à sa dignité. Ils s'ordonnent principalement autour du droit à la santé, du droit à l'éducation, du droit au travail, du droit à la sécurité sociale et des autres droits culturels qui seront étudiés ici.

Chacun de ces droits étudiés dans le cadre de cet ouvrage feront l'objet d'une analyse assez approfondie, faisant voir à la fois leur contenu (significations, composantes...), leurs bénéficiaires attitrés, leurs sièges légaux et les limitations qui y sont parfois apportées. Il est cependant difficile de pouvoir épuiser l'étude de la « théorie générale » des droits de l'homme ici.

Précédé d'un chapitre concernant « l'aménagement des droits », cette partie de l'ouvrage (la deuxième) sera également l'occasion de jeter les bases d'une véritable théorie des restrictions aux droits de l'homme, laquelle devra, à notre sens, gouverner la matière de tous les droits.

Pour qu'une limitation raisonnable des droits de l'homme soit admise, il faut qu'elle ait été prévue par loi, qu'elle soit nécessaire à la poursuite du but prévu par la loi, que la mesure de limitation soit en outre proportionnelle à la nature du droit et à l'intérêt de la poursuite de l'objectif défini et que, par-dessus tout, elle ne porte pas atteinte à la « substance » du droit protégé (*infra*).

Même la théorie des dérogations qui, elle, s'autorise à porter atteinte à cette « substance » des droits, dans des circonstances exceptionnelles et préalablement prévues, exclura, en ce qui la concerne, un certain nombre de droits largement considérés au Congo comme intangibles (droit à la vie, droit à l'intégrité physique de sa personne, droit à la non discrimination, interdiction de l'esclavage, etc.). Ces droits sont insusceptibles de dérogations quelles que soient les circonstances et quels que soient les motifs qui peuvent être invoqués (*infra*).

Tel sera le contenu exact de la deuxième partie de l'ouvrage.

L'ouvrage se propose également, dans une troisième et dernière partie, d'analyser et de réfléchir sur les mécanismes de sauvegarde – universels, régionaux et nationaux – des droits de l'homme.

S'il est admis que les droits de l'homme doivent être « juridiquement protégés » pour dépasser le simple cadre des « reconnaissances », il faut alors consacrer à l'étude de ceux-ci des chapitres entiers concernant ces mécanismes de promotion et/ou de protection.

Après avoir passé en revue les mécanismes qui sont offerts aux habitants de la RDC par la « Communauté internationale » – universelle et régionale-, l'ouvrage se proposera aussi d'analyser les différents mécanismes nationaux de promotion et de protection des droits de l'homme.

Qu'il s'agisse des mécanismes de type administratif (Ministère des Droits Humains, ancien Département des Droits et Libertés du Citoyen, Observatoire National des Droits de l'Homme...), de type « associatif » (ONG des droits de l'homme) ou de type juridictionnel (Cours et Tribunaux, projet de Commission Congolaise des Droits de l'Homme et du Peuple), les différents mécanismes ainsi répertoriés mériteront la réflexion et la critique de tous les instants pour un système congolais de protection des droits de l'homme plus efficace et plus efficient.

De notre point de vue, seule l'instauration d'un *Ordre juridictionnel spécifique* (composé des Cours et Tribunaux autonomes des droits de l'homme) sera à même d'offrir aux Congolais et aux étrangers vivant sur le territoire du Congo une meilleure garantie de protection de leurs droits et de leurs libertés. Les raisons de ce choix et les modalités pratiques de son application seront, du reste, effleurés plus loin.

Il reste à espérer que la présente contribution permette la prise de conscience de chacun des droits de l'homme et, surtout, que le débat sociétal ainsi provoqué puisse féconder nos imaginations pour une action plus concrète en faveur des droits de l'homme en République démocratique du Congo.

§ 5. DESTINATAIRES DE CET OUVRAGE

Nous destinons cet ouvrage de Droit positif et de Droit prospectif, principalement, aux étudiants de la Faculté de Droit de l'Université de Kinshasa, notre *alma mater*, qui nous ont donné le goût et la motivation de le rendre finalement « réel », après plusieurs années de projet « idéel ». Que ces étudiants, surtout ceux qui l'attendaient depuis cet été 2003 sous forme de « syllabus » et qui sont « pressés », nous le savons, de pouvoir disposer, enfin, d'un support pédagogique pour la connaissance de leur Système juridique des droits de l'homme, trouvent ici l'expression de notre particulier remerciement.

Le caractère quelque peu « académique » conféré à cet ouvrage répond, en grande partie, nous l'avons pensé dès le début, à cette grande préoccupation pédagogique.

Mais, pour tenir compte du rôle et de la place du magistrat – qu'il soit judiciaire ou spécifique – dans la protection des droits de l'homme, nous avons tenu, également, à lui réserver une bonne place dans la manipulation de cet outil. C'est dans ce cadre qu'un soin particulier a été accordé, par exemple, à la théorie des restrictions et/ou des dérogations en Droit des droits de l'homme, dans la mesure où, très souvent, c'est par ce biais que les autorités administratives et judiciaires se permettent une certaine légèreté sur les droits de leurs concitoyens, en privilégiant, par leurs interprétations tordues, les exceptions permises par le législateur au grand détriment des principes qui fondent ces droits.

En outre, en s'astreignant à un travail si périlleux de regroupement et d'interprétation des principaux droits et libertés qui forment le régime juridique congolais des droits de l'homme, nous avons pensé, en premier lieu, à ce magistrat – juge en particulier – qui, dans son quotidien, est confronté à la question de la place ainsi que du contenu même du Droit des droits de l'homme dans son travail.

Enfin, la partie concernant les institutions de protection des droits de l'homme – qu'il s'agisse des Cours et tribunaux eux-mêmes ou des autres mécanismes spécifiques expérimentés ou proposés pour le Congo – s'adresse indubitablement à ce même magistrat ainsi qu'à ses « auxiliaires de justice » – les avocats – qui sont chargés, les uns, de l'application des textes en matière des droits, les autres, de la défense desdits droits au nom de leurs « clients ».

Que la théorie de la réforme du pouvoir juridictionnel proposée dans cet ouvrage – instauration d'un *Ordre juridictionnel spécial des droits de l'homme* – ne soit pas perçue comme un désaveu coupable de leur mission traditionnelle, celle de « dire le droit ». Bien au contraire.

Il s'agit de compléter leur mission par une division aussi rationnelle que possible de la noble mission de « rendre justice » à ses concitoyens.

Il faut à, notre avis, que, en la matière, le principe de la *spécialité des fonctions juridictionnelles* serve, ici, non à diviser les juristes, mais à élever le niveau de protection des droits de l'homme au Congo ; ce qui suppose, dans chaque domaine du Droit, des spécialistes attitrés.

L'ouvrage s'adresse également, il ne faut pas l'évacuer, aux membres de la « société civile » (ONG, Associations, Églises...) qui, pour une raison ou une autre, sont généralement confrontés aux grands problèmes de l'ignorance, de l'amateurisme et, parfois, de l'incompétence en matière des droits de l'homme.

Que l'explosion spectaculaire du Mouvement des ONG ait été perceptible au Congo en 1990 à la suite du processus de démocratisation déclenché le 24 avril 1990, cela est une victoire de la société civile tout entière. Mais, il ne convient pas que les problèmes que traversent ces ONG dans la connaissance et la compréhension du système national des droits de l'homme assombrissent le cœur de leurs prétentions humanistes et, surtout, ternissent l'image de la société civile, nouvelle alternative des politiques incapables.

Que ces ONG et autres composantes de la société civile congolaise trouvent donc, ici, un instrument conceptuel et politique pratique pour leurs actions en faveur des droits de l'homme.

Enfin, cet ouvrage s'adresse de manière pressante encore aux autorités publiques de la République démocratique du Congo. Non seulement parce que celles-ci sont les premières débitrices des droits de l'homme, mais surtout parce que, se situant à une époque particulièrement utile pour le pays – celle des grandes réformes institutionnelles –, ce sont elles qui sont chargées, les premières, à intégrer dans la législation toutes propositions de réforme qui leur sont faites.

Que celles contenues dans cet ouvrage puissent ouvrir leurs yeux politiques à travailler et à améliorer le système congolais de promotion et de protection des droits de l'homme.

PREMIÈRE PARTIE

LES SOURCES DU DROIT CONGOLAIS DES DROITS DE L'HOMME

Discipline encore très peu connue et reconnue, le *Droit des droits de l'homme* suppose d'abord que ses principales sources de référence soient clarifiées.

En tant que discipline carrefour, ce Droit doit s'efforcer de puiser dans toutes les branches du Droit et des sciences humaines, l'essentiel de son objet. Elle doit également, au-delà de ces sciences, être à mesure de se construire des sources qui relèvent du simple passé humain. Le Droit de la dignité humaine est presque partout ressenti avec une nécessité vitale certaine[1].

En vertu du présupposé selon lequel toute discipline scientifique, en plus de son objet propre et de sa méthode particulière, doit disposer de ses propres sources, nous pouvons, dans cette partie, et s'agissant de la République démocratique du Congo, nous poser quelques questions : Comment et quand situer l'idée des droits de l'homme dans l'espace public congolais ? La République démocratique du Congo est-elle une « nation des droits de l'homme » ? Comment situer la naissance et l'évolution des droits de l'homme dans ce pays tant peint et dépeint ? Ce pays dispose-t-il de ses propres sources du Droit des droits de l'homme ? (...).

Telles sont les quelques questions auxquelles la présente partie tentera de répondre.

Pour catégoriser les sources du Droit des droits de l'homme en général, il est de coutume de recourir aux expressions *sources directes* et *sources indirectes*. Les premières renvoient aux matériaux de nature juridique dont dispose, à ce jour, l'humanité (et le Congo en particulier) pour la revendication des droits de ses membres. Les secondes sont, en réalité, des antécédents de ces sources, c'est-à-dire, en quelque sorte, leurs « sources d'inspiration ». Les unes et les autres sont utiles à « l'exhumation » de ce que nous qualifions ici de *Droit congolais des droits de l'homme*.

L'étude des sources du Droit congolais des droits de l'homme suppose donc, d'une part, l'interrogation du passé historique de ce pays pour découvrir si, à travers sa cosmogonie, la philosophie politique et/ou les valeurs morales et sociales de sa peuplade (...), un certain héritage en matière des droits de l'homme peut être noté. Elle suppose, d'autre part, que soient répertoriés, *de iure*, les principales sources juridiques qui, de statut constitutionnel, légal ou conventionnel, organisent actuellement le Droit des droits de l'homme dans ce pays.

Ces deux préoccupations majeures forment la trame de la présente partie, dans un monde dominé par des velléités hégémoniques tout autant inopportunes que préjudiciables à l'idée même de l'universalité des droits de l'homme.

Nous allons donc ici, d'une part, essayer de rechercher quelques antécédents historiques, philosophiques, religieux ou politiques qui servent de base au Droit congolais des droits de l'homme et, d'autre part, tenter de faire un travail de tri et de regroupement des sources directes (juridiques) du Droit congolais des droits de l'homme, en ayant à l'idée le fait que ces sources juridiques découlent tant de l'ordre juridique interne que de l'ordre juridique international.

Le plan de cette partie se présente donc de la manière suivante :

Chapitre Ier : *L'héritage ancien ou le passé congolais des droits de l'homme*
Chapitre II : *Les sources juridiques d'origine nationale*
Chapitre III : *Les sources juridiques d'origine internationale*

CHAPITRE Ier

L'HÉRITAGE ANCIEN OU LE PASSÉ CONGOLAIS DES DROITS DE L'HOMME

Les droits de l'homme, tels que nous les connaissons aujourd'hui, ont, dans chaque société, une histoire. Si d'autres sociétés sont parvenues à écrire la leur – péchant parfois par un certain égocentrisme –, l'histoire congolaise des droits de l'homme (surtout celle qui remonte aux temps les plus immémoriaux) mérite d'être écrite, même si – reconnaissons-le – la tâche n'est pas facile.

Certes, on dispose de quelques manuels d'écriture d'histoire générale du Congo, de ses origines à nos jours. Et, cette histoire, écrite par les propres fils du terroir, a l'avantage d'avoir ouvert les horizons des générations présentes sur le passé plus ou moins glorieux et/ou honteux de leurs ancêtres[1].

Cette histoire là est susceptible d'offrir un outil de recherche indispensable, à même d'éclairer, tant soit peu, les générations présentes notamment sur les conceptions sociales, politiques et/ou philosophiques des anciens, et sur ce qu'il convient d'appeler aujourd'hui leurs conceptions des droits de l'homme.

Mais, avant toute chose, il faut reconnaître, ainsi qu'il est connu de tous, que l'historiographie africaine en général souffre, en grande partie, du manque de sources écrites fiables et de la faiblesse de la tradition orale qui y a cours. Absence d'écrits et incertitude du discours oral sont donc, ici, les deux principaux obstacles à la connaissance complète du passé ancestral des droits de l'homme.

Ces deux écueils font que, contrairement à la société occidentale par exemple, nous ne disposons pas encore en Afrique, du moins dans l'aspect heuristique des choses, des traces de lumière de nos « Diderot », de nos « Puffendorf », de nos « Grotius », de nos « Beaumetz », de nos « Montesquieu », de nos « Burlamaqui » ou même de nos « Antigone », pour pouvoir rendre compte, avec autorité, de notre conception des droits de l'homme.

Le domaine particulier des droits de l'homme est ainsi, on peut le dire, victime notamment de cette absence de référence presque « obligatoire » dans une étude « sérieuse » des droits de l'homme.

Le passé africain des droits de l'homme est cependant, loin s'en faut, riche d'événements et d'enseignements qu'il ne convient pas de gommer sous prétexte des difficultés de l'heuristique.

Ce passé, croyons-nous, peut-être scruté, dans le cas du Congo en tout cas, notamment au travers de certains éléments de sa Sagesse populaire (Section 1).

Dans le contexte d'un État aussi christianisé par la colonisation, il est difficile, en outre, d'ignorer, dans ce mouvement, l'apport spécifique de la religion judéo-chrétienne sur certaines conceptions spécifiques des droits de l'homme (Section 2).

Dans cette mouvance, les quelques rares écrits historiques liés surtout au mouvement de la décolonisation du pays, et qui nous sont parvenus grâce aux techniques nouvelles de conservation, comblent, en partie, le vide laissé par la disparition des vestiges ancestraux pouvant nous renseigner sur cette histoire particulière. L'apport des intellectuels congolais peut ainsi, dans ce cadre, être considéré comme un élément important dans la prise de conscience nationale imprégnée du principe du respect des droits de l'homme (Section 3).

Enfin, en guise de conclusion de ce mouvement vers l'émancipation totale, les luttes indépendantistes du peuple, en tant qu'elles ont visé surtout la défense et la revendication d'un droit fondamental – à savoir : « droit inaliénable à l'autodétermination » – constituent, sans nul doute, le sommet et la preuve du « besoin de liberté » qui a longtemps été étouffé par une histoire coloniale imposée (Section 4).

Ces éléments et beaucoup d'autres peuvent être considérés comme des éléments d'une histoire pouvant former, d'une certaine manière, les sources indirectes du Droit congolais des droits de l'homme.

SECTION 1. LA SAGESSE POPULAIRE

On peut, en faisant allusion aux grands principes modernes des droits de l'homme, relever que la Sagesse populaire congolaise héritée des ancêtres, parce qu'elle contient de nombreux principes et valeurs exaltant la personne humaine, ses qualités ou ses réalisations, constitue un dépôt historique inépuisable des grands principes faisant l'objet du Droit des droits de l'homme.

Il en est ainsi de certains proverbes populaires (§ 1) ou de certains contes ou devinettes (§ 2) qui, d'une manière ou d'une autre, instruisent les générations présentes sur de grands principes humanitaires ancestraux, bases du Droit moderne des droits de l'homme.

§ 1. LES PROVERBES

Il est sans doute fastidieux de ressasser les nombreux proverbes et autres dictons populaires congolais qui rappellent les grandes valeurs ou les grands principes humanitaires utilisés par les ancêtres et qui fondent le Droit moderne des droits de l'homme.

On peut néanmoins, sans prétendre à l'exhaustivité, en citer quelques-uns, dans la nébuleuse des groupes culturels et ethniques que compte le Congo.

Ainsi par exemple, quand les *Bakongo* disent : *Kiangaani ka kibakulwânga mu ngolo ko* (= *il ne faut pas prendre quelque chose de force à autrui*), ils soulignent, sans aucun doute ici, l'importance du *droit de propriété* (propriété privée) ; droit à propos duquel, en principe, l'expropriation forcée est interdite.

De même, à en croire André Ryckmans et Célestin Mwelanzambi, quand les *Boko* de *Kwilu-Ngongo* disent : *Kia se nganga, nganga mpe ukatula kio* (= *Ce qui a été lié par le féticheur est délié par le féticheur*), « Le proverbe souligne(rait) (ici) la nécessité *pour le juge de dire le droit* et *d'être impartial* »[2].

Dans le même ordre d'idées, chez les *Ntimansi*, le principe de l'*autorité de la chose jugée* ou celui du respect des conventions se traduirait notamment par le proverbe suivant : *Kiazénga mvidi ka kizéngononwanga ko* (= *Ce qu'un grand chef a tranché ne se retranche plus*).

Ces proverbes et beaucoup d'autres non cités montrent l'existence, dans le passé juridique africain, de grands principes judiciaires qui peuvent, aujourd'hui, fonder notamment le Droit des droits de l'homme, dans leur aspect processuel.

C'est une manière d'avouer ainsi que, chez les peuples traditionnels congolais, certains grands principes juridiques et judiciaires modernes n'étaient ni absents, ni inconnus[3].

Bref, dans la sagesse congolaise faite notamment de proverbes et autres dictons populaires, il n'est pas rare de retrouver, ou plutôt, de se rendre compte de la présence, depuis les origines, des grands principes ainsi que des grandes notions modernes des droits de l'homme. Et, le phénomène est présent dans toutes les cultures et dans toutes les ethnies congolaises.

Il suffit pour cela de penser, par exemple, que du caractère sacré de la cosmogonie générale de ces peuples, le Droit congolais des droits de l'homme a su tirer, par exemple, le *caractère sacré même de la vie*.

De même, de la grande tradition de l'*hospitalité congolaise*, il est possible d'extraire l'essentiel des principes et des règles modernes sur le *droit d'asile*.

Enfin, comment oublier la valeur de la *solidarité africaine* qui, en dépit de ses excès et de ses faiblesses, justifie et fonde encore l'existence de nombreux droits, notamment ceux qui s'occupent de la « sécurité » et/ou de la « protection sociale » tant des chômeurs que des travailleurs !

L'histoire des « antécédents » congolais des droits de l'homme puise donc ces premiers éléments, d'abord, de cette forme populaire de sagesse humaine.

§2. LES CONTES, RÉCITS ET AUTRES DEVINETTES

Comme dans le cas des proverbes, les contes, les récits et autres devinettes constituent une autre source importante des grands principes modernes du Droit des droits de l'homme.

Il suffira d'évoquer simplement quelques épopées, comme celle de *Nsongo'a Liandja* chez les *Mongo* de l'Équateur, pour se rendre compte, par exemple, que ce grand Héros de la culture et de la civilisation Mongo était, en fait, le « dieu » qui, à la fois, faisait ses hommes et les protégeait.

Malgré certains récits cruels dus aux nécessités de la narration, il n'est pas impossible de trouver, dans cette épopée, certains principes humanitaires importants qui, de nos jours, fondent le Droit des droits de l'homme, notamment *le principe de la solidarité (clanique)* et *de l'hospitalité universelle.*

D'autres devinettes – comme celle, chez les *Bongando*, qui consiste à poser comme précepte moral le fait que *Boon'a nyango afatsikama la lilw'a mbula* (*on n'abandonne pas son frère sous la menace de la pluie*) – indiquent certes un certain sentiment de « repli familial » chez ce peuple « frère » des Mongo, mais, ne manquent pas de révéler, en même temps, un certain *souci d'humanité* devant toute menace ou tout catastrophe.

D'autres tribus congolaises arborent aussi contes et devinettes pour souligner, qui, la force de la solidarité clanique, qui, les bienfaits de l'ouverture aux autres ou encore les exigences des valeurs telles que la justice, le partage, la tolérance, etc.

Bref, par le canal des proverbes, des contes, des devinettes, des épopées, voire même des récits historiques, l'histoire des sources congolaises du Droit des droits de l'homme renseigne une grande contribution de la Sagesse populaire dans l'affirmation, la protection et la garantie de bon nombre de droits qu'il est donné aujourd'hui à l'humanité de codifier.

Il est par conséquent utile, avant de proclamer l'antériorité ou même la suprématie des sources dites « écrites », de devoir interroger cette Sagesse populaire, dont le plus grand « péché » aura été seulement de n'avoir pas été codifié, c'est-à-dire couché comme telle sur papier. Tel est l'enseignement qu'a véhiculé pendant longtemps encore, notamment, l'église chrétienne.

SECTION 2. LE CHRISTIANISME ET L'APPORT DES PREMIERS LEADERS ANTICOLONIAUX

À cause ou grâce à l'occupation coloniale, le christianisme, introduit au Congo depuis le XVe siècle, trouve une occasion de se développer et d'influencer, par sa force ou par son enseignement, les conceptions des autochtones congolais.

Il en est ainsi par exemple du cas des premiers leaders politiques congolais qui, formés presque tous à l'école du missionnaire, vont découvrir, à la veille des années 60, leur vocation.

Les conceptions chrétiennes du pouvoir, de la vie et de la liberté (...) vont, dans ce contexte précéder les grandes idées humanitaires évoquées, çà et là, par les leaders congolais de l'aube de l'indépendance, réclamant notamment un régime respectueux des droits des autochtones.

Deux moments méritent donc, ici, d'être distingués.

Il y a, d'abord, la doctrine chrétienne du pouvoir et de la liberté, ainsi que sa conception de l'homme dans le cadre de cette liberté, qui méritent d'être rappelées ; on n'oubliera pas non plus, dans ce cadre, l'apport spécifique de l'Église catholique du Congo dans l'émancipation politique du peuple congolais (§ 1).

Ensuite, nous évoquerons brièvement quelques grandes idées revendicatrices, en matière des droits de l'homme, des principaux leaders congolais de la veille de l'indépendance (§ 2). C'est une manière de souligner, comme chez les descendants des Montesquieu, Rousseau ou autre Grotius, l'apport spécifique de ces leaders à l'émergence du Droit congolais des droits de l'homme.

§1. LA DOCTRINE CHRÉTIENNE DU POUVOIR ET DE LA LIBERTÉ ET LA CONTRIBUTION SPÉCIFIQUE DE L'ÉGLISE DU CONGO À L'ÉMANCIPATION POLITIQUE DU CONGO

Sans nécessairement être historiquement la première, la conception chrétienne de l'homme, de sa liberté et de la relation que celle-ci entretient avec le pouvoir politique est, sans doute, celle qui a le plus déterminé le développement des idées en faveur des droits de l'homme dans le monde, surtout occidental. C'est, en gros, par rapport à elle que toutes les autres réactions se sont globalement dressées. Son antériorité repose donc, principalement, sur cet apport.

Nous rappellerons d'abord l'essentiel des principes formant la conception chrétienne du pouvoir et de la liberté (A). Nous en tirerons ensuite les conséquences sur le plan pratique (B), avant d'indiquer l'apport spécifique de l'Église catholique du Congo dans le processus de décolonisation du Congo (C).

A. Les principes essentiels de la conception chrétienne du pouvoir et de la liberté

Tout part, en effet, de cette affirmation que *l'origine de l'homme se trouve en Dieu*. Selon la conception chrétienne, en effet, *l'homme est créé par Dieu et il l'est à l'image de Celui-ci*[4]. Le pouvoir de l'homme et sa liberté lui proviendraient, par conséquent, de Celui-ci, à l'exclusion de toute autre origine.

Concernant le pouvoir plus spécialement, la doctrine chrétienne, développée notamment par Saint Thomas d'Aquin et précisée par Saint Augustin, affirme avec autorité que *le pouvoir* – tout pouvoir – *vient de Dieu*. Celui-ci en aurait confié l'exercice à l'homme pour la réalisation du Bien commun. Partant de cela, Dieu, tout en n'imposant aucune forme particulière de gouvernement à l'homme, enjoint cependant son « intermédiaire » à ordonner toutes les activités politiques *à la réalisation de ce Bien commun*.

En particulier, dans la relation entre l'homme et le pouvoir politique, la conception chrétienne prône, à charge des pouvoirs publics, *le respect de la dignité humaine*. C'est, dit-on, un des moyens de réalisation de ce Bien commun.

Il en découle que, concernant la liberté, l'homme la reçoit non comme un attribut propre, mais, comme un « cadeau divin » qu'il ne lui appartient pas d'utiliser comme bon lui semble. Selon l'Église chrétienne, en effet, notre liberté doit nous conduire à faire le bien et non le mal, à choisir la vie et non la mort[5].

Ce sont ces principes qui, importés au Congo par le fait colonial, ont été enseignés, notamment dans les « Grands séminaires » congolais, aux futurs leaders politiques de la veille de l'indépendance. Ils ont des conséquences pratiques qu'il importe immédiatement de rappeler.

B. Les conséquences pratiques de la conception chrétienne du pouvoir et de la liberté

1. *D'abord, concernant le pouvoir*

On peut dire que la conception chrétienne du pouvoir s'accommode aussi bien des idées démocratiques que des préoccupations purement autocratiques.

En effet, si l'on met l'accent sur l'origine divine du pouvoir, on peut pratiquement dire que Dieu étant Un, le véritable détenteur du pouvoir politique ne peut par conséquent être qu'Unique : Dieu. Dans ce cadre, tout régime centralisateur du pouvoir est, en principe, dans la ligne de pensée de la doctrine chrétienne du pouvoir.

Certes, Dieu, détenteur originaire du pouvoir, exerce celui-ci « par l'intermédiaire de ses élus ». Mais, personne ne sait garantir le caractère démocratique du choix de ces « intermédiaires ». D'où l'idée que la conception chrétienne du pouvoir encourage le développement des pouvoirs autocratiques et théocratiques, dont on sait que ce sont, dans la plupart des cas, des « dictatures de droit divin ».

Cette conception du pouvoir a-t-elle influencé les premiers leaders politiques congolais, dont l'organisation politique « centralisatrice » – qu'elle soit d'inspiration unitariste ou fédéraliste – a fortement marqué leurs premiers pas dans la politique ? Rien n'est moins sûr.

En tout état de cause, la référence à l'intermédiation humaine dans l'exercice effectif du pouvoir n'altère en rien la rigueur du principe de l'origine divine du pouvoir politique chez les religieux. Elle constitue à tout le moins, sinon une limite à la pensée théocratique du pouvoir, du moins une tendance à l'assouplissement de la théocratie elle-même.

Quelle est la conséquence de cette conception générale sur la liberté de l'homme ?

2. *Ensuite, concernant la liberté*

Puisque la liberté de l'homme est destinée à la réalisation du Bien – et non du Mal –, la liberté de l'homme est par conséquent, chez les croyants, conditionnée à la réalisation des fins divines.

Les adversaires de la doctrine chrétienne (les philosophes athées notamment), réagissant à cette conception, reprochent à l'Église chrétienne, sinon son paternalisme, du moins sa volonté limitatrice du pouvoir de la liberté. Comment, se demandent-ils, la liberté de l'homme peut-elle être si conditionnée par des buts qui ne relèvent pas de la volonté et de l'autorité de l'homme ?

Cette liberté humaine est « conditionnée » parce que sa jouissance dépend du choix fait par l'homme de la Vie et de l'Auteur de cette Vie, à savoir : Dieu. S'il choisit Dieu, il vivra Libre et dans le Bonheur. En dehors de Dieu – martèlent les Églises chrétiennes –, il n'y a point de Vie, et par conséquent, point de jouissance de la Liberté. Ce qui est à rechercher, selon la propagande chrétienne, c'est « la Liberté des enfants de Dieu », celle qui provient de la « libération du péché ».

Bien que cette conception ait pu marquer des siècles et des peuples, il s'agit cependant d'une prédication largement critiquée, ou tout au moins redoutée, notamment par des incrédules et autres victimes de l'apostasie. Il n'est pas d'ailleurs prouvé qu'elle ait été assimilée par les anciens séminaristes congolais de l'époque, qui deviendront plus tard des leaders politiques.

En tout état de cause, s'il y a un point positif dans la pensée chrétienne du pouvoir, de l'homme et de sa liberté, c'est sans conteste son exaltation de la *dignité humaine*, une dignité fondée directement sur la Dignité et l'Éminence mêmes de Dieu, le créateur.

La conception chrétienne enseigne ainsi que, absolutiser la vie, la liberté et la dignité humaines sans lui donner un fondement philosophique ou religieux concret – comme le feraient par exemple les philosophes athées – serait une entreprise sans ressort spirituel et, donc, d'une certaine manière, un océan de flots sans digue. Il n'y aurait, par conséquent, dans ce contexte aucun moyen de contenir tout débordement ou toute violation des espaces de liberté constitués par les abords de l'océan athéiste.

Les athées rétorquent au contraire, de leur part, que le respect des droits de l'homme postulé n'est pas nécessairement à reposer sur l'hypothèse de la « garantie » divine ou de l'origine divine du pouvoir. Ce respect se justifierait simplement, selon eux, par la seule considération que tout homme doit avoir vis-à-vis de son semblable les mêmes égards que ceux qu'il en a sur soi-même.

En d'autres termes, le *Fais à autrui ce que tu veux qu'on te fasse* ou le *Ne fais pas à autrui ce que tu ne veux pas qu'on te fasse*, demeure, chez les athées, la seule règle de conduite possible.

Cette conception, on le sait, est à l'origine de différents courants humanistes modernes et qui se présentent confusément sous le couvert du laïcat, qu'il se déploie dans le domaine politique ou dans le domaine social (voir l'exemple des syndicats et des partis politiques en Belgique)..

Il faut donc insister, en synthèse, sur cette notion commune de la *liberté* et de la *dignité humaines* (prônées par les deux conceptions opposées) pour constater que même le plus zélé des chrétiens rencontre le plus virulent des anti-religieux dans la *notion centrale de l'Homme* ; en lui, tous les deux adversaires se rejoignent de façon paradoxalement parallèle. C'est, en quelque sorte, la seule « valeur » commune qu'il vaille la peine de défendre en dehors de tout antagonisme idéologique ou religieux.

C'est cette idée de *dignité humaine,* en effet, qui est aujourd'hui à la base des conceptions modernes – y compris laïques – des droits de l'homme[6].

C'est également cette idée qu'avaient assimilé, en toute hypothèse, les premiers leaders congolais.

Elle est celle qu'avait essayé de promouvoir, *a posteriori*, l'Église catholique, à travers l'encyclique *Pacem in terris* du Pape Jean XXIII (11 avril 1963). L'Église s'était alors positionnée, dans cette encyclique, comme la véritable « défenseuse des droits de l'homme », en réplique aux critiques des philosophes athées.

C'est d'ailleurs un peu « en avance » sur l'Histoire chrétienne, que l'Église catholique du Congo, bien que tardivement, s'était finalement ralliée au combat pour la liberté et l'émancipation coloniale, mené, depuis longtemps sans soutien, par le peuple congolais.

C. L'apport spécifique de l'Église catholique dans l'émancipation politique du Congo

Dans une déclaration tactique[7] qualifiée parfois de « fuite en avant », et après être restée longtemps l'allié du pouvoir colonial, l'Église catholique du Congo, par la voie de ses « Ordinaires du lieu », prend pour la première position pour l'émancipation des « droits » du peuple colonisé.

Dans le style d'un véritable code de conduite morale, voire juridique, elle publie une sorte de « feuille de route », à l'intention de tous les acteurs intéressés, pour la pleine émancipation du peuple congolais, longtemps maintenu sous le joug colonial.

Les Évêques congolais – ou plus exactement les Évêques belges au Congo – proclamèrent ainsi, le 29 juin 1956, que *Tous les habitants d'un pays ont le droit de collaborer activement au bien général. Ils ont donc le droit de prendre part à la conduite des affaires publiques. La nation tutrice a l'obligation de respecter ce droit et d'en favoriser l'exercice, par une éducation politique progressive. Les autochtones ont l'obligation de prendre conscience de la complexité de leurs responsabilités et de se rendre aptes à les assumer. L'Église n'a pas à se prononcer sur les modalités de l'émancipation d'un peuple. Elle (la) considère comme légitime du moment qu'elle s'accomplit dans le respect des droits mutuels de la charité*[8].

Dans un cadre où les « droits » et les « obligations » des uns et des autres sont ainsi définis, l'Église n'a pas trouvé mieux que de se soustraire de ce vaste mouvement vers une nouvelle responsabilisation collective, précisément parce qu'elle « n'a pas à se prononcer sur les modalités de l'émancipation d'un peuple ». L'important pour elle est que cette émancipation « légitime » s'accomplisse « dans le respect des droits mutuels de la charité ».

Bien que ce fut une position tactique, voire le reflet d'un conflit belgo-belge[9], la réaction positive de l'Église catholique en faveur de l'émancipation globale des noirs fut, sans aucun doute, un élément de soutien indispensable aux idées progressistes notamment des principaux leaders congolais de la veille de l'indépendance.

Quelles ont été donc, dans ce contexte de conditionnement religieux très paternaliste, les principales idées des premiers leaders d'opinion congolais en matière des droits de l'homme ?

§2. L'APPORT DES PREMIERS LEADERS CONGOLAIS ANTICOLONIAUX

C'est surtout dans les luttes anticoloniales et les combats pour « l'émancipation de l'homme noir » que le développement des grandes idées humanistes, chez les leaders congolais, était perceptible. Le thème des droits de l'homme (ou des peuples congolais) est donc abordé par le biais de cette revendication générale de la *liberté politique*.

Avant d'évoquer les écrits proprement dits produits par les organisations pilotées par ces leaders, il importe d'isoler leurs propres conceptions personnelles en matière des droits de l'homme.

Ces conceptions personnelles, difficiles à formuler, peuvent être extraites de quelques-uns de leurs grands discours ou prises de position politiques ou syndicales, ce dans le cadre de leurs luttes partisanes et de la lutte en faveur de l'émancipation totale du Congo.

À titre symbolique et illustratif, nous nous limiterons ici – au risque de décevoir ou d'agacer – aux seuls cas de J. Kasa Vubu, leader de l'*Abako*, et de P.E Lumumba, leader du *MNC*, en tant qu'acteurs clés du processus de l'indépendance politique et premiers responsables politiques du Congo indépendant.

Leurs idées humanitaires, ou plus exactement leurs prises de position par rapport aux droits de leurs concitoyens (des leurs), pour peu « originales » qu'elles pussent l'avoir été, ont néanmoins le mérite de l'audace, de l'amour des siens ainsi que de la perspicacité, dans un contexte colonial dominé par des brimades et autres négations de l'être humain.

A. Les idées « droits de l'hommistes » de J. Kasa-Vubu

Nous n'évoquerons pas ici la revendication du leader Kongo sur la propriété du sol de Léopoldville, laquelle, selon Kasa-Vubu, devait revenir aux Bakongo [10].

Deux discours du futur premier Président congolais révèlent cependant sa pensée personnelle, à la fois, sur l'avenir du Congo Belge et sur les libertés de ses habitants.

Le premier est celui prononcé le 3 février 1957, à l'occasion de l'inauguration de la section *Abako* de N'djili, ce, en réaction à une lettre accusatrice des leaders des « Gens du haut » (P. Bolya pour les *Mongo* ; J. Bungu et Kabayidi pour la *Fédération kasaïenne* ; F. Essandja et A. Genge pour la *Fédération des Bangala*).

« À ceux qui nous accusent d'ingérence en matière politique, dixit Kasa-Vubu, nous annonçons que nous entendons faire succéder le règne de l'empire du silence par celui de la *liberté politique* qui n'a d'autres limites que celles tracées par la loi. *Qu'il nous soit donc permis de nous exprimer librement*, sans arrière-pensée. Nous éviterons ainsi le retour des événements déplorables de Luluabourg, de Matadi et d'autres. Le temps est venu où le Gouvernement doit tenir compte de nos aspirations. *Ce n'est que dans la liberté que nous pouvons faire notre apprentissage politique.* C'est pour cela que l'Abako a réclamé *l'application de la justice au Congo* : Belgique d'Outremer. Et nous insistons pour que *les élections soient totalement libres et non mitigées* »[11].

Le second est celui connu sous le nom de « Discours de Dendale », un discours riche par sa portée politique, prononcé le 20 avril 1958 et auteur de nombreux ennuis judiciaires (dont l'emprisonnement) de l'intéressé.

Benoît Verhaegen qui le rapporte indique que « Kasa-Vubu prononça son discours devant une assistance très nombreuse comprenant notamment le Premier Bourgmestre Tordeur et les autres Bourgmestres congolais. Il développa trois thèmes : *la nécessité de promouvoir l'enseignement, l'octroi de certaines libertés fondamentales* (presse et information) et *l'instauration de la démocratie par des élections générales et l'autonomie interne* »[12].

Ces deux discours du leader congolais révèlent, certes, la revendication congolaise séculaire de l'indépendance politique, mais, dans une grande mesure aussi, ils font l'écho d'un besoin réel en faveur des libertés (des droits de l'homme), lequel besoin ne peut être véritablement satisfait que par l'abolition du système colonial et par l'instauration au Congo d'un régime démocratique respectueux de ces libertés fondamentales.

En tant que tels donc, les deux discours de Kasa-Vubu et l'auteur lui-même méritent le souvenir d'une nation en route vers son indépendance politique et vers un régime de pleines libertés politiques.

B. Les revendications « droits de l'hommistes » de P.E. Lumumba

De tous les leaders congolais pré-indépendance, Lumumba est sans doute celui qui aura été présenté comme le plus radical et, en même temps, comme le plus « frondeur » de tous. De ce point de vue, et de l'opinion générale des colonisés, il était le plus proche du peuple.

Dans son livre intitulé *Le Congo terre d'avenir est-il menacé ?*, le futur premier Premier-ministre congolais expose le fond de sa pensée sur « l'avenir du Congo », sur le sort de ses habitants et, surtout, sur la construction de la « communauté belgo-congolaise », communauté qui devait être fondée, selon lui, sur une « union définitive... cimentée par l'amour que doivent se témoigner mutuellement Congolais et Belges »[13].

Lumumba commence son livre par rappeler et commenter le « But de la colonisation » belge, contenu hypocritement dans l'article 5 de la Charte coloniale (missions de civilisation et de mise en valeur économique de la colonie). Essayant d'évaluer dans la pratique les « bienfaits » de cette colonisation (pp. 20-21), l'auteur constate plutôt que les conditions sociales de ses compatriotes étaient devenues misérables (surtout celles du travailleur congolais).

Il place donc, logiquement, l'« égalité sur le marché du travail » au premier rang des revendications à formuler, égalité considérée comme « la revendication numéro un de toute l'élite congolaise » (p. 36). Dans ce cadre, il plaide pour que « à travail égal » il y ait un « salaire égal » entre les travailleurs congolais et agents coloniaux. De même, il plaide aussi pour qu'il y ait reconnaissance d'un même statut entre travailleurs congolais et leurs homologues belges ayant les mêmes aptitudes et compétences. Enfin, il ne manque pas de souhaiter les mêmes avantages sociaux pour tous les travailleurs belges, colonisateurs et colonisés [14].

Dans le chapitre consacré à l'« Intégration politique – Droits politiques – Participation politique », le futur premier Premier-ministre congolais insiste particulièrement sur le « désir des Congolais de participer d'une façon plus effective dans l'administration du pays » (p. 38). Évoquant même un droit contenu dans l'article 21 de la DUDH, Lumumba argumente ses revendications politiques en rappelant que, « En principe, *tout homme a le droit de participer à la direction des affaires de son pays* » (p. 38).

D'ailleurs, pour donner un contenu exact à ce droit politique, Lumumba plaide particulièrement pour que les élites congolaises entrent dans tous les rouages administratifs de la Colonie. Cependant – on peut le regretter – il n'évoque pas encore, à ce stade, le renversement même du régime colonial !

Un bémol dans la pensée politique de Lumumba : c'est surtout l'échéance et la portée du bénéfice des droits politiques qu'il préconise : « ... Nous croyons qu'il serait possible d'accorder, *dans un avenir relativement proche, des droits politiques aux élites congolaises et aux Belges du Congo*, suivant certains critères qui seront établis par le Gouvernement. *Il ne serait donc pas question, à notre avis, d'accorder ces droits à des incapables, des illettrés dépourvus de toute réflexion* car ce serait donner des armes dangereuses aux enfants » [15].

Très paradoxalement donc, Lumumba, dont le manuscrit paraît avoir été publié *post mortem*, va jusqu'à exclure « la masse non évoluée » du bénéfice immédiat de ces droits, et propose que le pouvoir colonial pusse accorder les droits politiques, « si la chose pouvait se réaliser », plutôt : « – *à tous ceux qui savent lire et écrire*, ce qui devra être prouvé par la production d'un certificat ou attestation de fréquentation scolaire délivré pour un cycle complet d'études primaires, et régulièrement établis dans la commune ; et *aux chefs, notables et juges indigènes* (...) » [16].

Nonobstant ce bémol, il faut avouer, comme l'écrivent J. Omasombo et B. Verhaegen, que la pensée politique de Lumumba n'a pas encore, en ce moment, montré tout son radicalisme. Le « changement radical du discours de Lumumba entre 1956 et 1958 » serait dû, selon ces auteurs, plutôt à l'influence de certains « événements » qui se sont produits dans sa vie personnelle : « ... l'arrestation, le procès et l'emprisonnement de juillet 1956 à septembre 1957 ; (...) la vie à Léopoldville dans une capitale en plein éveil politique ; (...) le séjour en Belgique à l'occasion de l'exposition universelle de 1958 et les contacts avec les milieux engagés dans la décolonisation de l'Afrique ; (...) à Léopoldville, la visite du Groupe de travail parlementaire belge et la création du Mouvement National Congolais »[17]. Ce qui l'encouragera dans la voie du radicalisme.

Sans s'attarder sur ces « propositions » pour le moins opportunistes, il y a lieu de retenir cependant (surtout en considération de l'action et du rôle ultérieurs joués par Lumumba dans l'émancipation politique du Congo et du Congolais) la contribution significative de ce dernier *dans la prise de conscience du Congolais de ses droits et de ses devoirs* en tant que citoyens d'une future nation à reconquérir.

Sur cette base, Lumumba comme Kasa-Vubu sont de grandes figures mythiques de l'histoire politique du Congo, en même temps que les chantres du libéralisme politique au Congo.

Bref, il y eut dans une certaine catégorie des leaders congolais pré-indépendance une prise de conscience réelle du bienfait de l'instauration, au Congo, d'un régime respectueux des droits fondamentaux humains par la suppression du régime colonial, lequel, par principe, est la négation même de ces droits.

En dépit des considérations parfois opportunistes liées au contexte de l'époque, il y a lieu de retenir, parmi ces leaders, les figures emblématiques de J. Kasa-Vubu et de P.E. Lumumba qui ont de beaucoup contribué, il faut le reconnaître, à la prise de conscience du peuple dans sa lutte en faveur de l'émancipation totale.

Si d'autres leaders politiques ont, avant eux ou avec eux, mené le même combat, ils méritent, à travers ces deux figures, recevoir la même reconnaissance et le même éloges de la part de la Communauté des droits de l'homme.

Étaient-ils les seuls ? Leurs écrits suffisent-ils à compléter le tableau de tous les précurseurs en la matière ? Assurément pas.

Quelques écrits politiques produits par des organisations sociopolitiques de cette même époque, en dépit des divergences et des luttes personnelles de leadership propres au contexte, complètent, selon nous, le tableau général de ces référents politiques en matière des droits de l'homme au Congo.

SECTION 3. LES ÉCRITS HISTORIQUES PRÉ-INDÉPENDANCE

Les écrits historiques sont, dans ce contexte de lutte anticoloniale, les documents officiels qui, par leur solennité et leur impact, ont contribué largement à l'évolution politique du Congo et de ses habitants, qu'il s'agisse du passage historique d'un régime de possession personnelle (L'E.I.C., 1885 à 1908) au régime de l'indépendance politique (1960), en passant par l'étape de la colonisation belge (1908-1959).

Certes, il est impossible de rendre compte de l'ensemble de la littérature écrite qui, à cette époque, témoigne des idées et de la volonté de certains acteurs d'éliminer le régime négationniste des droits humains qui a eu cours au Congo à cette époque. On se limitera ici à quelques-uns seulement de ces écrits mieux connus et qui ont eu une influence décisive sur l'éclosion des idées en faveur des droits politiques, économiques et sociaux des Congolais.

Il s'agit, d'une part, du *Rapport Casement* (§ 1) et, d'autre part, des deux « manifestes » historiques, mieux connus sous les appellations de *Manifeste Conscience africaine* (§ 2) et de *Contre-manifeste de l'Association des Bakongo* (§ 3).

§ 1. LE RAPPORT CASEMENT

M. Casement est un Consul anglais qui avait longtemps travaillé à Boma à l'époque de l'*État Indépendant du Congo*. Très proche des missionnaires protestants, il était l'auteur d'un rapport particulièrement critique du régime de Sa Majesté le Roi Léopold II au Congo.

Connu sous le nom de « Rapport Casement » – alors qu'il s'intitulait exactement *Report from His Majesty's Consult at Boma respecting the administration of the Independent State of Congo* –, le Rapport rédigé par cet employé britannique dénonçait, aux premières heures mêmes de l'implantation du système léopoldien, ce qu'il est convenu d'appeler « les crimes perpétrés contre les droits de l'homme » par le Souverain belge.

Il montrait par exemple, et de façon directe, ce qu'il appelait « le manque d'humanité de Léopold II à l'égard des faiseurs de caoutchouc ».

Le fait que cette critique provenait d'un ressortissant *anglais* (et donc européen) permît à Léopold II de se servir d'une argutie nationaliste particulièrement démagogique : celle de crier, devant l'opinion publique belge, au « complot de l'Angleterre, jalouse de son succès au Congo ».

Il entreprît alors d'envoyer une « Commission d'enquête au Congo » pour, semble-t-il, « faire toute la lumière » sur la situation dénoncée par ce Rapport. Pris dans son propre piège, Léopold II succomba à une exigence particulièrement habile de la part de l'Angleterre qui, non sans arrière-pensées évidentes, exigea, du même coup, que cette Commission d'enquête fut composée également de « personnalités intègres ».

Selon le Rapport de la Commission d'enquête internationale (composée d'un Suisse, d'un Italien et, finalement, d'un Belge, et rendu public en novembre 1905), ce que Léopold II faisait en Afrique « … Ce n'était point un État colonisateur, même pas un État, mais plutôt *une entreprise financière qui, du Congo, ne percevait que les terres et pas les populations qui y habitaient* ». L'opinion publique belge et internationale eût ainsi la confirmation que « le Congo de Léopold II était (plutôt) *un véritable enfer* »[18].

La publication de ce Rapport, dont les dénonciations ont été ainsi confirmées par le Rapport d'une Commission d'enquête internationale, précipitera le processus de « déléopoldicisation » du Congo et, finalement, son annexion politique et juridique à la Belgique, *pis aller* politique opportun qui ne put malheureusement pas éliminer toutes les exactions reprochées au régime léopoldien.

Bref, le « Rapport Casement », du point de vue du processus de l'évolution politique du Congo, mais surtout du point de vue de l'attention (même hypocrite) faite par l'opinion publique internationale aux droits du peuple congolais, était un catalyseur sérieux dans le processus du recouvrement, par les Congolais, de leur dignité bafouée et de leurs droits aliénés par l'un des régimes coloniaux les plus sanguinaires qui soient. Il constitue donc, selon nous, une source digne de mention dans l'histoire congolaise des droits de l'homme et du peuple.

§ 2. Le Manifeste Conscience africaine

Écrit par les anciens élèves des Pères de Scheut (ADAPES), lesquels évoluaient, autour de l'Abbé J. Malula (Vicaire de la paroisse Christ-Roi), dans une nouvelle Organisation « intellectualiste » dénommée *Conscience africaine*, le « Manifeste », publié le 30 juin 1956 par Joseph Ileo, Albert Nkuli, Dominique Zangabie, Antoine Ngwenza, Victor Ndjoli et Joseph Ngalula, n'a apparemment aucun rapport direct avec les droits de l'homme ou du peuple congolais. Tel ne fut, du reste, pas son objectif déclaré.

Le *Manifeste Conscience africaine* est, en réalité, une réaction, mieux, une position d'intellectuels congolais sur le fameux « Plan de trente ans » de Van Bilsen pour l'émancipation du Congo[19]. Il n'a rien du fameux « code de conduite » des Évêques catholiques belges au Congo (*supra*), mais, concerne « l'émancipation du peuple congolais » telle que vue par les Congolais eux-mêmes.

Comprenant treize paragraphes, ce Manifeste traite tour à tour de « Notre vocation nationale », de l'« Unité dans la diversité », d'« Une tâche exaltante à poursuivre », de la « Communauté belgo-congolaise » (...), sans que, jusque-là, aucune allusion expresse ne soit faite aux « droits » des Congolais.

C'est surtout dans les paragraphes concernant l'« Émancipation progressive mais totale », l'« émancipation politique » et l'« Émancipation économique et sociale » que nous percevons, en filigrane, le souci des auteurs du Manifeste de voir les *droits démotiques* du peuple congolais être respectés, c'est-à-dire des droits qui sont les « conditions d'existence de la société démocratique »[20].

Bien qu'épousant presqu'à demi mot le timing de trente ans proposé par l'universitaire belge, les anciens « protégés » des Pères n'ont pas manqué, ce faisant, de s'inscrire, eux aussi, dans la voix de la pleine autonomie, et donc, de la pleine responsabilisation politique du peuple congolais dans le processus de son affirmation en tant qu'État indépendant.

Ils ont, par le fait même de la dénonciation du régime colonial, inscrit leurs noms et leur action intellectuelle sur la liste des défenseurs et des idées en faveur de la cause indépendantiste, et donc de la cause des droits du peuple. En dépit de l'opposition rencontrée par leur « Manifeste », celui-ci demeure une référence obligée dans l'histoire de l'émancipation politique du Congo, n'en déplaisent à leurs adversaires de l'ABAKO.

§3. Le contre-manifeste de l'Abako

Dans une guéguerre inopportune entre différents groupes culturels et linguistiques de la veille de l'indépendance, l'*Association des Bakongo* réagit au *Manifeste Conscience africaine* par un « contre-Manifeste », non pour contredire point par point les idées des premiers défenseurs, mais, pour fustiger tant leur « mollesse » que leur « complaisance » vis-à-vis du pouvoir colonial.

Fruit d'une délibération de la réunion statutaire de l'Organe de représentation des Bakongo, le « contre-Manifeste » abakiste fut lu, le 23 août 1956, par son leader, J. Kasa-Vubu, en présence de quelques officiels belges. On y remarque trois points principaux de divergence avec le Groupe de *Conscience africaine*, tandis que les points de convergence, eux, sont nombreux.

Au titre de divergence majeures, le contre-Manifeste abakiste se distancie du *Manifeste Conscience africaine*, d'abord, sur la question du *multipartisme*. En effet, alors que les auteurs de ce Manifeste s'étaient clairement prononcés sur l'« inutilité », voire sur la « nocivité » de l'introduction des partis politiques belges au Congo, les leaders abakistes, eux, se montraient plus ouverts que les premiers sur la question du « multipartisme » et préconisaient même que le multipartisme belge s'exporte et s'implante au Congo.

Ensuite, c'est la question du « timing » de l'émancipation qui avait divisé les premiers leaders congolais. Dans la vision abakiste en effet, l'application du Plan de trente ans proposé par van Bilsen « ...ne ferait que retarder le Congo davantage... Puisque l'heure est venue, martelaient-ils, il faut nous accorder aujourd'hui même l'émancipation plutôt que de la retarder encore de trente ans »[21].

Enfin, à propos du Plan lui-même, les leaders abakistes proposaient carrément « son annulation pure et simple », là où les leaders de Conscience africaine avaient plutôt demandé à collaborer à son élaboration.

Au titre de convergences (nombreuses), il y avait d'abord l'unanimité de tous les « frères ennemis » *sur la nécessité de mettre fin au régime colonial*, en tant que terreau de toutes les violations des droits de l'homme. Ndaywel rapporte même que ces frères ennemis étaient unanimes pour « ...amorcer une politique d'émancipation qui devait se traduire au moins par *l'octroi des droits politiques et des libertés fondamentales*, l'africanisation des cadres et l'évolution des institutions existantes... »[22].

Ensuite, les deux grands mouvements opposés étaient également d'accord pour rejeter le projet d'établissement d'un lien institutionnel avec la Belgique coloniale, du moins *avant l'octroi de l'indépendance politique au Congo*.

Enfin, et sur le terrain des droits sociaux, « ... les deux manifestes s'accordaient aussi pour réclamer la *révision de la politique salariale, la suppression de la discrimination raciale et du paternalisme* »[23] ainsi que beaucoup d'autres préoccupations[24].

Bref, bien que formellement opposés, les deux « Manifestes » congolais de la veille de l'indépendance, parce qu'ils réclamaient la fin du régime colonial, parce qu'ils en appelaient à l'avènement d'un régime bâti sur le respect des droits politiques et sociaux, et parce qu'ils cristallisaient ainsi l'essentiel des revendications populaires sur l'indépendance du Congo, constituent des documents de référence en matière des droits de l'homme d'une portée historique inouïe, indigne d'un oubli coupable. Ils constituent, par conséquent, selon nous, les premiers écrits historiques congolais d'une portée historique et politique digne de mention dans l'étude du Droit congolais des droits de l'homme.

De toute évidence, l'essentiel des principaux antécédents historiques et politiques qui ont marqué toute l'histoire politique et culturelle du Congo est constitué de la somme des sources lointaines et indirectes en rapport avec le processus d'émancipation politique du pays. Le

Droit congolais des droits de l'homme point donc de cette nécessité historique d'affranchir tout d'abord l'État du joug colonial, sans oublier les antécédents historiques proprement précoloniaux.

Il importe par conséquent de bien résumer ces antécédents pour être en extraire un certain contenu réel, mais surtout, une certaine « culture » des droits de l'homme.

SECTION 4. LES ANTÉCÉDENTS HISTORICO-POLITIQUES LIÉS À LA CONSTRUCTION DE L'ÉTAT

Dès sa constitution, l'*État Indépendant du Congo* se positionne, très vite, comme un *État plurinational* qui, grâce à sa *tradition de tolérance*, ignore les clivages racistes ou, tout au moins, un certain ostracisme d'ordre communautaire (§ 1).

Les *luttes anti-esclavagistes et anticoloniales* menées par le peuple *en vue du recouvrement de sa dignité et de son indépendance* ont renforcé ce sentiment national, mieux, plurinational, et constituent le deuxième moment historique de l'éclosion de l'idée des droits de l'homme et des peuples dans la future République indépendante (§ 2).

Après ces luttes, et comme le soleil de l'indépendance s'est vite étiolé à l'approche de la grande nuit des gabegies et des dictatures (1961-1989), il a fallu compter, par la suite, sur la détermination et la *résistance pacifique d'un peuple*, appuyé par un contexte international assez favorable, pour voir la démocratie et les droits de l'homme tenter de reprendre droit de cité.

Le processus commence par l'affirmation, dans une série de Constitutions d'origine nationale, d'un catalogue de droits (et parfois même de devoirs) qui placent le Congo dans l'orbite des nations modernes. La création, en 1986, d'un département des Droits et Libertés du Citoyen chargé de promouvoir et de protéger les droits et les libertés du citoyen, pour formelle qu'eusse été son action, consacre symboliquement, si besoin en était, l'avènement d'une ère de prise en charge effectivement institutionnelle des droits de l'homme, dans le cadre de la politique « d'humanisation » du régime dictatorial du MPR-parti-État.

Les *conquêtes démocratiques* ainsi obtenues (§ 3) se positionnent, dans ce cadre, comme le troisième moment historique le plus important dans l'affirmation et la défense des droits de l'homme au Congo.

Enfin, suite à l'hypocrisie généralisée de la politique institutionnelle de la deuxième République et à cause de la carence démocratique des différents régimes mis en place, la *vague des conférences nationales souveraines* en Afrique, dont celle du Congo apparaît à cet égard comme la plus longue et la plus infructueuse, a dû apporter, il faut le relever, sa génération des droits et sa « caste » d'activistes des droits de l'homme.

Les différentes *initiatives constitutionnelles et institutionnelles* issues de cette Conférence et celles enregistrées dans le cadre, tant du régime de l'AFDL (création du ministère des Droits Humains) ou des régimes kabilistes 1 et 2 (tenue de la Conférence nationale sur les droits de l'homme, proposition de création d'une Commission nationale des droits de l'homme) que du Dialogue intercongolais de Sun City (signature de l'Accord global et inclusif, adoption d'une Constitution de la transition, maintien du ministères des Droits Humains et création d'un Observatoire national des droits de l'homme), constituent le quatrième moment historique, aussi important que le troisième, de cette prise en charge institutionnelle des droits de l'homme (§4). Il achève ainsi, du moins jusqu'à ce jour, tous les efforts d'institutionnalisation amorcés depuis 1885, date de la création officielle de l'État Indépendant du Congo, jusqu'à maintenant.

Ainsi sommairement annoncés, les grands moments historiques du processus d'institutionnalisation des droits de l'homme en République démocratique du Congo peuvent brièvement être explicités comme suit au titre d'antécédents historico-politiques des droits de l'homme au Congo.

§1. LA TRADITION TOLÉRANTE D'UN ÉTAT PLURINATIONAL VOUÉ À UNE CERTAINE VOCATION AFRICAINE

Le Congo est, aux dires mêmes de Isidore Ndaywel è Nziem, « le plus vieil État de la région (de l'Afrique centrale), créé dès le rendez-vous de Berlin en 1885 »[25]. Il compte, depuis les premières migrations du continent, des groupes ethniques et linguistiques aussi divers que différents qui font de lui *un État incontestablement plurinational*.

Que l'on jette un regard discret sur sa partie méridionale (Bas-Congo, Bandundu, Katanga, Kinshasa) ou sur sa partie septentrionale (Kivu, Équateur, Province Orientale...), le Congo offre à tout observateur, qu'il soit spécialiste ou non, le spectacle d'un « scandale ethnique et ethnologique » qui fait de lui une véritable *terre d'accueil et d'hospitalité* incontestable.

Sa partie couverte par la grande forêt équatoriale (plus de 40 % du territoire national : Équateur, les deux Kasaï et une partie de la Province Orientale) offre le spectacle hallucinant d'une mosaïque des peuples et des mœurs d'origines diverses et hétéroclites... C'est donc un État plurinational voué, dès son origine, à une certaine *culture de tolérance.*

En dépit de cette diversité ethnique et culturelle, c'est depuis plus d'un siècle maintenant (si l'on s'arrête ici à la seule date de 1885, date de la création de l'EIC) que tous les peuples de ces contrées (*Kongo, Luba, Mongo, Mangwetu, Zandé, Ngbandi, Ngbaka, Ekonda, Bongando, Basengele, Basuku, Bayanzi, Balunda,* etc.), forcés par une même histoire et par un même destin, habitent relativement *en harmonie* et dans un climat empreint de *tolérance*. Il ne s'y observe pratiquement pas ce que, ailleurs, on déplore par exemple de *racisme* ou de *repli identitaire* qui ont provoqué jusqu'aux génocides (cas du Rwanda ou du Burundi, par exemple !).

Qu'il s'agisse en outre des *Pygmées* (premiers habitants du Congo), des *Bantous* (le plus grand groupe ethnique du pays) ou des groupes *Soudanais* et *Nilotiques*, ces différentes « races » de peuples présentes au Congo *cohabitent dans un climat relativement de paix et d'ententes mutuelles*, en général sans grands accrocs.

La politique coloniale et celle dite « nationaliste » du Président Mobutu, en dépit de leurs excès respectifs, ont sans doute contribué, pour une part, à cette large homogénéisicisation[26].

Ce *pluralisme ethnique*, et par ricochet, social, politique et/ou idéologique, est certainement, du point de vue des droits de l'homme, l'un des éléments caractéristiques de la *tradition humaine et tolérante du peuple congolais*.

Aujourd'hui, il n'y a presque plus un coin de la République qui ne se sente pas comme un tout dans un ensemble et, à la fois, comme un ensemble du tout congolais. En dépit des contraintes économiques et sociales de divers ordres, ce peuple a encore, dernièrement, fourni la preuve de son *hospitalité* et de son *ouverture* – il faut le souligner – par *l'accueil et la tolérance d'un afflux massif des réfugiés rwandais*, après le tristement célèbre génocide qui s'y est déroulé en 1994[27].

La présence, depuis plusieurs années déjà, d'un nombre assez important des réfugiés notamment angolais dans la côte atlantique du pays, participe également de cette même *tradition d'ouverture, de tolérance et d'hospitalité*. Comment ne pas souligner cette tradition d'ouverture et de tolérance ? !

Déjà, dans les temps immémoriaux, on rapporte que les premiers contacts avec l'homme blanc, ce par l'intermédiaire du célèbre navigateur et explorateur portugais Diego Cao et sa suite (1482), ne provoquèrent chez les peuples du *Royaume Kongo*, ni rejet, ni émerveillement spectaculaire. « Il parait évident, affirme Ndaywel à ce sujet, que la vue de l'homme blanc, bien que ce fut une première fois, *ne provoqua pas de choc véritable*. Au contraire, *le premier contact fut plutôt serein*. On supposait volontiers avoir affaire à des *mindele*, c'est-à-dire des revenants...C'est cette méprise étrange qui justifie *l'accueil extrêmement serein qui leur fut réservé*...C'est cette atmosphère d'euphorie, de curiosité et en même temps d'*assurance* qui amenaient certains à monter à bord pour visiter les bateaux »[28].

La « sérénité des contacts » et l'« assurance » des toutes nouvelles relations nouées furent telles que, très vite, « les populations d'Afrique Centrale, composées de quelques nobles de *Soyo*, se retrouvèrent de la sorte au Portugal en cette fin du XVe siècle ». Il y eut même « quelques enfants de la famille royale et de la noblesse (qui) furent envoyés pour des raisons d'études au Portugal. Ce fut la première expérience d'envoi d'étudiants 'boursiers' en Europe »[29].

Chez les *Bakuba*, on rapporte également que le Roi *Shyaam*, dont les qualités exceptionnelles et la maîtrise de la gestion contribuèrent largement à la stabilité et à l'essor de l'Empire, fut un homme « plein d'humanité ». À la tête d'un Empire composé d'une pluralité de peuples (dont les *Leele*, les *Ding*, les *Mbuun*, les *Yans*, les *Sakata*, les *Nunu* et les *Boma*), « il avait le souci de protéger l'espèce humaine, *au point d'avoir aboli l'usage du javelot...* »[30].

Ce tableau empreint de tolérance et d'humanisme peut également être peint, avec les mêmes déterminants et les mêmes attitudes, chez les « maîtres de la Savane du Sud » (*Luba, Lunda, Lulua*, etc.), chez les « hommes de la Cuvette Centrale » (*Mongo, Ngombe, Libinza, Lokele, Topoke, Bongando,* etc.) et même chez les « conquérants de la Savane du Nord » (*Ngbandi, Ngbaka, Zande, Mangbetu*, etc.), dont l'hospitalité, la camaraderie et même une certaine « naïveté amicale » sont souvent soulignées et rapportées !

Pour tout dire, il y a, chez tous les peuples du grand Congo *une culture et une pratique évidentes de tolérance* qui porte le Congolais à l'ouverture et à une acceptation presqu'inconditionnelle de l'autre.

En général, le peuple congolais n'est pas rancunier. Affable, il partage tout ce qu'il possède, dont en premier lieu son sourire et sa gaieté. Compatissant, il est prêt à tout pardonner, même au plus méchant de ses bourreaux.

Cette tradition d'ouverture et de tolérance constitue donc, à n'en point douter, un terreau fertile pour l'émergence, l'éclosion et le développement d'une grande *culture des droits de l'homme*, bâtie autour des grands principes modernes (respect de la vie humaine, égalité et non discrimination, assistance et secours en cas de danger ou de nécessité...).

Cette *culture des droits de l'homme* ne demande plus aujourd'hui qu'à être reconnue et réhabilitée. Elle est surtout à inculquer aux nouvelles générations et, surtout, aux dirigeants politiques qui, contrairement au « bas peuple », sont à cet égard en grand déphasage avec l'histoire et les mentalités présentes.

Mais, culture de tolérance ne veut évidemment pas dire culture de résignation. Car, en défendant sa souveraineté et sa dignité, le peuple congolais est aussi capable de combat et de résistance, ainsi qu'il en a donné des preuves lors des luttes antiesclavagistes et anticolonialistes.

§2. LES LUTTES ANTIESCLAVAGISTES ET ANTICOLONIALES EN VUE DU RECOUVREMENT DE LA LIBERTÉ ET DE LA DIGNITÉ ÉTATIQUES

Sans nécessairement reprendre ici toute l'histoire politique du Congo, on sait que, avant l'aventure léopoldienne, l'espace territorial actuellement occupé par les peuples qui constituent aujourd'hui la République démocratique du Congo, fut, dans un premier temps l'objet d'« invasions barbares » de la part notamment des Arabes et des Arabisés. Dans ce contexte, on connaît l'histoire virulente et la méchanceté d'un chef arabe ou arabisé comme *Tipo Tip*.

Toutes les luttes des peuples autochtones à cette époque se concentrèrent, on le sait, vers l'objectif de l'éjection des Arabes et de l'éradication de toutes leurs exactions. Il s'en est suivi une prise de conscience effective de l'identité et du destin des peuples ainsi soumis à cette première forme de « colonisation ».

Puis vint l'époque et l'aventure de Léopold II (1885-1908). L'*État Indépendant du Congo*, un amas formé de différentes catégories de peuples regroupés au sein des frontières arbitrairement fixées depuis Berlin, est né. Léopold II instaure son régime d'exploitation et de terreur par le sang[31].

Toute cette entreprise d'exploitation dans le sang s'était probablement déployée sans compter avec les différentes *résistances populaires*. On parle volontiers de la *révolte Batetela* ou des différentes révoltes dites de Sankuru qui se succédèrent entre 1904 et 1921 pour rendre compte notamment de ces différentes *résistances*. On Connaît aussi le cas de la très célèbre *résistance Tchokwé*. Personne n'oublie également la *révolte Pende* (1932) qui, aux dires mêmes de Ndaywel, « fut l'une des plus violentes qu'ait enregistré la période coloniale »[32] (...).

L'aventure coloniale léopoldienne et belge a dû également se buter aux nombreux cas de *grèves ouvrières* (Matadi, Katanga, etc.) ou à la poussée des mouvements messianiques (*Kimbanguisme, Kitawala*, etc.) qui, toutes, avaient une portée politique certaine.

Bref, ces différentes *luttes et résistances* rendent compte de la fibre nationaliste du Congolais, en même temps que de *son combat pour la liberté et la dignité*. Ce qu'il convient donc de noter ici, c'est surtout ce *combat pour la liberté et la dignité* d'un peuple hostile à tout régime d'asservissement ou d'avilissement humain.

N'est-ce pas là un combat sublime pour la défense des droits de l'homme, ou plus exactement pour le recouvrement des droits d'un peuple spolié et dominé ?

Lorsque la Belgique officielle succéda à Léopold II dans cette entreprise d'exploitation et d'asservissement, elle dut également, elle-même, se rendre compte de l'âpreté de ce combat, lequel – loin s'en faut – ne baissa pas d'intensité, ni ne fut détourné de ses buts initiaux.

Il n'y eut point d'« Empire du silence », comme l'ont affirmé certains. Et, Pierre Ryckmans, un des hommes-orchestre de cette aventure coloniale, l'apprit à ses propres dépens, même si dans la propagande coloniale la plus ridicule, on dit qu'il s'agissait de coloniser plutôt « dans l'honneur »[33].

Le *combat pour la dignité et l'autodétermination* du peuple congolais atteignit ainsi son point culminant, à cette époque, notamment avec les événements de la veille de l'indépendance, dont ceux *du 4 janvier 1959*, avec *ses martyrs*, ses pillages et ses pertes économiques, constituent à cet égard la parfaite illustration de *l'aspiration d'un peuple à la dignité et à l'indépendance*[34].

Dans la suite de cette indépendance conquise (formelle ?), le combat des « révolutionnaires de 1960 » perpétua et illustra l'aspiration populaire en faveur de *son plus grand respect et de la défense de sa dignité,* encore malmenés par des velléités néocoloniales qui s'affichent déjà.

Ajouté à cela le *combat contre l'avènement et l'implantation du pouvoir dictatorial de Mobutu,* lequel s'est drapé, on le sait, aux oripeaux d'un parti unique particulièrement puissant, envoûtant et oppresseur (le MPR-parti-État), on comprend, dès lors, le sens et les buts ultimes des luttes démocratiques menées par un peuple pour sa libération totale.

Bref, les luttes du peuple congolais *en faveur de la défense de sa dignité et du recouvrement de sa liberté politique* constituent les premiers signes tangibles de sa seconde caractéristique, à savoir : un peuple tolérant certes, mais surtout *résistant.* Les actes historiques posés par lui tant à l'époque de l'occupation barbare qu'à l'époque de l'exploitation léopoldienne et coloniale illustrent avec la plus grande netteté sa détermination pour la défense de ses droits (droit à l'existence, droit à la dignité, droit à la liberté politique, bref, droit à l'autodétermination).

Quid des conquêtes démocratiques post-dictature « mobutienne » ?

§3. LES CONQUÊTES DÉMOCRATIQUES EN VUE DE L'ÉRADICATION DE LA DICTATURE

Fort malheureusement, l'aube de l'indépendance n'a pas chassé l'ombre de la dictature. Les succédanés du pouvoir colonial, maintenus, se sont amplifiés et ont prolongé le fil douloureux de l'histoire. Alors que l'on croyait définitivement vaincu le pouvoir colonial, avec sa cohorte de méfaits, ses « représentants » vont tenter de perpétuer l'ordre ancien par d'autres mains, celles des nationaux non nationalistes.

On se rappelle ici les fameuses « luttes intestines » qui, par deux reprises, ont suscité la tentation du pouvoir chez le colonel Mobutu (1960 et 1965). On se rappelle aussi son virement à 90° vers un système monolithique et oppresseur qui, à plusieurs reprises, a suscité plusieurs guerres et autres soulèvements populaires (1969, 1978 et 1989 par exemple), avant le grand coup de massue lui assené par la Conférence nationale souveraine (1991-1992). L'avènement de la « révolution-pardon » de L.D. Kabila (1997) ne peut-il pas, d'une certaine manière aussi, être comptabilisée parmi ces éléments positifs contre la dictature ?

Les *conquêtes démocratiques* du peuple congolais en vue de l'éradication du système monolithique et oppresseur de la deuxième République ont donc contribué, peu à peu, à l'évènement d'un *régime de liberté.*

Elles ont emprunté ici plusieurs voies : des *guerres du Shaba I et II* à la « guerre de libération » dirigée par Laurent-Désiré Kabila, en passant par les *soulèvements estudiantins, les revendications syndicalistes, les grèves des fonctionnaires, la tenue de la Conférence nationale souveraine, les massacres divers* (dont celui des chrétiens le 16 février 1991), on a affaire ici à une seule et même motivation politique, à savoir : la libération du peuple d'un des régimes les plus oppresseurs au monde.

Ce déferlement des mouvements en faveur de la libération politique a un poids certain et une influence décisive sur le cours des événements politiques de ces trois dernières décennies, mais surtout sur le régime des libertés.

Au point que, vues rétrospectivement, ces différentes conquêtes démocratiques constituent, d'une certaine manière, un point d'accélérateur important sur les roues de la transition envers un régime de libertés. Ici, les revendications « droits de l'hommistes » convergent vers plusieurs créneaux : droit à la paix, droit à la démocratie, droit à l'alimentation, droit à la libre circulation, droit à la liberté d'expression, droit à la détermination libre de son statut politique, droit à la jouissance de tous les biens matériels, culturels et moraux de son espace de vie, droit à la reconnaissance, droit à la sécurité, droit au bien-être, bref, droit à tous les droits de l'homme et du peuple.

On peut donc dire que, ici aussi, toutes les luttes menées par le peuple congolais en vue de l'éradication, dans son système de gouvernement et dans ses mœurs politiques, de toute velléité autocratique et/ou dictatoriale, constituent un combat pour la liberté et la dignité, un combat pour les droits de l'homme.

Il y a cependant certains qui pensent que cette démocratie tant recherchée est « improbable »[35] ou même « piégée »[36].

Tel est leur point de vue, lequel, à notre sens, n'altère pas dans son fond le désir de liberté et de bien-être du peuple congolais qui a entendu aussi inscrire ses revendications dans des écrits officiels plus ou moins respectés et respectables.

§4. LES INITIATIVES CONSTITUTIONNELLES ET INSTITUTIONNELLES DIVERSES

Enfin, il faut évoquer, au titre d'antécédents juridiques et politiques des droits de l'homme au Congo, les différentes initiatives – réussies ou échouées – prises dans le domaine de l'édiction des normes et de la mise en place de certaines institutions de promotion et/ou de protection spécifique des droits de l'homme.

Sur le plan constitutionnel, ainsi qu'on le verra (*infra*), il y a lieu de dire, effectivement, qu'un certain nombre de droits et de devoirs font partie du corpus constitutionnel du pays depuis bien longtemps, en particulier depuis son accession à l'indépendance politique (1960). Il s'agit, là, à n'en point douter, d'une prise en charge juridique de ce qui n'était jusque-là que des vues d'esprit ou des manifestations d'un mécontentement social généralisé.

Ensuite, sur le plan institutionnel, un certain nombre de mécanismes spécifiques de promotion et/ou de protection des droits de l'homme a, effectivement, vu le jour à partir de 1986, avec la création, en particulier, du Département des Droits et Libertés du Citoyen au sein Conseil Exécutif du MPR-parti-État (*infra*). La création de ce Département, auquel va succéder plus tard un Ministère des Droits Humains, manifeste ainsi un souci de prise en charge institutionnelle de la revendication populaire des droits longtemps bafoués.

Enfin, on doit indiquer dans cette chronologie, également, la création d'un Observatoire National des Droits de l'Homme ou la projection, aujourd'hui encore mise à l'épreuve, d'une Commission Nationale de Promotion et de Protection des Droits de l'Homme (*infra*), dont la reconnaissance juridique ne semble suspendue qu'à une simple question d'option politique.

Textes juridiques et mécanismes institutionnels constituent donc, ainsi, le dernier moment de l'histoire institutionnelle des droits de l'homme en République démocratique du Congo.

En conclusion, l'histoire congolaise des droits de l'homme ne peut pas être considérée comme vide d'événements et d'enseignements. Même si son historiographie demeure pauvre et peu connue ou reconnue, les valeurs fondamentales qu'elle véhicule (ouverture à l'autre, tolérance des opinions, lutte pour la dignité, la liberté politique, l'émancipation, l'autodétermination ou la démocratie, etc.) constituent la base fondamentale de son Droit en faveur des droits de l'homme.

Derrière les luttes antiesclavagistes et anticolonialistes, derrière les conquêtes démocratiques inspirées par la dictature et derrière les diverses initiatives constitutionnelles et institutionnelles, se déroule un seul et même projet : celui de l'implantation ou de l'avènement d'un régime plein de libertés.

Comment peut-on donc oublier tous ces « antécédents historiques, politiques, sociaux ou religieux » dans la reconstitution et la construction d'un véritable Droit congolais des droits de l'homme authentique ?

Comme leur nom l'indique, ces « antécédents » précèdent de très près les sources proprement dites des droits de l'homme, qui sont considérées comme des sources juridiques immédiatement invocables devant le juge.

On sait que celles-ci sont d'origines diverses (constitutionnelles, conventionnelles, législatives, réglementaires, jurisprudentielles et même coutumières). On peut néanmoins les regrouper en deux grandes catégories constituées des sources d'origine nationale (chapitre II) et des sources d'origine internationale (chapitre III).

CHAPITRE II

LES SOURCES JURIDIQUES D'ORIGINE NATIONALE

Contrairement aux *antécédents* qui sont un condensé des *principes moraux, philosophiques ou religieux* ou une série de valeurs, de témoignages et d'actions en faveur des droits de l'homme, les *sources juridiques* des droits de l'homme sont des *documents juridiques*, mieux, des *actes juridiques en vigueur* adoptés par les États ou par leurs organes, au niveau national ou international, et qui sont destinés à reconnaître et à garantir à toute personne humaine (ou à quelques catégories de personnes) la jouissance et l'exercice des droits inhérents à leur nature ou à leur vie en société.

En tant que actes juridiques, les sources directes des droits de l'homme sont revêtues de l'autorité juridique nécessaire qui leur donne le statut de sources de référence devant les instances juridictionnelles ou autres de protection des droits de l'homme.

Au nom du principe de l'universalité des droits de l'homme, tous les États modernes disposent d'un arsenal juridique propre en matière de reconnaissance ou de protection des droits de l'homme. Les droits de l'homme ont cessé d'être, en tout cas au niveau de leurs sources de référence, une « invention » exclusivement occidentale.

Plusieurs mécanismes juridiques sont utilisés par les États pour consacrer, dans leur ordre juridique interne, l'existence, la reconnaissance et la protection de ces droits : il peut s'agir, soit de la Constitution, soit de la loi, soit du règlement, soit même de la jurisprudence.

La République démocratique du Congo n'est pas restée en marge de ce mouvement général. Elle dispose, particulièrement depuis 1960 – date de son accession à l'indépendance –, d'un arsenal juridique assez complet en matière des droits de l'homme.

Ses différentes constitutions, ses nombreuses lois ainsi que son lot de règlements d'application constituent des sources directes et indéniables des droits de l'homme. Sa jurisprudence en la matière peut aussi tenir pour source de droit en dépit de sa contingence.

Il importe donc de passer en revue ces différentes sources pour se rendre compte de la présence, au Congo, des matériaux de référence nécessaires, mieux, des principaux instruments juridiques d'origine nationale qui peuvent être invoquées en justice.

Nous passerons ainsi en revue, tour à tour, la Constitution (Section 1), la Loi (Section 2), le Règlement (Section 3) et la Jurisprudence (Section 4), comme premières sources directes des droits de l'homme au Congo utilement invocables devant le juge des droits de l'homme.

SECTION 1. LA CONSTITUTION

Nous indiquerons d'abord, très brièvement, le statut de la Constitution (§ 1), avant d'énumérer les différentes constitutions congolaises qui, depuis 1960, ont reconnu ou reconnaissent encore des droits à ses habitants (§ 2).

§ 1. LE STATUT DE LA CONSTITUTION DANS LE DROIT DES DROITS DE L'HOMME

Ce statut est bien connu pour être rappelé ici. La Constitution d'un pays, on le sait, c'est le document de base, l'acte juridique fondamental qui, dans un État, consacre, d'une part, *l'existence des droits et libertés fondamentaux des citoyens,* et d'autre part, l'aménagement du pouvoir politique nécessaire au fonctionnement de l'État.

De plus, comme l'écrit si pertinemment le professeur Francis Delpérée, « Au commencement du droit est la Constitution...La Constitution c'est la règle juridique qu'une société politique qui s'organise en État se donne pour permettre la réalisation du bien public. À cette fin, *elle établit, en premier, les droits et les devoirs qui reviennent aux membres de la société politique*. Elle détermine également les règles d'aménagement des pouvoirs publics »[1].

Un des objets principaux de la Constitution d'un État, c'est donc la détermination des droits, des libertés, voire des devoirs des membres de la société étatique qu'elle est appelée à régir. On ne conçoit pas une Constitution moderne sans un chapitre, voire un titre, consacré aux droits de l'homme.

En Droit national des droits de l'homme, *la Constitution est la première source du droit.* C'est par rapport à elle que toutes les autres sources du Droit des droits de l'homme doivent être interprétées. C'est à elle qu'on recourt en premier lieu pour justifier, défendre ou revendiquer un droit, une liberté. D'ailleurs, historiquement, tous les droits et libertés ont, de tout temps, été de statut constitutionnel (voir les Déclarations anglaises, américaines ou française).

Il en découle que, en matière des droits de l'homme, la Constitution tient la première place dans la hiérarchie des sources juridiques. Elle est la règle juridique fondamentale. « C'est elle qui procure au groupe social toutes les conditions d'une action efficace en matière de sauvegarde, de défense et de protection des droits de l'homme »[2]. Toutes les autres sources du Droit des droits de l'homme doivent, par conséquent, lui obéir, puisque, précisément, elles lui sont soumises.

Qu'en est-il de la tradition constitutionnelle congolaise en la matière ?

§2. LES CONSTITUTIONS CONGOLAISES ET LES DROITS DE L'HOMME

Faire l'histoire des Constitutions congolaises est une tâche qui incombe aujourd'hui, et de manière pressante, à tous les juristes congolais[3].

Faire l'histoire du Droit constitutionnel congolais des droits et libertés est, en particulier, une tâche des spécialistes en Droit des droits de l'homme, rompus des problèmes constitutionnels. Il faut avouer cependant, en toute humilité, qu'il ne s'agit pas d'une tâche facile. Elle est, on doit se le dire, ardue.

Le caractère ardu de cette tâche résulte surtout de la difficulté tant de dénombrer que de classifier la dizaine de « constitutions » dont, en quelques années d'existence, le Congo s'est déjà doté.

En se fondant sur le critère de l'intervention du pouvoir constituant, les quelques 17 Constitutions et révisions constitutionnelles que le Congo a connues depuis 1908 peuvent, en effet, être classifiées en 5 catégories : les *constitutions octroyées*, les *Constitutions approuvées*, les *Constitutions dévoyées*, les *Constitutions négociées* et les *Constitutions virtuelles*[4].

Toutes les Constitutions congolaises depuis belle lurette réservent une place de choix aux fameux « droits et libertés fondamentaux des citoyens ». S'il faut, à propos de cette présence constante, dresser un constat, on peut dire que l'inscription des droits et libertés fondamentaux dans le corpus constitutionnel congolais est de tradition formellement infaillible. Cette tradition dénote ainsi, de manière irréfutable, la préoccupation séculaire du Constituant de s'inscrire dans le courant général du constitutionnalisme moderne.

Même si l'inscription de ces droits n'a aucune crédibilité pratique au regard de l'ampleur et de la constance des violations y observées, on peut tout de même noter que la présence – même virtuelle – de ces droits aux frontons de nos Constitutions, constituent, si non une source de sécurité formelle pour les citoyens, du moins un panneau de signalisation visible pour les conducteurs du « bateau » congolais.

Au nombre des Constitutions formellement « libérales » mises en place par la République démocratique du Congo, on peut citer principalement la loi du 18 octobre 1908 sur le Gouvernement du Congo, encore connue sous le nom de « Charte coloniale » (A). On peut également citer la Loi Fondamentale du 17 juin 1960 sur les libertés publiques, premier texte constitutionnel spécial en matière des droits de l'homme (B). Il faut citer également la Constitution du 1er août 1964, encore connue sous le nom de « Constitution de Luluabourg » (C), et qui dispose d'un titre assez fourni en matière des droits de l'homme. La Constitution du 27 juin 1967, deuxième Constitution nationale à être adoptée au référendum populaire (D), fait partie également de ce patrimoine constitutionnel spécial et clôture la vague des Constitutions plus ou moins démocratiquement adoptées.

En raison de la multitude de révisions que cette dernière Constitution a subies, nous ne nous attarderons, dans cette énumération, que sur l'Acte constitutionnel de la transition du 9 avril 1994 (E), texte constitutionnel de la première série de « transitions démocratiques » post-conférence nationale souveraine, en laissant de côté toutes les autres révisions constitutionnelles d'importance plus ou moins grande. Enfin, la Constitution du 4 avril 2004 (F), encore en vigueur sous la transition démocratique actuelle, bouclera la boucle de cette énumération.

A. La loi du 18 octobre 1908 sur le Gouvernement du Congo ou « Charte coloniale »

La « Charte coloniale » peut, sur le plan matériel, être regardée comme une Constitution à part entière, octroyée à la Colonie – le Congo – par un pouvoir occupant belge dont on ne pouvait soupçonner, à première vue, aucune intention libérale louable en matière des droits de l'homme.

Pourtant, par la volonté du Constituant belge, cette Charte, non seulement qu'elle prévoit l'institution d'une *Commission permanente de 7 membres* « chargée de veiller, sur tout le territoire de la Colonie, *à la protection des indigènes et à l'amélioration de leurs conditions morales et matérielles d'existence* » (art. 6), elle place singulièrement la question générale des droits de l'homme sous l'empire entier de la Constitution belge de 1830 (art. 2) [5].

Au regard de quelques-unes de ses dispositions en matière de politique sociale, la Charte coloniale peut être regardée comme un texte constitutionnel intéressant en matière de droits sociaux des indigènes. La Constitution belge de 1830 à laquelle elle se réfère, particulièrement dans les matières touchant à cette politique sociale, constitue son complément indispensable dans le cadre du processus de constitutionnalisation des droits de l'homme et de la politique de promotion des droits des « indigènes ».

Si le discours colonial était suivi d'une pratique respectueuse des droits humains, on pouvait presque invoquer ce texte de portée constitutionnelle pour justifier, entre autres, les nombreuses revendications des salariés notamment en matière de politique sociale. Malheureusement, entre le discours et la réalité, la politique coloniale dans son ensemble faisait subir aux Congolais, plutôt, un autre monde de rêves et de réalités (*supra*).

Ses affres et ses conséquences fâcheuses la placent même au rang des régimes les plus sanguinaires que l'histoire nationale ait pu enregistrer. Les corvées, les mutilations corporelles de toutes sortes, l'exploitation économique et l'embrigadement idéologique instaurés par ce régime (*supra*) jettent ainsi, à titre de bilan, une épaisse nuée d'ombre dans toute la politique sociale coloniale belge, laquelle ne permet pas d'évoquer la question des droits de l'homme pendant cette époque.

D'où l'intérêt de la vague constitutionnaliste et indépendantiste de 1960 qui a vu naître, entre autres, un nouveau texte de nature constitutionnelle en matière spécialement des droits de l'homme.

B. La Loi Fondamentale du 17 juin 1960 relative aux libertés publiques

Cette loi, d'origine belge, forme, avec la *Loi Fondamentale relative aux structures du Congo* du 19 mai de la même année, la deuxième Constitution congolaise *octroyée* par la Belgique à son ancienne colonie. Elle est la première Constitution nationale d'origine étrangère de l'ère indépendantiste [6].

Adoptée par le parlement belge dans les formes ordinaires d'adoption d'une loi, la *Loi Fondamentale relative aux libertés publiques* constitue, du point de vue congolais, le premier texte constitutionnel spécial en matière des droits de l'homme.

Même si son intitulé – *libertés publiques* – accuse sa parenté d'avec la philosophie libérale de l'Occident du 18e siècle, elle ne demeure pas moins un texte de base des « droits de l'homme » au Congo de Lumumba. Sa naissance dans la vie juridique et constitutionnelle du Congo lui donne un statut de « matière à étude ».

L'article 1er de ce texte constitutionnel spécial s'ouvre par une proclamation de foi aux « droits de l'homme » (proclamation attribuée aux Congolais) et par une détermination tous azimuts à les appliquer : « La présente loi traduit *l'indéfectible attachement des populations congolaises aux droits de l'homme* et aux principes de la démocratie. Elle s'inspire de leur *primordial souci d'assurer le respect de la personne humaine sans distinction aucune*...Elle a pour objet de *définir les droits dont les individus jouissent au Congo et dont les autorités doivent assurer le respect ou favoriser la réalisation* » [7].

Tout le texte constitutionnel lui-même comprend au total 21 articles, dont 17 au moins définissent et proclament les principaux droits reconnus aux nouveaux Congolais libres. Ces droits sont issus presque tous de la philosophie libérale occidentale du 18e siècle, dont on connaît la fibre individualiste.

On peut ainsi y trouver, tour à tour, le droit à l'égalité, le droit à la liberté, le droit à la propriété, le droit à la protection de sa vie et de son intégrité corporelle, etc. On y trouve également tous les autres droits liés à un « procès équitable » ou à de « meilleures conditions d'existence ».

Bref, les principaux droits politiques, économiques et sociaux que nous connaissons aujourd'hui, se trouvent, à l'origine, inscrits au fronton de la première Constitution nationale de tendance droits de l'homme.

Cependant, il est à noter qu'aucun des droits modernes relatifs, par exemple, aux groupements ou au peuple ne figure dans ce premier « corpus constitutionnel » spécial des droits de l'homme. De même, on n'y trouve pas non plus une institution propre et spécifique destinée à « assurer le respect ou (à) favoriser la réalisation » desdits droits dans la pratique.

Il s'ensuit que le premier texte constitutionnel spécial congolais en matière des droits de l'homme est, plutôt, un condensé inoffensif de principes moraux et politiques destinés à asseoir, au premier chef, tranquillement la conscience de l'ancien occupant, accusé de tous les maux coloniaux. Il proclame des droits, mais ne les protège pas. Il reconnaît ces derniers (ou quelques-uns seulement d'entre eux), mais leur méconnaît toute garantie institutionnelle effective. C'est, en plus, un texte d'inspiration philosophique libérale et individualiste occidentale.

Quid de la première Constitution faite des mains ainsi que des têtes proprement congolaises ?

C. La Constitution du 1er août 1964, dite « de Luluabourg »

C'est la première Constitution adoptée et *approuvée* par les Congolais au cours d'un référendum partiel organisé du 25 juin au 10 juillet 1964.

Dès son préambule, cette Constitution « proclame *notre adhésion à la Déclaration universelle des droits de l'homme* » et indique, en même temps, le souci des Congolais « de *sauvegarder les valeurs qui nous sont propres…* ».

Prolixe en tout, c'est une Constitution qui comprend, au total, 204 articles, dont 35 sont spécifiquement consacrés aux « droits fondamentaux »[8].

Sur le plan de sa consistance, cette Constitution reconnaît aux Congolais, aux étrangers et même à « toute personne », l'essentiel des droits d'inspiration libérale occidentale qu'il nous sera donné d'examiner plus loin.

Ainsi par exemple, elle reconnaît aux Congolais « le droit de créer un parti politique ou de s'y affilier » (art. 30). Elle leur reconnaît aussi le « droit à l'égalité et à la non-discrimination » (art. 13 et 14). « Aucun Congolais ne peut, ajoute-t-elle, être expulsé du territoire de la République. Tous les Congolais ont le droit de quitter librement le territoire de la République et d'y revenir »…

Enfin, concernant les étrangers, cette Constitution prescrit que « Tout étranger qui se trouve sur le territoire de la République jouit de la protection accordée aux personnes et aux biens en vertu de la présente Constitution, sauf les exceptions établies par la loi » (art. 46).

Cependant, la Constitution du 1er août 1964, comme sa devancière de 1960, ne consacre aucun des droits « du peuple » aujourd'hui reconnus par le Droit moderne des droits de l'homme. On aurait cru que les fameuses « valeurs qui nous sont propres » eurent pu logiquement secréter de tels droits dans la pure tradition africaine ; mais, il n'en a rien été question.

Cette Constitution ne prévoyait, non plus, aucune institution spécifique de promotion et/ou de protection des droits de l'homme.

Sur ces deux points donc, la Constitution du 1er août 1964 ne s'est pas, malgré elle, départie de l'héritage colonial belge. Elle a pêché, en particulier, par son omission de prévoir des mécanismes institutionnels spéciaux destinés à protéger effectivement les droits proclamés. Elle a pêché aussi par sa copie servile des droits issus de la philosophie libérale et individualiste occidentale qui, comme chacun le sait, fait cruellement économie des droits dits collectifs.

Le mimétisme constitutionnel ainsi dénoncé a, fort malheureusement, longtemps décrédibilisé le droit constitutionnel congolais, en dépit de quelques apports locaux.

Qu'en a-t-il été de la deuxième Constitution nationale approuvée ?

D. La Constitution du 24 juin 1967

Constitution « révolutionnaire » issue du coup d'État militaire du 24 novembre 1965, cette Constitution fait paradoxalement partie des quelques rares constitutions *approuvées*s par le peuple congolais.

À l'issue d'un référendum – véritable plébiscite – populaire organisé du 4 au 24 juin 1967 (référendum auquel, pour la première fois, les femmes ont pris part), cette Constitution aurait été, en effet, adoptée avec des scores « soviétiques » qui rappellent les tristes sociétés monolithiques que l'histoire moderne a connues ou connaît. Certains juristes n'ont pas manqué de le saluer comme inaugurant « Le nouveau droit constitutionnel congolais »[9].

Dans son titre deuxième, consacré aux « droits fondamentaux », la Constitution du 24 juin 1967 organise, en 13 articles seulement, tout le régime des libertés que le nouveau Droit constitutionnel congolais devait, par la suite, promouvoir.

Outre les éternels « droit à l'égalité et à la non discrimination » (art. 5), « droit à la vie et à l'intégrité physique » (art. 6), « droit à la liberté individuelle » (art. 8), cette Constitution reconnaît aussi l'existence du bipartisme (art. 4), le droit de toute personne de se marier

« avec la personne de son choix » (art. 12, al. 3) ainsi que « le droit et le devoir de travailler » (art. 17).

Le bipartisme constitue ici son trait caractéristique le plus connu, après le projet de multipartisme postulé par la Constitution du 1er août 1964. En clair, on assiste ici à un début de musellement des libertés politiques, se traduisant par cette volonté de limiter le multipartisme à deux.

Très concise, la Constitution du 24 juin 1967 se situe, elle aussi, dans la lignée des textes constitutionnels précédents, en ce que elle ne s'est pas départie, elle aussi, de la philosophie libérale et individualiste de l'Occident du 18e siècle et ne contient, par ailleurs, pas d'institution propre et spécifique de promotion et/ou de protection des droits de l'homme.

Même révisée à plusieurs reprises, cette Constitution n'a connu, en fait, que peu d'innovations démocratiques. Au contraire, la révision constitutionnelle du 15 août 1974 en particulier, est venue corseter toutes les libertés démocratiques dans un seul et même moule, à savoir la *discipline du MPR-parti-État*, dont tout citoyen était obligatoirement membre, y compris les fœtus [10]. C'est vraiment le prototype même de la Constitution *dévoyée.*

Les révisions constitutionnelles du 5 juillet et du 25 novembre 1990 qui ont suivi le discours du 24 avril 1990 n'ont pas, elles aussi, changé de donnes en matière des droits et libertés.

Il a fallu attendre la Conférence nationale souveraine et le vent du renouveau démocratique qu'elle a apporté pour assister à une « mini-révolution » en matière des droits de l'homme. Tous les textes constitutionnels issus, en effet, de la mouvance Conférence nationale souveraine sont extrêmement progressistes en cette matière. On n'y relèvera cependant que le seul texte qui nous est resté juridiquement moins polémique, c'est-à-dire l'Acte constitutionnel de la transition.

E. L'Acte constitutionnel de la Transition du 9 avril 1994

C'est un texte issu des concertations politiques du Palais du peuple, tenues à Kinshasa de janvier à mars 1994. Ces concertations ont accouché d'un « protocole d'accord » politique relatif à la gestion de la transition démocratique. Le texte lui-même est donc le résultat d'un compromis politique.

Comme ses rédacteurs l'ont souligné, il est la solution au problème du « dédoublement institutionnel et de la multiplicité des textes constitutionnels pour la période de transition », phénomène inquiétant apparu au lendemain de la clôture des travaux de la Conférence nationale souveraine [11].

L'Acte constitutionnel de la transition consacre près de 30 articles à la reconnaissance des « droits fondamentaux de la personne humaine et des devoirs des citoyens ». La plupart de ces droits sont des droits classiques issus de la philosophie libérale et individualiste occidentale.

On y trouve aussi un certain nombre de droits et de libertés dont la reconnaissance constitutionnelle résulte du vaste mouvement démocratique inspiré par la Conférence nationale souveraine elle-même, sans référence expresse à l'Occident. Ainsi, par exemple, pour la première fois dans le Droit congolais des droits de l'homme, on voit apparaître les *droits à la résistance et à la désobéissance civile* qui, comme on le sait, sont des bastions de toute démocratie [12].

Qu'ils s'expriment, en effet, sous la forme du refus d'exécuter un « ordre manifestement illégal » (art. 16) ou du « droit de pétition » (art. 19) ou qu'ils s'appellent « droit et devoir de défendre la Nation et son intégrité territoriale et de faire échec à tout pouvoir de fait ou inconstitutionnel » (art. 37, al. 2), ces deux droits à la fois différents et complémentaires sont, au Congo, on peut le dire, un acquis presque exclusif de la Conférence nationale souveraine.

L'Acte constitutionnel de la transition laisse ainsi une place assez généreuse à plusieurs autres libertés démocratiques – dont la liberté partisane par exemple (art. 7) – et reconnaît même, aux étrangers, un « droit d'asile » (art. 36).

Au nom de cette liberté partisane et du pluralisme politique qu'elle postule nécessairement, les Constitutions issues de la mouvance conférence nationale souveraine – qui sont des Constitutions *négociées* – donnent une prime supplémentaire à la liberté, puisqu'elles condamnent, avec la dernière énergie, toute imposition ou toute tentative de restauration, dans la République, du *Parti unique*. Ceci est même qualifié de *crime de haute trahison imprescriptible* [13].

En dehors de ces libertés démocratiques, l'Acte constitutionnel de la Transition ne reconnaît aucun autre droit collectif au peuple, ni ne prévoit aucune institution particulière de promotion ou de protection des droits de l'homme. Il est par conséquent, sur ce point, inséparable de la tare de ses prédécesseurs, même si le renforcement des libertés politiques peut être mis sur son compte.

La même tare peut également être reprochée au *Décret-loi constitutionnel du 27 mai 1997* issu de la « révolution-pardon » du régime Kabila. Ce dernier texte constitutionnel en effet – véritable Constitution *octroyée* – est même la plus muette et la plus monstrueuse de toutes en matière des droits de l'homme [14].

F. La Constitution de la Transition du 4 avril 2003

Il s'agit véritablement d'une Constitution *négociée* résultant de l'*Accord global et inclusif relatif à la période de transition* conclu à Sun City, le 17 décembre 2002, entre les différentes « composantes et entités au Dialogue inter-Congolais »[15].

Texte constitutionnel de la transition destiné à mettre fin à la guerre et à préparer l'avènement d'un État de droit démocratique, unifié et pacifié, cette Constitution, sur le plan de la hiérarchie formelle des sources du droit, est, à l'heure actuelle, le document fondamental de référence pendant la période de transition. Il vient au-dessus de l'*Accord global et inclusif* qui, en dépit de sa prétention, reste une « convention politiquement formée entre les différentes parties au Dialogue inter-Congolais »[16].

Dans son préambule, ce texte constitutionnel « réaffirme solennellement *notre attachement aux principes de la démocratie et des droits de l'homme*, tels qu'ils sont définis par la Déclaration universelle des droits de l'homme du 10 décembre 1948, la Charte africaine des droits de l'homme et du peuple adoptée du 18 juin 1981, ainsi que tous les instruments juridiques internationaux et régionaux adoptés dans le cadre de l'Organisation des Nations Unies et de l'Union Africaine, dûment ratifiés par la République démocratique du Congo ».

Autrement dit, cette Constitution, dernière née du Droit constitutionnel congolais, reconnaît, même sans le dire, l'ensemble des droits et des libertés reconnus à l'heure actuelle par l'ensemble du Droit international des droits de l'homme dûment ratifié par la RDC. Elle ne proclame cependant pas, sans l'ignorer, son attachement filial au Droit constitutionnel antérieur des droits de l'homme.

Cet attachement filial découle de la continuité historique, voir même du mimétisme constitutionnel que nous observons au niveau de la réaffirmation de certains droits, dont la majorité ont déjà été, dans le passé, constitutionnalisés.

Ainsi par exemple, la Constitution de la transition reconnaît aux Congolais « le droit et le devoir sacrés de défendre la nation et son intégrité territoriale et de faire échec à tout individu ou groupe d'individus qui prend le pouvoir par la force ou l'exerce en violation des dispositions de la présente Constitution » (art. 3). Les droits à la résistance et à la désobéissance civile, introduits par la Conférence nationale souveraine, reviennent ainsi sous le couvert d'une autre légitimité constitutionnelle.

Le droit qui appartient à tout Congolais de « créer un parti politique ou de s'affilier à un parti de son choix » (art. 11, al. 2) revient, lui aussi, sous le couvert de la même légitimité. L'institution d'un parti unique, considéré comme un « crime de haute trahison puni par la loi » (art. 11, al 6), est même une copie conforme des principes issus de la Conférence nationale souveraine.

D'autre part, l'institutionnalisation de l'opposition politique et la reconnaissance constitutionnelle des « droits liés à son existence » sont un héritage de la Conférence nationale sur les droits de l'homme [17].

Bref, toute la cinquantaine d'articles consacrés, dans ce texte, aux « libertés publiques, aux droits et devoirs fondamentaux du citoyen » sont, à quelques exceptions près, le fruit des luttes démocratiques menées depuis plusieurs années déjà au Congo et dont le summum est fait de l'apport considérable de la Conférence nationale souveraine. Rien de nouveau donc dans ce monde des humains !

La Constitution de la Transition innove cependant dans la reconnaissance, aux côtés des droits des individus, d'un droit à l'*égalité au profit des communautés nationales* que comprend notre pays. Il y est affirmé, en effet (art. 14), que « Tous les groupes ethniques et nationalités dont les personnes et le territoire constituaient ce qui est devenu le Congo (présentement la République démocratique du Congo) à l'indépendance, *doivent bénéficier de l'égalité des droits* et de la protection aux termes de la loi en tant que citoyens ». Il s'agit, à notre sens, d'un simple *droit à l'égalité communautaire* qui ne présage ou qui ne prédit rien sur la question du droit à la nationalité [18].

Une autre innovation de cette Constitution est la définition claire, ce aux côtés d'un certain nombre de droits, des « devoirs » incombant soit à l'État, soit à la société générale, soit aux parents, soit encore aux individus.

On y note aussi une forte présence des droits de la troisième génération, tels le droit à la paix et à la sécurité (art. 53), le droit à un environnement sain et propice à l'épanouissement (art. 54), le droit pour tous les Congolais de jouir des richesses nationales (art. 55) et le droit de tous les Congolais de jouir du patrimoine commun de l'humanité (art. 56). L'État est même disposé à « protéger les droits et les intérêts des Congolais à l'étranger » (art. 57) !

Bref, il s'agit d'une Constitution qui se situe dans la logique philosophique de la Conférence nationale souveraine, avec cependant quelques avancées – mais aussi quelques reculs – en particulier dans le domaine de la protection des droits humains. Cette Constitution crée, pour la première fois au niveau des mécanismes spécifiques de sauvegarde des droits de l'homme, un *Observatoire national des droits de l'homme* qu'aucun texte antérieur n'a osé créer. Ce nouveau mécanisme est censé « promouvoir » et « protéger », pendant la transition, les droits de l'homme en République démocratique du Congo (art. 154 et 155).

Mais sera-t-il efficace au même titre, par exemple, que la *Commission congolaise des droits de l'homme et du peuple* qui avait été créée par la Conférence nationale sur les droits de l'homme (*infra*) et dont l'existence est encore suspendue à la promulgation d'une loi d'endossement de la Charte ?

Quel est, précisément, le régime et quelle est la place des lois en Droit congolais des droits de l'homme ?

SECTION 2. LA LOI

Existe-il, au Congo, des lois ou des actes à caractère législatif créant ou reconnaissant des droits ou certaines garanties de droits à leurs titulaires ? Telle est, brutalement posée, la question principale qui constitue la toile de fond de cette deuxième section de ce chapitre.

Tout d'abord, il s'agira de clarifier le statut ou la place de la Loi dans la hiérarchie des sources du Droit des droits de l'homme (§1). Ensuite, il convient d'identifier quelques lois spécifiques qui, au Congo, constituent la deuxième source de revendication des droits de l'homme, du peuple et du citoyen (§2).

§1. Le statut de la Loi en Droit des droits de l'homme

La loi, on le sait, est un acte du pouvoir législatif (parlement) consistant à édicter des normes de conduite de nature générale et impersonnelle et dont la violation entraîne, normalement, l'application de la sanction prévue. L'objet d'une loi est donc d'édicter des normes générales, impersonnelles et sanctionnatrices.

Les matières couvertes par la loi sont diverses. Il peut s'agir des matières civiles, des matières pénales ou commerciales. Il peut s'agir aussi des matières du travail, de la sécurité sociale ou des sûretés.

Depuis un certain nombre d'années, à cause de la technique du renvoi constitutionnel, la matière des droits de l'homme, jadis de statut constitutionnel, relèvent aujourd'hui principalement de la compétence du pouvoir législatif. La loi intervient, en effet, en matière des droits de l'homme, soit pour donner effet à une disposition constitutionnelle trop générale, soit pour créer carrément un droit nouveau ou une garantie nouvelle, soit encore pour en apporter des limitations nécessitées par des besoins de la vie en société.

Dans la hiérarchie des sources du Droit des droits de l'homme, la loi occupe la seconde place après la Constitution. C'est elle qui peut, dans le silence de la Constitution ou en cas d'obscurité de celle-ci, compléter ou clarifier certaines de ses dispositions.

Il en découle que, en guise de preuve, le titulaire du droit revendiqué devrait, en cas d'absence, de silence ou de lacune de la Constitution, recourir aux lois ou actes ayant force de loi pour asseoir le bien-fondé de ses allégations.

Cette situation est aussi vérifiable en Droit congolais, dont il convient de relever les principales lois protectrices des droits de l'homme.

§2. Quelques lois congolaises spécifiques en matière des droits de l'homme

Toutes les lois ont, en principe, pour vocation de protéger, soit la vie, soit la liberté, soit les biens de la personne humaine ou de la collectivité. Il existe, cependant, parmi ces lois, certaines qui ont un rapport direct avec les droits de l'homme. Il en est ainsi des lois pénales, des lois sur la procédure judiciaire ou sur l'administration de la justice, des lois électorales, des lois civiles, des lois qui organisent la question de la nationalité, etc.

La République démocratique du Congo dispose, heureusement (bien que théoriquement), de toutes ces lois.

Parmi celles-ci, on peut épingler spécialement le Code pénal (A), le Code d'organisation et de compétence judiciaires (B), le Code électoral – qu'il soit présidentiel ou de droit commun – (C), le Code de la famille (D), le Code de la nationalité (E) ainsi que, pour terminer, le projet de Charte congolaise des droits de l'homme et du peuple, dont l'apport spécial en matière des droits de l'homme au Congo ne peut être jeté à la poubelle de l'histoire (F).

A. Le Code pénal

Le Code pénal congolais actuel résulte du Décret du 30 janvier 1940, tel que modifié subséquemment, et notamment par l'ordonnance-loi du 31 mai 1982[19]. Il s'agit, en principe, d'un texte particulièrement protecteur des droits de l'homme.

Le rôle protecteur des droits de l'homme par le biais du Code pénal n'est plus à contester. Ainsi par exemple, lorsque le Code pénal réprime le *meurtre*, on sait qu'il cherche à protéger par ce biais ce qu'on appelle le *droit à la vie*. De même, lorsque ce texte de protection sociale particulière réprime l'infraction d'*arrestation arbitraire*, on sait que c'est la *liberté individuelle ou collective* qui se trouve ainsi protégée. Et ainsi de suite.

Bref, plusieurs incriminations sanctionnées par le Code pénal sont une autre façon de protéger *quelques* droits de l'homme limitativement « pris en charge » par le Droit pénal.

Cependant, à cause de la rigueur du principe légaliste qui domine le Droit pénal, on ne peut pas dire que *tous* les droits de l'homme, surtout ceux dont la violation n'est pas sanctionnée pénalement, sont « pris en charge » par cette branche spécifique du Droit. Par exemple, la violation du *droit à l'éducation* n'est pas sanctionnée pénalement...

Il en découle que la protection assurée aux droits de l'homme par les cours et tribunaux répressifs n'est que sélective et, par conséquent, ne peut obstruer la création d'autres mécanismes spécifiques de protection de ces droits (*infra*).

D'autre part, toutes les infractions pénales formant la matière du système répressif d'un pays n'ont pas pour objet de protéger les droits de l'homme. Il en est ainsi par exemple des infractions qui protègent les emblèmes, les édifices ou les insignes nationaux. Ces infractions ne visent qu'à protéger « la foi publique » ; elles ne sont pas là pour les « droits de l'homme ». Peut-être sont-elles faites pour protéger les « droits de l'État » !

Toutefois, en dépit de cet aspect sélectif, le rôle symbolique de protection des droits de l'homme (en tant que valeurs protégées socialement) assuré par le Droit pénal, ne peut être contesté. Le Droit pénal est un maillon de la chaîne ; elle n'est pas la chaîne tout entière.

Quid du Code congolais de procédure judiciaire ?

B. Le Code d'organisation et de compétence judiciaires

Découlant de l'Ordonnance-loi n° 82-020 du 31 mars 1982 [20], ce Code est particulièrement utile aux droits de l'homme en ce qu'il permet à un justiciable de connaître tant la procédure que les organes judiciaires mis en place par les pouvoirs publics pour recevoir ses recours et requêtes en matière des droits de l'homme (si ces droits peuvent efficacement être pris en charge par les cours et tribunaux classiques).

À travers les mécanismes et les garanties qu'il met en place, le Code d'organisation et de compétence judiciaires est normalement une vitrine de reconnaissance de l'importance et du respect qu'une législation attache, notamment, au *droit à un procès équitable*, un droit fondamental généralement affirmé. Il peut même, à lui tout seul, être regardé globalement comme le « droit à un procès équitable légalement organisé ».

On se montrera, ainsi par exemple, particulièrement attentif aux garanties accordées aux « droits de la défense » ou à d'autres « droits dérivés » du procès équitable, tels le caractère public des audiences ou l'indépendance et l'impartialité du juge, etc.

Le Code congolais de compétence et de procédure judiciaires comprend, *grosso modo*, la plupart des garanties judiciaires qui sont exigées pour une protection efficace des droits de l'homme.

Ainsi, il garantit le caractère public des audiences des cours et tribunaux, tout en laissant à ces derniers la latitude de décider du « huit clos » dans certaines circonstances particulières. De même, le caractère accusatoire de la procédure pénale congolaise est incontestable, même si, au niveau de l'instruction préparatoire, les vestiges du caractère inquisitorial demeurent vivaces et même fort étouffants.

Toutefois, ce Code, bâti sur un modèle de justice monocéphale et pyramidal, ne peut que servir les intérêts de l'unicité et de la centralité des organes de justice.

Ainsi, les décisions judiciaires attentatoires aux droits de l'homme qui auront échappé, par exemple, à la cassation de la Cour suprême de Justice, dernière instance juridictionnelle du pays, demeureront en vigueur et applicables, en dépit de l'existence d'une procédure de révision judiciaire qui, elle, suppose par ailleurs un long parcours et une multitude de conditions d'ouverture, difficilement accessibles au commun du mortel.

De façon générale, la procédure pénale congolaise assure le minimum nécessaire requis en matière de « procès équitable ». Il est cependant des pans entiers de ce droit procédural qui méritent d'être revisités à la lumière des exigences modernes des droits de l'homme [21].

C. Le Code électoral

Les différentes lois congolaises qui, en quelque sorte, forment le code congolais spécial et général en matière d'élections politiques constituent, elles aussi, des textes essentiels en matière des droits de l'homme. La plupart des droits politiques, en effet, que la Constitution énonce sont généralement précisés dans et par ces lois électorales [22].

Toutes ces lois visent à répondre à une préoccupation essentielle en matière de droits politiques, à savoir : comment assurer la participation de tous les citoyens à la vie et à la gestion politiques de leur espace étatique.

Le droit à l'électorat et le droit à l'éligibilité, deux aspects essentiels du droit de participation politique (*infra*), reçoivent ainsi, dans une législation électorale, leur portée tant juridique que politique. En outre, la loi électorale, par sa codification des « conditions de vote ou d'éligibilité », apporte une limite essentielle et nécessaire à la sélection du personnel politique.

Le code électoral vise ainsi donc, non seulement à éviter la création des « citoyens de seconde zone », mais aussi, à sélectionner un personnel politique compétent et intègre qui réponde aux critères généralement fixés pour exercer de telles fonctions.

À titre d'exemple, lorsque la Constitution énonce le droit d'accès de tous les Congolais aux fonctions publiques nationales, généralement les conditions d'éligibilité à certaines de ces fonctions sont définies dans et par la loi électorale. Celle-ci, d'une part, permet ainsi l'accès égal de tous les citoyens à certaines fonctions – dans le respect de leurs capacités et de leurs aptitudes respectives – ; mais, d'autre part, aménage des conditions pour que « n'importe qui, bon à n'importe quoi, n'accède pas à n'importe quelle fonction » (*infra*).

En outre, lorsque par exemple la loi électorale fixe l'âge requis pour accéder à telle ou telle fonction publique, elle énonce par là le plancher nécessaire pour prouver son aptitude et sa maturité à exercer de telles fonctions. Du reste, la majorité politique des citoyens congolais, fixée à 18 ans, essaye généralement de répondre à ce genre de préoccupations.

Il s'ensuit que l'étude du Droit des droits de l'homme ne peut ignorer le rôle de la législation électorale, ceci dans la mesure où, comme on vient de le voir, l'impact de toute législation électorale sur la jouissance et l'exercice des droits politiques des citoyens est, précisément, une question d'aménagement de ces droits.

Même si il s'est parfois distingué par sa forte politisation (voyez le rôle joué par exemple par l'ancien Parti-État) et par sa diversification fonctionnelle (élection du Président de la République, d'une part, et celle des autres « fonctionnaires politiques », d'autre part), le Droit électoral congolais, daté de 1960, est une contribution précieuse à l'éclosion des droits politiques au sein de l'État congolais.

D. Le Code de la Famille

Qualifié en son temps de « monument juridique complet traitant de toutes les questions relatives aux *droits de la personne* et à ses rapports de famille » » (Exposé des motifs, p. 9), le Code congolais de la famille est une législation « authentique » qui est venue remplacer l'ancien code civil des personnes, jugé, de par son appellation et de par ses principes, trop « occidental ». Il contient, au même titre que les autres codes, plusieurs dispositions qui reconnaissent ou garantissent des droits aux individus ou aux groupes.

Ainsi par exemple, lorsque le Code de la famille réaffirme le principe de la *liberté du mariage* ou lorsqu'il définit et pose les conditions de célébration du mariage, il touche là à un droit fondamental qui est le *droit de toute personne de se marier avec la personne « de sexe opposé » de son choix*[23]. De même, lorsqu'il affirme que *tout enfant doit être déclaré devant l'Officier de l'État civil* dans les trente jours de sa naissance, le Code de la famille congolais affirme là le *droit à la citoyenneté de tout enfant*.

Bref, plusieurs droits et garanties sont ainsi définis et consacrés par un texte qui, à première vue, peut ne pas passer pour un texte de proclamation directe des droits de l'homme, mais qui, en réalité, l'est.

Le Code congolais de la famille date du 1er août 1987[24]. Il s'agit d'un texte « coordonné » de plusieurs législations touchant plusieurs matières civiles : identification de la personne (nom, nationalité...), statut social de la personne (fiançailles, mariage, adoption...), patrimoine de la personne (successions, libéralités...), etc.

Il est connu surtout pour son « absorption » du code congolais de la nationalité, une législation particulièrement polémique dont il convient à présent de rappeler quelques grands principes.

E. Le Code de la nationalité

Le Droit congolais de la nationalité organise un certain nombre de principes qui ne manquent pas, en effet, d'affecter la situation personnelle de certaines catégories d'individus.

À titre d'exemple, lorsque le Code de la nationalité affirme et réaffirme le principe de *l'unicité et de l'exclusivité de la nationalité congolaise*, il corsète ce faisant et en même temps le *droit des Congolais de prendre une autre nationalité* et crée, par ricochet, une sorte de « nationalité de l'ombre » ; plusieurs personnes, pour diverses raisons, étant amenées parfois à adopter clandestinement une deuxième nationalité dans le sillage de la première.

De même, lorsqu'il impose la procédure de *demande individuelle* dans la démarche en vue de l'acquisition de la nationalité congolaise, le Code congolais de la nationalité protège, certes, les Congolais contre une « congolisation » massive des étrangers, mais ne manque pas par ce biais, à cause de la lourdeur même des conditions d'acquisition de la nationalité congolaise, de laisser certaines personnes sur le toit de la citoyenneté (...)[25].

Le code congolais de la nationalité est ainsi un des droits les plus protectionnistes et les plus nationalistes qui existe actuellement dans le monde. Dans sa dernière édition de 1999[26], sous l'influence de l'*Alliance des Forces Démocratiques pour la Libération du Congo* (AFDL), on a pu noter, cependant, quelques « fraudes » à l'intransigeance nationaliste datée de 1981 qui ont pu être présentées comme des « réformes »[27].

Il n'en demeure pas moins vrai que, ce Code est un texte de protection spéciale du droit à la nationalité des citoyens congolais reconnus ès qualité par leur législation et par leur Constitution.

Quid de la Charte congolaise des droits de l'homme et du peuple, véritable « monument juridique » spécial en matière des droits de l'homme ?

F. La Charte congolaise des droits de l'homme et du peuple

Pour la première fois depuis son indépendance, le Congo s'est doté, le 29 juin 2001, d'une Charte des droits fondamentaux qui a été voulue complète et constitutive de tous les droits de l'homme – y compris du peuple –.

Adoptée par la *Conférence nationale sur les droits de l'homme* (plus ou moins 400 participants), cette Charte devait provisoirement, selon la volonté de ses auteurs, être *de valeur législative*, c'est-à-dire être promulguée par le Chef de l'État dans le cadre de son exercice du pouvoir législatif spécial, avant – peut-être – son incorporation formelle dans la future Constitution de la troisième République.

La Charte congolaise des droits de l'homme et du peuple contient un catalogue de droits qui vont des droits classiques – droit civils et politiques, droits économiques, sociaux et culturels – aux droits de la « troisième », voire de la « quatrième génération » (droit à la vie, droit l'égalité et à la non discrimination, droit au procès équitable, droit au travail, droit à l'éducation, droit à la santé, droit à la culture, droit à la paix, droit à la jouissance et à la protection de l'environnement, droit de jouir des richesses nationales, droit au développement, droit à la sécurité nationale et internationale, droit au patrimoine commun de l'humanité, etc.).

Elle contient également des « devoirs » de l'homme envers son semblable, sa famille, sa société et l'État congolais (par exemple, le devoir d'assistance mutuelle entre parents, le devoir de respecter son compatriote et de le traiter « avec égard et sans discrimination », le devoir de ne pas trahir la nation, etc.).

Cette Charte ne place pas l'État au-dessus du respect des droits proclamés et de l'accomplissement des devoirs spécifiques qui lui incombent (par exemple, le devoir de sauvegarder l'unité et l'intégrité territoriales, le devoir d'assurer une « répartition équitable des richesses nationales, le devoir d'assurer la promotion et la protection des droits de l'homme, etc. incombe à ce dernier).

Sur la question spécifique de la nationalité, la Charte congolaise des droits de l'homme et du peuple réaffirme les mêmes principes séculaires en matière de détention de la nationalité congolaise : « Tout Congolais, affirme-t-elle en effet, a droit à la nationalité congolaise » et « Nul ne peut en être privé »[28].

Autrement dit, le « droit » à la nationalité ne peut être, en tant que tel, revendiqué que par l'individu qui, au préalable, aura été reconnu « Congolais ». Y a-t-il donc meilleure formule de corseter la nationalité congolaise que dans cette formule tautologique ? !

L'apport fondamental de cette Charte réside cependant surtout dans le fait d'avoir inclus, dans son catalogue, un certain nombre de droits spécifiques relatifs au « peuple » congolais. Il réside aussi et surtout dans le fait d'avoir prévu un mécanisme particulièrement protecteur desdits droits et devoirs, à savoir : la *Commission congolaise des droits de l'homme et du peuple* (*infra*).

La Charte elle-même devait, pour entrer en vigueur, être sanctionnée par un *décret-loi* présidentiel qui devait être pris en vertu du pouvoir législatif que le Président de la République détenait du Décret-loi constitutionnel du 27 mai 1997 (art. 5), ce avant son incorporation formelle dans la Constitution. Il semble que certaines réserves émises par la présidence de la République sur « l'abolition directe et définitive de la peine de mort » (art. 18, al. 4) ou sur « l'insuffisance des droits catégoriels » (art. 61 à 64) aient été à l'origine de cette réticence !

Pour n'avoir pas encore été promulgué, ce texte ne fait, malheureusement, pas encore partie du Droit positif congolais des droits de l'homme et ne sera étudié ici qu'à titre purement scientifique. Il n'empêche que, par rapport aux règlements, ce texte est de portée politique et morale supérieure et ne peut, par conséquent, être ignoré de tout scientifique.

Quid de la place et de la force du règlement en Droit congolais des droits de l'homme ?

SECTION 3. LE RÈGLEMENT

Le règlement est aussi une source du Droit congolais des droits de l'homme. Il constitue, dans la plupart des cas, un acte de mise en œuvre d'un droit constitutionnellement ou légalement consacré. À ce titre, le règlement vient après la Loi et la Constitution. C'est la troisième source du Droit des droits de l'homme. En tant qu'acte de portée générale, le règlement peut aussi créer des droits nouveaux ou des garanties nouvelles. Dans son aspect individuel, le règlement risque d'être à la base du développement des « droits acquis ».

En Droit congolais des droits de l'homme, on note bon nombre de règlements créateurs de droits nouveaux ou de garanties nouvelles. Ainsi, par exemple, l'ancien *Département des droits et Libertés du Citoyen*, en tant que première « garantie spécifique » des droits du citoyen zaïrois, doit sa création à une ordonnance présidentielle – acte réglementaire – datée du 31 octobre 1986[29].

Dans le même ordre d'idées, la mission, l'organisation, le champ ainsi que les bénéficiaires de l'action dudit Département n'avaient pu être fixés que par un arrêté départemental – acte réglementaire –[30]. Il en est de même de la procédure devant ce même Département[31].

L'essentiel de l'ancien système institutionnel de protection spécifique des droits de l'homme au Zaïre reposait donc sur une kyrielle de règlements à portée générale, dont on ne peut pas dire qu'elles n'ont pas créé des droits ou des garanties pour les particuliers.

En revanche, jusqu'à une époque très récente, l'actuel *Ministère des Droits Humains* fonctionnait sans aucun texte juridique le créant et organisant ses services (réserve faite du Décret général organisant l'actuel Gouvernement). Dans ce contexte, et en dehors des décrets nommant ses titulaires successifs, il est permis de se poser des questions sur la juridicité même de son œuvre (*infra*).

Il n'est pas matériellement possible de relever tous les actes réglementaires - autonomes ou subordonnés - qui, en Droit congolais, ont eu un rapport direct ou indirect avec les droits de l'homme. Insistons ici simplement sur deux d'entre toutes les catégories possibles : le premier sera pris dans le domaine du droit électoral (§ 1) et le second dans le domaine de l'enseignement (§ 2).

§ 1. UN EXEMPLE DE RÈGLEMENT EN MATIÈRE ÉLECTORALE

En 1987, faisant application du code électoral législatif édicté en cette période d'apogée du MPR-parti-État, le Commissaire d'État à l'Administration du territoire et à la Décentralisation (ministre de l'Intérieur), avait, pour réglementer le droit d'accès des candidats à la fonction parlementaire, pris un arrêté départemental portant création d'une « Fiche individuelle d'appréciation synthétique » du candidat député national[32].

Aux termes de cet arrêté ministériel, l'*honorabilité* et la *crédibilité* d'un candidat Commissaire du peuple (député national) devaient être contrôlées au moyen de certains indices de comportement, dont le simple énoncé ne manque pas de dénoter un certain corsetage du droit d'accès des Congolais aux fonctions politiques.

En effet, pour que son dossier soit reçu, le candidat devait :

- être quelqu'un qu'on respecte dans son milieu, qu'on consulte et à qui on se réfère ;
- être de conduite irréprochable et de bonnes mœurs ;
- être correct dans les affaires, dans la gestion de la chose publique et respectueux de ses engagements ;
- *ne pas passer aux yeux de l'opinion pour un criminel ou un délinquant, même si on n'a pas été condamné*[33] ;
- ne pas être considéré dans l'opinion comme un intrus de la société, un ivrogne, un taré, un trafiquant ou quelqu'un qui n'honore pas ses engagements (criblé de dettes, chèques sans provisions) ; etc.

Le quatrième tiret de ces critères révèle que, par simple volonté de l'autorité réglementaire, le *droit à la présomption d'innocence* dont bénéficierait, en principe, tout candidat député, s'était trouvé modalisé, pour ne pas dire, « adapté » à la circonstance impérieuse que le peuple avait, en l'occurrence, le *droit d'avoir des dirigeants dignes et irréprochables du point de vue de leur moralité.*

Il s'ensuit que, par ce biais, le *droit du peuple à des dirigeants dignes* était ainsi consacré plutôt réglementairement. Il passait au-devant de toute considération liée à l'innocence.

Dans le même ordre d'idées, un arrêté provenant du Département des Droits et Libertés du Citoyen avait créé ce qu'on a appelé, pour l'exercice des fonctions publiques, le « Fichier de moralité ».

Aux termes des articles 1er et 2 dudit arrêté, un fichier dénommé « Fichier de moralité » devait être tenu par ce ministère « à l'intention du Président-Fondateur, Président de la République » (autorité de nomination), lequel Fichier devait reprendre, « d'une part, la liste des graves violations des droits et atteintes aux libertés retenues dans les dossiers étudiés au cours de l'année et, d'autre part, les noms des personnes qui en sont les auteurs »[34]. Le but étant d'écarter de l'exercice des fonctions publiques les violateurs patentés des droits humains.

N'était-ce pas là une façon de réglementer le droit des Congolais d'accéder aux fonctions publiques de leur pays, un droit constitutionnellement et conventionnellement reconnu ? Comment ne pas reconnaître, dans ce cas, l'impact et le rôle des règlements dans la jouissance et l'exercice, par les citoyens, de leurs droits constitutionnels ?

§2. UN EXEMPLE DE RÈGLEMENT EN MATIÈRE D'ENSEIGNEMENT

Les conditions d'admission à l'Enseignement supérieur et universitaire congolais sont fixées par les ordonnances n° s 81-026, 81-027 et 81-028 du 3 octobre 1981, telles que modifiées à ce jour, relatives à la collation des grades académiques, respectivement, dans les Universités, les Instituts supérieurs pédagogiques et les Instituts supérieurs techniques, ainsi que par l'Arrêté départemental n° ESU/CABCE/0082 du 5 juillet 1982 portant fixation des conditions d'admission aux études à l'Enseignement supérieur et universitaire, tel que modifié à ce jour.

Aux termes de ces textes réglementaires, les principales conditions d'admission à l'Enseignement supérieur et universitaire congolais sont les suivantes :

- être porteur du diplôme d'État ou d'un titre équivalent ;
- la priorité est accordée *au sein de chaque quota régional* aux candidats placés en ordre utile déterminé en fonction des pourcentages obtenus au diplôme d'État ;

- les candidats ayant obtenu à l'examen d'État 70 % des points ou plus sont inscrits d'office dans la filière d'études de leur choix, etc.

Les expressions « au sein de chaque quota régional » introduisent ici *un critère de discrimination* (positive ? négative ?) qui peut mettre en sérieux « ballottage » un candidat pourtant valable, mais dont le « quota régional », en ce qui concerne sa province, aura déjà été atteint.

Au nom de quel critère objectif doit-il ainsi être écarté, et parfois même au profit d'un médiocre candidat, favorisé simplement par la règle du « quota régional » ? Pourquoi le règlement est-il ainsi venu « modaliser » l'exercice du *droit d'accès égal de tous les Congolais à l'éducation*, droit constitutionnellement et conventionnellement consacré ?

N'est-ce pas là, à tout prendre, une façon d'affecter négativement le droit d'accès égal des Congolais à l'Enseignement supérieur et universitaire de leur pays ? Le règlement ne vient-il pas, en l'espèce, énerver une disposition constitutionnelle constante en matière d'égalité des Congolais face à l'éducation ?

Un autre exemple d'un règlement d'application en matière des droits de l'homme c'est, par exemple, un arrêté ministériel fixant les montants de bourse d'études.

Si par exemple, un arrêté ministériel fixe, en effet, le montant de la bourse d'études octroyée aux étudiants de première année de graduat à 50.000 FC par mois, ce règlement *met en application un droit social*, bien sûr, mais *il crée également un droit spécifique*, celui de bénéficier concrètement de 50.000 et non, par exemple, de 20.000 FC de bourse d'études. En cas de contestation du *montant* alloué, les étudiants bénéficiaires peuvent s'adresser aux organes de contrôle, sur base non seulement de la disposition constitutionnelle ou législative créant le « droit » ou la « possibilité » d'accès aux bourses d'études, mais surtout, de l'arrêté ministériel en réglant le montant.

Seul ce règlement est, en l'occurrence, susceptible de leur faire bénéficier, concrètement, du droit à la bourse en cause. Seul ce règlement est également, en l'occurrence, susceptible de recours contentieux.

On voit ainsi que, dans les deux cas de figure prérappelés, le règlement autonome ou le règlement subordonné constitue, positivement ou négativement, un acte d'application de la loi. Et, lorsqu'il n'est pas contraire à la loi ou à la Constitution, il constitue, on s'en doute, une source défendable ou discutable du Droit des droits de l'homme.

En est-il ainsi aussi de la jurisprudence nationale ?

SECTION 4. DE LA JURISPRUDENCE NATIONALE

À première vue, la jurisprudence ne serait pas une source directe du Droit des droits de l'homme : elle ne crée pas le droit, elle ne fait que l'interpréter. Elle est, en somme, *l'application* du droit par les juges. Mais, il ne s'agit là que d'un point de vue, du reste dépassé.

Par le biais, en effet, de l'opération de l'interprétation, et surtout parce que le juge est appelé à « motiver » sa décision, il n'est pas, en effet, exclu qu'un droit nouveau - des droits nouveaux - naisse(nt) de l'opération judiciaire de jugement.

Il arrive, en effet, le plus souvent, que certains droits de l'homme que nous connaissons aujourd'hui puissent *dériver*, c'est-à-dire puissent découler de certains droits principaux, grâce à (ou à cause de) l'opération intellectuelle du juge. Ces droits se sont constitués aujourd'hui en droits autonomes. Il en est ainsi par exemple des droits dits « de la défense ».

Il convient d'insister ici, en vue de rendre compte de la place de la jurisprudence en Droit des droits de l'homme, particulièrement sur ces fameux « droits de la défense » (§ 1), avant de critiquer l'application contingentée de la jurisprudence congolaise en matière des droits de l'homme (§ 2).

§1. LES DROITS DE LA DÉFENSE, UNE CRÉATION DE LA JURISPRUDENCE

Ce que l'on appelle aujourd'hui les « droits de la défense », en effet, c'est-à-dire les droits qu'ont les parties à un procès pénal ou à un procès civil ou autre (droit *à la parole, droit au principe du contradictoire, droit à un défenseur de son choix, droit à la publicité des débats...*) sont, à l'origine, des droits prétoriens. Ils n'ont été codifiés qu'ultérieurement. Il s'ensuit que le travail de la jurisprudence en la matière a été primordial.

Le Droit judiciaire congolais n'ignore pas ces principes si chers à son code de procédure pénale et à son code de procédure civile[35].

Ainsi par exemple, au nom du principe du contradictoire, le Droit prétorien congolais considère, en matière civile spécialement, que toute pièce non communiquée à la partie adverse, et donc non discutée contradictoirement, ne peut être produite au prétoire[36]. Un tel agissement est même regardé, du point de vue du Droit déontologique des avocats, comme une faute professionnelle violant à la fois les règles de courtoisie corporatiste[37] et le droit à un procès équitable.

De même, le droit des parties à un avocat, même s'il n'est pas obligatoire en toute matière[38], est généralement pris en compte par le juge pour conférer à son œuvre le caractère « équitable » que le Droit des droits de l'homme lui impose. Le droit à la parole aussi, en ce qui le concerne, est d'essence même du « procès » ; il ne peut être refusé à une partie.

Bref, les grands principes modernes gouvernant le droit à un procès équitable se trouvent être théoriquement consacrés par le Droit judiciaire congolais. Ils sont d'application en toutes procédures et, du point de vue du Droit des droits de l'homme, ils relèvent de ce que l'on peut appeler les *droits dérivés du méta-droit à un procès équitable.*

Ils constituent, au final, un aboutissement du travail de la jurisprudence. Les droits de la défense, à l'instar de ce méta-droit (droit au procès équitable), sont ainsi une création originellement prétorienne

On doit cependant regretter que toutes les décisions de justice congolaises ne se soient pas montrées si respectueuses des droits que la législation judiciaire, elle-même, consacre. On remarque ainsi par exemple qu'en Droit judiciaire congolais, plusieurs décisions de justice contradictoires ont été fatales au droit des droits de l'homme. Mieux, il y a dans la jurisprudence congolaise une sorte de « politique » d'application contingentée des lois et des droits réclamés par les parties à un procès.

§2. LES DROITS DE L'HOMME, UNE PROTECTION CONTINGENTÉE PAR LA JURISPRUDENCE CONGOLAISE

Il est des décisions de justice en effet, en Droit judiciaire congolais, qui heurtent la conscience de juriste et, en même temps, constituent une source d'inquiétudes dans le rang de la Communauté des droits de l'homme. Il en est ainsi par exemple de l'arrêt Bavela et consorts du 22 mars 1996.

Par cet arrêt, en effet, la Cour suprême de Justice congolaise avait, en 1996, refusé de sanctionner *la violation*, par l'État congolais, *du droit aux manifestations pacifiques* des prévenus Bavela et crts, au motif fallacieux que, ce droit, n'ayant pas encore été *précisé par une loi d'application*, ne pouvait pas, en ce moment, être exercé par les intéressés.

L'État congolais avait donc, selon cette jurisprudence, le droit de violer impunément le droit des citoyens à des manifestations publiques, au motif que l'ordonnance n° 025/505 du 5 octobre 1959 réglementant ces manifestations n'était pas encore expressément abrogée ou, mieux, n'était pas encore juridiquement remplacée par une loi d'application qui serait prise en vertu de l'article 10 de l'Acte constitutionnel de la Transition du 9 avril 1994 réinstaurant cette liberté[39].

Par crainte du « vide juridique », la Cour Suprême de Justice avait, en quelque sorte, suggéré de continuer à se référer à l'ancien texte réglementaire (ordonnance du 5 octobre 1959), même après la *réinstauration constitutionnelle du droit aux manifestations publiques*. Or, comme chacun le sait, le texte réglementaire de 1959 subordonnait l'exercice du droit aux manifestations publiques à *une autorisation administrative préalable*, véritable droit de police que détenait l'administration coloniale.

Dès lors, comment, en dépit de sa constitutionnalisation, continuer à faire subordonner l'exercice de la liberté de manifestation, prévue par l'article 10 de la Constitution transitoire, à l'abrogation expresse ou au remplacement d'un texte réglementaire d'origine plutôt coloniale[40].

Nous partageons, à cet égard, l'analyse de J.N. Vundisa sur cet arrêt qui, comme nous, conclut à son *caractère inconstitutionnel et liberticide*[41].

Cette constatation est d'autant plus vraie que la philosophie générale du texte de 1959 (philosophie coloniale) n'était pas celui de la *protection*, mais, de la *répression* des principaux droits des colonisés. De plus, quelle autorité juridique détient un acte réglementaire en présence d'une disposition constitutionnelle expresse à effet direct (l'article 10 de l'Acte constitutionnel de la Transition) ?

Il s'ensuit que l'arrêt Bavela, par sa jurisprudence contre-productive, a, de nos jours, créé, en Droit des droits de l'homme congolais, un précédent fâcheux qui sera difficile à inverser, à moins d'un revirement spectaculaire de la jurisprudence.

En revanche, c'est à bon droit que la Cour Suprême de Justice avait protégé le « droit au nom » du parti politique appelé « Mouvement National Lumumba » contre une usurpation illégale venant d'un autre parti rival – le « Mouvement National Congolais Lumumba » –, cela au nom du refus de la confusion et de l'anarchie juridiques.

En effet, le ministère zaïrois de l'Intérieur, dans le cadre de la politique du « débauchage » des leaders politiques de l'opposition et profitant de la querelle de succession de l'héritage Lumumbiste qui régnait au sein de certains partis politiques de l'opposition zaïroise, avait, en 1995, autorisé l'enregistrement d'un autre parti politique – rival au premier – dénommé « Mouvement National Congolais Lumumba »[42], alors que, auparavant, il avait déjà enregistré un premier parti dénommé « Mouvement National Lumumba »[43].

Cet acte, non seulement qu'il violait l'article 12 de la loi n° 90-007 du 18 juillet 1990 portant organisation et fonctionnement des partis politiques, telle que modifiée et complétée par celle n° 90-009 du 18 décembre de la même année[44], mais, en plus, lésait *le droit* du « Mouvement National Lumumba » *de jouir de l'exclusivité de son nom* que lui conférait, indirectement, l'article 12 de la loi précitée. Il s'ensuit que ce dernier arrêté devait, à bon droit, être censuré.

En outre, le juge avait, à bon droit, reproché à l'arrêté ministériel précité (n° 91-050) d'avoir enregistré un parti à la dénomination *contraire à la Constitution*, puisqu'aux termes de la Constitution en vigueur *in illo tempore non suspecto*, le pays ne s'appelait plus (ou pas encore) « Congo ». Dès lors, il n'était plus constitutionnel.

Bref, le deuxième arrêt de la Cour suprême de justice congolaise est, du point de vue du Droit des droits de l'homme, une reconnaissance jurisprudentielle d'un droit fondamental spécifique aux entités politiques, à savoir : le *droit au nom* ou plus exactement le *droit à une dénomination exclusive*, droit que leur reconnaît indirectement la loi sur les partis politiques[45].

Comment ne pas admettre, dans ce cas, qu'un droit fondamental peut aussi être déduit de la loi certes, mais, grâce à une interprétation du pouvoir judiciaire ?

Ces deux exemples de décisions judiciaires touchant le Droit des droits de l'homme, suffisent à démontrer le caractère contingenté du déploiement de l'œuvre jurisprudentielle congolaise en matière des droits de l'homme. Les deux arrêts précités sont le prototype même d'un rôle, à tout le moins, controversé joué à ce jour, en Droit des droits de l'homme, par la Cour suprême de Justice congolaise. Suffisent-ils, pour autant, à invalider l'œuvre de cette dernière ? Rien ne peut, ni l'autoriser, ni l'empêcher.

En dépit de ces critiques, il y a lieu de reconnaître définitivement que la jurisprudence nationale, surtout quand elle se déploie dans le domaine des droits de l'homme, demeure, *nolens volens*, une source indéniable, si pas de création, du moins d'interprétation du Droit des droits de l'homme. Tout est question plutôt de leur reconnaître expressément cette valeur.

René Robaye, dans ses explications de la « valeur juridique » ainsi que de « l'importance pratique » de la jurisprudence (belge en l'occurrence), écrit qu'« Il faut donc conclure, non que la jurisprudence n'est pas une source de droit, mais simplement qu'elle n'a pas la même force obligatoire que la législation (…) En d'autres termes, la jurisprudence, si elle n'est pas officiellement une source obligatoire, a dans les faits l'autorité que lui reconnaît la corporation des juristes. C'est une autorité considérable. »[46].

En tout état de cause, en Droit judiciaire congolais, les décisions judiciaires de la Cour suprême de justice, parce qu'elle est « la plus haute juridiction du pays », s'imposent à tous les organes juridictionnels subordonnés.

Telles sont donc les principales sources du Droit congolais des droits de l'homme d'origine nationale. Qu'en est-il des sources d'origine internationale ?

CHAPITRE III

LES SOURCES JURIDIQUES D'ORIGINE INTERNATIONALE

Le Droit congolais des droits de l'homme est aussi de création internationale. Si, pour les sources nationales, on peut parler du Droit *national* des droits de l'homme, au niveau des sources internationales, il est juste et justifié de parler de Droit national *d'origine internationale.* C'est en quelque sorte un Droit international spécifique applicable au Congo, par la volonté du Congo lui-même.

En Droit international des droits de l'homme, on distingue plusieurs instruments qui consacrent l'existence et la protection des droits et libertés.

On rencontre en effet, d'une part, des instruments dits universels auxquels on oppose habituellement les instruments dits régionaux, et d'autre part, des instruments qualifiés de contraignants auxquels on oppose les instruments non contraignants, etc.

Dans cette dernière classification spécialement, les *Déclarations* et les *Conventions* internationales, en tant que principales sources du Droit international des droits de l'homme, ne sont pas, loin s'en faut, « des oiseaux de même plumage » à loger sur le même nid !

Les *Résolutions de certaines Organisations internationales* aussi bien que la *Jurisprudence internationale* complètent également, chacune avec son caractère propre, les sources du Droit international des droits de l'homme.

Il est ainsi permis de parler, à ce jour, d'un véritable « code de droit international des droits de l'homme », comme pour rendre compte du travail de regroupement indispensable de tous les instruments internationaux actuellement en vigueur en matière des droits de l'homme [1].

Le regroupement ou le classement de ces différents instruments dépend de plusieurs critères, dont le critère régional, le critère de la force juridique de l'instrument, le critère matériel, etc. Ces critères sont souvent laissés au libre choix des auteurs et, en cette matière, on peut vraiment dire qu'il y a diversité de classifications du fait même de la diversité des critères utilisés.

En se fondant ici sur le critère de la force juridique et/ou de leur portée juridique, sans négliger le critère régional, nous distinguerons les instruments internationaux des droits de l'homme en deux catégories : d'une part, les instruments dotés d'une force juridique spéciale, regroupés au sein de ce que, techniquement, l'on appelle les *Conventions internationales* (Section 2) ; et d'autre part, les instruments dépourvus de toute force juridique contraignante, dont le modèle le plus expressif est constitué des *Déclarations internationales* ou *Déclarations interétatiques* (Section 1).

Nous effleurerons également, toujours dans cette même logique, la question des *Résolutions des Organisation internationales* (Section 3), en tant que source subsidiaire certes, mais de plus en plus influente dans l'ordre juridique international.

Enfin, la *Jurisprudence internationale* – celle, d'abord, des organes de contrôle internationaux des droits de l'homme et celle, ensuite, des organes régionaux de contrôle-, constituera la dernière source que nous allons examiner dans le cadre de ce chapitre (Section 4).

Il est à noter ici que les sources internationales des droits de l'homme qui sont ainsi citées sont les seules qui, dans l'ordre juridique positif congolais, reçoivent ou sont appelées à recevoir une application effective par le juge ou par toute autorité compétente désignée. C'est cela qui justifie leur classification dans ce que nous appelons sources nationales d'origine internationale des droits de l'homme.

SECTION 1. LES DÉCLARATIONS INTERÉTATIQUES

Il importe d'abord d'en donner quelques notions sommaires (§ 1) avant une énumération énonciative (§ 2) des principales déclarations qui, en Droit congolais, peuvent recevoir une certaine application.

§ 1. NOTIONS

Les Déclarations interétatiques ne sont pas des sources juridiques au sens premier du terme. Elles sont, en quelque sorte, des *actes de concertation politique internationale* édictés dans les relations internationales par les États en vue de reconnaître des droits déterminés à leurs ressortissants ou à des individus qui répondent de leur juridiction.

Bien que traduisant la volonté de leurs auteurs, les Déclarations interétatiques, qu'elles se rapportent au domaine spécifique des droits de l'homme ou qu'elles concernent d'autres matières de la compétence des États, *sont dépourvues de tout effet juridique contraignant*. Par conséquent, elles ne peuvent pas être invoquées avec succès devant un organe juridictionnel de protection des droits de l'homme, sauf à en espérer un certain effet moral.

Comme l'écrit Frédéric Sudre, « Ces textes déclaratoires sont … insusceptibles de faire naître des droits au bénéfice des individus et des obligations juridiques à la charge des États et ne présentent, *prima facie*, qu'une portée purement *morale* ou *politique*… Nous sommes là, dit-il, dans la zone imprécise du souhaitable, de l'éthique, de la conception d'un certain type de civilisation, d'un système virtuel… »[2].

Cependant, certaines Déclarations des droits de l'homme, comme par exemple la *Déclaration Universelle des Droits de l'Homme* (DUDH), peuvent recevoir une valeur juridique précise, celle en l'occurrence d'une *Résolution de l'Assemblée générale des Nations Unies*.

En effet, certains auteurs prédisent, s'ils ne l'affirment avec une certaine dose de foi, que cette Déclaration, du fait de la référence constante qui lui est généralement faite par les États et du fait de son influence remarquable sur les droits nationaux (constitutionnels notamment), « pourrait désormais être considérée comme *appartenant à la coutume internationale*, et *présenter à ce titre un caractère juridiquement contraignant* »[3]. La DUDH pourrait donc, sur cette base, être invoquée comme un droit coutumier contraignant.

Sous réserve de l'admission d'une telle thèse (DUDH, « coutume internationale »), nous pouvons donc affirmer que la plus énigmatique des déclarations onusiennes en matière des droits de l'homme (DUDH) peut, en Droit congolais des droits de l'homme, recevoir une application juridique et juridictionnelle effective, du fait de la référence constitutionnelle constante qui lui est généralement faite[4].

Toutefois, la doctrine, dans sa grande majorité, hésite encore à franchir le pas de cette juridicité pour ne retenir, jusqu'à présent, que la thèse de la simple *recommandation morale*[5].

Existe-t-il quelques exemples des Déclarations interétatiques qui emboîtent le pas à la DUDH et qui peuvent, indépendamment de leur force juridique, recevoir application en République démocratique du Congo ? L'énumération qui va suivre – il convient de le rappeler – ne sera qu'énonciative.

§2. ÉNUMÉRATION

Pour ne se limiter ici qu'à un échantillon, il faut distinguer dans l'énumération précise de cette source particulière du Droit des droits de l'homme, les Déclarations prises dans le cadre des Organisations régionales de celles prises dans le cadre des Organisations universelles pour se rendre compte de leur « influence » sur le terrain.

Les premières sont des *Déclarations régionales* (B), plus proches des États, tandis que les secondes sont des *Déclarations universelles* (A), un peu plus « éloignées » de ceux-ci.

A. Les Déclarations universelles

Comme leur nom l'indique, les Déclarations interétatiques universelles sont des actes de concertation politique internationale de portée universelle qui proclament la « foi » des États à un certain nombre de droits et libertés qu'ils s'engagent moralement à promouvoir, sans se soumettre à une obligation juridique spécifique. Ces Déclarations, contrairement aux autres types de Déclarations (*infra*) mettent en relation et engagent politiquement plusieurs États parties. Le critère principal de leur universalité réside donc dans la généralité des États qu'elles se chargent de mettre en rapport.

Parmi les principales Déclarations universelles des droits de l'homme existant au niveau international et qui peuvent, ne serait-ce qu'à titre moral, être invoquées en Droit congolais des droits de l'homme, on peut citer, en premier lieu, la *Déclaration Universelle des Droits de l'Homme* (DUDH). En second lieu, nous pouvons citer la *Déclaration sur l'asile territorial* (D.A.T.). En troisième lieu, il faut citer la *Déclaration sur les droits de l'homme des personnes qui ne possèdent pas la nationalité du pays dans lequel elles vivent*, encore appelée « Déclaration sur les cas d'apatridie » (D.C.A.).

Comment oublier dans ce contexte, et en quatrième lieu, la *Déclaration sur le droit au développement* (D.D.D.), une déclaration particulièrement prisée par les « pays en voie de développement » ? Enfin, en cinquième lieu, nous mentionnerons le cas de la *Déclaration sur la protection de toutes les personnes sur les disparitions forcées*, appelée couramment « Déclaration sur les disparitions forcées » (D.D.F.).

Toutes ces Déclarations, à un titre ou à un autre, sont invocables devant les mécanismes congolais de protection des droits de l'homme, le Congo en étant, dans la majorité des cas, partie prenante. Toute autre chose est cependant la force de leur effet sur le travail du juge !

Essayons d'examiner un peu plus en détail ces différentes déclarations.

1. La Déclaration Universelle des Droits de l'Homme

Adoptée le 10 décembre 1948 par l'Assemblée générale des Nations Unies[6], cette Déclaration reprend, dans ses 30 articles, presque l'essentiel des *droits-libertés* nés de la philosophie libérale d'expression individualiste de cet Occident du 18e siècle en lutte contre les monarques et leurs valets.

Après un préambule particulièrement touchant – proclamant par exemple que « la reconnaissance de la *dignité inhérente à tous les membres de la famille humaine* et *de leurs droits égaux inaliénables* constituent le fondement de la liberté, de la justice et de la paix dans le monde »

–, la DUDH s'ouvre par l'affirmation d'un principe essentiel, à savoir que « Tous les êtres humains naissent libres et égaux en dignité et en droits » et que, étant « doués de raison et de conscience », ils « doivent agir les uns envers les autres dans un esprit de fraternité » (art. 1er).

Suivent ensuite une série de droits et de libertés qui, pour être simplement exprimés, n'appartiennent pas moins aux principales « catégories » modernes des droits de l'homme : droit à la non discrimination (art. 2), « droit à la vie, à la liberté et à la sûreté de sa personne » (art. 3), l'interdiction de l'esclavage, de la servitude et de la traite des êtres humains (art. 4), l'interdiction de la torture et des peines ou traitements cruels, inhumains ou dégradants (art. 5), le droit à le reconnaissance de sa personnalité (art. 6), le droit à l'égalité (art. 7), le droit à un recours devant le juge (art. 8), le droit à un procès équitable (art. 10), le droit à la présomption d'innocence (art. 11), le droit à la vie privée et familiale (art. 12), le droit à la liberté de circulation (art. 13), le droit à l'asile (art. 14), le « droit à une nationalité » (art. 15), les droits de participation politique (art. 21), le droit à la sécurité sociale (art. 22), le droit au travail (art. 23), le droit à l'éducation (art. 26), etc.

La DUDH contient, en outre, deux dispositions conventionnelles dont la place et l'importance n'ont souvent que très peu été soulignées. Il s'agit d'abord de l'article 29 qui contient trois éléments essentiels dans la doctrine des droits de l'homme, à savoir : 1° que « L'individu a des *devoirs* envers la communauté dans laquelle seul le libre et plein épanouissement de sa personne est possible » ; 2° que « Dans l'exercice de ses droits et dans la jouissance de ses libertés, chacun n'est soumis qu'aux *limitations établies par la loi exclusivement...* » et 3° Que « Ces droits et libertés ne pourront, en aucun cas, s'exercer contrairement aux buts et aux principes des Nations Unies » (autrement dit, *pas de droits aux ennemis de la paix et de la liberté*, deux objectifs majeurs de l'Organisation des Nations Unies).

La DUDH ne prévoit cependant aucune institution spécifique de promotion et de protection des droits et libertés qu'elle se contente de « proclamer ».

Son importance historique et politique, ainsi que nous l'avons déjà dit, n'est, néanmoins, pas à négliger dans le contexte de la « magistrature d'influence » qu'exerce cet instrument important du Droit onusien des droits de l'homme.

L'« adhésion » de la RDC à la DUDH, rappelons-le, est de statut constitutionnel et historique. En tant que telle donc, la DUDH fait partie du Droit positif congolais des droits de l'homme, dont la majorité des droits proclamés ont, du reste, été constitutionnalisés.

2. *La Déclaration sur l'asile territorial*

La Déclaration sur l'asile territorial (D.A.T.) résulte, elle aussi, d'une résolution de l'Assemblée Générale des Nations Unies (Rés. 2312 (XXII)), adoptée le 14 décembre 1967[7]. La République démocratique du Congo, en tant que membre de l'Organisation des Nations Unies, s'y sent, tout naturellement, liée.

C'est un texte rédigé en « tenant compte du fait que la Déclaration universelle des droits de l'homme dispose en son article 14 », entre autres que « 'Devant la persécution, toute personne a *le droit de chercher asile et de bénéficier de l'asile en d'autres pays...'* » (Préambule, 2e Considérant). De même, cette Déclaration semble fonder le droit d'asile sur un autre principe de la DUDH qui pose que « Toute personne a le droit de quitter tout pays, y compris le sien, et de revenir dans son pays » (liberté *de* circulation, *infra*).

Toutefois, la Déclaration sur l'asile territorial rappelle également, dans ses articles, que l'État accorde asile « dans l'exercice de sa souveraineté » et qu'il « lui appartient... de qualifier les causes qui ... motivent » l'octroi de celui-ci (art. 1er. 1 et 3).

La D.A.T., elle-même, n'est qu'un code de « principes inspirateurs », allant du principe du respect universel de la décision d'asile (art. 1er) à l'interdiction des « activités contraires aux buts et aux principes des Nations Unies » (art. 4).

La D.A.T. affirme, en outre, dans la foulée, le « droit de chercher et de bénéficier de l'asile » (*supra*) tout en privant ce droit à « des personnes dont on aura des raisons sérieuses de penser qu'elles ont commis un crime contre la paix, un crime de guerre ou un crime contre l'humanité, au sens des instruments élaborés pour prévoir des dispositions relatives à ces crimes ».

En d'autres termes, bien qu'il existe, à travers la lecture de cette Déclaration, à charge des États, une sorte de devoir moral d'hospitalité, l'asile territorial ne pourrait cependant couvrir les crimes les plus odieux commis par un fuyard suspect aux yeux du Droit pénal international (art. 1.2).

Toutefois, le principe de l'interdiction des « expulsions » ou des « refoulements » des réfugiés, et même celui de l'interdiction du « refus d'admission à la frontière » des demandeurs d'asile est, à condition de la réunion des conditions de l'article 14 de la DUDH, rappelé et même réaffirmé avec force (art. 3). Cette interdiction est cependant levée, précise le point 2 du même article, en cas d'invocation par l'État des « raisons majeures de sécurité nationale ou pour protéger la population, comme dans le cas d'un afflux en masse de personnes » (art. 3.2).

Bref, au plan des principes essentiels du droit d'asile, la D.A.T. est une combinaison difficile entre les droits de l'État et les droits de l'individu recherchant asile. Au plan de sa force juridique, elle n'est qu'une « déclaration des principes » dépourvue de toute force juridique. Sa force morale et éthique n'est cependant pas à mettre en cause.

3. *La Déclaration sur les droits de l'homme des personnes qui ne possèdent pas la nationalité du pays dans lequel elles vivent*

C'est aussi par la Résolution 47/144 du 13 décembre 1985 de l'Assemblée Générale des Nations Unies que cette Déclaration est née dans l'ordre juridique international. Elle doit nécessairement lier également la République démocratique du Congo, en tant que membre de la famille des Nations Unies.

Non contraignante, cette Déclaration comprend 10 articles qui énumèrent, dans une densité et une clarté remarquables, des droits ainsi que des devoirs reconnus ou imposés à des étrangers sur le territoire d'un État.

L'étranger dans un État partie à cette Déclaration bénéficie ainsi, par exemple, du droit à la vie et à la sûreté de sa personne ; du droit à la protection de sa vie privée et familiale ; du droit à un procès équitable au même titre que les nationaux ; du droit de conserver sa langue maternelle, sa culture et ses traditions ; du droit de choisir son époux, de se marier et de fonder une famille ; du droit de transférer à l'étranger ses gains, ses économies ou d'autres avoirs monétaires personnels, sous réserve de la réglementation nationale en vigueur en matière d'opérations monétaires ; du droit à la liberté d'expression et de réunion pacifique ainsi que du droit au regroupement familial, etc. (art. 5).

Cette Déclaration précise cependant que « Rien dans la présente Déclaration ne doit s'entendre comme légitimant l'entrée et la présence illégales d'un étranger dans le territoire d'un État ou comme restreignant le droit de tout État d'édicter des lois et règlements concernant l'entrée des étrangers ainsi que les termes et les conditions de leur séjour ou d'établir des distinctions entre ses ressortissants et les étrangers… » (art. 2).

La Déclaration sur les cas d'apatridie souffre donc, comme la précédente, des méfaits du conflit entre droit de la souveraineté étatique et droits individuels subjectifs.

4. *La Déclaration sur le droit au développement*

Il s'agit d'une Déclaration connue comme ayant été, si pas inspirée, tout au moins massivement soutenue par ceux qu'on appelle, dans le langage des Organisations économiques internationales, les « pays en voie de développement ».

D'une part, le conflit idéologique entre pays capitalistes et pays socialistes et, d'autre part, l'opposition sempiternelle entre colonisés et anciens colonisateurs ont assené un coup mortel à la force juridique de ladite Déclaration. Promis au départ pour revêtir le caractère de « Convention » en effet, le droit au développement, à cause de cette double opposition, n'a finalement été adopté que comme une simple « Déclaration » dans l'ordre international.

Adoptée par la Résolution de l'Assemblée Générale des Nations Unies n° 41/128 du 4 décembre 1986, cette Déclaration est un texte non contraignant, comprenant, au passage, 10 articles, dont l'essentiel des proclamations résulte de la préoccupation et de la détermination des États du Tiers monde à obtenir une certaine *égalité économique et sociale* avec les États plus développés.

La République démocratique du Congo, l'un de ces États « du Tiers monde », peut-il renoncer à l'application de cette Déclaration ?

Le droit au développement est proclamé comme « un droit inaliénable de l'homme en vertu duquel toute personne et tous les peuples ont le droit de participer et de contribuer au développement économique, social, culturel et politique dans lequel tous les droits de l'homme et toutes les libertés fondamentales puissent être pleinement réalisés, et de bénéficier de ce développement » (art. 1er).

En vertu de ce droit, « les États ont le droit et le devoir de formuler des politiques de développement national (et international) ayant pour but l'amélioration constante du bien-être de l'ensemble de la population et de tous les individus » (art. 3 et 4).

La Déclaration sur le droit au développement reste cependant, comme on vient de le dire, un texte programmatoire non contraignant, insusceptible d'effets juridiques directs sur les États signataires. Sauf si elle est incorporée dans la législation nationale – ce qui est le cas de la RDC (voir art. 18 de la Constitution du 4 avril 2003 ; art. 8, 20 et 21 de la Charte congolaise des droits de l'homme et des peuples) – elle n'a, en principe, aucune force obligatoire sur les États signataires[8].

5. *La Déclaration sur la protection de toutes les personnes contre les disparitions forcées*

Il s'agit également d'un texte programmatoire adopté par l'Assemblée Générale des Nations Unies dans sa Résolution 47/133 du 18 décembre 1992. Ce texte vise essentiellement à protéger les individus contre les disparitions forcées, en tant qu'elles constituent une autre manière d'infliger à autrui des traitements cruels, inhumains ou dégradants. Cette Déclaration comprend, au total, 21 articles et n'est pas, elle aussi, contraignante[9].

Bref, la liste des Déclarations interétatiques en matière des droits de l'homme semble aller s'allongeant. Sur ces Déclarations comme sur le reste des Proclamations interétatiques (par exemple la Proclamation de Téhéran du 13 mai 1968), on est obligé de jeter, ici, un coup d'œil nécessairement partiel.

Si d'autres Déclarations, telles la *Déclaration sur l'octroi de l'indépendance aux pays et aux peuples colonisés* (Rés. 1514 (XV), AG/NU, 14/12/1960) ou la *Déclaration universelle pour l'élimination définitive de la faim et de la malnutrition* (Rés. 3348 (XXIX), AG/NU, 17 /12/1974) ou encore la *Déclaration des droits des personnes handicapées* (Rés. 3447 (XXX), AG/NU, 9/12/1975), n'ont pas été citées ici, ce n'est certainement pas par manque de pertinence ou d'importance. Le cadre et le temps du travail ne l'ont pas permis.

La plupart de ces Déclarations sont cependant de reconnaissance politique certaine ; elles relèvent, en effet, du domaine du politique ou de l'éthique et non, à proprement parler, du droit. Ils servent, en général, à baliser la conduite des relations entre les États et à aider, d'une certaine manière, à la définition de la nature des obligations des pouvoirs publics vis-à-vis de leurs citoyens.

À moins de recevoir valeur juridique d'une coutume internationale (telle la DUDH) ou d'un texte juridique exprès d'origine nationale (tel le droit au développement), ces Déclarations ne sont, en principe, pas créatrices des droits subjectifs au profit des individus. Leur invocation devant le juge n'est par conséquent que de peu d'utilité, car, celui-ci ne peut en déduire ni obligation à charge de l'État, ni droit au profit de l'individu.

À côté de ces Déclarations qu'on peut qualifier d'*universelles générales*, on trouve également des Déclarations *universelles sectorielles*, touchant à des domaines par exemple du travail, de la santé, de l'éducation, de la culture, etc.

C'est le cas par exemple de la *Déclaration relative aux principes et droits fondamentaux au travail du 19 juin 1998*, adoptée dans le cadre de l'Organisation Internationale du Travail (O.I.T.). C'est également le cas de la *Déclaration sur l'utilisation du progrès de la science et de la technique dans l'intérêt de la paix et au profit de l'humanité*, adoptée sous l'égide de l'UNESCO. C'est enfin le cas de la *Déclaration des principes de la coopération culturelle internationale*, etc.

Bref, la liste des Déclarations interétatiques en matière des droits de l'homme n'est qu'énonciative. Comme pour le cas des Conventions, on trouve également, ici, certaines Déclarations interétatiques qui, elles, sont plutôt de portée régionale.

B. Les Déclarations régionales

Ce sont des textes dépourvus également de tout effet contraignant adoptés par les États d'un coin géographiquement déterminé (généralement dans le cadre de certaines Organisations régionales qui les unissent) et destinés à baliser la conduite des relations diplomatiques entre ces États ou à indiquer à ces derniers leurs obligations régionales vis-à-vis de leurs peuples.

On n'en dénombre, à ce jour, que très peu. On peut ainsi citer, à titre d'exemple, la *Déclaration interaméricaine des droits de l'homme* (Organisation des États Américains), les *Déclarations de l'Union européenne relatives aux droits fondamentaux* des 27 avril 1977 (Assemblée, Conseil et Commission de l'UE) et 12 avril 1989 (Parlement européen), ainsi que la *Déclaration islamique universelle des droits de l'homme* (19 septembre 1981).

Compte tenu de leur portée et de leur enserrement dans un contexte régional bien déterminé, ces Déclarations, bien entendu, ne s'appliquent qu'aux États parties à ces Organisations internationales et aux instruments régionaux les créant.

Dans le contexte régional africain, on peut citer un certain nombre de « déclarations » dont la République démocratique du Congo s'était sentie, à un moment ou à un autre, liée.

Il en est ainsi par exemple de la *Déclaration d'Alger* (Algérie) du 14 juillet 1999 constatant la fin du deuxième millénaire et de son « ère marquée par la colonisation et son cortège tragique de domination, de spoliation et de la négation de la personnalité africaine ».

Il en est également ainsi de la *Déclaration de Syrte* (Libye) annonçant la mutation de l'OUA vers une Union africaine plus « déterminée, semble-t-il, à éliminer le fléau des conflits qui constitue un obstacle majeur à la mise en œuvre de notre programme de développement et d'intégration »[10].

Limitées et souffrant d'une absence réelle d'effet contraignant, ces Déclarations ne sont cependant que des codes d'esprit qui requièrent d'autres « législations » particulières – telles les Conventions internationales – pour être juridiquement contraignantes. Il importe par conséquent de passer vite à l'examen des Conventions internationales, car, au contraire des Déclarations, celles-ci constituent, plutôt, de véritables sources nationales des droits de l'homme d'origine internationale.

SECTION 2. LES CONVENTIONS INTERNATIONALES

§1. NOTIONS

À l'opposé des Déclarations interétatiques qui, elles, sont dépourvues de tout effet contraignant, les Conventions internationales sont de véritables *traités internationaux* qui créent, au profit des individus, de véritables *droits subjectifs* et, à charge des États parties, de contraignantes *obligations internationales.*

Il s'ensuit que toute Convention internationale en matière des droits de l'homme, régulièrement conclue et ratifiée par un État, crée, au profit des ressortissants de ce dernier, et même au profit de toute personne se trouvant sous sa juridiction, des *droits directs*, dont la jouissance et l'exercice peuvent être poursuivis en justice par tout bénéficiaire.

En République démocratique du Congo, en vertu de l'article 193 de la Constitution de la transition du 4 avril 2003, « Les traités et accords internationaux *régulièrement conclus* ont, dès leur publication, *une autorité supérieure à celle des lois*, sous réserve pour chaque traité ou accord, de son application par l'autre partie »[11].

La disposition constitutionnelle ainsi rappelée signifie que toutes les Conventions internationales *régulièrement conclues et ratifiées par la RDC*, en ce compris les Conventions en matière des droits de l'homme, ont, *dès leur publication au Journal Officiel*, une autorité *supérieure* à tous les actes du pouvoir législatif (lois au sens strict et actes ayant force de lois), et par voie de conséquence, à tous les actes du pouvoir exécutif.

En ce qui concerne les Conventions en matière des droits de l'homme spécialement, elles ne sont pas, en vertu du Droit international des droits de l'homme et du Droit international des traités, soumises à la règle de *réciprocité.* Visant la protection de *l'homme*, de telles exceptions et réserves ont été, en effet, jugées incompatibles avec l'objectif principal de la « centralité de l'homme ».

Par ailleurs, l'article 194 de la même Constitution de la Transition pose le problème des rapports entre les Traités et la Constitution. Il s'agit là d'une question qui pose le problème de la hiérarchie des normes internationales sur tout l'ordonnancement juridique national (*infra*).

Il découle de ces considérations que les Conventions internationales, régionales et même sectorielles conclues et ratifiées par la RDC depuis l'avènement de cette tradition constitutionnelle « moniste » (1964) s'imposent à la RDC et ses citoyens sont fondés à en réclamer tant le respect que le bénéfice. Les autorités, en particulier, sont tenues de respecter le dispositif de ce Droit international.

Il convient par conséquent d'énumérer, au bénéfice de ces acteurs, quelques Conventions internationales principales qui trouvent, en vertu de cette disposition constitutionnelle, pleine et entière application en RDC.

§2. ÉNUMÉRATION

Ici aussi, nous allons distinguer les Conventions internationales conclues et ratifiées par la RDC dans un contexte universel (A) de celles conclues par elle dans un contexte régional, tout en rappelant également, pour des raisons d'information scientifique, les Conventions internationales conclues par les autres États dans le cadre d'autres régions du monde (B).

A. Les Conventions universelles applicables en RDC

Au sein de cette première catégorie, on distingue les Conventions universelles générales (1) des Conventions universelles sectorielles (2).

1. Les Conventions universelles générales

Ce sont celles qui lient les parties (les États) au niveau international et qui portent sur une catégorie *indéterminée* des droits et libertés. Deux conventions principales, ratifiées par la RDC, occupent ici la première place dans la hiérarchie interne des sources d'origine internationale. Il s'agit du Pacte international relatif aux droits civils et politiques (a) et du Pacte international relatif aux droits économiques, sociaux et culturels (b).

a) Le Pacte international relatif aux droits civils et politiques (PIDCP)

Adopté et ouvert à la signature, à la ratification et à l'adhésion des États par l'Assemblée Générale des Nations Unies dans sa Résolution n° 2200 À (XXI) du 16 décembre 1966, ce Traité international est entré en vigueur, pour ce qui concerne la RDC, depuis le 1er novembre 1976, date de sa ratification[12]. Il comprend 53 articles divisés en cinq parties, dont les deux premières concernent les droits garantis ainsi que la garantie des droits.

L'essentiel des droits que nous allons examiner ultérieurement trouvent, on peut le dire, leur origine et leur expression la plus dense dans ce traité.

C'est un traité particulièrement utile au Droit des droits de l'homme parce que, pour la première fois dans l'histoire des relations internationales universelles, ce Traité prévoit un mécanisme de garantie collective en matière des droits de l'homme, à savoir : le *Comité des Droits de l'Homme*, auquel les parties et leurs ressortissants (groupes ou particuliers) peuvent adresser des « communications » pour le contrôle de l'application des obligations des États en la matière (art. 28-45).

Mais, l'essentiel du contrôle international assuré par le Comité des Droits de l'Homme (CDH) est basé plutôt sur le mécanisme des « rapports » que les États parties s'engagent à présenter, chaque année, sur les mesures qu'ils prennent pour donner effet aux droits de l'homme et sur les progrès réalisés dans la jouissance de ces droits par leurs ressortissants (art. 40).

Le Pacte comprend, en outre, *deux protocoles facultatifs* s'y rapportant. Le premier, adopté le même jour que le Pacte, reconnaît la compétence du CDH de recevoir les « communications individuelles », c'est-à-dire des requêtes pour violation des droits de l'homme émanant *des particuliers* relevant de la juridiction des États membres (art. 1er). Le second, adopté le 15 décembre 1989 par la même Assemblée Générale des Nations Unies, vise à *abolir la peine de mort* ; il engage chaque État partie à « prendre toutes les mesures voulues pour abolir la peine de mort dans le ressort de sa juridiction » (art. 1. 2).

Malgré son adhésion à ce deuxième Protocole, la République démocratique du Congo n'a pas encore aboli, dans sa législation pénale (civile et militaire), la peine de mort[13]. Les débats sont toujours en cours sur l'opportunité, les avantages et les inconvénients de l'abolition d'une telle peine infamante.

La RDC consent cependant, de temps en temps, à appliquer ce qu'on appelle des « moratoires » à l'application de la peine de mort. Ces « moratoires » n'ont qu'une durée limitée dans le temps et n'ont, dans la plupart des cas, qu'une portée limitée à une catégorie ou à des catégories déterminées de criminels. De plus, la forte pression internationale qui les « provoque » souvent, contribue beaucoup à politiser un débat qui, avant tout, devrait d'abord être celui des « droits de l'homme ».

En revanche, partie prenante au premier Protocole facultatif relatif audit Pacte, la République démocratique du Congo est susceptible d'être attraite devant le Comité des Droits de l'Homme *par un particulier relevant de sa juridiction* ce, pour violation des engagements internationaux de l'État au titre du Traité relatif aux « droits civils et politiques ».

Le Pacte et ses Protocoles sont des textes d'inspiration philosophique libérale et individualiste. Bénéficiant d'un véritable contrôle international, ils constituent la première source d'origine internationale utile pour la promotion et la protection des droits de l'homme en RDC. Avec ses deux Protocoles, la DUDH, et le « Pacte international relatif aux droits économiques, sociaux et culturels », le PIDCP forment ce qu'on appelle la « Charte internationale des droits de l'homme » [14].

b) Le Pacte international relatif aux droits économiques, sociaux et culturels (PIDESC)

Dans l'ordre d'adoption, le PIDESC vient avant le PIDCP. Il a été adopté, lui aussi, par l'Assemblée Générale des Nations Unies, dans la même résolution que la première, et est entré en vigueur, pour ce qui est de la RDC, à la même date (1er novembre 1976) [15].

À travers ses 31 articles, le PIDESC essaye de promouvoir, au profit des individus et des peuples, un certain nombre de droits à caractère économique, social et culturel, dont la réalisation dépend cependant tant des *capacités* que de la *volonté* réelle des États parties.

C'est un traité *self executing*, mais, à raison de la nature et de la vocation mêmes des droits qu'il reconnaît, l'application des obligations internationales qu'il postule est suspendu « au maximum des ressources disponibles » des États ; ce qui explique le problème de l'exercice « progressif » des droits reconnus par cette Charte (art. 2.1). D'où cette qualification que les droits économiques et sociaux sont des *droits conditionnels*, voire des droits *programmatoires*.

Le Pacte international relatif aux droits économiques, sociaux et culturels reconnaît plusieurs droits dont, par exemple, le droit des peuples de disposer de leurs richesses et de leurs ressources naturelles « sans préjudice des obligations qui découlent de la coopération économique internationale » (art. 1. 2).

Il reconnaît également, à titre d'exemple, le « droit au travail » (art. 6), le « droit de jouir de conditions de travail justes et favorables » (art. 7), le « droit syndical » (art. 8), le « droit à la sécurité sociale » (art. 9), le droit à certaines « protections spéciales » (art. 10), le « droit à un niveau de vie suffisant » (art. 11. 1), le « droit fondamental d'être à l'abri de la faim » (art. 11.2), le « droit de jouir du meilleur état de santé physique et mentale » (art. 12) et le « droit à l'éducation » (art. 13), etc.

Mais, le PIDESC, contrairement au PIDCP, ne prévoit ni d'obligations correspondantes contraignantes à l'égard des États, ni un mécanisme international de contrôle qui soit efficace.

En effet, le mécanisme de contrôle international de l'application du PIDESC, confié au *Secrétaire Général des Nations Unies*, lequel se voit « épaulé » par le *Conseil Économique et Social*, sous l'action courageux mais inefficace de la *Commission des Droits de l'Homme*, organe de celui-ci (art. 16 et 19 du PIDESC), n'est pas de même nature, ni de même effet que celui représenté par le Comité des Droits de l'Homme. Dans les faits, on n'a jamais vu qu'elle est capable de protéger efficacement et de manière efficiente les droits « économiques, sociaux et culturels » des personnes se trouvant sous la juridiction des États membres du PIDESC.

Puisque les États sont autorisés plutôt à présenter, en effet, des rapports « par étapes », lesquels rapports ne sont du reste pas régulièrement envoyés, il est permis de douter de l'efficience d'un tel mécanisme. De plus, lesdits rapports ne donnent lieu qu'à des piètres « recommandations d'ordre général ou pour information » (art. 19-21) à l'endroit des États parties. Bref, le mécanisme du Secrétariat Général des Nations Unies, même épaulé par l'ECOSOC sous l'action de sa Commission des Droits de l'Homme (CoDH), ne nous paraît pas efficace, ni efficient.

Le Pacte n'aménage même pas un recours individuel – qui serait reconnu aux particuliers – auprès de tous ces organes (Secrétaire Général des Nations Unies, Conseil Économique et Social, Commission des droits de l'Homme, etc.)[16].

En dépit des critiques qui lui sont adressées, il faut néanmoins reconnaître que le Pacte international relatif aux droits économiques, sociaux et culturels est, comme le PIDCP, un traité obligatoire s'imposant aux États parties. Bien que le contrôle des obligations qu'il postule ne se limite qu'à la vérification de la « volonté » de ces États d'appliquer les termes convenus au Pacte, il n'impose pas moins certaines obligations juridiques particulières aux États parties (il en est ainsi de l'obligation de rendre des rapports). Enfin, signalons que ledit Pacte n'a ni protocole additionnel, ni protocole facultatif.

À vrai dire, les deux Conventions internationales énumérées ci-dessus forment l'essentiel du Droit international général des droits de l'homme, en même temps qu'elles constituent la principale source d'origine internationale du Droit congolais des droits de l'homme. Elles sont applicables en Droit congolais en vertu du principe moniste du droit qui a été évoqué précédemment et en vertu de ce que leurs dispositions spécifiques ont été expressément incorporées dans la Constitution et dans différentes lois de la République.

Pour compléter l'étude de ces Conventions internationales, notons que les deux Pactes énumérés ci-dessus sont complétés par toute une autre série de Conventions sectorielles qui ne manquent pas d'enrichir la nomenclature des sources internationales du Droit congolais des droits de l'homme. En tant que telles, ces Conventions sectorielles méritent également, elles aussi, d'être rappelées.

2. Les Conventions universelles sectorielles

Ce sont celles qui, bien que liant une généralité d'États, concernent cependant une *catégorie déterminée de droits ou de bénéficiaires* de ces derniers.

On distingue ces Conventions selon les matières (a) ou selon la catégorie de bénéficiaires des droits proclamés (b).

a) Les Conventions sectorielles quant aux matières

On regroupe ces Conventions essentiellement selon les domaines de codification des droits concernés. Il peut s'agir d'un aspect particulier de la vie de l'homme, tout comme il peut s'agir d'une catégorie déterminée ou d'une tranche d'âge donnée de l'espèce humaine.

Parmi les Conventions universelles sectorielles quant aux matières applicables en RDC, nous pouvons relever notamment :

Dans le domaine de l'asile, des migrations et de l'apatridie : le Statut du Haut Commissariat des Nations Unies pour les réfugiés du 14 décembre 1950 ; la Convention relative au statut des réfugiés du 28 juillet 1951 et son Protocole du 16 décembre 1966 ; la Convention relative aux statuts des apatrides, ainsi que la Convention internationale sur la protection des droits de tous les travailleurs migrants et des membres de leurs familles du 18 décembre 1990.

Ces différentes conventions sont d'application en République démocratique du Congo, et, la diversité des instruments juridiques internationaux répertoriés est, au plan national, enrichie par une série de textes de « réception » qui donnent aux matières traitées un statut à la fois national et international [17].

Il faut craindre que cette diversité ne crée une certaine « cacophonie » préjudiciable aux intérêts des catégories justement protégées par ces instruments.

Dans le domaine de la torture, de l'esclavage et de la traite des êtres humains : la Convention relative à l'esclavage du 25 septembre 1926 et son Protocole d'amendement du 23 octobre 1953 ; la Convention pour la répression de la traite des êtres humains et de l'exploitation de la prostitution d'autrui du 2 décembre 1949 ; la Convention supplémentaire relative à l'abolition de l'esclavage, de la traite des esclaves et des institutions et pratiques analogues à l'esclavage du 7 septembre 1956, ainsi que la Convention contre la torture et autres peines ou traitements cruels, inhumains ou dégradants du 10 décembre 1984.

Ces conventions également, sous réserve de leur ratification expresse, sont en vigueur en République démocratique du Congo [18].

À l'heure actuelle, l'on est toujours en attente des conclusions d'une « Commission » qui aurait été créée pour « enquêter sur les massacres et autres atrocités et violations du droit international humanitaire » qui auraient été commis en République démocratique du Congo « pendant la guerre de libération » [19].

Dans le domaine du travail : la Convention concernant la liberté syndicale et la protection du droit syndical du 9 juillet 1948 ; la Convention concernant l'application des principes du droit d'organisation et de négociation collective du 1er juillet 1948 ; la Convention concernant le travail forcé du 28 juin 1930et la Convention concernant l'abolition du travail forcé du 25 juin 1957[20].

Bref, bon nombre de ces Conventions universelles sectorielles, ratifiées par la République démocratique du Congo, ou celle-ci y ayant adhéré, sont d'application dans ce pays. Par conséquent, les justiciables congolais sont fondés à les invoquer devant les cours et tribunaux et devant toute autre instance nationale de protection des droits de l'homme, en cas de violation de leurs droits reconnus par lesdits traités.

b) Les Conventions sectorielles quant aux bénéficiaires

Ici, on peut épingler, en particulier, les conventions concernant la femme et les enfants, deux catégories de l'espèce humaine généralement considérées comme « vulnérables ».

Concernant les femmes : dans le Droit de protection de la femme, on peut épingler plusieurs conventions dont les principales sont les suivantes : la Convention sur les droits politiques de la femme du 20 décembre 1952 ; la Convention internationale sur l'élimination de toutes les formes de discrimination à l'égard des femmes du 18 décembre 1979, ainsi que la Convention sur le consentement au mariage, l'âge minimum du mariage et l'enregistrement des mariages du 7 novembre 1962.

Elles sont également d'application en République démocratique du Congo, sous réserve de leur ratification ou de leur adhésion expresse. De toutes les manières, le fait qu'elles aient été incorporées en Droit positif congolais leur donne un statut de texte juridique applicable et invocable devant les organes de justice[21].

Concernant les enfants : le Droit conventionnel de protection de l'enfant est également, en ce qui le concerne, particulièrement prolixe. On peut néanmoins se limiter ici à n'épingler que quelques-unes des conventions considérées comme « phares ».

Il s'agit de la Convention relative aux droits de l'enfant du 20 novembre 1989 et de la Convention concernant l'interdiction des pires formes du travail des enfants du 17 juin 1999[22].

La Convention relative aux droits de l'enfant est, de toutes les conventions onusiennes, celle qui, à ce jour, aura probablement recueilli le plus de signatures ou de ratifications étatiques. Sur 197 États répertoriés par le Haut Commissariat des Nations Unies aux Droits de l'Homme, 191 auront déjà ratifié ce traité international, tandis que 2 États non parties l'ont également signée. La ratification de la République démocratique du

Congo est intervenue le 28 septembre 1990, soit 26 jours seulement après l'entrée en vigueur dudit traité[23].

La Convention relative aux droits de l'enfant prévoit l'existence d'un mécanisme de contrôle appelé le *Comité des Droits de l'Enfant*, dont la mission est « d'examiner les progrès accomplis par les États parties dans l'exécution des obligations contractées par eux en vertu de la présente Convention » (art. 43.1).

En déposant son instrument de ratification, la RDC avait reconnu la compétence de ce mécanisme et accepté de se soumettre à sa procédure des rapports périodiques (tous les 5 ans) et initial (2 ans à partir de l'entrée en vigueur du traité)[24].

Il reste que plusieurs obligations consenties par la RDC dans le cadre de cette convention sont loin d'être observées dans la pratique. Il en est ainsi par exemple de la problématique des enfants soldats et des enfants travailleurs ou « dans la rue » (les « chégué »).

D'autres conventions existent aussi dans plusieurs aspects de la vie de l'enfant, mais, dans le cadre de cette étude, on est bien obligé d'opérer un choix.

En résumé, au niveau universel, le Droit international des droits de l'homme applicable en République démocratique du Congo, ou mieux, le Droit congolais des droits de l'homme d'origine internationale, est plutôt prolixe et diversifié. Il ne fait pas l'ombre d'un doute que, de cette panoplie de sources internationales, complétées par des sources nationales, une discipline cohérente et autonome des droits mérite d'être pensée.

Au plan de la publicité desdites sources, tandis que l'irrégularité de la parution du *Journal Officiel de la République démocratique du Congo* est assez bien connue et, donc ne facilite pas aux chercheurs un travail méticuleux de collecte et de « fichage » des textes, il faut en outre déplorer la précarité des conditions mêmes de la recherche scientifique au Congo qui rend un travail de publication tout particulièrement onéreux.

Il semble par conséquent difficile de relever tous les textes juridiques réellement entrés en vigueur dans ce pays et concernant, en l'occurrence, les droits de l'homme, au risque d'attendre le retour de la première goutte d'eau qui s'est jetée dans l'océan.

Un travail de collecte, de fichage, de publication et de vulgarisation de ces textes est donc, à ce jour, à poursuivre pour être à même de disposer de toutes les sources juridiques applicables en République démocratique du Congo en matière des droits de l'homme.

Quid des sources du Droit congolais des droits de l'homme au niveau régional ?

B. Les Conventions régionales applicables ou transposables en RDC

Ce sont essentiellement celles qui sont conclues dans le cadre de l'Organisation de l'Unité Africaine (OUA), aujourd'hui muée en Union Africaine (UA).

Mais, pour faciliter le travail de comparaison et aussi pour se tenir au courant de ce qui se passe dans d'autres régions du monde, nous évoquerons également, à titre d'information, quelques conventions régionales conclues, soit dans le cadre du Conseil de l'Europe ou de l'Union Européenne (1), soit dans le cadre de l'Organisation des États Américains (2), soit encore dans le cadre de la Ligue Arabe (3), avant de terminer par les Conventions conclues dans le cadre de la Région Afrique proprement dite (4) et qui, seules, sont juridiquement contraignantes pour la RDC.

1. Dans le cadre la Région Europe

C'est la région qui regorge probablement le plus de conventions en matière des droits de l'homme. On n'y épinglera cependant que quelques-unes d'entre elles.

Il s'agit principalement de la *Convention européenne de sauvegarde des droits de l'homme et des libertés fondamentales* du 4 novembre 1950 et de ses protocoles additionnels ; de la *Convention pour la protection des droits de l'homme et de la dignité de l'être humain à l'égard des applications de la biologie et de la médecine* du 4 avril 1997 et de son Protocole additionnel portant interdiction du clonage d'êtres humains du 12 janvier 1998.

On peut également citer la *Convention européenne d'établissement* du 13 décembre 1955 ; la *Convention pour la protection des minorités nationales* du 1er février 1995 ; la *Convention pour la prévention de la torture et des peines ou traitements inhumains ou dégradants* du 26 décembre 1987, ainsi que la *Convention pour la protection des personnes à l'égard du traitement automatisé des données à caractère personnel* du 28 janvier 1981.

Ces textes, conçus pour et par les Européens, sont naturellement inapplicables en République démocratique du Congo, pays non membre du continent européen.

Cependant, l'interprétation qui y est faite des dispositions conventionnelles conclues dans cette région du monde ne peut être ignorée par d'autres systèmes juridiques. De notre point de vue donc, cette interprétation judiciaire peut même éclairer utilement le Droit congolais des droits de l'homme, plus jeune que le Droit européen, dans son processus de croissance et de maturation. Le principe de l'universalité des droits de l'homme ne vient-il pas, de surcroît, au soutien d'une telle perspective ?[25]

2. *Dans le cadre de la Région Amérique*

Nous n'avons pas, à ce jour, connaissance de plusieurs textes juridiques contraignants de protection des droits de l'homme en Amérique. Nos recherches, nécessairement limitées par la distance et par l'impossibilité de relever tous les textes mondiaux de protection des droits de l'homme, nous contraignent ici à la modestie.

Nous ne citerons, par conséquent, dans cette région du monde que la *Convention américaine relative aux droits de l'homme* du 22 novembre 1969 ainsi que ses deux protocoles additionnels.

Le premier de ces Protocoles additionnels est relatif aux droits économiques, sociaux et culturels. Il a été adopté et ouvert à la signature des États membres de l'Organisation des États Américains (OEA) le 17 novembre 1988 à San Salvador. Il est entré en vigueur le 16 novembre 1999.

Le second traite de l'abolition de la peine de mort. Il fut adopté et ouvert à la signature des mêmes États le 8 juin 1990 et est entré en vigueur le 6 octobre 1993.

Quant à la Convention elle-même, elle fut ouverte à la signature des États membres de l'OEA à San José (Costa Rica) le 22 novembre 1969 et est entrée en vigueur le 18 juillet 1978.

Bref, le Droit régional américain des droits de l'homme existe également au niveau de ses sources. Il ne concerne cependant pas la RDC pour les mêmes raisons que celles invoquées pour la Région Europe.

3. *Dans le cadre de la Ligue arabe*

Il y a une *Charte arabe des droits de l'homme* adoptée par le Conseil de la Ligue des États Arabes (L.E.A) le 15 septembre 1994 au Caire (Égypte). Cette Charte, on peut le dire, constitue une preuve que cette région du monde n'est pas du tout désintéressée par la question des droits de l'homme. Bien au contraire.

La Charte arabe paraît cependant poser problème, notamment aux yeux du monde juridique occidental qui, dans le cadre du conflit religieux et culturel entre l'Occident et l'Orient, ne cesse de dénoncer – et de redouter – ce qu'on appelle, parfois avec une certaine exagération, « l'intégrisme musulman »[26].

Peut-on, cependant, dénier à ce traité international son caractère juridique et son effet contraignant ? Sa portée – ne serai-ce que symbolique – dans la promotion et la protection des droits de l'homme du monde arabo-musulman, n'incite-t-elle pas à la reconnaissance et au respect de ce Droit régional spécifique des droits de l'homme ?

4. Dans le cadre de la Région Afrique

Dans le continent africain, après le silence coupable gardé par la Charte de l'Organisation de l'Unité Africaine[27], on note, depuis 1981, un regain de reconnaissance et de volonté de protection des droits de l'homme en Afrique.

À ce jour, le Droit régional africain des droits de l'homme existe. Il est composé essentiellement, au niveau de ses sources, d'un certain nombre de conventions internationales qui ne demandent qu'à être appliquées.

On y note ainsi par exemple que la *Charte africaine des droits de l'homme et des peuples* (adoptée à Nairobi le 26 juin 1981) ainsi que ses deux Protocoles additionnels – l'un *portant création d'une Cour africaine des droits de l'homme et des peuples* (Ouagadougou, 10 juin 1998) et l'autre *relatif aux droits des femmes* (Maputo, 11-12 juillet 2003) – constituent la base fondamentale du Droit régional africain des droits de l'homme.

On y note aussi que la *Charte africaine des droits et du bien-être de l'enfant* – qui ne manque pas d'apparaître comme une « réplique » à la Convention internationale sur les droits de l'enfant (1989) – est une convention spécifique régionale de protection des droits de l'enfant africain.

Le Droit régional africain des droits de l'homme comprend également la *Convention de l'OUA régissant les aspects propres aux problèmes des réfugiés en Afrique* (Addis-Abeba, 6-10 septembre 1969). Cette convention est, en quelque sorte, une adaptation africaine de la Convention des Nations Unies de 1950 sur le même thème (...).

Toutes ces conventions font partie du Droit régional africain des droits de l'homme et du Droit positif congolais des droits de l'homme, puisque, dans leur grande majorité, la RDC les a ratifiées ou y a adhéré.

La Charte africaine des droits de l'homme et des peuples, par exemple, fait partie du Droit positif congolais depuis l'ordonnance-loi n° 87-027 du 20 juillet 1987 portant autorisation de sa ratification. Tandis que le Protocole de Ouagadougou portant création de la Cour africaine n'a été incorporé à ce Droit positif que très récemment par la grâce du Décret-loi n° 008/01 du 28 mars 2001[28].

Quant à la Charte africaine des droits et du bien-être de l'enfant, elle existe dans notre Droit positif également depuis la promulgation récente du Décret-loi n° 007/01 du 28 mars de la même année[29].

Plusieurs autres textes ratifiés par la République démocratique du Congo restent cependant inconnus du public à cause, soit du manque de diligence des administrations concernées dans la transmission des textes, soit de l'irrégularité déjà dénoncée de la parution du Journal Officiel de la République.

En tout état de cause, les Conventions internationales régionales en matière des droits de l'homme forment, au sein de chaque région du monde, une source importante, mais plutôt *subsidiaire* des droits de l'homme. Elles ne sont invoquées qu'à défaut ou au soutien des sources d'origine nationale.

Quand elles sont incorporées dans l'ordre juridique interne, elles n'ont cependant pas besoin d'être reléguées à ce second rôle. Elles ne constituent pas moins, à toutes fins utiles, la deuxième catégorie de sources du Droit international des droits de l'homme généralement invoquée.

Les Conventions conclues dans le cadre de la Région Afrique sont, dans la majorité des cas, applicables en République démocratique du Congo par la volonté même de cet État, tant d'appartenir à l'Organisation régionale africaine que d'en appliquer les principaux textes juridiques d'origine interétatique.

Il faut cependant avoir quelques doutes sur sa volonté d'appliquer, notamment, les résolutions des Organisations internationales qui, parfois sont créées par ces mêmes instruments.

Quid donc des résolutions internationales en matière des droits de l'homme ?

SECTION 3. LES RÉSOLUTIONS DES ORGANISATIONS INTERNATIONALES

Jadis, les résolutions des Organisations internationalistes ne constituaient pas, aux yeux de bon nombre de juristes internationalistes, une source de Droit. Ce point de vue, reproduit chez nous notamment par les professeurs Balanda[30] et Mampuya[31], se trouve cependant être contredit par la pratique, au point que, à ce jour, il semble dépassé.

En effet, tant en ce qui concerne le Droit international général qu'en ce qui regarde le Droit international des droits de l'homme, les Résolutions de certaines Organisations internationales – notamment celles de l'ONU et/ou de l'OUA, celles de certaines Organisations spécialisées comme la FAO u l'OMS – constituent, à ce jour, une source indéniable du Droit, et spécialement du Droit des droits de l'homme. Il en est ainsi par exemple en matière de Résolutions portant création de certaines institutions internationales ou de certains organismes subsidiaires de ces institutions (*infra*).

À ce titre donc, ces résolutions relèvent incontestablement du Droit positif – et notamment congolais – des droits de l'homme.

En tant qu'elles sont créatrices de droits – pour les populations – et d'obligations – pour les États membres-, les Résolutions internationales sont des sources *directes* du Droit des droits de l'homme invocables, selon nous, au même titre que (mais derrière) les Conventions internationales.

Il convient de relever, au plan universel (§ 1) et régional africain (§ 2), certaines Résolutions internationales importantes qui peuvent constituer, pour la République démocratique du Congo, une source de droits ou de garanties pour ses habitants et un catalogue d'obligations pour ses dirigeants.

§ 1. Les Résolutions internationales universelles

Au plan universel, plusieurs Résolutions concernant l'Afrique et même, en particulier concernant la République démocratique du Congo, existent. Il s'agit principalement des Résolutions prises dans le cadre du système onusien, et qui concernent, en l'occurrence, la matière des droits de l'homme.

Ces Résolutions sont l'œuvre, soit de l'Assemblée Générale des Nations Unies (A), soit du Conseil de Sécurité de l'ONU (B), soit encore du Conseil Économique et Social de l'Organisation mondiale (C). Bien que principalement citées ici, ces Résolutions ne sont pas le seul apanage de l'Organisation des Nations Unies !

A. Les Résolutions de l'Assemblée Générale des Nations Unies concernant les droits de l'homme en République démocratique du Congo

L'Assemblée Générale des Nations Unies a déjà, depuis son existence, participé à l'édification du Droit congolais des droits de l'homme, notamment par ses nombreuses Résolutions sur les Pactes et autres Déclarations conclues dans le cadre du système onusien et qui sont, précisément, adoptés et ratifiés par la RDC (*supra*).

Cette même structure de l'ONU continue à poursuivre son œuvre « législative » et prospective, notamment dans la prise des « recommandations » et/ou dans la « provocation des études » sur la situation des droits de l'homme en République démocratique du Congo, et ce dans le cadre de l'article 13 de la Charte des Nations Unies et pour en améliorer le respect.

C'est dans ce cadre qu'il faut placer, par exemple, la *Résolution A/RES/53/160 du 9 février 1999* sur la « situation des droits de l'homme dans la République démocratique du Congo »[32]. Cette résolution a beaucoup contribué dans la prise en charge, par l'ONU, du volet « droits de l'homme » dans le cadre par exemple du dernier conflit armé congolais (guerres civiles de 1998 à 2002), aboutissant même jusqu'à la création de la MONUC (Mission d'Observation des Nations Unies au Congo).

Il s'agit en plus d'une Résolution intéressante, car, ayant créé une sorte d'institution *sui generis* ou d'organisme subsidiaire précaire (la MONUC), l'AG/NU a « imposé » à la RDC l'application d'une de ses décisions unilatérales (Résolution) qui n'a même pas requis le consentement du pays concerné. Comment douter donc du caractère juridiquement contraignant de telles résolutions ?

En un mot, l'Assemblée Générale des Nations Unies, par son pouvoir de recommandation et/ou d'études, peut prendre des résolutions sur la situation des droits de l'homme dans un pays (cas de la République démocratique du Congo) et obliger, de la sorte, les acteurs locaux à adopter des comportements ou des attitudes conformes à ces résolutions, sous la menace des sanctions d'un type particulier (embargo, boycottage, refus des visas internationaux aux acteurs des conflits...).

Bien que de statut juridique encore précaire, ces Résolutions préparent, en général, le déploiement d'autres résolutions des organes de l'ONU plus « puissants », tel le Conseil de Sécurité.

B. Les Résolutions du Conseil de Sécurité des Nations Unies concernant les droits de l'homme en République démocratique du Congo

Beaucoup plus efficacement que l'Assemblée Générale, le Conseil de Sécurité des Nations Unies, dans le cadre de sa mission de maintien de la paix (art. 24 Ch/NU), n'hésite pas à traiter des questions des droits de l'homme lorsqu'il est (comme ce fut le cas pour le Congo) confronté à une situation de « trouble » ou de « menace de la paix ».

On sait que les Résolutions de cet organe exécutif des Nations Unies en matière des droits de l'homme – surtout lorsqu'elles sont prises *en lien* avec la mission de maintien de la paix – sont *d'application immédiate et directe*. Elles contraignent les États et tous les acteurs non étatiques à s'y conformer.

Il en est ainsi, par exemple, de la *Résolution 1291 du 24 février 2000* sur l'envoi des 5.537 Casques bleus en République démocratique du Congo (dans le cadre de la MONUC), résolution qui porte également « prorogation du mandat de la MONUC »[33]. Il en a été ainsi aussi lors de la création de la même MONUC (*supra*), et dont l'existence aujourd'hui, en tout cas sur le plan politique et juridique, ne se conteste plus sur terrain[34].

Dans le cadre de cette résolution (24 février 2000), le Conseil de Sécurité « décidait », entre autres, que la MONUC, agissant en coopération avec la *Commission militaire mixte* (créée dans le cadre de l'Accord de Lusaka) « aura pour mandat : (...) g) de *faciliter l'acheminement de l'aide humanitaire* et de *veiller au respect des droits de l'homme*, en prêtant une attention particulière aux groupes vulnérables, y compris les femmes, les enfants et les enfants soldats démobilisés (...) »[35].

La MONUC devenait ainsi, par la seule force de cette Résolution du Conseil de Sécurité, un rouage nécessaire dans la pratique et la politique congolaises des droits de l'homme de ces dernières années. Elle est même dotée de certaines compétences spécifiques dans la « surveillance » du processus de démobilisation et de réinsertion des enfants soldats, sans oublier le rôle politique qu'elle s'octroie dans l'organisation et le suivi du processus électoral. La MONUC peut même actuellement recourir au chapitre VII de la Charte des Nations Unies et employer la force en cas de trouble de la paix et/ou de violation massive des droits de l'homme.

Plusieurs autres résolutions prises auparavant[36] insistent également sur cette question des droits de l'homme, soit pour s'en « préoccuper », soit pour en « recommander le respect », soit encore pour dénoncer l'attitude des belligérants (de 1998 à 2002) à l'égard desdits droits de l'homme.

Il en découle que, depuis le déclenchement, le 2 août 1998, de la deuxième guerre d'agression de la République démocratique du Congo, le Conseil de Sécurité des Nations Unies s'est montré particulièrement prolixe dans le domaine de la production des « résolutions », notamment celles se rapportant à la matière des droits de l'homme.

Le bilan aujourd'hui mitigé de l'œuvre onusienne au Congo, dû notamment au faible respect desdites résolutions, jette, certes, un doute dans l'efficience desdites résolutions, mais, cette lecture ne remet pas fondamentalement en cause la place et la vocation de ce Droit universel particulier (Résolutions des O.I.) dans le développement du Droit international des droits de l'homme, et particulièrement dans la construction du Droit congolais des droits de l'homme.

Il faut souhaiter, par ailleurs, que cette « tare » d'inefficience (attribuée en général aux opérations de l'ONU en Afrique depuis son échec cuisant en Somalie) ne contribue, si heureusement, ni à sa désaffection, ni à l'invalidation de l'Organisation mondiale dans le continent africain.

En est-il ainsi également des Résolutions prises par le Conseil Économique et Social ?

C. Les Résolutions du Conseil Économique et Social en matière des droits de l'homme en République démocratique du Congo

Contrairement à l'Assemblée Générale et au Conseil de Sécurité des Nations Unies, le Conseil Économique et Social n'a pas attendu le déclenchement de la guerre d'agression du 2 août 1998 pour se préoccuper de la situation des droits de l'homme en République démocratique du Congo. Elle s'est surtout illustrée, en particulier, par l'action de sa *Commission des Droits de l'Homme*, qui, en plus de la *réclamation des rapports*, a régulièrement envoyé, en République démocratique du Congo, des *Rapporteurs spéciaux*, qu'il s'agisse de Monsieur Roberto Garreton ou de Madame Julia Motoc (actuelle Rapporteuse spéciale), pour « enquêter sur la situation des droits de l'homme en République démocratique du Congo » ou qu'il s'agisse de nombreux études et rapports concernant « la situation des droits de l'homme en RDC »[37].

Il est inutile ici de rapporter toutes les Résolutions prises par la Commission des Droits de l'Homme des Nations Unies sur la situation des droits de l'homme en République démocratique du Congo. En général, ces dernières n'ont jamais été tendres, ni honorables pour ce pays ! Elles ont connu, dans l'ensemble, une application plus ou moins mitigée.

Il convient cependant de noter que c'est grâce, notamment, aux « critiques » émises par ces résolutions que les autorités congolaises, depuis 1986, se sont en particulier préoccupées de la situation des droits de l'homme au « Zaïre ». C'est dans ce cadre qu'il faut placer par exemple la création, en 1986, du Département des droits et libertés du citoyen (*infra*).

Bref, comment, dans ce contexte, nier la juridicité et la place des Résolutions des Organisations internationales dans la liste des sources d'un Droit congolais des droits de l'homme sérieux ? Comment ne pas noter, par exemple, le caractère prometteur de ce Droit qui se construit sur les entrailles de ces productions internationales ?

Pour tout dire donc, nous pensons que les Résolutions des Organisations internationales prises dans le cadre du système universel, et concernant les droits de l'homme en République démocratique du Congo, ont une certaine valeur juridique. Elles sont susceptibles d'amener la RDC à modifier, soit ses attitudes, soit sa législation en matière des droits de l'homme. En tout cas, leur influence morale ou juridique dans le développement du Droit congolais des droits de l'homme est, à cet égard, évidente.

Quant aux Résolutions régionales africaines, il faut regretter que, jusqu'à ce jour, elles ne soient pas encore, dans l'assiette des Africains, le « foie gras » des dirigeants. Toutefois, différents « Plans » et « Déclarations » relatifs aux droits de l'homme existent, ne serait-ce qu'à titre de programmes gouvernementaux ou intergouvernementaux. Et c'est à ce titre qu'il convient, ici, de les examiner.

§2. DIFFÉRENTS PLANS ET RÉSOLUTIONS RÉGIONALES AFRICAINES EN MATIÈRE DES DROITS DE L'HOMME

Dans le cadre de l'Organisation régionale africaine (OUA, devenue UA), il existe, particulièrement depuis les années 80, un certain nombre de Plans intergouvernementaux (A) dans le domaine des droits de l'homme qui méritent d'être examinés. Le propre « Plan » congolais en la matière, adopté en 1999, mérite, lui aussi, dans ce cadre, une mention spéciale, en tant que politique nationale de promotion et de protection des droits de l'homme (B).

A. Les Plans africains de promotion et de protection des droits de l'homme

À titre de « Déclaration » et/ou de « Plan », il existe en Afrique deux grands chantiers de résolutions politiques adoptées, l'une, par la Conférence ministérielle de l'Organisation de l'Unité Africaine – et qui se nomme *Déclaration et Plan d'action de Grand Baie* (1) – et, l'autre, par la Commission Africaine des Droits de l'Homme et des Peuples – connue sous le nom de *Plan d'action de Maurice* (2).

Ces deux textes de portée régionale symbolique méritent d'être examinés pour voir comment, à plusieurs reprises, la promotion et la protection effectives des droits de l'homme en Afrique ont été longtemps programmées, mais jamais suivies d'effet[38].

1. La Déclaration et le Plan d'Action de Grand Baie

Pour la première fois après trois décennies d'existence, l'Organisation de l'Unité Africaine avait convoqué, du 12 au 16 avril 1999, à Grand Baie (Ile Maurice), une Conférence africaine des Ministres de la Justice chargée d'examiner, entre autres, la situation des droits de l'homme en Afrique. À l'issue de cette Conférence, une « Déclaration » avait été rendue publique sous la forme d'un « Plan d'action », lequel rassemble un certain nombre de bonnes intentions des dirigeants africains pour améliorer la situation des droits de l'homme en Afrique.

Au nombre des principes adoptés, on note, d'abord, la réaffirmation du caractère universel et interdépendant des droits de l'homme ainsi que l'exhortation faite aux dirigeants africains d'« accorder aux droits économiques, sociaux et culturels *la même valeur* que les droits civils et politiques » (point 1 de la Déclaration).

En outre, le droit au développement, le droit à un environnement sain, ainsi que le droit à la paix et à la sécurité nationales et internationales sont promus au titre de « droits universels et inaliénables qui font partie intégrante des droits fondamentaux de l'Homme » (point 2).

Un lien étroit est même établi, d'une part, entre les principes de bonne gouvernance, de l'État de droit, de la démocratie et du développement (point 3) et, d'autre part, entre ces principes et « un système judiciaire indépendant, transparent, accessible et impartial, qui puisse rendre une justice prompte et peu coûteuse » (point 4).

La première Conférence ministérielle de l'OUA avait également poussé la logique de son diagnostic jusqu'à épingler un certain nombre de « causes » de violations des droits de l'homme en Afrique.

Parmi ces causes, elle en a cité entre autres : « les formes contemporaines d'esclavage » ; « le néocolonialisme, le racisme et l'intolérance religieuse » ; « la pauvreté, la maladie, l'ignorance et l'analphabétisme » ; « les conflits et leurs cortèges de réfugiés et de personnes déplacées » ; « les remous sociaux que peut entraîner la mise en œuvre de certains aspects des programmes d'ajustement structurel » ; « le problème de la dette » ; « la mauvaise gestion, la mauvaise gouvernance et la corruption » ; « l'absence de l'obligation de rendre compte dans la gestion des affaires publiques » ; « le monopole de l'exercice du pouvoir » ; « les pratiques traditionnelles néfastes » ; « les changements inconstitutionnels des régimes », « l'exploitation de l'ethnicité », etc.

Cette énumération des causes de la décadence des droits de l'homme est juste, mais, il s'en faut de beaucoup que ce diagnostic ne serve pas à la simple consommation internationale, dans le cadre de la « diplomatie africaine des droits de l'homme ».

Par ailleurs, comment ne pas dénoncer, dans ce diagnostic, la mauvaise foi, l'hypocrisie ainsi qu'une certaine instrumentalisation des causes politiques (monopole de l'exercice du pouvoir, mauvaise gestion, corruption, etc.) dans un continent qui bat le records des coups d'État, des mascarades électoraux, des corruptions et autres coups de force politiques !

Si toutes ces causes sont donc pertinentes, il faut néanmoins dénoncer ici, selon nous, l'hiatus criant, généralement constaté entre le diagnostic et la thérapeutique des politiques africains.

Comme point positif, et après avoir « accueilli favorablement la décision d'élaborer un Protocole à la Charte africaine garantissant une protection plus efficace des droits de l'homme », la Conférence ministérielle précitée avait réitéré, enfin, que *la responsabilité première en matière de promotion et de protection des droits de l'homme incombait avant tout aux États africains*, tandis qu'elle recommandait à ces derniers d'élaborer et d'adopter des « plans d'action nationaux » en vue de la promotion et de la protection concrètes desdits droits.

Il est encourageant de noter qu'à ce jour l'Organisation régionale africaine ait déjà adopté un Protocole à la Charte africaine des droits de l'homme et des peuples portant création d'une Cour africaine des droits de l'homme et des peuples (1998). Il est, de même, un point d'honneur à mentionner le fait que certains États (la RDC par exemple, *infra*) se soient déjà dotés des plans nationaux de promotion et de protection des droits de l'homme.

Il reste cependant à passer de la phase des « déclarations » à celle des « réalisations », pour voir vraiment les droits de l'homme promus au rang de premières préoccupations gouvernementales des dirigeants africains. Sinon, ce plan – comme beaucoup d'autres – subira le même sort que celui que la Commission des droits de l'homme et du peuple avait adopté quelques années plus tard dans le même continent des « eaux profondes ».

2. Le Plan d'action de Maurice (1996-2001)

Contrairement au précédent, le Plan d'action quinquennal adopté à l'Ile Maurice *par la Commission africaine des droits de l'homme et des peuples* n'est pas d'initiative intergouvernementale. Il s'agit du deuxième Plan quinquennal de l'organe de contrôle de la Charte africaine des droits de l'homme et des peuples qui a tenté d'assurer la réalisation effective des objectifs fondamentaux proclamés par la Charte dans le domaine des droits de l'homme. Il succède au Plan quinquennal 1992-1996 dont il assure la « continuité » et constitue, comme le premier, un programme de politique générale *de la Commission*.

Fondé sur les missions principales de cette dernière structure, ce Plan identifie un certain nombre d'actions à mener dans le cadre de la « fonction de promotion », de la « fonction de protection » et « de la fonction de coopération » de la Commission africaine des droits de l'homme et des peuples.

Sont visées par ce Plan, les principales actions de *promotion* des droits de l'homme suivantes : promotion de la Charte africaine et diffusion d'informations sur le travail de la Commission africaine ; diffusion de la Charte africaine et des activités de la Commission à travers la presse, la radio et la télévision ; enseignement des droits de l'homme en mettant l'accent sur la Charte africaine ; publications de divers documents sur la Charte et la Commission, etc.

Au titre d'actions de *protection*, et après avoir reconnu son impuissance et déploré le manque de moyens dont elle souffre, l'absence de coopération d'États membres ainsi qu'une « certaine procédure contraignante » dont son action souffre dans ce domaine, la Commission africaine s'était engagée aussi à rechercher « les voies et moyens qui permettent (notamment) *un examen rapide » des quelques communications qu'elle reçoit* chaque année de la part principalement des individus et des groupes africains.

Une réflexion était même programmée pour « la mise en place d'un mécanisme d'intervention rapide » en cas de situations d'urgence, c'est-à-dire de « violations graves et massives des droits de l'homme ».

Il est cependant à déplorer ici le verbiage de la Commission, laquelle, en dépit des multiples déclarations et autres « engagements », ne solutionne toujours pas, à temps, les litiges qui lui sont soumis. Le problème de la lenteur des « décisions » de la Commission, particulièrement dans le domaine de l'examen rapide des requêtes dites « d'urgence », est ici le véritable « goulot d'étranglement » de la Commission.

Rentre ainsi dans le cadre de ce verbiage et de cette inertie, le non examen, jusqu'à ce jour, de la requête (datée de 2000) notamment de la République démocratique du Congo contre ses « États agresseurs » (le Rwanda, l'Ouganda et le Burundi), dans le cadre de la tragique guerre d'agression qu'elle a subie de 1998 à 2003. Sans compter son lot de violations « graves et massives » des droits humains, la « guerre d'agression » est-elle, dans ce cadre, légitimée par l'absence d'action notamment de l'UA et de sa Commission des droits de l'homme ?

Le Plan d'action de Maurice est donc, forcément, cette autre catégorie de résolutions politiques des structures décisionnelles africaines qui ne reçoivent d'exécution concrète que les piètres « condamnations » verbales émises dans le cadre de la « diplomatie des droits de l'homme ».

Il est donc permis de conclure, à la lumière de ces deux exemples d'engagements politico-juridiques non tenus (Plan d'action de Grand Baie et Plan d'action de Maurice), que les Résolutions régionales africaines en matière des droits de l'homme, pour louables qu'elles soient, ne sont pas de véritables codes juridiques permettant aux autres structures et personnalités africaines de contrôler les engagements de ceux qui les prennent. À tout le moins, ils constituent des « scoop » politiques permettant de donner bonne conscience à ceux qui, en Afrique, sont convaincus d'une diplomatie simplement « charmante » des droits de l'homme et qui, comme chacun le sait, ne peut séduire que ceux qui se laissent séduire.

Les nombreux obstacles matériels, psychologiques et politiques mis en place dans l'application des grandes résolutions internationales africaines ne permettent pas encore, et en plus, ni de relever les résolutions proprement juridiques prises par les Organisations régionales africaines, ni d'évacuer la politique politicienne des quelques résolutions prises par les structures existantes. D'où le faible développement du Droit régional africain particulièrement dans le domaine des résolutions internationales.

Il est peut-être plus prometteur d'attendre le travail de la future Cour africaine des droits de l'homme et des peuples qui, nous l'espérons, viendra, peut-être, pallier la faiblesse de la Commission, particulièrement dans sa fonction de « protection » des droits de l'homme [39].

Mais, en attendant le développement d'une véritable jurisprudence là-dessus (ce qui est toujours attendu), examinons d'abord ce qui a été prévu, entre autres, par le Plan congolais de promotion et de protection des droits de l'homme de 2000.

B. Le Plan congolais de promotion et de protection des droits de l'homme

À titre subsidiaire, le *Plan d'action national de promotion et de protection des droits de l'homme*, adopté par la RDC à la fin des années nonante, mérite d'être considéré comme une source supplémentaire du Droit congolais des droits de l'homme, dans la mesure où il contient des engagements et des échéances consentis par l'État pour le « développement », la « promotion » et la « protection » des droits de l'homme en RDC[40].

Fruit d'une recommandation de la Conférence interministérielle de l'OUA, des « recommandations de la déclaration et du Plan d'action de la Conférence de Vienne de 1993 sur les droits de l'homme », de la « Résolution 49/184 de l'Assemblée Générale de l'ONU » et des « encouragements de la communauté internationale », ce Plan est un véritable code d'engagements concrets de la RDC pour le développement, la promotion et la protection des droits de l'homme.

Il vient donc, à titre subsidiaire, compléter la liste des sources congolaises des droits de l'homme d'origine internationale, bien que le Plan ait été, lui-même, adopté au Congo et par les Congolais. Son examen et sa critique méritent d'être engagés, en commençant par ses finalités, le contexte de son élaboration ainsi que le rappel de ses objectifs généraux (1), avant de terminer par un commentaire sur quelques points saillants de ce Plan (2).

1. *Finalités, objectifs généraux et contexte d'élaboration du Plan*

L'élaboration d'un Plan national de promotion et de protection des droits de l'homme en République démocratique du Congo avait été « rendue impérieuse par la nécessité de disposer d'un cadre cohérent qui permet d'inscrire et de coordonner l'ensemble des actions tendant à améliorer la connaissance, la diffusion, la promotion, la sauvegarde et le développement des droits de la personne humaine … »[41].

Ce Plan était « ainsi appelé à identifier les actions et à définir le rôle que chacun des intervenants, dans son exécution, (devait) assumer en vue de la promotion et de la protection des droits humains en RDC ».

En outre, il était prévu que ce Plan devait « s'intégrer à d'autres plans sectoriels de développement national, notamment dans le domaine politique, économique, social et culturel ». Il s'inscrivait « en droit ligne dans les efforts de développement d'un État de droit en RDC, de la bonne gouvernance et de l'assainissement de l'environnement politique, condition sine qua non d'un développement humain intégral et durable »[42].

Telle que formulée ainsi, la finalité principale du Plan était donc de doter la RDC d'un outil programmatoire d'actions et de stratégies en vue d'atteindre un certain nombre d'objectifs généraux, aux échéances fixées dans ledit Plan.

Parmi ces objectifs, on relève notamment la volonté de « faire de la RDC un pays qui suscite et garantisse le développement global de la personne humaine (...) en assurant le plein exercice des droits civils, politiques, économiques, sociaux, culturels, à la paix, à un environnement sain et au développement, considérés comme fondamentaux, indivisibles et interdépendants ; de même que les droits catégoriels des personnes défavorisées (femmes, enfants, personnes déplacées, réfugiés), des personnes avec handicap et des personnes âgées »[43].

Le Plan visait donc à « offrir un cadre de référence qui facilite la coordination des activités de promotion et de protection des droits de l'homme entreprises par divers acteurs » (pouvoirs publics, société civile, secteur privé et partenaires extérieurs). Il s'était même drapé du but ultime de promouvoir et de consolider la *culture des droits de l'homme*, la bonne gouvernance et l'État de droit en RDC.

Il faut relever que le contexte interne et international d'élaboration de ce Plan justifiait, à lui tout seul, le caractère ambitieux de cet amas de programmes et ne permettait pas, vu l'urgence, que soient tolérés tout retard et toute minoration dans la définition des stratégies.

Le Plan avoue ainsi s'être inscrit dans le contexte international général marqué par l'adoption d'une série d'instruments juridiques de reconnaissance des droits de l'homme (telle la Déclaration universelle des droits de l'homme, les deux Pactes internationaux des Nations Unies ainsi que d'autres instruments pertinents), une manière de marquer la continuité et sa filiation d'avec l'ordre international des droits de l'homme. En outre, il rappelait, en même temps, le contexte interne propre à la RDC, marqué par « la permanence à travers l'histoire du Congo de la négation des droits humains fondamentaux »[44].

Au titre d'« éléments de diagnostic, axes prioritaires d'intervention et orientations stratégiques », ce Plan suscite des commentaires autour du choix de certains droits considérés par le Gouvernement comme « prioritaires » et comme devant être promus plus rapidement que d'autres. Au titre de stratégies de « mise en œuvre », le cadre institutionnel ainsi que le « calendrier d'exécution » de ce Plan méritent, en tout cas, d'être revus.

2. Commentaires autour de certains points de ce Plan

Le Plan d'action national de 1999 inscrit un certain nombre de droits « prioritaires » dont « le constat », « les axes prioritaires » et les « orientations stratégiques » ont dû recevoir, semble-t-il, l'assentiment des acteurs, y compris celui du Gouvernement congolais.

Il en est ainsi par exemple du *droit à la paix*, un droit qui – contexte de guerre oblige – avait induit « la nécessité d'une paix durable » par l'application intégrale de l'*Accord de Lusaka*, par la tenue du « dialogue national et l'amélioration de l'environnement politique » ainsi que par une nouvelle éthique à imposer aux « Forces armées, à la Police, aux Services de sécurité » pour une meilleure « garantie des droits de l'homme » en RDC[45].

Il avait également voulu promouvoir, en deuxième lieu, « l'État de droit », notamment par le « renforcement du cadre institutionnel » national (adoption d'une nouvelle Constitution « consensuelle et durable » ; adoption d'une série de textes législatifs, par exemple, sur les partis politiques et sur le Plan lui-même ; relance de la Commission de réforme du droit congolais pour un inventaire et une mise en cohérence des textes juridiques congolais ; adoption d'une « Charte nationale des droits de l'homme, etc.).

Ce même objectif devait également amener la RDC à « honorer ses obligations issues des instruments internationaux relatifs aux droits de l'homme », à « ratifier les instruments juridiques internationaux pertinents non encore ratifiés, les publier et assurer leur mise en œuvre » et à rédiger et envoyer régulièrement ses « rapports » dans le cadre de ces engagements.

En troisième lieu, le Plan inscrivait dans ses stratégies de « développement », de « promotion », de diffusion » et de « protection », les questions de la « réhabilitation de la justice et de son indépendance » et celles de la « réforme du système pénitentiaire ».

Dans ce cadre, « le droit à la vie et à l'intégrité physique et morale » figurait en bonne place, comme pour souligner l'action nocive des structures judiciaires et policières sur ce droit capital. L'accent était surtout mis sur « l'amélioration des conditions d'exercice de la justice et la réhabilitation de l'indépendance du pouvoir judiciaire », sur « la primauté de la règle de droit » et sur les conditions d'exercice de la justice militaire au regard des exigences droits de l'homme[46].

Enfin, dans les chapitres concernant les droits garantis – qu'il s'agisse des « droits civils et politiques, individuels et collectifs », des « droits économiques, sociaux et culturels » ou des « droits catégoriels »

– le Plan semblait privilégier respectivement « le droit d'expression et d'opinion », « le droit d'association, de réunion et manifestation », « le droit à l'information, la presse et les médias », les libertés de religion et de culte », « la protection de la propriété » qu'il classe parmi les droits civils et politiques, individuels et collectifs.

De même, il insistait sur un certain nombre de « droits économiques, sociaux et culturels », dont « le droit à l'éducation », « le droit à la santé », « le droit au développement et lutte contre la pauvreté », « le droit au travail, à la sécurité sociale et les libertés syndicales », « le droit au logement », « le droit au transport », « le droit à un environnement sain » et « la protection des droits des administrés et des consommateurs ».

Bref, il s'agit d'un Plan presque complet qui essaye d'intégrer tous les droits humains reconnus dans un seul et même texte. Il faut cependant noter que cette liste des droits est nécessairement énonciative, car, peut-on se demander, pourquoi seulement ces droits et pas tous les autres. Par ailleurs, le Plan n'est pas l'unique source des droits de l'homme en RDC. Il faut donc prendre cette énumération et cette « prioritarisation » des droits dans leur contexte spécifique d'élaboration.

Par ailleurs, le cadre institutionnel de mise en œuvre du Plan lui-même (Ministère des Droits Humains, « Comité interministériel des droits de l'homme », « Commission nationale des droits de l'homme », Cours et tribunaux, « Conseils nationaux et provinciaux de la femme et de l'enfant », Parlement et Société civile) semble avoir été conçu, de notre point de vue, uniquement pour « promouvoir » lesdits droits, sans leur assigner vraiment des types de compétence qui, ailleurs, font du Droit des droits de l'homme un droit véritablement justiciable (*infra*).

Pire, le calendrier d'exécution dudit Plan n'a même pas été respecté, en dépit de l'accomplissement tardif de certaines actions y inscrites : tenue du *Dialogue intercongolais*, adoption d'une Constitution de la transition, adoption de la Charte congolaise des droits de l'homme et du peuple et prévision d'une « Commission congolaise des droits de l'homme et du peuple », mise en place d'un « Observatoire national des droits de l'homme », suppression de la Cour d'Ordre Militaire, etc.

Bien que la plupart de ces actions aient été, à ce jour, accomplies, il faut regretter qu'elles ne l'aient été qu'en dehors des échéances initialement fixées.

Autant dire que le travail du développement du système congolais des droits de l'homme n'est encore que sur le chantier. D'où l'utilité d'une reconnaissance officielle, et notamment dans le cadre des programmes universitaires, d'un véritable « Droit congolais des droits de l'homme » à enseigner.

Quels doivent être, dans le cadre de ce Droit spécifique, le rôle et l'impact de la jurisprudence internationale – onusienne et européenne spécialement – sur le système congolais des droits de l'homme à construire ? Doit-on la considérer comme une source informative du Droit des droits de l'homme chez nous, dans le cadre de l'universalité même des droits de l'homme ?

SECTION 4. LA JURISPRUDENCE INTERNATIONALE

La jurisprudence internationale en matière des droits de l'homme est surtout une source interprétative des droits de l'homme. Dans certains cas, elle peut aussi devenir une source créatrice des droits, particulièrement en cas d'absence ou de lacune des sources judiciaires nationales.

L'on épinglera ici, en particulier, la jurisprudence du Comité des Droits de l'Homme (CDH) et celle de la Cour Européenne des Droits de l'Homme (non applicable au Congo), pour essayer de combler, dans certaines matières, le vide laissé par la Commission Africaine des Droits de l'Homme et des Peuples (CADHP).

§1. LA JURISPRUDENCE DU COMITÉ DES DROITS DE L'HOMME

Créé par le Pacte international relatif aux droits civils et politiques, le *Comité des Droits de l'Homme* (C.D.H) déploie une intense activité dans le domaine de l'interprétation et de l'application de la Convention internationale le créant (le Pacte de 1966). Sa jurisprudence, développée dans ces deux domaines (civils et politiques), constitue une source d'obligations pour les États parties au Pacte et une source de droits pour les particuliers, dans leurs actions de revendication ou de protection des droits de l'homme.

Qu'il s'agisse de ses *Observations générales* ou de ses *Décisions* concernant une situation concrète, toutes les différentes productions juridiques du *Comité des Droits de l'Homme* sont une source de droits et de références utiles à tous les acteurs de la promotion et de protection des droits de l'homme. En particulier, ces productions juridiques doivent intéresser les professionnels du droit (magistrats, avocats, conseillers juridiques...) dans leurs missions respectives.

Pour la République démocratique du Congo, on retiendra, à titre exemplatif, deux décisions principales de cet organe du système des Nations Unies qui avaient condamné le Zaïre dans le domaine du droit à la non discrimination en matière d'accès aux fonctions publiques. Il s'agit, en l'occurrence, de la Décision CDH n° 138/1983 du 26 mars 1986 dans l'affaire Ngalula Mpandajila contre la République du Zaïre[47] et de la Décision n° 314/1988 dans l'affaire Chiiko Bwalya[48] contre la même République du Zaïre.

Aux termes de ces deux décisions, la République du Zaïre avait été, *grosso modo*, condamné par le CDH pour avoir interdit M. Ngalula, ancien parlementaire, d'occuper des fonctions officielles pendant cinq ans et pour avoir interdit Chiiko Bwalya de solliciter un mandat parlementaire, au motif impertinent et discriminatoire qu'ils ne communiaient plus à la doctrine et aux idéaux du MPR-parti-État ; les deux requérants cités ayant été identifiés comme membres actifs d'un parti « clandestin ».

Le CDH avait alors fondé sa décision sur l'article 25 du PIDCP qui, non seulement porte le droit d'accès de tous les citoyens aux fonctions publiques de leur pays, mais surtout prohibe toute discrimination à l'accès à ces fonctions, discriminations fondées notamment sur des motifs d'ordre politique[49].

Il est inutile ici de s'étendre sur l'analyse de ces deux décisions du mécanisme universel de protection des droits de l'homme. Il est simplement question d'observer et de faire observer que la jurisprudence du *Comité des Droits de l'Homme* en cette matière, impitoyable dans beaucoup de cas, ne peut rester « insensible » aux yeux des autorités congolaises. En clair, elle inspire les autorités judiciaires et administratives congolaises.

Si ces dernières (autorités administratives surtout) sont vertueuses, elles doivent normalement réajuster leurs comportements et, même, provoquer, quand il le faut, des modifications législatives là il le faut. Si elles sont habitées par le vice, les décisions du CDH demeureront malheureusement lettre morte (car dépourvues d'effet exécutoire), à moins de déclencher ici la procédure de la *responsabilité internationale* de l'État sur base du Droit international général.

Ces deux décisions, et tant d'autres dans d'autres matières, constituent donc un « précédent » inoubliable contre et pour la République démocratique du Congo.

Quant aux *Observations générales* du CDH, elles ont également un effet moral certain sur la jurisprudence interne des États membres. Normalement, l'interprétation faite par le *Comité des Droits de l'Homme* d'une des dispositions du PIDCP prime sur celle des juges des États membres ; et ces derniers sont tenus de s'y conformer.

À titre d'exemple, on peut citer l'*Observation générale n° 19* (39) du CDH sur l'article 23 du PIDCP, selon laquelle « le droit de fonder une famille implique, en principe, la possibilité de procréer et de vivre ensemble ».

Cette interprétation, en principe, ne pose aucun problème dans la conception africaine et congolaise de la famille et du mariage, mais doit, par pure formalité, s'imposer à toute autre éventuelle interprétation contraire d'un juge véreux.

En droit congolais heureusement, le mariage a pour but, précisément, de permettre à un homme et à une femme non seulement de « vivre ensemble », mais aussi, de « perpétuer l'espèce »[50], deux objectifs rencontrés par l'Observation précitée du CDH.

Un autre exemple d'*Observation générale* peut être tiré de cette interprétation du CDH selon laquelle le *droit à l'autodétermination* « revêt une importance particulière parce que sa réalisation est une condition essentielle de la garantie et du respect effectif des droits individuels de l'homme ainsi que de la promotion et du renforcement des ces droits »[51].

La jurisprudence du *Comité des Droits de l'Homme* joue ainsi, dans ce cas, un rôle d'éclaireur de la décision du juge interne des droits de l'homme.

Il en découle que la jurisprudence internationale en matière des droits de l'homme, surtout celle des organes universels et/ou régionaux de contrôle mis en place par les États dans le cadre de leurs engagements internationaux, s'impose aux juges internes et doit normalement éclairer leurs productions juridiques, lorsqu'ils sont confrontés à un problème d'application du traité international reconnaissant lesdits droits. Cette jurisprudence internationale fait donc partie intégrante des sources du Droit congolais des droits de l'homme.

En est-il ainsi aussi de la jurisprudence, entre autres, de la Cour européenne des droits de l'homme, une jurisprudence particulièrement développée et incitante ?

§2. LA JURISPRUDENCE DE LA COUR EUROPÉENNE DES DROITS DE L'HOMME[52]

Il y a dans certaines décisions de la *Cour Européenne des Droits de l'Homme* (CEDH), certaines interprétations, certaines considérations et certaines prises de position morales qui peuvent intéresser le Droit africain, en général, et le Droit congolais, en particulier, en matière des droits de l'homme.

Sans s'y étendre outre mesure, on relèvera simplement, ici, quelques considérations du nouveau Droit européen des droits de l'homme, notamment, sur le « droit à la vie privée et familiale » et sur « l'interdiction de la torture ».

Selon une interprétation récente de la CEDH, la notion de « famille », aux dires de Frédéric Sudre, aurait subi, depuis quelques temps, un changement radical chez le juge européen : « … entendue au sens large, (elle) englobe(rait) les rapports *entre proches parents*, notamment *entre grands-parents et petits-enfants* (Bronda c/ Italie, 9 juin 1998), voire même *entre oncle et neveu* (Com., Rapp. 9 février 1993, T. Boyle c/ Royaume Uni) »[53].

Comment ne pas se réjouir ainsi du retour aux sources africaines d'un Droit européen qui a longtemps prétendu avoir dicté au monde toutes les techniques et toutes les valeurs juridiques du droit moderne ? !

Par ailleurs, à propos des définitions des concepts de « torture », de « traitement inhumain, cruel ou dégradant », il y a lieu, à cet égard, de suivre le point de vue du Droit européen, ne serait que pour en reconnaître une certaine gradation, basée sur la notion de « souffrance aiguë » (*infra*).

Autant dire que la jurisprudence européenne en matière des droits de l'homme peut inspirer, sans l'aspirer, le Droit jurisprudentiel africain en général, et congolais en particulier, en matière des droits de l'homme.

Bref, si l'on fait le bilan des sources du Droit congolais des droits de l'homme, on remarque qu'il y a une multitude d'instruments internationaux qui contrastent fort avec l'ignorance généralisée et les violations répétées des droits de l'homme dans ce pays. On peut dire à ce propos, et sur le plan simplement quantitatif, qu'il y a vraiment « inflation » des instruments internationaux et nationaux de promotion et de protection des droits de l'homme applicables en RDC.

Au sein de cette inflation, il y a *prépondérance des sources du Droit international sur les sources du Droit national* – excepté la Constitution –, ce, au nom de la doctrine « moniste » du droit généralement affirmée en Droit congolais.

Les sources constitutionnelles tiennent le haut du pavé, car, procédant du document juridique supérieur de l'État, elles commandent toutes les autres sources.

En clair, en cas d'application ou d'interprétation d'un droit reconnu, le juge et les justiciables devraient se référer, en premier lieu, à la Constitution du pays pour fonder leurs prétentions et leurs argumentations respectives en matière de reconnaissance, de protection ou de revendication d'un droit. Puis, ils interrogeront les conventions internationales régulièrement ratifiées et publiées par la République démocratique du Congo, dans la mesure où, selon la Constitution actuelle, elles ont une « autorité supérieure à celle des lois » (art. 193), avant de se pencher sur les lois nationales proprement dites.

Enfin, les acteurs du procès judiciaire des droits de l'homme invoqueront, par gradation, les règlements ainsi que les autres décisions de justice (internationales et internes) qui les aident ou qui viennent au soutien de leurs thèses respectives.

À titre subsidiaire cependant, et pour augmenter leurs chances de gain ou, carrément, pour se faire bonne conscience morale, ces acteurs pourront aussi invoquer les « déclarations » ou les « résolutions internationales », les « plans nationaux et/ou internationaux » des droits de l'homme, lesquels, comme nous l'avons dit, n'ont qu'une autorité juridique limitée certes, mais, une autorité morale certaine. Ce sont, on peut le dire, des sources supplétives, voire informatives, du Droit congolais des droits de l'homme.

Telle est donc, en République démocratique du Congo, la présentation de sa hiérarchie des sources du Droit des droits de l'homme.

Mais comment s'y règle, concrètement, la question des rapports entre les sources nationales et les sources internationales du Droit congolais des droits de l'homme ?

CONCLUSION PROVISOIRE : RAPPORTS ENTRE SOURCES NATIONALES ET SOURCES INTERNATIONALES DU DROIT CONGOLAIS DES DROITS DE L'HOMME

En ce qui concerne la République démocratique du Congo, la question du rapport entre le Droit national des droits de l'homme et le Droit international des droits de l'homme peut être considérée comme réglée dans le cadre des rapports habituels entre le Droit international général et le Droit interne du pays. Comme dans beaucoup de pays du monde, la République démocratique du Congo réserve la compétence de la résolution du problème – en cas de conflit évidemment – à la Constitution du pays.

Concernant la question des rapports entre le Droit international général et le Droit congolais interne, plusieurs intellectuels congolais aiment à rappeler que la République démocratique du Congo est, selon l'expression célèbre de Georges Scelle, plutôt de tradition « moniste » : le droit y serait conçu comme une seule et même pyramide, au sommet de laquelle trônerait le Droit international. Il s'ensuit, selon ces auteurs, qu'en cas de conflit entre le Droit national et le Droit international général, celui-ci primerait, *ipso facto*, sur celui-là [54].

Ces auteurs fondent leurs arguments principalement sur deux dispositions constitutionnelles récurrentes dans la tradition constitutionnelle congolaise.

Tel est le cas, par exemple, de l'article 8 de la Constitution du 1er août 1964, selon lequel « les traités ou accords internationaux *régulièrement ratifiés ou approuvés ont, dès leur publication, une autorité supérieure à celle des lois*, sous réserve, pour chaque traité ou accord, de son application par l'autre partie ». Tel est le cas également de l'article 9 du même texte constitutionnel, aux termes duquel « Si la Cour constitutionnelle saisie par l'une des Chambres du Parlement, par le Président de l'une ou de l'autre Chambre, par un Gouverneur de province ou par le Président d'une Assemblée provinciale, *déclare qu'un engagement international comporte une clause contraire à la présente Constitution, l'autorisation de le ratifier ou de l'approuver ne peut intervenir qu'après la révision de la Constitution* »[55].

L'appréciation de cette question de la primauté du Droit international sur le Droit interne est, selon Lunda Bululu, une affaire presque résolue tant en Droit international qu'en Droit zaïrois (congolais). Et cette primauté, selon lui, s'appliquerait même à la Constitution[56].

Gérard Balanda apporte cependant une nuance sans trahir la thèse de départ des internationalistes. Il suggère en effet, pour résoudre un éventuel « conflit » entre les deux ordres juridiques, que l'on se réfère au « for qui en sera saisi » : « Si le conflit entre droit interne et droit international est soulevé *dans l'ordre international*, la solution, affirme-t-il, s'établira *par la primauté du droit international* (...). En revanche, si le conflit (...) est soulevé *dans l'ordre juridique interne*, la solution (...), reconnaît-il avec délicatesse, *dépendra de la place que le système constitutionnel national accorde aux règles du droit international.* Cette difficulté, s'empresse-t-il d'ajouter, *est précisément résolue en droit congolais du fait que l'article 68 paragraphe 4 de la Constitution proclame la primauté des traités ou accords internationaux régulièrement ratifiés sur les lois nationales* »[57].

Il en découle que dans tous les cas, selon ces auteurs internationalistes, le Droit international primerait nécessairement sur le Droit interne.

Ce point de vue commun aux internationalistes, et qui emprunte des voies différentes pour aboutir à la même conclusion (primauté du Droit international général sur le Droit interne) est, aux conditions fixées par la Constitution, partiellement défendable. Le point de vue constamment défendu par le Droit constitutionnel congolais en la matière est, en effet, celui de la primauté des « traités régulièrement ratifiés et publiés » sur les « lois » internes, sous condition de réciprocité. Dès lors, ce qui est visé par la Constitution c'est la « loi » au sens strict du terme et non la loi au sens général, c'est-à-dire englobant aussi la Constitution.

Ce faisant, le Droit constitutionnel congolais ne consacre pas, *per auctoritater*, la supériorité de *tout* le Droit international (traités, coutumes, jurisprudence, principes généraux, etc.) sur *tout* le Droit interne (Constitution, lois, règlements, décisions de justice, coutumes etc.), mais uniquement sur les lois et les autres sources de droit inférieures.

Certes, l'article 27 de la Convention de Vienne sur le droit des traités stipule que « Une partie ne peut invoquer les dispositions de son droit interne comme justifiant la non-exécution d'un traité ». Mais, à peine ce principe de droit international énoncé, les parties à ladite Convention internationale avait immédiatement pris le soin de préciser que « Cette règle est sans préjudice de l'article 46 », c'est-à-dire sans préjudice de la règle selon laquelle *chaque État partie a le droit d'invoquer le vice de consentement à un traité*, particulièrement lorsque ses plénipotentiaires se sont rendus coupables d'une « violation d'une disposition de son droit interne concernant la compétence pour conclure des traités » et si, surtout, cette violation est « manifeste et (...)concerne une *règle de son droit interne d'importance fondamentale* ». Cette « règle de droit interne d'importance fondamentale » n'est-elle pas, précisément, la *Constitution* du pays ?[58]

Il faut donc, selon nous, insister sur cette *primauté de la Constitution* sur toute autre source juridique et non celle du Traité international sur tout le Droit interne. Les traités internationaux ne s'imposent nullement à la Constitution. Si ils peuvent inspirer ou provoquer une modification constitutionnelle, ils n'ont aucune autorité de principe sur la Constitution d'un pays. Le Constituant de tout pays, on le sait, est souverain. Il est libre de décider ou non de conformer sa Constitution aux principes énoncés par un traité international, antérieur ou postérieur.

Tout traité – postérieur ou antérieur – qui se serait révélé contraire à la Constitution pourrait, peut-être, « engager la responsabilité » de l'État concerné vis-à-vis des autres souverainetés étatiques ; mais, il n'emporte pas intrinsèquement une autorité infailliblement supérieure à la volonté souveraine du Constituant de chaque pays d'accepter une telle responsabilité.

Or le Constituant d'un pays, on le sait, c'est la somme des citoyens d'un pays, c'est-à-dire des individus de l'espèce humaine considérés *libres et égaux en droits et en dignité.* Seule la volonté du Constituant est donc, en la matière, la clé de solution.

Ces considérations sont tirées de la grande théorie constitutionnelle classique depuis Kelsen jusqu'aux autres auteurs modernes. La Constitution, en effet, est exclusivement l'œuvre d'un pouvoir spécial qu'on appelle le « pouvoir constituant ». Ce pouvoir, selon les termes mêmes de Georges Burdeau, est un pouvoir « initial, insubordonné et inconditionné »[59].

La Constitution est même, aux dires de Francis Delpérée, « au commencement du droit... »[60].

Il s'ensuit, selon Hans Kelsen, que la Constitution est nécessairement le seul document juridique « supérieur » de l'État auprès duquel toutes les autres sources du droit s'originent[61].

Les traités internationaux, particulièrement ceux qui ne requièrent pas « l'accord préalable des populations concernées », sont donc des textes nécessairement inférieurs à la Constitution, mais légèrement supérieurs aux lois *stricto sensu.*

Étant négociés, adoptés et ratifiés par des pouvoirs « délégués » (Chef de l'État, Gouvernement et, dans certaines hypothèses, le Parlement), ils ne procèdent pas directement de la volonté du Pouvoir constituant. S'il n'est pas de doute que ces textes engagent l'État dans son ensemble

– ce qui fonde le régime de la responsabilité internationale de l'État –, il n'est pas soutenable, en revanche, que la volonté ainsi exprimée par les pouvoirs constitués, même sur mandat du Constituant, soit si suffisamment puissant pour corser la liberté et la souveraineté du « souverain primaire ».

Il importe donc, selon nous, de considérer, en l'occurrence, que les dispositions constitutionnelles régissant les droits et libertés fondamentaux des citoyens viennent avant celles des autres sources du Droit des droits de l'homme, y compris des sources conventionnelles. Le principe de la subsidiarité du contrôle international des droits de l'homme, particulièrement rigoureux dans l'ensemble des juridictions internationales, vient, en sus, au secours de cette thèse[62].

Toutefois, il ne convient pas de nier ici le rôle « inspirateur », « éclaireur », voire « modificatoire » de certains traités sur l'ordre constitutionnel d'un État, ainsi que la jurisprudence de la Cour européenne des droits de l'homme, dans le contexte européen, nous incite à le constater. Mais, la volonté finale de cette modification revient toujours au souverain primaire.

Pour tout dire donc, la question des rapports entre les sources internationales et les sources nationales du Droit des droits de l'homme se résout, au Congo, dans le cadre de la *supériorité générale des sources constitutionnelles sur toute autre source du droit.*

Cette solution prend cependant également en compte le principe de la *supériorité des traités sur les lois stricto sensu*, à condition, selon nous, que *lesdits traités internationaux offrent un niveau de reconnaissance et de protection des droits de l'homme plus élevé que celui accordé par les lois nationales.* Car, en vertu du principe de la « centralité de l'homme », il n'est pas utile de laisser le sort de la liberté humaine aux lois internationales qui, telle en matière de « liberté de circulation internationale », n'offre que très peu de garanties et de protection aux « citoyens du monde » (*infra*).

Ainsi, si une convention internationale des droits de l'homme ne reconnaît qu'insuffisamment un droit ou une liberté fondamental(e), pourtant nécessaire à la vie, à l'intérêt ou à la dignité de l'homme, ou si elle n'en offre que quelques garanties minimales, il faut, selon nous, que la règle de la supériorité des traités sur les lois au sens strict, cède le pas à la règle de la protection des intérêts humains, au nom du principe de la « centralité de l'homme ». Il faut donc, entre un traité et une loi au sens strict, toujours opérer un *test d'humanité* pour voir, en l'espèce, lequel des deux textes pourrait s'appliquer.

Cette règle exceptionnelle pourrait ainsi être proposée à la Communauté des droits de l'homme, au même titre que l'avait été la règle de la non réciprocité dans les conventions des droits de l'homme, au moment où les « pères » de la Convention de Vienne en avaient probablement pris conscience.

Précisément, comment les droits et les libertés de l'homme, voire du peuple, sont-ils reconnus dans le système congolais des droits de l'homme ?

DEUXIÈME PARTIE

LES DROITS ET LIBERTÉS GARANTIS

Avec cette partie, l'on aborde la question du « régime juridique des droits de l'homme », telle qu'elle figure en bonne place dans les manuels classiques et telle qu'elle est mise en œuvre en République démocratique du Congo.

Le régime juridique des droits de l'homme est l'ensemble des dispositions du Droit positif, d'origine nationale et internationale, qui organisent, au profit des individus et/ou des groupes, le statut des droits et des libertés de l'homme ou du peuple. Ce régime comprend, d'une part, l'aménagement et l'affirmation des droits et, d'autre part, la garantie ou le système de protection de ces droits.

La deuxième partie de cet ouvrage concerne le premier volet de ce régime – l'aménagement (chapitre I) et l'affirmation des droits (chapitre II) – tandis que la troisième partie sera consacrée au second volet – la garantie ou les garanties institutionnelles de ces droits –.

La question de principe du régime juridique des droits de l'homme est celle de l'*affirmation*, c'est-à-dire de la *reconnaissance*, par les États membres de la communauté internationale, des droits inhérents à la personne humaine. Que faire des droits de l'homme ? Cette exigence morale découle de l'idéal même des droits de l'homme – à savoir *la reconnaissance et la préservation de la dignité humaine* –, idéal né des considérations philosophiques et religieuses de tous les temps et de tous les espaces.

En Droit constitutionnel congolais, on aime à répéter que *la liberté est la règle*, tandis que *les restrictions ou les dérogations à l'exercice de cette liberté constituent l'exception* [1].

Ce grand principe constitutionnel fonde tout le régime juridique des droits de l'homme au Congo, particulièrement depuis 1992. Il postule que, d'une part, les droits de l'homme sont inhérents à la personne humaine et, en tant que tels, ils doivent pouvoir bénéficier d'un niveau de reconnaissance suffisant qui assure leur visibilité et invocabilité ; c'est le domaine de l'affirmation juridique des droits de l'homme (chapitre II).

Il postule, d'autre part, que l'affirmation des droits de l'homme doit pouvoir être disposée de telle manière qu'elle assure un équilibre rationnel et nécessaire entre les intérêts individuels et les intérêts collectifs. D'où la théorie de l'aménagement des droits et libertés (chapitre II) qui essaye de prendre en compte, ici, toutes les exigences sociales et morales nécessaires à une jouissance équilibrée desdits droits.

Avant de commencer l'étude de l'affirmation des droits et libertés, telle qu'elle ressort de l'ensemble du Droit congolais des droits de l'homme, il importe de savoir, en théorie et en pratique, comment ces droits sont aménagés.

CHAPITRE I

L'AMÉNAGEMENT DES DROITS

L'étude de l'aménagement des droits de l'homme conduit nécessairement à se poser la question du statut de la liberté (Section 1) : Quels sont les bénéficiaires des droits reconnus (§ 1) ? Quels en sont les débiteurs (§ 2) ?

Elle conduit aussi à s'interroger sur la place du régime spécial des restrictions (Section 2) : Quelles sont les conditions d'admission des restrictions aux droits de l'homme (§ 1) ? Jusqu'où peut-on aller (question de l'utilisation de la liberté pour détruire la liberté) (§ 2).

Il importe donc de passer en revue ces questions avant l'examen du contenu proprement dit du Droit positif congolais des droits de l'homme.

SECTION 1. LE STATUT DE LA LIBERTÉ

Le statut de la liberté dépend de la place qui lui est faite en Droit national et/ou en Droit international des droits de l'homme.

En Droit international des droits de l'homme, le problème de l'applicabilité directe de la règle internationale est subordonnée à deux conditions cumulatives : 1° La question de la « réception », en droit national, de la règle conventionnelle contenant la liberté ; 2° La question de la « reconnaissance », par les États contractants, d'un ensemble suffisamment clair et précis des droits proclamés (*supra*).

En Droit national, cette question de l'applicabilité directe ne se pose pas, car, dès l'instant où une Constitution, une loi, un règlement (...) vient à naître dans l'ordonnancement juridique d'un État et reconnaît un droit de l'homme, il (elle) devient la règle juridique nationale et le droit en question s'applique directement.

La reconnaissance directe ou indirecte d'une liberté est donc une question de technique juridique, sans oublier que la liberté humaine est un principe immanent.

Partout se posent cependant la question des bénéficiaires des droits reconnus (§ 1) et celle des débiteurs appelés à en donner une traduction effective (§ 2).

Comment donc sont-elles résolues, ces deux questions principales du statut de la liberté ?

§1. Les bénéficiaires des droits (ou des libertés)

En Droit national comme en Droit international des droits de l'homme se pose, en premier lieu, la question des bénéficiaires des droits reconnus : Sont-ce les individus ou les collectivités ?

Au sein du groupe des individus, doit-on faire la distinction entre les étrangers et les nationaux ? Comment identifier respectivement ceux-là et ceux-ci ?

Les solutions données à ces questions dépendent tant de la nature de l'ordre juridique considéré que de la nature des droits en cause.

En général, l'étude du Droit congolais des droits de l'homme conduit à constater que les bénéficiaires des droits de l'homme sont variables et diversifiés.

Il peut s'agir des *individus* tout comme il peut s'agir également des *groupes* ou *collectivités*. Parfois aussi, le Constituant ou le Législateur opère une discrimination légitime entre les *nationaux* et les *étrangers*.

Il s'agit même d'un bénéficiaire tout à fait récent, à savoir le *peuple congolais*, une façon de reconnaissance bien atypique et bien conforme à la mentalité africaine.

En Droit congolais des droits de l'homme en effet, depuis 1960 et particulièrement depuis l'adoption de la Charte congolaise des droits de l'homme et du peuple (2001), « *toute personne* se trouvant régulièrement sur le territoire de la République démocratique du Congo » est bénéficiaire des droits de l'homme « sauf les droits et libertés exclusivement reconnus aux *Congolais* »[1].

Il découle de ces deux dispositions constitutionnelle et légale que les droits de l'homme au Congo bénéficient, en principe, à « toute personne », là même où la jouissance de certains droits déterminés (droits politiques essentiellement) est, par exception, « exclusivement réservée aux Congolais ».

Par ailleurs, l'étude de l'affirmation des droits de l'homme au Congo fait clairement savoir qu'en plus de ces deux catégories principales de bénéficiaires (toute personne et tout Congolais), le *peuple congolais* s'est aussi vu reconnaître la qualité de bénéficiaire attitré des droits de l'homme.

Il en est ainsi par exemple des droits reconnus aux articles 6 à 15 de la Charte congolaise des droits de l'homme *et du peuple* (droit à l'autodétermination, droit au développement, droit à la paix, à la sécurité et à l'intégrité du territoire, droit à un environnement de qualité, droit à la démocratie, droit de rédiger une Constitution…).

Ces droits du peuple sont affirmés à côté des droits de l'individu (par exemple, le droit à la vie, le droit à l'intégrité physique, le droit au mariage, le droit à l'éducation, etc.).

Bref, en Droit congolais des droits de l'homme, *individus*, *peuple*, *groupes*, *citoyens* et *non citoyens* se partagent le bénéfice de l'essentiel des droits et des libertés reconnus à « l'homme » ou au « peuple », exception faite des droits et des libertés qui, par exception légitime, sont reconnus à certaines catégories seulement de ces bénéficiaires. L'ensemble des catégories constitue donc les compartiments d'un même cercle de bénéficiaires des droits de l'homme au Congo.

Il importe de rappeler ici, et de façon tout à fait singulière, l'opposition traditionnelle entre individus et groupes (A), avant d'insister particulièrement sur la discrimination entre étrangers et nationaux dans la jouissance et l'exercice des droits de l'homme (B).

A. Les individus et les groupes

Beaucoup d'instruments nationaux et internationaux en matière des droits de l'homme reconnaissent que tant les individus que les groupes *sont bénéficiaires des droits et des libertés proclamés*, dans la mesure, évidemment, qui soit compatible avec la jouissance et l'exercice de certains droits réservés aux nationaux.

En dépit des différences de conceptions philosophiques qui les caractérisent, ces instruments en matière des droits de l'homme consacrent ainsi, d'une manière générale, et selon une terminologie bien consacrée, ce qu'on appelle les *droits individuels* et les *droits collectifs*.

En Droit congolais des droits de l'homme, l'existence des droits individuels et des droits collectifs n'est plus à mettre en doute.

La Charte congolaise des droits de l'homme et du peuple, par exemple, pèche même par une certaine boulimie des droits dits « du peuple » (art. 6 à 16). La Constitution de la Transition du 4 avril 2003 est venue, par sa disposition de l'article 14 (*supra*), combler le vide longtemps laissé à ce sujet par les Constitutions antérieures.

Il s'ensuit que les individus et les groupes (collectivités) constituent, au Congo, des *sujets directs* incontestables du Droit des droits de l'homme.

Il faut cependant, pour déterminer exactement le sujet visé par le Droit des droits de l'homme, s'attarder sur la façon dont s'exprime le législateur à propos de chaque titulaire du droit en cause. C'est une question pratique et non de principe.

Par exemple, si le législateur pose que « *toute personne* a droit au secret de sa correspondance » (art. 42, al. 1er, C.C.D.H.P), il s'agit, on s'en doute, d'un *droit individuel* bénéficiant à *chaque individu* pris isolément, indépendamment de son sexe, de sa nationalité ou de ses autres identifiants.

En revanche, lorsqu'il s'exprime, par exemple, par les termes « *tous les Congolais* ont le droit de fonder des syndicats … » (art. 35, C.C.D.H.P), on ne peut nier, ici, qu'il s'agit d'un *droit collectif exclusivement réservé aux Congolais*.

Dans un cas comme dans un autre, le législateur désigne indirectement le bénéficiaire du droit en cause par une expression déterminée.

Il serait, par conséquent, mal venu de ne pas tenir compte des locutions verbales et/ou des expressions phraséologiques utilisées par le législateur pour désigner les catégories de bénéficiaires des droits de l'homme.

C'est de cette manière qu'on parviendra, ainsi par exemple, à opérer la différence entre, d'une part, les individus et, d'autre part, les collectivités dans l'affirmation de certains droits déterminés.

L'opposition doctrinale qui a souvent existé quant à la réalité ou à la possibilité de reconnaissance des « groupes » et/ou « collectivités » comme sujets de droit est, de nos jours, absente du Droit congolais moderne des droits de l'homme, et ce, spécialement depuis l'avènement de la Charte congolaise des droits « de l'homme » et « du peuple ».

Bien plus, cette admission non controversée des groupes dans le cercle des bénéficiaires des droits de l'homme est, au Congo, une question tant d'une tradition sociale plus ancienne que d'une philosophie politique africaine plus ancrée.

Le « Muntu » est, dans la philosophie africaine et congolaise, en effet, un être d'abord social. Il ne peut, par conséquent, pas être retiré de son contexte social sans lui causer des torts. Le « Muntu » vit dans une société et la société est faite des « Bantu ». Il s'ensuit que la société, en tant que « communauté des Bantu », ne peut manquer ni de droits, ni d'obligations[2].

Le groupe et l'individu vivent donc, en Afrique, dans un rapport de complémentarité et d'interrelativité si réciproques que, en matière des droits, une reconnaissance générale de la qualité de bénéficiaire tant aux individus qu'aux groupes ne peut, en principe, poser aucun problème.

Toutefois, sur un plan plus pratique, si l'*individu* est si facilement identifiable, il faut, en revanche, convenir qu'il y a polémique sur l'identité réelle du « peuple », particulièrement du « peuple congolais » (Charte de 2001).

Le mot utilisé dans cette Charte doit-il, ici, rester au singulier ou utilisé au pluriel ?

En clair, existe-t-il *un* ou *des* peuple(s) congolais, dont les droits seraient à reconnaître dans le cadre d'une Charte nationale ?

S'il est suffisamment connu que la RDC est une « mosaïque de peuples et de cultures », comment doit-on donc maintenir l'intitulé de la Charte au singulier ?

En tous les cas, il faut se remettre ici au travail des ethnologues, anthropologues, historiens et autres sociologues pour espérer, au-delà du travail déjà réalisé par les coloniaux, obtenir des résultats scientifiques probants sur l'identité réelle de ce peuple, à moins les quelques signes du nationalisme primaire qui s'observent ne finissent par accréditer la thèse de l'unité d'un seul et même peuple.

Prospectivement parlant donc, il n'est pas exclu que, dans son évolution, cette « mosaïque des peuples » puisse, à partir de certains éléments et de certains identifiants communs, se considérer comme un seul et même peuple, une seule et même nation, construite sur la base des mêmes souffrances et de la même histoire.

Que le pouvoir programmatoire de la parole puisse donc permettre ici que le rêve devienne réalité. Et c'est sans doute, cette espérance de la « parole devenue réalité » qui fonde l'espoir d'aboutissement logique et sociologique d'un peuple destiné à une longue histoire, sujet virtuel du Droit des droits de l'homme.

Dans tous les cas, toute collectivité, tout groupe clairement identifié et facilement identifiable, principalement ce que l'on appelle les *personnes morales*, constitue, en Droit congolais, un sujet des droits de l'homme.

Les personnes morales sont, en effet, relativement à certains droits, sujettes du Droit des droits de l'homme parce que, grâce à leur *personnalité juridique*, elles peuvent ester en justice et, par conséquent, revendiquer la jouissance de certains droits déterminés.

Il peut s'agir, dans cette catégorie, des personnes morales comme l'*État* lui-même. Il peut s'agir aussi des *associations civiles* comme les ONG, dont le statut, les activités et les activistes sont même promus au bénéfice d'une « protection spéciale », aux termes d'une loi nationale à édicter[3].

Le peuple, le groupe, les collectivités, les personnes morales sont donc une même réalité qui exprime, sur le plan du Droit des droits de l'homme, la même nature de catégories de bénéficiaires des droits et libertés

Dans la catégorie des *individus*, la distinction qu'on opère généralement est celle qui existe entre les *nationaux* et les *étrangers*, et c'est cette distinction qu'il convient à présent d'épingler plus spécifiquement.

B. Les nationaux ou les étrangers

Lorsque la règle nationale (ou internationale) de reconnaissance des droits de l'homme utilise l'expression « toute personne », il faut savoir que le sujet du droit ainsi reconnu est *indéterminé* et concerne tout individu.

Mieux, le sujet du Droit des droits de l'homme identifié sous le vocable « toute personne » ou « tout individu » est, en Droit des droits de l'homme, *un sujet général*, c'est-à-dire indéterminé. C'est un sujet reconnu sous le sceau du principe de l'égalité ou de non discrimination.

Le sujet ainsi désigné peut, par conséquent, inclure aussi bien les *personnes physiques* que *les personnes morales*, tout comme il peut désigner tant les *hommes* que les *femmes* ou les *nationaux* et les *étrangers*.

En optant pour cette formulation, la règle de droit s'élève, en l'occurrence, faut-il le constater, au niveau de la généralité des bénéficiaires des droits ainsi qu'au diapason du principe même de l'universalité des droits de l'homme.

La règle de droit peut aussi viser « tout individu ». La catégorie des personnes ainsi visée reste la même, en dépit du changement d'appellation. Il s'agit de *toute personne physique* sans distinction de sexe, de nationalité ou autre. Les droits de l'homme ne sont-ils pas, après tout, appelés à se mouvoir dans cette sphère de la généralité ?

En revanche, dans le souci de réserver la jouissance et l'exercice de certains droits particuliers à des nationaux, le Droit national tourne parfois le dos à de telles expressions (« toute personne », « tout individu », etc.) pour faire recours aux expressions « tout Congolais » ou « tous les Congolais ».

Il réserve, dans ce cas, en effet, cette jouissance et cet exercice à des catégories bien déterminées de bénéficiaires des droits de l'homme qui possèdent *la nationalité congolaise*, c'est-à-dire ce lien juridique et politique bien particulier qui rattache un individu à une « nation » donnée. Ce faisant, le droit national s'adresse donc exclusivement aux *nationaux*, aux *citoyens congolais*.

Le premier texte national ayant inauguré le principe de l'exclusivité de jouissance de certains droits déterminés aux nationaux est, on l'a vu plus haut, la Loi Fondamentale du 17 juin 1960 relative aux libertés publiques. Selon l'article 2 de ladite Loi, en effet, le principe d'« égalité en dignité et en droits de *tous les habitants du Congo* » existe, mais, « La jouissance des *droits politiques* toutefois *réservée aux Congolais* » était aussi un principe constitutionnellement affirmé[4].

Bien que n'ayant pas repris textuellement cette disposition constitutionnelle, la Constitution du 1er août 1964 avait, elle aussi, à travers plusieurs dispositions, réservé la jouissance et l'exercice de certains droits déterminés aux seuls Congolais[5].

Cette Constitution disposait, cependant, au nom de la réciprocité que « Tout étranger qui se trouv(ait) sur le territoire de la République joui(ssai)t de la protection accordée aux personnes et aux biens en vertu de la présente Constitution, *sauf les exceptions établies par la loi nationale. Il ne jou(ssa)it des droits réservés aux Congolais par la présente Constitution que dans la mesure fixée par la loi nationale* »[6].

La Charte congolaise des droits de l'homme et du peuple du 29 juin 2001 est, en ce qui la concerne, particulièrement jalouse de ce principe de l'exclusivité des droits aux nationaux.

Ainsi par exemple, dans son article 39, elle rappelle que « Tout Congolais a droit à la nationalité congolaise ». Elle édicte aussi pour la première fois que « Tout Congolais a droit à un développement intégral » (art. 21). Elle pose encore que « Tout Congolais a le droit et le devoir de travailler » (art. 47, al. 1er) et va jusqu'à soumettre celui-ci au « devoir de contribuer, par son travail, à la construction et à la prospérité nationales » (art. 47, al. 4). Enfin, aux termes de son article 46, al. 2, « L'exercice du petit commerce est exclusivement réservé aux Congolais ».

Il s'ensuit que la Charte congolaise des droits de l'homme est, du point de vue du régime de discrimination légitime des bénéficiaires des droits de l'homme, un texte particulièrement « nationaliste ». La quantité des droits réservés aux nationaux y est inversement proportionnelle à celle des droits reconnus à « toute personne » !

De son côté, dans une formulation fort étonnante, la Constitution de la Transition du 4 avril 2004 renforce ce principe « nationaliste » en édictant que « *Sous réserve de la réciprocité*, tout étranger qui se trouve légalement sur le territoire national bénéficie des mêmes droits et libertés que les Congolais, *exceptés les droits politiques*. Il bénéficie de la protection accordée aux personnes et à leurs biens *dans les conditions déterminées par les traités et les lois* »[7].

Cela veut dire que, dans la jouissance et l'exercice d'un certain nombre de droits déterminés (droits politiques spécialement, mais aussi certains droits économiques et sociaux), le Droit congolais des droits de l'homme privilégie ici les nationaux.

Il s'en faut cependant de beaucoup que le principe de la réciprocité en matière de bénéficiaires des droits de l'homme soit moralement soutenable.

Est-ce l'écho du cri de détresses et d'humiliations subies lors des deux dernières « guerres d'agression » qui ait commandé une telle « exclusivité » ? Nous ne le pensons pas, ni ne l'approuvons.

La disposition constitutionnelle prérappelée (art. 58 de la Constitution de la transition du 4 avril 2003) se révèle donc, selon nous, contraire au Droit international général et au Droit international des droits de l'homme qui, en matière de bénéficiaire des droits de l'homme, exclut en principe toute discrimination fondée uniquement sur l'appartenance nationale, à moins qu'une telle discrimination n'ait une base objective.

En tout état de cause, l'on rencontre habituellement (et ceci n'est qu'une constatation pratique) que le cercle des bénéficiaires des droits de l'homme se trouve généralement rétréci au niveau des seuls nationaux (en tout cas pour la majorité des droits affirmés). Il n'est plus rare aujourd'hui, en effet, que, par exemple, les expressions « tout Belge », « tout Martiniquais », tout Guatémaltèque puisse encombrer bon nombre des Constitutions et/ou de législations. C'est dire qu'en la matière, le principe de la souveraineté étatique, sans compter quelques relents nationalistes, dominent encore malheureusement le domaine des droits de l'homme.

Il faut souhaiter que, partout, le principe de l'universalité des droits de l'homme puisse prendre le pas sur celui de la souveraineté étatique, dans la mesure où la « globalisation » et le « mondialisme », en dépit de leurs méfaits et de leurs excès, sont aujourd'hui des mouvements irréversibles qui nous y contraignent.

En République démocratique du Congo, lorsque la Constitution désigne le bénéficiaire du droit de créer ou de s'affilier à un parti politique de son choix (art. 11, al. 2 de l'actuelle Constitution), elle utilise expressément l'expression « tout Congolais » pour exprimer essentiellement ce principe de souveraineté.

De même, lorsqu'elle affirme le droit à l'égalité ou à la non discrimination en matière d'éducation ou d'accès aux fonctions publiques (article 17), il est curieux que l'on recourt ici aux expressions « tous les Congolais » et« aucun Congolais » pour toutes les deux matières, tant il est de Droit universel que le droit à l'« éducation » est, en principe, est un droit plutôt « universel », c'est-à-dire bénéficiant à toute personne.

Il s'ensuit que les droits politiques ainsi que d'autres droits spécifiquement désignés par la Constitution constituent, certes, la matière et le critère de distinction de certains bénéficiaires des droits de l'homme, en l'occurrence les nationaux et les étrangers ; mais, le mouvement vers l'universalisation des droits ne manquera pas, un jour, de remettre en cause certains acquis d'aujourd'hui.

Lorsqu'il veut les viser expressément, le législateur (ou le Constituant) congolais, en revanche, ne s'empêche pas de citer nommément les *étrangers* dans la jouissance de certains droits déterminés.

C'est le cas, par exemple, en matière du *droit d'asile*, un droit reconnu et consacré, au Congo, notamment par l'article 35 de l'actuelle Constitution de la transition et par l'article 44 de la Charte congolaise des droits de l'homme et du peuple.

Bref, le bénéfice de la jouissance et de l'exercice des droits de l'homme au Congo est, malgré la force du principe de l'universalité, quand même fort compartimenté, et différents bénéficiaires ci haut cités n'ont pas toujours le même statut. Ce qui conduit à dire qu'ils n'ont pas les mêmes droits.

Les bénéficiaires du Droit des droits de l'homme sont donc nombreux et variés. Leur détermination dépend de la nature ou du statut du droit consacré par un système donné des règles juridiques, en fonction des intérêts politiques, économiques, sociaux ou culturels de chaque société humaine.

Le statut de la liberté, du moins dans l'aspect concernant ses bénéficiaires, est donc, lui aussi, tributaire des mêmes considérations politiques, économiques, sociales et culturelles.

Quid des débiteurs des droits de l'homme ?

§ 2. LES DÉBITEURS DES DROITS

Depuis que Jean Rivero avait élevé ses célèbres « conditions de justiciabilité » d'un droit (*supra*), l'idée même de la détermination d'un ou de plusieurs *débiteur (s)* des droits de l'homme a fait du chemin. Elle a conduit à répandre le sentiment que, pour être pris au sérieux, un droit revendiqué doit pouvoir être *exigible de quelqu'un* qui, par cela seul, s'en rend responsable.

Le débiteur des droits de l'homme est donc celui qui peut être comptable de l'obligation d'assurer le respect, la promotion ou la protection des droits de l'homme au profit d'autrui.

C'est ce qu'exprime, notamment, Jean Combacau lorsqu'il souligne qu'« en droit positif, on ne peut parler de façon utile de 'droit de l'homme' que là où une règle reconnaît à un particulier un droit subjectif *qu'il puisse opposer à l'État et éventuellement à d'autres particuliers* »[8].

Un débiteur des droits de l'homme est donc une personne physique ou morale tenue légalement, soit par action, soit par abstention, d'assurer ou de permettre au bénéficiaire d'un droit ou d'une liberté déterminé(e), la jouissance et l'exercice effectifs de celui-ci ou de celle-ci, avec possibilité pour le juge de contrôler l'application de cette obligation, notamment au moyen de certaines sanctions en cas d'inexécution de ladite obligation.

Schématiquement, on distingue deux catégories de débiteurs des droits de l'homme : d'une part, on trouve des débiteurs qui œuvrent dans la sphère publique (autorités publiques) (A) et, d'autre part, il y a des débiteurs qui peuvent être trouvés dans la sphère privée, et c'est le domaine des personnes physiques ou morales de droit privé (B).

Il convient de passer en revue l'examen succinct de ces deux groupes de débiteurs des droits de l'homme.

A. Les autorités publiques

Ce sont les premiers débiteurs des droits de l'homme. En effet, aux termes de l'article 1er, al. 2, de la Charte congolaise des droits de l'homme et du peuple, « Toute autorité est tenue de respecter et de promouvoir les droits de la personne humaine, tels qu'ils sont consacrés dans la présente Charte ainsi que dans d'autres instruments nationaux et internationaux relatifs aux droits de l'homme »[9].

Le titre deuxième de la Constitution du 1er août 1964, consacré aux « droits fondamentaux », s'était également ouvert (art. 12) par un principe général d'affirmation de l'autorité des droits de l'homme sur les pouvoirs publics : « Le respect des droits consacrés dans la présente Constitution s'impose aux pouvoirs législatif, exécutif et judiciaire de la République et des provinces »[10].

En ce qui la concerne, la Constitution du 4 avril 2003 se distingue par un foisonnement d'obligations étatiques spécifiques en matière des droits de l'homme, mais aussi, par la constitutionnalisation d'un principe général de responsabilisation de l'État en matière de promotion et diffusion des droits de l'homme dans la masse.

Ainsi par exemple, l'article 15 de cette Constitution – qui proclame que « la personne humaine est sacrée » et qui fait ainsi du droit à la vie *un droit sacré* – fait spécifiquement obligation à l'État congolais « de la respecter et de la protéger ».

De même, la même Constitution fait obligation à l'État de respecter ce qu'elle appelle « le bien-être sanitaire et la sécurité alimentaire des consommateurs » (art. 50) ou « de veiller à l'élimination de toutes les formes de discrimination à l'égard de la femme » (art. 51, al. 1er).

Cette Constitution va jusqu'à imposer à l'État, dans le domaine des droits de la femme, « l'obligation de prendre dans tous les domaines (…) toutes les mesures appropriées pour assurer la pleine participation de la femme au développement de la nation » et « … pour lutter contre toutes formes de violence faite à la femme dans la vie publique et dans la vie privée » (art. 51, al. 2 et 3).

Enfin, le principe général de responsabilisation étatique en matière de promotion et de diffusion des droits de l'homme dans la masse (écoles, universités, armée, police, services de sécurité, administration…) est consacré spécialement par l'article 47, al. 3 à 5 de la même Constitution, qui réglemente également la matière de l'enseignement[11].

Il en découle que le Droit congolais des droits de l'homme désigne les autorités congolaises comme les premières et les principales débitrices des droits de l'homme consacrés par la Constitution et par d'autres textes pertinents. Il entend ainsi protéger les citoyens avant tout contre les agissements ou les abstentions des autorités, qu'il s'agisse de leurs actes arbitraires, de leur inactivité ou de leur ineffectivité.

Quelles sont concrètement les autorités congolaises soumises à de telles obligations ?

Ce sont, principalement, ce qu'on appelle les « pouvoirs constitués » ou « institutions publiques ».

Ces institutions publiques sont, à l'heure actuelle, définies par la Constitution du 4 avril 2003 et peuvent être sériées en autorités exécutives et/ou administratives (1), en autorités législatives (2) ou en autorités juridictionnelles (3).

1. *Les autorités exécutives et administratives*

Les droits de l'homme lient au premier chef les autorités qui, dans l'État, exercent le pouvoir exécutif et administratif, autorités à l'égard desquelles, avant tout, se manifeste la plus grande méfiance populaire. On sait, à cet égard, que l'usage par elles des « prérogatives de puissance publique » peut conduire – s'il n'est pas encadré juridiquement – à des abus et à des mépris intolérables de la liberté !

Les principales autorités exécutives et administratives congolaises soumises à l'obligation du respect, de promotion et de protection des droits de l'homme sont, à l'heure actuelle, et dans l'ordre d'importance énumérées comme suit : le Président de la République, les quatre Vice-présidents de la République, les ministres et vice-ministres, les membres du Secrétariat général du Gouvernement, les secrétaires généraux de l'Administration publique, les gouverneurs de province, les responsables de l'armée, de la police et des services de sécurité, les chefs de missions diplomatiques, les responsables d'écoles et d'universités publiques, les autorités des institutions politico-administratives décentralisées, les chefs coutumiers, etc.

Peuvent également être classées dans cette catégorie, ceux qu'on appelle actuellement les responsables des « institutions citoyennes », dans la mesure où, selon la Constitution, ils ont rang de ministres et exercent, chacun dans son secteur, un pouvoir administratif et exécutif certain[12].

Il s'ensuit donc que, lorsqu'elles mettent en œuvre l'usage de leurs prérogatives de puissance publique, lesdites autorités sont tenues, non seulement d'observer le principe de légalité – pivot de tout État de droit –, mais surtout celui du respect des droits de l'homme – autre élément intrinsèque de cet État de droit –.

Le non respect par ces autorités de ces deux grands principes de bonne gouvernance démocratique (principe de légalité et principe du respect des droits de l'homme) fonde, à notre sens, le droit des citoyens à désobéir (art. 25, Const. 4 avril 2003), voire à « faire échec » auxdites autorités pour exercice inconstitutionnel du pouvoir politique (art. 3, Const. 4 avril 2003).

Ainsi, lorsque par exemple le ministre de l'Intérieur s'opposerait à une manifestation publique d'un parti politique se déroulant dans les conditions prévues par la Constitution et par la loi, les militants de ce parti seraient fondés à désobéir à son ordre manifestement illégal et, même, à « faire échec » à son pouvoir inconstitutionnel par application de ce principe du respect des droits de l'homme.

Cette prérogative de « faire échec » aux oppositions du ministre peut se traduire par exemple par des pétitions demandant sa démission ou par des demandes de révocation auprès des autorités compétentes.

Peut-elle se traduire aussi par un coup de force politique emportant ledit ministre de l'Intérieur ? Rien n'est moins sûr, mais, il faut récuser par principe toute solution de violence politique.

En tout état de cause, il faut que les droits de l'homme reçoivent, au Congo, un statut spécial et deviennent un des critères de sélection et de contrôle des autorités publiques, lesquelles, comme on le sait, ne sont pas qu'administratives.

2. *Les autorités législatives*

Les droits de l'homme lient également le législateur - ordinaire ou délégué - dans le cadre spécialement de son pouvoir d'édicter les lois.

Le législateur, en effet, doit, dans sa production, toujours tenir compte de tous les instruments *juridiques* - *nationaux et internationaux* - existant en matière des droits de l'homme, pour ne pas affronter notamment le principe constitutionnel de la supériorité des traités sur les lois ordinaires.

Tel doit être particulièrement le cas en matière de ce qu'on appelle les « droits acquis ». Le législateur ne peut pas, en effet, les violer sous prétexte d'une nouvelle législation, à moins de prévoir d'autres mesures compensatoires. Sinon, elle s'exposerait lui-même, soit à de fortes critiques de l'opinion, soit à de sérieuses condamnations de la part des organes de contrôle institués à cet effet.

De nos jours, le mythe de l'infaillibilité, voire de la rationalité du législateur n'est plus qu'une vue d'esprit. Le législateur et son œuvre ne sont plus, en effet, comme par le passé, à l'abri d'erreurs et/ou d'autres fautes qui peuvent affecter, notamment, les droits de l'homme.

C'est ce qui justifie de nos jours, entre autres, ce qu'on appelle le contrôle de constitutionnalité, de compatibilité, voire, de « conventionnalité » des lois [13].

Il faut ajouter à cela un *contrôle d'humanité des lois* que nous prônons dans le cadre de l'institution d'un Ordre juridictionnel spécifiques des droits de l'homme (*infra*).

La Constitution de la transition, en posant le principe général selon lequel « les pouvoirs publics » ont le devoir de promouvoir, de diffuser et de protéger les droits de l'homme, elle n'exclut pas, ce faisant, les autorités législatives, lesquelles sont les « faiseurs » des lois. Ceux-ci doivent en effet reconnaître, respecter, promouvoir et/ou protéger lesdits droits et libertés quant ils édictent des lois.

En ce qui concerne le Parlement congolais de la transition, sa compétence et sa responsabilité notamment en matière des droits de l'homme sont définies notamment par la Constitution de la transition du 4 avril 2003.

Aux termes en effet de l'article 118 de ladite Constitution, la *loi* fixe les « règles » concernant entre autres « les *droits civiques* et les *garanties fondamentales accordées aux citoyens pour l'exercice des libertés publiques* ». Elle fixe aussi « le droit du travail et de la sécurité sociale », même si le mot « droit » ici doit être pris plutôt au sens « objectif » et non « subjectif ».

Enfin, la *loi* fixe les « principes fondamentaux » concernant notamment *l'enseignement et la santé, le pluralisme politique et syndical* ainsi que *le droit de grève*[14].

Le législateur de la transition (comprenant, en tant que législateur ordinaire, un parlement bicaméral – Assemblée nationale et Sénat – et, en tant que législateur spécial, le Gouvernement – composé du Président de la République, des vice-Présidents de la République, des Ministres et des vice-Ministres-) est donc, à l'heure actuelle, revêtu d'une mission officielle d'édicter les lois protectrices des *droits civiques* ainsi que des droits spécifiques que la Constitution désigne.

Comment ne pas y voir là une obligation principale du pouvoir législatif en matière de « reconnaissance », c'est-à-dire d'édiction des normes protectrices des droits de l'homme ? !

Par ailleurs, la Constitution de la transition ouvre, pour la première fois au Congo, un droit d'action en annulation d'une loi *contraire aux droits et libertés fondamentaux consacrés par la Constitution*. Aux termes, en effet, de son article 2, « La Constitution de la transition garantit l'inviolabilité des libertés et droits fondamentaux de la personne humaine »et précise, par ailleurs, que « Toute loi *non conforme à la présente Constitution* est, dans la mesure où cette non-conformité a été établie par la Cour suprême de Justice, nulle et non avenue »[15].

Cela veut dire que, puisque les droits et les libertés font partie du « bloc de constitutionnalité », toute loi, tout acte qui se serait par conséquent révélé(e) *contraire à un droit ou à une liberté constitutionnellement affirmée*, serait considéré(e) également comme *directement contraire à la Constitution* et fonderait l'application de la justice constitutionnelle sur base du principe du respect des droits et libertés.

La loi qui serait donc contraire, notamment aux droits et libertés fondamentaux consacrés par la Constitution, peut être attaquée pour inconstitutionnalité devant la Cour suprême de Justice, actuelle juge constitutionnel, et subir la sanction d'annulation totale ou partielle prévue par les lois et les règlements.

Bref, les actes des autorités législatives sont soumis au contrôle de constitutionnalité sur base de l'obligation qu'elles ont de respecter les droits de l'homme.

Quid, à présent, des autorités juridictionnelles elles-mêmes ?

3. *Les autorités juridictionnelles*

Qu'elles soient judiciaires, administratives ou constitutionnelles, les autorités juridictionnelles sont, elles aussi, tenues de respecter les droits de l'homme.

Bien qu'elles soient, *a priori*, considérées comme les premiers protecteurs des droits de l'homme, il arrive souvent, en effet, que les autorités judiciaires se montrent particulièrement liberticides.

Il en est ainsi par exemple en matière du droit au procès équitable, lorsque, par exemple, elles ne respectent pas les « droits de la défense » ou ne disent pas le droit « dans les délais raisonnables » (*infra*).

Les exigences en matière du respect efficace et effectif des droits de l'homme imposent donc qu'il y ait existence – nécessaire – de toute une autre catégorie d'institutions juridictionnelles spécifiques chargées de protéger les droits de l'homme, particulièrement lorsqu'ils sont violés par les autorités juridictionnelles. Il faut que le contrôleur classique se trouve, lui-même aussi, contrôlé (*infra*).

Les Cours et Tribunaux de la République démocratique du Congo ont reçu, depuis 1960, un rôle « exclusif » de trancher tous les litiges « qui ont pour objet les droits civils »[16]. La Constitution de la transition du 4 avril 2003 dispose même que « Le pouvoir judiciaire est *le garant* des libertés individuelles et des droits fondamentaux des citoyens » (art. 147, al. 3).

Le Constituant ne précise pas ici ce qu'il entend par « garant ». On croit savoir qu'il veut tout simplement dire que la protection des droits de l'homme est, au Congo, placée sous la *surveillance* du pouvoir judiciaire, composé, selon l'article 148 de la même Constitution, de la « Cour suprême de Justice », des « Cours d'Appel », des « Cours et tribunaux civils et militaires » ainsi que des « Parquets ».

Dans le cadre de leur mission de dire le droit, les Cours et Tribunaux congolais, qu'ils soient civils et militaires, ont reçu aussi la compétence« d'*appliquer* la loi et les actes réglementaires ainsi que la coutume pour autant que celle-ci soit conforme à l'ordre public et aux bonnes mœurs » (art. 149, Constitution de la transition du 4 avril 2003),

Les Cours et Tribunaux congolais ont donc reçu ici un rôle à la fois de surveillance et d'application des normes relatives aux droits de l'homme. Ici réside leur première obligation du respect des droits de l'homme. Mieux, ils sont chargés de « faire respecter » les droits de l'homme par leur œuvre juridictionnelle.

Cependant, pour des raisons que nous évoquerons plus loin, ce rôle des Cours et Tribunaux classiques n'est ni exclusif, ni efficacement acquitté. Ce qui revient à dire que l'obligation présente des autorités judiciaires congolaises consiste, en matière des droits de l'homme, d'abord, à respecter les termes de leur mission constitutionnelle, avant de le faire respecter par les autres pouvoirs.

Bref, les droits de l'homme génèrent à charge de tous les détenteurs de la puissance publique – qu'il s'agisse des autorités exécutives et administratives, des autorités législatives ou des autorités juridictionnelles – des obligations tant d'*abstention* que de *prestation* qui rentrent dans le cadre de leurs missions constitutionnelles. Seul l'acquittement correct et efficace de ces obligations permettra, en République démocratique du Congo, un développement des droits de l'homme et un respect effectif du Droit des droits de l'homme.

Au titre d'*obligations d'abstention*, les autorités publiques ne peuvent pas, par exemple, s'ingérer illégalement dans la sphère de liberté que la Constitution, les conventions internationales et les lois aménagent pour l'individu ou pour les collectivités.

Au titre d'*obligations de prestation*, elles sont tenues de promouvoir, par de mesures institutionnelles et matérielles positives, l'effectivité des droits proclamés.

Mais, dans l'acquittement des obligations en matière des droits de l'homme, les autorités publiques ne sont pas seules. Elles sont, à cet égard, relayées par une autre catégorie de débiteurs des droits de l'homme, à savoir : les personnes privées.

B. Les personnes privées

Rebelles à la notion d'« autorité », les droits de l'homme sont également rébarbatifs aux « puissances privées ».

Selon une doctrine bien connue – la doctrine de la *drittwirkung* – les droits de l'homme devraient également être appliqués aux relations entre les individus, entendez, aux relations entre personnes privées[17].

Il s'ensuit que les personnes privées sont également comptables du respect des droits de l'homme. À ce titre, elles doivent s'acquitter d'un autre type d'obligations spécifiques.

Pour mieux étudier les personnes privées ici, il faut mieux les distinguer. On mentionnera ainsi, en passant, d'une part, ce qu'on appelle les personnes physiques (1) et, d'autre part, ce que l'on désigne par l'expression polémique de personnes morales (2).

1. *Les personnes physiques*

Bénéficiaires attitrés des droits de l'homme, les individus peuvent également devenir – et ils le sont – *débiteurs* des droits de l'homme. Ils sont débiteurs des droits de l'homme selon un même schéma de raisonnement que s'agissant des obligations des pouvoirs publics.

En effet, les personnes privées, comme les personnes publiques, s'acquittent de leurs obligations spécifiques en matière des droits de l'homme également par action et par abstention.

Elles sont débitrices *par abstention*, lorsqu'il leur est interdit de porter atteinte aux droits d'autrui. Par exemple, ne pas tuer une personne humaine ; ne pas torturer ; ne pas voler un bien d'autrui, etc. L'acquittement de cette obligation d'abstention suppose, de la part de la personne physique, un comportement *négatif*.

En revanche, elles sont débitrices *par action* ou *par prestation*, lorsqu'elles sont tenues d'adopter des attitudes déterminées ou des mesures concrètes pour promouvoir ou assurer la jouissance des droits de l'homme. Par exemple, nourrir sa progéniture (au risque de les laisser mourir) ; payer les frais d'études de ses enfants (pour permettre la jouissance par eux de leur droit à l'instruction) ; balayer la cour de la parcelle (pour assurer la jouissance d'un droit à un environnement sain), etc. L'acquittement de telles obligations, on s'en doute, relève du domaine des *actes positifs* à poser.

Bref, il y a une *corrélation* étroite entre le *droit* et l'*obligation* que chaque personne est appelée à bénéficier ou à supporter à l'égard d'autrui. Les droits et les devoirs de l'homme exercent même une sorte de tension existentielle qui permet d'assurer l'équilibre entre les bénéfices et les charges que chacun de nous est en droit d'attendre de la société politique. À ce sujet, les sociétés africaines appliquent la règle selon laquelle « pas de droit sans devoir ».

Cela veut dire que le bénéfice des droits de l'homme appelle aussi l'obligation corrélative d'en permettre l'exercice et la jouissance pour autrui ou pour des personnes dont on a la charge. Il y a une relation particulière entre le bénéfice de la liberté et la charge de la liberté. C'est cela qui révèle le caractère parfois ambigu du statut de la liberté.

La *jouissance des droits de l'homme* suppose donc intrinsèquement et corrélativement, *une obligation première du respect des droits de l'homme.* Celle-ci incombe à toute personne humaine, pouvoirs publics ou pouvoirs privés (*Ce que vous voulez qu'on fasse pour vous, faites-le également pour autrui ; Ce que vous ne voulez pas qu'on fasse pour vous, ne le faites pas également à autrui*). Les droits des uns s'arrêtent là où commencent les droits des autres ou, autrement dit, la liberté est la limite de la liberté.

Les obligations juridiques des personnes physiques, surtout dans le domaine économique et social, doivent, cependant, pour être efficacement honorées, bénéficier d'un appui institutionnel et matériel conséquent.

Institutionnellement, il faut qu'il y ait des mesures de la part des pouvoirs publics pour pousser le débiteur privé à s'acquitter correctement et efficacement de ses obligations, surtout positives.

Matériellement, le débiteur privé devra disposer, à notre sens, des ressources nécessaires pour s'acquitter notamment de ses obligations économiques vis-à-vis des siens ; ce qui fonde ici la responsabilité de l'État notamment en matière des rémunérations. Telle est la vocation et, en même temps, la condition de l'homme physique.

Quid des personnes morales ?

2. Les personnes morales

Il s'agit ici des personnes morales de droit privé, tels les sociétés, les associations civiles, les groupes, les ONG, les syndicats et consorts. Elles sont, elles aussi, tenues au respect des droits de l'homme, au même titre que le sont les personnes physiques.

Il faut insister ici surtout sur l'action liberticide de certaines sociétés commerciales – multinationales en l'occurrence – dont la poursuite effrénée des gains et des richesses constitue, de nos jours, le danger et le défi les plus inquiétants lancés aux défenseurs des droits de l'homme et des groupes.

La guerre que vient de vivre, pendant presque toute une décennie, la République démocratique du Congo, n'est-elle pas, en partie, « l'œuvre » de ces groupes ?

Nous ne nous attarderons pas outre mesure sur cette catégorie, dont les principales obligations ont été, *mutatis mutandis*, déjà dégagées à propos de la personne de droit public que constitue l'État.

Posons-nous simplement une question politique à propos de l'action nocive des groupes multinationaux sur les droits de l'homme : ne faudrait-il pas, un jour, définir un mécanisme de responsabilisation judiciaire de ces violateurs des droits de l'homme, particulièrement sous l'angle du respect du droit des peuples à disposer d'eux-mêmes et du droit de chaque peuple de jouir de ses richesses (notamment) ?

Jusqu'où iront la jouissance et l'exercice de la liberté d'entreprise, considérée aujourd'hui comme de l'argent comptant du monde « libéral » moderne ?

En d'autres termes, existe-t-il des limites à l'exercice de la liberté du commerce ? Quels peuvent être les pôles et les jalons de ces limites ? Comment doit se concevoir la doctrine de la limitation aux droits de l'homme ?

SECTION 2. LA LIMITATION DES DROITS

L'aménagement juridique des droits de l'homme (définir le statut de la liberté, en indiquer les bénéficiaires et les débiteurs...) suppose également que soient prévues des mesures tendant à *limiter l'exercice absolu* de certains droits par des particuliers, exercice qui risque de briser un certain équilibre nécessaire à la vie en société. Comme le dit très précisément P. Wachsmann, « l'existence même du lien social implique qu'il existe fort peu de libertés absolues, c'est-à-dire placées hors de toute atteinte du pouvoir, quelles que soient les circonstances »[18].

Les droits de l'homme, ou plus précisément certains d'entre eux sont donc, inévitablement, susceptibles de certaines limitations. Il faut, rappelons-le, que la liberté ne soit pas, par exemple, utilisée pour en détruire une autre...

La question sempiternelle qui s'est toujours posée à propos du principe de limitation nécessaire de l'exercice des droits de l'homme est, en effet, celle du « comment empêcher que la liberté de l'un ne s'exerce au détriment de la liberté d'autrui ou au détriment de l'intérêt général ». La dialectique classique entre la sauvegarde de l'intérêt général et la poursuite de l'intérêt particulier, commandant qu'y soit trouvé un « juste équilibre », pose donc, ici, un problème sérieux à la doctrine de l'inviolabilité des droits de l'homme.

Le Droit des droits de l'homme aménage, pour rechercher cet équilibre, d'une part, ce que l'on appelle les dérogations aux droits de l'homme et, d'autre part, ce que l'on désigne par l'expression restrictions des droits de l'homme, étant entendu que les deux aspects de la doctrine de la limitation aux droits de l'homme ne sont pas à confondre, même si ils visent, tous les deux, le même but, à savoir : la sauvegarde de l'intégrité des droits reconnus.

Dans cette section, nous allons voir, d'une part, les *restrictions* aux droits de l'homme (§ 1) et, d'autre part, les *dérogations* à ces mêmes droits (§ 2).

§ 1. LES RESTRICTIONS AUX DROITS DE L'HOMME

Jadis organisées de façon éparse dans des dispositions reconnaissant telle ou telle liberté, les restrictions aux droits de l'homme ont reçu, depuis la Charte congolaise des droits de l'homme et du peuple, un statut spécial.

En effet, figurant en bonne place dans les « dispositions générales » introduisant le régime juridique des droits de l'homme, les restrictions aux droits de l'homme organisées par l'article 4, al. 1 à 3, de ladite Charte, sont devenues, depuis lors, le « régime commun » des droits de l'homme au Congo. Parce qu'il rassemble un ensemble de principes généraux d'interprétation de tous les droits reconnus dans cette Charte, ce régime général des restrictions domine l'ensemble des proclamations ainsi réalisées. Il irradie par conséquent l'ensemble du Droit congolais des droits de l'homme, particulièrement en matière des droits reconnus.

Il faut commencer ici par rappeler les principes (A), avant de s'appesantir sur les conditions d'admission des restrictions aux droits de l'homme (B), tels qu'ils ressortent tant de ce nouveau Droit congolais des droits de l'homme que du Droit international et régional des droits de l'homme.

A. Les principes

Trois principes complémentaires dominent la matière des restrictions aux droits de l'homme.

Le premier principe est d'ordre général et peut ainsi être formulé : Il est interdit de porter atteinte aux droits de l'homme, sauf dans certains cas, dans les conditions et les formes prévues par la loi. Cela veut dire, en d'autres termes, qu'il est permis d'apporter certaines restrictions à l'exercice des droits de l'homme, dans la mesure où ces restrictions sont autorisées par la loi et visent des buts légitimes contrôlables par des mécanismes appropriés de sauvegarde desdits droits. En clair, c'est le *principe de la tolérance des restrictions aux droits de l'homme* (1).

Le second principe, qui est une conséquence et une limite du premier, prône la doctrine selon laquelle les limitations aux droits de l'homme, quelle que soit leur pertinence, et quelle que soit par ailleurs leur légalité, ne peuvent jamais porter atteinte à la *substance* même desdits droits, sinon l'on aboutirait à leur destruction. C'est le *principe de la protection de la substance des droits de l'homme* (2).

Enfin, le troisième principe qui, lui, est tiré de l'alinéa 3 de l'article 4 de la Charte congolaise des droits de l'homme et qui est un corollaire démocratique aux deux premiers, prône la doctrine selon laquelle les restrictions aux droits de l'homme sont susceptibles d'un contrôle juridictionnel devant l'organe spécifique et compétent institué pour la sauvegarde des droits de l'homme ou du peuple. C'est le *principe du contrôle juridictionnel des restrictions aux droits de l'homme* (3).

Ce sont ces trois principes complémentaires, visant à l'objectif de l'inviolabilité totale des droits de l'homme, que nous allons ici essayer d'expliciter.

1. *Le principe de la tolérance des restrictions aux droits de l'homme*

Quel que soit leur caractère immanent ou transcendantal et quel que soit par ailleurs leur régime juridique, les droits de l'homme – tous les droits de l'homme – ne sont pas de jouissance ou d'exercice absolus. Les contraintes économiques ou légales, les nécessités sociales ou philosophiques, les exigences du respect d'autrui (...) imposent, en effet, que des limitations, jugées nécessaires pour la vie en communauté, soient apportées notamment à l'exercice de ces droits, au risque de manquer à d'autres objectifs essentiels (exemple : le maintien de la vie sociale).

Ces limitations, il faut le préciser tout de suite, concernent tantôt la jouissance, tantôt l'exercice desdits droits, sans porte atteinte à l'existence du principe lui-même.

Il en découle que le Droit des droits de l'homme ne peut, au risque d'irréalisme, ignorer la question des « contraintes » dans le respect des droits de l'homme.

Le Droit congolais des droits de l'homme a, depuis 1960, implicitement admis le principe de la tolérance des restrictions aux droits de l'homme.

Dans l'article 5 de la Loi Fondamentale relative aux libertés publiques, par exemple, il était certes affirmé que « Nul ne peut être privé de sa liberté... » (principe de l'inviolabilité des droits de l'homme), mais le Constituant en ajoutait tout de suite une exception, à savoir : « ...sauf dans les cas et selon les voies légales »[19]. Le principe de l'inviolabilité est donc, ici, immédiatement suivie de son exception, à savoir : le principe de la tolérance des restrictions.

Ce genre d'affirmations constitutionnelles (et/ou légales) manifeste une certaine tolérance du Constituant ou du législateur en faveur des mesures restrictives jugées « nécessaires » (*infra*).

La Conférence nationale souveraine, malgré sa cinglante condamnation du régime liberticide de la deuxième République, avait, quant à elle aussi, repris le même genre d'affirmations constitutionnelles : « Dans la République (...), la liberté est la règle.. » ; mais « ... la détention est (aussi) l'exception »[20].

En ce qui la concerne, la Constitution du 4 avril 2003 accompagne l'affirmation de la plupart de ses droits constitutionnels d'un principe général de restrictions dont les éléments constitutifs et les motifs sont variables.

Ainsi par exemple, l'article 15, al. 5 de ladite Constitution, qui réaffirme notamment le « droit à la vie » et « à la liberté », laisse croire qu'il est permis de restreindre l'exercice de ces deux droits « dans les cas prévus par la loi et dans les formes qu'elle prescrit ».

De même, l'interdiction du « travail forcé ou obligatoire » contenue dans l'article 18, al. 3, du même texte constitutionnel peut être levée « dans les cas prévues par la loi ».

Plus expressifs et larges sont les motifs de restrictions annoncés dans l'article 26, al. 2 (liberté de pensée, de conscience et de religion), dans l'article 28 (liberté de presse), dans l'article 34 (droit à la vie privée et au secret des moyens de communication) ou dans d'autres articles (31, 32, 33, 40, 42, 43, etc.). Le Constituant admet, en effet, que l'exercice de ces différents droits puisse faire l'objet de restrictions tenant soit aux exigences du « respect de la loi, de l'ordre public et des bonnes mœurs », soit à l'intérêt de la sauvegarde des « droits d'autrui ».

Mais, de façon plus générale, la Constitution de la transition du 4 avril 2003, en son article 16, énonce deux principes généraux, tant de l'inviolabilité que de la tolérance des restrictions aux droits de l'homme, de la façon suivante : « La République démocratique du Congo garantit l'exercice des droits et libertés individuels et collectifs (...), sous réserve du respect de la loi, de l'ordre public et des bonnes mœurs »[21].

En ce qui le concerne, le PIDCP ajoute d'autres motifs de restrictions, celles « prévues par la loi » et « nécessaires dans une société démocratique à la sécurité nationale, à la sûreté publique, à l'ordre public, à la santé ou à la moralité publique »[22].

De ce qui précède, il découle que le Droit congolais des droits de l'homme prévoit, comme corollaire au principe de l'inviolabilité des droits de l'homme, le principe même des restrictions aux droits de l'homme, lesquelles ne peuvent intervenir qu'à certaines conditions (*infra*).

Le principe est donc celui du respect et de la protection de la liberté, tandis que, par exception, la loi aménage les conditions dans lesquelles il est permis de porter atteinte (restrictions) à la jouissance ou à l'exercice de certaines libertés. La tolérance des restrictions aux droits de l'homme est donc un principe de droit, même si les conditions de ces restrictions sont, elles aussi, « encadrées » juridiquement (*infra*).

Quid du second principe ?

2. *Le principe de la protection de la substance des droits de l'homme*

Malgré la tolérance des restrictions, le Droit congolais des droits de l'homme consacre aussi un deuxième principe, celui de la protection de la « substance » des droits de l'homme. Certes, aucune disposition constitutionnelle ou légale, aucune jurisprudence congolaise ne parle explicitement de cette notion de « substance » des droits de l'homme. Celle-ci nous vient du Droit jurisprudentiel européen où, à l'occasion de ses nombreux contrôles, la Cour européenne des droits de l'homme revient souvent sur cette notion. Celle-ci mérite d'être transposée chez nous au titre de principe général du Droit des droits de l'homme, découlant du principe même de l'inviolabilité de ceux-ci.

Ce deuxième principe est donc, par ce biais, susceptible d'application en République démocratique du Congo. Il peut s'appeler autrement, à savoir : *le principe de l'autorisation conditionnée des restrictions aux droits de l'homme.* Autrement dit, c'est le principe même du respect du *contenu* des droits de l'homme.

Le principe de la protection de la substance des droits de l'homme, d'origine jurisprudentielle européenne (voir par exemple « Affaire linguistique belge », 23 juillet 1968, *GACEDH*, n° 8 ou Arrêt Kruslin c/ France, 24 avril 1990, *GACEDEH*, n° 5) implique que, quels que soient leur pertinence et leur bien-fondé, les restrictions aux droits de l'homme doivent pouvoir préserver *l'essentiel*, c'est-à-dire le *contenu intrinsèque* du droit reconnu, son « âme » profonde. Celui-ci (l'essentiel ou le contenu intrinsèque du droit) ne doit pouvoir être atteint, en dépit de la légitimité des restrictions.

Ce principe conduit donc, nécessairement, à savoir extraire du contenu intrinsèque d'un droit ou d'une liberté affirmé(e) ce qui peut être considéré, dans son for intérieur, comme *sa valeur intrinsèque absolue*, valeur à laquelle il n'est pas permis de porter atteinte.

Ainsi par exemple, lorsqu'un texte juridique affirme la liberté pour chaque individu de circuler, il compte protéger, par là, *la liberté naturelle qu'a chaque individu de se mouvoir* et/ou de se déplacer à chaque coin de l'univers qui lui soit accessible. Décider, par des mesures de pure protection sociale, que cet individu ne quitterait sa maison, son quartier, son pays qu'au vu de la présentation par exemple d'un certain nombre de « documents » (passeports, cartes d'identité, cartes médicales, voir même des « laissez-passer », etc.) participe, certes, du souci du contrôle de la mobilité des gens et de la protection des États ; mais, l'exigence exagérée de ces « papiers » peut conduire à priver la personne candidate de son *droit intrinsèque de se mouvoir*, droit qu'il détient de sa nature même d'« homo Fabius » et d'« homo Sapiens ».

Agir de la sorte serait ainsi porter atteinte à la *substance de la liberté de circulation* (liberté de tout être vivant doué des capacités de mobilité de se mouvoir), dans la mesure où la non possession ou l'impossibilité de possession des « papiers » de voyage constitue, pour lui, un obstacle dirimant, insurmontable.

Sur un plan simplement pratique, notons que, *a contrario*, toute affirmation d'un droit ou d'une liberté qui n'est pas accompagnée ou immédiatement suivie d'un régime *d'autorisation des restrictions*, c'est-à-dire, en clair, tout droit ou toute liberté affirmé(e) péremptoirement dans un texte juridique sans aucune forme de restriction admise, ne peut arbitrairement faire l'objet de limitations qui n'aient pas été prévues par ce texte juridique.

Ainsi par exemple, l'essence du droit à la vie, la substance du droit à une alimentation saine et équilibrée ou le contenu du droit à la santé – pour ne citer que ces droits – ne peuvent subir, dans le cadre du nouveau Droit congolais des droits de l'homme[23], de limitations que si la formulation de tels droits admettait un régime spécial de limitations. Or, précisément ici, il n'en est pas question. Ces deux droits ne sont donc pas, à l'instar de beaucoup d'autres reconnus par cette Charte, susceptibles de limitations, réserve faite ici de l'alinéa 5 de l'article 15 de la Constitution « de la transition ».

La Constitution de la transition du 4 avril 2003 admet donc (*supra*)qu'une atteinte puisse être portée, notamment, à la vie et à la liberté d'une personne humaine « dans les cas prévus par la loi et dans les formes qu'elle prescrit » (art. 15, al. 5). Le code pénal congolais fulmine même, et d'ailleurs encore, d'infractions qui sont punissables notamment de mort. C'est, encore ici, le déploiement du principe de la tolérance des restrictions aux droits de l'homme, dont le droit à la vie est à cet égard en sérieux « ballottage » juridique.

Il s'agit donc d'un démenti cinglant quant au caractère « sacré » et absolu du droit à la vie affirmé notamment par l'article 18 précité de la Charte congolaise des droits de l'homme et du peuple. Il est évident donc qu'en vertu de la Constitution actuelle de la transition, on n'est toujours pas sorti du dilemme posé par l'existence de la peine de mort en Droit congolais.

L'idée de protection de la « substance » d'un droit de l'homme nous vient, nous l'avons dit, du Droit européen, plus particulièrement de la jurisprudence de la Cour européenne des droits de l'homme. Ainsi, dans l'affaire *F. contre Suisse* (Interdiction à une personne majeure, plusieurs fois divorcée, de se remarier), la Cour avait estimé, en condamnant la Suisse, que l'article 150 du code civil suisse était contraire à l'article 12 de la Convention européenne des droits de l'homme et des libertés fondamentales puisqu'il portait atteinte à la « substance » même du droit au mariage.

En l'occurrence, Monsieur F., deux fois divorcé, *avait été interdit par un juge suisse de se remarier pendant un délai d'attente de trois ans*, suite à un troisième échec de mariage. Saisie par l'intéressé sur pied de l'article 12 de la Convention européenne (qui garantit le droit au mariage), la Cour avait estimé que l'interdiction de remariage infligée à F. atteignait, *dans sa substance même*, le droit au mariage garanti à tout Européen – et à toute personne – par la Convention européenne de sauvegarde des droits de l'homme et des libertés fondamentales de 1950[24].

Il s'ensuit donc que le principe de la protection de la substance d'un droit de l'homme est de reconnaissance internationale et de transposition possible au Congo.

Quid du troisième principe gouvernant la doctrine des restrictions aux droits de l'homme ?

3. *Le principe du contrôle des restrictions aux droits de l'homme*

Malgré le principe de la tolérance des restrictions aux droits de l'homme et tenant compte précisément du bien-fondé du principe de la protection de la substance des droits de l'homme, le Droit congolais moderne consacre le principe du contrôle juridictionnel des restrictions imposées aux droits de l'homme.

Aux termes, en effet, de l'alinéa 3 de l'article 4 de la Charte congolaise des droits de l'homme et du peuple, « Les restrictions (aux droits de l'homme) apportées conformément à l'alinéa précédent (conditions des restrictions aux droits de l'homme) *sont susceptibles de contrôle devant l'organe compétent* institué dans la présente Charte »[25].

En d'autres termes, actuellement dans le Droit congolais des droits de l'homme, l'organe spécifique créé par la Charte congolaise des droits de l'homme et du peuple – la Commission congolaise des droits de l'homme et du peuple (*infra*) – peut être amené à contrôler la légalité et même le bien-fondé des restrictions apportées par les autorités à la jouissance ou à l'exercice, par les citoyens, de leurs droits et libertés reconnus juridiquement.

Concrètement, la Commission congolaise des droits de l'homme et du peuple pourrait, par exemple, être amenée à contrôler la légalité ou le bien-fondé d'une mesure gouvernementale portant, par exemple, suspension des activités de certains partis ou regroupements politiques.

Sur le plan européen, ce principe est également affirmé et concerne, précisément, la fameuse « marge d'appréciation » des États[26].

Il s'ensuit que les mesures restrictives aux droits et libertés sont susceptibles de contrôle juridictionnel, au regard des conditions mises en place pour que leur illégalité et, éventuellement, leur illégitimité ou leur non proportionnalité ne puissent porter atteinte à la substance des droits de l'homme.

Quelles sont donc ces conditions en Droit congolais des droits de l'homme ?

B. Les conditions d'admission des restrictions aux droits de l'homme

Pour qu'une restriction soit apportée à un droit fondamental, il faut que les conditions prévues notamment par la Charte congolaise des droits de l'homme soient respectées.

Aux termes, en effet, de l'alinéa 2 de l'article 4 de la Charte précitée, « Les *seules restrictions admises* aux droits fondamentaux sont celles qui, *dans une société démocratique, sont prévues par la loi, relatives à un droit déterminé et nécessaires à la sauvegarde de l'ordre public, de la sécurité nationale, des droits d'autrui, du bien-être économique, social et culturel du pays et à la prévention des infractions pénales* »[27].

Le PIDCP (voir par exemple art. 21 et 22) stipule, en ce qui le concerne, que certains droits de l'homme (en l'occurrence le droit de réunion pacifique et le droit d'association) *ne peuvent faire l'objet que des seules restrictions prévues par la loi et qui sont nécessaires dans une société démocratique, dans l'intérêt de la sécurité nationale, de la sûreté publique, de l'ordre public, ou pour protéger la santé ou la moralité publiques ou les droits et libertés d'autrui* (*supra*).

Ces conditions, de principe général, s'appliquent normalement à tout droit ou à toute liberté reconnue tant de façon absolue que de manière relative.

Autrement dit, dans le cadre d'une « société démocratique » à construire, le nouveau Droit congolais des droits de l'homme organise quatre conditions principales de licéité des restrictions aux droits de l'homme, auxquelles il faut ajouter une condition logique.

On peut résumer ces cinq conditions comme suit : 1° la condition de légalité ; 2° la condition de relativité ; 3° la condition de nécessité et de proportionnalité ; 4° la condition de visibilité des objectifs nationaux et 5° la condition du respect de l'intégrité du droit protégé.

1. *La condition de légalité*

Pour qu'une restriction à un droit fondamental soit licite, il faut, en premier lieu, que celle-ci ait été « prévue par la loi », c'est-à-dire par un texte de nature juridique, qui peut être la Constitution elle-même, la loi au sens ordinaire du mot, la convention internationale, le règlement conforme à la loi, ou une décision de justice.

Autrement dit, il n'y a pas de restriction licite à un droit de l'homme si un texte juridique bien précis, de portée constitutionnelle ou législative, réglementaire, jurisprudentielle ou conventionnelle, n'a pas prévu une telle restriction. L'introduction ou l'application d'une restriction qui ne satisferait pas à cette première exigence serait donc illégale.

La Cour européenne des droits de l'homme interprète effectivement cette condition comme concernant la « loi » au sens large du mot (Constitution, loi stricto sensu, règlement et décision de justice).

Elle exige que la restriction en question ait *une base en Droit interne* (arrêt Kruslin c/ France, 24 avril 1990, *GACEDEH*, n° 5, § 27) et apprécie la *qualité de cette loi* en tenant compte des exigences d'*accessibilité* de celle-ci, de *précision dans sa formulation* et de *prévisibilité de ses conséquences* (Arrêt Sunday Times, 26 avril 1979, GACEDEH, n° 49, § § 49 et 50 et Alsson, 24 mars 1988, GACEDEH, n° 43, § § 61 et 62).

En clair, si la restriction aux droits de l'homme est « prévue par la loi », ladite loi doit satisfaire aux exigences d'*accessibilité* (n'importe quel citoyen doit pouvoir s'en procurer ; d'où l'impérieuse nécessité de *publier* les lois au Journal officiel), de *précision* (la formulation des dispositions légales ne doit être ni floue, ni vague) et de *prévisibilité* (la loi devra pouvoir permettre à tout citoyen de régler sa conduite de manière à éviter les conséquences de sa violation).

Les principes d'accessibilité, de précision et prévisibilité de la loi dominent donc, ici, l'application et le contrôle de cette première condition de licéité des restrictions aux droits de l'homme.

2. La condition de relativité

Il s'agit de la « relation » nécessaire qui doit exister entre la restriction décidée et le droit en cause. Il est d'ailleurs frappant, à ce propos, que la Charte congolaise ait ajouté l'incise « relatives à un droit déterminé ».

En d'autres termes, il ne saurait y avoir de mesures restrictives « passe-partout ». Chacune d'elles doit pouvoir justifier et être justifiée par la nécessité de restreindre *tel ou tel droit déterminé*, en fonction de telle ou telle situation donnée.

Par exemple, l'autorité ne peut pas interdire *le port de casquettes ou d'autres insignes religieux* (foulards musulmans, par exemple) aux personnes exerçant leur *liberté de mariage*. On ne voit pas ce qui justifierait une telle mesure, parce qu'il n'y a aucun rapport entre l'interdiction du foulard et la liberté du mariage.

De même, l'autorité ne peut pas priver les étudiants de *l'ensemble de leurs droits civils ou politiques* (droit à la parole, droit à la liberté d'opinions, droit d'appartenance à un parti...) parce qu'il s'agissait de restreindre seulement *leur liberté de circulation* dans la ville du fait des troubles causés par eux. L'interdiction de la liberté de circulation dépasse, dans ce cas, la nécessité de préserver l'ordre public et n'a, en toute hypothèse, aucun rapport avec l'exercice des autres droits des infortunés.

Dans le même ordre d'idées, il serait contraire au principe de la relativité des restrictions, et partant aux droits de l'homme, le fait d'interdire au prisonnier de *recevoir des visites*, quand bien même la *privation de liberté* à laquelle il est soumis aurait été justifiée par une condamnation pénale devenue définitive. Il manque toujours, ici aussi, ce rapport nécessaire entre une mesure restrictive de liberté et *tel ou tel droit déterminé*.

En résumé, l'autorité auteur des mesures restrictives ne devrait pas, dans le cadre de cette deuxième condition de licéité, tomber dans le piège de l'amalgame et devrait, chaque fois, justifier sa mesure de restriction par la nécessité de contrôler ou de protéger *tel ou tel droit déterminé.*

3. La condition de nécessité et de proportionnalité

Il ne suffit pas que le principe des restrictions, le moyen utilisé et même le but visé soient légaux ; il faut ensuite que le moyen utilisé pour restreindre le droit en cause soit « nécessaire », c'est-à-dire *incontournable* pour atteindre le but que la loi assigne aux autorités publiques.

À cet égard, l'autorité doit toujours se poser la question de savoir *s'il n'y a pas un autre moyen que la restriction de la liberté* pour atteindre le but poursuivi. Dans tous les exemples ci-dessus, l'autorité doit effleurer tous autres moyens possibles pour atteindre les buts que lui assigne la loi et ne pas porter atteinte à la liberté sans nécessité ni proportionnalité.

Il s'y effectue ici donc un double test : celui de la *nécessité de la restriction* et celui de la *proportionnalité entre la restriction décidée et le but poursuivi.*

La « nécessité », apprend-on de la jurisprudence européenne, est un « besoin social impérieux » (Arrêts Handside, 7 décembre 1976, *GACEDEH*, n° 7 et Sunday Times, *Op. cit.*). La « proportionnalité », quant à elle, s'apprécie tant par rapport au bien-fondé du but prévu par la loi que par rapport au moyen utilisé. Les deux critères sont, ici, complémentaires.

En d'autres termes, l'autorité, avant de prendre une mesure restrictive de la liberté, doit pouvoir opérer une *balance d'intérêts* entre la nécessité du respect du droit de l'individu et la légitimité de la poursuite du but prévu par la loi.

Le législateur (Charte) et les États (PIDCP) ont même dit que les « buts » ou les « motifs » prévus par la loi (sécurité nationale, sûreté publique, ordre public, bonnes mœurs, santé publique, droits et libertés d'autrui...) doivent pouvoir être appréciés en fonction de l'état de la « société démocratique ». Or, l'État démocratique a ses « exigences » et ses « principes fondamentaux » : par exemple la liberté, le pluralisme, la tolérance, l'esprit d'ouverture, le respect de la minorité, la liberté d'association des partis politiques... (Voir CEDH, Handside, *Op. cit.* Young, James et Webster, 13 août 1981 et Parti communiste unifié de Turquie c/ Turquie, 30 janvier 1998, *GACEDEH*, n° 6).

Il s'ensuit donc que la mesure de restrictions aux droits de l'homme doit, en outre, viser certains objectifs bien déterminés fixés par la société démocratique, lesquels objectifs doivent rester visibles.

4. *La condition de visibilité des objectifs nationaux*

L'article 4, al. 2, précité de la Charte énumère, en ce qui concerne le Droit congolais des droits de l'homme, deux objectifs principaux pour la poursuite desquels les restrictions aux droits de l'homme peuvent être tolérées. Il s'agit, d'une part, de la *sauvegarde* : 1° de l'ordre public ; 2° de la sécurité nationale ; 3° des droits d'autrui et 4° du bien-être économique, social et culturel. Il s'agit aussi, d'autre part, de la *prévention* des infractions pénales.

Devant être interprétés restrictivement, ces deux objectifs nationaux ne peuvent être étendus indéfiniment pour justifier les restrictions aux droits de l'homme. Autrement dit, toute restriction aux droits de l'homme qui serait jugée légale et nécessaire doit, en outre, viser ici les deux seuls objectifs explicitement énumérés par la Charte, à savoir : la sauvegarde de six valeurs de la République (ordre public, sécurité nationale, droits d'autrui, bien-être économique, bien-être social et bien-être culturel) et la prévention des infractions pénales.

Les objectifs ainsi énumérés sont d'interprétation stricte, et l'autorité ne peut pas en ajouter d'autres, sous prétexte de l'opportunité ou des autres nécessités sociales.

Par exemple, l'autorité ne peut pas ajouter l'objectif de la « sauvegarde des acquis de la Révolution » pour justifier l'interdiction des activités politiques. Cette interdiction, dans la mesure où son objectif n'est pas explicitement prévu, ni visiblement déductible de ceux qui sont déjà clairement exprimés, porte manifestement atteinte ici, notamment, à la liberté partisane et la liberté d'expression.

En revanche, dans le cadre de la « prévention des infractions pénales », et notamment lorsque les autorités sont au courant qu'un individu ou un groupe d'individus s'apprête à venir commettre, au Congo, certaines infractions comme la contrebande ou le pillage des matières précieuses, les faux monnayages, les viols, les attentats à la pudeur, la traite des êtres humains, ou même le terrorisme, elles peuvent, dans le cadre de l'article 12. 3 du PIDCP, apporter des restrictions à l'exercice par ces derniers de leur liberté de circulation, notamment en leur refusant le visa d'entrée sur le territoire.

Il s'agit là d'un but légitime, du reste prévu par la Charte elle-même, à savoir : prévenir la commission des infractions pénales à l'intérieur du territoire national.

Dans le même ordre d'idées, pour la protection de son marché d'emploi – objectif qui serait compatible d'une certaine manière avec le but de la sauvegarde du « bien-être économique et social du pays » –, on peut concevoir que la République démocratique du Congo, à l'instar de nombreux autres pays, puisse limiter par exemple le droit d'accès des étrangers à son marché d'emploi.

Mais, il faut que cela repose expressément sur un des objectifs énumérés par la loi (en l'occurrence la sauvegarde du bien-être économique et social du pays) et que cela n'entraîne aucune discrimination fondée uniquement sur l'origine nationale des prétendants à l'emploi[28].

Bref, l'appréciation des éléments ainsi que des conditions rentrant dans le cadre des buts légaux poursuivis pour protéger les droits de l'homme appartient aux autorités nationales. Mais, ces dernières doivent respecter les objectifs poursuivis par la loi. Leur « marge d'appréciation » là-dessus, bien que réelle, est cependant réduite et corsetée par une série de conditions qui, au final, ne visent qu'à sauvegarder l'intégrité ou la « substance » du droit protégé.

5. *La condition d'intégrité du droit protégé*

Bien que n'apparaissant pas clairement dans l'énumération de l'article 4, al. 2, précité de la Charte, la condition du respect de « l'intégrité » du droit protégé paraît aller de soi. Elle est une traduction juridique du principe même du respect de la « substance » du droit ou de la liberté (*supra*). Elle découle logiquement des quatre conditions expressément énumérées.

En dépit du caractère légal, nécessaire ou proportionnel du moyen utilisé, la restriction décidée par l'autorité ne doit, en aucun cas, porter atteinte à la *substance*, c'est-à-dire, à l'*intégrité* du droit reconnu, sinon, ce serait la *destruction* du droit en question (*supra*).

Autrement dit, même quand elles appliquent des restrictions prévues aux droits de l'homme, les autorités ne doivent pas « détruire la substance » de tels droits. En clair, *restriction* de la liberté ne veut pas dire *suppression* de la liberté. Celle-là est, en principe, partielle et temporaire, tandis que celle-ci est, en général, totale et définitive.

Il s'ensuit que, quelle que soit sa valeur, sa justesse ou sa nécessité, la restriction à un droit fondamental ne peut aboutir à sa *liquidation totale*. Il doit s'agir de simples « touches ».

Exemple : le laissez-passer ne doit pas être un obstacle insurmontable à la liberté de circulation. Dès l'instant où le requérant n'est pas à mesure de le produire, il doit être mis dans les conditions de produire *un autre document valable* pour jouir de sa liberté de circulation. Par exemple, un *sauf-conduit*.

Le non respect des conditions de restrictions aux droits de l'homme aboutit à une situation non pas de « limitation » postulée par le Droit, mais de « destruction » des droits de l'homme, précisément prohibée par le Droit des droits de l'homme. Même dans certaines circonstances particulières, le Droit des droits de l'homme n'autorise que les dérogations aux droits de l'homme, qui manifestent la volonté « réaliste » des États de pouvoir *suspendre* l'exercice de certains droits, lorsque se trouvent réunies une série de conditions objectives.

§2. Les dérogations aux droits de l'homme

Les *dérogations* aux droits de l'homme ne sont pas synonymes de *restrictions* aux droits de l'homme. Les restrictions sont des *limites apportées à l'étendue de la jouissance ou de l'exercice normal* des droits de l'homme, tandis que les dérogations constituent des *limitations suspensives et temporaires* liées à certaines circonstances extérieures et touchant une catégorie donnée des droits de l'homme.

En d'autres termes, si dans la théorie des restrictions le respect des droits d'homme continue à être observé – sous réserve de l'étendue de la jouissance ou de l'exercice autorisée –, en revanche, dans la doctrine des dérogations aux droits de l'homme, du moins telle qu'elle résulte du Droit positif actuel, le respect des droits de l'homme – de certains droits de l'homme – est, en entier et momentanément, *suspendu.*

Cela veut dire que la dérogation aux droits de l'homme est une atteinte (active ou passive) momentanée à la substance des droits de l'homme, justifiée par certaines circonstances, tandis que, au contraire, les restrictions sont de simples modalisations de l'exercice du droit, dans le cadre de certaines nécessités sociales, morales ou politiques. Telle est, à notre avis, leur différence fondamentale.

Les dérogations aux droits sont donc des *violations autorisées* des droits de l'homme qui, en temps normal, n'auraient pas dû l'être, le juge exerçant toujours son contrôle et sa vigilance. Elles n'existent normalement qu'en temps de *circonstances spéciales.*

Mais, quelles que soient les circonstances, il existe des droits qu'on qualifie d'*intangibles.* Ce sont des droits auxquels aucune dérogation n'est permise.

Voyons d'abord le régime général des dérogations (A) avant de s'attarder sur les droits intangibles proprement dits (B).

A. Régime général des dérogations

Il découle de l'article 4.1 du PIDCP que les États peuvent, lorsque certaines circonstances déterminées se réalisent, prendre des mesures dérogatoires aux obligations qui leur incombent de respecter ou de faire respecter les droits et libertés, aux conditions fondamentales et formelles prévues par ledit Pacte[29].

L'article 4, al. 4, de la Charte congolaise des droits de l'homme et du peuple reprend, presque mot à mot, mais *mutatis mutandis*, le même prescrit conventionnel.

Aux termes, en effet, dudit texte, « Dans le cas où un danger public exceptionnel menace l'existence de la Nation et est proclamé par un acte officiel pris conformément à la loi, l'État congolais peut prendre, dans la stricte mesure où la situation l'exige, des mesures dérogeant aux obligations prévues dans la présente Charte, sous réserve que ces mesures ne soient pas incompatibles avec les autres obligations que lui impose le droit international et qu'elles n'entraînent aucune discrimination fondée sur la race, la couleur, le sexe, la langue, la région, la religion, l'origine sociale, tribale ou ethnique, ou toute autre opinion »[30].

Il ressort de ces deux textes juridiques que le régime juridique des dérogations aux droits de l'homme comprend, d'une part, le cadre de réalisation des mesures dérogatoires (1) et, d'autre part, les conditions formelles et fondamentales de prise des mesures dérogatoires (3).

Il faut cependant regretter que le contenu même des mesures dérogatoires aux droits et libertés n'ait pas été précisé juridiquement, ni par la Charte, ni par le PIDCP (2).

1. *Le cadre des mesures dérogatoires aux droits et libertés*

C'est *la circonstance* ou l'ensemble des *circonstances légales et factuelles* dont l'avènement ouvre la possibilité – et non l'obligation – pour les États de prendre des mesures dérogatoires aux droits et libertés.

Le PIDCP n'énumère qu'une seule circonstance : c'est le « *danger public exceptionnel* qui menace l'existence de la nation » (art. 4.1).

Il en est de même de la Charte congolaise des droits de l'homme et du peuple (*supra*).

La CEDH, en ce qui la concerne, en énumère deux : « En cas de *guerre* ou en cas d'autre *danger public menaçant la vie de la nation...* » (Art. 15.1).

La CADHP n'en énumère aucun. Selon Fatsah Ouguerbouz, la faculté de déroger aux droits de l'homme paraît alors réglée, dans le Droit régional africain, conformément au Droit international général[31].

Le cadre des mesures dérogatoires aux droits et libertés est donc, en Droit congolais des droits de l'homme, ce que l'on appelle le « danger public exceptionnel menaçant l'existence de la Nation ».

Qu'est-ce qu'il faut entendre par ces expressions ? Comment identifier et évaluer la circonstance précise qui constitue « un danger public exceptionnel » ? Qui procède à cette évaluation ? Qu'est-ce qui fait « l'existence d'une nation » ? Les États disposent-ils d'un pouvoir d'appréciation générale de ces circonstances ? Qui est chargé de contrôler l'application de celles-ci ?

Ce sont là autant de questions qui débordent le cadre de cette étude et qui, somme toute, demandent un examen et une vigilance sérieux.

a) Détermination du cadre

Disons tout d'abord que le silence gardé par la CADHP quant à l'organisation d'un régime spécial dérogatoire aux droits et libertés paraît, aux yeux de la communauté des droits de l'homme, particulièrement inquiétant. En effet, ce silence peut être interprété de deux manières.

Positivement, il pourrait être regardé comme un *refus* de l'Organisation de l'Unité Africaine (Union Africaine) d'inciter ses États membres à prendre des mesures dérogatoires aux droits et libertés – ce qui est en soi une bonne chose –.

Négativement, ce silence peut, en revanche, être perçu comme un *encouragement* à prendre ces mesures vaille que vaille, puisque, en vertu du principe juridique selon le quel *ce qui n'est pas interdit est permis*, les États africains pourraient toujours, en se référant notamment à leurs ordres juridiques nationaux, déroger aux droits et libertés *reconnus par la Charte* par leurs mesures dérogatoires respectives.

Toutefois, il convient de tempérer cette deuxième opinion à la lumière des prescrits de l'article 60 de la Charte africaine qui, au titre de « principes applicables », postule un principe général d'*inspiration aux différents instruments africains et internationaux des droits de l'homme*[32].

C'est d'ailleurs pour ce motif légal que F. Ouguergouz confie le règlement de cette question au Droit international général (*supra*).

S'agissant de la question de la définition du cadre des mesures dérogatoires, c'est-à-dire du « danger public exceptionnel », le Droit constitutionnel congolais, sans définir ces expressions, évoque néanmoins, à cet égard, deux hypothèses de survenance de circonstances exceptionnelles pouvant donner lieu, soit à l'*état de siège*, soit à l'*état d'urgence*.

Conformément à une tradition constitutionnelle assez constante en effet, on est dans l'hypothèse de proclamation d'un « état de siège », lorsque le pays se trouve en situation de *guerre*, soit que ce soit le Président de la République qui l'ait déclarée (art. 48, al. 1er, A.C.T, 9 avril 1994), soit qu'il s'agisse d'un « cas d'invasion ou d'attaque du territoire national par des forces de l'extérieur » (art. 134, al. 3, Const. du 4 avril 2003).

L'« état d'urgence », quant à lui (autre circonstance exceptionnelle pouvant justifier les mesures dérogatoires aux libertés), est proclamé « lorsqu'un danger menace la République ou que le fonctionnement régulier des institutions de la République ou d'une Région est interrompu » (art. 48, al. 2, A.C.T, 9 avril 1994).

En Droit des droits de l'homme, on peut assimiler l'état d'urgence et l'état de siège au « danger public exceptionnel » visé tant par l'article 4.1 du Pacte international relatif aux droits civils et politiques que par l'article 4, al. 4, de la Charte congolaise des droits de l'homme et du peuple, dans la mesure où, effectivement, les deux peuvent « menacer l'existence de la nation ». Il faut donc, ici, interpréter le « danger public exceptionnel » extensivement.

Mais, quelles sont les circonstances précises pouvant rentrer dans le cadre de ce « danger public exceptionnel » ?

b) Les circonstances précises constituant le cadre des mesures dérogatoires

Ce sont, précisément, les circonstances qui justifient la proclamation soit de l'état de siège, soit de l'état d'urgence.

Il s'agit concrètement de la *guerre* (surtout celle qui est consécutive à une invasion ou à une attaque extérieures), de l'*interruption du fonctionnement régulier des institutions de l'État* (central ou décentralisé) ainsi que de tout « danger pouvant menacer l'existence de la République ».

Évidemment, c'est au niveau de la détermination exacte de ce « danger menaçant l'existence de la République » qu'il y a matière à polémique. Doit-il s'agir d'une catastrophe naturelle et de quelle nature (inondation, sécheresse, tremblement de terre, éruption volcanique, foudre généralisée, etc.) ? Que faut-il entendre et quelles sont les conditions d'« existence » d'une « nation » ?

Ces questions restent malheureusement, à ce jour, sans réponse exacte du Constituant. Est-ce à dire qu'elles demeurent sous le pouvoir arbitraire des autorités ? Rien n'est moins inquiétant.

c) Règles formelles de validité du cadre des mesures dérogatoires

Qu'il s'agisse de l'état de siège ou de l'état d'urgence, le cadre dans lequel viennent s'insérer les mesures dérogatoires aux droits et libertés doit, pour être valide, obéir à certaines conditions formelles posées par le Constituant.

Tout d'abord, la Constitution pose que l'état de siège et l'état d'urgence sont proclamés par le Président de la République, sur décision du Conseil des Ministres et après avis conformes tant du Conseil supérieur de la défense que du Parlement (Assemblée nationale et Sénat)[33].

Ensuite, les mesures portant ou accompagnant l'état d'urgence ou de siège doivent, dès leur signature, être soumises à la Cour suprême de Justice aux fins d'un contrôle de constitutionnalité, plus précisément aux fins de vérifier « si elles dérogent ou non à la Constitution »[34].

Il est évident que le cadre des mesures dérogatoires aux droits et libertés qui ne respecterait pas la réunion de ces conditions formelles serait, lui-même, invalide, au point d'invalider juridiquement le contenu même des mesures dérogatoires.

2. *Le contenu des mesures dérogatoires aux droits et libertés*

Ni le Pacte de 1966, ni la Charte congolaise précités ne déterminent le contenu des mesures dérogatoires aux droits et libertés.

Concrètement, les deux textes précités ne vont pas jusqu'à indiquer aux États les mesures précises qui seraient tolérées en Droit des droits de l'homme pour permettre à ceux-ci de déroger à la rigueur notamment de l'obligation du respect des droits de l'homme.

Il en découle que le contenu des mesures dérogatoires aux droits et libertés est laissé à l'entière appréciation, mieux, à l'entière responsabilité des États.

Ces derniers sont cependant tenus d'observer, à cet égard, certaines conditions pour que leurs mesures dérogatoires revêtent une apparence de légalité.

3. *Les conditions de licéité des mesures dérogatoires aux libertés*

Même si, en la matière, les États disposent d'un pouvoir d'appréciation, leurs mesures dérogatoires subissent, aux termes du Droit congolais moderne des droits de l'homme, quelques restrictions tenant à la forme et au fond de ces mesures.

Rappelons que les deux textes juridiques susmentionnés précisent qu'aucune mesure dérogatoire aux droits de l'homme ne peut être *incompatible avec les autres obligations qu'impose aux États le droit international* (art. 4.1 PIDCP, art. 4, al. 4 C.C.D.H.P), ni *entraîner une discrimination fondée uniquement sur la race, la couleur, le sexe, la langue, la religion ou l'origine sociale* (art. 4.1 PIDCP)... *la région..., l'origine sociale, tribale ou ethnique, ou toute autre opinion* (art. 4, al. 4, C.C.D.H.P).

De même, les mesures dérogatoires aux droits et libertés doivent être prises *dans la stricte mesure où la situation l'exige* et être *portées à la connaissance des autres États ou des instances internationales* dans le cadre de certaines Conventions internationales[35].

Il s'ensuit donc que deux types de conditions sont nécessaires pour que les mesures dérogatoires aux droits de l'homme revêtent un caractère de légalité : il y a d'abord des conditions fondamentales (a) ; il y a ensuite des conditions formelles (b).

a) Conditions fondamentales

Fondamentalement, il y a deux conditions de validité des mesures dérogatoires aux droits de l'homme :

1° Les mesures dérogatoires aux droits et libertés *ne doivent pas être contraires au Droit international général*, c'est-à-dire qu'il doit y avoir un rapport de compatibilité entre ces mesures et les autres obligations incombant à l'État au titre du Droit international général.

2° Les mesures dérogatoires aux droits et libertés *ne doivent pas être discriminatoires*, c'est-à-dire qu'elles ne doivent pas viser spécifiquement certaines catégories de personnes uniquement en raison de leur race, de leur couleur, de leur sexe, de leur langue, de leur religion, de leur origine sociale (art. 4.1 PIDCP), de leur « région », de leur « origine tribale ou ethnique » ou de « toute autre opinion » (art. 4.4 C.C.D.H.P).

Exemples : 1° Lors d'un État d'exception, si le Ministre du Travail décide de suspendre ou de dissoudre une organisation syndicale considérée comme « gênante », uniquement en raison des « opinions » de ce syndicat ou simplement par effet du prince, cette mesure dérogatoire à la liberté syndicale n'est pas conforme notamment à l'article 4 de la Convention internationale sur la liberté syndicale et la protection du droit syndical, laquelle interdit expressément toute mesure de « dissolution ou de suspension (de syndicat) par voie administrative »[36], quelle qu'en soit la circonstance.

2° Si, pour faire face à cet État d'exception, le Gouvernement décide de faire économie de la liberté d'expression de certaines organisations politiques, pendant qu'il se montre tolérant vis-à-vis de certaines autres, la mesure dérogatoire en question serait illégale, parce que discriminatoire pour motifs politiques : elle ne frappe qu'une catégorie seulement des organisations politiques, à raison de leurs « opinions » contraires à celles du point de vue officiel.

Les mesures dérogatoires aux droits et libertés doivent donc obéir, tant à la condition de légalité internationale qu'au principe de non discrimination juridiquement consacré.

b) Conditions de forme

Formellement, les mesures dérogatoires aux droits de l'homme doivent, en plus, obéir à deux conditions principales :

1° Elles doivent être prises « dans la stricte mesure où la situation (exceptionnelle) l'exige » ; autrement dit, il doit y avoir un *rapport de proportionnalité* entre les mesures dérogatoires et la situation d'exception qui prévaut dans le pays ;

2° Elles doivent être portées à la connaissance de la « communauté internationale », c'est-à-dire des États parties à une Convention internationale des droits de l'homme ou à des organes de certaines Organisations internationales (Secrétaire Général de l'ONU et de l'UA, par exemple), et ce dans un certain délai.

Concernant la première condition formelle, elle est en rapport avec le contenu et la durée du cadre général des mesures dérogatoires aux droits et libertés. Il doit donc s'y opérer un *test de proportionnalité* entre les mesures et la situation d'exception décrétée pour constater si elles correspondent à la taille, aux objectifs ainsi qu'à la nécessité même du cadre des mesures dérogatoires.

À titre d'exemple, l'État ne peut pas suspendre l'exercice de la liberté d'expression sur *toute* l'étendue du territoire national alors qu'*une partie* seulement de celui-ci est concerné par l'État d'exception : il n'y aurait pas, dans ce cas, de rapport de proportionnalité entre la mesure et la situation exceptionnelle.

De même, l'État ne peut pas par exemple prolonger la durée d'une mesure de suspension de l'émission d'une station de radio au-delà de la période de l'état d'exception.

Enfin, il ne peut pas, par exemple, interdire la liberté du culte là où l'état d'exception n'était justifié, par exemple, que par la nécessité de faire face à une inondation : ici, il n'y aurait pas de rapport de causalité entre la liberté de culte et le motif de l'état d'exception.

Concernant la deuxième condition formelle, la République démocratique du Congo est tenue, en ce qui la concerne, de « *tenir pleinement informées* les instances internationales prévues dans les conventions internationales auxquelles elle est partie des *mesures prises* et des *motifs* qui les ont inspirées *dans le mois* qui suit la prise de ces mesures » (art. 4, *in fine*, C.C.D.H.P) ou, en tout cas, *aussitôt* que ces mesures auront été prises (art. 4. 3 PIDCP).

En clair, il y a ici un devoir d'*information,* de *justification* et de *célérité de justification* des mesures dérogatoires aux libertés qui est imposé à la RDC. Ce devoir incombe à l'État et à ses organes constitutionnels agissant dans le concert des nations.

Les informations et les justifications dont il s'agit ici sont fournies aux autres États de la Communauté internationale et africaine, par le bais, soit du Secrétaire Général de l'Organisation des Nations Unies (PIDCP), soit du Secrétaire Général de l'Union Africaine, par extension du pouvoir de saisine étatique contenu dans les articles 47 et 48 de la CADHP.

Bref, les mesures dérogatoires aux droits et libertés, pour arbitraires qu'elles puissent l'être (car on ne peut pas toujours garantir la sincérité des motifs invoqués par les gouvernants), sont tout de même enserrées dans une série de conditions fondamentales et formelles qui permettent notamment, si besoin en est, aux organes de contrôle de censurer le pouvoir des « princes » par rapport aux droits et libertés de leurs « sujets ».

Cette censure s'exerce notamment au moyen du *contrôle de légalité* (nationale et internationale) du cadre ainsi que du contenu des mesures dérogatoires, ainsi qu'au moyen du *test de non discrimination* qui commande normalement toute mesure publique.

Quant aux motifs de discrimination prohibés, ils sont, point n'est besoin de s'attarder, ceux généralement repris dans les instruments nationaux et internationaux en matière des droits de l'homme. Il s'agit principalement de la race, de la couleur, du sexe, de la langue, de la région, de la religion, de l'origine, sociale, tribale ou ethnique, ainsi que de « toute autre opinion » généralement quelconque. Ce qui accroît le niveau de protection des droits de l'homme !

En tout état de cause, et en dépit de la réunion de toutes les conditions de licéité du cadre et du contenu des mesures dérogatoires aux droits et libertés, il existe une catégorie de droits auxquels le Droit des droits de l'homme interdit de déroger, ce quelles que soient les circonstances. Ce sont ceux qu'on appelle, justement, les droits indérogeables ou « intangibles ».

B. Les droits intangibles

Même s'il n'y a pas, à proprement parler, une « hiérarchie » des droits de l'homme, il existe cependant, au sein des droits de l'homme, particulièrement au sein des droits qualifiés de civils et politiques, des droits qui bénéficient du statut de droits *intangibles* ou droits *indérogeables*.

Les droits indérogeables sont des droits dont l'application intégrale s'impose en tout temps et en tout lieu, quel que soit le contexte et quel que soit le cadre pouvant justifier légalement les dérogations aux droits de l'homme. Ce sont des droits qui ne peuvent, d'aucune manière, être violés ou bafoués, ce au nom du principe de la primauté des intérêts de l'homme sur ceux de l'État.

L'étude du Droit international moderne des droits de l'homme conduit à constater qu'il n'y a que trois conventions internationales qui, de manière expresse, consacrent l'existence des droits dits intangibles : il s'agit du PIDCP, de la CEDH et de la CADH[37].

Ces droits dits intangibles constituent ce que, en langage du Droit de New York (Pactes), on appelle « le noyau dur » des droits de l'homme et, en langage du Droit de Genève (Conventions humanitaires), le « minimum humanitaire ». Même si leur liste est variable selon les systèmes juridiques, ils ne sont pas moins capitaux.

Le Droit constitutionnel congolais depuis 1964 fournit au Droit congolais moderne des droits de l'homme une certaine liste des droits intangibles oubliée, mais qui, dans le contexte actuel du Congo – fait de guerre et autres « dangers » menaçant les droits et libertés-, mérite d'être rappelée.

On sera donc conduit ici à examiner, d'une part, la liste des droits intangibles dans le contexte international (1) et, d'autre part, la liste des mêmes droits dans le cadre strictement national (2) pour en opérer un certain recoupement.

1. *La liste des droits intangibles dans le contexte international*

Dans le système universel, c'est-à-dire celui du système des Nations Unies, le Pacte international relatif aux droits civils et politiques retient la liste suivante des droits dits intangibles : le droit à la vie (art. 6) ; le droit de ne pas être torturé, ni de subir de traitements cruels, inhumains ou dégradants (art. 7) ; l'interdiction de l'esclavage et de la servitude (art. 8, § 1.2) ; le principe de non rétroactivité de la loi pénale (art. 15) ; le droit à la reconnaissance de la personnalité juridique(art. 16) ; le droit à la liberté de pensée, de conscience et de religion (art. 18)ainsi que le principe qu'il ne peut y avoir de prison pour dette (art. 11).

Dans le système européen, la Convention européenne de sauvegarde des droits de l'homme et des libertés fondamentales, antérieure au Pacte de 1996,reprenait déjà, pour son compte, les quatre droits qui figurent dans le PIDCP (droit à la vie, pas de torture…, pas d'esclavage… et non rétroactivité de la loi pénale), auxquels elle a ajouté également la règle *non bis in idem* (art. 4, Protocole 7).

Dans le système américain, enfin, la Convention américaine relative aux droits de l'homme reprend, elle aussi, les quatre premiers droits consacrés par la CEDH et par le PIDCP, mais ajoute à cette liste plus ou moins sept autres droits intangibles : le droit à la reconnaissance de la personnalité juridique (art. 3) ; le droit à la liberté de pensée, de conscience et de religion (art. 12) ; le principe de la protection de la famille (art. 17) ; le droit à un nom (art. 18) ; les droits de l'enfant (art. 19) ; le droit à une nationalité (art. 20) et un certain nombre de droits politiques (art. 23).

Est-il besoin de rappeler ici que la Charte africaine, sous réserve de l'admission de la thèse de Keba M'Baye, ne consacre pas expressément une liste déterminée ces droits intangibles ?

Il en découle que la liste des droits intangibles en Droit international des droits de l'homme est variable selon les systèmes juridiques (universel ou régionaux). Chaque système, on peut le dire, détient, en la matière, en effet, son droit à l'appréciation des valeurs. C'est dans ce cadre que, nonobstant la liste fournie par le PIDCP, le Droit positif congolais consacre sa propre liste.

2. *La liste des droits intangibles dans le cadre national*

La première Constitution nationale d'origine interne (1964) se distingue particulièrement par une liste pléthorique, protectrice et finalement peu crédible des droits dits « indérogeables ».

Aux termes, en effet, de l'article 12, al. 2, de la « Constitution de Luluabourg », « Lorsque l'état de siège ou d'urgence est proclamé conformément aux dispositions de l'article 97, il ne pourra, en aucun cas, être dérogé aux dispositions du présent article (imposition de l'obligation du respect des droits de l'homme aux pouvoirs publics) et des articles 13 (droit à l'égalité), 14 (droit à la non discrimination), 15, al 2 (interdiction de la torture) et 3 (interdiction de la peine de mort sauf « dans les cas prévus par la loi nationale et dans les formes qu'elle prescrit »), 16 (interdiction de l'esclavage et des conditions analogues), 20, al. 1 à 3 (droit au procès équitable), 22, al. 2 (sic !), 23 (droit à la présomption d'innocence, principe de la légalité des infractions et des peines, principe de l'application de la loi pénale douce, le droit à un recours, etc.), 24 (liberté de pensée, de conscience et de religion), 29 (interdiction du droit syndical ou partisan aux militaires et aux policiers), 30, al. 2 (liberté partisane), 31 à 37 (droit au mariage, droit à la protection de la jeunesse, droit à l'éducation, le principe de la liberté d'enseignement, droit d'accès aux établissements d'enseignement national, droit à une éducation conforme à ses convictions religieuses ou aux conditions religieuses des parents, etc.), 39 à 43 (droit à l'inviolabilité du domicile, droit de rester dans son pays et de le quitter librement, droit de changer son domicile et de se fixer librement en un lieu quelconque du territoire national, droit au secret de sa correspondance et de toute autre communication, le droit à la propriété)[38].

Cette énumération des droits intangibles était, certes, particulièrement louable dans le cadre de la préoccupation d'élargissement de la liste des droits indérogeables, mais, la pléthore des droits y inscrits peut laisser douter du sérieux et de la crédibilité du système instauré.

De fait, les soubresauts politiques du lendemain de l'indépendance et le coup d'État militaire du 24 novembre 1965 n'ont même pas donné l'occasion audit système d'indérogeabilité de faire ses preuves ; le coup d'État militaire ayant suspendu une partie de la Constitution, en ce compris un certain nombre de ses libertés, dont particulièrement la liberté partisane, l'interdiction de la torture, le droit à la présomption d'innocence, le droit à l'inviolabilité de son domicile, etc.

Après avoir disparu de l'ordonnancement constitutionnel, le système d'indérogeabilité à certains droits fondamentaux est revenu dans l'ordre juridique congolais par deux biais essentiellement.

Tout d'abord, la Charte congolaise des droits de l'homme et du peuple (2001) édicte, en ce qui la concerne, qu'aucune dérogation ne peut être apportée au *droit à la vie*, « sauf pour le cas des décès résultant des actes licites de guerre », à *l'interdiction de la torture, de l'esclavage et des traitements cruels, inhumains ou dégradants* ainsi qu'aux principes de la *non rétroactivité des lois, du double degré de juridiction, de la légalité des délits et des peines*, sans oublier le *droit de la défense* et le principe *non bis in idem 39*.

Ensuite, la Constitution de la transition du 4 avril 2003, plus muette que tout autre texte constitutionnel en la matière, édicte que « Les droits et devoirs des citoyens, pendant la guerre ou en cas d'invasion ou d'attaque du territoire national par des forces de l'extérieur, font l'objet d'une loi organique ». En clair, dans l'hypothèse où surviennent pendant la transition (deux à trois ans) les circonstances exceptionnelles justifiant une dérogation aux droits et libertés, la responsabilité de dresser la liste des droits dits intangibles est, de la volonté du Constituant de 2003, abandonnée au pouvoir du législateur !

Quand on sait que ce législateur « de la transition » dispose de plusieurs autres prérogatives dont il ne pourra s'acquitter qu'au prix d'une véritable « course contre la montre », on mesure le caractère programmatoire, voire superbement hypocrite d'une telle disposition constitutionnelle.

Il faut donc s'en tenir à la liste dressée par la Charte congolaise des droits de l'homme et du peuple, complétée par celle du Pacte des Nations Unies relatif aux droits civils et politiques pour retenir, en Droit positif congolais des droits de l'homme, une certaine liste des droits intangibles.

En effet, même si on aurait souhaiter à cet égard que la liste pléthorique de 1964 en constituât l'ossature, et malgré le caractère encore virtuel de la Charte, il faut malheureusement se résoudre ici à ne retenir que les seuls droits et principes suivants pour constituer la liste congolaise des droits intangibles. Il s'agit de 11 droits : *droit à la vie* (moyennant la brèche des actes licites de guerre) ; *droit à l'interdiction de la torture, de l'esclavage, des traitements cruels, inhumains et dégradants* ; *principe de non rétroactivité des lois ; principe du double degré de juridiction ; principe de la légalité des délits et des peines ; droit à la défense* (ainsi que, de façon générale, ce qu'on appelle le « droit au procès équitable »), principe *non bis in idem ; interdiction de prison pour dette* ; *principe de l'application de la loi pénale douce ; droit à la personnalité juridique* et *droit à la vie privée et familiale*[40].

À ces droits intangibles, il convient évidemment d'ajouter, dans le cadre de l'article 4.1 du PIDCP, le *droit à la non discrimination* auxquelles les mesures dérogatoires ne peuvent également pas porter atteinte (*supra*). Il s'ensuit que la liste des droits intangibles, en Droit congolais des droits de l'homme, comprend, au total, 12 droits dont l'importance et la priorité restent cependant, un jour, à démontrer.

En résumé, les droits intangibles sont, dans le contexte international et congolais, clairement défini.

Dans le contexte africain, et si l'on en croit à Keba M'Baye ainsi qu'à sa doctrine de l'« affirmation péremptoire » des droits, la Charte africaine des droits de l'homme et des peuples contiendraient également les principaux droits intangibles suivants : le droit à la jouissance des droits et libertés reconnus et garantis par la CADHP sans discrimination (art. 2) ; le droit à l'égalité (art. 3) ; le droit à la vie et à l'intégrité de sa personne (art. 4) ; le droit au respect de sa dignité et à la reconnaissance de sa personnalité juridique (art. 5) ; le droit à la liberté et à la sécurité de sa personne (art. 6) ainsi que le droit à un procès équitable (art. 7). Ce sont ces droits, dit Keba M'Baye, qui seraient définis de manière « péremptoire » dans la Charte et qui mériteraient ainsi ce statut[41].

En élargissant ces listes à l'infini, on se rendra compte que *l'essentiel* des droits et libertés qui sont reconnus à la personne humaine par tous les textes en matière des droits de l'homme sont appelés à être indérogeables. C'est, même, le but de toute réglementation en matière des droits de l'homme ! Ce serait alors une façon très radicale d'affirmer et de réaffirmer, *a contrario*, les obligations spécifiques des États en la matière.

Bref, l'aménagement du régime juridique des droits de l'homme en Droit positif congolais fait apparaître la dialectique entre l'intérêt de la sauvegarde des droits de l'individu et les nécessités liées à la préservation de l'intérêt général.

Dans tous les cas, et malgré des volontés politiques contraires, les restrictions et les dérogations voulues aux droits de l'homme aboutissent, au final, à la réaffirmation de leur principe, à savoir qu'il n'est pas permis de violer impunément les droits et les prérogatives reconnues à la personne humaine.

Quels sont les droits qui, concrètement, sont, en Droit positif congolais, affirmés comme « prérogatives et aspirations » de l'Être humain ?

CHAPITRE II

L'AFFIRMATION DES DROITS ET DES DEVOIRS

L'étude du Droit congolais des droits de l'homme renseigne que, depuis l'accession du pays à l'indépendance et sous l'influence du droit européen (dont il est en grande majorité issu), les droits de l'homme sont reconnus au Congo dans l'indifférence presque totale du débat concernant les « générations » des droits de l'homme.

Au contraire par exemple du système onusien qui a vu naître deux instruments distincts reconnaissant, l'un, *les droits civils et politiques*, et l'autre, *les droits économiques, sociaux et culturels* – avant d'engendrer les droits dits de la « troisième », voire de la « quatrième génération » –, le Droit congolais des droits de l'homme ignore, du moins dans ses textes, cette division ternaire, voire quaternaire des droits de l'homme.

Sa « génération » des droits de l'homme, unique et de même âge, renferme pourtant des catégories singulières, voire toutes les catégories des droits de l'homme actuellement admises.

La recherche de la compréhension de la « génération » congolaise des droits de l'homme ne peut, ainsi, pas ignorer la nature et les différentes « catégories » des droits proclamés qui sont de coutume notamment dans le contexte onusien.

Il peut s'agir des droits qui ont un caractère singulièrement politique (droit à l'électorat, droit à l'éligibilité, droit à un parti…) Il peut s'agir également des droits singulièrement civils (droit à la vie, droit à l'intégrité physique de sa personne, droit à un procès équitable…). Dans le même contexte des « catégorisations », on peut rencontrer aussi des droits à vocation économique, sociale ou culturelle (comme par exemple le droit au travail, le droit à la sécurité sociale, le droit à l'éducation…).

Dans tous les cas, les droits de l'homme ainsi catégorisées restent universels et indivisibles.

Par ailleurs, on peut également constater que toute la génération congolaise des droits de l'homme est tout à fait ouverte à des catégorisations diverses, que l'on parle des droits individuels, collectifs ou d'expression collective, ou qu'il s'agisse des droits conditionnels ou des droits absolus.

Dans le sillage du mouvement général de collectivisation des droits et conformément à une mentalité africaine assez largement répandue, l'idée des *droits* de l'homme s'accompagne aussi de celle des *devoirs* que celui-ci a envers soi-même, envers sa famille, envers l'État et finalement envers l'État. Ce couple d'idées – droits et devoirs – est pratiquement et constamment présent dans les différentes Constitutions du pays depuis un certain temps.

Selon Ntumba Luaba Lumu, « Dans la conception africaine, les devoirs de l'homme apparaissent comme le complément et le pendant de ses droits... En Afrique, on ne peut concevoir l'idée d'un droit sans l'existence d'un devoir qui lui soit attaché »[1].

D'autres penseurs avant lui avaient également affirmé presque la même chose[2].

Conformément à cette mentalité africaine assez largement répandue et soutenue par de meilleurs spécialistes du continent en matière des droits de l'homme, il convient donc de scruter également, chemin faisant, ceux des devoirs qui peuvent être considérés comme les pendants ou les compléments des droits constitutionnellement, conventionnellement ou légalement affirmés.

Le plan de ce chapitre se présente, en résumé, de la manière suivante :

Section 1. *Les droits singulièrement politiques*
Section 2. *Les droits singulièrement civils*
Section 3. *Les droits à vocation sociale, économique ou culturelle*

SECTION 1. LES DROITS SINGULIÈREMENT POLITIQUES

L'étude détaillée de tous les droits et de toutes les libertés reconnus à l'homme ou à la collectivité par le Droit congolais des droits de l'homme est, pour des raisons évidentes, matériellement impossible à réaliser dans le cadre de cette publication. Il importe de procéder, à chaque fois, par un tri représentatif de ceux des droits qui rendent le mieux compte de la conception spécifique congolaise des droits et des libertés. Parmi eux, il y a d'abord les droits politiques.

Les droits politiques sont des droits relatifs à la gestion des affaires publiques d'un État ou à l'exercice par ce dernier de sa puissance publique. Ce sont les droits qui permettent aux *citoyens* de prendre part à la direction des affaires publiques de *leur État*, mettant ainsi particulièrement en exergue les rapports de droit public qui existent entre le titulaire de ces droits et l'entité politique à laquelle il appartient, à savoir : l'État.

La fonction principale de ces droits est donc de faire participer les citoyens à la gestion des affaires publiques de leur pays.

Les *citoyens*, uniques bénéficiaires attitrés de ces droits, sont des personnes réunissant la condition de nationalité pour participer, de manière directe ou indirecte, à la direction des affaires publiques de leur pays. Ce principe de réservation exclusive des droits politiques aux nationaux, inauguré depuis 1960, n'a quasiment pas faibli en République démocratique du Congo.

Comme le dit un auteur, « Le citoyen est, par définition, celui qui réunit les conditions nécessaires pour participer à la gestion des affaires publiques. Il possède la nationalité selon les règles que la Constitution et la loi (...) déterminent (...) À ce titre, il est investi de fonctions que la Constitution lui réserve et du bénéfice desquelles elle exclue, en principe, l'étranger »[3].

Parmi les droits politiques organisés par le Droit positif congolais, on peut épingler, en premier lieu, le droit « à » la nationalité (§ 1) qui pose plus de problèmes qu'il n'en résout ; il constitue la condition principale de jouissance et d'exercice des autres droits politiques : À qui profite, en effet, ce « droit » ? Quelles sont les conditions d'attribution ou d'acquisition de la nationalité congolaise ? Quelle est l'évolution du Droit positif congolais en la matière ?

Vient ensuite le droit générique de participation à la vie politique de son pays, lequel comprend, *grosso modo*, deux aspects politiques majeurs, à savoir : le droit à l'électorat et le droit à l'éligibilité (§ 2) : y a-t-il un Droit constitutionnel congolais spécifique de la fonction électorale ?

Il y a lieu de citer également, dans cet ordre d'idées, le droit d'accès aux fonctions publiques de son pays (§ 3), un droit qui revêt, en général, un double caractère – politique et administratif – en fonction de la nature des fonctions concernées. Le principe d'égalité qui gouverne la jouissance et l'exercice de ce droit fondamental est-il, chaque fois, respecté ?

En quatrième lieu, il convient de citer les droits à la désobéissance civile et/ou à la résistance pacifique (§ 4), comme droits d'apparition récente qui procurent à la liberté politique tout entière les conditions de son indépendance et l'effectivité même de sa reconnaissance. À partir de quand ont-ils été introduits dans le Droit constitutionnel congolais ?

Comment parler des droits politiques dans un pays sans évoquer la place et l'importance que détient, dans un système démocratique, la liberté partisane (§ 5), en tant que droit politique et institutionnel constituant une des jauges indispensables de la liberté politique ! Ses deux aspects complémentaires, à savoir : la liberté de créer et celle d'adhérer (à) un parti politique de son choix, sont-ils généralement reconnus et promus en Droit congolais des droits de l'homme ?

Par ailleurs, comment échapper à la tentation d'assimiler également le droit d'asile (§ 6) aux droits politiques ? N'est-il pas, comme le laisse croire une certaine jurisprudence (*infra*), intimement lié à l'exercice par un État de sa « puissance publique » ?

Enfin, il est utile, particulièrement dans des pays où les structures de communication politique sont déficientes, d'insister sur le droit à la ou aux pétition(s) (§ 7), un droit qui appartiendrait, semble-t-il en démocratie, tant aux nationaux qu'aux étrangers désireux de faire connaître leurs desiderata aux autorités.

Tels sont ainsi, arbitrairement choisis, les quelques droits politiques qui formeront l'essentiel de cette section et qui, en même temps, essayeront de rendre compte du Droit politique congolais des droits de l'homme.

§1. LA PROBLÉMATIQUE DU DROIT « À » LA NATIONALITÉ

Il n'existe pas, au profit de toute personne, un droit *à* la nationalité[4]. Plus précisément, le droit *à* la nationalité, s'il existe, n'appartiendrait qu'aux seuls nationaux, conformément aux législations nationales en vigueur.

Cette tautologie compréhensible veut simplement dire que le droit né de l'appartenance nationale est un droit intrinsèquement lié à la nation et, pour y prétendre, il faut au préalable réunir les conditions d'appartenance à cette nation et, donc les conditions de jouissance de la nationalité procédant de cette appartenance[5].

C'est que le principe de la souveraineté de l'État, complété par des velléités de nationalisme, domine tout le régime de la nationalité. Sans préjudice des « droits acquis », ce principe domine en effet tout le régime juridique congolais de la nationalité et conduit à constater que, en Droit positif congolais, il n'existe pas un droit « à », mais plutôt un droit « de » la nationalité. L'état actuel du Droit de la société internationale aussi encourage ce genre de régime[6].

Manifestant à cet égard son entière souveraineté et son indépendance « si chèrement acquise », le Droit positif congolais organise son droit *de* la nationalité, d'une part, en définissant ce qu'il entend par Congolais, c'est-à-dire en édictant les critères de la nationalité congolaise (A), et, d'autre part, en posant les conditions d'acquisition par les étrangers de ladite qualité de Congolais (B).

On observe cependant une certaine évolution dans les mentalités (C), évolution dictée notamment par le contexte de guerres civiles successives que le pays a connues et dont un des enjeux majeurs a, semble-t-il, été toujours la question de la nationalité.

A. Les critères de la nationalité congolaise

En définissant la qualité de Congolais, le Code congolais de la nationalité s'exprime en termes de « nationalité congolaise d'origine » et de « nationalité congolaise d'acquisition », comme pour opérer un *distinguo* entre les Congolais d'origine et les Congolais par acquisition de nationalité[7].

Nonobstant le fait que l'origine et les limites territoriales de l'État congolais lui-même posent problème, le Droit positif congolais organise trois catégories de *Congolais d'origine* : ce sont les Congolais par appartenance, les Congolais par filiation et les Congolais par présomption de la loi.

Est *Congolais par appartenance* (première génération) toute personne dont, à la date du 30 juin 1960, un des ascendants est ou a été membre d'une des tribus établies sur le territoire de la République démocratique du Congo dans ses limites au 1er août 1885, telles que modifiées par les conventions subséquentes[8].

Deux critères sont donc nécessaires pour être Congolais d'origine par appartenance : la *filiation à un ancêtre* plus ou moins glorieux ayant vécu au Congo et *l'appartenance de cet ancêtre à l'une des tribus* trouvées sur le territoire du Congo au temps de Stanley (1885-1960).

Il faut cependant parier que cet examen ingénieux soit facile pour tout le monde, dans un pays où tant le service d'état civil que les études sociologiques et/ou ethnologiques sont encore à l'état embryonnaire.

Quant aux *Congolais par filiation* (deuxième génération), ils se définissent immédiatement par rapport à leur géniteur. Ce sera, soit l'enfant *dont le père est Congolais*, soit celui *dont la mère est Congolaise*. Autrement dit, on est ici dans le système du *ius sanguinis*, qu'il soit *paterni* ou *materni*. Le père et la mère transmettent donc, aux mêmes conditions d'égalité, leur nationalité à leur enfant.

Il s'ensuit qu'on peut être Congolais soit *par filiation paternelle*, soit *par filiation maternelle*, les deux parents n'étant du reste pas obligés d'être dans les liens d'un mariage enregistré. Les deux critères de la nationalité par filiation sont donc alternatifs et ne sont pas nécessairement cumulatifs[9].

Enfin, est *Congolais par présomption de la loi* (Congolais par fiction de la loi ou Congolais de la troisième génération), l'enfant nouveau-né trouvé sur le territoire (terrestre, aérien ou maritime) de la République à condition que sa filiation à l'égard d'un étranger ne soit pas explicitement établie[10].

Les critères de la nationalité congolaise « d'origine » sont donc connus. Les trois « lieux » de preuves royales de la qualité de Congolais résident donc dans l'appartenance à une tribu autochtone par le biais d'un ancêtre, dans la filiation à un géniteur congolais ou dans la faveur de la loi.

Il faut être soit Congolais par appartenance, soit Congolais par filiation paternelle ou maternelle, soit Congolais par présomption de la loi pour revêtir la qualité de Congolais d'origine. À l'intérieur de ces trois cadres, il faut, en plus, savoir réunir les *critères spécifiques définis par la loi* (*supra*). À *priori* donc, il n'y a pas un droit primaire *à* la nationalité congolaise ; il n'y a que le droit *de* la nationalité tel qu'organisé constitutionnellement et légalement.

Quid de la condition des étrangers dans le processus d'acquisition de la nationalité congolaise ?

B. Les conditions d'acquisition de la nationalité congolaise

Tout étranger désireux d'acquérir la nationalité congolaise doit introduire une *demande individuelle* de nationalité (art. 9, Code de la nationalité), dans les conditions fixées par la loi (art. 36, même Code).

Le principe de la demande individuelle (art. 9), celui de l'unicité et de l'exclusivité de la nationalité congolaise (art. 1er), celui de la distinction « petite » et « grande » naturalisation (art. 10 à 16), ainsi que celui de la transmission par la mère de la nationalité congolaise (art. 5.2) avaient, du reste, été présentés en 1987 comme « les innovations de grande importance » du Code congolais de la nationalité [11].

C'est sur base de ces grands principes que sont organisées, particulièrement depuis 1981, les conditions d'accès à la nationalité congolaise.

Pour *acquérir* la nationalité congolaise donc, le candidat doit, dans une démarche individuelle, emprunter *l'une des trois voies suivantes* et remplir tous les critères y afférents.

Tout d'abord, il peut s'agir d'une demande de *naturalisation.* Il y a, au Congo, une « petite » et une « grande » naturalisation. La « petite naturalisation » constitue une rampe de lancement, mieux, l'étape nécessaire pour accéder à la « grande naturalisation » (art. 10 et 11, Code de la nationalité, 1981 et 1999).

Aux termes de l'article 12 du Code en vigueur (celui de 1999 conforme à celui de 1981), pour acquérir la *petite naturalisation congolaise,* « sauf dispense accordée par le Président de la République sur l'une ou l'autre condition », le candidat doit, *cumulativement*, remplir les conditions suivantes : être majeur, c'est-à-dire, être âgé d'au moins 18 ans ; savoir parler une des langues congolaises(le Lingala, le Swahili, le Kikongo et le Tshiluba, les quatre « langues nationales » reconnues constitutionnellement) [12] ; avoir eu sa résidence habituelle au Congo d'une manière ininterrompue pendant les quinze années précédant la demande de naturalisation et y avoir placé, pendant les dix années précédant cette même demande, le centre de ses « principaux intérêts matériels et moraux » ; être de bonnes vie et mœurs et n'avoir pas été condamné à une peine privative de liberté supérieure à un an ; être reconnu sain d'esprit ; ne pas être une charge pour l'État, ni un danger pour le public ; ne s'être pas livré, au profit d'un État étranger, à des actes incompatibles avec la qualité de Congolais ou préjudiciables aux intérêts de la République ; et, enfin, justifier des moyens de subsistance suffisants.

Le bénéfice de la *grande naturalisation* est, lui, soumis : 1° à l'acquisition précédente, pendant au moins quinze ans et dans les conditions rappelées ci haut, de la petite naturalisation ; 2° à la fourniture, ce au profit de la nation congolaise, d'un « service éminent » ; 3° à l'avis conforme de l'Institution législative réunie en Congrès (art. 15, Code de 1999).

Au total, pour obtenir la grande naturalisation congolaise, le candidat doit avoir vécu au Congo *au moins pendant 30 ans* ; ce qui a de quoi étonner tout observateur averti, dans un continent (Afrique) où l'espérance moyenne de vie à la naissance est à peine de *48,7 ans* et où la probabilité de décéder *avant 40 ans* est de *34,6 %* [13].

La RDC, elle-même, pays classé au-delà du 150e rang des États, aligne-t-il des taux et des pourcentages satisfaisants pour exiger une si longue durée de résidence ? !

Ensuite, pour l'acquisition de la même nationalité, il peut s'agir des candidats Congolais *par option*. Peut acquérir la nationalité congolaise *par l'effet de l'option*, dit l'article 17 du Code de 1999 : 1° *l'enfant né* en République démocratique du Congo ou à l'étranger *de parents dont l'un a eu la qualité de Congolais* (et ne l'a peut-être plus !) ; 2° *l'enfant adopté* légalement par un Congolais (et qui, au cours de sa minorité, a peut-être pu être victime d'une négligence administrative de son adoptant !) ; 3° *l'enfant dont l'auteur adoptif* ou *l'un des auteurs adoptifs* a *acquis* ou *recouvré volontairement* la nationalité congolaise.

L'option ici, on le voit, se déroule dans le cadre de certains déterminants de base : être né de parent ayant été, eux-mêmes, à un moment donné de leur vie, Congolais ; être adopté(e) par un(e) Congolais(e), etc. En plus, la loi ne parle que d'« enfant » !

Cela veut dire que, *n'opte pas pour la nationalité congolaise qui le veut* ! L'option de la nationalité congolaise se déroule donc obligatoirement par le truchement de certains canaux qui sont susceptibles de conférer à l'étranger la nationalité congolaise. Ces canaux sont autant de liens d'attachement (naissance, adoption) qui définissent la vocation de l'étranger à devenir Congolais.

Une question se pose cependant ici : un étranger ou une étrangère époux ou épouse d'un Congolais ou d'une Congolaise, peut-il (elle) opter pour la nationalité congolaise ?

La réponse est évidemment affirmative (art. 19, Code de la nationalité), à condition toutefois que l'étranger ou l'étrangère en question *renonce à sa nationalité d'origine*, qu'elle fasse une *déclaration expresse* à cet effet *dans le délai de douze mois* suivant la date de son mariage, qu'elle *réside en RDC depuis au moins 5 ans* et qu'elle *parle au moins une des langues congolaises* reconnues (art. 20). Étant toutefois précisé que, dans tous les cas, le Président de la République peut toujours « s'opposer à l'acquisition de la nationalité congolaise par voie d'option notamment *pour indignité, incapacité physique ou mentale* » (art. 21, *in fine*).

L'option de la nationalité congolaise est donc purement aléatoire. Plus que la naturalisation, elle se trouve être corsée par une série de dispositions qui, en somme, ne visent qu'à décourager les candidats potentiels, à moins que le candidat optant, obstiné qu'il est, ne fasse preuve d'exceptionnelles qualités d'athlètes dignes d'un véritable parcours de combattant.

Enfin, pour acquérir la nationalité congolaise, il peut s'agir, en dernière analyse, du *cas des adoptés*. *L'enfant mineur légalement adopté par un Congolais* ou *celui dont l'auteur adoptif est devenu Congolais*, acquiert *de plein droit* la nationalité de son adoptant, dit l'article 23 du Code de la nationalité. Toutefois, cet enfant pourra *renoncer* à la nationalité congolaise si, dans les six mois qui suivent sa majorité, il en fait une déclaration expresse, en prouvant par ailleurs qu'il a acquis une autre nationalité (art. 23, *Idem*).

Il se dégage globalement de cet aperçu sommaire que le Droit congolais de la nationalité est particulièrement prohibitif de la reconnaissance aux étrangers de la qualité de Congolais. Dans toutes les catégories légalement ouvertes (naturalisation, option, adoption), l'étranger candidat doit remplir un certain nombre de critères dont la liste et la complexité « affrontent de front » tout désir légitime de devenir Congolais et heurtent quelque peu toute bonne conscience humaine.

Celui-ci (l'étranger) doit, d'abord, se trouver dans l'une des catégories définies par la loi et, ensuite, à l'intérieur de ces catégories, il doit remplir les très nombreux critères définis par la loi.

Le Droit congolais *de* la nationalité apparaît donc comme particulièrement prohibitif et ne permet pas d'affirmer, dans l'absolu, qu'un droit *à* la nationalité congolaise existe avant l'attribution ou l'acquisition de cette même nationalité selon les règles prévues.

Quand ce Droit reconnaît un droit *à* la nationalité aux *nationaux*, il ouvre aux étrangers simplement une *vocation* à devenir Congolais. Il n'y a donc pas de *droit* pour les étrangers, ni d'être Congolais, ni de le devenir.

L'évolution récente des mœurs et des pratiques permettra-t-elle de maintenir cette rigueur et cette autre forme d'« autarcie » ?

C. L'évolution des conceptions sur la question de la nationalité

Si officiellement, la guerre déclenchée par le *Mouvement de Libération du Congo* (MLC) visait un« combat pour la liberté »[14], il est surtout de notoriété populaire que les différentes guerres parties de l'Est du pays – qu'il s'agisse de celle de 1996 attribuée, à l'origine, aux « Banyamulenge » ou de celle de 1998 récupérée par le *Rassemblement Congolais pour la Démocratie* (RCD) –, ont eu pour principal leitmotiv inavoué la question de la nationalité.

Dès lors, il faut avoir le réalisme de constater que les différentes législations actuelles, dans la mesure où elles ne satisfont pas toujours une partie des prétendants à la nationalité congolaise, posent et poseront toujours de problème.

Ces législations posent d'autant plus de problèmes que les différents principes consacrés subissent chaque jour sur le terrain de sérieux coups et accrocs.

Ainsi par exemple, le principe de l'unicité et de l'exclusivité de la nationalité congolaise, qui interdit par exemple la double nationalité, est sérieusement mis à mal sur le terrain par de nombreux Congolais (ou anciens Congolais) qui, officiellement ou officieusement, arborent deux, trois, voire plusieurs nationalités étrangères.

De même, le principe d'une « demande individuelle » de la nationalité congolaise est précisément remis en cause par des populations rwandophones ou « rwandoïdes » qui, craignant d'être déboutées de leur demande, exigent plutôt qu'on la leur reconnaisse de façon « collective ».

Par ailleurs, la rigueur des critères d'accès à la naturalisation (voir par exemple la condition de la durée de résidence) ainsi que les difficultés d'application du critère de la référence à la « tribu » ont conduit certains auteurs à suggérer d'autres critères, marquant ainsi une certaine évolution intellectuelle sur la question de la nationalité.

Pour Célestin NGUYA NDILA MALENGANA, par exemple, la nationalité congolaise devrait, dans le futur, être reconnue à : « – Tout individu ayant eu cette qualité en vertu du décret du 27 décembre 1892 sur la nationalité congolaise ; – Tout individu dont l'un des ascendants a eu la nationalité congolaise en vertu du décret précité ; – Tout individu né au Congo de parents étrangers qui, eux-mêmes, y sont nés ; – Tout individu né au Congo de parents étrangers qui, après sa majorité, a toujours continué d'y vivre »[15].

Isidore NDAYWEL qui lui accorde quitus de ses idées prévient même que « ...la définition de la nationalité au Congo doit s'émanciper des considérations ethniques, si non elle se transformera en une équation insoluble à l'Est et sans doute aussi ailleurs dans le pays »[16].

Considérés comme « objectifs », parce que fondés entre autres sur les prescrits de l'ancienne législation (celle de 1892), ces critères proposés par NGUYA NDILA seront-t-ils retenus dans le cadre de la future législation ? Les Congolais sont-ils, à l'heure actuelle, prêts à abandonner les anciens principes directeurs de leur nationalité (unicité, exclusivité, « tribalité »...) ? Il faut laisser le temps au temps, et jouer ici à l'observateur... intéressé (sic !).

En attendant, ajoutons que seule la qualité de Congolais accorde tous les droits et tous les devoirs liés à cette qualité sauf les droits et devoirs exclusivement réservés aux Congolais *d'origine*.

Quid donc du droit de participation à la vie politique, un des premiers droits politiques qu'il convient, ici, d'examiner ?

§2. Le droit générique de participation à la vie politique de son pays

Le premier droit que confère la qualité de national est celui de participer, directement ou indirectement, à la vie politique de son pays, de sa « nation ». Le droit dit de participation à la vie politique de son pays est un droit générique qui englobe une multitude de droits dont les deux principaux seront précisés dans le cadre de ce point.

On peut chercher en vain dans les textes constitutionnels ou légaux du Congo la formulation expresse de ce droit. L'exercice ne sera que périlleux et couronné d'insuccès, si l'on ne cherche pas à comprendre le Droit congolais dans sa globalité et à le suivre dans ses multiples facettes (Droit civil, Droit politique, Droit électoral, Droit pénal, etc.).

Sous la forme du *droit à l'électorat* et *à l'éligibilité*, le droit des Congolais de participer, directement ou indirectement, à la vie politique de leur pays est réglementé au Congo depuis 1960, mais plus précisément depuis 1964, à la faveur de la Constitution dite « de Luluabourg », complétée par les Constitutions ultérieures et par les lois électorales depuis cette époque.

Dans une formule constitutionnelle bien connue, il est en effet constamment affirmé que *tout pouvoir*, au Congo, *émane du peuple* qui l'exerce *par ses représentants* ou *par la voie du référendum*[17]. La Constitution de la Transition du 4 avril 2003, dans une formule heureuse, précise même que « ... Tout pouvoir émane du peuple qui l'exerce *directement* par voie de référendum *ou d'élections* et *indirectement par ses représentants*[18].

Mise à part la réforme constitutionnelle de 1974 qui avait gommé le mécanisme du référendum populaire en faisant du Président du M.P.R et de ses organes les seuls représentants du peuple[19], les deux formes de démocratie – *directe* et *indirecte* – sont ainsi, en Droit constitutionnel congolais, présentement constantes. Elles impliquent selon une théorie constitutionnelle bien connue, d'une part, un droit à l'électorat et, d'autre part, un droit à l'éligibilité.

Par ailleurs, l'article 25 du PIDCP qui nous en donne la formulation la plus expresse, précise que tout citoyen a *droit* et la *possibilité* (...) *de voter* et *d'être élu*, au cours d'élections périodiques, honnêtes, au suffrage universel et au scrutin secret, assurant l'expression libre de la volonté des électeurs[20].

Il en découle que le droit d'exercice par un peuple de son pouvoir politique, plus précisément le droit des citoyens à la participation à la vie politique de leur pays, comporte deux aspects principaux : le droit à l'électorat (A) et le droit à l'éligibilité (B).

Il convient d'examiner de plus près ces deux droits qui forment le contenu, non exhaustif mais suffisant, du droit générique de participation à la vie politique de son pays.

A. Le droit à l'électorat

1. *Notions générales*

Le *droit à l'électorat,* c'est « la faculté pour le citoyen-électeur de participer, par l'émission de son suffrage universel, aux opérations par lesquelles le corps électoral procède à la nomination des autorités à élire »[21]. Il s'agit donc du droit de participer à un scrutin électoral en ayant la possibilité d'élire les dirigeants politiques de son pays. En clair, il s'agit du droit de voter.

Droit ou fonction, la nature du droit à l'électorat dépend, en Droit constitutionnel, du siège de la souveraineté au sein d'un État.

En général, si un régime constitutionnel consacre l'existence d'une souveraineté dite *nationale,* on convient à dire que l'électorat, dans cette hypothèse, est une *fonction que le citoyen exerce au nom de la nation indivise.* En revanche, si le Constituant opte pour une souveraineté *populaire,* l'électorat est en principe conçu comme un *droit inaliénable de chaque citoyen,* la souveraineté populaire étant susceptible d'être divisée entre les différentes composantes de ce peuple.

Il s'ensuit que les lois électorales d'un pays, qui définissent en général l'âge, les droits et les obligations de l'électeur, doivent tenir compte de la source de souveraineté à l'intérieur d'un État avant de pénaliser, par exemple, les abstentions électorales. Cette pénalisation est, en principe, inconstitutionnelle en présence d'une souveraineté populaire, tandis qu'elle peut bien se justifier en situation de souveraineté nationale.

En République démocratique du Congo, la situation juridique de l'électeur n'a jamais été claire, ni sécurisante sur cette question (pénalisation des absences ou des abstentions électorales). En effet, alors que de tout temps la Constitution affirme le principe que « le pouvoir appartient au peuple », on a déjà vu que la loi électorale, elle, rendait *obligatoire* la participation citoyenne au scrutin électoral et, même, *assortissait de sanctions pénales toute absence au scrutin ou toute abstention électorale*[22]. Il y a là donc une entorse juridique intolérable qui n'a, depuis lors, jamais été corrigée !

Parfois même, cette source de souveraineté est confusément attribuée *à la fois au peuple* et *à la nation*[23]. Le caractère obligatoire ou facultatif du droit à l'électorat ne se trouvera, dans ce genre de mélanges, que fortement compliqué.

Il n'empêche que le droit à l'électorat, lui, a toujours été constamment affirmé et ses conditions fixées. C'est un droit qui a été, pour la première fois, reconnu aux Congolais seulement en 1959, à la veille de l'indépendance et à l'occasion des élections communales organisées dans certaines grandes villes par le pouvoir colonial. Gommé en 1960, à l'occasion de la « désignation » des premières autorités nationales, il sera ensuite rétabli en 1961, puis, en 1964, avant de subir les embrigadements du régime monopartiste du M.P.R. À chaque étape, on y a constaté cependant le développement d'une série de conditions d'exercice qui méritent d'être résumées.

Quelles sont donc les conditions d'accès à l'électorat congolais ? En d'autres termes, en Droit positif congolais, comment sont organisés la jouissance et l'exercice du droit à l'électorat ?

2. Conditions d'accès à l'électorat

Le droit à l'électorat, droit politique et droit souverain de chaque État, ne fait pas encore l'objet, dans l'état actuel du Droit congolais, d'un « élargissement » à l'instar de ce qui se passe par exemple dans quelques pays de l'Union européenne[24]. Contrairement à ce droit belge donc, l'électorat est encore, en Droit congolais, affaire des nationaux.

De tradition constitutionnelle constante, le principe selon lequel « Sont électeurs, dans les conditions déterminées par la loi, *tous les Congolais des deux sexes, âgés de dix huit ans révolus* et *jouissant de leurs droits civils et politiques* »[25] ne souffre, à l'heure actuelle, d'aucune faille. Il révèle ainsi, ce faisant, les conditions principales d'accès à l'électorat congolais.

Pour avoir accès à l'électorat congolais donc, il faut remplir un certain nombre de conditions civiles, politiques, voire même morales et physiques.

Il y a d'abord une *condition de nationalité*. Seuls, en effet, les *Congolais* peuvent voter dans la vie publique de leur pays. Ce droit de vote ne fait pas, heureusement, de distinction entre les Congolais d'origine et les Congolais par acquisition de nationalité. Tous ont un droit égal à voter.

Il y a ensuite une *condition d'âge*. Ne peut voter tout Congolais qui le veut. Il faut avoir atteint *18 ans révolus*, c'est-à-dire avoir *accompli* au moins dix-huit années d'existence terrestre. En termes concrets, un individu âgé de 18 ans « révolus », c'est-à-dire « accomplis », est celui qui totalise 17 ans + 12 mois pleins. En d'autres termes, c'est un individu qui se trouve au moins au 31e jour du douzième mois de sa 18e année de naissance.

Il y a également des *conditions liées à la moralité*. Par exemple, ne pas avoir fait l'objet de condamnations pénales entraînant déchéance à des droits politiques. Les différentes lois électorales adoptées dans le temps précisaient même, à ce propos, que les personnes *détenues* ne peuvent participer au vote même s'ils sont inscrits sur les rôles électoraux (art. 7, Loi électorale de 1970 ; art. 9, Loi électorale de 1977 ; art. 13, Loi électorale de 1987). Maintiendra-t-on ces exigences lors de l'élaboration de la future loi ?

Il y a en outre une *condition de bonne santé*. Dans ce cadre, les personnes *internées ou hospitalisées pour cause d'aliénation mentale* (différentes lois électorales précitées, *Idem*) ne peuvent pas prendre part au vote. Ils peuvent toutefois *se faire représenter*, notamment lorsque la loi autorise le vote par procuration ou le vote par correspondance.

Enfin, le Droit électoral congolais prescrit même une *condition de résidence*. Les personnes *résidant à l'étranger*, précise la loi, ne peuvent en principe pas prendre part au vote. Il s'agit cependant d'une disposition inutile, parce que généralement, ce vote est organisé au niveau des ambassades, conformément à une pratique démocratique largement répandue dans bon nombre de pays. Les Congolais de l'étranger peuvent donc toujours voter à partir de l'étranger, par obsolescence de ce critère. Mais, il importe, pour des raisons de sécurité juridique, que cette loi soit rapidement modifiée pour l'adapter aux exigences démocratiques modernes.

Participe également de cet effort d'adaptation de la loi, la suppression immédiate de la disposition légale, devenue elle aussi obsolète, selon laquelle « les personnes ayant fait preuve d'un *manquement grave à la discipline du Parti* au cours des cinq dernières années » ne peuvent prendre part au vote. Le MPR-parti-État étant mort de sa belle mort, il importe que tous les oripeaux de son pouvoir dictatorial soient enterrés avec lui[26].

Le droit à l'électorat congolais est, ainsi, un droit politique singulièrement rigide, et il importe, à l'instar de son Droit à la nationalité, qu'il subisse quelques retouches démocratiques que lui impose l'actualité de son temps.

B. Le droit à l'éligibilité

1. Notions générales

Le droit à l'éligibilité peut être considéré comme le *droit corrélatif* au droit à l'électorat. Très souvent, il n'en est cependant pas le cas.

En effet, le *droit à l'électorat* n'implique pas nécessairement que, corrélativement à sa reconnaissance, le *droit à l'éligibilité* soit, en tout temps et en tout lieu, assuré à tout citoyen. « L'éligibilité en effet, écrit Francis Delpérée, c'est *l'aptitude à être élu* » (...). « Il n'y a pas, à cet effet, un *droit à détenir* une fonction élective, mais un *droit à concourir* pour l'obtenir »[27].

Il s'agit donc d'une *aptitude* et non d'une *faculté intrinsèque*. On peut concourir à une fonction élective, sans être assuré, dès le départ, de sa victoire électorale. D'autre part, il arrive que les citoyens remplissant les conditions d'accès à l'électorat ne puissent pas ou ne puissent plus remplir celles liées à l'éligibilité. Il s'ensuit que l'électorat ne va pas nécessairement de pair avec l'éligibilité.

Les principales *fonctions électives* en Droit constitutionnel congolais sont : la fonction présidentielle ; la fonction parlementaire (qu'il s'agisse de la fonction sénatoriale ou de la députation proprement dite) ; certaines fonctions exécutives comme celles de Gouverneur de province, de Commissaire de Zone (Administrateur du territoire), de Chef de Collectivité (Chef de Secteur), et peut-être même de Chef du village, dans la mesure où la Constitution et la loi sur la décentralisation le permettent ; certains mandats locaux comme ceux, jadis, des membres des Assemblées délibérantes (Conseils de ville, Conseils de Zone ou Conseil de Collectivité) ; et, enfin, les anciens membres de certains organes du MPR-parti-État comme le Bureau Politique des années 70 (devenus obsolètes).

C'est par rapport à ces différentes fonctions que le droit à l'éligibilité est défini.

À l'heure actuelle, c'est-à-dire pendant la période de transition, toutes les fonctions exécutives, parlementaires et judiciaires sont *nominatives par consensus*. On a pu, cependant, noter une élection « fermée » au sein de la Cour suprême de Justice et du Parquet général de la République, en juillet 2003, des deux chefs des grands corps judiciaires du pays. C'était une façon de « départager » les politiciens qui, dans le cadre de l'application de l'article 153 de la Constitution de la Transition, n'arrivaient pas à s'entendre sur le « mécanisme » de désignation du Premier Président de la Cour suprême de Justice et du Procureur Général de la République, notamment.

Poussera-t-on la logique jusqu'à instaurer un régime d'élections des juges chez nous ? Quels en seront les inconvénients et les avantages ?

Telles sont les principales fonctions publiques qui, au Congo, sont, en principe, soumises au principe électoral. D'autres fonctions subordonnées peuvent également être soumises à l'élection ; tout dépend de la nature du système politique en vigueur.

L'indication des fonctions publiques électives ainsi énumérées, concluons-le, ignore cependant les fonctions publiques électives qui peuvent se dérouler, par exemple, dans les entreprises publiques, les établissements publics comme les écoles et les universités, ainsi que, par principe, les fonctions électives privées (syndicats, églises, associations diverses, etc.).

Il n'empêche que certaines conditions d'éligibilité ou d'inéligibilité applicables aux fonctions publiques supérieures soient étendues également aux fonctions publiques subalternes ou parastatales. Quelles sont, donc, ces conditions ?

2. *Les conditions d'éligibilité et d'inéligibilité*

Le droit à l'éligibilité est un *droit conditionnel :* chaque citoyen détient un *droit de se porter candidat* à une élection, mais n'a pas un *droit absolu à être élu.* C'est une question à la fois de droit et de fait (*supra*).

Bien entendu, il y a des citoyens « irréprochables » dans tout État, tout comme il est des candidats plus populaires que d'autres. Les conditions d'éligibilité et de non éligibilité, elles, frappent tout le monde, candidat populaire ou impopulaire, reprochable ou irréprochable. Elles sont indifférentes à la question factuelle de la probabilité d'être élu. Le tout est de savoir mettre de son côté, à la fois, les techniques du droit et les aléas du politique.

Tandis qu'il paraît organiser les conditions d'inéligibilité pour l'ensemble des fonctions électives retenues à un moment donné de l'histoire du pays (b), le Droit électoral congolais applique le principe de la spécialité concernant, au contraire, les conditions d'éligibilité (a).

a) Les conditions d'éligibilité à certaines fonctions électorales

Deux fonctions principales retiendront ici, à titre exemplatif, notre attention : il s'agit de la fonction présidentielle et de la fonction parlementaire.

S'agissant de la fonction présidentielle, le dernier code électoral (1984) complété par des principes essentiels des législations ou des Constitutions précédentes, organise un certain nombre de conditions fondamentales et formelles pour accéder à cette fonction.

Sur le plan *fondamental*, les principales conditions d'accès à la « magistrature suprême » du Congo sont : avoir la nationalité congolaise d'origine de père et de mère ; être âgé d'au moins 40 ans révolus au jour du dépôt de la candidature, ne pas tomber sous le coup d'un cas d'inéligibilité prévu par la loi[28], remplir les conditions d'éligibilité à l'Assemblée nationale[29].

Sur le plan *formel*, alors que jadis toute candidature à la présidence de la République était « retenue et présentée » par le Comité central du MPR-parti-État[30], à l'heure actuelle, il faut retenir simplement l'examen par la Cour suprême de Justice de la conformité des candidatures présentées aux critères retenus par la Constitution et la loi.

En d'autres termes, l'organe principal de réception et d'examen des candidatures à la présidence de la République demeure, à l'heure actuelle, la Cour suprême de Justice, organe chargé par ailleurs tant de recevoir le serment présidentiel que de connaître de tout « contentieux des élections présidentielles et législatives... »[31].

S'agissant de la fonction parlementaire, il faut noter que les principales conditions pour y accéder sont, *mutatis mutandis*, les mêmes que celles pour l'accès à la fonction présidentielle, sauf que, ici, l'âge minimum est ramené à 25 ans et que le niveau d'instruction exigé est réduit à 4 ans d'études post-primaires.

Bref, pour exercer son droit à l'éligibilité, le citoyen congolais est invité à remplir les conditions fixées par le Droit constitutionnel et électoral pour l'accès à certaines fonctions électorales. Il ne suffit pas, à cet égard, d'être citoyen pour être nécessairement éligible. La réunion des critères requis conditionne donc, en grande partie, la jouissance et l'exercice par les citoyens de leur droit à l'éligibilité, un droit manifestement conditionnel.

Du reste, les Droits constitutionnel et électoral congolais organisent, en outre, ce que l'on appelle les conditions d'inéligibilité à la fonction politique.

b) Les conditions d'inéligibilité à la fonction politique congolaise

En principe général, tous les critères d'accès aux fonctions politiques constituent également – en cas de non respect – des cas d'inéligibilité à ces fonctions. De façon précise, les cas d'inéligibilité à la fonction électorale prévus généralement par la loi se ramènent, en pratique, à une question de moralité, de bonne santé physique et mentale, voire à une question de militantisme ou d'appartenance politique et/ou idéologique (...).

Le Droit électoral congolais, surtout en matière d'accès à la fonction présidentielle et parlementaire, organise généralement les cas d'inéligibilité suivants : ne pas être exclu de l'électorat ; ne pas avoir été condamné pour une infraction de droit commun à la peine de travaux forcés ou de servitude pénale, même avec sursis, de plus d'un an au cours des cinq dernières années ou de plus de trois ans au cours des dix dernières années ; ne pas être détenu pour purger de telles peines ; ne pas « accuser un état d'inaptitude physique ou de déficience mentale »[32].

À un certain moment de l'histoire, il a même été ajouté le critère d'appartenance au M.P.R (militantisme)[33] ou de « non implication dans les crimes politiques et/ou économiques ayant émaillé l'histoire du pays depuis son indépendance »[34]. Mais, il s'agit là des conditions idéologiques et politiques qui ne répondent à aucun critère objectif.

Bref, les conditions d'inéligibilité aux fonctions politiques constituent la preuve la plus irréfutable du caractère « conditionnel » du droit à l'éligibilité. Même les conditions d'éligibilité n'assurent pas, à elles seules, au candidat les chances mathématiques d'être élu. De plus, il y a la *confiance des électeurs* qu'il faut mériter. Cette donnée sociologique et politique vient renforcer le caractère aléatoire du « droit à être élu ».

Autant dire que ce n'est pas n'importe qui qui peut être admis à accéder aux fonctions publiques de son pays.

§3. LE DROIT D'ACCÈS AUX FONCTIONS PUBLIQUES

Droit politique et administratif à part entière, le droit d'accès aux fonctions publiques est, sans doute, le *droit du citoyen* le plus visible et le plus traducteur de la préoccupation démocratique de participation citoyenne à la vie politique. Il apparaît, pour la première fois, dans le Droit constitutionnel congolais en 1964, ce par le biais du principe d'égalité et de non discrimination.

Aux termes des articles 13 et 14 de la Constitution du 1er août 1964, en effet, « Tous les Congolais sont égaux devant la loi et ont droit à une égale protection de la loi » ; « Aucun Congolais ne peut, en matière d'éducation et d'*accès aux fonctions publiques dans la République*, faire l'objet d'une mesure discriminatoire, qu'elle résulte d'une loi ou d'un acte du pouvoir exécutif, en raison de sa religion, de son appartenance tribale, de son sexe, de son ascendance, de son lieu de naissance ou de sa résidence »[35]. Depuis lors, il est demeuré constant dans le dispositif constitutionnel varié du pays[36].

Ce droit est également consacré par l'article 25 c) du PIDCP (adopté en 1966 et ratifié par la RDC en 1976), lequel stipule que : « Tout citoyen a le droit et la possibilité, sans aucune des discriminations visées à l'article 2 et sans restrictions déraisonnables : ... *d'accéder, dans des conditions générales d'égalité, aux fonctions publiques de son pays* ».

Il en découle que le droit d'accès aux fonctions publiques en RDC est un droit consacré aussi bien constitutionnellement que conventionnellement.

Trois questions se posent cependant à propos de ce droit : Quels en sont les bénéficiaires ? De quelles fonctions publiques s'agit-il ? Quid du régime des dérogations et des restrictions généralement admises ?

A. Bénéficiaires du droit d'accès aux fonctions publiques

Il s'agit, en Droit constitutionnel congolais, exclusivement de *citoyens congolais*. Les termes de l'article 17 de la Constitution actuelle (4 avril 2003) ainsi que ceux de l'article 25 du PIDCP sont, à cet égard, non équivoques. Il doit s'agir, en effet, du « citoyen » et des fonctions publiques « de son pays ». Le droit d'accès aux fonctions publiques est donc réservé aux citoyens congolais.

Toutefois, *tous* les Congolais, bien que potentiellement bénéficiaires, ne sont pas accessibles à *toutes* les fonctions publiques de leur pays. Le principe d'égalité en matière d'accès aux fonctions publiques ne signifie pas, comme l'écrit très opportunément M. Waline, que « n'importe qui, étant bon à n'importe quoi, peut exiger d'obtenir n'importe quel emploi public », « mais plus simplement, ajoute F. Delpérée, que nul citoyen ne peut être écarté *a priori* d'un emploi public pour des raisons qui seraient étrangères à sa valeur personnelle »[37].

Ainsi par exemple les Congolais ayant acquis la « petite naturalisation » (art. 12 du Code actuel de la nationalité) ne peuvent « être nommé (s) à la fonction publique à un grade supérieur à celui d'Attaché de Bureau de 1re classe », ni « accéder dans l'Armée et dans la Police Nationale à un grade supérieur à celui d'Adjudant-chef », encore moins « être investi(s) de fonctions politiques ou de mandats électifs (art. 13, même Code de la nationalité). Il en est de même des Congolais qui ont acquis la « grande naturalisation »(art. 15 du Code actuel de la nationalité) ; ceux-ci sont, en effet, « dispensé(s) des incapacités prévues au régime de la petite naturalisation, *sauf l'exercice de certaines fonctions publiques spécifiées par la Constitution et la Loi* »[38].

L'exclusion à certaines fonctions publiques concerne également les Congolais « par option » : ceux-ci ne peuvent en aucun cas « être investis de fonctions publiques spécifiées par la Constitution et la Loi », ni par exemple « faire partie des Forces de l'ordre, de la Défense nationale (ou) des services de sécurité » (articles 22 combinés des Codes de 1981 et 1999). Quant aux Congolais « par présomption de la loi » ou « par adoption », ils sont tout simplement dans une situation précaire, la loi ne s'étant pas clairement prononcée à leur sujet.

Outre ces « exclusions » légales, on ne peut évidemment pas ignorer ici le rôle d'autres « conditions objectives », par exemple le rôle des *aptitudes personnelles* dans la jouissance du droit égal d'accès aux fonctions publiques. L'accès aux fonctions publiques, en effet, est généralement subordonné à la réunion par le candidat d'une série de conditions, dont par exemple les aptitudes physiques, les aptitudes intellectuelles et/ou morales, la réussite à un concours (...) qui permettent, objectivement, de sélectionner un personnel de qualité[39].

De telles conditions objectives ne sont pas, en soi, contraires au principe d'égalité en matière d'accès aux fonctions publiques, à la condition expresse que tous les prétendants soient mis dans la même situation, c'est-à-dire soient soumis aux mêmes conditions de recrutement.

Bref, le droit d'accès aux fonctions publiques est un droit spécifiquement réservé aux Congolais. Toutefois, tous les Congolais ne sont pas juridiquement accessibles à toute fonction publique de leur pays. Ils en sont, certes, des *bénéficiaires potentiels*, mais, certains d'entre eux sont exclus de l'accès à certaines fonctions publiques spécifiques, du fait de l'existence de certaines conditions objectives et subjectives.

Quelle est la nature des fonctions concernées par ce principe d'égalité ?

B. La nature des fonctions concernées par la règle d'égalité

Aussi bien la Constitution congolaise que le Pacte international relatif aux droits civils et politiques utilisent l'expression « fonctions publiques », là où d'autres utiliseraient, par exemple, l'expression « emplois publics » (par exemple en Droit belge). Ils n'en donnent cependant aucune définition, ni n'interdisent d'en donner une.

Il semblerait même qu'en Droit administratif congolais, il y ait une certaine confusion entre les termes « agents publics » et « fonctionnaires » pour désigner les personnes qui font partie de ce qu'on appelle la « fonction publique » congolaise[40]. Les conditions d'accès qui y sont décrites le sont, du reste, sous la bannière du Droit administratif[41].

Par fonctions publiques, en Droit constitutionnel, il convient d'entendre plutôt toutes les fonctions qui, à l'intérieur d'un État, concourent à la réalisation des missions traditionnelles et nouvelles de l'État (législative, exécutive, administrative, juridictionnelle, sociale, enseignante, militaire, sécuritaire, etc.) et qui sont, par principe, exclusivement réservées aux nationaux.

Il s'ensuit que les fonctions « publiques » visées par le Droit constitutionnel congolais sont des fonctions exercées au nom et pour le compte de l'État congolais, peu importe leur nature : politique, administrative, judiciaire ou autre.

Les fonctions publiques ainsi précisées vont du simple Huissier au Président de la République, en passant par les organes exécutifs et législatifs qui forment le « corps » de l'État.

Le Comité des Droits de l'Homme des Nations Unies, dans les affaires *Mpandajila c. Zaïre* et *Chiiko Bwalya c. Zaïre*, n'avait-il pas, à juste titre, assimilé la « fonction parlementaire » à la « fonction publique » au sens de l'article 25 du PIDCP (*supra* et *infra*) ?

Qu'on les appelle « fonctions publiques » ou « emplois publics », les conditions d'accès à ces fonctions – y compris la condition d'égalité ou de non discrimination et la condition de nationalité – valent « pour tous les emplois publics, dans l'administration comme dans l'armée, dans les départements ministériels comme dans les services locaux ou spécialisés, pour les fonctionnaires de commandement comme pour les tâches d'exécution… »[42], et même dans les hémicycles du Palais de la nation ou dans les allées du Mont-Ngaliema !

Il s'ensuit que les fonctions législatives, exécutives, administratives, juridictionnelles, militaires, sécuritaires, policières, enseignantes… sont concernés par ce principe d'égalité.

On peut donc, à juste titre, opposer à l'État le principe d'égalité en matière d'accès par exemple à la fonction présidentielle, à la fonction parlementaire, à la fonction ministérielle, à toute fonction administrative de l'État, à la fonction juridictionnelle, à la fonction enseignante, aux fonctions médicales, *etc.*

Mais, le Droit congolais admet-il des restrictions et des dérogations à l'exercice de ce droit ?

C. Régime des dérogations et des restrictions au droit d'accès aux fonctions publiques

Le droit d'accès aux fonctions publiques de son pays n'est pas un droit absolu : en plus des conditions juridiques et matérielles évoquées ci haut, ce droit admet également quelques restrictions, aux conditions générales de licéité des restrictions admises.

Mais, est-il également compatible au régime des dérogations prévu par les articles 4.1 et 4.4, respectivement, du Pacte international relatif aux droits civils et politiques et de la Charte congolaise des droits de l'homme et du peuple ?

a) Les dérogations

Elles ne semblent pas devoir être acceptées « en matière d'accès aux fonctions publiques ».

En effet, le droit d'accès aux fonctions publiques au Congo est fortement lié et n'est juridiquement consacré que par le biais du principe de non discrimination (« Aucun Congolais ne peut, en matière d'accès aux fonctions publiques, faire l'objet d'une discrimination … »).

Or, ce principe, on l'a vu, est un *droit indérogeable dérivé*, aux termes de l'article 4.1 du PIDCP et de l'article 4.4 de la C.C.D.H.P (*supra*). On peut donc dire, le concernant, que le *principe d'égalité de tous les Congolais en matière d'accès aux fonctions publiques* ne peut souffrir d'aucune dérogation. Plus précisément, il n'est pas permis, même « en cas de danger public exceptionnel menaçant l'existence de la nation », de porter atteinte au principe d'égalité des Congolais en matière d'accès aux fonctions publiques. Le principe de non discrimination le portant étant d'ordre public, l'égalité d'accès aux fonctions publiques le suit également.

Il s'ensuit que le droit d'accès égal des congolais aux fonctions publiques est, par le biais du principe de non discrimination, indérogeable.

C'est en ce sens que nous nous sommes élevé contre l'exclusion d'une grande majorité des Congolais aux fonctions politiques créées dans le cadre de *l'Accord global et inclusif* et de la *Constitution de la Transition* issus du *Dialogue inter-Congolais de Sun City* (février-décembre 2002)[43].

La Constitution actuelle de la transition, en effet, réserve l'accès à certaines fonctions publiques supérieures (présidence de la République, gouvernement, parlement et même les cabinets ministériels) aux seules « composantes et entités au Dialogue intercongolais »[44].

Convaincu de la pertinence de la jurisprudence du Comité des Droits de l'Homme en la matière, qui avait déjà condamné le pays dans des cas similaires, nous avons voulu démontrer, dans notre article précité, que le fait pour la Constitution et l'Accord global et inclusif de réserver l'exercice des principales fonctions politiques de la transition aux seules « composantes et entités au Dialogue inter-Congolais », violait tant l'article 17 de la Constitution elle-même que l'article 25 du Pacte international relatif aux droits civils et politiques[45].

Aucune « mesure dérogatoire officielle » n'a, du reste, pas été prise, ni communiquée aux instances internationales compétentes pour confirmer si le régime présent est en situation exceptionnelle ou pas, situation pouvant justifier, aux conditions générales posées, une telle dérogation.

Bref, les dérogations à l'égalité du droit d'accès aux fonctions publiques ne sont pas, en dépit des violations répétées dans la pratique, tolérées en Droit des droits de l'homme.

b) Les restrictions

Le Droit international – et pas le Droit national – autorise que des « restrictions raisonnables » soient apportées à l'exercice du droit d'accès aux fonctions publiques de son pays. Ces restrictions sont cependant soumises à toutes les conditions générales de licéité que nous avons précédemment vues ; entre autres, le fait qu'elles doivent « être prévues par la loi », elles doivent « poursuivre un but légitime prévu par la loi », « être nécessaires dans une société démocratique » et « être proportionnelles au but visé ».

Le droit d'accès aux fonctions publiques congolaises peut donc être restreint, c'est-à-dire réduit au strict minimum, si certaines conditions prévues par la loi et les conventions internationales se réalisent.

Ainsi par exemple, si l'objectif de « mettre fin à la guerre et d'accélérer le processus de réconciliation nationale » était « prévu par la loi » – ou par les conventions internationales –, qu'elles étaient jugées (par qui ?) « nécessaires dans une société démocratique » et, surtout, si le moyen de l'exclusion des autres catégories de Congolais était « proportionnelle à ce but », on pouvait croire que la réduction, aux seules « composantes » et « entités » au DIC, de l'exercice du droit d'accès aux fonctions publiques pouvait constituer une restriction et non une dérogation.

Or, comme nous l'avons dit, ni pareil objectif, ni la justification des restrictions, ni même le caractère de nécessité démocratique n'étaient fournis par les auteurs de la Constitution et de l'Accord de Sun City. Il s'ensuit donc que cette mesure, manquant de « justification objective », est ostensiblement inconstitutionnelle.

Notons par ailleurs que, dans sa formulation constitutionnelle de tous les temps, l'affirmation du droit d'accès égal des Congolais aux fonctions publiques de leur pays n'a jamais été accompagnée d'une indication des mesures restrictives à prendre. Ce droit ne souffre donc d'aucune restriction légalement posée[46].

Il s'ensuit que le droit d'accès aux fonctions publiques congolaises est, au plan interne, de statut et de respect absolus. Au plan du Droit international, quelques restrictions sont admises aux conditions de licéité généralement admises.

Qu'en est-il, à présent, du ou des droit(s) à la désobéissance civile ainsi qu'à la résistance pacifique ?

§4. LES DROITS À LA DÉSOBÉISSANCE CIVILE ET/OU À LA RÉSISTANCE PACIFIQUE

La cruauté du régime mobutiste avait fini par confirmer le brocard selon lequel *Tout pouvoir corrompt, tout pouvoir absolu corrompt absolument*. La Conférence nationale souveraine, pour prémunir la nation contre un nouveau pouvoir pareil, avait fini par apprendre au peuple que *Tout pouvoir est respectable*, certes, mais que *Tout abus de pouvoir est détestable.*

C'est par le biais de la constitutionnalisation du droit à la désobéissance et du droit à la résistance à l'autorité que cette *culture du refus de la domination* a été inculquée.

Les droits à la désobéissance civile et à la résistance à une autorité illégitime ou inconstitutionnelle sont deux droits d'apparition récente dans le Droit constitutionnel congolais. Ils expriment la préoccupation démocratique primaire selon laquelle tout pouvoir, tout pouvoir politique, émane du peuple, et que l'utiliser contre ou au détriment de celui-ci revient à susciter la résistance légitime de celui-ci et sa vocation à l'autodéfense.

Bien que consacrés en Droit congolais par une seule et même disposition constitutionnelle et bien qu'appartenant au même courant idéologique, le droit à la résistance pacifique (A) mérite cependant, pour son examen sommaire, d'être distingué du droit à la désobéissance civile (B).

A. Le droit à la résistance pacifique

Il paraît devoir être recherché dans l'article 3 de l'actuelle Constitution de la transition qui, dans la droite ligne du courant démocratique issu de la Conférence nationale souveraine, dispose que « Tout Congolais a le *droit et le devoir sacrés de défendre la nation et son intégrité territoriale* et *de faire échec à tout individu ou groupe d'individus qui prend le pouvoir par la force ou l'exerce en violation des dispositions de la présente Constitution* »[47].

Bien que le terme « résister » n'apparaît pas clairement dans cette disposition constitutionnelle, il s'agit, en réalité, d'un emprunt infidèle aux idées reçues de la Conférence nationale souveraine.

En effet, le « Projet de Constitution de la troisième République » issu de la CNS avait, en son temps, clairement indiqué que « Le peuple (avait) le droit sacré de désobéir et de *résister* à tout individu ou groupe d'individus qui prend le pouvoir ou s'y maintient par la force ou l'exerce en violation de la Constitution »[48].

L'Acte constitutionnel de la Transition du 9 avril 1994, dans une psychose de crainte de rébellion armée, avait certes omis, en ce qui le concerne, d'employer le terme « résister » pour ne retenir finalement que celui générique de « faire échec »[49] ; mais, à l'origine, l'idée était celle de la « résistance », bien qu'associée immédiatement à l'adjectif « pacifique ».

En rapport avec le droit à la résistance pacifique, la question principale qui fuse, évidemment, est celle du caractère « pacifique » ou non de la résistance autorisée. La résistance doit-elle exclusivement être pacifique ? Comment résister pacifiquement à un individu ou à un groupe d'individus « qui prend le pouvoir *par la force* » ? Comment faire usage du droit à la résistance armée sans, du même coup, mettre en péril l'unité et la paix au sein de la Nation ?

Ces questions sont toujours posées et, malheureusement, jusqu'à présent, pas encore résolues par le Droit.

Il n'empêche que le droit à la résistance – surtout lorsqu'elle est armée – est essentiellement un *droit de combat* contre un pouvoir violent ou inconstitutionnellement installé. Non encadré efficacement, son utilisation fréquente doit être savamment dosée pour éviter des débordements susceptibles de mettre en péril l'unité et la paix.

Sous l'angle principalement de la *défense nationale*, le droit à la résistance n'a rien avoir avec les préoccupations pacifistes. Il s'exerce inévitablement de façon violente, car par hypothèse, c'est un droit dressé contre un pouvoir d'agression ou d'occupation.

Cette mission de défense nationale est, précisément, celle qui est confiée aux militaires. On peut donc dire, d'une certaine manière, que le fondement constitutionnel et philosophique d'une politique de défense nationale est l'exercice du droit à la résistance collective d'un État contre tout pouvoir potentiellement occupant, jaloux ou agresseur.

Sous l'angle de la *défense des intérêts privés*, s'il peut s'accommoder des armes pacifiques, pour ne pas dire « silencieuses », le droit à la résistance ne peut cependant être efficacement porteur que si, à une violence armée il est répondu par une résistance armée.

Quelles sont donc, au Congo, les conditions d'instauration d'une politique de détention des armes par des privés ? Cette question peut-elle être posée sous l'angle de la concrétisation du droit à la résistance ? Est-elle seulement opportune ?

En République démocratique du Congo, le dilemme est patent. Entre le droit légitime de résistance à une autorité inconstitutionnelle (art. 3 précité de la Constitution) et le devoir de paix ou de maintien de l'unité nationale (art. 6, même Constitution) un équilibre – difficile en soi – sera-t-il facile à obtenir ?

Il reste que « Nul ne peut détourner les attributs du pouvoir et de la puissance publique à des fins personnelles pour la réalisation d'intérêts partisans ou pour faciliter l'ingérence d'une institution ou d'un service public dans le fonctionnement d'une autre institution ou d'un autre service public » (art. 3, al. 2, Constitution du 4 avril 2003). On peut également ajouter que nulle autorité n'est autorisée à accéder au pouvoir ou à l'exercer « par la force » ou « en violation de la Constitution ». Cela ouvrirait directement le droit à la résistance populaire, dont on ne maîtrise pas toujours le caractère pacifique.

Droit *actif*, la résistance armée en République démocratique du Congo est donc, par essence, un droit « violent ». Il pourrait cependant – notamment s'il est interprété au profit des pouvoirs publics – être contrebalancée par un *devoir moral* – devoir incombant aux citoyens – de maintenir la paix et de respecter les institutions publiques établies, ainsi que par le *devoir constitutionnel* du respect de l'unité et de l'intégrité du territoire national.

Malheureusement, jusqu'à présent, on ne dispose pas encore de « jurisprudence » claire sur l'application de ces prescrits légaux et constitutionnels de manière à nous faire une idée exacte de la vision officielle du droit à la résistance. Une telle jurisprudence aurait pu, par exemple, trouver une occasion de concrétisation dans la « marche de l'espoir » organisée, le 16 février 1992, par les chrétiens de Kinshasa pour la réouverture de la Conférence nationale souveraine. S'agissait-il, alors, d'une *résistance* ou d'une *désobéissance civile* ?

B. Le droit à la désobéissance civile

Au contraire du droit à la résistance, le droit à la désobéissance civile est un *droit passif* : il n'attaque pas de front son adversaire ; il « fait » seulement « échec » aux assauts de ce dernier. Et, il ne s'exerce pas nécessairement contre un pouvoir inconstitutionnel ou violent.

Théorisé dans d'autres cieux par Sophocle dans la célèbre révolte d'*Antigone* contre l'édit de Créon, le droit à la désobéissance civile est aujourd'hui largement partagé, répandu et exalté. Il peut prendre plusieurs formes et s'exprimer sous plusieurs registres.

La Constitution congolaise le consacre à travers les dispositions de son article 25 : « Nul n'est tenu d'exécuter un ordre manifestement illégal, en particulier lorsque celui-ci porte atteinte aux libertés et aux droits fondamentaux de la personne humaine ». Il s'agit là d'un aspect de la désobéissance civile. Celle-ci s'adresse ici, en particulier, aux autorités inférieures lorsqu'elles reçoivent des ordres de leurs supérieurs. Elle concerne aussi le simple particulier qui n'est pas tenu d'obéir à de tels ordres.

Par ailleurs, lorsqu'une population civile s'oppose à la démolition des habitations privées pour réfuter, par exemple, une mauvaise politique d'aménagement du territoire décidée par les autorités, il s'agira toujours d'une désobéissance civile. Il n'est pas moins légitime que la première forme de désobéissance, mais peut, dans certaines circonstances, être jugée illégale par les autorités.

En tout état de cause, le critère de la « légalité » de la désobéissance civile dépend toujours de la bonne ou de la mauvaise foi des acteurs (autorités principalement), ainsi que de leurs rapports de force sur terrain. Le pouvoir judiciaire, lui, devrait, en l'occurrence, examiner la nature et la hiérarchie des textes invoqués par les uns et les autres pour justifier ou condamner, dans une hypothèse donnée, le droit à la désobéissance civile.

Autant dire que la désobéissance civile est vraiment un droit dont le maniement est particulièrement délicat.

La désobéissance civile et la résistance pacifique tendent, au demeurant, à se compénétrer – surtout au niveau des moyens de leur mise en œuvre –. Lorsqu'elle devient violente et répond à une violence armée, la *désobéissance civile* peut se transformer en une *résistance armée.* Lorsqu'elle n'est que « pacifique », la résistance peut être confondue à la désobéissance.

Les deux droits sont donc condamnés à coexister et à se compléter. Ils peuvent donner naissance au « droit à la rébellion » ou « à la sécession », particulièrement dans un contexte de méfiance politique ou de mésentente autour des structures ou des objectifs de l'État.

§5. LA LIBERTÉ PARTISANE

De nos jours, la participation des citoyens à la vie politique de leur pays se déroule, en général, dans le cadre et par le relais de certaines organisations politiques qu'on appelle les « partis politiques ».

Cette constatation de fait – qui n'est pas une question de principe – a conduit le Droit constitutionnel moderne à réglementer ce secteur de la vie nationale en vue, en particulier, de promouvoir la liberté partisane.

La liberté partisane suppose donc, nécessairement et au préalable, *un contexte démocratique*, c'est-à-dire un contexte dans lequel les citoyens ont le choix entre plusieurs opinions et peuvent les exprimer librement, grâce à la règle « une personne, une voix », ce à travers les urnes.

La reconnaissance de la liberté partisane en Droit constitutionnel congolais revêt essentiellement deux volets : d'une part, le Constituant affirme un droit pour le peuple tout entier d'évoluer dans le cadre d'un régime dit pluraliste (A) et, d'autre part, il reconnaît à chaque citoyen le droit de créer, d'adhérer ou de quitter un parti politique de son choix (B).

A. Le droit à un régime pluraliste

Ce droit est clairement affirmé, pour la première fois dans les Constitutions congolaises, depuis 1964[50].

Après avoir été réduit au *bipartisme* dans la Constitution de 1967, ce droit a été, pendant un long moment, hiberné et corseté dans le cadre du régime monolithique du MPR, puis du MPR-parti-État (1965 à 1997) avec, dans les intervalles, quelques éclaircis de lumière démocratique.

Ressuscité après le discours du 24 avril 1990, il est aujourd'hui constamment affirmé dans les différentes Constitutions post-conférence nationale souveraine, excepté la Constitution octroyée issue du régime de l'AFDL (1997). Celle-ci n'a cependant pas empêché que, par la force des choses, un décret-loi n° 194, pris sous son empire, réglemente, à partir de 1999, « les activités des partis et autres regroupements politiques »[51].

À l'heure actuelle, outre la dernière loi précitée, c'est la Constitution du 4 avril 2003 qui réglemente le droit du peuple congolais à un régime pluraliste[52].

Aux termes, en effet, de son article 11, « *Le pluralisme politique est reconnu en République démocratique du Congo...* Les partis politiques concourent à l'expression du suffrage, à la formation de la conscience nationale et à l'éducation civique. Ils se forment et exercent librement leurs activités dans le respect de la loi, de l'ordre public et des bonnes mœurs ».

L'article 12 de ladite Constitution ajoute même que « Les partis politiques peuvent recevoir de l'État des fonds publics destinés à financer leurs campagnes électorales ou leurs activités, dans les conditions définies par la loi » et que « L'opposition politique est reconnue en République démocratique du Congo. Les droits liés à son existence, ses activités et sa lutte pour la conquête démocratique du pouvoir sont (même qualifiés de) sacrés » (art. 13, Const. du 4 avril 2003).

Du côté de la loi, le législateur de 2001 a tenu à réaffirmer l'option selon laquelle « Le pluralisme politique est reconnu et garanti en République démocratique du Congo. Il se traduit notamment à travers les partis ou les regroupements politiques régis par les dispositions de la présente loi » (art. 1er, décret de 2001).

Le législateur a cru même devoir définir ce que c'est un « parti » ou un « regroupement » politique. « Aux termes de la présente loi, poursuit-il dans l'alinéa 2 de l'article 1er du même texte, il faut entendre par parti politique, une association des personnes physiques de nationalité congolaise qui partagent la même idéologie et le même projet de société, en vue de conquérir et d'exercer démocratiquement et pacifiquement le pouvoir d'État. Par regroupement politique, il faut entendre une association de plusieurs partis politiques au plan idéologique et/ou du programme politique »[53].

La formulation de l'article 11, al. 1er de la Constitution peut laisser penser, du point de vue des bénéficiaires, que le droit à un régime pluraliste bénéficie, de façon directe, à « tous les habitants » de la République démocratique du Congo. Il n'en est cependant rien. Le droit à un régime pluraliste – droit politique par excellence – est un *droit direct des citoyens congolais.* Eux seuls peuvent en jouir et en exiger tant l'existence que la pratique. C'est, du reste, ce que voulait préciser le législateur, en définissant le parti politique comme étant « une association des personnes physiques *de nationalité congolaise* ».

Le droit à un régime de plusieurs partis politiques est, donc, constitutionnellement et légalement, un droit singulièrement politique appartenant aux citoyens congolais.

Toutefois, il ne s'agit pas d'un droit absolu. Aux termes mêmes de la Constitution et de la loi sur les partis, le droit à un régime pluraliste est, en effet, assorti de *certaines limitations* qui frappent les organisations politiques elles-mêmes.

D'une part, le but ainsi que la raison d'être de l'existence des partis sont fixés constitutionnellement et légalement (« concourir à la formation du suffrage, à la formation de la conscience nationale et à l'éducation civique » : art. 11, al. 3 de la Constitution ; « conquérir et exercer démocratiquement et pacifiquement le pouvoir d'État » : art. 1er, al. 2 de la loi de 2001). D'autre part, les partis et autres regroupements politiques doivent respecter « la loi, l'ordre public, les bonnes mœurs ainsi que les principes de démocratie pluraliste, d'unité et de souveraineté nationales » (art. 11, al. 4, Const. du 4 avril 2003), auxquels il faut ajouter les « principes » et « objectifs » repris aux point 1 à 12 de l'article 3 de la loi de 2001.

De même, l'article 4 de la même loi interdit expressément aux partis et autres regroupements politiques : 1° « toute activité à caractère militaire, paramilitaire ou assimilée » ; 2° « toute inféodation, sous quelque forme que ce soit, aux intérêts d'un État, d'une association ou d'un parti politique étrangers ».

Le non respect de ces limitations constitutionnelles et légales peut conduire à certaines sanctions prévues tant pat le constituant que par le législateur, à savoir, par exemple, la dissolution, la suspension ou même la suppression des dotations publiques (art. 28-34, loi précitée).

Enfin le droit au pluralisme politique emporte pour conséquence heureuse la proscription en Droit constitutionnel congolais, ce depuis 1964, du *monolithisme partisan* et sa condamnation, depuis 1990, comme *crime de haute de trahison imprescriptible*[54].

Le droit de participation à la vie politique de son pays emporte aussi, dans le prolongement même du droit à un régime pluraliste, le droit de création, d'adhésion ou de désengagement à ou d'un parti politique de son choix : ce qui aboutit à le qualifier, *grosso modo*, de droit à un parti ou à un non parti politique.

B. Le droit à un parti – ou à un non parti – politique

Ce droit est aussi un droit du citoyen et, en Droit congolais des droits de l'homme, un *droit du citoyen congolais*. Il comporte, ainsi qu'on vient de le voir, trois volets : le *droit de créer* (1), le *droit d'adhérer à* (2) et le *droit de quitter* (3) un parti politique de son choix.

1. *Le droit de créer un parti politique*

Ce droit est « reconnu » et « garanti en République démocratique du Congo » tant par la Constitution (art. 11) que par l'article 9 de la loi n° 001/2001 du 17 mai 2001 portant organisation et fonctionnement des partis et regroupements politiques (*supra*). Son exercice réel est cependant *conditionné* à la réunion de certains critères légaux.

Ainsi, aux termes de l'article 10 du décret du 17 mai 2001 : « Tout membre *fondateur d'un parti politique* doit remplir les conditions suivantes : être de nationalité congolaise de père et de mère ; être âgé de trente ans au moins ; justifier d'un niveau suffisant de formation intellectuelle, ou d'une expérience professionnelle ou politique avérée ; jouir de ses droits civils et politiques ; jouir d'une bonne santé physique et mentale ; (et) avoir une résidence ou un domicile en République démocratique du Congo »[55].

Les membres fondateurs des partis politiques sont, en plus, tenus de déposer, auprès du ministère ayant les affaires intérieures dans ses attributions, « un dossier de demande d'enregistrement » comprenant les pièces suivantes : une demande d'enregistrement signée par au moins trois membres fondateurs du parti ; les statuts notariés et dûment signés dudit parti, accompagnés du procès-verbal de l'assemblée constitutive du parti ; une déclaration d'identité des membres fondateurs attestant aussi d'une présence équitable de chaque province de la République dans le parti ; des certificats de bonnes vie et mœurs, y compris des casiers judiciaires des membres fondateurs du parti ; des attestations de résidence de ceux-ci ; une déclaration relative au patrimoine et aux ressources du parti ; le *curriculum vitae* de chaque fondateur, son attestation de naissance, son certificat de nationalité ainsi que son certificat médical délivré par un médecin de l'État ou agréé, etc. (art. 12, décret-loi précité).

Bref, on ne peut créer un parti politique en République démocratique du Congo que « dans les conditions fixées par la loi ». Le droit de création d'un parti politique, bien que « garanti » par la Constitution et par la loi, est donc un droit *conditionnel*.

2. *Le droit d'adhérer à un parti politique de son choix*

Ce droit n'est soumis, en théorie, qu'à une seule condition : *avoir atteint l'âge de la majorité politique*, à savoir : « 18 ans révolus » (art. 7, décret-loi du 17 mai 2001). C'est donc, en principe, un droit absolu. Personne, en effet, n'est obligé ni d'adhérer à un parti, ni d'adhérer à un parti déterminé. Le Droit des droits de l'homme manifeste ici, de façon intransigeante, son culte à la liberté.

L'adhésion volontaire à un parti politique peut, en revanche, faire l'objet de certaines mesures restrictives, tenant par exemple à la nature des fonctions exercées par certaines personnes.

Ainsi par exemple, certains « fonctionnaires publics » peuvent être interdits d'adhérer à un parti politique. En Droit politique congolais, il s'agit des « membres des forces armées, des forces de l'ordre et des services de sécurité », des « fonctionnaires et agents de carrière des services publics de l'État », des « mandataires actifs des entreprises et des établissements publics » et, même, des « chefs coutumiers » (art. 7, al. 2, décret-loi du 17 mai 2001). On estime que la nature des fonctions exercées par ces « représentants de l'État » est incompatible avec la partialité, le fanatisme politique et le subjectivisme idéologique qui caractérisent les organisations politiques.

Le principe de la liberté totale d'adhésion à un parti politique n'emporte pas la règle du cumul de partis ou, autrement qualifié, la pratique du « vagabondage politique ». Ainsi, en Droit politique congolais, « Nul ne peut s'affilier à plus d'un parti politique » (art. 7, al. 1er, *in fine*). Il s'agit de décourager tant les nombreuses défections que le papillonnage politique qui ont caractérisé l'explosion des partis politiques en 1990.

Par ailleurs, l'adhésion à un parti politique quelconque, qu'il soit d'opposition ou au pouvoir, ne conditionne ni la jouissance, ni l'exercice par le citoyen de ses droits politiques (art. 8, décret-loi précité). Autrement dit, la jouissance et l'exercice par le citoyen de ses droits politiques sont indifférents de son statut de militant d'un parti ou d'un regroupement politique. On peut avoir droit à un parti tout comme il est tout aussi concevable que chaque individu ait *droit à un non parti*. C'est également ça l'autre volet de la liberté partisane.

Enfin, le principe de la liberté d'adhésion à un parti politique emporte aussi son pendant qu'est la liberté de quitter le parti auquel on a adhéré.

3. *Le droit de quitter tout parti politique*

Au contraire des deux premiers volets de la liberté partisane, il n'existe aucune condition de *quitter* un parti politique. Conformément au principe même de la liberté partisane, il est inconcevable qu'une personne se voit « retenue » de militer au sein d'un seul et même parti politique. Ce serait carrément un régime de non liberté.

Autrement dit donc, le droit de quitter un parti politique de son choix est un droit absolu qui ne souffre d'aucune restriction légale, sauf peut-être l'interdiction du « vagabondage politique » (*supra*).

Pourtant le régime de la négation de la liberté partisane, notamment sous ce volet de quitter le parti, a déjà été en vigueur en République démocratique du Congo, dans le cadre du MPR-parti-État, régime qui faisait de tout Zaïrois (homme, femme, enfant, jeune, adulte et vieux, y compris même le fœtus) « membre du Mouvement populaire de la Révolution », parti politique défini comme étant « la nation zaïroise organisée politiquement »[56].

De nos jours, depuis la condamnation par la Conférence nationale souveraine du monopartisme étatique et mise à part quelques barrières factuelles mises en place ultérieurement pour museler le peuple, tous les citoyens congolais ont, globalement, retrouvé leur liberté de quitter n'importe quel parti de leur choix. Il s'en faut cependant de beaucoup que cette liberté soit réellement palpable sur le terrain.

Le principe de la liberté de quitter un parti est sans préjudice du régime disciplinaire propre à chaque parti. Le maintien d'un membre au sein d'un parti politique, en effet, dépend d'un certain nombre de critères (d'ordre politique, idéologique ou matériel) qui peuvent justifier par exemple des exclusions ou autres mesures suspensives.

Ainsi par exemple, un militant qui ne communie plus à la ligne ainsi qu'à la doctrine du parti ou qui ne paie plus ses cotisations peut se faire exclure de ce parti, indépendamment de son droit libre d'y rester ou de le quitter.

La liberté de quitter un parti peut cependant être restreinte, notamment dans le cas d'un *élu du parti* qui ne peut, au cours d'une même législature, quitter l'organisation politique qui l'a, en quelque sorte, porté au pouvoir, au risque d'être déchu de sa fonction représentative.

Une telle interdiction avait été consacrée sous l'empire de la révision constitutionnelle de 1970, dont la loi électorale prescrivait notamment que « le mandat d'un membre de l'Assemblée Nationale prend fin (entre autres) par : 9° la perte de la qualité de membre du Parti »[57].

Autrement dit donc, le fait pour un « élu » de quitter son parti emportait pour conséquence la perte du mandat parlementaire qu'il détenait par le médium du parti.

Va-t-on maintenir cette interdiction dans le cadre des Constitutions et des lois électorales futures ?

En tout état de cause, il importe que la liberté partisane, même modalisée pour tenir compte de certaines nécessités, demeure un « droit acquis » pour les citoyens congolais et que, personne, à l'issue de ces quatre décennies de « nuit » démocratique, ne puisse, à nouveau, être plongée dans une autre dictature que plus personne ne tolérerait.

Il faut surtout éviter que, à cause d'un manque de liberté, les citoyens soient contraints à l'exil et qu'ils soient soumis, dans d'autres pays, à l'austérité notamment du droit d'asile.

§6. Le droit d'asile

Du fait qu'il s'exerce et se noue dans les rapports internationaux, le droit d'asile est nécessairement un *droit politique* impliquant le concours – ou la confrontation – de deux ou plusieurs souverainetés étatiques, dans le cadre de l'exercice, par un « citoyen du monde », de son « droit à un refuge ».

La Cour d'arbitrage belge avait, à propos de la nature de ce droit, tranché la question de savoir si le droit d'asile était un droit « civil » ou un droit « politique ». Selon elle, en effet, la reconnaissance de la qualité de réfugié étant « intimement liée au droit de séjour et d'établissement », lesquels sont des « droits liés à des prérogatives de la puissance publique », son contentieux relève par conséquent d'un juge spécial dénommé *Commission permanente des recours des réfugiés*, C.P.R.R, et non du juge judiciaire (Arrêt Roxon, 18 mars 1997)[58].

Le droit d'asile fait l'objet, dans les rapports entre États souverains, d'une Convention spéciale dénommée *Convention relative au statut des réfugiés* du 28 juillet 1951, telle que complétée par son Protocole du 16 décembre 1966[59].

En Afrique, continent probablement le plus « producteur » des réfugiés, la question fait l'objet d'une convention spécifique dénommée « Convention régissant les aspects propres aux problèmes des réfugiés en Afrique »[60].

Partout, le Droit international et régional des réfugiés pose, d'abord, un problème de définition : qu'est-ce qu'un réfugié ? (A). Ensuite, il pose la question des conditions d'accès au statut de réfugié : qui est réfugié et qui ne l'est pas ? (B) Enfin, au-delà des « droits spécifiques » reconnus à un réfugié, quelles sont, en particulier, les restrictions auxquelles celui-ci, une fois reconnu, est soumis ? (C).

Telles sont les quelques questions qui méritent, brièvement, d'être traitées ici.

A. Définition d'un réfugié[61]

Aux termes de l'article 1er de la Convention de Genève relative au statut des réfugiés, le terme « réfugié » est pris comme étant s'appliquant, entre autres, à « toute personne qui, (...) craignant avec raison d'être persécutée du fait de sa race, de sa religion, de sa nationalité, de son appartenance à un certain groupe social ou de ses opinions politiques, se trouve hors du pays dont elle a la nationalité, et qui ne peut ou, du fait de cette crainte, ne veut se réclamer de la protection de ce pays ; ou qui, si elle n'a pas de nationalité et se trouve hors du pays dans lequel elle avait sa résidence habituelle à la suite de tels événements, ne peut ou, en raison de ladite crainte, ne veut y retourner ».

Cette définition paraît donc s'appliquer tant aux réfugiés proprement dits (personne ayant une nationalité bien déterminée) qu'aux apatrides (personnes n'ayant aucune nationalité connue). Dans un cas comme dans un autre, la personne recherchant asile nourrit une *crainte d'être persécutée* du fait simplement de sa race, de sa religion, de sa nationalité, de son appartenance à un certain groupe social ou des ses opinions politiques.

Lorsqu'on a affaire à une personne fuyant son pays pour des motifs liés par exemple à sa « nationalité » ou à ses « opinions politiques », on est en face ici d'un *candidat réfugié politique.* Lorsque la personne fuyard invoque, au contraire, des motifs liés à sa « race », à sa « religion » ou à son « appartenance à un certain groupe social », on n'est pas nécessairement en face d'un candidat réfugié politique ; il peut s'agir d'un *réfugié social, philosophique* ou *d'humanité*, mais, en tout cas, le Droit conventionnel actuel rechigne à reconnaître ce que l'on appelle – parfois avec mépris – les *réfugiés économiques.*

Le Droit congolais, à raison de la nouveauté des motifs de reconnaissance de la qualité de réfugié, paraît instituer d'autres « catégories » de réfugiés.

En effet, voulant se positionner à cet égard comme un État démocratique, tolérant et respectueux des droits de l'homme, la RDC, depuis 1992, affirme constamment dans son Droit interne que « Le droit d'asile est reconnu » et que « La République accorde, sous réserve de sécurité nationale, l'asile sur son territoire aux ressortissants étrangers *poursuivis ou persécutés* en raison notamment de leurs opinions, leurs croyances, leurs appartenances raciales, tribales, ethniques, linguistiques *ou de leur action en faveur de la démocratie et de la défense des droits de l'homme et des peuples*, conformément aux lois et règlement en vigueur »[62].

On a donc là une nouvelle catégorie de réfugiés potentiels, celle des activistes des droits de l'homme et des défenseurs du modèle politique qu'on appelle la démocratie. Ce sont donc, en quelque sorte, des *réfugiés idéologiques* ou *défenseurs des droits humains.* Comment gérera-t-on ces « activistes » à l'intérieur des frontières de l'État d'accueil ?

La République démocratique du Congo paraît également avoir institué, en 1994, la catégorie de *réfugiés intellectuels*, ceux précisément poursuivis pour « la liberté du travail scientifique et culturel ». Les *écrivains*, les *réalisateurs de cinéma*, les *animateurs culturels (...)* gênants pouvaient donc, conformément à ce régime constitutionnel, bénéficier du droit d'asile au Congo. Quel progrès !

Enfin, il pouvait également s'agir de *réfugiés combattant pour la libération nationale*[63].

Un réfugié est donc une personne « sans abri » et sans protection. Les motifs de sa « fuite », divers et variés, déterminent sa *chance* à être reconnu. Il importe de les examiner avec humanité – mais aussi avec fermeté – pour pouvoir permettre aux « vrais » réfugiés de bénéficier du statut que leur confèrent la loi et les conventions internationales.

Quelles sont les conditions mises en place, au plan national et international, pour reconnaître la qualité de réfugié aux requérants ?

B. Conditions de jouissance du droit d'asile

Il faut, pour que la qualité de réfugié soit reconnue à une personne, que cette personne fasse l'objet d'une *persécution* quelconque (politique, sociale ou autre), que cette persécution fasse naître en elle une *crainte raisonnable* susceptible de susciter la protection d'un État tiers et qu'elle se trouve *hors de son pays* ou hors du pays où il avait, en tant qu'apatride, sa résidence[64].

Le Droit constitutionnel congolais – surtout à partir de la Conférence nationale souveraine – n'ignore pas le droit d'asile. En plus des conditions posées par la Convention des Nations Unies relative aux statuts des réfugiés, il organise essentiellement *deux conditions alternatives*, fondées, toutes les deux, sur les *mêmes motifs*.

En effet, pour bénéficier d'un droit d'asile au Congo, il faut, dans son pays d'origine ou de résidence, être *poursuivi* (1re condition) ou *persécuté* (2e condition) pour un certain nombre de motifs non limitativement énumérés.

La simple *poursuite* – judiciaire ou policière – suffit donc, même *sans persécution*, pour être admissible à la qualité de réfugiés au Congo. D'un autre côté, la *persécution* peut également être retenue même *sans poursuite judiciaire ou policière*. Il s'ensuit que ces deux conditions sont alternatives et ont la même force d'octroi de la qualité de réfugié.

Les motifs de poursuite ou de persécution sont, quant à eux, énumérés comme suit, selon qu'il s'agit du Droit congolais ou du Droit international :

- opinions, croyances, appartenances raciales, tribales, ethniques ou linguistiques, action en faveur de la démocratie et de la défense des droits de l'homme et des peuples, action en faveur de la lutte de libération nationale et liberté du travail scientifique ou culturel (Droit congolais) ;
- race, religion, nationalité, appartenance à un certain groupe social, opinions politiques (Droit international).

Ces deux listes de motifs, on le constate, sont disproportionnées : le Droit national congolais paraît, à cet égard, *plus large* que le Droit international. En application du sentiment d'humanité qui caractérise toujours le Droit des droits de l'homme, on peut dire qu'en cas de conflit, le Droit national doit, en l'occurrence, prévaloir sur le Droit international plus restrictif. C'est la meilleure façon pour la République démocratique du Congo, d'affirmer, sur ce point, sa vocation africaine et internationale.

Il s'ensuit que, par rapport au Droit de Genève, le Droit constitutionnel congolais des réfugiés est plus que généreuse.

Pour que la qualité de réfugié soit donc reconnue à une personne candidate à l'exil, il faut que cette personne fasse, en Droit congolais, l'objet d'une *persécution ou d'une poursuite* quelconque (politique, sociale, judiciaire ou autre) ; que cette persécution ou cette poursuite fasse naître en elle une *crainte raisonnable* susceptible de susciter la protection d'un État tiers (la RDC en l'occurrence) ; et qu'elle se trouve *hors de son pays* ou hors du pays où il avait, en tant qu'apatride, sa résidence, après avoir invoqué des motifs prévus par la loi. Ce sont les grands principes les plus consacrés en Droit des réfugiés[65].

Il est souhaitable cependant qu'il se développe, en la matière, une jurisprudence intéressante pour obtenir une consécration juridique complète du droit d'asile au Congo, un des pays « fournisseur » des réfugiés au monde.

De même, on sera toujours curieux de savoir comment les autorités publiques vont, chaque fois, s'y prendre dans l'admission des deux conditions précitées ainsi que dans la reconnaissance des motifs qui seront chaque fois invoqués par les requérants.

Il ne sera pas ainsi exclu que, faute de pouvoir bien gérer sa « générosité », la RDC ne puisse recourir constamment aux restrictions généralement admises à l'exercice du droit d'asile. Ce qui sera une autre manière de réduire au strict minimum le droit en question.

C. Restrictions à l'exercice du droit d'asile

Au-delà des restrictions organisées au niveau international, le Droit constitutionnel congolais pose, dores et déjà, que l'octroi du droit d'asile doit se dérouler « conformément aux lois et règlements en vigueur ».

En outre, « Il est interdit à toute personne jouissant du droit d'asile d'entreprendre une activité subversive contre son pays d'origine ou contre tout autre pays à partir du territoire de la République démocratique du Congo » (art. 35, al. 3, Const. de la transition du 4 avril 2003).

Comment ne pas reconnaître à travers ces deux restrictions les réminiscences d'une Nation qui, non seulement, a été victime, mais aussi, a toujours été accusée comme auteur des déstabilisations politiques en Afrique ?

Il s'ensuit, d'une part, que les responsables publiques, dans l'octroi du droit d'asile, invoqueront toujours « la sécurité nationale » ou l'autorité des normes législatives et réglementaires qui régissent la question de l'asile et, d'autre part, que le droit d'asile n'emportera pas toujours, sur le territoire congolais, un droit réel à la rébellion ou à la démocratie, tel qu'il est pourtant promu dans les motifs de reconnaissance de la qualité de réfugié.

Serait-ce, alors, une manière de retirer par la main gauche ce qui aura été donné par la main droite ? N'est-ce pas à cause de son caractère ou, plutôt, de sa tendance à emprunter un caractère politique que le droit d'asile est ainsi entouré d'une suspicion et d'une méfiance que même les législations les plus généreuses ne peuvent éviter ?

De toute manière, la Convention internationale sur le statut des réfugiés ne sera pas appliquée, et donc l'asile ne pourra être accordé, aux personnes poursuivies pour crimes internationaux, pour crimes graves de droit commun et/ou pour « agissements contraires aux buts et aux principes des Nations Unies » (art. 1er, F. Convention réfugiés et art. 14, DUDH).

Telles sont brièvement rappelées les quelques restrictions au droit d'asile telles qu'elles sont en vigueur en Droit congolais. Tel est également, brièvement brossé, le contenu du droit d'asile actuel, en tout cas tel qu'il sera appliqué au Congo.

Quid du droit à la pétition ?

§ 7. Le droit à la pétition

Il importe, très brièvement, de circonscrire, d'abord, la notion de pétition (A) afin d'être à mesure de dégager correctement quelques caractères qui s'attachent au droit à la pétition (B). Ensuite, la détermination de la nature dudit droit (C) permettra d'en circonscrire le cercle des bénéficiaires (D). Enfin, comment oublier l'étude de la forme du droit à la pétition (E), dans la mesure où, selon des conceptions, l'exercice même du droit à la pétition doit faire l'objet de certaines limitations (F), ne serait-ce que pour en contenir des débordements !

A. Notions de pétition

Une pétition, au sens général et vulgaire, est une demande écrite – une requête – adressée par un ou plusieurs citoyens à une ou plusieurs autorités publiques dans le but de se plaindre ou de faire des suggestions concernant une situation résultant de l'action – ou de l'inaction – des pouvoirs publics. Par exemple : le mauvais état des routes, les conditions de scolarité des élèves, etc.

Le but d'une pétition est donc, selon cette définition, double : il s'agit, soit de se plaindre d'une situation donnée, soit de faire des suggestions aux autorités concernant une situation.

Selon le célèbre constitutionnaliste français Léon Duguit, une pétition « C'est le *droit qui appartient à l'individu* d'adresser, *aux organes ou agents publics, un écrit* où il expose des *opinions*, des *demandes* ou des *plaintes* »[66]. Esmein et Nezard lui emboîtent le pas, en précisant que « C'est le droit pour les individus d'adresser des plaintes, des *réclamations* ou des *observations*, soit aux *autorités qui rentrent dans le pouvoir exécutives*, soit aux *assemblées législatives* »[67].

Pour sa part, M. Rossi pense que « Le droit de pétition, considéré dans toute son étendue, d'une manière générale, est la faculté qui appartient à toute personne de s'adresser *aux pouvoirs sociaux, aux autorités constitutionnelles*, pour *leur faire connaître tel et tel fait, tel et tel état de choses*, et pour *réclamer leur intervention*... Aussi, envisagé de ce point de vue, *le droit de pétition s'applique-t-il*, tous les jours, *à toutes choses, dans les rapports des individus avec le pouvoir* »[68].

Il ressort de toutes ces définitions (non exhaustives) que la notion ou le droit de pétition suppose un certain nombre de caractères qu'il convient à présent d'examiner.

B. Les caractères du droit à la pétition

Le droit à la pétition paraît être d'abord un droit de « toute personne », de « tout individu » (1). Ensuite, il s'agit d'un droit qui s'exerce dans les rapports entre les individus et les pouvoirs publics (2). Enfin, puisqu'il s'agit de requérir « leur intervention » (l'intervention des pouvoirs publics), le droit à la pétition paraît exercer un rapport conflictuel avec le caractère comminatoire ou non de l'intervention des pouvoirs publics (3).

Essayons d'examiner, point par point, ces différents caractères.

1. *Le droit à la pétition, un droit des individus*

Dire du droit à la pétition qu'il s'agit d'un « droit des individus » suppose deux choses : d'une part, qu'il peut appartenir à « toute personne » indépendamment de sa situation, de sa race, de son sexe, de sa couleur et même de sa nationalité ; d'autre part, qu'il ne peut appartenir aux pouvoirs publics, puisque, précisément, c'est à ces derniers que les demandes, les doléances, les plaintes, les réclamations... sont adressées.

Il en découle que le droit à la pétition suppose une généralisation indéterminée de la nature de ses bénéficiaires (« toute personne ») et un recentrage vers des buts à première vue plutôt publics (amélioration d'une législation, construction d'une école, annulation d'une politique...).

Cependant, les buts des pétitionnaires peuvent ne pas revêtir ce caractère public pour se concentrer vers des objectifs plutôt privés. Dans ce cas, la pétition ressemble plus à une plainte privée qu'à une demande collective.

2. *Le droit à la pétition, un droit public*

Si l'on s'en tient à la thèse selon laquelle « le droit à la pétition s'exerce dans les rapports des individus avec les pouvoirs publics », il faut noter, alors, que le droit à la pétition ne vise que des objectifs publics, des objectifs d'intérêt collectif.

Il peut s'agir, comme nous venons de le dire, des « réclamations » pour l'amélioration d'une législation ou pour l'annulation d'une politique publique. Tout comme, il peut s'agir des « opinions exprimées sur une politique, une décision », etc.

Le tout est de savoir que le destinataire d'une pétition, individuelle ou collective, n'est rien d'autre que le représentant de la puissance publique de l'État.

Une pétition, en effet, n'est, en général, adressée qu'aux autorités de l'État, aux détenteurs de la « puissance publique » (Président de la République, députés, sénateurs, ministres, gouverneurs de province, autorités locales et municipales...). Il n'est pas d'usage qu'elle soit adressée aux autorités privées, telles les autorités religieuses par exemple.

Adressée aux autorités publiques en tant que « demande », la pétition suppose-t-elle une réponse et une solution « obligatoire » de la part de ses destinataires ?

Cette question, qui pose le problème du caractère comminatoire ou non de la pétition, a toujours divisé la doctrine.

3. *Le caractère comminatoire ou déclaratoire d'une pétition*

Pour les uns, puisque la pétition est une « demande », elle ne peut obliger son destinataire à répondre dans un sens déterminé, surtout celui souhaité par les pétitionnaires ; il s'agit, selon cette thèse, d'une demande simplement déclaratoire.

Pour les autres, au contraire, la pétition est une « plainte » ; et puisqu'elle constitue une plainte, c'est-à-dire une action par laquelle un individu lésé dans ses droits exprime aux autorités le besoin de se voir reconnaître la qualité de victime, elle doit nécessairement impliquer, de la part du destinataire, une attitude positive : celle d'agir ; la pétition reçoit donc, dans cette hypothèse, un caractère comminatoire certain [69].

Quelque soit son caractère comminatoire ou déclaratoire, il faut noter avec Marcel Richard que « La pétition peut, en effet, revêtir *des formes et des aspects divers* : depuis ceux d'une simple demande, d'une prière, d'une supplique, d'une plainte, d'un vœu, des doléances, d'une réclamation, d'une requête, d'un placet, jusqu'à ceux d'une pétition proprement dite... *La pétition est un nom collectif*...il sert à désigner *différentes demandes dont les caractères et l'objet sont peu semblables...* » [70].

Pour conclure, établissant à ce sujet un rapport judicieux entre les différentes conceptions du droit de pétition et la forme politique d'un gouvernement, Marcel Richard rapporte, très opportunément, les propos du Chapelier français, pour qui la forme et les caractères de la pétition sont étroitement liés aux conceptions que se font les hommes sur la forme d'un gouvernement déterminé.

Pour cet orateur (propos tenus lors d'une séance de l'Assemblée nationale française, le 9 mai 1791), « Dans un *gouvernement despotique* : on *supplie* ; mais, dans le *gouvernement libre* : on *se plaint*, on *forme des pétitions* »[71].

Marcel Richard lui-même, comme pour couper court à la controverse, rappelle que « Pétitionner, c'est en somme parler ou se plaindre en s'adressant à la puissance publique, avec cette légère différence que, *tandis qu'autrui peut fermer ses oreilles à nos paroles ou à nos plaintes, la puissance publique doit écouter et entendre* »[72]

Autant dire que la forme et les caractères de la pétition dépendent très étroitement des différentes conceptions que les hommes se font de la nature des rapports entre les pouvoirs publics et les citoyens.

C'est peut-être, ici, le lieu de découvrir l'arrière-fond philosophique des conceptions de tous les tenants de deux thèses opposées (thèse de la pétition comminatoire et thèse de la pétition déclaratoire) qui viennent d'être mises en lumière dans le rappel de cette controverse, vieille comme l'histoire du droit public français. Ces conceptions, en dépit de leur « vieillesse », ne sont pas moins présentes dans nos sociétés contemporaines.

De ces caractères peut-on essayer de dégager la nature juridique exacte du droit de pétition ?

C. La nature juridique du droit à la pétition

Il découle du premier caractère que le droit à la pétition est un droit individuel appartenant à toute personne. De ce point de vue, on peut considérer, sur le plan juridique, que le droit à la pétition est un *droit privé,* un droit subjectif. Mais, puisqu'il s'exerce nécessairement « dans les rapports des individus avec les pouvoirs publics » – lesquels en réglementent parfois l'exercice –, le droit à la pétition est aussi nécessairement un *droit public*, un droit *objectif*, un droit *positif*.

Le caractère public du droit à la pétition (le premier à être mis en exergue) découle de deux considérations complémentaires : d'abord, en tant qu'elle est destinée aux autorités publiques, la pétition inscrit le droit qu'elle porte dans le champ du droit public ; ensuite, puisqu'elle intervient souvent et nécessairement dans un but d'intérêt collectif, la pétition « publicise » ses motivations. Il en découle donc un « devoir » pour les pouvoirs publics d'en réglementer la forme et l'exercice.

En revanche, appréhendé comme un droit privé subjectif, la pétition se réfère, ici, uniquement au but fondamental qu'elle s'assigne dès le départ, à savoir : la défense des intérêts privés. En tant que telle, elle appartiendrait au groupe des droits dits *naturels*, qu'un des représentants de l'École du droit naturel définit comme étant les droits « qui appartiennent originairement et essentiellement à l'homme, qui sont inhérents à sa nature, dont il jouit par cela seul qu'il est Homme... »[73].

Il est d'ailleurs intéressant de se référer à cette École du droit naturel puisque, dans une conception opposée (droit de pétition, droit public), on peut ranger le droit de pétition plutôt dans la catégorie des *droits acquis*, définis comme étant des droits « dont l'homme ne jouit naturellement, mais qu'il s'est procuré par son propre fait »[74].

Pour en ressortir la véritable différence de caractère, Blackstone, un autre représentant de l'École du droit naturel, décrit ces deux catégories de droits – droits acquis et droits naturels – comme étant des droits « relatifs » et « absolus ». Les droits absolus (droits naturels dans sa conception) appartiendraient « en propre à chaque homme », tandis que les droits relatifs (droits acquis) sont ceux que l'homme « tient de sa qualité de membre de la société »[75].

Dans le débat « droit privé – droit public » qui nous concerne ici, il convient de constater que, s'il existe des tenants de la thèse privée, le droit *à* la pétition, ou plus exactement, le droit *de* pétition est, de nos jours, devenu un *droit plus public que privé*, ne serait-ce que parce que son exercice généralisé se targue d'un certain nombre de buts publics et se trouve considérablement enfermé dans des réglementations publiques qui, petit à petit, l'ont sorti de son champ « naturel ».

De ce qui précède, la nature juridique du droit à la pétition est, on peut le dire, *mi-privé et mi-public*. Tout dépend du régime juridique lui conféré dans tel ou tel État.

D. Bénéficiaires du droit à la pétition en Droit positif congolais

Longtemps perçu comme un aspect de la liberté d'expression, le droit de pétition est durablement resté absent dans l'espace constitutionnel congolais. Bien que protégé, en particulier, dans le cadre de l'article 7 du premier Protocole facultatif se rapportant au PIDCP (1966), ce droit est, en effet, d'apparition constitutionnelle récente, et, il a fallu attendre l'avènement du courant démocratique des années 90 pour que ce droit, singulièrement politique, soit constitutionnalisé. Il évolue à l'heure actuelle, donc, comme un droit autonome, c'est-à-dire indépendamment de la liberté d'expression auquel il était originairement lié.

Il s'agit d'un droit exclusif des *citoyens congolais* qui peut s'exercer, soit individuellement, soit collectivement. Aux termes de l'article 31 de la Constitution de la transition du 4 avril 2003, en effet, « *Tout*

Congolais a le droit d'adresser, individuellement ou collectivement, une pétition pacifique à l'autorité publique. Nul ne peut faire l'objet de discrimination pour avoir pris l'initiative de pareille pétition »[76].

Il s'ensuit que le droit de pétition est, au Congo, un *droit individuel ou collectif appartenant exclusivement aux citoyens congolais*. Ceux-ci peuvent, dans la poursuite de leurs fins, se plaindre ou faire des suggestions aux autorités, sans pouvoir faire l'objet, en retour, de mesures de rétorsions ou de discriminations de la part de ces dernières. Tel est l'ajout et l'apport fondamental de la Constitution du 4 avril 2003.

Dans cette conception, les autorités ne peuvent pas, par exemple, faire de discriminations entre les pétitionnaires et les non pétitionnaires dans la jouissance des droits sociaux (paiement des salaires et des primes, octroi des allocations diverses, etc.) ou dans l'avancement en grades (nomination en qualité de chef de bureau, chef de division, etc.). Ceci serait contraire à la Constitution.

Nous ne trouvons cependant pas d'inconvénient que, même les étrangers, dans la mesure où les décisions des autorités publiques les affectent, puissent également disposer de ce droit. Il va falloir alors, dans ce cas, substituer aux expressions « tout Congolais », celles universellement admises de « toute personne ».

Mais, comme tout autre droit politique – droit relatif par excellence – le droit à la pétition connaît cependant, inévitablement, quelques restrictions. Il en est ainsi au niveau de sa ou de ses formes d'expression.

E. Formes d'expression du droit de pétition

Nous l'avons déjà vu plus haut, la pétition est *un écrit*, mais un écrit qui peut revêtir plusieurs manières. Il peut s'agir d'une simple *demande*, tout comme il peut s'agir d'une *requête* (demande écrite). Il peut s'agir d'une *prière* ou d'une *doléance*, tout comme la requête peut revêtir la forme d'un *placet* (forme sublime d'une prière, d'une supplique).

Bref, une pétition peut être exprimée de plusieurs manières, revêtir plusieurs formes, mais, le tout est de savoir être sûr de la « force » de sa demande.

L'on rapporte que *dans un placet*, Molière, s'adressant au Roi Louis XIV, une des catégories d'autorités affectionnant toutes sortes de glorioles, s'exprimait ainsi : « C'est une chose bien téméraire à moi que de venir importuner un Grand Monarque au milieu de Ses Glorieuses conquêtes… ». Ou encore, rapporte-t-on, les propos d'un autre courtisan du Roi qui croyait, lui, dans ses correspondances, devoir déclarer au préalable que « Les Rois éclairés comme Vous n'ont pas besoin qu'on leur marque ce qu'on souhaite ; Ils voient comme Dieu ce qu'il nous faut, et savent mieux que nous ce qu'Ils nous doivent accorder… »[77].

Ces propos dithyrambiques, outre leur « mérite » poétique ou, pour ne pas dire, prosaïque, ne doivent étonner que ceux qui ne comprennent pas encore la psychologie des despotes. Habitués à des folklores et à d'autres gloires du même genre, il faut noter que les despotes et leurs courtisans, même dans la matière des correspondances administratives, affectionnent de telles formules.

En République démocratique du Congo, il paraît complètement suranné les nombreuses marques de déférence que l'on observe très souvent et qui sont, en réalité, exigées du peuple, dans leurs rapports avec les pouvoirs publics. Il est ainsi fréquent que l'on entende les autorités rejeter le contenu d'une pétition tout simplement parce que cette dernière aurait été « irrévérencieuse » ! Jusqu'où peut-on aller dans la révérence et dans la liberté de pétitionner en RDC ? Le respect dû à l'autorité (révérence) peut-il aller jusqu'à la « déification » ou à la « sanctification » ? À quand la fin du culte de leurs « Excellences » ou de leurs « Éminences » en RDC ?

Les exigences formelles (liées par exemple au langage ou à l'utilisation des mots) constituent-elles une limitation légale au droit de pétitionner ?

F. Les limitations au droit à la pétition

Le droit d'adresser des pétitions aux autorités publiques n'est pas, loin s'en faut, un droit absolu. Il connaît quelques limitations d'ordre technique ou même de caractère téléologique.

Ainsi par exemple, dans le cadre d'une action collective, une pétition, pour être reçue et considérée, doit pouvoir remplir une condition de *quorum*, c'est-à-dire avoir été signée par un *nombre déterminé* de personnes (1.000 par exemple). La Constitution actuelle ne reprend pas cette condition de nombre.

Très souvent, on impose que le contenu de la pétition, voire même son style et son mode d'expression revêtent un caractère *pacifique*. Il s'agit d'une manière de « filtrer » les pétitions incendiaires, violentes ou insultantes. Il n'empêche que le droit à la pétition est aussi un droit comme tous les autres et mérite respect, promotion et protection au même titre que ces autres droits.

Il y a parfois des limitations tenant au contexte, c'est-à-dire au moment de pétitionner. Ainsi par exemple, telle ou telle pétition peut être mal vue à telle ou telle époque plus qu'à telle ou telle autre.

Bref, les limitations au droit à la pétition sont nombreuses, contextuelles, et voire même arbitraires. Il importe cependant de réglementer celles des limitations qui peuvent être considérées comme justes et raisonnables, au risque d'abandonner ce droit fondamental aux caprices de la puissance publique.

Tel est donc, brièvement présenté, l'échantillon de quelques droits politiques qui ont mérité notre intérêt dans le cadre de cette section.

Le Droit congolais des droits de l'homme, surtout à partir de l'adoption de la Charte congolaise des droits de l'homme et du peuple (2001), connaît également l'existence d'autres droits politiques, qu'ils soient d'exercice individuel ou collectif, ou qu'ils aient été ou non examinés ici. Que nos lecteurs ne nous en tiennent donc pas rigueur. Ce n'est pas tant pour leur manque d'intérêt ou d'importance qu'ils ont été ainsi « oubliés ». Leur étude ultérieure est à souhaiter dans le cadre probablement des éditions futures du présent ouvrage.

Il en est ainsi par exemple du droit à l'autodétermination, notamment dans son volet « droit à un régime constitutionnel » (art. 7, C.C.D.H.P). Il en sera également de même du « droit inaliénable et inviolable à la démocratie et à un régime politique représentatif de la majorité » (art. 11, C.C.D.H.P). Il en est, enfin, ainsi du « droit inaliénable et inviolable » du peuple congolais « de rédiger, d'adopter et de proclamer librement sa constitution (...) préalablement acceptées par référendum populaire » (art. 13, C.C.D.H.P).

Tous ces droits politiques seront étudiés prochainement, tant qu'ils continueront à être reconnus en Droit positif congolais. À l'heure actuelle, ils coexistent avec tous les autres droits de l'homme, notamment, avec des droits singulièrement civils.

SECTION 2. LES DROITS SINGULIÈREMENT CIVILS

Les droits civils, ce sont ceux qui sont, en général, reconnus à toute personne humaine sans considération notamment de sa qualité de citoyen national ou de son sexe. Certes, le mot « civil » – qui renvoie au mot « citoyen » – indique ici le rattachement de l'individu à une « cité ». Mais, il ne faut pas nécessairement appréhender ce mot « cité » au sens de l'« État » dont on est nécessairement ressortissant. Car, l'universalité des droits de l'homme qui caractérise surtout les droits civils induit la titularisation d'un certain nombre de droits à toute *personne humaine*, dès lors que ces droits sont « inhérents » à l'espèce humaine.

Les droits civils reconnus à toute personne humaine sont nombreux et variés. On ne saurait achever leur étude quantitative dans ce cadre. Il nous faut nécessairement procéder, ici aussi, par échantillonnage.

Seront ainsi, tour à tour, vus le droit à la vie (§ 1), le droit à l'intégrité physique de sa personne se matérialisant sous forme d'interdiction de la torture ou des traitements analogues (§ 2), le droit à la liberté (§ 3), le droit à la sûreté (§ 4), le droit à la non discrimination (§ 5), le droit à un procès équitable (§ 6) et le droit à la vie privée et familiale (§ 7).

§1. LE DROIT À LA VIE

C'est le premier des droits civils « inhérents à toute personne humaine ». Selon l'expression même du Comité des Droits de l'Homme (Obs. n° 146/ 1983, *Baboeram c/ Surinam,* A/40/40, §697), le droit à la vie « est le droit suprême de l'être humain ».

Se posent à propos de ce droit suprême trois questions fondamentales : 1° Quelle est la définition de ce droit ? 2° Quelles sont ses conditions d'exercice ? 3° Le régime des dérogations et des restrictions s'applique-t-il à ce droit suprême ?

A. Définition

La question de la définition du droit à la vie se ramène, en réalité, à la question du *dies a quo* et du *dies adequem* de la vie : à partir de quand et jusqu'où, en effet, doit-on protéger la vie humaine ?

Hormis la Convention américaine des droits de l'homme qui y fournit une réponse partielle, cette question n'est abordée par aucun autre texte de proclamation universelle des droits de l'homme. En effet, ni les différents Pactes, ni la Constitution congolaise ne définissent ce que c'est la vie. Or, il faut bien définir ce *dies a quo* et ce *dies adequem* pour essayer de résoudre certaines questions que l'humanité se pose aujourd'hui, et notamment l'épineuse question de l'*avortement* ou/et de l'*euthanasie*.

Aux termes de l'article 4 de la CADH, « Toute personne a droit au respect de sa vie. Ce droit est protégé par la loi, et *en général à partir de la conception*. Nul ne peut être arbitrairement privé de sa vie... »[78]. En Droit international américain des droits de l'homme, le *dies a quo* de la vie à protéger est donc *la conception*. Mais, un jour de conception suffit-il à caractériser la vie ? En tout cas, sur ce point, des expertises médicales et biologiques sont nécessaires.

Par ailleurs, la même CADH, par dérogation au principe du respect de la vie, admet que la mort puisse légalement être donnée aux personnes qui,au moment où le crime a été commis, sont *dans la tranche d'âgé entre 18 et 70 ans* (art. 4. 5). Autrement dit et *a contrario*, la peine de mort ne peut pas être exécutée, en Droit interaméricain des droits de l'homme, à une personne âgée de *moins de 18 ans* ou de *plus de 70 ans*. Ce qui pose le problème du sort de la vie adulte : est-elle, seule, susceptible d'être sacrifiée ?

Dans les pays qui répriment l'avortement, telle la République démocratique du Congo[79], le *dies a quo* de la vie est généralement protégé : il s'agit de la *conception*. Commence alors à se poser l'épineuse question de la *viabilité* du fœtus (...). De toutes les manières, le droit à la vie, par le biais de la répression de l'avortement, est, au Congo, reconnu à toute personne *à partir de sa conception*. Ceci est une exception notable à l'article 211 du Code de la famille[80], exception qui se justifie par le caractère humaniste des droits de l'homme.

Il n'y a pas lieu, à cet égard, de tenir compte de l'incise « à condition qu'elle naisse vivante » puisque, précisément, le Droit pénal, par dérogation à cet article, protège la vie *à partir de sa conception*, peu importe que, ultérieurement, la personne puisse naître « vivante et viable ». La RDC protège donc la vie d'un être humain à partir de sa conception et non de sa naissance « vivante et viable ».

Dans les pays qui, en revanche, autorisent l'avortement, telle par exemple la France ou la Belgique, le *dies a quo* de la vie est, évidemment, *la naissance*. S'affirme alors la condition que l'enfant doit être « né vivant et viable » pour pouvoir bénéficier du droit à la vie. Il ne reste pas moins vrai que, dans ces pays, la question du « droit à la mort » – *l'euthanasie* – si elle n'est pas « discutée » comme en France, est tout de même reconnue avec une telle série de « conditions » que, pratiquement, on aboutit presque à sa négation (Belgique).

Pseudo-droits sévèrement interdits par l'Église[81], l'avortement et l'euthanasie restent, en République démocratique du Congo, considérés comme des crimes odieux, et la fermeté de leur répression pénale (5 à 15 ans de servitude pénale principale pour l'avortement, peine capitale ou à perpétuité pour l'euthanasie) témoigne, si heureusement, de la centralité de l'homme et de la supériorité de sa vie sur sa liberté.

Y a-t-il des conditions mises en place, par le Droit ou par les faits, pour exercer son droit à la vie ?

B. Conditions d'exercice du droit à la vie

À *priori*, il n'y a aucune condition posée par le législateur pour l'exercice du droit à la vie. Toute personne humaine, à partir de sa conception jouit, en effet, du droit à la vie. Et, à partir du moment où elle est née vivante et viable, elle a le droit de l'exercer sans entraves, ni conditions spécifiques.

On peut cependant dire que l'épanouissement harmonieux de la vie d'une personne humaine dépend, en pratique, d'une série de facteurs dont la réunion est indispensable à la poursuite de la jouissance du droit à la vie. Mais, il s'agit d'une question de fait et non de droit.

Ainsi par exemple, un bébé né qui n'est pas correctement nourri par ses parents sera condamné à la mort par inanition. Il en est de même d'un adulte qui ne s'alimente pas ou qui ne s'alimente que médiocrement. C'est également le cas d'une personne dont la sécurité physique n'est pas assurée : il suffit qu'un meurtrier ou un bandit de grand chemin y mette la main pour que suppression de la vie humaine s'ensuive.

Il s'ensuit que les conditions de jouissance et d'exercice du droit à la vie sont, essentiellement, des données d'ordre factuel qui ne ressortissent pas, *a priori*, au Droit.

L'État a l'obligation d'assurer à ses habitants toutes les conditions matérielles et juridiques nécessaires pour la poursuite de l'existence terrestre de ces derniers et de décourager, mieux, de réprimer toute tentative de suppression du droit à la vie.

À *l'obligation d'abstention* qui s'impose à tout débiteur du droit à la vie, s'ajoute ainsi, à charge de l'État, une *obligation d'action*, consistant à « prendre des mesures nécessaires à la protection de ce droit » (voir CDH, n° 546/1993, Burrell c/ Jamaïque, déc. 18 juillet 1996, CCPR/C/D/546/1993) : enquêtes policières et judiciaires, mesures de répression pénale, etc.

Les facteurs de promotion et de protection effectives du droit à la vie sont de deux ordres : d'une part, l'observance de *l'obligation négative qu'ont l'État et les particuliers de s'abstenir de donner intentionnellement la mort* et, d'autre part, l'observance de *l'obligation positive qui incombe à l'État de protéger cette vie par des mesures institutionnelles appropriées* (incriminations des actes attentatoires à la vie, enquêtes policières et judiciaires en cas d'atteinte à la vie...).

Pour rester dans le cas de la République démocratique du Congo, l'importance accordée par le Comité des Droits de l'Homme à l'obligation positive incombant à l'État de mener des enquêtes et de poursuivre les auteurs des meurtres, l'avait amené, en 1987 par exemple, à condamner le Zaïre pour mort « inexpliquée » de prisonniers lors de leurs détentions, à Kinshasa, par les autorités militaires (Aff. L. Miango c/ Zaïre, déc. 27 octobre 1987, *Sélection*..., p. 230). Il s'était agi d'un facteur important dans la diminution de ce phénomène de morts « inexpliquées » sous le règne du maréchal Mobutu.

Autant dire que, même s'ils ne le veulent pas, les organes de protection internationale « aideront » toujours les États à mieux assumer leurs obligations constitutionnelles, légales et conventionnelles, quoiqu'ils se réfugient derrière leurs régimes de dérogations et/ou de restrictions.

En bref, il n'y a pas de conditions légales à la jouissance et à l'exercice du droit à la vie. Il n'y a que des conditions factuelles.

C. Régime de dérogations et de restrictions au droit à la vie

Aussi paradoxal que cela puisse paraître, le droit à la vie, dans certains systèmes de protection des droits de l'homme, reste soumis à un régime dérogatoire et restrictif. Dans les États qui organisent ces dérogations et restrictions, on peut dire que le droit à la vie n'est pas, alors, un droit absolu. Pourtant, il s'agit d'un droit généralement qualifié d'intangible, voire de « sacré ». Ce qui se ramène à la grande problématique du *maintien ou de l'abolition de la peine de mort.*

En effet, le problème de l'admission, du maintien ou de l'abolition de la peine de mort, sujet polémique en Droit des droits de l'homme, se trouve aujourd'hui diversement résolu par les États, malgré les pressions du Droit et de la communauté internationale.

En République démocratique du Congo, la peine de mort reste non seulement prévue par le code pénal, mais tolérée, à titre de restriction, par le Droit national des droits de l'homme[82].

L'article 15 de la Constitution actuelle – celle de la transition – est même permissif à cet égard. En effet, alors même que la personne humaine est déclarée « sacrée » et que « toute personne » est reconnue avoir « droit à la vie », cette disposition constitutionnelle (regrettable à notre point de vue), reconnaît que quelqu'un peut « être privé de la vie... dans les cas prévus par la loi et dans les formes qu'elle prescrit ».

Il s'ensuit que le droit à la vie proclamé précédemment se trouve être, dans cette hypothèse, nullifié par la volonté du Constituant lui-même d'autoriser l'application de la peine de mort dans certaines circonstances.

Cela est d'autant plus regrettable que, prenant en compte les évolutions de mentalités actuelles et les exigences du Droit international, les participants à la Conférence nationale sur les droits de l'homme avaient décidé d'inclure dans la Charte congolaise des droits de l'homme et du peuple une disposition expresse abolissant, de manière absolue et définitive, la peine de mort[83].

Enfin, même si les États (ceux qui n'ont pas ratifié le 2e Protocole au PIDCP) sont libres d'abolir ou de garder la peine de mort dans leur législation, le Comité des Droits de l'Homme, dans son Observation générale du 27 juillet 1982 sur l'article 6 du PIDCP, ne s'empêche pas d'« estimer » que les termes mêmes de l'article 6 « suggèrent sans ambiguïté que l'abolition (de la peine de mort) est souhaitable » et que celle-ci (peine de mort) « doit être une mesure tout à fait exceptionnelle ».

Ce manque de fermeté du CDH est-il une prime supplémentaire accordée aux États vindicatifs et nostalgiques de la peine de mort ?

En règle générale, les conditions d'admission de la licéité des mesures restrictives du droit à la vie, c'est-à-dire en clair les conditions d'application de la peine de mort, trouvent ici aussi à s'appliquer.

Ainsi, le droit à la vie ne peut être restreint que « dans des conditions et des formes prévues par la loi » – cas du recours autorisé à la force et jugement définitif rendu par un tribunal – et pour le but prévu par celle-ci. Le respect de la règle de la nécessité et de la proportionnalité dans l'utilisation des moyens susceptibles de donner la mort est également, ici, de rigueur. Bref, le recours à la peine de mort est encadré juridiquement.

La Cour européenne des droits de l'homme considère, par exemple, que lorsque les autorités décident de « recourir à la force », au titre du §2 de l'article 2 de la CEDH pour éventuellement infliger la mort, elles doivent, à cet égard : 1° chercher à atteindre les buts visés aux points a), b) et c) du même article (*assurer la défense d'une personne contre une autre violence, effectuer une arrestation régulière ou empêcher l'évasion d'une personne régulièrement détenue, réprimer une émeute ou une invasion*) ; 2° observer la règle de l'« absolue nécessité » de ce recours à la force ; 3° tester l'équilibre entre le moyen utilisé et le ou les buts visé(s), ce qui se ramène à la règle de proportionnalité[84].

La Cour considère même, sous un autre angle, que la peine de mort, spécialement lorsqu'elle conduit la victime à passer par « le couloir de la mort », constitue, au regard de l'article 3 de la Convention, un traitement inhumain dépassant le seuil toléré par ladite disposition conventionnelle[85].

Il s'ensuit que l'interdiction d'atteintes au droit à la vie tend à se généraliser et, cette généralisation ira croissante à mesure que les États aboliront la peine de mort dans leurs législations internes, y compris en renforçant, comme en Europe, les liens entre l'interdiction de la mort et l'interdiction de la torture.

La première interdiction, on l'espère, aboutira à protéger le droit à la vie ; la seconde interdiction, on le sait déjà, protège le droit à l'intégrité physique de toute personne.

§2. LE DROIT À L'INTÉGRITÉ PHYSIQUE OU L'INTERDICTION DE LA TORTURE...

Deuxième droit figurant en bonne place dans les Conventions internationales et dans les lois nationales de protection des droits de l'homme, l'« interdiction de la torture et des peines ou traitements cruels, inhumains ou dégradants » est, en fait, une formulation négative du *droit au respect de l'intégrité physique, voire morale, d'une personne.* Il s'agit aussi d'un droit *indérogeable.*

Deux questions paraissent devoir être étudiées ici : 1° Comment définir et distinguer les termes « tortures », « traitements cruels », « inhumains » ou « dégradants »qui sont utilisés dans les Conventions internationales ? et 2° Quel est le champ d'application de l'interdiction des tortures et autres traitements cruels, inhumains ou dégradants ?

A. Définition des concepts

En général, c'est le critère de l'*intensité des souffrances* qui, ici, permet de distinguer lesdits concepts.

1. *La torture*

La torture – et spécialement la torture officielle – est définie par la Convention du 10 décembre 1984 comme étant « un acte par lequel *une douleur* ou *des souffrances aiguës*, physiques ou mentales, sont *intentionnellement infligées* à une personne » *dans le but d'obtenir d'elle certains renseignements ou aveux, de la punir ou de l'intimider*, et cela en usant de sa qualité officielle (art. 1er, Convention des Nations Unies contre la torture et autres peines ou traitements cruels, inhumains ou dégradants)[86].

Trois éléments constitutifs paraissent donc devoir caractériser une torture : 1° Il faut une douleur ou une souffrance d'une certaine gravité (le seuil de cette intensité étant cependant aléatoire à déterminer) ; 2° Il faut une intention délibérée d'infliger une telle souffrance ; 3° Il faut un but déterminé (obtenir des aveux, des renseignements ; punir ou intimider).

La Convention précise aussi que le terme torture « ne s'étend pas à la douleur ou aux souffrances *résultant uniquement de sanctions légitimes, inhérentes à ces sanctions ou occasionnées par elles* ». Il faut donc comprendre que la torture visée par la Convention n'est pas la « torture légale » qui peut être infligée, par exemple, dans le cadre d'une procédure pénale ou disciplinaire normale.

Telle n'est cependant pas l'opinion du Comité des Droits de l'Homme, pour qui l'interdiction de l'article 7 du PIDCP vise aussi les peines corporelles, « y compris les châtiments excessifs infligés à titre de sanction pénale ou de mesure éducative ou disciplinaire » (CDH, *Obs. gén.* n° 20 (44) du 3 avril 1992, *A/47/40*, p. 190).

Le point de vue du Comité des Droits de l'Homme est celui qui prévaut et doit prévaloir en République démocratique du Congo. Les sanctions pénales, éducatives ou disciplinaires ne doivent donc pas se transformer en séances de tortures, ni se rapprocher des traitements cruels, inhumains ou dégradants.

2. *Traitements cruels, inhumains ou dégradants*

Il s'agit ici, dans l'ensemble, de « mauvais traitements » qui, pour tomber sous le coup de l'interdiction, doivent atteindre un « minimum de gravité », apprécié en fonction de l'ensemble des données de la cause, par exemple la rigueur du traitement, la durée de celui-ci, les effets du traitement sur la victime, l'objectif ou les objectifs poursuivi (s) par le bourreau, etc.(CDH, n° 265/1987, Vuolanne c/ Finlande, déc. 8 juillet 1988, Rapp. 1989, *A/44/40*, p. 266, § 9.2).

Pour particulariser chacun de ces traitements, les organes de contrôle utilisent généralement le même critère du *seuil de gravité* que s'agissant de la torture, et procède *par gradation* pour considérer qu'un traitement « cruel » est plus grave que le traitement « inhumain » et « dégradant », et ainsi de suite.

La Cour européenne des droits de l'homme, par exemple, considère le *traitement inhumain* comme celui qui « provoque volontairement des souffrances mentales ou physiques d'une intensité particulière », tandis que le *traitement dégradant* est pris comme celui qui « humilie l'individu grossièrement devant autrui ou le pousse à agir contre sa volonté ou sa conscience »[87].

En revanche, le *traitement cruel* est toujours regardé comme une torture, c'est-à-dire celle infligée délibérément et « provoquant de fort graves et cruelles souffrances »[88].

Le Droit congolais des droits de l'homme n'a pas encore abouti à de telles distinctions, ni atteint de telles définitions pour le moins ingénieuses. Rien ne l'empêche cependant d'épouser, ici, le point de vue de la Cour européenne qui, en théorie, nous semble plus protecteur de l'intégrité physique des personnes.

B. Champ d'application

Telle que formulée par la Convention internationale y relative, l'interdiction de la torture et d'autres peines ou traitements cruels, inhumains ou dégradants paraît ne s'appliquer qu'aux *relations officielles entre un agent de la puissance publique et un particulier.*

Au contraire, si l'on recourt à la formulation de l'article 15 alinéa 4 de la Constitution congolaise de la transition (*Nul ne peut être soumis à la torture, ni à des traitements inhumains, cruels ou dégradants*), cette interdiction paraît s'appliquer aussi aux *relations privées qui se nouent entre particuliers eux-mêmes.*

Il s'ensuit que le champ d'application de l'interdiction de la torture en Droit congolais est, de par la volonté du Constituant, *général :* il concerne tant les relations publiques que les relations privées des acteurs du drame de la torture.

Sur ce point, et en attendant l'avènement d'une jurisprudence fournie, on peut dire que le Droit international des droits de l'homme est utilement complété par le Droit national.

Dans le système international et européen précisément, les cas de jurisprudence recensés concernent plutôt, en grande majorité, les relations entre les autorités publiques et les particuliers.

Ainsi par exemple, dans le système international, c'est-à-dire devant le CDH, on peut relever de nombreux cas de torture « classique » infligés par des autorités militaires et policières aux particuliers (n° 74/1980, M-A. Estrella c/ Uruguay, déc. 29 mars 1983, *Sélection…*, p. 98 ; n° 147/1983, L-A. Gilboa c/ Uruguay, déc., 1er novembre 1985,

Idem, p. 84 ; n° 176/1984, J. Penarrieta et al. C/ Bolivie, déc. 2 novembre 1987, *Ibid.*, p. 211).

Dans le système européen, c'est-à-dire devant la CEDH, il y a par exemple, l'arrêt Aksoy contre la Turquie (traitement de la « pendaison palestinienne » infligé par la police au requérant durant sa garde à vue), l'affaire Aydin (viol de la requérante par des policiers durant sa garde à vue), affaires Tomasi et/ou Selmouni c/ France (traitement subi durant une garde à vue), etc.

Bref, c'est surtout l'aspect « officiel » qui est regardé dans ces deux systèmes de protection.

Sur un autre terrain, le Comité des Droit de l'Homme s'était montré également rigoureux vis-à-vis de la Suisse, en estimant que l'article 3 de la Convention contre la torture faisait obligation à ce pays de ne pas extrader le requérant Balabou Mutombo vers le Zaïre, à raison à la fois du risque personnel que celui-ci encourrait d'être soumis à la torture à son retour au pays et d'une situation de « violations systématiques » des droits de l'homme généralement constatée dans ce pays (n° 13/1993, 27 avril 1994, *RUDH*, 1994, p. 268).

Il en découle que le champ d'application de l'interdiction de la torture peut s'avérer et est appelé à être élastique, au bénéfice de l'homme et du respect de son droit à l'intégrité physique ou morale. Le Droit congolais des droits de l'homme s'y rapproche déjà.

Quid du droit à la liberté ?

§3. LE DROIT À LA LIBERTÉ

Après le droit à la vie et le droit à la sûreté, le droit à la liberté est sans doute l'un des droits « fondamentaux » de l'homme le plus protégé en Droit, mais paradoxalement, le plus bafoué en pratique.

Il convient, à propos de ce droit, de rappeler, d'abord, quelques notions générales de la liberté humaine (A) qui permettent de saisir, tant soit peu, sa nature et sa portée juridiques. Ensuite, les différentes « facettes » de la liberté (B), en tant que droits particuliers dérivés du grand principe de la Liberté humaine, méritent d'être replacés dans le contexte du Droit congolais. Enfin, nous terminerons par le rappel de certaines exigences de la liberté constituant, en Droit congolais, l'essentiel de ce que l'on peut appeler le régime juridique des libertés publiques (C).

A. Notions générales

Il y a plusieurs « définitions » de la liberté. Plus précisément, il y autant de définitions qu'il y a de spécialistes des disciplines de la connaissance.

Les théologiens ont leur « perception » de la liberté qui n'est pas forcément la même que celle des philosophes. Les juristes par contre, sans évacuer la question des « fondements » de la liberté, préfèrent insister plus sur des préoccupations « objectivables » que sur des monitions plus ou moins pensées.

En théologie, surtout dans la théologie judéo-chrétienne, la liberté consiste en un état de vie d'un croyant qui se trouve être « libéré de l'esclavage du péché ». C'est ce que Saint Paul décrit et désigne par l'expression bien connue de « la liberté des enfants de Dieu »[89].

Philosophiquement, on peut définir la liberté comme un « Bienfait suprême consistant pour un individu ou un peuple à vivre hors de tout esclavage, servitude, oppression ou domination intérieure ou étrangère ». Elle est aussi une « faculté innée, inhérente à la personnalité (humaine), reconnue à tout individu de se déterminer par sa seule volonté dans sa vie (privée ou professionnelle) ». Cette liberté-là est synonyme de libération, d'affranchissement, d'autonomie, voire d'indépendance[90].

Au plan juridique, la liberté est cette faculté dont l'exercice sans entrave est garantie par le Droit. Être libre en Droit, disent certains auteurs avisés, suppose que l'on puisse agir sans entrave et sans avoir, non plus, à faire preuve d'héroïsme. En d'autres termes, selon ces auteurs, « Il n'y a liberté juridique que lorsque l'individu se voit reconnaître par l'État, dans le contexte actuel, le droit d'exercer une activité déterminée à l'abri des pressions extérieures »[91]. Cette liberté appelle donc, nécessairement, une autre notion : celle de la responsabilité.

Depuis la célèbre Déclaration des droits de l'homme et du citoyen du 17 août 1789, l'humanité a découvert, grâce à certains humanistes français, que « Les hommes naissent et demeurent libres et égaux en droits ». En définissant la liberté comme le « pouvoir (de) faire tout ce qui ne nuit pas à autrui » ou en prescrivant que « La loi n'a le droit de défendre que les actions nuisibles à la société »[92], la Déclaration française des droits de l'homme et du citoyen a sans doute, sur le plan du Droit, apporté, là, une lumière tout à fait neuve quant à la façon de concevoir et de garantir la liberté.

Depuis lors, la liberté, sans descendre de son piédestal philosophique ou religieux, est devenue une notion essentiellement juridique. Elle est devenue une liberté publique. En devenant une liberté publique, elle a mis également en lumière les différentes facettes dont cette liberté est porteuse et qui, depuis le 18e siècle européen, ne cessent d'être codifiées.

En Droit congolais, la majorité des articles de la fameuse « Loi fondamentale sur les libertés publiques » du 16 juin 1960 était consacrée au « droit à la liberté » ainsi qu'à ses différentes facettes[93]. Il convient, par conséquent, de « passer en revue » quelques-unes de ces libertés les plus marquantes.

B. Les facettes de la liberté

À l'instar de bon nombre de systèmes, le Droit congolais organise et protège plusieurs facettes de la liberté humaine. Qu'il s'agisse de la liberté d'aller et de venir (1), de la liberté d'expression ou de parole (2), des libertés de réunion, de manifestation et d'association (3) ou qu'il s'agisse des libertés de pensée, de conscience et de religion, des libertés scientifique et d'enseignement, des libertés de l'art, de l'industrie et du commerce...(*infra*), l'ensemble de ces libertés relève d'un seul et même attribut de la personne humaine, à savoir : la liberté tout court.

Pour leur étude scientifique, il convient cependant de séparer toutes ces facettes de la liberté pour mieux s'apercevoir que les premières citées sont des droits généralement qualifiés de « civils », tandis que les secondes, étant essentiellement des *libertés de l'esprit*, sont généralement classées dans le groupe des droits dits « culturels » (*infra*).

Dans la reconnaissance de toutes ces libertés, le Droit congolais apparaît à cet égard comme étant « à la page » de l'histoire du Droit moderne des droits de l'homme.

1. *La liberté d'aller et de venir*

Communément appelée *liberté de circulation*, cette liberté est diversement désignée en Droit congolais. D'apparition assez lointaine,[94] elle se manifeste essentiellement sous deux formes.

Tout d'abord, la liberté de circulation signifie, en Droit congolais, que « Tout Congolais a le droit de changer de domicile et de se fixer librement en un lieu quelconque du territoire national et d'y jouir de tous les droits... »[95]. Cette liberté implique qu'aucun Congolais ne peut, « pour des raisons politiques, ethniques ou autres »[96], être contraint de vivre hors du lieu où, au sein de l'État, il a choisi de fixer son établissement.

Dans un pays où des déplacements forcés des populations – dont les populations kasaïennes du Shaba – ont parfois secoué l'histoire nationale et où certaines manifestations d'exclusion sociale sont parfois à peine dissimulées, il n'a été que plus sage de constitutionnaliser un tel droit.

Ensuite, la liberté de circulation en Droit congolais peut également être regardée comme le « droit de tous les Congolais de quitter librement le territoire de la République et d'y revenir »[97]. Ce droit de quitter le territoire et d'y revenir est également de tradition constante et, à l'heure actuelle, est consacré par l'article 33 précité, alinéa 3 *in fine*, de la Constitution de la Transition du 4 avril 2003.

Aurait-il été pardonnable d'oublier cet aspect de la liberté de circulation qui, parfois, à cause des attitudes de certains services de sécurité, rend la mobilité internationale des Congolais parfois difficile ?

Bref, la liberté de circulation est garantie et protégée par la plus haute pyramide normative du pays.

La Constitution paraît cependant réserver la jouissance et l'exercice de ce droit aux seuls Congolais, sans pour autant en priver l'exercice aux étrangers. Toutefois, ces derniers voient limitée leur « liberté de circulation » en cas de mesures spécifiques liées par exemple au contrôle d'accès à certaines zones minières ou à la protection de certains sites, lieux ou bâtiments.

Il n'en demeure pas moins exigeant que les limitations de l'exercice de la liberté de circulation, qu'il s'agisse des nationaux ou des étrangers, obéissent et doivent obéir aux standards nationaux et internationaux en matière de limitations des droits.

La Constitution du 1er août 1964 prévoyait trois motifs principaux de limitation de la liberté de circulation : l'intérêt de l'ordre public, la lutte contre les risques d'épidémie et la prévention d'infractions pénales. La Constitution de la transition du 4 avril 2003 prévoit que « L'exercice de ce droit ne peut être limité qu'en vertu de la loi » (art. 33, al. 4).

2. *La liberté d'expression*

Sont reconnus sous ce couvert principalement la liberté de parole, la liberté de presse ainsi que tous les autres droits y attachés.

La Loi fondamentale relative aux libertés publiques s'exprimait, à propos de ce droit fourre-tout en ces termes : « Chacun a le droit d'exprimer et de diffuser librement ses opinions notamment par la parole, la plume et l'image. L'exercice de cette liberté peut être soumis à certaines formalités, conditions, restrictions ou sanctions qui, prévues par la loi ou les édits, constituent des mesures nécessaires dans une société démocratique, à la sécurité nationale, à l'intégrité territoriale ou à la sûreté publique, à la défense de l'ordre et à la prévention du crime, à la protection de la santé ou de la morale, à la protection de la réputation ou des droits d'autrui »[98].

En ce qui la concerne, la Constitution du 1er août 1964 édictait que « Toute personne a droit à la liberté d'expression. Ce droit implique la liberté d'exprimer ses opinions et ses sentiments, notamment par la parole, l'écrit et l'image, sous réserve du respect de l'ordre public et des bonnes mœurs ». Elle précisait un des contenus de cette liberté en ajoutant que « La liberté de presse est garantie à tous les Congolais. Aucune autorisation de paraître n'est requise et la censure ne peut être établie. Les formalités de parution seront prévues par la loi... »[99].

De son côté, la Constitution de la transition du 4 avril 2003 épouse la même formulation que celle de la Constitution du 1er août, en ajoutant un troisième motif de limitation du droit à la liberté d'expression, à savoir : le « respect des droits d'autrui »[100].

La liberté d'expression est donc, en Droit congolais, la faculté reconnue à « toute personne » ou à « chacun » de manifester, par la parole, l'écrit ou l'image, ses pensées, ses opinions et même ses sentiments en public ou en privé.

Cette liberté, de stricte observance, comprend plusieurs aspects. Il peut s'agir de la simple *liberté de parole* (droit dire ce que l'on veut à la maison, à l'église, dans la rue, à la radio, à la télévision, dans un auditoire, etc.). Il peut s'agir aussi et surtout de la *liberté de presse* (droit de rechercher, de traiter et de diffuser n'importe quelle information). Il peut s'agir enfin de la liberté de dessiner, de peindre, de caricaturer... pourvu que, par ce biais, l'auteur du dessin, de la peinture ou de la caricature ait voulu exprimer une idée, une pensée, une opinion, un sentiment, etc.

Quoique de stricte observance, la liberté d'expression n'est pas un droit absolu. Son exercice est soumis à des règles de restrictions et aux conditions habituelles de restrictions généralement admises. C'est surtout sous son aspect de liberté de presse qu'elle est souvent codifiée[101].

Les autres aspects de la liberté d'expression n'échappent pour autant pas à des réglementations internes.

Par exemple, le Règlement intérieur des étudiants de l'Enseignement supérieur et universitaire du Congo ainsi que le Règlement des résidences estudiantines prévoient, en leurs articles 14, 27 et 30 (Règlement des étudiants), 10 et 17 (Règlement des résidences) un certain nombre de prescriptions qui ne manquent pas de limiter la liberté d'expression des étudiants.

En effet, il est dit dans cette réglementation que « Pendant les activités éducatives, l'étudiant respectera le bon ordre et la discipline. Il exécutera *toutes les tâches* qui lui sont proposées dans le cadre de sa formation. Envers les professeurs et assistants chargés de sa formation ainsi qu'envers le personnel administratif de sa faculté/section, *il fera montre de courtoisie et de respect* » (art. 14).

De même, « L'étudiant aura à cœur de veiller particulièrement à la bonne réputation de l'établissement. Il ne pourra engager le renom de l'établissement *dans aucune action ou attitude préjudiciable*. Toute manifestation publique et *tout écrit* pouvant mettre en cause l'établissement ou ses membres comme tels devront recevoir *l'autorisation préalable du Recteur/Directeur général* ou de l'autorité mandatée à cet effet » (art. 27).

Enfin, « *Tout affichage* dans les limites de l'établissement est *soumis au visa préalable de l'autorité académique* » (art. 30).

Dans le cadre de la réglementation des résidences estudiantines, il est dit notamment que « L'étudiant s'attachera à *éviter tout fait de nature à troubler le travail productif ou le repos indispensable dans les résidences.* Il s'abstiendra de tenir des *réunions bruyantes* dans les chambres ; en outre, après 22 heures, il s'abstiendra de tenir des *conversations à voix forte* avec ses camarades dans les chambres et dans les couloirs et de *faire de la musique bruyante* » (art. 10). « Il est (également) *interdit de graver ou d'écrire sur les murs, les portes et les fenêtres de son logement*, d'utiliser des appareils électroménagers ... de jeter des ordures ainsi que des eaux usées à travers les fenêtres »[102].

De telles restrictions à la « liberté d'expression » des étudiants sont, évidemment, compatibles avec l'objectif d'assurer une éducation de qualité aux futurs cadres du pays et avec celui d'assurer le calme, l'ordre, la propreté et la tranquillité dans les milieux universitaires. De même, elles ne sont pas excessivement préjudiciables à tout étudiant moyennement constitué et raisonnablement conscient des objectifs poursuivis par la société pour sa meilleure formation.

Bref, la liberté d'expression est un droit conditionnel, mais, de stricte observance.

3. Les libertés de réunion, d'association et de manifestation

Aux termes de l'article 16, alinéa 1er, de la Loi fondamentale sur les libertés publiques, « Toute personne a droit à la liberté de réunion et à la liberté d'association, y compris le droit de fonder avec d'autres des syndicats et de s'affilier à des syndicats pour la défense de ses intérêts ».

Les articles 40 à 42 de la Constitution de la transition du 4 avril 2003 reconnaissent respectivement le « droit de créer des associations », le « droit syndical » (y compris le droit de s'affilier à ces associations et syndicats) et même le « droit de grève »[103].

Les « liberté(s) de réunion et de manifestation pacifiques » sont, quant à elles, « garantie(s) » par l'article 30 du même texte constitutionnel, « sous réserve du respect de l'ordre public »[104].

Il s'agit, pour l'ensemble, des droits dits collectifs.

La *liberté d'association* – droit collectif par excellence – c'est la faculté reconnue à plusieurs êtres humains de s'associer, c'est-à-dire de se réunir en une communauté de travail, d'intérêt(s) ou de sentiment(s). Souvent, cette communauté d'intérêts ou de travail prend la forme *d'associations civiles* généralement appelées syndicats, mutualités, « organisations non gouvernementales », partis politiques, communautés religieuses, etc.

Les associations civiles sont organisées en République démocratique du Congo par le décret-loi n° 195 du 29 janvier 1999 portant réglementation des associations sans but lucratif et des établissements d'utilité publique [105]. Ce décret définit une association sans but lucratif comme étant « celle qui ne se livre pas à des opérations industrielles ou commerciales, si ce n'est à titre accessoire, et qui ne cherche pas à procurer à ses membres un gain matériel [106].

Toute personne peut faire partie de ces associations, mais la loi précise que « Le nombre des membres effectifs de l'association sans but lucratif ne peut être inférieur à *trente* » ! [107]

La personnalité civile de ces associations, nécessaire à tout commerce juridique, doit s'obtenir auprès du Président de la République, qui, par cela, prend un « décret délibéré en Conseil des Ministres » [108]. Quelle lourdeur !

Les associations sans but lucratif sont, en Droit congolais, classifiées en fonction de leur « nature » et de leur « objet », et en tant que telles, elles sont tantôt « une association à caractère culturel, social ou éducatif », tantôt « une organisation non gouvernementale de développement, O.N.G.D. en sigle », tantôt encore « une association confessionnelle » [109].

Le régime juridique de toutes ces catégories d'associations civiles (conditions de création et de dissolution, critères des membres fondateurs et des administrateurs, rapports avec les pouvoirs publics, etc.) est organisé d'une manière particulièrement rigoureuse par ce décret qui, comme le révèle son préambule, entendait « conformer la législation relative aux associations sans but lucratif au nouvel ordre institutionnel en République démocratique du Congo » [110].

Il s'en faut cependant de beaucoup que la rigueur de ce régime juridique ait rencontré sur le terrain la cohérence et l'ordre social recherchés.

Telle qu'elle est formulée par l'article 40 de la Constitution de la transition, la liberté d'association est, en tout cas, un droit appartenant à « toute personne » relevant de la juridiction de la République démocratique du Congo. Toutefois, la Constitution interdit aux membres des forces armées, des forces de maintien de l'ordre et des services de sécurité de *fonder des syndicats* et, *a fortiori*, *de s'y affilier* (art. 41, al. 3, *infra*, p. 180).

Quant à la *liberté de réunion* – autre droit collectif apparenté au premier –, c'est la faculté reconnue à toutes les personnes, organisées ou non en association civile permanente, de s'assembler, c'est-à-dire de se retrouver ensemble pour discuter, partager, se divertir…, bref, pour faire ou ne rien faire quelque chose. Cette faculté peut s'exercer soit en public, soit en privé.

La Constitution précise que la réunion doit cependant être « pacifique » et sa liberté doit s'exercer « sous réserve du respect de l'ordre public » (art. 30). C'est surtout sous son aspect de « manifestation publique » qu'elle est particulièrement et juridiquement encadrée.

La *liberté de manifestation* est un droit d'apparition récente dans l'écriture constitutionnelle et légale du pays. Bien que de pratique ancienne, elle voit le jour pour la première fois en Droit congolais sous les « feux » vindicatifs de la Conférence nationale souveraine. L'article 30 de la Constitution de la transition du 4 avril 2003 qui la consacre *expressis verbis* n'est qu'une reprise partielle de l'article 10 de l'Acte constitutionnel de la transition qui déjà, dans une formule quelque peu alambiquée, avait sérieusement reconnu, entre autres, la liberté « de cortège et de manifestation » en République du Zaïre [111].

Pour l'essentiel, cette liberté n'est pas d'exercice aisé. En particulier, elle n'est pas dans les bonnes grâces des dirigeants politiques. Déjà en 1995, son utilisation quelque peu osée par un groupe de syndicalistes avait donné lieu, non seulement à des répressions policières d'une brutalité inouïe, mais surtout à un procès public particulièrement rocambolesque, à l'occasion duquel la plus haute juridiction du pays – la Cour suprême de Justice – avait développé une jurisprudence particulièrement fâcheuse du point de vue de la protection des libertés.

Pour cette Cour en effet, le fait que l'Acte constitutionnel de la transition ait conditionné l'exercice de cette liberté au « respect de la loi », lui donnait le droit d'évoquer un assez vieux texte de l'époque coloniale – l'ordonnance n° 25/505 du 5 octobre 1959 portant réglementation des manifestations publiques – pour opiner que la non obtention par les syndicalistes de l'« autorisation administrative préalable » requise pour toute manifestation publique rendait celle-ci illégale [112].

Il s'ensuit que, depuis cette date, la jurisprudence congolaise a plutôt tendance à soumettre l'exercice de la liberté de manifestation à un régime d'autorisation, même en l'absence d'une loi d'application précise à ce sujet.

Pour échapper à la critique du recours à des textes d'origine coloniale, le législateur de 1999 avait édicté une loi sur ces manifestations publiques sans vraiment tirer au clair le sort du régime des « autorisations préalables ».

Tout d'abord, pour les distinguer, la nouvelle législation définit une manifestation *publique* comme étant celle organisée « sur la voie publique ou dans les lieux publics ouverts » ou « celles auxquelles le public est admis ou invité » ; et une manifestation *privée* comme étant celle organisée « en dehors de la voie publique, dans les lieux publics ou privés fermés et clôturés ». Les premières « sont soumises à une *déclaration préalable* auprès des autorités administratives compétentes », tandis que les secondes « peuvent être subordonnées à l'*autorisation préalable* »[113].

La question principale est, évidemment, celle de savoir si, en l'absence des « déclarations » ou des « autorisations » requises, l'exercice de la liberté de manifestation devient inconstitutionnel. La réponse est évidemment affirmative, la Constitution elle-même prescrivant que cette liberté doit être exercée « sous réserve du respect de l'ordre public » et que « la loi fixe les modalités d'application » de la disposition qui consacre la liberté de manifestation.

Mais, un refus injustifié ou un refus mal motivé de l'autorité administrative n'est évidemment pas suspensif du droit constitutionnellement affirmé.

Enfin, il convient de distinguer une *réunion* d'une *manifestation* publique. En Droit congolais, « sont considérées comme *manifestations* notamment les marches, les défilés, les cortèges, les cérémonies d'accueil, les processions à caractère politique, culturel ou religieux. Sont considérées comme *réunions* tous rassemblements sédentaires d'au moins 2 personnes ne comportant aucun mouvement continu de déplacement d'un lieu à un autre »[114].

Il s'ensuit qu'avant d'organiser sa manifestation ou sa réunion, il faut regarder par deux fois pour savoir si l'on est dans le cadre ou hors cadre légal. Sinon, c'est la sûreté même de sa personne qui sera en jeu.

§4. Le droit à la sûreté

Avec la liberté, le droit à la sûreté est aussi un droit fondamental reconnu à toute personne en Droit congolais.

Si la Loi fondamentale relative aux libertés publiques ne le mentionne pas *expressis verbis* – préférant se limiter à en donner quelques aspects –, la Charte congolaise des droits de l'homme et du peuple le désigne sous le vocable de droit à la « sécurité de la personne » (art. 22). La Constitution de la transition du 4 avril 2003, elle, ne le désigne pas *expressis verbis*. Cela n'empêche cependant pas la doctrine de l'appeler ainsi en essayant de rapprocher les écritures constitutionnelles aux écrits internationaux existants.

Les principaux aspects du droit à la sûreté (ou à la sécurité personnelle) garantis par le Droit congolais des droits de l'homme couvrent un certain nombre de droits spécifiques, dont la lecture ne peut cependant se comprendre que dans le cadre d'une « poursuite », d'une « arrestation » ou d'une « détention » judiciaires, en tant que situations légales exceptionnelles admises au droit à la liberté générale[115].

Ces droits spécifiques, découlant du « droit » de réglementation des procédures d'arrestation, de détention et/ou de poursuite, peuvent être de plusieurs ordres. La Constitution de la transition du 4 avril 2003 en extrait huit. Il s'agit du principe de la légalité même des poursuites, des arrestations et des détentions ; du principe de la légalité des délits et des peines ; du droit d'être informé des motifs de son arrestation ou de son accusation ; du droit d'être informé de tous ses droits en cas d'arrestation ; du droit de visite familiale ou juridique en cas de garde à vue ; du droit à la vie et à l'intégrité physique et mentale en cas de détention ; du droit à un recours juridictionnel pendant la détention ou l'arrestation et du droit à la réparation en cas d'arrestation ou de détention illégales.

Sans s'attarder sur les deux « principes » de la légalité ci haut cités, insistons particulièrement sur les « droits » spécifiques énumérés par le Constituant comme composantes du droit à la sûreté individuelle.

A. Le droit d'être informé des motifs de son arrestation ou de son accusation

Ce droit spécifique est énoncé à l'article 20, alinéa 1er, de la Constitution de la transition du 4 avril 2003 : « Toute personne arrêtée doit être informée immédiatement ou au plus tard dans les vingt-quatre heures des motifs de son arrestation et de toute accusation portée contre elle, et ce, dans la langue qu'elle comprend ». Ce droit est, *mutatis mutandis*, également affirmé dans la Loi fondamentale relative aux libertés publiques (art. 5.2), dans la Charte congolaise des droits de l'homme et du peuple (art. 23, al. 2) et dans presque toutes les Constitutions anciennes du pays.

Le droit d'être informé des motifs de son arrestation ou de toute accusation portée contre soi suppose que le personnel de police, le personnel judiciaire et, de façon générale, toute autorité habilitée à ce faire doit, avant de se saisir du corps de la personne recherchée ou avant de proférer contre lui des accusations de nature à lui ouvrir une procédure judiciaire, l'informer des raisons légales qui justifient son arrestation et/ou son « accusation ».

Cette information, précise la Constitution, a lieu *immédiatement* ou *au plus tard dans les vingt quatre heures* de l'arrestation ou de l'accusation. En outre les motifs de l'arrestation ou de l'accusation doivent être portés à la connaissance de l'infortuné *dans la langue qu'elle comprend*.

Il s'agit d'un droit fondamental spécifique, particulièrement de rigueur en cas de procédure d'arrestation, de détention ou de simple accusation.

B. Le droit d'être informé de tous ses droits en cas d'arrestation

Il ne suffit pas d'être informé des « motifs » de son arrestation et/ou de son accusation. La Constitution précise que cette information doit concerner aussi les « droits » dont bénéficie l'infortuné en cas de procédure judiciaire engagée contre lui (art. 20, al. 2, Const. du 4 avril 2003).

Ainsi par exemple, lorsqu'un individu est arrêté par la police, par le parquet ou par le tribunal, il a le droit de se faire savoir qu'il peut demander « immédiatement » l'assistance d'un avocat ou d'un défenseur de son choix. Il a également le droit de se faire savoir qu'il dispose du droit de demander un recours judiciaire contre l'arrestation dont il est victime ou/et qu'il a le droit, soit de garder silence, soit de ne pas témoigner contre lui-même tout au long de la procédure engagée contre lui.

Ces différents droits doivent expressément être portés à la connaissance du présumé coupable, de l'inculpé ou de l'accusé, sans autre forme de procès. Ils doivent, au besoin, figurer dans l'acte de convocation de celui-ci avec un degré de lisibilité et d'accessibilité tel que l'intéressé ne puisse les ignorer.

C. Le droit à la vie et à l'intégrité physique et mentale en cas de détention

Ces droits généraux sont également particulièrement renforcés en cas d'arrestation ou de détention d'une personne avant son jugement.

La Constitution de la transition s'exprime à cet égard dans des termes qui ne laissent aucune concession aux ennemis de la liberté : « Tout détenu doit bénéficier d'un traitement qui préserve sa vie, sa santé physique et mentale ainsi que sa dignité » (art. 20, al. 5). Aucune concession à ce devoir n'est faite aux autorités chargées de la détention.

Il s'agit probablement d'une réaction à la pratique généralisée de la torture ainsi que des traitements inhumains et dégradants qui a parfois cours dans les amigos congolais.

La Charte congolaise des droits de l'homme et du peuple n'avait-elle pas raison d'édicter que « Toute personne privée de sa liberté (doit être) traitée *avec humanité* et *avec le respect dû à la personne humaine* » (art. 23, al. 1er) ?

D. Le droit de visite familiale et/ou juridique en cas de garde à vue

Droit général s'appliquant normalement à toutes les phases de la procédure judiciaire, le droit pour « toute personne gardée à vue...

d'entrer immédiatement en contact avec sa famille et son conseil » est particulièrement de rigueur en cas de « garde à vue » d'une personne. C'est un droit constitutionnellement affirmé (art. 20, al. 3, Const. du 4 avril 2003).

La Charte congolaise des droits de l'homme et du peuple y ajoute même un droit corollaire, à savoir : « le droit de se faire examiner par un médecin de son choix » (art. 23, al. 4, *in fine*).

Le droit à la visite familiale et juridique ainsi que le *droit à un contrôle médical* sont donc des droits corollaires à la sûreté.

La garde à vue elle-même, précise la Constitution, « ne peut excéder quarante-huit heures » ; et, « À l'expiration de ce délai, la personne gardée à vue doit être relâchée ou mise à la disposition de l'autorité judiciaire compétente » (art. 20, al. 4).

La Charte congolaise des droits de l'homme et du peuple précise que ce « temps nécessaire » de la garde à vue sert à « réaliser les vérifications tendant à l'éclaircissement des faits » (art. 23, al. 3) et non à toute autre chose.

E. Le droit à un recours juridictionnel en situation de privation de liberté

Aux termes de l'article 21 de la Constitution de la transition du 4 avril 2003 « Toute personne privée de sa liberté par arrestation ou détention a le droit d'introduire un recours devant un tribunal qui statue à bref délai sur la légalité de sa détention et ordonne sa libération si la détention est illégale ».

La Loi Fondamentale du 17 juin 1960 donnait même un terme à l'exercice de ce recours – ou plutôt à l'accomplissement de ce devoir par les autorités –, en prescrivant que « Toute personne arrêtée ou détenue dans les conditions prévues au § 1, c, du présent article doit être traduite *aussitôt que possible* devant un juge ou un autre magistrat habilité par la loi à exercer des fonctions judiciaires... ».

Elle précisait également que « Toute personne privée de sa liberté par arrestation ou détention a le droit d'introduire un recours devant un tribunal afin qu'il statue *à bref délai* sur la légalité de sa détention et ordonne sa libération si la détention est illégale » [116].

Le droit à un recours juridictionnel en cas de privation de liberté est donc d'exercice instantané, voire concomitant avec la privation de la liberté. Si, après contrôle juridictionnel de l'arrestation et/ou de la détention, il s'avérait que ladite privation de liberté était illégale, le prévenu est immédiatement libéré, sans préjudice de son droit à réparation.

F. Droit à la réparation en cas d'arrestation ou de détention illégales

Pour décourager l'État dans sa pratique quotidienne des arrestations et/ou des détentions non conformes à la loi, le Constituant de 2003, à la suite de celui de 1960 et des autres époques constitutionnelles du pays, édicte que « La personne victime d'une arrestation ou d'une détention illégale a droit à une juste et équitable réparation du préjudice qui lui a été causé » (art. 21, al. 2, Const. du 4 avril 2003 ; art. 5.5, Loi Fondamentale du 1er juin 1960 et art. 24, Charte congolaise des droits de l'homme et du peuple).

Cette réparation, précise le Droit congolais le plus constant, doit être « juste et équitable ». Elle s'obtient nonobstant toute poursuite pénale contre l'auteur des arrestations et/ou des détentions illégales qui auront été, ensuite, jugées « arbitraires » (art. C.P. L. II).

Les droits spécifiques découlant du droit à la sûreté, variés et fort divers, se rapprochent ainsi, on s'en doute, du méta-droit qu'on appelle droit à un procès équitable, un droit également fourre-tout.

§5. LE DROIT À UN PROCÈS ÉQUITABLE

Ainsi qualifié par la doctrine et la jurisprudence, le « droit à un procès équitable » résulte d'une disposition internationale constante qui affirme, depuis la DUDH en passant par la CEDH et le PIDCP, que « Toute personne a droit à ce que sa cause soit entendue équitablement et publiquement par un tribunal compétent, indépendant et impartial, établi par la loi, qui décidera soit du bien-fondé de toute accusation en matière pénale dirigée contre elle, soit des contestations sur ses droits et obligations de caractère civil ». Cette disposition existe également, *mutatis mutandis*, en Droit congolais [117].

Il s'agit d'un droit considéré comme la « garantie procédurale » de tous les autres droits et son importance, en Droit des droits de l'homme, va grandissante. Son contenu théorique, mieux, ses « composantes » sont clairement expliquées et analysées, en ce qui concerne la République démocratique du Congo, par le Bâtonnier MATADI NENGA GAMANDA [118].

Deux questions importantes font l'objet du développement théorique de ce droit : 1° Son champ d'application ; 2° Ses règles fondamentales, c'est-à-dire, le contenu réel ou les « composantes » du droit au procès équitable.

A. Champ d'application du droit au procès équitable

Une lecture textuelle des instruments juridiques énonçant « le droit au procès équitable » révèle que cette garantie fondamentale des droits de l'homme ne s'appliquerait pas à *tous* les litiges, mais *uniquement*, aux « contestations sur les droits et obligations de caractère civil » et aux « accusations en matière pénale ». Il s'ensuivrait, selon cette lecture, que le champ d'application du droit au procès équitable se trouverai limiter aux matières *pénales* et *civiles*.

Ce point de vue, partiellement exact, a été heureusement complété, notamment, par la Cour européenne des droits de l'homme, dont la jurisprudence – abondante en la matière – inspire et doit inspirer beaucoup de systèmes en raison de sa richesse.

Sous l'action, en effet, de cette juridiction régionale européenne, complétée en partie par les « Observations générales » du Comité des Droits de l'Homme, les notions de « contestations sur les droits et obligations de caractère civil » et d'« accusations en matière pénale » ne sont plus, aujourd'hui, étriquées comme autrefois ; elles sont, de façon pragmatique, *étendues* à d'autres domaines du droit et s'appliquent aujourd'hui, entre autres, aux matières tant *administratives*, *fiscales* (...) que *constitutionnelles*[119].

S'agissant de la notion de « droits et obligations de caractère civil » spécialement, la Cour européenne des droits de l'homme, suivie par le Comité des Droits de l'Homme des Nations Unies, estime, à ce jour, que l'expression couvre « toute procédure dont l'issue est déterminante pour des droits et des obligations de caractère civil, peu importe la nature de la loi – pénale, commerciale, administrative, etc. – suivant laquelle la contestation doit être tranchée (arrêt König, 28 juin 1978, *GA*, n° 13, § 90 et CDH, n° 112/1981, Y.L. c/ Canada, déc. 8 avril 1986, *Sélection*..., p. 30, § 9.2).

Seul compte donc ici le caractère « privé du droit en cause » : il faut que la question *ait un objet patrimonial* et qu'elle se fonde sur une atteinte à un des *droits eux aussi patrimoniaux*.

Telle serait donc la signification de l'expression « droits et obligations de caractère civil ».

S'agissant de l'expression « accusations en matière pénale », il s'agirait de « la notification officielle, émanant de l'autorité compétente, du reproche d'avoir accompli une infraction pénale ». Cette dernière expression est du reste considérée à partir de trois critères : la qualification donnée par le Droit interne de l'État en cause, la nature même de l'infraction et la gravité de la peine encourue. De sorte que même les procédures disciplinaires, administratives, fiscales ou autres pourraient entrer en ligne de compte de cette notion.

Bref, l'étendue du champ d'application du droit au procès équitable, contrairement à la lettre des prescrits légaux et conventionnels, est vaste. Il couvre presque toutes les procédures judiciaires « dont l'issue est déterminante pour un droit patrimonial » ainsi que les procédures pénales *stricto sensu* ou les procédures disciplinaires.

En clair, le droit à un procès équitable concerne tous les procès, qu'ils soient civils, pénaux, administratifs ou politiques. Son extension pragmatique est ainsi le fruit d'une interprétation évolutive particulièrement ingénieuse de la part de la Cour européenne des droits de l'homme (voir par exemple affaire *Golder)* et des organes de contrôle internationaux. Son emprunt dans le cadre de la jurisprudence du Comité des Droits de l'Homme, en particulier, ne peut qu'inspirer les Cours et Tribunaux de la République démocratique du Congo.

Quel est le contenu matériel de ce droit ?

B. Contenu du droit à un procès équitable

Il est illusoire, à moins d'avoir – comme le Bâtonnier Matadi Nenga – « franchi le bon de géant »[120], d'énumérer toutes les composantes du droit à un procès équitable tel qu'il résulte de la jurisprudence internationale et tel que, probablement, ses éléments pourraient encore continuer à être « enrichis »[121].

En synthétisant les choses à l'extrême, nous pouvons parcourir, ici, quelques éléments les plus pertinents de ce droit fourre-tout, pilier de tout État de droit démocratique.

— 1 Le droit à un procès équitable recouvre d'abord le *droit d'avoir un accès concret et effectif à un tribunal* (CEDH, arrêt *Golder*, 21 fév. 1975). C'est ce qu'on appelle le « droit au juge ». Cela signifie que l'État doit non seulement *créer*, mais aussi, *permettre aux citoyens un accès rapide et concret* aux organes de justice qui auront été institués par la loi.

La Loi Fondamentale du 17 juin 1960 le prescrivait déjà dans son article 5.3 précité. La Constitution de la transition du 4 avril 2003 le rappelle, à sa manière, dans son article 23.1 : « Nul ne peut être soustrait contre son gré du juge que la loi lui assigne ». Autrement dit, chaque personne a droit à un juge que la loi lui assigne.

Il s'ensuit que le droit à un procès équitable suppose d'abord une organisation politico-judiciaire apte à prévoir des règles, des procédures, des compétences ainsi que des personnes habilitées et promptes à rester accessibles aux justiciables. Cette organisation judiciaire doit être répartie sur l'ensemble du territoire national de manière à permettre à tous les citoyens d'exercer leur « droit au juge » ou, ce qui revient au même, leur droit à « un tribunal ». Cette obligation incombe à l'État.

La violation par l'État de ses obligations en cette matière peut malheureusement revêtir, d'une façon générale, plus ou moins deux formes : soit que l'État met un obstacle juridique à l'accès à un tribunal (par exemple : en complexifiant les procédures de saisine du tribunal), soit qu'il peut laisser se développer certains obstacles de fait (par exemple : en permettant un coût excessif des actes de procédure, ou en ne « rapprochant pas la justice des justiciables »). Sa responsabilité sera, dans chaque cas, engagée.

Bref, le *droit à un tribunal*, encore appelé *droit au juge*, est une composante première du droit à un procès équitable. L'existence du juge est, déjà, un élément de la légalité républicaine et préfigure de l'existence – réelle ou supposée – d'un État de droit.

Bien que disposant d'une organisation et d'une compétence judiciaires propres[122], la « question du pouvoir judiciaire en République démocratique du Congo » est toujours discutée et suscite toujours des études plus ou moins originales sur des « théories de réforme » plus ou moins adaptées à son environnement ; ce qui constitue un appel à une régénérescence d'un pouvoir judiciaire aux abois certes, mais, paradoxalement, toujours résistant[123].

— 2 Le droit à un procès équitable suppose ensuite que *le juge* ainsi institué soit *indépendant et impartial*.

Se pose, à propos de ces deux éléments, surtout le problème des *garanties de l'indépendance* du juge et des *formes de l'impartialité* qui lui sont réclamées.

Grosso modo, on exige du juge, pour faire montre de son indépendance, que sa décision, prise sous le régime de son « intime conviction », n'ait pour seule autorité juridique et morale que la loi et la loi seule ; et que son impartialité, *objective* ou *subjective*, ne puisse faire l'objet d'aucune suspicion de la part des parties au procès. Sinon, il devrait *se déporter*, avant de se voir *récuser* par une des parties au procès.

Le juge devrait, en effet, se préserver entre autres de certaines affinités ou de certaines accointances avec les ou l'une des parties au procès – d'où qu'elles viennent – et éviter, en public, de prendre certaines positions qui seraient facilement interprétées comme son « préjugement », ou si l'on veut, ses « préjugés ». Ce serait une mine contre son impartialité.

La République démocratique du Congo affirme dans sa Constitution actuelle que « Le pouvoir judiciaire est *indépendant* du pouvoir législatif et du pouvoir exécutif » (art. 147). De même, les garanties du déport ou de la récusation sont prévues par le Code d'organisation et de compétence judiciaires en cas de « légitime suspicion » d'un juge.

Mais, concernant l'indépendance constitutionnelle de la magistrature, il y a lieu d'émettre à cet égard un doute sérieux du fait que cette indépendance de la magistrature est plutôt « garantie par le Président de la République » et non par la Constitution elle-même (art. 147, al. 2 de la Constitution de la transition du 4 avril 2003). Comment un membre du pouvoir exécutif, de surcroît chef de ce dernier, chef du Gouvernement et chef des armées, peut-il être le « garant » d'un autre pouvoir constitutionnel voulu « indépendant » ? !

Par ailleurs, tous les différents statuts des magistrats en République démocratique du Congo ont, à chaque époque, non seulement réaffirmé cette indépendance, mais, surtout prévu des mécanismes juridiques pouvant assurer cette indépendance (par exemple l'inamovibilité du juge). Il s'en faut cependant de beaucoup pour parier que, dans les faits, le juge congolais est réellement indépendant.

Peut-il par ailleurs l'être dans un contexte social fait de misère et dans un contexte politique marqué par le primat du politique ?[124]

Il s'ensuit que l'indépendance du pouvoir judiciaire congolais est plutôt théorique que pratique.

La Cour européenne des droits de l'homme, en ce qui la concerne, est particulièrement regardante vis-à-vis de l'autre garantie juridictionnelle du droit à un procès équitable, à savoir : l'*impartialité,* notion que cette juridiction régionale européenne a contribué à théoriser.

Elle distingue, à son propos, deux formes d'impartialité du juge : il y a d'abord ce qu'elle appelle l'*impartialité objective* et ce qu'elle désigne par l'expression *impartialité subjective.*

L'impartialité subjective, suivant cette jurisprudence, renverrait à la « conduite personnelle du juge », tandis que l'impartialité objective se fonderait sur « certains faits vérifiables »[125].

Le droit à un procès équitable suppose donc que le juge légalement institué dispose d'une série de garanties personnelles et institutionnelles qui préservent son indépendance et son impartialité, capacités qui lui permettent de rendre une justice prompte, efficiente et « équitable » au profit des justiciables.

—3 Le droit au procès équitable suppose encore le respect d'une autre garantie, celle dit de *l'« égalité des armes »* entre l'accusation et l'accusé, entre le requérant et le défendeur. Ce principe peut également se traduire par celui, très connu, du *contradictoire.*

Suivant la Cour européenne des droits de l'homme, l'égalité des armes « implique l'obligation d'offrir à chaque partie une possibilité raisonnable de présenter sa cause … *dans des conditions qui ne la placent pas dans une situation de net désavantage par rapport à son adversaire* » (Dombo Beheer B.V, 27 octobre 1993, A.274, § 33). Le CDH ne va pas dans un sens opposé, même s'il parle, à cet égard, plutôt d'« égalité de moyens » (n° 307/1988, J. Campbell c/ Jamaïque, *A/48/40*, 1993, vol. 1, § 811).

Se pose, à propos de cette garantie, et particulièrement en République démocratique du Congo, la question surtout du rôle et de la place du ministère public au cours du procès pénal.

Officiellement, en effet, le Ministère public en Droit judiciaire congolais est, comme l'accusé, une « partie au procès » (art. 9, al. 7, C.O.C.J.). Mais, dans la pratique, puisque c'est lui qui « soutient l'accusation », on remarque souvent que « l'égalité des armes » entre parties n'est pas respectée, soit que le ministère public, partie au procès, dispose généralement d'un temps de parole plus long que celui de l'accusé, soit qu'il a en général le pouvoir de mettre en œuvre – y compris même au cours du procès – des moyens de contrainte et d'investigation beaucoup plus lourds que ceux dont disposerait l'accusé (Par exemple, il peut, sous certaines conditions, décider le maintien de l'accusé en détention, en dépit d'une décision de relaxation du juge : art. 40 du Code de procédure pénale) !

Il s'ensuit que l'égalité des armes n'est pas nécessairement une garantie bien assurée en Droit judiciaire congolais. On y observe un déséquilibre intolérable du point de vue du respect de l'égalité des moyens de défense. Le droit au procès équitable est donc, sous cet angle, superbement violé par le Droit ou par la pratique judiciaire congolaise *contra legem*.

— 4 Le droit à un procès équitable suppose encore et surtout le respect de la garantie de la *présomption d'innocence*[126]. « Toute personne accusée d'une infraction est *présumée innocente* jusqu'à ce que sa culpabilité ait été établie *par un jugement définitif* », affirme l'article 19, al. 4 de la Constitution de la Transition du 4 avril 2003.

Cette garantie judiciaire, loin d'être une prime à l'impunité, est, au contraire, une chasse à l'arbitraire. On suppose, en effet, que toute condamnation pénale qui ne serait pas prononcée par un juge, statuant « définitivement » sur une affaire, en respectant les règles prévues notamment en matière des droits de la défense, ne serait pas équitable.

Il s'agit là d'un principe fondamental propre à tout État de droit, mais qui ne manque pas, selon nous, de poser quelques difficultés pratiques, notamment dans la procédure relative à la recherche et à la poursuite des présumés coupables des crimes les plus odieux, comme les crimes internationaux.

Du fait, en effet, de la gravité de ces crimes et du caractère apparemment « vraisemblable » de ces accusations, ne devrait-on pas, ne serait-ce qu'en matière d'accès aux fonctions politiques, exclure *préventivement*, c'est-à-dire en attendant toute décision de justice, ces présumés criminels pour préserver la vie des hommes ainsi que l'honneur et la moralité de l'État en danger d'être, à nouveau, sous la coupe de ces bourreaux ?

Quel serait le sort d'un peuple à la tête duquel trôneraient, sans vergogne, les « présumés coupables » des crimes internationaux les plus odieux et qui, vraisemblablement, ne manqueraient pas d'être reprochés de tels crimes ? [127]

Tout comme il existe une *présomption irréfragable de culpabilité* en Droit douanier français et autres [128], ne pourrait-on pas, en la matière, et en ce qui concerne la République démocratique du Congo – pays victime de deux guerres successives d'agression –, déroger au principe sacro sain de la présomption d'innocence pour essayer de diminuer, par l'écartement préventif à la course à la fonction politique des présumés coupables, la douleur des victimes collatérales des crimes de guerre, crimes contre l'humanité et autres génocides commis au Congo de 1996 à 2003 ? Ne serait-ce pas une autre manière d'honorer la mémoire de ceux qui y ont laissé leurs vies ?

En tout cas, cette question reste posée, au moment où se fait encore attendre le début des « enquêtes et poursuites » des présumés responsables de cet insoutenable drame humain commencé depuis 1996.

— 5 Le droit à un procès équitable suppose, enfin, *le droit à la publicité des débats judiciaires, le droit à la motivation des jugements, le droit au délai raisonnable, le droit de ne pas être jugé deux fois dans la même affaire, le droit à l'exécution des décisions de justice, etc.*

D'un autre côté, le droit au procès équitable suppose aussi quelques autres garanties spécifiques liées à la notion de « droits de la défense ». Ainsi par exemple :

- L'accusé doit être informé de la nature et de la cause de l'accusation portée contre lui, de manière détaillée et dans une langue qu'il comprend (voir CDH, n° 16/1977, Monguya Mbembe c/ Zaïre, déc. 25 mars 1983, Sélection..., p. 80) et doit disposer du temps et des facilités nécessaires à la préparation de sa défense ;
- L'accusé doit aussi pouvoir se défendre de manière adéquate, soit par lui-même, soit par un défenseur de son choix ou un défenseur commis d'office par le tribunal ;
- L'accusé a le droit de faire entendre des témoins à charge et à décharge dans les mêmes conditions que l'accusateur ;
- Enfin, l'accusé, s'il ne comprend pas la langue utilisée par les autorités judiciaires, doit pouvoir bénéficier de l'assistance gratuite d'un interprète.

Telle est, en gros, l'extension jurisprudentielle subie à l'heure actuelle par le méta-droit qu'on appelle « droit à un procès équitable ». Cette extension nous vient principalement du système européen de protection des droits de l'homme, grâce à son mécanisme juridictionnel, ainsi que de la jurisprudence du Comité des Droits de l'Homme.

Le contenu ainsi compris du droit à un procès équitable nous exonère de l'obligation supplémentaire d'évoquer d'autres droits qui tournent autour des notions de justice et de liberté, pour en évoquer d'autres qui prétendent défendre d'autres valeurs, et notamment dans le domaine de la non discrimination.

§6. LE DROIT À LA NON DISCRIMINATION

Le droit à la non discrimination est, en réalité, une *formulation négative du principe d'égalité* dont il est inséparable. Comment assurer l'égalité entre les bénéficiaires des droits si l'on ne prohibait pas les discriminations ?

En Droit international des droits de l'homme, le principe d'égalité est, en général, un droit à la non discrimination « dans les droits reconnus » par les différents textes. Qu'il s'agisse de l'article 2 commun aux PIDCP et PIDESC, de l'article 2 de la CADHP ou de l'article 14 de la CEDH, le droit à la non discrimination qui y est affirmé est un droit de jouissance « dans les droits reconnus ». Il s'ensuit que ce droit à la non discrimination est un *droit instrumental*, mieux « dépendant » des autres droits.

En revanche, la reconnaissance constante de ce principe en droit constitutionnel congolais est d'une formulation heureuse. En effet, après l'affirmation du « droit à l'égalité » qui la précède généralement, la non-discrimination est, en Droit constitutionnel congolais, consacrée « en matière d'éducation » comme « en matière d'accès aux fonctions publiques », mais surtout – dit le Constituant actuel – « en toute matière »[129].

Il s'ensuit qu'en Droit constitutionnel congolais, le droit à la non discrimination est un droit *de portée générale* et d'application diversifiée : il s'applique aussi bien aux « droits » qu'en toutes « matières ».

Se posent à propos de ce droit, quatre questions principales qu'il convient de soulever : 1° À qui bénéficie le droit à la non discrimination en Droit congolais ? 2° Quel est son champ d'application concret ? 3° Y a-t-il des exceptions admises à ce droit ? 4° Quels sont les motifs de discrimination généralement défendus pour caractériser ce droit ?

A. Bénéficiaires du droit à la non discrimination

La lecture de l'article 17 de la Constitution congolaise du 4 avril 2003, fidèle à toute la tradition constitutionnelle congolaise en la matière, est à cet égard sans équivoque : l'égalité y est proclamée et la discrimination y est prohibée au bénéfice des *Congolais*[130]. Il s'ensuit que les étrangers sont, en principe, exclus du champ d'application de cet article de la Constitution.

Mais, au titre de ses engagements internationaux, et notamment dans le cadre des articles 2 et 3 de la CADHP, de l'article 2 commun aux deux Pactes internationaux et de l'article 26 du PIDCP, la République démocratique du Congo est tenue d'assurer le bénéfice de ce droit fondamental à « toute personne », à « tous les individus ». Se pose alors, en cas de conflit, le problème de l'autorité de la Constitution sur les normes internationales.

Pour résoudre ce genre de conflit – si conflit il peut y avoir –, il est essentiel de s'en tenir aux solutions consacrées par les articles 193 et 194 de la Constitution qui, en l'occurrence, consacrent le principe de la supériorité de la Constitution sur toutes normes, et notamment sur les traités (*supra*). Mais, la résolution du conflit – si conflit il y en aura – n'ira pas sans retenir la « responsabilité internationale » de l'État congolais, dont le Constituant a omis de reconnaître le droit à la non discrimination à « toute personne » conformément aux instruments internationaux.

Il faut donc dire que la reconnaissance constitutionnelle du droit à la non discrimination par le nouveau Droit constitutionnel congolais (art 17, Const. du 4 avril 2003), pour « souveraine » qu'elle soit, n'exonère pas la République démocratique du Congo de ses obligations conventionnelles antérieures (art. 2 et 3, CADHP ; art. 2 et 26, PIDCP, notamment).

L'omission ou l'oubli des termes « toute personne » ou « tous les individus » dans cette disposition constitutionnelle ne sont, selon nous, que des preuves d'une écriture constitutionnelle à parfaire et à rendre encore plus cohérente. Le manque de recul du passé, la « cécité » internationale des juristes ayant participé à l'élaboration de cette Constitution ainsi que la fibre nationaliste de certaines composantes du Constituant de 2003 expliquent, sans doute, cette omission ou cet oubli déplorable.

La Constitution récente incorpore cependant une nouvelle catégorie de « bénéficiaires » du droit à la non discrimination : ce sont « tous les groupes ethniques et nationalités dont les personnes et le territoire constituaient ce qui est devenu le Congo (présentement la République démocratique du Congo » ; ces derniers, aux termes de l'article 14 de ladite Constitution, « doivent bénéficier de l'égalité des droits et de la protection aux termes de la loi en tant que citoyens »[131].

Du coup, la question que l'on se pose est de savoir si ces bénéficiaires du droit à la non discrimination sont les « groupes ethniques et nationalités » en tant que tel(le)s ou leurs membres, c'est-à-dire les « personnes » et « le territoire » qui les constituaient en tant que « citoyens » ! Comment, dans cette hypothèse, va-t-on reconnaître la qualité de « citoyen » par exemple au « territoire » qui configurait ces « groupes ethniques et nationalités » ? Ces « groupes ethniques et nationalités » seront-ils, un jour, clairement identifiés pour dépasser le cap des obscurités et des sous entendus constitutionnels au Congo ?

Quoi qu'il en soit, en affirmant ainsi un droit d'égalité entre les « groupes ethniques et nationalités » de la République démocratique du Congo – même sans être citoyens –, le nouveau Droit constitutionnel congolais consacre, à cet effet, le principe que les *communautés* sont, comme les individus, *bénéficiaires du principe de non discrimination*, dont le champ d'application mérite à présent d'être délimité.

B. Champ d'application du droit à la non discrimination

Le droit à la non discrimination a un champ d'application très vaste. Qu'il s'agisse de la non discrimination *générale* ou de la non discrimination « dans les droits reconnus », ce champ couvre, en réalité, *tous les droits*, *toutes les activités*, voire *toutes les matières* de la vie humaine.

En fonction de la qualité des bénéficiaires, il y a cependant certaines matières qui se singularisent. Ainsi par exemple, en matière « d'éducation » et d'« accès aux fonctions publiques », la non discrimination trouve à s'appliquer plutôt au bénéfice des seuls *Congolais*. De même, dans les « relations interpersonnelles », les Congolais sont crédités, depuis la dernière Constitution en date, du « devoir de respecter et de traiter (leurs) concitoyens *sans discrimination aucune* » et « d'entretenir avec eux des relations qui permettent de sauvegarder, de promouvoir, de renforcer l'unité nationale, le respect et la tolérance réciproques » (art. 60, Const. 4 avril 2003).

Le droit à la non discrimination est ainsi, en réalité, un droit « fourre-tout », envoûtant et instrumental. Il englobe plusieurs « matières » et son champ d'application paraît à cet égard illimité. Il fait partie des droits indérogeables (*supra*), mais, admet cependant certaines exceptions.

C. Exceptions au droit à la non discrimination

Toute distinction n'est pas synonyme de discrimination. Il n'y a discrimination que lorsque les distinctions pratiquées, c'est-à-dire les différences de traitement *manquent de justification objective et raisonnable* et sont fondées sur des motifs uniquement de race, de couleur, de sexe, de religion, d'appartenance tribale ou ethnique, etc.

La justification objective et raisonnable est celle qui poursuit un but légitime dans une société démocratique et respecte un rapport raisonnable de proportionnalité entre les moyens employés et le but visé.

Droit indérogeable mais non absolu, la non discrimination admet ainsi que quelques exceptions soient apportées au droit dont elle constitue l'objet. Il en est ainsi par exemple de ce qu'on appelle la *discrimination positive.*

En effet, en vue de favoriser certains groupes considérés comme « défavorisés » (femmes, enfants, vieillards, personnes handicapées...), le Droit international permet que des mesures dites « positives » soient prises pour éliminer une discrimination de fait apparaissant comme flagrante et surmontable. C'est ce qu'on appelle la *discrimination positive.* Ceci traduit la préoccupation morale selon laquelle des personnes qui ne sont pas dans des situations analogues ou comparables ne peuvent recevoir un même traitement. Ce serait une discrimination à rebours.

La pratique d'une telle discrimination est cependant soumise à au moins trois conditions : en premier lieu, les mesures discriminatoires positives doivent être décidées par des autorités publiques en vue de remédier à une inégalité de fait réellement existante ; en second lieu, elles doivent s'avérer nécessaires, c'est-à-dire indispensables à la poursuite de l'objectif de l'égalité ; enfin, ces mesures doivent être temporaires, c'est-à-dire qu'elles doivent disparaître une fois l'objectif principal atteint.

En dehors de ces cas, la rigueur du principe de non discrimination veut que des personnes se trouvant dans des situations analogues ou comparables reçoivent un même traitement. Le même principe d'égalité commande que celles qui se trouvent dans des conditions non comparables reçoivent également un traitement différencié, adapté à chacune de leurs situations.

Il s'ensuit qu'il y a discrimination lorsque deux personnes se trouvant dans la même situation reçoivent deux traitements séparés ou si ceux qui se trouvent dans des situations différentes reçoivent un même traitement, sans justification objective et raisonnable.

Cette discrimination est surtout caractérisée lorsque les motifs de la différenciation de traitement sont basés uniquement sur un certain nombre d'identifiants ou de déterminants justement prohibés par la Constitution ou par la loi.

La portée du principe de non discrimination est ainsi une question de choix de chaque ordre juridique.

D. Portée du principe de non discrimination et motifs de discrimination prohibés

La portée du principe de l'interdiction de la discrimination dépend de chaque ordre juridique, national, régional ou international.

En Droit congolais, le principe d'égalité et de non discrimination contenu tant dans l'article 16 que dans l'article 17 de la Constitution de la transition semble être de portée générale, c'est-à-dire s'appliquant *en toutes matières* et au bénéfice de « tous les Congolais » (*supra*).

En Droit européen des droits de l'homme, le droit à la non-discrimination, bien que *de portée autonome*, n'a cependant pas d'existence indépendante, puisqu'il vaut uniquement *pour les droits et libertés garantis par la Convention européenne des droits de l'homme*[132].

En revanche, en Droit onusien des droits de l'homme (voir Obs. gén. du CDH du 18/37 sur l'article 26 du PIDCP), le droit à la non-discrimination est *de portée générale et autonome en matière de protection de tous les droits de l'homme*. Il interdit, par conséquent, aux États d'adopter et de mettre en œuvre des lois dont le contenu serait discriminatoire[133].

Concernant les *motifs de discrimination* généralement prohibés, leur nomenclature dépend, ici aussi, de l'étendue de protection accordée à ce droit. En général, les motifs suivants sont interdits : le sexe, la race, la couleur, l'ascendance, l'origine nationale, l'appartenance tribale ou ethnique, les opinions politiques ou toutes autres opinions, la religion, la situation sociale, etc.

En Droit constitutionnel congolais, la liste des motifs prohibés n'est pas, en général, constamment identique dans toutes les Constitutions ou dans toutes les lois pertinentes. L'actuelle Constitution de la transition énumère la religion, le sexe, l'origine familiale, la condition sociale, la résidence, les opinions, les convictions politiques, l'appartenance à une race, à une ethnie, à une tribu, à une minorité ou linguistique comme les seuls motifs prohibés (art. 17 précité, Const. 4 avril 2003). Cette liste ne paraît pas être énonciative.

Le juge constitutionnel – ou le juge des droits de l'homme (*supra*) – précisera-t-il, en ce qui le concerne, le contenu de tous ces concepts, ce au bénéfice de la clarté et de la lisibilité juridiques des droits de l'homme au Congo ?

§ 7. Le droit au respect de la vie privée et familiale

Le droit au respect de la vie privée et familiale est garantie, principalement (et non exclusivement) contre les immixtions arbitraires et illégales des autorités publiques (art. 17 PIDCP ; art. 34 + 32 Const. de la transition ; art. 8 CEDH...). Seules des exigences particulièrement graves, prévues par la loi, peuvent justifier une limitation à ce droit.

Il importe de scinder l'étude de la « vie privée » de celle de la « vie familiale » pour en saisir la véritable portée et distinguer le contenu réel de l'un comme de l'autre de ces deux droits distincts.

A. Contenu du droit à la vie privée

Selon le CDH, « la notion de vie privée renvoie au *domaine de la vie de l'individu* où il peut exprimer librement son identité, que ce soit dans les *relations avec d'autres* ou *seul* » (n° 453/1991, Coeriel et Aurik c/ Pays-Bas, déc. 31 octobre 1994, CCPR/C/52/D/453/1991).

Adoptant une conception similaire de la vie privée, la Cour européenne a, par sa décision Niemetz c/ Allemagne du 16 décembre 1992, jugé que la protection de l'article 8 de la CEDH ne couvre pas seulement *la sphère intime des relations personnelles* mais englobe aussi « le droit pour l'individu de *nouer et de développer des relations avec ses semblables* ».

Il s'ensuit que la vie privée couvre tant le domaine des *relations personnelles* que celui des *rapports interpersonnels*. Quel progrès dans la reconnaissance du champ d'application du droit à la vie privée ! [134]

À la lumière de ces évolutions jurisprudentielles, le droit à la vie privée couvre, donc, trois domaines précis de prédilection et comprend, en son sein, un certain nombre de droits.

1. Dans le domaine de la vie privée personnelle

Ici le droit à la vie privée couvre essentiellement deux droits « fourre-tout » : le droit à l'intimité de la vie privée (a) et le droit à la liberté de la vie sexuelle (b).

a) Le droit à l'intimité de la vie privée

Ce droit comprend plusieurs éléments intrinsèques, dont notamment : le respect du droit de l'individu de vivre à l'abri des regards étrangers, le respect de son domicile privé ou professionnel (y compris contre des perquisitions judiciaires et policières illégales), le respect du secret de ses opinions privées, la protection contre des écoutes téléphoniques ou contre des atteintes à la correspondance privée, le respect du droit d'accès aux données et renseignements personnels et le respect du droit à la confidentialité des informations sur la santé, etc.

La recherche des éléments intrinsèques de ce droit, tout comme des conditions de son respect réel, est toujours, en Droit congolais, à poursuivre.

b) Le droit à la liberté de la vie sexuelle

Ce droit comprendrait, dans le Droit européen par exemple, le droit au respect de son *orientation sexuelle* (incluant ici des relations homosexuelles et hétérosexuelles), le droit de changer son identité sexuelle (le transsexualisme), choses étranges et inadmissibles en Droit congolais. En droit congolais, en effet, seules des relations hétérosexuelles sont permises et le transsexualisme, tout comme l'homosexualité restent inconnus, voire même réprimés(*supra* et *infra*).

La liberté sexuelle suppose, évidemment, que, dès l'instant où il a accédé à l'âge nubile, l'individu (homme ou femme) puisse nouer des relations sexuelles avec la personne de sexe opposé de son choix. Concernant la détermination de cet âge nubile, il est clair que seules les données biologiques font, en cette matière, figure d'autorité incontestable. Ce qui pose, en général, de problème lorsque les prescriptions légales ne rencontrent pas généralement ces données.

En Droit pénal congolais, le fait d'entretenir des relations sexuelles avec un mineur – c'est-à-dire avec un individu âgé de moins de 14 ans – est un délit qualifié d'attentat à la pudeur et, comme tel, punissable de 5 à 15 ans, voire de 5 à 20 ans de servitude pénale principale, selon que cet attentat aurait été commis « avec » ou « sans » violence, ruse ou menaces [135].

Cette disposition pénale pose problème au regard tant de la précocité de l'activité sexuelle des jeunes congolais, de la crise généralisée qui règne dans le pays que de la « boulimie » des adultes d'assouvir leur libido sexuel dans ces milieux (voir les notions comme *Kamuke sukali*...). Il n'empêche que l'interdit légal, lui, existe et, tant pis pour les pédophiles s'ils s'aventurent à en violer les prescrits. *Dura lex, sed lex* !

2. *Dans le domaine de la « vie privée sociale »*

Ici, le droit à la vie privée couvre essentiellement *le droit à l'identité*, comprenant notamment le *droit au nom*.

Le droit au nom, en particulier, est expressément prévu par le Droit civil congolais (voy. art. 67, Code de la famille). Cet article précise, en effet, que « Le droit au nom est garanti et confère à son titulaire le pouvoir d'en user légitimement et d'utiliser toutes voies de droit, y compris l'action en justice, pour obliger les tiers à le respecter ».

Sous l'angle de la philosophie de l'« authenticité zaïroise », l'article 58 du même Code, toujours en vigueur, prévoit que « Les noms doivent être *puisés dans le patrimoine culturel zaïrois* » ; de sorte que, à l'heure actuelle, se pose véritablement le problème de la légalité de la résurgence des « prénoms » (chrétiens notamment), autrefois prohibés.

Ces noms ne peuvent « en aucun cas être contraires aux bonnes mœurs, ni revêtir un caractère injurieux, humiliant ou provocateur » (art. 58 précité).

Bref, le droit au nom, comme élément premier de l'identité d'une personne, est sérieusement réglementé en Droit congolais. Celui-ci, tout en affirmant le principe de la liberté pour les deux parents d'attribuer à leurs progénitures des noms de leur « goût » (art. 59), encadre cependant cette liberté notamment sous l'angle de la préservation de l'identité ou des identités culturelle(s) qui font la « richesse » de la République démocratique du Congo.

3. *Dans le domaine du droit à un environnement sain*

Seul le Droit européen considère ici que les pollutions, et de manière générale, toutes les atteintes à l'environnement peuvent, par leur effet, avoir une « incidence indirecte » sur le droit au respect de la vie privée et familiale[136].

Le Droit congolais, sans doute en raison de la pauvreté de sa jurisprudence, ne connaît pas encore, du moins à notre connaissance, une telle extension.

Tardera-t-elle à se déployer dans un contexte où, à la suite notamment de l'afflue des réfugiés à l'Est du pays, tout l'écosystème du Congo (que ce soit sa faune ou sa flore) a été sérieusement mis à mal ? Évitera-t-on, à cet égard, et notamment sous l'angle de la défense du droit à l'environnement, des procès judiciaires là-dessus ? Et, à cette occasion, le juge manquera-t-il, un jour, d'y voir un certain lien avec la vie privée des personnes habitant la contrée ou des contrées voisines ? Seul l'avenir nous le dira.

Bref, le droit à la vie privée a un contenu réel, qui peut, comme celui du droit à la vie familiale, subir d'autres extensions.

B. Contenu du droit à la vie familiale

Ce droit s'ordonne autour de deux grands axes : 1° Le droit au respect de la vie familiale proprement dite et 2° Le droit au mariage, qui en constitue, en quelque sorte, « l'acte préliminaire ».

1. *Le droit au mariage*

C'est surtout le principe de la *liberté du mariage* qui est, ici, constamment affirmé dans les législations nationales et internationales.

– Cette liberté implique, primo, *le libre choix de son conjoint*. Il s'agit d'un principe consacré certes, mais, selon le Droit congolais, le conjoint du ou de la prétendant(e) doit être nécessairement « de sexe opposé » (art. 43, al. 1er, Const. de la transition du 4 avril 2003, complété utilement par l'article 330 du Code de la famille).

Cette option du Constituant et du législateur congolais nous paraît être un choix judicieux, conforme à la mentalité congolaise dans sa plus grande diversité. En effet, au Congo, depuis les ancêtres, on ne connaît pas un seul exemple de mariages entre personnes de même sexe. En tout cas, sauf ignorance de notre part, aucun de nos contes ou légendes – largement diffusés aujourd'hui – ne nous le renseigne. Il s'ensuit la conformité, à cet égard, du Droit à la coutume.

Cette mentalité ancestrale résistera-t-elle, entre autres, aux assauts actuels de la « modernité » occidentale qui déferle sur tous les continents ?

Les législations internes africaines se laisseront-elles faire ? Quel sera, par exemple, l'impact d'une « conditionnalisation » de l'accès au territoire national des voyageurs homosexuels ? Le Droit congolais de l'immigration peut-il, à cet effet, ajouter, au titre de « conditions » d'entrée sur le territoire national, un critère du genre « ne pas être notoirement reconnu homosexuel ou transsexuel », les deux formes d'« orientation sexuelle » ci-contre n'étant pas autorisées par le Droit congolais ?

– La liberté du mariage implique, également, le *libre consentement au mariage*. Les deux conjoints doivent, en effet, eux-mêmes et de manière expresse, exprimer leur consentement réciproque au mariage. C'est la condition première de validité du mariage en Droit civil congolais (art. 351, Code de la famille). Cette notion, du fait de son « importance », fait même l'objet d'une Convention internationale spécifique, dont on ne sait pas si la RDC est partie prenante [137].

L'absence et/ou le vice de consentement au mariage sont même, en Droit civil congolais, considérés comme une cause de nullité – absolue ou relative – du mariage (art. 402 à 405 du Code de la famille).

En dépit du fait que le consentement des parents au mariage de leur enfant est aussi une condition de validité du mariage (notamment par le biais de l'acceptation de la dot, art. 361 et ss.), le consentement des mariés eux-mêmes reste, cependant, en Droit civil congolais, prépondérant, ainsi qu'en témoignent les actions judiciaires et pré-judiciaires prévues par l'article 367 du même Code de la famille, en cas de refus de la dot.

Il s'ensuit que la liberté des conjoints est, à cet égard, nécessaire, même si elle doit être complétée par le consentement des parents.

Au nom du libre consentement des époux, sont réprouvées, en Droit civil congolais, toutes oppositions parentales au mariage de leur enfant qui ne seraient pas fondées, en l'occurrence, sur des raisons valables et objectives ; et notamment, toutes oppositions fondées, par exemple, sur de simples motifs tribaux ou pécuniaires. Celles-ci seront toujours rejetées, tant par le Conseil de famille que par le Tribunal de paix, deux instances compétentes du contentieux matrimonial congolais.

De telles oppositions seraient regardées, en particulier, comme de la « mauvaise foi » (art. 336, al. 1er, Code de la famille).

Bref, le principe de la *liberté individuelle du mariage*, en dépit de certains aspects de « collectivisation » du mariage africain, est tout de même sauvegardé.

– Enfin, le mariage créant le ménage, la liberté du mariage implique aussi le *droit pour les conjoints de fonder une famille*. Cela veut dire que les mariés sont libres ou non d'avoir des enfants, mais, cela est une disposition du droit « naturel ». En effet, en Droit « civil » congolais, les mariés ne peuvent pas, délibérément, c'est-à-dire en pleine possession de leurs facultés physiques et mentales, décider de rester sans enfant.

En plus de la réprobation sociale, ce choix sera même regardé comme contraire à l'article 349 du Code de la famille.

En effet, même si, en soi, le fait de ne pas avoir d'enfant ne constitue pas une cause de dissolubilité du mariage (la chose sera toujours interprétée comme un « secret de la nature »), personne n'est cependant autorisée à conclure un mariage *dans le but explicite* de ne pas procréer. Tel est l'avis du Droit civil congolais, pour lequel l'institution du mariage a nécessairement un double but : *la cohabitation* et *la procréation* (art. 349 du Code de la famille)[138].

Il s'ensuit que tout choix délibéré en vue d'écarter un des deux buts « essentiels » du mariage, légalement définis par le législateur, est nul et non avenu (article. 350 du Code de la famille).

– La liberté du mariage, tout en impliquant, par ailleurs, le *droit négatif de ne pas se marier* (ainsi se justifie légalement *le droit de garder le célibat religieux*), s'interprète nécessairement au profit de ceux qui prennent l'engagement concret de se marier.

Ainsi, en Droit civil congolais, tout engagement personnel pris de ne pas se marier ou de ne pas se remarier est, au regard de la loi, « sans effet ». Un tel engagement serait considéré comme *inopposable aux tiers*. Tel est le prescrit exprès de l'article 335, al. 1er, du Code de la famille, qui dispose que « L'engagement de ne pas se marier ou de ne pas se remarier pris par une personne est sans effet au regard de la loi » et l'Officier de l'État civil est même tenu de ne pas en tenir compte (art. 335, al. 2).

Il s'ensuit que ne sera pas poursuivable, toute personne qui détournerait par exemple un religieux, une religieuse, de son engagement de célibat consacré, et les Ordres religieux ne disposent, à cet égard, d'aucune action judiciaire contre les intéressés.

Le « droit de ne pas se marier ou de ne pas se remarier » est donc, dans le sillage du droit au mariage, reconnu par le Droit civil congolais ; mais, il sera « sans effet » au regard de la personne qui, tombant sous les charmes de l'invétéré(e) célibataire, voudrait tout de même lui demander la main.

Il n'en est pas ainsi en cas de lien de mariage ayant créé, déjà, une vie familiale.

2. Le droit au respect de la vie familiale

Il y a vie familiale là où il y a des relations de parenté. Or, il n'y a de parenté que là où, par consommation du mariage, ou si l'on veut, par entretien des relations sexuelles, il y a eu naissance d'un ou plusieurs enfants. La vie familiale est donc est une vie composée de père, de mère et d'enfant(s) ou de l'un des premiers cités et le ou les enfant(s).

L'homme et la femme, en s'unissant dans les liens d'un mariage ou d'une relation de fait, et surtout en décidant de procréer, créent indubitablement une famille. Il y a donc, par conséquent, au sein de tout ménage fécond, vie familiale chaque fois qu'il y a d'enfant. Il y a également vie familiale même si les époux n'ont pas d'enfant. Enfin, entre un enfant et un de ses parents, il y a aussi vie familiale, à condition que leur lien de filiation ne soit pas contesté.

Se pose à propos du concept de « famille » principalement la question de son contenu. Qu'est-ce qu'une famille ?

La famille ici, en Droit congolais en tout cas, doit être entendue au sens large : elle est composée tant du père, de la mère et de leurs enfants que de « toute personne à leur charge » (grands parents, cousins, oncles, tantes, petits-fils, petits-neveux, voire même, des « amis ». Selon l'article 443 du Code de la famille, en effet, « ... le terme *ménage* – entendez *famille* – désigne *les époux*, *leurs enfants non mariés à charge* ainsi que *tous ceux envers qui les époux sont tenus d'une obligation alimentaire*, à condition que ces derniers *demeurent régulièrement dans la maison conjugale* et *soient inscrits au livret de ménage* ».

Toutes ces conditions, il faut le reconnaître, sont encore loin d'être remplies dans chaque ménage congolais, toujours fortement imprégné et subissant l'assaut des coutumes ancestrales. Il s'ensuit que, en la matière, le Droit n'a pas encore suivi la pratique, ou plus exactement, que la pratique, en la matière, est encore particulièrement rebelle à une disposition du Droit programmatoire d'inspiration occidentale.

Et, sur ce point, on ne peut manquer de noter, avec bonheur, une certaine « africanisation » du Droit européen lui-même, qui, comme le Droit traditionnel africain, considère que la famille englobe, au sens de l'article 8 de la CEDH, « les rapports entre *proches parents*, notamment entre *grands-parents et petits-enfants*, voire même entre *oncle et neveu* » (Bonda c/ Italie, 8 juin 1998 ; Com. Rapp. 9 février 1993, T. Boyle c/ Royaume Uni).

Le droit au respect de la vie familiale vaut, donc, aussi bien pour la famille « nucléaire » que pour la famille « polynucléaire », pour ne pas dire « large ». Elle vaut également – il convient de le souligner – aussi bien pour la famille « naturelle » que pour la famille « légitime » (art. 591 à 594 du Code de la famille). Le seul critère important est celui de la vie familiale *effective*.

Le droit au respect de la vie familiale, ainsi définie, fait peser sur l'État – sur l'État congolais en particulier – une *obligation de moyens*, celle d'assurer sa « protection particulière », étant entendu que la famille est, en Droit constitutionnel congolais, proclamée comme « la cellule de base de la communauté humaine ». Cette obligation doit se traduire par des mesures juridiques et matérielles nécessaires pour assurer à la famille « son unité et sa stabilité » (art. 43, Const. de la transition).

Par ailleurs, par respect à la vie familiale des étrangers se trouvant régulièrement sur le territoire national, la République démocratique du Congo est tenue de faciliter le regroupement familial de ceux qui souhaitent, dans les conditions définies par la loi, faire venir leurs familles au Congo, pour y mener une vie familiale normale.

Le droit au respect de la vie familiale comprend ainsi le *droit de vivre ensemble avec son conjoint et ses enfants*, et l'État, sous peine de violer les droits de l'homme, ne peut les en empêcher.

De même, le droit à la vie familiale suppose aussi le *droit de visite réciproque entre parents et enfants*, particulièrement en cas de séparation – consensuelle ou judiciaire – des époux. Le juge en particulier, même dans le cas où un des parents ou l'enfant est incarcéré, ne peut refuser aux intéressés la jouissance et l'exercice de ce droit.

Enfin, le droit à la vie familiale comprend aussi le *droit à la correspondance entre parents et enfants*, ainsi que *le droit pour l'enfant « né hors mariage » de connaître l'identité de ses parents et de vivre avec eux ou l'un d'entre eux.*

Toute restriction apportée au droit à la vie privée et familiale ainsi expliquée doit obéir aux conditions générales de licéité des restrictions que nous avons vues précédemment.

L'étude des autres catégories de droits – économiques, sociaux, culturels, etc. – s'avère donc, à présent nécessaire pour compléter la transgénérationnalité des droits de l'homme reconnue par la République démocratique du Congo.

SECTION 3. LES DROITS À VOCATION ÉCONOMIQUE, SOCIALE OU CULTURELLE

Les droits qui ont pour finalité la satisfaction des besoins économiques, sociaux ou culturels des bénéficiaires sont ceux qui procurent à leur titulaire un gain économique (bien matériel, argent, titre de créance) nécessaire pour un accroissement de la richesse de la vie sociale et/ou culturelle (qualité de la vie ; niveau d'études, de connaissances ou de cultures ; prestige moral ou intellectuel ; état de santé ou d'hygiène de la vie, etc.) et utile à l'épanouissement complet de la dignité humaine.

Faisant figure de « gamins oubliés » dans la prairie des jardins du pouvoir politique, les droits économiques – au même titre que ceux qualifiés de sociaux et culturels – font, cependant, depuis quelques années, et particulièrement dans le contexte des luttes idéologiques relatives à ce thème, l'objet d'une certaine « attention » des pays en voie de développement.

Après tout, n'est-ce pas sous leur influence que, en 1966, dans le cadre et le contexte de l'ONU, il a été adopté, le même jour que le

PIDCP, une Convention autonome des droits de l'homme appelée Pacte international relatif aux droits économiques, sociaux et culturels[139] ?

Ce Pacte, ratifié par la République démocratique du Congo le 1er novembre 1972, fait désormais partie de son Droit interne, et son incorporation ainsi décidée était venue, à point nommé, palier la précarité quantitative des droits économiques affirmés, entre autres, par la Constitution du 1er août 1964.

À l'heure actuelle, tout en figurant en bonne place dans le dispositif constitutionnel, conventionnel et légal de la République, les droits singulièrement économiques et les droits sociaux et culturels restent de peu d'importance quantitative dans bon nombre d'instruments nationaux, s'ils ne sont pas simplement déclarés programmatoires.

Au total, ces droits s'ordonnent principalement autour des principaux droits suivants : le droit au développement (§ 1), le droit au travail (§ 2), la liberté d'entreprise que l'on pourra associer aussi à la liberté de l'art, du commerce et de l'industrie (§ 3), le droit à la propriété (§ 4), le droit à la santé (§ 5), le droit à l'éducation (§ 6), le droit à la culture (§ 7), sans oublier ici tous les autres droits de reconnaissance récente (droits à la paix et à la sécurité, droit à un environnement sain et propice à l'épanouissement, droit au patrimoine commun de l'humanité...) et qui, en tant que « droits nouveaux » (§ 8) contribuent, sans aucun doute, à l'amélioration de la qualité de la vie humaine.

§ 1. LE DROIT AU DÉVELOPPEMENT

Le droit au développement est, dans le contexte occidental, un « droit » à tout le moins suspect[140]. Les positions doctrinales et jurisprudentielles évoquées dans ce coin du globe à propos de ce droit sont révélatrices de l'état d'esprit de cette opinion publique (faite d'anciens ou de descendants des colonisateurs) notamment sur la « justiciabilité » et la question du « titulaire » de ce droit.

Le Droit international le plus classique est pourtant assez significativement « conscient » de l'existence de ce droit. Le Droit congolais moderne ne l'ignore pas non plus, même si la formulation précise de ce droit « fondamental » de l'homme et de la société en révèle plutôt l'existence de deux aspects complémentaires.

Il faut d'abord évoquer la question de la formulation et/ou du contenu exact de ce droit (A) avant d'essayer de trancher le litige doctrinal autour de sa justiciabilité (B).

A. Contenu du droit au développement

Le droit au développement, on le sait, fait l'objet d'une simple « déclaration » de l'Assemblée Générale des Nations Unies dont le caractère « non contraignant » est connu ici pour être rappelé (*cf. supra*). On oublie cependant, très souvent, de rappeler qu'un des aspects du *droit à l'autodétermination* défini par l'article 1er commun aux deux Pactes des Nations Unies concerne aussi de droit au développement, surtout dans son aspect économique [141].

De fait, le droit au développement n'est plus, en tout cas au niveau de son contenu, un droit *in cognito*.

En Droit congolais, le droit au développement est de reconnaissance constitutionnelle et politique. Il revêt au moins deux aspects distincts : un aspect individuel et un aspect collectif.

Dans son aspect individuel, le droit au développement est considéré comme un « droit au libre développement de sa personnalité » (art. 18, al. 1er, Const. 4 avril 2003). De reconnaissance constitutionnelle constante [142], il pourrait signifier le droit de toute personne de se nourrir, de se loger, d'être éduqué, de se cultiver et d'avoir accès à toutes les possibilités qui concourent à l'épanouissement de la personnalité humaine. Sous cet angle, le droit au développement est un droit de la personnalité intérieure.

Le principe de la liberté du développement de cette personnalité est de reconnaissance constitutionnelle et ne souffre d'autres exceptions que celles qui tiennent au respect des « droits d'autrui, de l'ordre public et des bonnes mœurs » (art. 18, al. 1er, *in fine*).

Dans son aspect collectif, en revanche, le droit au développement concerne une collectivité humaine dont les individus ne sont qu'une composante. Ils en sont évidemment bénéficiaires par le biais de la collectivité à laquelle ils appartiennent.

C'est cet aspect qui figure surtout dans les instruments internationaux. C'est également cet aspect qui a été codifié par la Charte congolaise des droits de l'homme et du peuple, dont l'article 8 proclame que « Le peuple congolais a le droit inaliénable et inviolable à son développement. En vertu de ce droit, chaque citoyen ou groupe de citoyens a le droit de contrôler l'utilisation, par les pouvoirs publics, des ressources affectées au bien-être individuel et collectif ».

Le droit au développement dans son aspect collectif comporte donc un contenu qui mérite une attention particulière, surtout dans le contexte d'un pays « en voie de développement » comme la République démocratique du Congo.

Le droit au développement implique donc, tout d'abord, un *droit au contrôle populaire de l'utilisation des ressources publiques disponibles*. Ce droit, de reconnaissance récente, postule une bonne gouvernance et une transparence exemplaires dans la gestion des ressources publiques de l'État.

Ensuite, le droit au développement implique, dans cette logique, le droit qu'ont « tous les Congolais... de jouir des richesses nationales » (art. 55, Const. 4 avril 2003). Il s'agit d'un droit de la transparence démocratique et de reconnaissance de la justice sociale.

Le *droit à la jouissance des richesses nationales* contribuera-t-il, ainsi, à éliminer la pauvreté et à assurer à tous l'égalité des chances en République démocratique du Congo ?

Le droit au développement suppose, enfin, que soit, au préalable, respecté le principe de la « libre disposition des richesses et des ressources » par chaque État, dans le respect de l'autonomie et de l'indépendance de celui-ci, mais aussi « sans préjudice d'une coopération internationale mutuellement avantageuse » (art. 21 et 22, CADHP).

Ainsi compris, le droit au développement est un fourre-tout qui peut être regardé comme la condition même de jouissance et d'épanouissement des autres droits à caractère économique, social ou culturel, et même des droits civils et politiques.

La question de sa justiciabilité est cependant discutée en doctrine.

B. Justiciabilité du droit au développement

Pour rester dans les critères habituellement utilisés par la doctrine pour réfuter le caractère « subjectif » de ce droit, nous dirions que le droit au développement ainsi reconnu a, en tout cas, en Droit congolais moderne des droits de l'homme, au moins un objet, un titulaire et un débiteur qui permettent de la ranger parmi les droits comptables.

Tout d'abord, l'*objet* de ce droit vient d'être décrit à travers les autres *droits dérivés* qui ressortent de son contenu.

En revendiquant donc le respect de son droit au développement, il est possible que le titulaire de l'action judiciaire puisse réclamer, en fait, le respect de son droit à la jouissance des richesses nationales, le respect de son droit au contrôle de l'utilisation de ces richesses ou encore le respect de la libre disposition, par le peuple congolais, de ses richesses, de ses ressources naturelles ou autres. De ce point de vue donc, l'objet du droit au développement peut être clairement défini.

En second lieu, le titulaire du droit au développement est, on vient de le voir, aussi bien l'individu, membre d'une collectivité humaine, que la collectivité humaine elle-même.

Tant sous son aspect individuel que collectif, le droit au développement ne souffre donc pas d'une carence de titulaire. Il peut s'agir d'un individu – réclamant par exemple que soit assuré le respect de son droit à l'épanouissement personnel – ou d'un groupe d'individus réclamant tous les autres droits dérivés qui viennent d'être extraits du droit au développement. De ce point de vue donc, le ou les titulaires du droit au développement sont clairement identifiables.

Enfin, le droit au développement dispose de plusieurs *débiteurs* auxquels une obligation spécifique peut être réclamée.

Ainsi par exemple, les *autres individus* ne peuvent pas entraver le libre épanouissement de quelqu'un, notamment en lui refusant la nourriture ou en lui fermant par exemple l'accès aux bienfaits de la lecture et/ou de la culture. De même, comme le dit l'article 55, alinéa 2, de la Constitution du 4 avril 2003, « L'*État* a le *devoir de... redistribuer équitablement (les richesses nationales)* et de garantir (ainsi) le droit au développement ».

La « communauté internationale » aussi (constituée d'États et d'Organisations intergouvernementales), en ce qui la concerne, ne peut pas se dérober devant son « devoir d'assistance » que d'aucuns n'ont pas manqué de théoriser par le biais de la doctrine discutée du « droit » ou « devoir d'ingérence »[143] et qui se trouve, sous la forme du « droit à l'assistance », consacré par l'article 20.3 de la CADHP. Ce « devoir » est même expressément prescrit par l'article 22.2 de la CADHP.

En lui enlevant toute connotation péjorative et en repoussant avec la dernière énergie tout relent colonialiste, ce « devoir d'assistance » aux peuples en difficulté peut aujourd'hui quitter son stade moral pour devenir un devoir proprement juridique, du fait notamment des effets de la mauvaise politique de cette même « communauté internationale » sur les ressources des pays en voie en développement.

Bref, le droit au développement est un droit à part entière qui figure en bonne place dans le corpus constitutionnel congolais moderne ainsi que dans plusieurs instruments internationaux contraignants et/ou non contraignants des droits de l'homme. Son objet est objectivement définissable à travers d'autres droits dérivés qui concourent au développement économique et social d'un peuple ou de ses composantes. Ses titulaires sont parfaitement identifiables à travers, précisément, les concepts de peuple et de membres de la communauté de l'espèce humaine. Ses débiteurs enfin, nombreux et dispersés, vont du simple citoyen à la « Communauté internationale », en passant par l'État, premier pourvoyeur ou premier garant du développement national.

C'est ce droit fondamental qui permet le développement et la jouissance d'autres droits, dont notamment le droit au travail.

§2. Le droit au travail

Le droit au travail est, d'une manière assez originale, consacrée et développée par l'article 39 de la Constitution de la transition du 4 avril 2003. De tradition constitutionnelle lointaine, il figure aussi en bonne place dans le Pacte international relatif aux droits économiques, sociaux et culturels (art. 6 et 7), dans la Charte africaine des droits de l'homme et des peuples (art. 15) ainsi que dans la Charte congolaise des droits de l'homme et du peuple (art. 47). Le travail fait même l'objet d'une législation spéciale[144]

Aux termes de l'article 39 de la nouvelle Constitution, « Le travail est un *droit* et un *devoir sacrés* pour chaque Congolais. *L'État garantit le droit au travail*, la protection contre le chômage et une rémunération équitable et satisfaisante assurant au travailleur ainsi qu'à sa famille une existence conforme à la dignité humaine, complétée par tous les autres moyens de protection sociale. Nul ne peut être lésé dans son travail en raison de ses origines, de son sexe, de ses opinions ou de ses croyances. *Tout Congolais a le droit et le devoir de contribuer par son travail à la construction et à la prospérité nationales...* »[145].

De son côté, l'article 6.1 du PIDESC nous informe que « Les États parties au présent Pacte *reconnaissent le droit au travail*, qui comprend le droit qu'a toute personne d'obtenir la *possibilité de gagner sa vie* par un travail librement choisi ou accepté, et prendront des mesures appropriées pour sauvegarder ce droit »[146].

Le nouveau Code congolais du travail précise, en ce qui le concerne, que le travail « constitue une *obligation morale* pour tous ceux qui n'en sont pas empêchés par l'âge ou l'inaptitude... » et, en même temps, « un *droit* et un *devoir* pour chacun »[147].

Nous nous limiterons ici à indiquer les principales composantes de ce droit fondamental (B). Mais, auparavant, il importera de clarifier la question du titulaire et du débiteur du droit au travail en Droit congolais (A) pour être à même, ici comme là, de saisir certains principes essentiels du nouveau Droit congolais du travail.

A. Débiteur et titulaire du droit au travail

Concernant la question du titulaire, si l'on s'en tient à l'énoncé de la Constitution, il est clair que le « droit et le devoir de travailler pour la (re)construction et la prospérité nationales » incombent principalement aux *Congolais*. Toutefois, ainsi que le suggèrent l'article 6.1 du PIDESC et l'article 2 du nouveau Code du travail, le « droit », le « devoir moral » ainsi que la « possibilité de gagner sa vie » par le travail appartiennent à « toute personne » ou à « chacun ».

Ce faisant, les sources conventionnelle et légale en matière du travail viennent utilement compléter la Constitution, dans un domaine aussi vital que compétitif et dominé en outre par le principe de l'égalité des chances, qu'il s'agisse de celles des nationaux ou de celles des étrangers. Le titulaire du droit au travail est donc « toutes personnes se trouvant sous la juridiction de la République démocratique du Congo », nationaux ou étrangers.

Toutefois, le droit au travail des étrangers risque de demeurer un droit purement théorique en présence de certaines prescriptions légales ou réglementaires qui limitent le droit d'accès de ceux-ci au marché du travail ou qui y restreignent considérablement leurs droits.

Il en est ainsi par exemple de cette disposition légale qui, au titre de « moyens de contrôle », prévoit que « le contrat de travail constaté par écrit doit comporter (entre autres) la *nationalité* du travailleur »[148] ; ou de ce chapitre du nouveau code du travail qui institue toute une « Commission nationale de l'emploi des étrangers » chargée entre autres de « statuer sur la délivrance et le renouvellement des cartes de travail pour étrangers » et « sur la demande d'engagement » de ceux-ci. Cette Commission se trouve, en même temps, être le « conseiller » du ministère du Travail notamment sur la politique de « protection de la main d'œuvre nationale contre la concurrence étrangère »[149].

Enfin, comment ne pas constater le caractère théorique du droit des étrangers à travailler équitablement au Congo lorsque toute une Direction spécifique du ministère du Travail et de la Prévoyance sociale se charge entre autres de « préparer (et de surveiller ?) des accords techniques avec des pays étrangers » et d'« assurer le contrôle de l'emploi des nationaux et des étrangers » ?[150]

Bref, le droit au travail, tout en étant un droit universel appartenant à toute personne, subit, dans chaque pays, des limitations et des restrictions commandées par des politiques publiques – objectives ou subjectives – destinées à protéger tout d'abord la « main d'œuvre nationale ». La République démocratique du Congo n'y échappe pas.

Il faut cependant constater que les États, en décidant de réduire les droits des travailleurs étrangers uniquement sur base du motif de leur nationalité, violent impunément les principes essentiels que eux-mêmes ont consenti dans le cadre de l'Organisation Internationale du Travail, principalement dans le cadre de la Convention (n° 111) concernant la discrimination en matière d'emploi et de profession adoptée en 1958 sous les auspices de cette Organisation internationale[151].

Concernant la question du débiteur, il faut avouer qu'il est moralement difficile d'incomber à quelqu'un le devoir d'assurer la « possibilité de gagner sa vie » à quelqu'un d'autre. En cette matière, la liberté d'entreprise (avec son corollaire qu'est le droit de propriété) s'affronte avec le droit légitime de toute personne de chercher à gagner sa vie par le travail.

Toutefois, pour que le droit au travail ne demeure pas un droit purement théorique, le Constituant, aidé en cela par les instruments légaux et conventionnels pertinents, prévoit que « *L'État garantit* le droit au travail » (art. 39, al. 2, Const. 4 avril 2003 précité) ou qu'il

« reconnaît à chacun le droit de jouir des meilleures conditions de travail possibles », c'est-à-dire des conditions de travail « justes et favorables » (art. 7, al. 1er, PIDESC).

L'obligation de l'*État* en matière du droit au travail consiste donc principalement à *garantir*, au travailleur (et à l'employeur), un meilleur déroulement des relations de travail librement convenues dans le cadre d'un contrat de travail privé, sans aller jusqu'à se substituer aux parties contractantes. En tant que régulateur de la vie économique et sociale, l'État est ainsi chargé, notamment, d'édicter une législation en matière du travail et d'instituer, s'il le faut, des tribunaux nécessaires chargés, en cas de conflit, de rétablir les droits des uns et des autres. En tant qu'employeur lui-même, il est évident que l'État est, dans ce cas, tenu à toutes les obligations qui découlent du contrat de travail, et notamment celles qui consistent à fournir au travailleur le travail recherché et à lui payer le salaire convenu.

Tous les *entrepreneurs* qui emploient une main-d'œuvre quelconque sont d'ailleurs, eux aussi, soumis à ce genre d'obligations. Mais, il s'agit là des obligations découlant d'un contrat de travail.

En revanche, l'obligation qui consiste à *créer des emplois* ou à *éliminer ou diminuer le chômage* n'incombe assurément pas, et de façon directe, aux particuliers, si ce n'est par une sorte de devoir moral ou de participation à une politique publique. Cette obligation là est une charge étatique. L'État n'accomplit, toutefois, ici qu'une *obligation d'incitation à la création d'emplois* ou, s'il est entrepreneur lui-même, une *obligation de création directe d'emplois.*

Mais, on est là dans un domaine extrêmement délicat, marqué principalement par l'aléa et par le risque de l'acte même d'entreprise, ainsi que par la *tension* entre la liberté d'entreprise et le droit au travail.

Bref, les débiteurs du droit au travail sont identifiables. L'État y apparaît cependant comme le débiteur principal. Il est débiteur principal direct lorsqu'il se comporte, lui-même, comme un entrepreneur. Il est, en revanche, débiteur principal indirect en cas de repli vers son rôle de simple régulateur du marché.

Il est tenu, dans chaque cas, de faire en sorte que toutes les composantes du droit au travail, telles que reconnues par les législations existantes, soient assurées au travailleur.

B. Les composantes du droit au travail

Parler du droit au travail, c'est évoquer plusieurs droits, plusieurs possibilités et plusieurs opportunités auxquels ce droit fondamental ouvre pour le bien-être d'une personne. Même si certains des droits dérivés de ce droit fondamental ont parfois une existence juridique autonome (cas du droit de grève ou de la liberté syndicale), d'autres droits ou d'autres opportunités auxquels ouvre ce droit sont reconnus dans le sillage du droit au travail.

Font ainsi partie du droit au travail ou sont reconnus dans le sillage du droit au travail, les droits et les opportunités suivantes : le droit d'avoir la possibilité de travailler ou, autrement appelé, le droit à la protection contre le chômage (1) ; le droit à une rémunération équitable et satisfaisante (2) ; le droit à d'autres moyens de protection sociale (3) ; le droit à des conditions décentes de travail (4) ; le droit au repos et au loisir (5) ; le droit de grève (6) et la liberté syndicale (7).

1. Le droit à la protection contre le chômage

Le chômage, dans son sens second, est une inactivité forcée d'une personne due au manque de travail, d'emploi. Si, dans son sens premier, il désigne l'acte même d'interruption du travail, dans un sens troisième - qui est le plus courant-, il désigne un régime social qui fournit une indemnité aux travailleurs sans emploi. Le chômage est donc synonyme d'inactivité professionnelle assurant au chômeur une certaine couverture sociale[152].

Le Droit congolais, dans le sillage du droit au travail, reconnaît à tout bénéficiaire désigné le droit à la « protection contre le chômage » (Voir références supra). Autrement dit, toute personne ayant perdu son emploi à la suite de n'importe quelle cause a *droit à une indemnité de chômage* octroyée selon les conditions fixées par la loi.

On ne dispose cependant pas d'une loi spécifique portant protection contre le chômage au Congo. En clair, le régime du chômage légal, tel qu'il est d'application notamment dans les pays européens, n'est pas encore en vigueur en République démocratique du Congo. Il s'ensuit que les travailleurs congolais ne bénéficient pas encore d'une couverture sociale complète et digne des efforts de (re)construction nationale qu'ils ont fournis à un moment donné de leur vie professionnelle.

Précisons que ce droit, selon toute vraisemblance, ne bénéficie qu'aux *anciens travailleurs* et non aux « chômeurs-nés ». Autrement dit, les personnes qui n'ont pas encore, par leur travail, contribué à la construction de la richesse nationale n'ont, en principe, pas droit aux indemnités de chômage.

Toutefois, la « protection contre le chômage » n'étant pas réductible à la simple question du versement des indemnités de chômage, il est un devoir pour l'État de « garantir » à tous les citoyens *d'autres moyens* de protection sociale comme le versement des revenus spéciaux (« revenus minimum d'insertion » ou « revenus minimum garantis ») ou la multiplication des efforts en vue de la création d'emplois (*infra*). L'essentiel est que tout citoyen doive pouvoir disposer d'une certaine rémunération.

2. *Le droit à une rémunération équitable et satisfaisante*

Sauf pour les bénévoles, toute personne est acquise à l'idée que « tout travail mérite salaire ». C'est un devoir moral, une attente sociale et, en même temps, une question d'existence.

Le droit à une rémunération équitable et satisfaisante est un droit constitutionnellement garanti. Il vise à assurer la protection de la contrepartie de l'obligation de travailler incombant au travailleur. Cette contrepartie, on le sait, est la condition même de validité d'un contrat de travail, dont elle constitue un des éléments, sinon l'élément principal.

Au-delà du fait que le caractère « équitable et satisfaisant » d'une rémunération est une question de fait à apprécier par les parties sous le contrôle du juge, les *éléments intrinsèques d'une rémunération*, en tant que contrepartie d'une obligation de travail, sont, eux, définis par la loi.

Ainsi, aux termes de l'article 7 h) du nouveau Code congolais du travail, une rémunération, étant « la somme représentative de l'ensemble des gains susceptibles d'être évalués en espèces et fixés par accord ou par les dispositions légales et réglementaires », « comprend notamment : le salaire ou le traitement ; les commissions ; l'indemnité de vie chère ; les primes ; la participation aux bénéfices ; les sommes versées à titre de gratification ou de mois complémentaires ; les sommes versées pour prestations supplémentaires ; la valeur des avantages en nature ; l'allocation de congé ou l'indemnité compensatoire de congé(ainsi que) les sommes versées par l'employeur pendant l'incapacité de travail et pendant la période précédant ou suivant l'accouchement »[153].

Ces éléments de la rémunération ne sont pas dans le pouvoir des parties d'ignorer ou de modifier. Ils s'ajoutent aux autres droits sociaux ou aux autres avantages de service prescrits légalement, tels que les soins de santé, l'indemnité de logement ou le logement en nature, les allocations familiales légales, l'indemnité de transport, les frais de voyage ainsi que les avantages accordés exclusivement en vue de faciliter au travailleur l'accomplissement de ses fonctions[154].

Ils n'excluent pas que les parties, par un accord, puissent s'accorder sur d'autres avantages supplémentaires. En revanche, ces dernières ne sont pas autorisées à aller en deçà des minima légalement garantis.

La rémunération ainsi garantie doit assurer « au travailleur *ainsi qu'à sa famille* une existence *conforme à la dignité humaine...* » (art. 39, al. 2, précité, Const. 4 avril 2003). C'est en ce sens qu'il faudra comprendre les adjectifs « équitable et satisfaisante » accolés à la notion de rémunération[155].

La famille du travailleur est précisément, aux termes de l'article 7 k) du nouveau Code du travail, cette unité sociale composée de son conjoint ainsi que de ses enfants, tels que définis par le Code de la famille, y compris des enfants adoptés par le travailleur, des enfants dont il a la tutelle ou la paternité juridique ainsi que des enfants pour lesquels le travailleur a une obligation d'aliments (...) [156].

Bref, le droit à la rémunération est vraiment celui qui rend l'existence du travailleur et de sa famille digne et conforme à tous les standards vitaux de la doctrine des droits humains.

3. *Le droit à d'autres moyens de protection sociale*

En parlant du droit aux indemnités de chômage, nous avons déjà suggéré l'idée de l'étendue grandissante du régime de la protection sociale. Le travailleur ou le chômeur a droit à d'autres formes de protection sociale que l'État doit lui garantir quelle que soit sa situation professionnelle ou non professionnelle. Il y va de la vie et de la dignité de l'être humain.

Ainsi par exemple, lorsque le Constituant fait allusion à « d'autres moyens de protection sociale » que la rémunération, il pense, certes, à tout le régime de la sécurité sociale des travailleurs tel qu'organisé par la loi et géré notamment par l'Institut National de Sécurité Sociale, I.N.S.S., (versement des pensions de retraites et autres rentes de survie, etc.) ; mais il pense également, sans aucun doute, à tous les autres régimes d'assistance sociale, et notamment à toutes les formes d'aides sociales que pourrait par exemple octroyer le ministère des Affaires sociales ou d'autres institutions publiques.

Dans ce cadre, il n'est pas ainsi exclu que la République démocratique du Congo puisse se doter, dans les années à venir, d'un véritable réseau et d'institutions d'Assistants sociaux chargés de venir en aide notamment à ceux qui n'en peuvent pas.

Le droit à d'autres moyens de protection sociale est ainsi un complément au droit à la rémunération qui, lui, découle directement du droit au travail. Il est également un droit des non travailleurs.

4. *Le droit à des conditions de travail décentes*

Le droit à des conditions de travail décentes, non repris par la Constitution en vigueur, a été expressément prévu par l'article 17, 1°, a) de la Loi Fondamentale relative aux libertés publiques. Il découle de la préoccupation légitime et nécessaire d'assurer notamment l'hygiène au travail et de protéger ainsi la santé des travailleurs. Or la question de l'hygiène au travail et celle de la santé des travailleurs sont des préoccupations constantes liées à la qualité de la vie humaine. Elles font même l'objet des chapitres entiers de la législation et/ou de la réglementation du travail [157].

Le droit à des conditions de travail décentes est donc reconnu par ce biais.

Les conditions de travail décentes comprennent toutes les mesures et toutes les dispositions matérielles prises en vue d'assurer ou d'améliorer l'hygiène, la santé, le confort, la propreté ainsi que la sécurité dans les lieux de travail. Ces mesures et ces dispositions visent notamment à prévenir les accidents de travail, à lutter contre les maladies professionnelles, à assurer la salubrité au travail et, finalement, à développer la qualité de vie du travailleur au travail.

L'article 160 du nouveau Code congolais du travail prescrit un devoir pour les entreprises de « s'assurer le concours des services de santé de travail », et notamment par la disposition d'un « médecin de travail ». En outre, « Toute entreprise ou tout établissement de quelque nature que ce soit occupant des travailleurs a l'obligation de constituer un comité de sécurité, d'hygiène et d'embellissement des lieux de travail (art. 167, nouveau code du travail). De même, il est prescrit que « Toute entreprise ou tout établissement doit être tenu dans un constant état de propreté et présenter les conditions d'hygiène et de sécurité nécessaires à la santé du personnel » (art. 170, idem).

Bien qu'on soit loin d'un tel état de propreté et d'hygiène en République démocratique du Congo, toute entreprise et tout établissement œuvrant dans ce pays et employant un personnel est astreint à ces obligations légales. Ces obligations légales sont des droits pour les travailleurs dont ils peuvent être fondés à réclamer le respect.

Il faut inclure également dans ces conditions toutes les autres mesures nécessaires en vue de lutter notamment contre toutes formes de nuisances dans les entreprises ou établissements, y compris les nuisances sonores. Les universités congolaises, devenues si populeuses et insalubres, et évoluant dans un contexte de vacarmes et de bruits si troublant, sont-elles prêtes à respecter, un jour, ces obligations légales ?

5. *Le droit au repos et aux loisirs*

En parlant des universités congolaises devenues si populeuses, il faut s'inquiéter ici surtout sur la violation constante du droit au repos et aux loisirs de ses occupants, pourtant prescrits par les instruments nationaux de protection des droits de l'homme.

Le droit au repos et aux loisirs est d'abord un droit naturel de l'homme qui n'a pas besoin de se constater juridiquement. Il se trouve ensuite avoir été prévu, et ce, au corps défendant des jus naturalistes, par la Loi fondamentale relative aux libertés publiques (art. 17, 1°, d). Il est enfin expressément prévu par l'article 121 du nouveau Code congolais du travail, aux termes duquel « Tout travailleur doit jouir, au cours de chaque période de sept jours, d'un *repos comprenant au minimum 48 heures consécutives*. Ce repos... a lieu *en principe le samedi et le dimanche* ».

Le droit au repos et aux loisirs – qui n'est assurément pas un droit exclusif aux travailleurs – pose, dans le cadre de la relation du travail, le problème principalement de la durée du travail. Combien de temps le travailleur doit-il consacrer à son boulot ? On sait, en effet, qu'en France (notamment), cette question et la problématique même du droit au repos sont à l'origine d'une loi socialiste particulièrement polémique, à savoir : « la loi sur les 35 heures », votée sous le Gouvernement Jospin.

En Droit du travail congolais, la durée hebdomadaire du travail a été ramenée *de 48 à 45 heures*, tandis que la durée journalière, elle, a été portée à *9 heures*. Elle se calcule à partir du moment où le travailleur se tient sur les lieux du travail à la disposition de l'employeur jusqu'au moment où les prestations de travail cessent conformément aux horaires arrêtés par l'employeur et reproduits au règlement d'entreprise[158].

Se pose alors ici, en clair, le problème de la rentabilité du travailleur congolais par rapport à l'écourtement de cette durée de travail. Question, de ce fait, de nature économique, la réduction de la durée du travail est, en dépit des aspects économiques, d'abord une question de droits humains. L'homme a besoin du renouvellement de ses capacités physiques et intellectuelles pour bien reprendre son service. Il s'ensuit que, sur la question, l'intérêt de la vie humaine vient au-devant des considérations purement économiques.

La question des loisirs liée à ce repos hebdomadaire et journalier va de soi. Elle trouve les mêmes fondements et les mêmes justifications que le droit au repos qui en constitue à la fois le cadre et le moyen de réalisation.

6. Le droit de grève

Parfois reconnu de façon autonome mais toujours dans la suite du droit au travail, le droit de grève est sans doute le droit économique et social le plus revendiqué par les travailleurs, mais aussi, paradoxalement, le plus redouté par les employeurs et le plus corseté juridiquement par les pouvoirs publics. Pourtant il est de reconnaissance tant constitutionnelle, légale que conventionnelle[159].

En Droit congolais, le droit de grève n'est pas un droit absolu, même s'il est de reconnaissance juridique constante. L'article 42 de l'actuelle Constitution qui le porte précise qu'« Il s'exerce dans les conditions fixées par la loi qui peut en interdire ou en limiter l'exercice dans les domaines de la défense nationale et de la sécurité ou pour tous services ou activités publics d'intérêt vital pour la communauté ». De fait, la tradition juridique congolaise en la matière a toujours été contre la grève des militaires, des services de sécurité ainsi que des « services vitaux » comme ceux œuvrant dans le secteur de l'eau, de l'électricité, des soins hospitaliers, etc.

Toutefois, l'interdiction totale de la grève dans les secteurs vitaux de la vie nationale paraît disproportionnée dans la mesure où le droit de grève, dans n'importe quel service vital du pays, n'est pas incompatible avec le maintien d'un certain « service minimum ».

D'autre part, à l'instar du droit de pétition, aucune mesure de rétorsion ni de discrimination ne peut suivre l'observation d'une grève déclenchée dans toutes les conditions légales voulues.

Quid du droit syndical ?

7. Le droit à la liberté syndicale

Reconnu à « tous les Congolais » par l'article 41 de la Constitution de la transition du 4 avril 2003, le droit à la liberté syndicale est d'affirmation constitutionnelle, légale et conventionnelle constante. Toutefois, en Droit constitutionnel congolais constant, il est habituellement méconnu aux « membres des forces armées, des forces de maintien de l'ordre et des services de sécurité » sans qu'à l'appui de cette interdiction des raisons sérieuses, objectives et convaincantes soient, à chaque fois, avancées[160].

Un syndicat est défini par l'article 237 du Code du travail comme étant « toute organisation professionnelle constituée en vue de l'objet défini à l'article 230... », c'est-à-dire, en vue de l'étude, de la défense et du développement des intérêts professionnels des travailleurs ainsi qu'en vue du progrès social, économique et moral des membres de cette organisation professionnelle[161].

Le principe de la liberté syndicale est clairement réaffirmé dans le nouveau Code congolais du travail, dont l'article 233 prescrit que « Tout travailleur ou employeur, sans distinction aucune, a le droit de s'affilier à une organisation professionnelle de son choix et de s'en désaffilier ». Il y est même précisé qu'« Il est interdit à tout employeur de subordonner l'emploi d'un travailleur à son affiliation ou à sa non affiliation à une organisation professionnelle quelconque ou à une organisation professionnelle déterminée » ; ou de le « licencier... ou lui porter préjudice par tous les autres moyens, en raison de son affiliation à une organisation professionnelle et de sa participation à des activités syndicales »[162].

Toutefois, l'exercice de l'action syndicale est, comme toute liberté d'association, soumis à certaines conditions prévues par la loi, lesquelles, comme on le sait, doivent demeurer compatibles avec le droit général des limitations aux droits de l'homme.

Il importe à présent d'examiner l'un de ces droits qui, entre autres, permet le développement de la relation de travail, à savoir : la liberté d'entreprise.

§3. La liberté d'entreprise

La liberté d'entreprise sera examinée en même temps que la liberté de l'art, du commerce et de l'industrie, parce que, en Droit congolais, elles sont généralement des droits consacrés dans une seule et même disposition, voire dans des dispositions successives de rang similaire. Il importe, pourtant, pour des raisons d'exposé, de les scinder pour mieux en resituer la nature et en développer les aspects.

A. Le principe de la libre entreprise

C'est dommage que le principe général de la libre entreprise ne soit pas, en tant que droit fondamental, clairement affirmé par l'actuelle Constitution congolaise de la transition. Pourtant, il s'agit bien d'un principe universel moderne reconnu surtout par les nations dites « libérales ». Il ne faut cependant pas y inférer que le Droit congolais ignore superbement la liberté d'entreprise !

Tout d'abord, « L'exercice de l'art, du commerce et de l'industrie, ainsi que la *libre circulation des biens* sur toute l'étendue de la République démocratique du Congo », en tant que principes cardinaux du libéralisme moderne, « sont garantis dans les conditions prévues par la loi »[163]. Ensuite, le Droit congolais connaît bien l'existence d'un « Code d'investissement » qui, en tant qu'instrument légal, est un incitant irremplaçable à la libre entreprise. Enfin, c'est depuis longtemps que le libéralisme économique - qu'il ait été nourri des contradictions propres au régime dirigiste du MPR-parti-État ou qu'il ait été converti en « économie sociale du marché » prônée par les régimes Kabila, est de tradition politique constante au Congo.

Au demeurant, les Constitutions congolaises antérieures n'ont pas manqué de reconnaître, bien que dans d'autres termes et au bénéfice des seuls nationaux, le principe de la libre création des *sociétés* par des nationaux[164].

Le droit et le principe de la libre entreprise sont donc, en Droit congolais général, d'existence incontestable. Mais, comme la libre entreprise suppose également le libre choix des formes et des secteurs d'activités économiques, il faut, par conséquent, s'attacher à en étudier les aspects plutôt dans ce qu'il est convenu d'appeler la liberté de l'art, la liberté de l'industrie et la liberté du commerce.

B. La liberté de l'art

Le siège de cette liberté est, on vient de le voir, l'article 38 de l'actuelle Constitution de la transition. La première source juridique du pays affirme donc le principe de la « garantie » constitutionnelle de cette liberté fondamentale « dans les conditions fixées par la loi ». Elle se trouve également reconnue tant par la Charte congolaise des droits de l'homme et du peuple (art. 60) que par le Pacte international relatif aux droits économiques, sociaux et culturels (art. 15, c.).

L'art, ici, doit être entendu au sens d'une « expression, par les œuvres de l'homme, d'un idéal esthétique », c'est-à-dire comme un « ensemble des activités humaines créatrices visant à cette expression »[165]. En tant que tel, l'art représente « chacun des modes d'expression de la beauté », par exemple les arts plastiques, les arts décoratifs, le cinéma (encore appelé « septième art »), le théâtre, la musique, voire même dans une certaine mesure, les sports.

La vie culturelle congolaise connaît l'existence de toutes ces catégories d'arts. Parfois avec un peu d'exagération, la musique est, dans ce contexte, reconnu comme un des domaines de compétence et de prédilection des Congolais. On ne peut cependant pas dire que d'autres expressions de l'art - tels les sports - sont inconnues.

La RDC, par exemple, est, en Afrique, voire même dans le monde, reconnue comme une « nation de football ». Dans ce domaine comme dans beaucoup d'autres, il reste cependant à affiner des politiques et à remettre de l'ordre dans un secteur qui a longtemps été oublié[166].

Le secteur des sports congolais exige une véritable « chirurgie » et une réorganisation qui, en l'occurrence, devraient commencer par exemple par la libération de ce secteur de l'emprise des règlements sectoriels qui l'empêchent, à cause de l'absence d'une *loi* sportive, de se développer grâce à une vision globale du secteur.

Dans le domaine de la musique, par exemple, la RDC, avec sa myriade d'orchestres musicaux, sa kyrielle de vedettes, la qualité de sa musique et l'exubérance de ses danses, « colonise » le monde musical africain. Il importe cependant que les pouvoirs publics organisent rationnellement ce secteur qui, non seulement reflète de manière plus expressive la culture du pays, mais encore, est susceptible de rentrées économiques non moins juteuses.

Il faut que le monde musical congolais quitte l'état de « non droit » qui y règne actuellement pour se mettre au diapason des nations qui, juridiquement mais rationnellement, ont organisé ce secteur.

Les autres arts (cinéma, théâtre, peinture, sculpture, architecture...) sont également à revaloriser pour que le « droit à la culture » ou « les droits culturels » des Congolais, péremptoirement affirmés par exemple par l'article 60, al. 3, de la Charte congolaise des droits de l'homme et du peuple, ne soient pas qu'un vain mot.

C. La liberté du commerce

Principe majeur ayant été, d'une certaine manière, à l'origine de la création de l'EIC, la liberté du commerce n'a, depuis lors, pas quitté le sol congolais. Grand principe du Droit public économique ayant gouverné les relations anciennes entre les puissances colonisatrices de Berlin, la liberté du commerce a été, très tôt, affirmée dans tous les textes organisationnels de l'État Indépendant du Congo, puis du Congo belge, jusqu'à l'actuelle République démocratique du Congo.

À l'heure actuelle, elle est affirmée, aux côtés de la liberté de l'art et de la liberté de l'industrie, dans l'article 38 de la Constitution de la transition. Sa garantie constitutionnelle et son exercice réel étant placés sous le régime de la loi, ce sont surtout des textes de nature et de portée législative qui organisent ce secteur économique indispensable[167].

En rapport avec cette liberté, la question qui se pose est surtout celle de ses bénéficiaires (1) et celle de la notion du « petit commerce » introduite par le Droit congolais (2).

1. *Bénéficiaires de la liberté du commerce*

Telle que formulée par l'article 38 précité de la Constitution et, conformément aux grands principes libéraux modernes, l'exercice du commerce en République démocratique du Congo est, en principe réservée à *toute personne*. L'indétermination des termes ainsi que l'absence de désignation expresse, par le Constituant, de la catégorie des bénéficiaires de cette liberté, incitent à l'affirmer.

Toutefois, d'une part, en raison de ce que la Constitution dit que ladite liberté s'exerce « dans les conditions fixées par la loi » et, d'autre part, à cause de l'existence d'une législation sur le « petit commerce », le bénéfice de la liberté du commerce qui serait reconnu à « toute personne » est, au Congo, illusoire. En effet, l'Ordonnance-loi sur le petit commerce, après avoir placé celui-ci sous le régime de la « patente » (et non sous celui du « registre du commerce » conformément aux prescrits du Décret du 6 mars 1951), précise que ne peut obtenir la patente que *la personne qui a la « nationalité zaïroise »* (entendez « congolaise »)[168].

Il s'ensuit que le bénéfice de la liberté du commerce en République démocratique du Congo n'est ni général, ni universel. Si toute personne peut incontestablement et librement exercer « le commerce en général », l'exercice du « petit commerce », lui, est exclusivement réservé aux Congolais.

Que faut-il donc entendre par « petit commerce » ?

2. *Notion de « petit commerce »*

« Au sens de la présente ordonnance-loi, on entend par petit commerce, le commerce effectué par la vente des marchandises *en petites quantités* et dont la *valeur globale mensuelle ne dépasse pas quatre cent mille zaïres.* Sont assimilées au petit commerce (...) *les entreprises artisanales dont le chiffre d'affaires mensuel ne dépasse pas quatre cent mille zaïres* ainsi que *les prestations de services* dans la mesure où *le chiffre d'affaires mensuel n'est pas supérieur à deux cent mille zaïres* »[169].

Le petit commerce est donc défini, en Droit commercial congolais, en référence à deux critères majeurs : la quantité des marchandises vendues ou à vendre et la hauteur du chiffre d'affaires réalisé ou à réaliser. Si cette dernière est fixée, selon le cas, à « quatre cent mille zaïres » ou à « deux cent mille zaïres », le critère de la quantité des marchandises, lui, est plutôt flou. C'est la raison pour laquelle la doctrine, à la suite du législateur, préfère catégoriser le commerce et les commerçants en « gros », « demi-gros » et « détails » pour mieux appliquer les règles prévues respectivement pour ces catégories[170].

Bref, si l'on veut comprendre parfois pourquoi les Congolais sont « jaloux » de leur petit commerce, il faut simplement, par exemple, comprendre les propos du « Président-Fondateur », auteur des mesures de zaïrianisation des années 70, qui, lors d'un entretien télévisé avec la presse, avait entre autres déclaré que « ...je conçois très mal qu'un Belge, un Français, un Américain... vienne ici ...et vende aux Zaïrois la limonade qu'ils sont eux-mêmes capables de produire et de fabriquer... »[171].

C'est dire que la liberté du commerce peut parfois subir les sauts d'humeur des dirigeants et être reléguée au second plan devant les impératifs nationaux et nationalistes d'une génération de politiciens.

Droit de garantie constitutionnelle, la liberté de commerce n'est cependant pas absolue, comme ne l'est assurément pas la liberté de l'industrie.

D. La liberté de l'industrie

La plupart des points qui viennent d'être développés tant à propos de la liberté de l'art qu'au sujet de la liberté du commerce, sont, *mutatis mutandis*, applicables à la liberté de l'industrie. La seule remarque qu'il faut introduire est que s'il existe, dans la liberté du commerce, un régime spécial du « petit commerce », il n'existe pas, dans le Droit de la liberté de l'industrie, un régime de « petite industrie ».

Toutefois, si une industrie se développe dans le sillage et dans les critères de réserve nationale prévue pour la liberté de commerce, on peut craindre que, par assimilation, la liberté de l'industrie puisse également, elle aussi, faire l'objet de types de restrictions telles que celles dont sont frappées la liberté du commerce.

En tout état de cause, et conformément aux prescrits mêmes de l'article 38, siège de ladite liberté, l'exercice de l'industrie est, « sur toute l'étendue de la République démocratique du Congo », garanti, à condition toutefois d'être conforme aux conditions générales prévues notamment par le code d'investissement et par les plans économiques nationaux.

Dans la mesure où toutes ces libertés économiques sont susceptibles de générer, au bénéfice de leurs titulaires, des biens économiques utiles à leur vie, à leur santé et à leur existence digne, il importe à présent de bien se pencher sur le droit de propriété, en tant qu'une des « suites logiques » de l'exercice de ces libertés.

§4. LE DROIT DE PROPRIÉTÉ

La propriété est, aux termes de l'article 14 de la loi congolaise sur les biens, « le droit de disposer d'une chose d'une manière absolue et exclusive, sauf les restrictions qui résultent de la loi et des droits réels appartenant à autrui »[172]. Il s'agit donc d'un *droit patrimonial* qui confère à son titulaire un *droit exclusif sur une chose*, c'est-à-dire, le droit d'user d'une chose, d'en jouir, voire d'en abuser d'une manière si exclusive que les seules restrictions qui y sont admises sont celles tenant uniquement à la volonté de la loi et à la protection des droits d'autrui.

En langage littéraire et lyrique, les spécialistes préfèrent appeler cela l'*usus*, le *fructus* et l'*abusus*, comme pour traduire, en latin (langue « fétiche » des juristes), les attributs du droit de propriété[173].

La *propriété* est donc, en soi, différente de la *chose* qui en forme le substrat matériel. C'est donc par abus de langage ou par un procédé de raccourci rhétorique que l'on préfère, parfois, désigner celle-ci par celle-là (ex : « Ceci est une propriété privée ; il est interdit d'y pénétrer sans autorisation préalable »).

Le droit de propriété fait l'objet, en Droit congolais des droits de l'homme, de plusieurs sphères juridiques de protection. Tout d'abord, la *Constitution* le prévoit en son article 36 et l'énonce comme suit : « *La propriété privée est sacrée*. L'État garantit le *droit de propriété individuelle ou collective* acquise conformément à la loi ou à la coutume. L'État encourage et veille à la *sécurité des investissements privés*, nationaux et étrangers »[174].

Cette formulation respecte, dans ses grandes lignes, le prescrit des textes constitutionnels antérieurs qui, à propos du droit de propriété, ont toujours maintenu les principes suivants : 1° Reconnaissance de la propriété individuelle ou collective acquise selon la loi ou la coutume ;

2° Respect, dans ce cadre, des investissements nationaux et étrangers ; 3° Possibilité de privation du droit de propriété par des mesures, notamment, d'expropriation pour cause d'« intérêt général » ou d'« utilité publique » ; 4° Principe de l'indemnisation préalable et équitable (parfois « équitable » seulement) des victimes de l'expropriation pour cause d'intérêt général ou d'utilité publique ; et, enfin, 5° Principe d'un contrôle juridictionnel des mesures d'expropriation pour cause d'intérêt général ou d'utilité publique[175].

Ensuite, en ce qui la concerne, la Charte congolaise des droits de l'homme et du peuple le prévoit dans des termes presque semblables, faisant même apparaître, pour la première fois, le principe du contrôle juridictionnel des mesures d'expropriation : « Le droit de propriété individuelle ou collective est garanti. L'expropriation pour cause d'intérêt général ou d'utilité publique ne peut intervenir qu'en vertu d'une loi prévoyant le versement préalable d'une indemnité équitable. *Cette mesure est susceptible de contrôle juridictionnel.* Nul ne peut être dépossédé de ses biens qu'en vertu d'un jugement rendu par une juridiction compétente » (art. 45).

Curieusement, le PIDESC ne réserve aucune de ses dispositions à l'un des droits économiques rarement qualifié de « sacré ». Seuls l'article 14 de la Charte africaine des droits de l'homme et des peuples, l'article 17 de la Déclaration universelle des droits de l'homme et l'article 5 de la Convention sur l'élimination de toutes les formes de discrimination à l'égard de la femme, prévoient expressément la reconnaissance de ce droit.

Il s'ensuit que le droit de propriété n'est mieux protégé, en ce qui concerne la République démocratique du Congo, qu'en Droit interne, complété utilement par les trois textes ci haut cités.

Trois questions, importantes mais non exclusives, méritent d'être traitées à propos de ce droit : Quels sont les titulaires de ce droit ? (A) Quel est, en Droit congolais, le contenu réel du droit de propriété ? (B) Comment y est-il organisé le régime spécial des expropriations, comme mécanisme principal de limitations du droit de propriété ? (C).

A. Titulaires du droit de propriété

Il ressort des différents textes ci-dessus cités que le droit de propriété peut appartenir aussi bien aux *individus* qu'aux *groupes d'individus*. Dans le premier cas, on parle de propriété *individuelle* ; dans le second, on parle de *propriété collective* ou, même, de *copropriété*.

Le droit de propriété peut également appartenir aux *personnes physiques* ou aux *personnes morales*. Dans le cas des personnes morales, on distingue souvent les personnes morales de droit public et les personnes morales de droit privé, auxquelles se rattachent respectivement les expressions de *propriété publique* et de *propriété privée*. La propriété publique, on s'en doute, est l'affaire des personnes publiques, tandis que la propriété privée est le domaine, en principe, des personnes privées (sans oublier que les personnes morales de droit public peuvent, elles aussi, disposer d'un patrimoine privé).

Enfin, le droit de propriété peut appartenir aussi bien aux *nationaux* qu'aux *étrangers*, et c'est une façon de souligner ici que la propriété n'a ni barrière, ni frontière géographique. L'élément le plus expressif du caractère universel du droit de propriété lui vient, sans doute, de cette reconnaissance officielle : elle appartient et peut appartenir tant aux nationaux qu'aux étrangers.

C'est donc à dessein qu'à propos de ce droit, le législateur s'exprime souvent d'une façon affirmative et qu'il en précise, dans beaucoup de cas, la forme : « le droit de propriété *individuelle* et *collective est* garanti ».

Par ailleurs, dans la « division des biens par rapport à ceux qui les possèdent », le législateur congolais fait souvent ressortir la différence entre les *biens de l'État* et *ceux des particuliers*. C'est une manière de souligner ici la différence de régime qui affecte les biens dits du « domaine » de ceux dits des « particuliers ».

Les biens du domaine de l'État se distinguent en *domaine public* et en *domaine privé*. Les biens du domaine public de l'État, en effet, « ne sont administrés et ne peuvent être aliénés que dans les formes et suivant les règles qui leur sont particulières ». Puisqu'ils sont « affectés à un usage public ou un service public », ces biens sont « hors commerce tant qu'ils ne sont pas régulièrement désaffectés (art. 9, al. 2 et art. 10, Loi dite Foncière). En revanche, les biens du domaine privé de l'État sont, comme les biens des particuliers, susceptibles d'aliénation sans une autre procédure particulière que celle généralement prévue en matière d'administration des biens privés. Or, on sait que « les particuliers ont la libre disposition des biens qui leur appartiennent, sauf les modifications établies par la loi »[176].

Il s'ensuit que les biens du domaine privé de l'État sont, comme les biens des particuliers, « dans le commerce ». Il s'ensuit également que les titulaires du droit de propriété sont divers et variés.

En est-il ainsi aussi du contenu de ce droit ?

B. Contenu du droit de propriété

Suivant la définition même du législateur, il convient de faire la distinction ici entre le droit de propriété proprement dit et la chose réelle sur laquelle le droit de propriété peut porter. Mais, cette distinction est de peu d'intérêt pour notre étude. Ce qu'il faut opérer c'est la distinction entre, d'une part, les éléments proprement dits du droit de propriété ou, autrement étudiés, les biens susceptibles d'appropriation privative

(1) et, d'autre part, les biens susceptibles de la même appropriation, mais dans le cadre du prolongement du droit de propriété principal ou, autrement dit, les droits dérivés de la propriété (2).

1. *Les biens susceptibles d'appropriation privative*

Envisagé par rapport à son objet, le droit de propriété peut porter, d'une part, sur les biens dits mobiliers et, d'autre part sur les biens dits immobiliers. Aux termes, en effet, de l'article 2 de la « Loi foncière », « Tous les biens sont mobiliers ou immobiliers » ; de sorte que la Cour suprême de Justice congolaise, dans un cas lui soumis, avait été amenée à préciser que « La définition des biens meubles et immeubles ainsi que des droits qui s'y rapportent procède de la loi »[177].

Il s'ensuit que tous les biens susceptibles d'appropriation privative sont, de par la volonté du législateur, soit mobiliers (a), soit immobiliers (b). Tels sont les premiers éléments qui constituent le substrat du droit de propriété à titre principal.

a) Les biens immobiliers et le droit de propriété s'y rapportant

Sont immobiliers, aux termes de la loi, « tous les *droits réels qui ont pour objet des immeubles* ainsi que les *droits de créance tendant à acquérir ou à recouvrer un droit réel sur un immeuble* » (art. 3, Loi Foncière). Or, « Les choses sont immeubles soit *par leur nature*, soit *par leur incorporation*, soit *par leur destination* » (art. 5-8, *Idem*).

Les choses immobilières susceptibles d'appropriation privative sont, en Droit congolais, énumérés comme suit :

- les bâtiments et leurs accessoires nécessaires tels que les tuyaux servant à la conduite des eaux, de la vapeur ou du gaz et des fils conducteurs de l'électricité ;
- toutes constructions inhérentes au sol, tels par exemple un poteau électrique, une antenne parabolique, une station terrienne, etc. ;
- les arbres et plantes quelconques, tant qu'ils ne sont pas détachés du sol ;
- les fruits et récoltes, tant qu'ils n'ont pas d'existence séparée ;
- les objets mobiliers placés par leur propriétaire dans un immeuble qui lui appartient ou sur lequel il exerce un droit réel immobilier qui est de nature à lui permettre d'user ou de jouir de l'immeuble, tels par exemple les animaux attachés à la culture ou à l'exploitation agricole, les instruments, machines et autres ustensiles aratoires servant à cette exploitation, etc. ;

L'énumération de ces biens étant énonciative, la liste des droits s'y rapportant est, évidemment, simplement indicative.

Aux termes de la loi donc, le droit de propriété se rapportant aux biens immobiliers est, en principe, plus large que le contenu qui lui est généralement donné en Droit civil. Dépassant le simple cadre de la « propriété » civiliste telle que définie à l'article 14 de la loi sur les biens, le droit de propriété peut, en Droit des droits de l'homme, revêtir, en principe, deux natures juridiques distinctes.

Il peut se rapporter aux *droits réels* portant sur les biens immobiliers (par exemple : à la propriété elle-même, à la concession perpétuelle ou ordinaire, à l'emphytéose, etc.) ; et en tant que tels, ces droits réels sont, en Droit des droits de l'homme, assimilables au droit de propriété civiliste. Il peut se rapporter aussi aux *droits de créances* tendant à acquérir ou à recouvrer lesdits droits réels immobiliers (par exemple un contrat immobilier, un certificat d'enregistrement, un contrat de concession perpétuelle, etc.) ; de telles créances sont, sur le plan du Droit des droits de l'homme susceptibles d'être comptées, elles aussi, au titre de droit de propriété.

En est-il ainsi aussi en Droit mobilier ?

b) *Les biens mobiliers et le droit de propriété s'y rapportant*

Selon les termes mêmes de la loi, « Sont mobiliers tous les autres *droits patrimoniaux* et notamment les *actions et intérêts* dans les sociétés, associations et communautés qui jouissent de la personnalité civile... ».

Bien que s'exprimant encore en termes de « droits », en réalité, le législateur rend compte ici de l'unique objet même du droit de propriété mobilière, à savoir : *le patrimoine*, encore que celui-ci peut être à la fois mobilier et immobilier ! Le *patrimoine mobilier* d'une personne est donc l'objet principal de son droit de propriété. Il peut être constitué, soit d'*actions* ou d'*intérêts* dans les sociétés, soit de *toute autre chose* « susceptible d'être mobilisée ou transportée »[178], et notamment les habits, les livres, la nourriture, les papiers, l'argent, etc.

Constituent donc l'objet du droit de propriété mobilière l'ensemble du patrimoine mobilier de quelqu'un, qu'il se compose des choses, des titres, des actions ou des intérêts, pourvu que ces biens soient susceptibles de mobilité ou de mobilisation. Le droit de propriété se rapportant sur ces biens mobiliers est donc, on peut le dire, un droit patrimonial au sens premier du terme.

Le Droit des droits de l'homme considère ainsi le droit de propriété dans tous ces aspects (mobiliers et immobiliers) et il importe de considérer l'expression « droit de propriété » dans son aspect large, c'est-à-dire, comme une simple dénomination de toute une autre série de droits (réels et de créance) qui, eux, se rapportent tantôt aux biens mobiliers, tantôt aux biens immobiliers qui sont définis légalement. Le droit de propriété est donc un méta-droit qui, comme beaucoup d'autres, comporte non seulement ces aspects principaux, mais en outre, des droits dérivés.

2. Les droits dérivés du droit de propriété

La propriété étant un droit qui confère à son titulaire un *usage exclusif* sur un certain nombre de biens, il convient d'énumérer les autres droits qui dérivent de cet usage exclusif et qui peuvent conférer à leurs titulaires les mêmes attributs ou des attributs similaires que le droit de propriété.

Les droits de créance ainsi que les droits intellectuels (a) sont, par-dessus tout, les droits qui, comme le droit de propriété, confèrent à leur titulaire cet usage exclusif. Il en est ainsi aussi du droit à l'indemnisation (b) pouvant découler, en cas d'atteinte, du droit de propriété lui-même. Il peut s'agir aussi des droits réels énumérés ci haut, mais qui ne feront pas l'objet de cette analyse.

a) Les droits de créance et les droits intellectuels

Aux termes de l'article 1er de la législation congolaise sur les biens, « Les biens ou droits patrimoniaux sont de trois sortes : les droits de créance ou d'obligation, les droits réels et les droits intellectuels » [179]. Les droits de créance et les droits intellectuels sont, donc, au même titre que la propriété, des *biens susceptibles d'appropriation.*

Les droits de créance et les droits intellectuels ne peuvent constituer l'objet du droit de propriété que dans la mesure ou ils tendent à conférer à leur titulaire *un droit réel*, en l'occurrence la propriété absolue et exclusive sur la chose concernée.

Il en est ainsi par exemple du *chèque* (droit de créance) qui peut conférer à son titulaire ou à son porteur de l'*argent* susceptible d'appropriation privative. Il en est de même d'un *contrat de vente* qui, par excellence, constitue le droit de créance qui, le plus, engendre au profit de l'acheteur la propriété et l'usage exclusif sur la chose faisant l'objet de vente.

Il en est par ailleurs de même des *droits d'auteur* – catégorie la plus populaire des droits dits intellectuels – qui peuvent conférer à leur titulaire la propriété des œuvres de l'esprit et donc aussi, *de l'argent* ou *de l'honneur* découlant de l'usage de cette propriété.

Bref, dans la mesure où ils sont susceptibles de conférer à leur titulaire une appropriative privative d'une chose concrète, les droits de créance et les droits intellectuels peuvent être considérés comme des compagnons indispensables au droit de propriété. Mieux, ils sont ses dérivés, même si, par ailleurs, ils peuvent avoir une existence autonome, dans le cadre de la division ou de la « catégorisation » des droits de l'homme.

Dans ce contexte, le juge des droits de l'homme peut tirer d'eux un objet concret pour asseoir la matière ou la revendication d'un droit de propriété sur un bien. Ne parle-t-on pas, d'ailleurs, surtout dans les milieux de l'Organisation Mondiale du Commerce, d'un certain *droit de propriété intellectuelle* ?

Quid du droit à l'indemnisation qui, lui aussi, peut découler de la violation d'un droit quelconque de la propriété ?

b) Le droit à l'indemnisation

Si elle résulte d'une mesure de réparation d'un droit de propriété violé, l'indemnisation confère au bénéficiaire le droit de disposer des choses – en nature ou en liquide – qui en constituent le substrat. En tant que tel, et puis qu'il est prononcé en justice, le droit à l'indemnisation constitue une composante indispensable et intrinsèque du droit de propriété.

Le droit à l'indemnisation découle surtout des atteintes privées ou publiques portées au droit de propriété, lesquelles atteintes sont sanctionnées juridiquement. Les atteintes privées sont, en toutes circonstances, proscrites (le droit de propriété n'est-il pas proclamé « sacré » en Droit constitutionnel congolais, *supra* !). Quant aux atteintes publiques, elles sont, en principe, également prohibées, mais le Constituant et le législateur, eux-mêmes, organisent un régime spécial des expropriations publiques qui, en Droit congolais, mérite à présent d'être visité pour juger du degré de protection du droit de la propriété.

C. Régime spécial des expropriations

En tant que mécanisme organisé de limitation du droit de propriété, la matière des expropriations mérite d'abord qu'on en rappelle certaines notions essentielles (1). Ensuite, puisque le droit de propriété a un contenu plutôt vaste, il importe de déterminer les biens qui, selon le Droit congolais, sont susceptibles d'expropriation. Enfin, en raison du fait que le droit de propriété est tout de même un droit qualifié de « sacré », les mesures pouvant affecter son usage et sa jouissance doivent, selon le Droit congolais, suivre une procédure bien particulière (3).

1. Notions générales

Le régime spécial des expropriations est, en Droit congolais, actuellement prévu par la loi du 22 février 1977 ayant abrogé le décret du 14 juillet 1956[180].

Conformément aux principes constitutionnels énoncés ci haut, cette loi est basée essentiellement sur l'idée que la jouissance et l'usage du droit de propriété, droit « sacré » reconnu notamment par la Constitution, peuvent être privés à quelqu'un dans le but et les conditions légalement définis.

Le but des expropriations est la satisfaction d'un besoin d'*utilité publique*. L'utilité publique, aux termes de la loi, est un concept très largement définie. Elle « est de nature à s'étendre aux nécessités les plus diverses de la collectivité sociale, notamment dans les domaines de l'économie, de la sécurité, de la défense militaire, des services publics de l'hygiène, de l'esthétique, de la sauvegarde des beautés naturelles et des monuments, du tourisme, des plantations et de l'élevage, des voiries et les constructions y compris ses ouvrages d'art »[181].

Autrement dit, la loi ne définit pas exactement ce que c'est l'utilité publique ; elle n'en détermine que les « domaines », dans lesquels, malheureusement, un large pouvoir d'appréciation est très dangereusement laissé aux administrations.

Quant aux conditions imposées pour qu'une mesure d'expropriation publique soit régulière, il y a, d'abord, l'indication exacte du but poursuivi, lequel doit être d'« utilité publique » ; il y a, ensuite, le respect d'une procédure bien particulière (*infra*) ; il y a, enfin, la condition de l'indemnisation préalable et équitable (*infra*).

L'expropriation pour cause d'utilité publique est donc une mesure administrative ou politique prise par une autorité publique consistant à priver un particulier de son droit de propriété, dans le but de satisfaire un besoin d'utilité publique définie ou circonscrite légalement, en respectant une procédure légalement définie et la condition de l'indemnisation préalable et équitable.

Quels sont, en Droit congolais, les biens susceptibles d'expropriation pour cause d'utilité publique ?

2. *Biens susceptibles d'expropriation*

Tous les biens constituant le substrat du droit de propriété ne sont pas visés par la loi congolaise sur les expropriations. Aux termes de l'article 1er de la loi précitée, « sont susceptibles d'expropriation pour cause d'utilité publique :

a) la propriété immobilière ;
b) les droits réels immobiliers, à l'exclusion du permis d'exploitation minière et de la concession minière qui sont régis par une législation spéciale ;
c) les droits de créance ayant pour objet l'acquisition ou la jouissance d'immeubles ;
d) les droits de jouissance des communautés locales sur les terres domaniales (…) »[182].

Il ressort de ce prescrit légal que *seule la propriété immobilière* et tout les autres droits s'y rapportant sont visés par la procédure particulière d'expropriation. Peuvent ainsi être frappés d'expropriation, le droit de propriété lui-même ainsi que ses démembrements (concession perpétuelle, concession ordinaire, emphytéose, etc.), les droits de créance tendant à acquérir ou à recouvrer lesdits droits (contrats de droit privé attributifs de la propriété ou de ses démembrements), ainsi que « les droits de jouissance des communautés locales sur les terres domaniales ».

Il est donc exclu que l'expropriation pour cause d'utilité publique intervienne dans le cadre de la propriété mobilière[183].

Pour tout dire, le droit de propriété et ses droits dérivés de caractère immobilier sont susceptibles d'expropriation selon la procédure prévue par la loi.

3. *Procédure légale de l'expropriation*

Toute mesure d'expropriation d'un bien de nature immobilière doit obéir à la procédure suivante, après la réunion des conditions mises en place pour la légalité de sa décision.

Tout d'abord, la mesure d'expropriation émane de deux autorités précises désignées par la loi, lesquelles doivent, à cet effet, prendre des actes juridiques de la compétence leur dévolue par la Constitution. Il s'agit, d'une part, du Président de la République (pour des expropriations « par zones ») et, d'autre part, du Ministre des Affaires foncières (pour les expropriations « ordinaires » ou « par périmètre ».

Le Président de la République agit dans le cadre des attributions lui conférées notamment par l'article 71 de la Constitution du 4 avril 2003 (pouvoir réglementaire principal par voie de décrets délibérés en Conseil des Ministres) et par l'article 6 b) de la loi du 22 février 1977 sur l'expropriation (pouvoir d'expropriation par zones). Quant au Ministre des Affaires foncières, il tire ses compétences principalement de l'article 6 a) de la loi précitée (pouvoir d'expropriation ordinaire ou par périmètre) et de l'article 91 de la même Constitution (pouvoir réglementaire délégué par voie d'arrêté).

À ce niveau, et sur le plan des conceptions démocratiques du Droit des droits de l'homme, on doit regretter que cette loi ait confié un tel pouvoir exorbitant, s'agissant de la privation d'un droit constitutionnellement affirmé (droit de propriété immobilière), à des autorités politico-administratives (Président de la République et Ministre) qui, par hypothèse, ne sont pas toujours mues par des intentions et des préoccupations forcément humanistes. Le Président de la République et les Ministres, on le sait, sont avant tout et par hypothèse des autorités politiques chargées d'« exécuter la loi » quelle qu'en soit la motivation.

À notre avis donc, et à l'instar de ce qui se passe en matière des saisies mobilières (art. 37, al 2, Const. 4 avril 2003), une décision judiciaire en la matière aurait été un gage d'indépendance, de transparence et d'impartialité nécessaire à la protection des droits des citoyens.

Ensuite, la décision de l'autorité compétente, une fois passé le cap de la légalité et de l'opportunité politique, doit, à peine de nullité, être publiée au Journal Officiel de la République et portée à la connaissance des personnes exposées à l'expropriation par lettre recommandée à la poste avec accusé de réception ou remise en mains propres par un messager contre récépissé daté et signé.

Pour les droits collectifs de jouissance, la population est en outre prévenue oralement par une communication faite aux représentants qualifiés des communautés locales intéressées, par le Commissaire de zone (Administrateur du territoire ou Bourgmestre, selon le cas) ou son délégué. Un procès-verbal est signé à cet effet et remis aux parties concernées[184] (...).

Enfin, avant de passer à la phase d'exécution de l'expropriation et conformément au principe de l'indemnisation « préalable », il est normal que l'autorité expropriante puisse verser à l'exproprié l'indemnité « équitable » prescrite par la Constitution et la loi. Si l'autorité expropriante ne le fait pas en ce moment là, la partie expropriée dispose d'un mois prorogeable, à dater de l'avis de réception ou du récépissé de la décision d'expropriation, pour « réclamer » ses dus(art. 11, Loi du 22 février 1977). L'autorité expropriante doit, elle aussi, même à l'expiration de ce délai, continuer à faire des « propositions d'indemnisation » à l'intéressée (art. 12, al. 1er même Loi).

Le montant de l'indemnisation est toutefois calculé sur base d'un « procès-verbal d'expertise dressé et signé par deux géomètres experts immobiliers du cadastre, auxquels on adjoint, si nécessaire, un agronome ou un autre spécialiste suivant la nature du bien à exproprier » (art. 12, al. 2). Nous pensons toutefois que la loi doit reconnaître, pour raison d'équité, à la partie expropriée le droit de désigner ses propres experts ou le droit d'en appeler aux experts indépendants dans l'évaluation de la valeur vénale de l'immeuble.

La loi précise que l'indemnité due à l'exproprié est fondée sur la valeur du bien « à la date du jugement statuant sur la régularité de la procédure » et « doit être payée avant l'enregistrement de la mutation et au plus tard dans les 4 mois à dater du jugement fixant les indemnités ». Passé ce délai, renchérit encore la loi, « l'exproprié peut poursuivre l'expropriant en annulation de l'expropriation, sans préjudice des dommages et intérêts » (art. 18).

Nous pensons que ce moment du versement de l'indemnité est contraire au principe constitutionnel, déjà évoqué ci haut, du versement « préalable » de l'indemnité. En outre, l'intervention tardive du pouvoir judiciaire, conçue ici uniquement « à défaut d'entente amiable » entre parties sur le montant de l'indemnité et sur la procédure de l'expropriation (art. 13), n'est pas de nature à garantir la transparence et l'impartialité de la décision même de l'expropriation qui, selon nous, doit être laissée à la compétence du pouvoir judiciaire.

Enfin, signalons qu'à cause du caractère « sacré » du droit de propriété, tout bien exproprié qui ne reçoit pas la destination officielle qui a justifié l'expropriation doit, aux termes de la loi, faire l'objet d'une « mise en vente », d'une « concession aux tiers » ou d'une « remise en justice », trois procédures dans lesquelles l'exproprié dispose d'un droit de « réacquisition » (art. 21).

Bref, le caractère relatif du droit de propriété – permettant à ce que certaines mesures de privation ou de limitation puissent affecter sa réalité ou sa jouissance – ne supprime ni la réalité de la reconnaissance et de la protection juridique de ce droit en Droit congolais, ni son caractère prétendument sacré que le Constituant de 2003 a voulu lui conférer. Aux conditions et procédures légales mises en place pour exproprier les citoyens de leurs biens immobiliers, il importe d'apporter la correction d'une implication plus poussée du pouvoir judiciaire, notamment dans la décision – *en amont* – de l'expropriation et dans le contrôle même des motifs de l'expropriation. L'expropriation pour cause d'utilité publique devra donc, à notre sens, rejoindre la nature judiciaire des saisies qui, elles, frappent le droit de propriété dans son aspect plutôt mobilier.

Après l'examen de ces droits à caractère principalement économique, il importe maintenant de passer à l'examen des droits typiquement sociaux, sans oublier que l'ensemble des droits (économiques, politiques ou autres) ont un aspect social ou culturel indéniable. Il en est ainsi par exemple du droit à la santé, premier des droits sociaux les plus « fondamentaux ».

§ 5. Le droit à la santé

À quelques notions générales (A), il faudra, à propos de ce droit, ajouter l'étude de ses droits dérivés ou de ses contours exacts(B), avant d'identifier précisément les principaux débiteurs (C) d'un des droits qui, dans la doctrine tout au moins, souffre encore d'un manque de reconnaissance juridique certain.

A. Notions générales

Absent des premiers écrits constitutionnels du pays indépendant[185], le droit à la santé continue, jusqu'à ce jour, de souffrir d'une négligence de la part du législateur et du Constituant congolais. Cette négligence, découlant d'une sorte d'évidence exagérée dans la reconnaissance explicite de ce droit, fait que, probablement, il constitue l'un des droits fondamentaux de l'homme qui soit encore, en Droit congolais, superbement inconnu[186].

L'une des formes de négligence dont souffre ce droit en Droit constitutionnel congolais est, sans doute, sa formulation pour le moins timorée et incertaine qui apparaît dès 1967. Aux termes de l'article 12, al. 3, de la Constitution du 24 juin 1967, par exemple, le Constituant se limite à affirmer que « Les *soins* et l'éducation à donner aux enfants constituent pour les parents, *un droit* et *un devoir* ... », sans se prononcer ni sur les autres bénéficiaires de ce droit, ni sur les contours exacts de celui-ci.

Cette disposition constitutionnelle constante, apparemment assumée par le Constituant de 2003, a été encore reprise par la toute récente Constitution, dont l'article 43, al. 4, ne constitue, en réalité, qu'une copie partiellement conforme[187]. Cette incertitude juridique du droit à la santé a pourtant été évacuée depuis 1966 à la faveur de l'article 12 du PIDESC, dont la formulation judicieuse enlève tout doute et rassure, en même temps, les défenseurs des droits de l'homme sur la portée dudit droit : « Les États parties au présent Pacte reconnaissent le droit qu'a toute personne de jouir *du meilleur état de santé physique et mentale* qu'elle soit capable d'atteindre... »[188].

C'est probablement pour lever les incertitudes du Droit interne congolais et épouser la formulation du Droit international des droits de l'homme que la Charte congolaise des droits de l'homme et du peuple édicte que « Tout Congolais a le *droit de jouir du meilleur état de santé physique, mentale et sociale* » et que « L'État a l'obligation d'assurer le bien-être sanitaire des citoyens et leur offrir des installations appropriées »[189].

Le droit à la santé devient donc, dans cette formulation riche et précise : un « droit de jouir du meilleur état de santé possible ». Désormais, c'est sous ce label qu'il faudra déposer son « brevet d'invention » dans l'ordre national et international.

Avant de voir les obligations précises de l'État en la matière (C), voyons d'abord, comme annoncé précédemment, comment les contours exacts de ce droit fondamental de l'homme se présentent (B).

B. Les contours ou droits dérivés du droit à la santé

En tant qu'idéal visant à atteindre, pour chacun, « le meilleur état de santé physique, mentale et sociale possible », le droit à la santé suppose la réalisation d'un certain nombre d'exigences sanitaires qui apparaissent comme ses véritables droits dérivés. Ces droits dérivés constituent, en même temps, les contours exacts dudit droit.

Il s'agit ainsi, d'abord, du droit à une alimentation saine et équilibrée (1). Il s'agit, ensuite, du droit à un environnement sain et propice au développement (2). Il s'agit, enfin (comment ne pas l'évoquer ici), du droit à un logement « décent » (3), trois droits de portée autonome certes, mais qui peuvent tout autant être rattachés au droit à un « meilleur état de santé physique, mentale et sociale », tel que nous l'enseigne la nouvelle formulation.

1. Le droit à une alimentation saine et équilibrée

Selon une formule apparemment utopique et angélique du Droit congolais, « Tout Congolais a *droit à une alimentation saine, suffisante et équilibrée*. Les pouvoirs publics ont l'obligation de concourir à sa réalisation »[190]. Les adjectifs « saine », « suffisante » et « équilibrée » valent ici tout leur pesant d'or, dans un pays où la faim, la sous-alimentation et la malnutrition déciment de milliers de populations[191].

Faut-il y espérer que le juge des droits de l'homme puisse, concrètement, comptabiliser un jour les « obligations » des pouvoirs publics en tenant compte de ces adjectifs et des statistiques publiées notamment par de tels organismes ?

En tout état de cause, le droit à une « alimentation saine et équilibrée » est de reconnaissance internationale lointaine. Le PIDESC (1966) le reconnaît implicitement dans son article 11.1 et 2 par des expressions qui ne manquent pas une certaine parenté d'avec le Droit congolais récent.

Cette disposition conventionnelle internationale part, en effet, du « droit à un niveau de vie suffisant » pour induire que l'État a, vis-à-vis de sa population, un devoir notamment d'assurer « une nourriture, un vêtement et un logement suffisants » et que, par ailleurs, « Les États parties au présent Pacte reconnaissent le droit fondamental qu'a toute personne d'*être à l'abri de la faim* »[192].

Le droit à une alimentation saine, suffisante et équilibrée devient donc, d'abord, une lutte contre la faim, mieux, une politique gouvernementale pour que tout le monde soit « à l'abri de la faim ». Ensuite, le droit à une alimentation saine, suffisante et équilibrée est une lutte pour la qualité même du régime alimentaire : il s'agit d'une politique visant à ce que l'alimentation de la population soit riche en calories, en vitamines, en protéines, en sels minéraux (...) pour un « meilleur état de santé physique, mentale et sociale » de tout le monde. Enfin, les Congolais pensent que la « quantité » des aliments consommés vaut également son pesant d'or dans la définition du droit à l'alimentation.

Va-t-on cependant, à cet égard, exiger trois, quatre, voire cinq repas par jour pour que l'alimentation soit « suffisante » ? Quelle sera, en clair, la mesure exacte de la quantité d'aliments nécessaire à la santé, devant être conforme à un certain « standard » en la matière ?

En Droit congolais le plus ancien, certaines dispositions légales ont déjà été prises, bien avant l'adoption de la Charte, pour mettre en place le cadre juridique de réalisation du droit à l'alimentation. Il en est ainsi par exemple de l'ordonnance n° 78-386 du 6 septembre 1978 portant création d'un *Centre national de planification de la nutrition humaine*[193].

Aux termes de cette ordonnance, le Centre national de planification de la nutrition humaine, organisme de droit public, a pour objet notamment « *la programmation des activités nutritionnelles, la revalorisation des aliments locaux, la réhabilitation des malnutris par des interventions spécifiques* et *le contrôle permanent de la situation nutritionnelle* » des populations congolaises[194].

Ce faisant, la RDC essaye de matérialiser son obligation internationale consistant à appliquer la disposition de l'article 11. 2 a) du PIDESC, selon laquelle les États parties audit traité « adopteront les mesures nécessaires...pour améliorer les méthodes de production, de conservation et de distribution des denrées alimentaires par la pleine utilisation des connaissances techniques et scientifiques, par la diffusion de principes d'éducation nutritionnelle et par le développement ou la réforme des régimes agraires, de manière à assurer au mieux la mise en valeur et l'utilisation des ressources naturelles ».

Ce Centre est, cependant, depuis la grande crise qui secoue le Congo depuis les années nonante, « tombé en faillite ». Le Droit existe, mais l'effet recherché est loin d'avoir été atteint. Dès lors, il ne reste qu'à traduire le droit à l'alimentation ainsi garanti dans les faits, et doter l'organisme créé des moyens suffisants de réalisation de sa politique.

De façon générale, le Ministère de la Santé Publique est chargée de veiller à la santé générale de la population, qu'il s'agisse par des mesures préventives ou thérapeutiques contre certaines maladies ou qu'il s'agisse également par des politiques publiques en matière du contrôle des aliments.

L'ordonnance du 5 décembre 1953 portant police sanitaire de l'immigration autorise, dans ce cadre général, les pouvoirs publics à exiger de tout voyageur international la production de certains certificats de vaccination contre certaines maladies, entre autres la peste, le choléra, la fièvre jaune, la rage, voire même « les maladies vénériennes au stage contagieux »[195]. Ces certificats doivent, en effet, attester que ces personnes sont « indemnes de tout symptôme de maladie contagieuse ou transmissible en voie d'évolution et de tout signe décelable de maladie mentale ou d'épilepsie ». Les personnes infectées de telles maladies sont susceptibles d'encourir certaines mesures sanitaires, telles la surveillance médicale, les visites médicales ou l'isolement[196].

Le droit à une alimentation saine… suppose ainsi, pour être durable et porteur sur le plan de la santé, l'adoption de plusieurs mesures qui concourent à l'avènement du « meilleur état de santé » général de la population. Celui-ci ne sera pas atteint si, en outre, certaines mesures spécifiques ne sont pas prises notamment dans le domaine de l'environnement.

2. *Le droit à un environnement sain et propice au développement*

Comment parler d'un « meilleur état de santé… » d'une population si l'environnement physique dans lequel celle-ci vit est « malsaine », insalubre et, donc, non propice au développement ? Le droit à un environnement sain est donc, non seulement une condition de développement, mais surtout un élément intrinsèque du droit à la santé lui-même.

Généralement classé dans le groupe des droits dits « de la troisième génération » en raison de la période de son apparition dans l'ordre international[197], le droit à un environnement sain, est peut-être, avant tout, un droit social intimement lié à la santé et au développement d'une population. Sa reconnaissance au plan national date seulement de 1994, à la faveur de l'Acte constitutionnel de la transition[198].

Emboîtant le pas à la Charte congolaise des droits de l'homme et du peuple, selon la quelle « Le Peuple congolais a le *droit inaliénable et inviolable à un environnement de qualité, équilibré et sain…* » (art. 10, al. 1er), la Constitution de la transition du 4 avril 2003 proclame que « Tous les Congolais ont *droit à un environnement sain et propice à leur épanouissement…* » (art. 54, al. 1er). Le lien entre l'environnement de qualité et l'« épanouissement » d'une vie humaine est ainsi établi. Il conditionne le « développement durable » d'une population humaine.

L'insalubrité des villes congolaises (et notamment Kinshasa) tranche allègrement avec le dispositif légal, voire pénal, qui existe depuis les temps anciens en matière de protection de l'environnement.

Tout d'abord, dans le domaine de la protection de l'eau, une ordonnance du Roi-Souverain avait interdit notamment le jet ou le déversement de certains produits ou objets (herbes, terres, pierres, branchages, matériaux, décombrées, immondices, cadavres, débris ou détritus quelconques) dans les eaux potables ; elle punissait même ces actes de certaines peines allant d'un à sept jours de servitude pénale au paiement de certaines amendes[199]. Il s'agissait d'une façon de protéger l'un des premiers éléments de l'alimentation humaine (l'eau), certes, mais par le biais de l'environnement.

Ensuite, depuis les années 70, il existe un département ministériel ayant « l'environnement, la conservation de la nature » et même, parfois, « le tourisme » dans ses attributions pour s'occuper, entre autres, de la

« promotion » et de la « coordination de *toutes les activités relatives à l'environnement...* »[200].

À l'heure où l'on s'interroge sur le bilan de l'action de ce ministère, il est frappant de constater que les organismes publics créés par ce ministère ou d'autres organes de l'État dans le même domaine (l'*Office des Voiries et Drainage* – O.V.D. –, le *Programme National d'Assainissement* – P.N.A. –, l'*Institut Congolais de Conservation de la Nature* – I.C.C.N. –, etc.) pullulent, au moment même où la dégradation de l'environnement physique et psychologique congolais a dépassé le seuil du tolérable. Qui viendra sauver ce secteur en putréfaction ?

L'environnement, point n'est besoin de le souligner, est un facteur indispensable à la santé humaine. De sa qualité dépend, en grande partie, la qualité même de la santé d'une population humaine. Dès lors, il est d'une extrême urgence que les pouvoirs publics arrêtent la descente aux enfers de l'environnement physique du pays, pour améliorer la qualité de la vie de la population, au nom du droit à la santé.

3. *Le droit à un logement décent*

Enfin, dans le sillage du droit à la santé, le droit à un logement « décent », un droit autonome à part entière, mérite cependant également d'être cité, comme élément qui contribue à un « meilleur état de santé sociale » de la population.

Considéré par le PIDESC comme un des éléments du « droit à un niveau de vie suffisant » (art. 11.1), le droit *au* logement n'a pas toujours été affirmé tel quel par le Droit constitutionnel congolais. Celui-ci a toujours préféré affirmer, d'une part, le principe de l'inviolabilité du domicile et, d'autre part, le principe de la libre fixation du domicile ou de la résidence « en un lieu quelconque du territoire de la République »[201].

La Constitution de la transition du 4 avril 2003, héritière de cette lourde tradition, n'a pas tenu s'en départir ; et les deux principes rappelés ci haut sont, *mutatis mutandis*, repris aux articles 32 et 33 dudit texte constitutionnel[202].

Cette façon de parler du droit au logement est, manifestement, partielle et peu correct. Elle est partielle, car le droit au domicile suppose évidemment beaucoup plus que la garantie de l'inviolabilité et de la libre fixation. Elle est en outre peu correcte car, dans la pratique, non seulement les principes de l'inviolabilité du domicile et de la libre fixation de celui-ci sont rarement respectés, mais de plus, ils supposent au préalable que le logement lui-même soit une chose déjà acquise. Or, dans la majorité des cas, le logement est un luxe que peu de citoyens seulement s'offrent. D'où l'utilité d'identifier la véritable nature et l'exact contenu du droit au logement.

Dans l'entendement de beaucoup de juristes modernes, le droit *au* logement serait à distinguer du droit *du* logement qui pourrait lui faire ombrage. Alors que ce dernier est « l'ensemble des règles qui régissent le logement, qu'il s'agisse de sa construction ou de son occupation », le droit *au* logement, quant à lui, « évoque (plutôt) l'idée d'un pouvoir que chacun de nous aurait d'exiger d'autrui d'être logé, donc d'une créance au sens large du terme ». Autrement dit, dans le premier cas, le droit *du* logement est un *droit objectif* ; dans le second cas, le droit *au* logement est un droit *subjectif*[203].

Ainsi compris dans sa nature, le droit au logement – du moins dans sa relation avec l'État – aurait ensuite un double contenu complémentaire à celui déjà dégagé par le Droit constitutionnel congolais. Le droit au logement revêtirait donc, dans ce contexte, « aussi deux aspects… en ce qu'il conduit celui-ci (l'État), d'un côté, à *pourvoir au logement des personnes des conditions modestes* et, d'un autre côté, à *mettre en place les moyens d'un libre choix…* »[204].

« Sur le premier aspect, poursuit l'auteur, (…) le droit au logement exprime très clairement le caractère principalement financier de tout droit social, c'est-à-dire l'obligation pour l'État d'une intervention active consistant ici dans le financement d'une construction neuve de qualité et aussi dans celui de l'amélioration de l'habitat… Sous son deuxième aspect (…), le droit au logement signifierait que chacun doit pouvoir se loger selon ses goûts, vivre dans la ville ou hors ville, habiter une maison individuelle ou un immeuble collectif, décider d'être locataire ou au contraire propriétaire de son logement… »[205].

Ainsi précisé tant dans sa nature que dans son contenu, le droit au logement en RDC, partiellement reconnu par sa Constitution, devra donc être entendu dans ce quadruple sens, qu'il s'agisse du droit à l'inviolabilité de son habitation, du droit à la libre fixation de son domicile ou de sa résidence, du droit à une assistance matérielle ou financière de l'État ou du droit au libre choix de son type ou de son lieu de logement.

Toutefois, la créance générale que détiendrait le citoyen vis-à-vis notamment de l'État pour obtenir un « logement décent » ne serait pas exclusivement exigible à celui-ci. La famille, l'entreprise, voire même le propriétaire d'un logement locatif seraient, également, chacun dans sa sphère de responsabilité, redevable de ce droit.

Ainsi par exemple, toute entreprise qui y prend un engament doit, à son personnel, fournir un logement (ou une indemnité de logement) conforme aux stipulations contractuelles. De même, tout propriétaire qui met en location son immeuble doit, dans la mesure des stipulations contractuelles, fournir le logement au locataire ou lui en laisser une prompte et paisible jouissance. Au sein de la famille par exemple, les parents ont l'obligation de fournir le logement à leurs enfants mineurs ou en âge de scolarité.

Le droit à un logement, comme d'ailleurs l'ensemble du droit à la santé dont il est intimement lié, pose ainsi un problème réel de débitions des obligations, dont il faut à présent dire un mot.

C. Les obligations de l'État en matière du droit à la santé

Pour se limiter ici aux seules obligations de l'État, le droit à la santé fait naître à charge des pouvoirs publics un certain nombre d'obligations qui sont susceptibles de contrôle juridictionnel dans un régime moins frileux vis-à-vis des droits sociaux. Il s'agit, par exemple, de l'obligation d'assurer le bien-être sanitaire et la sécurité alimentaire des consommateurs (1). Il s'agit aussi de toutes les obligations qui pèsent sur l'État au titre de l'article 12.2 du PIDESC (2). Enfin, puisque le droit à la santé, le droit à un environnement sain et le droit à un logement décent sont des droits intimement liés, nous résumerons aussi les quelques obligations étatiques qu'il convient de rappeler au titre de ces deux derniers droits dérivés (3).

1. *L'obligation d'assurer le bien-être sanitaire et la sécurité alimentaire de la population*

Énoncé par l'article 50 de la Constitution de la transition du 4 avril 2003, cette obligation suppose pour l'État la prise et le contrôle de toutes les mesures susceptibles d'atteindre ce « bien-être sanitaire » et « la sécurité alimentaire » de la population. Nous avons déjà évoqué plus haut le cadre juridique et institutionnel dans lequel se déploie – ou doit se déployer – l'action de l'État en la matière. Il reste que les notions de « bien-être sanitaire » et de « sécurité alimentaire » recouvrent toute une série d'exigences qui demandent le concours de plusieurs spécialistes pour comptabiliser, en la matière, les obligations spécifiques de l'État.

Ainsi par exemple, le « bien-être sanitaire » peut supposer, en plus, la mise à la disposition de la population des installations sanitaires et hospitalières adéquates pour venir à bout, notamment, de la maladie et du manque d'hygiène. Ici, à l'obligation de construire et d'équiper des hôpitaux s'adjoint, entre autres, l'obligation de construire ou d'imposer la construction des latrines publiques dans des espaces publics.

De même, si la « sécurité alimentaire » suppose un régime dans lequel la population est effectivement « à l'abri de la faim », c'est-à-dire est assurée d'avoir au moins un repas copieux et riche par jour, cette même notion comporte également l'exigence, pour l'État, d'être à mesure de contrôler la qualité des aliments consommés par sa population. Dans cette perspective, le rôle des structures comme le Centre national de planification de la nutrition humaine (C.N.P.N.H.) et l'Office congolais de contrôle (O.C.C.) devient irremplaçable. Leur réhabilitation et leur redynamisation deviennent, par conséquent, non seulement capitales, mais urgentes.

2. Les obligations de l'État au titre de l'article 12.2 du PIDESC

Selon les termes mêmes de cette disposition conventionnelle internationale, les mesures que les États parties au Pacte sont appelés à prendre « en vue d'assurer le plein exercice » du « droit qu'a toute personne de jouir du meilleur état de santé physique et mentale » comprennent :

a) La diminution de la mortinatalité et de la mortalité infantile, ainsi que le développement sain de l'enfant ;
b) L'amélioration de tous les aspects de l'hygiène du milieu et de l'hygiène industrielle ;
c) La prophylaxie et le traitement des maladies épidémiques, endémiques, professionnelles et autres, ainsi que la lutte contre ces maladies ;
d) La création des conditions propres à assurer à tous des services médicaux et une aide médicale en cas de maladie[206].

Autant de mesures qui, librement consenties, constituent des obligations internationales spécifiques de l'État en matière de santé. Pour leur contrôle, elles exigent cependant une clarification et une indication des critères précis (seuils) sur base desquels la responsabilité de l'État pourrait être retenue. Il en sera de même également en matière des autres droits dérivés du droit à la santé.

3. Les obligations étatiques découlant des droits dérivés du droit à la santé

Dans le domaine de *l'environnement*, il faut rappeler que l'État a d'abord l'obligation urgente, entre autres, d'assurer l'hygiène publique et de veiller à son respect par toute la population. L'État a, ensuite, l'obligation de bien entretenir tout ce qui concourt à la santé et au bien-être de la population (l'eau, l'électricité, la voirie…) et de créer notamment des aires publiques de stationnement, de divertissement et/ou de repos, de manière à contribuer au confort vital de la population. Enfin, l'État doit surtout mettre en place des structures de gestion et de contrôle de l'espace environnemental du pays, de manière à le maintenir toujours « sain » et « propice au développement ».

Dans le domaine du *logement*, ce qui paraît surtout urgent, à l'heure actuelle, est la mise en place, par l'État, d'une politique publique d'habitat. Celle-ci devrait prendre en compte, entre autres, la nécessité d'un financement public des logements privés (octroi des facilités de crédits hypothécaires par exemple à ceux qui peuvent les rembourser) et l'impératif de la réhabilitation de l'ancien Office National des Logements (O.N.L.), notamment pour la construction des logements sociaux en faveur des plus démunis.

Considéré sous cet angle, le droit à la santé de toute la population congolaise ne se trouvera que mieux respecté, en même temps que se trouveront développés d'autres droits connexes qui lui sont proches. Comme le droit à l'éducation, le droit à la santé est vraiment un droit fourre-tout. Il est le complément indispensable du droit à la vie, au maintien et à la réalisation duquel il contribue. Autant que le droit à l'éducation, il est l'un des droits sociaux encore très peu protégés.

§6. LE DROIT À L'ÉDUCATION

Consacré, au plan international, par les articles 26 de la DUDH, 13 du PIDESC et 17.1 de la CADHP, le droit à l'éducation est, au plan interne, reconnu par les articles 46, 47 et 118 de la Constitution de la transition ainsi que par l'article 56 de la Charte congolaise des droits de l'homme et du peuple. Dans son volet « enseignement », il est actuellement organisé notamment par une Loi-cadre sur l'enseignement national[207] ainsi que par une ordonnance-loi sur l'enseignement supérieur et universitaire[208]. Ces deux textes de protée générale sont,en outre, complétées par une kyrielle de règlements ou d'actes réglementaires ayant force de loi, organisant notamment, soit les structures de l'enseignement, soit la collation des grades, soit d'autres questions spécifiques[209].

L'histoire constitutionnelle du pays renseigne que ce droit a été reconnu au Congo, tantôt comme *droit à l'instruction* (art. 13, Loi Fondamentale relative aux libertés publiques), tantôt comme *droit à l'éducation* (art. 33 Constitution du 1er août 1974), tantôt encore comme un droit quelconque dérivant de l'obligation générale des parents d'assurer « les soins et l'éducation » à donner à leurs enfants (art. 12, al. 3, Constitution du 24 juin 1967 ; art. 20, al. 5, Acte Constitutionnel de la Transition et art. 20, toutes les révisions constitutionnelles à dater de 1974). Ces dernières formulations sont, sans doute ainsi, caractéristiques de la « crise » d'identité ou d'autonomie dont a longtemps souffert ce droit en Droit constitutionnel congolais.

À propos de ce droit à la fois civil et culturel, il y a lieu, d'abord de clarifier certains concepts pour éviter la confusion, notamment, entre les notions de droit à l'éducation et de droit à l'instruction (A). Ensuite, il va falloir rappeler les grands principes démocratiques qui gouvernent la jouissance et/ou l'exercice de ce droit (B). En partant d'ailleurs de ces principes, il faut dégager immédiatement les buts de l'éducation tels qu'ils sont entendus officiellement (C). La question du contenu même du droit à l'éducation (D) nous permettra, enfin, d'aborder la problématique de la débition des obligations découlant de ce droit fondamental de l'homme (E).

A. Clarification des concepts

Le Droit constitutionnel congolais utilise souvent, pour réglementer la question de l'enseignement national, tantôt l'expression *droit à l'éducation*, tantôt celle de *droit à l'instruction*, comme si ces deux aspects du même droit sont équipollents et interchangeables. Outre l'article 13 de la Loi Fondamentale de 1960 (*Op. cit.*) qui, à cet effet, part du concept de *droit à l'instruction* pour consacrer le régime de l'enseignement national, la Constitution du 4 avril 2003, à la suite de ses « prédécesseuses », s'exprime en ces termes : « Tout Congolais a *droit à l'éducation. Il y est pourvu par l'enseignement national...* » (art. 46, al. 1er).

Cette formulation autoritaire et péremptoire laisse penser que le seul moyen constitutionnel de « pourvoir à l'éducation » de la jeunesse est « l'enseignement national ». Ceci est une méprise du Constituant, car, il existe d'autres moyens et d'autres procédés par lesquels une *éducation* peut être dispensée aux jeunes congolais (par exemple les conseils familiaux, les prêches dominicales dans les « assemblées de prière », les rites d'initiation ancestrale, etc.). En s'exprimant donc de cette manière, le Constituant congolais semble confondre là un *droit à l'éducation* aux moyens d'apprentissage variés et nombreux, et le *droit à l'instruction* qui, lui, peut effectivement être envisagé au moyen de « l'enseignement national ».

« L'*éducation* des enfants, affirme une jurisprudence particulièrement judicieuse de la Cour européenne des droits de l'homme, est la somme des procédés par lesquels, dans toute société, les adultes tentent d'inculquer aux plus jeunes leurs *croyances, coutumes et autres valeurs*, tandis que l'enseignement ou *l'instruction* vise notamment la *transmission des connaissances* et la *formation intellectuelle* »[210].

En partant donc de leurs buts respectifs (inculcation des valeurs et transmission des connaissances), l'éducation et l'instruction apparaissent comme des concepts différents, même s'ils peuvent se compléter. Mieux, l'éducation, en tant que concept de base, précède et dépasse la simple instruction ou l'enseignement. Il faut donc toujours faire ce *distinguo* lorsque l'on parle du droit à l'éducation et du droit à l'instruction. Le droit à l'éducation doit être envisagé tant dans son aspect *instruction* que dans son aspect *éducation de base*, celle qu'on ne reçoit pas nécessairement dans les écoles publiques.

Le droit à l'éducation obéit, ce faisant, à un certain nombre de principes démocratiques qu'il importe, à présent, de rappeler avant l'indication proprement dite de ses contours.

B. Principes démocratiques gouvernant le droit à l'éducation

Trois principes au moins peuvent être repérés comme gouvernant la jouissance et l'exercice du droit à l'éducation en République démocratique du Congo. Il s'agit du principe d'égalité (1), du principe du pluralisme éducatif (2) et du principe de la liberté d'enseignement (3).

1. *Le principe d'égalité*

Le premier principe qui gouverne la matière du droit à l'éducation est celui de l'*égalité de tous* devant ce droit, ou plus précisément, l'égalité de tous devant les moyens et les structures mis en place pour accéder à un système éducatif.

Le Droit constitutionnel congolais, par le biais du principe d'égalité et de non discrimination contenu dans l'article 17 de la Constitution de la Transition, réserve l'accès égal « en matière d'éducation » uniquement aux Congolais (*supra*). Ceci est une « réserve » nationale, voire nationaliste, regrettable car la matière d'éducation, en principe, n'a rien avoir avec « l'exercice de la puissance publique de l'État » pour pouvoir échapper au bénéfice des étrangers. Il aurait fallu dissocier la question de l'accès aux « fonctions publiques » nationales de celle de l'accès à « l'éducation » pour pouvoir organiser l'égalité de tous en celle-ci, et l'égalité des seuls Congolais en celle-là.

Le principe d'égalité en matière d'accès à l'éducation, d'ordre public constitutionnel, est consacré en Droit congolais en outre par l'article 61 de la Loi-cadre sur l'enseignement qui dispose que « Tous les établissements de l'enseignement national *accueillent sans distinction de lieu, d'origine, de race, d'ethnie, tout élève ou étudiant remplissant les conditions déterminées par la présente loi* »[211]. La violation de ce principe de non discrimination est même passible de certaines peines pénales, dont le législateur n'a, pourtant, pas déterminé le taux et la nature exacte[212].

En droit administratif, le principe d'égalité en matière d'éducation n'est pas, en tout cas, dépourvu de toute sanction. Il peut ainsi être sanctionné notamment par l'annulation de l'acte discriminatoire qui aurait été pris par l'autorité en violation de l'article 61. Le recours administratif vient ainsi au secours de la carence ou des impasses du Droit pénal dont le décret de 1922 ne demande, à présent, qu'à être exhumé et appliqué par les magistrats.

2. Le principe du pluralisme éducatif

Le second principe qui gouverne la jouissance et l'exercice du droit à l'éducation est celui du *pluralisme éducatif*. Ce principe, d'application générale, a un double volet qu'il importe de mettre en exergue.

Sur le plan structurel d'abord, le principe du pluralisme éducatif suppose l'existence de plusieurs réseaux d'enseignement, qu'ils soient officiels ou privés(art. 46, al. 2, Const. 4 avril 2003). La Loi-cadre sur l'enseignement national traduit, en ce qui la concerne, cette exigence constitutionnelle par l'utilisation des termes et l'organisation des conditions de création des établissements dits *publics* et/ou *privés agréés* (art. 4, 43, 45, 46, 49 à 60, etc.).

Sur le plan matériel ensuite, le principe du pluralisme éducatif suppose la tolérance des courants scientifiques, philosophiques ou religieux à l'intérieur du système éducatif. Il s'agit ici d'une façon pour le Droit congolais de récuser tout monopole et tout endoctrinement idéologique, religieux ou philosophique des jeunes.

Ce principe du pluralisme idéologique est d'ailleurs de tradition légale constante au Congo, puisque le Droit congolais le reconnaît depuis l'époque coloniale[213].

Il faut craindre, à tous égards, que la question du pluralisme éducatif ne soit instrumentalisée pour être utilisée tant par les clercs que par les anticléricaux aux fins d'insuffler leurs idéologies respectives dans les écoles : l'idéologie « religieuse » pour les uns, et l'idéologie prétendument « laïque » pour les autres. Le pluralisme idéologique, philosophique ou religieux – qui est un droit constitutionnel – ne peut cependant se déployer dans le déni total du « libre arbitre » qu'il faut reconnaître au jeune congolais, un libre arbitre libéré, bien entendu, de tout sous-entendu.

3. Le principe de la liberté d'enseignement

Le troisième principe constitutionnel gouvernant la matière d'éducation au Congo est celui de la *liberté d'enseignement*. La Constitution l'énonce en son article 47, al. 1er, dans le sillage même du droit à l'éducation. La Loi-cadre sur l'enseignement national le proclame et le sanctionne dans ses articles 132 et 133, d'une part, et dans ses articles 140 et 141, d'autre part.

Aux termes de l'article 47, al. 1er, de la Constitution de la transition du 4 avril 2003, en effet, en République démocratique du Congo, « L'enseignement est libre ». Les articles 132 et 133 de la Loi-cadre édicte, en ce qui les concerne, que *nul ne peut se livrer à des actes attentatoires à la liberté d'enseignement* (tant du personnel que du chef de famille désireux de placer son enfant dans un établissement quelconque d'enseignement). Par actes attentatoires à cette liberté, le législateur entend particulièrement les violences et voies de fait, les menaces ou pressions diverses (dont le harcèlement est devenu la forme la plus courante) et la corruption, etc. Le législateur punit, sans préjudice d'autres peines, de maximum six mois de servitude pénale principale, l'auteur de l'un quelconque de ces actes[214].

Le principe de la liberté d'enseignement est donc judiciairement protégé en Droit congolais. Il revêt un double aspect : d'une part, il signifie, pour l'enseignant, la protection de sa liberté de transmettre et d'évaluer souverainement un enseignement librement conçu et dispensé dans le cadre du programme national (*liberté scientifique*) ; d'autre part, il signifie, pour les élèves et leurs parents, la liberté de choisir et de recevoir un enseignement conforme à leurs propres convictions ou espérances (*liberté du choix du genre d'éducation ou d'enseignement à recevoir*).

Si la liberté scientifique est de principe général, la liberté du choix des études pour les parents est, quant à lui, d'ordre public constitutionnel, conventionnel et légal. En effet, la liberté scientifique n'est nulle part affirmée en Droit congolais ; elle relève cependant, on peut le dire, du domaine des principes généraux applicables en matière éducatif. En revanche, tant la Constitution, le PIDESC que la Loi-cadre sur l'enseignement national reconnaissent explicitement la liberté du choix des parents en ce qui concerne la « forme » ou le « genre » d'éducation à donner à leurs enfants.

La Constitution congolaise proclame que « Les parents ont, par priorité, le droit de choisir le genre d'éducation à donner à leurs enfants » (art. 46, al. 4, Const. 4 avril 2003). Le PIDESC, quant à lui, rapporte que « Les États parties au présent Pacte s'engagent à respecter la liberté des parents et, le cas échéant, des tuteurs légaux, de choisir pour leurs enfants des établissements autres que ceux des pouvoirs publics (...) et de faire assurer l'éducation religieuse et morale de leurs enfants, conformément à leurs propres convictions » (art. 13.3, PIDESC).

En ce qui la concerne, la Loi-cadre sur l'enseignement national précise la portée du droit ainsi reconnu aux parents (et aux tuteurs), en édictant que « Les parents ont le droit de placer leurs enfants dans l'établissement d'enseignement de leur choix et de leur assurer l'éducation intellectuelle, morale et religieuse de leur option... » (art. 10, Loi-cadre sur l'enseignement national).

On le voit : le principe du libre choix des études reconnu aux parents et aux tuteurs congolais est d'origine constitutionnelle, conventionnelle et légale.

Toutefois, le principe même de la liberté d'enseignement, qu'il soit au bénéfice du personnel ou des parents, n'est pas absolu. D'une part, la Constitution dit que « L'enseignement est *soumis à la surveillance des pouvoirs publics*, dans les conditions fixées par la loi » (art. 46, al. 2, Const. 4 avril 2003). D'autre part, la même Constitution édicte que « *L'enseignement est obligatoire* jusqu'au niveau d'études et à l'âge prévus par la loi » (art. 46, al. 5)[215].

Ceci suppose donc que tant les parents que le personnel enseignant ne peuvent « tout faire » avec leur liberté d'enseignement : par exemple les parents ne peuvent pas refuser d'envoyer leurs enfants à l'école sous prétexte de la liberté d'enseignement ; de même, les enseignants ne peuvent pas enseigner n'importe quoi qui ne soit pas prévu ou autorisé par le programme national, sous prétexte de la liberté scientifique.

Les compétences de l'État en matière d'enseignement, on le sait, s'exercent ici tant par le moyen de l'édiction des « mesures générales » (élaboration des plans et des programmes, création des établissements, fixation des normes relatives à l'organisation administrative, à l'évaluation ou à la qualification...) que par l'exercice du pouvoir de contrôle réservé aux inspecteurs[216].

Bref, le principe d'enseignement, de reconnaissance constitutionnelle, conventionnelle et légale explicite, est cependant de portée pratique limitée. Il ne demeure pas moins protégé, voire sévèrement sanctionné en cas de sa violation.

Les principes ainsi dégagés – et qui gouvernent toute la matière d'éducation – sont conçus pour atteindre un certain nombre de buts que tend, précisément, à atteindre la notion d'éducation.

C. Les buts de l'éducation

L'éducation, en tout cas dans l'entendement des États parties au PIDESC[217], doit viser :

- « au plein épanouissement de la personnalité humaine et du sens de sa dignité » ;
- à « renforcer le respect des droits de l'homme et des libertés fondamentales » ;
- à « mettre toute personne en mesure de jouer un rôle utile dans une société libre » ;
- à « favoriser la compréhension, la tolérance et l'amitié entre toutes les nations et tous les groupes raciaux, ethniques ou religieux » ;
- « et à encourager le développement des activités des Nations Unies pour le maintien de la paix ».

En ce qui la concerne, la Loi-cadre sur l'enseignement national, prise sous le régime du défunt MPR-parti-État, proclame que « L'enseignement national vise à répondre à l'obligation qu'a l'État de *permettre à tous les Zaïrois d'exercer leur droit à l'éducation* et à celle qu'ont les parents *de remplir le devoir d'éduquer leurs enfants* sous l'autorité et avec l'aide du Mouvement Populaire de la Révolution » (art. 2). « L'enseignement national a pour *finalité* la *formation harmonieuse de l'homme zaïrois*, militant du Mouvement Populaire de la Révolution, *citoyen responsable, utile à lui-même et à la société, capable de promouvoir le développement du pays et la culture nationale* » (art. 3).

Ce sont là, bien entendu, des buts officiels qui n'excluent pas que l'éducation privée, entre autres, puisse s'adjoindre d'autres buts également privés (exemple l'initiation des prêtres a pour but, notamment, de former un homme religieux, profondément mûr dans la foi chrétienne ; l'éducation ancestrale a aussi pour but de former le jeune homme ou la jeune femme à mieux perpétuer les traditions ancestrales). Toutefois, ces buts privés, du moins dans l'espace public, doivent rester conformes aux buts officiels définis par l'État ; ils doivent surtout ne pas être contraires à la dignité humaine.

Et c'est bien pourquoi, il importe de définir les contours mêmes du droit à l'éducation pour se rendre compte que son respect maximal contribue à rendre l'homme libre et digne de sa personnalité, grâce aux aptitudes, aux connaissances et au confort qu'il acquiert par l'éducation.

D. Contours du droit à l'éducation

L'entrée dans un processus d'éducation fait naître à charge de l'État et de certaines personnes physiques ou morales un certain nombre d'obligations (*infra*) qui créent, au bénéfice de l'apprenant, un certain nombre de droits, dont on peut dire qu'ils découlent du droit matriciel à l'éducation. Une série d'autres droits spécifiques, de reconnaissance parfaite ou imparfaite, forment ainsi les contours du droit à l'éducation.

Aux termes de l'article 13.2 du PIDESC, « Les États parties au présent Pacte reconnaissent qu'*en vue d'assurer le plein exercice de ce droit*(droit à l'éducation) : a) L'enseignement primaire doit être obligatoire et accessible gratuitement à tous ; b) L'enseignement secondaire, sous ses différentes formes, y compris l'enseignement secondaire technique et professionnel, doit être généralisé et rendu accessible à tous par tous les moyens appropriés et notamment par l'instauration progressive de la gratuité ; c) L'enseignement supérieur doit être rendu accessible à tous en pleine égalité, en fonction des capacités de chacun, par tous les moyens appropriés et notamment par l'instauration progressive de la gratuité ; d) L'éducation de base doit être encouragée ou intensifiée, dans toute la mesure du possible, pour les personnes qui n'ont pas reçu d'instruction primaire ou qui ne l'ont pas reçue jusqu'à son terme ; e) il faut poursuivre activement le développement d'un réseau scolaire à tous les échelons, établir un système adéquat de bourses et améliorer de façon continue les conditions matérielles du personnel enseignant ».

Cette disposition conventionnelle, à laquelle la RDC se trouve être liée, suggère ainsi que le plein exercice du droit à l'éducation suppose un certain nombre de droits résiduels que l'on peut, prosaïquement, regrouper en droit à la gratuité de l'enseignement (1) et en droit aux meilleurs conditions matérielles dans le cadre de l'enseignement (2).

1. Le droit à la gratuité de l'enseignement

Normalement, ainsi que le suggère l'article 13. 2 précité du PIDESC, « en vue d'assurer un plein exercice du droit à l'éducation » pour tous, l'enseignement devrait être déclaré *gratuit* sur l'ensemble du territoire national. Cependant, pour tenir compte du niveau des ressources économiques des États, le PIDESC, tout en encourageant les États à aller dans le sens de la gratuité totale, laisse à ceux-ci la latitude d'étaler cette gratuité dans le temps et en fonction des structures mêmes de l'enseignement.

Ainsi, au stade actuel, le PIDESC proclame déjà le droit à la gratuité de l'enseignement au niveau primaire tout en encourageant les États à le rendre « accessible » à tous. La RDC étant partie à ce Pacte depuis 1972 ne peut se dérober de cette obligation à laquelle elle a librement consentie. Elle devra donc, « au maximum de ses ressources possibles », matérialiser cette question de la gratuité de l'enseignement primaire.

Cette matérialisation devient de plus en plus pressante tant au regard du taux d'analphabétisme et de la déperdition scolaire actuellement constatés, qu'au regard de l'existence même de l'obligation scolaire pesant sur les parents et les élèves au niveau primaire. Cette obligation scolaire sera-t-elle respectée en l'absence de la gratuité de l'enseignement ? !

Pour ce qui concerne l'enseignement secondaire, supérieur et universitaire, là aussi, le PIDESC prône la gratuité, mais une *gratuité progressive*. Toutefois, en dépit des bonnes intentions des signataires du Pacte, on n'a pas encore vu un seul pays partie audit Pacte rendre ces trois niveaux d'enseignement partiellement ou totalement gratuits. Au contraire, la tendance dans ce domaine est plutôt à l'augmentation des frais d'études ; ce qui contribue largement à propager l'idée que l'enseignement supérieur et universitaire (notamment) est un luxe réservé à une certaine élite !

Il est donc ardemment attendu que le Droit congolais interne s'adapte à ces exigences supérieures du PIDESC « en vue de permettre un plein exercice du droit à l'éducation » reconnu, notamment, à tous les enfants congolais.

2. *Le droit aux meilleures conditions matérielles dans le cadre de l'enseignement*

Fidèle à sa conception du « plein exercice du droit à l'éducation », l'article 13.2 e) du PIDESC contient, en outre, l'obligation librement consentie par les États, notamment, d'« établir un système adéquat de bourses » et d'« améliorer de façon continue les conditions matérielles du personnel enseignant ». Étudiants et enseignants sont ainsi visés par cette disposition conventionnelle généreuse. Celle-ci suggère que, d'une part, il y ait une certaine faveur de l'État en matière d'octroi des bourses d'études (a) et, d'autre part, que le droit pour le personnel de bénéficier des conditions matérielles adéquates soit constamment respecté (b).

a) Une faveur de bourses d'études pour les étudiants

L'article 13. 2 e) du PIDESC constitue la première base légale de l'institution d'un système de bourses d'études au niveau international. Au plan interne, plusieurs textes juridiques congolais reconnaissent et organisent le système de bourses d'études, notamment au niveau de l'enseignement supérieur et universitaire.

Ainsi par exemple, aux termes de l'article 36 de l'ordonnance-loi sur l'enseignement supérieur et universitaire congolais, « Dans les limites des crédits disponibles, le Conseil Exécutif (entendez Gouvernement) peut accorder une bourse d'études aux étudiants qui en font la demande... »[218]. Cette institution de bourses d'études fait, du reste, l'objet de plusieurs textes réglementaires d'application, dont l'ordonnance du 22 février 1977, l'ordonnance du 7 octobre 1981 et l'arrêté ministériel du 6 octobre 1982[219].

L'idée générale qui se dégage de ces textes est que, une bourse d'études ou de perfectionnement est un *prêt* consenti par l'État aux étudiants de l'enseignement supérieur et universitaire ou aux diplômés de ce secteur de l'enseignement pour poursuivre leurs études ou perfectionner leurs connaissances dans leurs domaines de connaissances. Ces bourses sont, en Droit congolais, des « prêts » que le bénéficiaire s'engage à rembourser aux termes de ses études ou de son stage de perfectionnement, aux conditions de délai et de taux fixées par l'État ou convenues entre l'État et le bénéficiaire. Elles participent de l'obligation légale et constitutionnelle que l'État s'octroie de « permettre à tous les (Zaïrois) d'exercer leur droit à l'éducation » (art. 2, Loi-cadre sur l'enseignement national et 46, Constitution de la transition du 4 avril 2003).

On peut donc dire que les bourses d'études ne sont pas, à proprement parler, *un droit* que l'étudiant ou le diplômé pourrait, de force, réclamer à l'État. Elles sont *une faveur*, car, d'une part, le Gouvernement « peut accorder » et, d'autre part, il ne peut les accorder que « dans les limites des crédits disponibles ». Il appartient cependant à l'État de mobiliser un maximum de « crédits disponibles » pour pouvoir s'acquitter correctement et intégralement de son obligation légale et constitutionnelle prérappelée !

En tout état de cause, le « droit » à la bourse peut naître à partir du moment où, étant sélectionné pour en bénéficier ou en bénéficiant déjà, l'étudiant ou le diplômé se trouve privé de sa bourse, d'un montant déterminé, par une simple mesure illégale ou arbitraire de l'autorité compétente (*supra*). La bourse devient, dans ce cas, une sorte de « droit acquis ».

b) Le droit aux conditions matérielles adéquates pour l'enseignant

Venant à l'appui de tous les droits sociaux du travailleur jusque-là déjà connus, l'article 13.2 e) du PIDESC rend compte, ensuite, de l'engagement librement consenti par les États d'« améliorer de façon continue les conditions matérielles du personnel enseignant ». L'engagement international ainsi pris est une obligation conventionnelle souscrite par l'État dans le cadre supplémentaire du « meilleur exercice du droit à l'éducation » reconnu à tous les jeunes.

Il est réjouissant de constater que, sur le plan des textes, le Droit congolais reconnaît aux enseignants congolais tous les droits sociaux normalement dévolus à tout travailleur. Ainsi par exemple, et pour rester dans le cadre du secteur de l'enseignement supérieur et universitaire, le statut du personnel de ce secteur reconnaît un droit à la « rémunération » et aux « avantages sociaux » à toutes les catégories du personnel.

Par *rémunération*, le statut entend « le traitement et les primes ». Par *avantages sociaux*, il entend notamment « les allocations familiales, les soins de santé, le logement (ou l'indemnité de logement), les frais funéraires, les frais de transport, les frais de voyage, l'allocation d'invalidité », etc.[220].

La Loi-cadre sur l'enseignement national ne cesse pas, également, de rappeler à l'État l'obligation qu'il a notamment de « financer » les établissements d'enseignement[221] pour participer ainsi à l'amélioration de leurs « conditions matérielles » de fonctionnement, et par ricochet, à l'amélioration des conditions de travail du personnel.

L'enfant congolais, au vu de ses obligations spécifiques, n'est pas ainsi dépourvu – loin s'en faut – de base juridique pour la revendication du respect de son droit à l'éducation.

Bref, dans le cadre de l'exercice, par les enfants congolais, de leur droit à l'éducation, l'État congolais assume un certain nombre d'obligations morales et juridiques dont le principe de débition et la liste de « redevables », juridiquement consacrés, méritent d'être révélés.

E. Débition des obligations en matière d'éducation

En cette matière, le *principe* est que *l'État* et *les parents* sont tenus d'assurer à la jeunesse une éducation de base et une instruction conformes aux buts de l'éducation. Le fait que l'État se reconnaît une certaine compétence en la matière et qu'il existe, par ailleurs, une obligation scolaire à charge tant des élèves que des parents, fonde l'existence de ce principe.

Le premier débiteur du droit à l'éducation, c'est, bien entendu, *l'État*. L'État est débiteur du droit à l'éducation parce que, conformément à une tradition constitutionnelle assez constante, il s'octroie d'habitude, si pas le monopole, tout au moins une certaine prépondérance dans les compétences à assumer en matière d'éducation.

Ainsi par exemple, aux termes de l'article 13.1 de la Loi Fondamentale relative aux libertés publiques, « Le droit à l'instruction étant reconnu, *les pouvoirs publics mettront tout en œuvre* pour assurer à tous les enfants congolais l'accès à l'enseignement, en créant les établissements nécessaires et en subsidiant les établissements privés présentant les garanties souhaitables »[222]. La Constitution du 1er août 1964 avait, quant à elle, tout en étant moins « bavarde » que la première, clairement indiqué cette « obligation » étatique : « *Les pouvoirs publics ont l'obligation* de mettre à la disposition de tous les Congolais un enseignement national »[223].

L'État congolais est ainsi tenu à plusieurs types d'obligations, allant de la « création des établissements » (construction des écoles) jusqu'à la subsidiation des écoles privées présentant certaines garanties, et notamment les garanties d'ordre pédagogique, moral, matériel et/ou financier. Dans le cadre de ses propres « établissements publics », l'État (pouvoir central et entités politico-administratives décentralisées) est tenu d'allouer tous les moyens budgétaires nécessaires au bon fonctionnement des écoles. De même, il est tenu d'« améliorer de façon continue les conditions matérielles du personnel enseignant ».

Dans une certaine mesure, il peut aussi être rendu responsable de l'absence d'une certaine politique d'octroi des bourses d'études et de perfectionnement, à la fois pour venir en aide aux plus démunis et pour corriger toutes discriminations sociales existant en la matière.

L'État a aussi l'obligation de respecter et de faire respecter le pluralisme éducatif dans le pays, tout comme il doit s'astreindre à l'obligation de limiter au strict minimum les « conditions » d'exercice de la liberté d'enseignement par les parents et les enseignants.

Bref, les obligations de l'État, dans le cadre de la promotion, de la protection et du respect du droit à l'éducation sont nombreuses, variées et avérées. Il lui appartient, en vue de s'acquitter efficacement de ses obligations, de savoir mobiliser les ressources nécessaires et ne pas se contenter, à cet égard, de brandir constamment la « maigreur » de celles-ci. Telle est une des prérogatives sociales constitutionnellement et légalement dévolues à l'État moderne.

Les *parents*, eux aussi, surtout dans le secteur de l'enseignement supérieur et universitaire, et en attendant la généralisation de la gratuité de l'enseignement, sont tenus à quelques obligations dans le cadre de l'exercice, par leurs enfants, du droit à l'éducation.

Ainsi par exemple, ils sont tenus de payer les frais d'études de leurs enfants et de subvenir à leurs autres besoins (nourriture, vêtements, transport, soins médicaux, etc.). Ils sont tenus, également, de façon générale, de « contribuer » au financement des établissements d'enseignement que fréquentent leurs enfants (art. 100, Loi-cadre). Enfin, les parents, au niveau primaire, répondent, en tant que « chefs de famille », de l'obligation scolaire imposée par l'État à tout enfant âgé de moins de quinze ans (art. 115 et 116, Loi-cadre).

Bref, les parents, eux aussi, sont redevables du « plein exercice », par l'enfant congolais, de son droit à l'éducation.

Enfin, les *propriétaires privés des établissements d'enseignement*, puisqu'ils se sont engagés librement de créer des écoles, participant ainsi à la mission de l'État de « permettre à tous les Congolais d'exercer leur droit à l'éducation », sont soumis à quelques obligations. Moralement et juridiquement, ils sont tenus de fournir à la jeunesse un *service éducatif de qualité*, notamment en dispensant, dans le cadre du programme national, un enseignement de qualité. Ils sont juridiquement tenus aussi de ne pas faire du « prosélytisme » à l'école, manifestant ainsi leur devoir de respect tant du principe de la laïcité de l'État (art. 4, Constitution du 4 avril 2003) que du pluralisme idéologique à l'école (...).

Bref, les obligations morales et juridiques qui incombent aux propriétaires des écoles privées découlent de leur liberté d'avoir créé des écoles dans le cadre d'un enseignement juridiquement organisé et sanctionné par l'État.

Pour tout dire, et contrairement à une opinion scientifique largement répandue, le droit à l'éducation – un droit à la fois civil et culturel – est un droit qui comporte plusieurs implications et est, en tant que tel, un droit parfaitement justiciable, puisque susceptible d'engendrer à charge de certains débiteurs des obligations juridiques spécifiques qu'il appartient au juge (juge judiciaire ou juge des droits de l'homme) de contrôler.

Les bénéficiaires de ce droit sont « tous les enfants congolais » sans détermination d'âge (mais aussi tous les enfants du monde qui seraient sous la juridiction du Congo). Les débiteurs sont, principalement, l'État et les parents et, à titre subsidiaire, les propriétaires des établissements scolaires et universitaires privés.

Ce droit participe ainsi, dans ces conditions, au relèvement de la culture d'une nation, un autre droit juridiquement reconnu au même titre que d'autres.

CONCLUSION PROVISOIRE : RAPPORT ENTRE DROITS ET DEVOIRS DE L'HOMME

Aux termes de ce survol des principaux droits reconnus en Droit congolais, il importe d'insister sur le fait que, même complète, l'étude des droits garantis à toute personne par un système juridique donné ne peut vraiment s'achever du point de vue quantitatif que le jour où, envisagé dans tous ses aspects, l'homme aura fini de livrer au monde tous ses secrets. Même enfermé dans la doctrine du Droit positif, le survol de tous les droits de l'homme et de tous les droits des peuples – aujourd'hui reconnus – est nécessairement tributaire du caractère « naturel » et énigmatique de l'homme.

Les conceptions congolaises spécifiques des droits que nous venons d'analyser n'occultent pas le caractère universel des droits affirmés, pas plus qu'elle ne nie l'influence, parfois perceptible, des autres « conceptions du monde » des droits de l'homme. À ces conceptions universelles il convient cependant d'opposer la conception spécifiquement africaine qui, dans le cadre du « dialogue des cultures », est appelée à enrichir et à inculturer les droits de l'homme ainsi que les Droits qui se chargent de leur protection.

Dans ce contexte, la vision « binaire » du Droit des droits de l'homme – laquelle consiste pour l'Africain à considérer qu'il n'y a pas de droits sans devoirs – est certainement l'un des apports spécifiques du Droit africain – et pourquoi pas congolais – des droits de l'homme. Si, dans cette étude et dans cette partie spécialement, le « Droit des devoirs de l'homme » et/ou de la société n'a pas trouvé de place à se développer, cela ne veut pas dire que son intérêt et son urgence ne commandent pas son édification.

Il reste que, dans leur dialogue interne et s'ils sont exacerbés à l'extrême, les « droits » de l'homme risquent, si l'on y prend garde, de constituer pour l'homme une antichambre de l'irresponsabilité, tandis que raisonnera toujours l'écho du cri du psalmiste : qu'as-tu fais de la terre et du prochain que je t'ai donnés ? D'un autre côté, les « devoirs » de l'homme, rappelés à tout propos, sont, on le sait, le lit des révoltes et des luttes pour un régime de liberté, parfois poussé jusqu'au libertinage destructeur.

Un *équilibre* est donc toujours à rechercher entre les droits et les devoirs, et la qualité des acteurs du Droit des droits l'homme réside, en l'occurrence, plutôt dans leur capacité à savoir doser un régime de liberté et un régime de responsabilité. L'un ne va pas sans l'autre. Et, sur ce point, l'apport du Droit congolais et africain des droits de l'homme est plus que significatif au Droit universel desdits droits.

Par ailleurs, entre les droits eux-mêmes et surtout entre les droits et le régime légal qui les organise, il y a une telle *tension* que, parfois, on observe des conflits entre les principes ou les régimes qui leur servent de base. Une liberté économique (par exemple la liberté d'entreprise) peut affronter un droit social (par exemple le droit de grève) sans que, jusqu'à présent, le Droit ne soit encore à mesure de résoudre un tel conflit. De même, la « liberté » pour l'État d'organiser l'espace politique, économique ou culturel conforme à la volonté générale est, de tout temps, en conflit avec les libertés individuelles dans tous les domaines.

Il faut donc espérer que le Droit puisse, grâce à la « magnanimité » de ses juges, arriver un jour à concilier tous les intérêts en présence, de manière tant à ne pas porter atteinte à la garantie des droits consacrés qu'au nécessaire équilibre social, gage du respect et de la jouissance desdits droits.

Quelles sont, à présent, les « garanties » qui, sur le plan institutionnel et processuel, sont mises en place en Droit congolais pour promouvoir et protéger les droits de l'homme ?

TROISIÈME PARTIE

LES GARANTIES DES DROITS DE L'HOMME

Il est presque acquis, de nos jours, qu'une proclamation solennelle et textuelle des droits de l'homme constitue un code de souhaits moraux ou politiques qui n'emporte juridiquement aucune conséquence sérieuse s'il n'y a pas de « garantie » sérieuse de leur application.

La notion de « garantie » en Droit des droits de l'homme renvoie à l'idée des mécanismes institutionnels mis en place pour assurer, en Droit, la promotion, la protection ainsi que l'application effectives, par les débiteurs, des droits reconnus aux bénéficiaires.

À la multitude des mécanismes observés aujourd'hui dans le domaine s'accompagne une diversité des méthodes et une différenciation des rôles, selon que ces mécanismes sont dits de « promotion » ou de « protection » des droits de l'homme.

Partout se pose cependant le problème de l'efficacité, voire de l'efficience des mécanismes mis en place. Ces deux éléments ou « critères » conditionnent tout choix judicieux en matière de protection institutionnelle des droits de l'homme.

La République démocratique du Congo, depuis son existence en tant qu'État, est, comme tous les États, évidemment confrontée à la difficulté du choix du ou des meilleur(s) mécanisme(s) de promotion et/ou de protection des droits de l'homme. Il se dégage d'un bref parcours de son histoire institutionnelle en la matière que plusieurs mécanismes ont été expérimentés, certains avec plus ou moins de réussite, d'autres avec des résultats complètement mitigés.

Est-il responsable d'abandonner la recherche et la réflexion en la matière par crainte de pléthore ?

Avant d'étudier concrètement le cadre institutionnel congolais de promotion et de protection des droits de l'homme, il convient d'établir, en règle générale, la distinction qu'il y a entre les mécanismes dits de promotion et ceux qualifiés de protection des droits de l'homme (chapitre I) ; étant précisé par ailleurs que le cadre institutionnel typiquement congolais résulte, lui-même, tant du Droit conventionnel applicable (chapitre II) que du Droit interne critiquable (chapitre III).

Trois problèmes constitueront donc, à titre de plan, la charpente de cette dernière partie :

Chapitre I : *Les mécanismes de promotion et de protection des droits de l'homme en général*

Chapitre II : *Les mécanismes de protection des droits de l'homme à travers le monde*

Chapitre III : *Les mécanismes congolais de sauvegarde des droits de l'homme*

CHAPITRE Ier

LES MÉCANISMES DE PROMOTION ET DE PROTECTION DES DROITS DE L'HOMME EN GÉNÉRAL

Au-delà d'une question de terminologie, les mécanismes de « sauvegarde » des droits de l'homme, qu'ils soient de « promotion » ou de « protection », diffèrent les uns des autres au moyen de certains critères, tandis que les éléments de leur efficacité les rapprochent tout en les séparant (Section 1).

Au travail de différenciation proprement dit doit s'accompagner celui du recensement théorique des mécanismes existants, en commençant par ceux dits de promotion (Section 2), avant de terminer par ceux dits de protection (Section 3).

SECTION 1. DISTINCTION ET RAPPROCHEMENT DES MÉCANISMES DE « SAUVEGARDE » DES DROITS DE L'HOMME

Plutôt que de procéder par leur définition théorique, il convient d'être pragmatique en recherchant, d'abord, ceux des critères qui, substantiellement, différencient et particularisent les mécanismes de sauvegarde des droits de l'homme (§ 1), avant d'insister sur les conditions d'efficacité réelle desdits mécanismes, comme lieu de rapprochement éventuel (§ 2).

§ 1. CRITÈRES DE DISTINCTION DES MÉCANISMES DE SAUVEGARDE DES DROITS DE L'HOMME

En partant de leurs deux grandes catégories – mécanismes de *promotion* et de *protection* –, on peut dire, sans être exhaustif, que les éléments de distinction suivants peuvent être notés : le caractère juridictionnel ou non de l'institution (A) ; la nature et l'étendue des pouvoirs confiés à l'organe de sauvegarde (B) et les règles et méthodes de travail propres à chaque institution (C).

A. Le caractère juridictionnel de l'institution

En général, lorsqu'il s'agit de conférer une nature juridictionnelle à une institution chargée de sauvegarder les droits et les libertés des personnes bénéficiaires, on dit qu'on est, dans ce cas, en présence d'une institution de *protection* des droits de l'homme.

L'institution de protection des droits de l'homme est, en général, celle qui, dotée de pouvoirs quasi-juridictionnels et animés ou non par des personnes dotées de la qualité de juges, se charge du contrôle effectif des droits et libertés reconnus aux hommes par un texte juridique, en ayant la possibilité de sanctionner légalement toute violation constatée et ce, grâce à l'autorité spéciale que détient la « décision judiciaire ».

C'est en ce sens que René Pelloux [1] et Jean Rivero [2] avaient, l'un à la suite de l'autre, posé leurs célèbres conditions d'existence d'un « droit » de l'homme : détermination d'un titulaire précis, définition précise d'un objet, identification d'un débiteur et *possibilité d'une sanction propre à en assurer le respect* ».

C'est également en ce sens que Francis Delpérée, en parlant de la catégorie des « droits fonctions » en Belgique, lance son récent *dictum :* « Il n'est de droits que protégés » [3].

Pour sa part, Frédéric Sudre indique que « ...la protection juridictionnelle des droits de l'homme suppose qu'un *organe de jugement* statue sur un cas d'espèce (de violation des droits de l'homme) par une *décision revêtue de l'autorité de la chose jugée* » [4].

La protection des droits de l'homme – une protection en tout cas *efficace* de ceux-ci – suppose donc qu'existe, en vue de leur contrôle effectif, un ou des organes de nature juridictionnelle chargé(s), le cas échéant, et ce grâce à l'« autorité de la chose jugée », de sanctionner toute violation ou toute méprise desdits droits.

Il n'en est pas ainsi nécessairement des mécanismes dits de *promotion.* Ici, il s'agit en général, des organes ou des institutions qui ont le rôle plutôt d'*éducation*, de *vulgarisation*, voire de *sensibilisation* du peuple, des autorités ou de l'opinion publique. L'objectif ici est simplement d'augmenter les *connaissances* des populations cibles sur l'existence, le niveau de reconnaissance ainsi que sur les procédures de revendication ou de respect de ces droits. En clair, il s'agit d'agir pour le relèvement de la *culture des droits de l'homme* auprès des acteurs.

De telles institutions ne peuvent par conséquent intervenir efficacement en cas de *violation* ou de *méprise* desdits droits, si ce n'est par des méthodes et selon des registres d'action différents des registres juridictionnels. Aucune contrainte légale – telle celle qui découlent des décisions de justice – n'accompagne l'action de ces structures.

Il s'ensuit que la différence fondamentale entre les institutions de promotion et de protection des droits de l'homme réside, d'abord, au niveau du *caractère contraignant* de leur mode d'intervention. Les structures de protection peuvent se voir attribuer des compétences susceptibles de conférer un effet direct et contraignant à leurs modes d'action. Les structures de promotion, au contraire, sont, en principe, dépourvues d'un tel effet, puisque personne n'est tenu de suivre une éducation déterminée.

Cette différence réside également – ceci est la conséquence de cela – dans la nature et l'étendue des pouvoirs reconnus à chaque catégorie de structures, sur lesquelles il convient à présent de dire un mot.

B. La nature et l'étendue des pouvoirs de l'institution

Conformément à la terminologie même utilisée pour les caractériser, les institutions de *promotion* et de *protection* des droits de l'homme ne sont pas, en général, dotées des mêmes pouvoirs. La nature et l'étendue de ceux-ci les différencient.

En général, les institutions chargées de *promouvoir* les droits de l'homme se voient confiées un certain nombre de prérogatives qui dénotent la nature des fonctions qu'ils sont appelés à exercer. Tout dépend de la formulation même de leurs objectifs ou de leurs compétences.

Par exemple, il est généralement fait recours à des types de compétences suivantes pour caractériser une structure de promotion des droits de l'homme :

- faire connaître les droits de l'homme auprès de la population et/ou des autorités (*fonction de vulgarisation, de sensibilisation...*) ;
- aider les autorités dans leurs tâches de mise en œuvre des instruments nationaux et internationaux des droits de l'homme (*fonction d'assistance, de conseil ou de lobbying*) ;
- interpréter ces instruments nationaux et internationaux des droits de l'homme (*fonction de clarification ou de disciplinarisation*) ;
- donner un avis sur une question des droits de l'homme (*fonction de consulting*).

Ces différentes fonctions ressortissent au domaine de l'éducation, de la sensibilisation ou de soutien aux politiques des droits de l'homme. En revanche, les institutions de *protection* des droits de l'homme reçoivent, en général, une mission sublime, complémentaire, supplémentaire, voire radicalement différente : c'est celle de *statuer sur les cas de violation des droits de l'homme*. Ceci est une *fonction juridictionnelle*, monopole des seules institutions *de protection* qui, en principe, doivent revêtir une forme juridictionnelle.

Cette fonction juridictionnelle permet à l'institution de *protection* des droits de l'homme, par exemple :

- de recevoir, de la part des bénéficiaires, des *requêtes* ou *plaintes individuelles* et/ou *collectives* introduites pour violation ou méconnaissance de leurs droits et libertés ;
- d'examiner, suivant toute règle de procédure, ces requêtes ou plaintes aux fins d'un *constat judiciaire* des violations commises ;

- et de sanctionner, *avec effet contraignant*, toute violation constatée, au moyen des mesures, soit, de réparation, soit, de redressement, soit de rétablissement ou de « satisfaction équitable » s'appliquant aux débiteurs desdits droits et libertés.

Il s'agit donc, dans cette dernière hypothèse, d'un véritable « ordre judiciaire des droits de l'homme » qui met en œuvre un véritable *procès des droits de l'homme.* Celui-ci est consécutif à une situation de *violation* ou de *méconnaissance* des droits de l'homme (*supra*). Il met en général aux prises *deux parties principales* au procès : d'une part, le bénéficiaire du droit (auteur de la plainte ou de la requête) et, d'autre part, le débiteur du droit (présumé responsable de la violation ou de la méconnaissance alléguée).

En clair, on est ici en présence d'un véritable *tribunal des droits de l'homme*, quelle qu'en soit la dénomination.

Parfois (et ceci est tout à fait possible), l'institution de sauvegarde des droits de l'homme peut combiner la nature et l'étendue des pouvoirs de « promotion » et de « protection ». Mais, c'est au prix de son efficience et de la célérité même de son œuvre. Dans ce cas, on dit qu'il s'agit d'une institution de promotion *et* de protection des droits de l'homme. Les fonctions d'*éducation* et de *juridiction* sont réunies en elle.

Toutefois, la situation idéale est celle où les fonctions de promotion et de protection sont réparties entre plusieurs structures œuvrant en toute indépendance et en toute coopération fonctionnelles et institutionnelles. Ceci permet, en outre, de bien différencier leurs règles et méthodes de travail.

C. Les règles et les méthodes de travail de l'institution

C'est le dernier élément qui distingue une institution de *promotion* et une institution de *protection* des droits de l'homme. En effet, ces deux catégories d'institutions n'opèrent pas sur les mêmes *registres d'action.* Leurs objectifs et leurs méthodes de travail diffèrent.

Tandis que, en général, une institution de *promotion* des droits de l'homme opère par des actions d'éducation, de sensibilisation et/ou de vulgarisation (cours, conférences, campagnes, publications, lettres de « dénonciations »...), une institution de *protection* opère, en revanche, essentiellement au moyen des *décisions de justice*, revêtues de la force de chose jugée. Les premières empruntent – on peut le dire – la voie de la *persuasion*, tandis que les secondes utilisent toutes les méthodes de *dissuasion* à leur disposition.

Ces registres d'action diffèrent ainsi parce que, au niveau de leurs missions respectives, les institutions de promotion et de protection des droits de l'homme ne poursuivent pas les mêmes objectifs. Tandis que les premières visent, en général, le but de la *connaissance des droits*, les secondes, en revanche, existent fondamentalement pour *sanctionner toute violation commise.*

Ainsi, l'institution de *promotion* des droits de l'homme pourrait, par exemple, se limiter à créer une ou des écoles des droits de l'homme ; son but sera atteint à partir du moment où des individus augmenteront, par ce biais, leur connaissance des droits de l'homme. En revanche, quand une institution de *protection* sanctionne judiciairement une violation ou une méconnaissance des droits d'un bénéficiaire, son but est atteint à partir du moment où elle aura contribué, par son « jugement », sinon à rétablir le bénéficiaire dans ses droits, du moins à lui allouer certains dommages et intérêts en guise de compensation. Là, il y a une action d'éducation ; ici, il y a le pouvoir de la décision de justice qui intervient.

De la sorte les buts des missions respectives de ces deux catégories d'institutions auront amplement justifié la différence de leurs règles et de leurs méthodes d'approche.

Il existe cependant, au titre de rapprochement, certaines conditions spécifiques qui permettent d'évaluer le caractère efficace ou inefficace d'une institution de promotion et/ou de protection des droits de l'homme. C'est ce qu'il convient d'examiner maintenant.

§2. LES CONDITIONS D'EFFICACITÉ D'UNE INSTITUTION DE SAUVEGARDE DES DROITS DE L'HOMME [5]

Qu'elle soit de promotion ou de protection, une institution de sauvegarde des droits de l'homme doit pouvoir atteindre, avec succès, les buts qui lui sont assignés par les textes qui la créent. On mesure l'*efficacité* d'une institution de promotion ou de protection des droits de l'homme par les buts qu'elle est capable de réaliser. Or, la réalisation des buts d'une institution de sauvegarde des droits de l'homme dépend d'un certain nombre d'éléments qui apparaissent comme ses conditions d'efficacité.

Parmi les éléments qui sont considérés comme indispensables au *fonctionnement efficace* des institutions de promotion ou de protection des droits de l'homme, on cite généralement : 1° Leur indépendance ; 2° La clarté et l'autonomie de leurs pouvoirs ; et 3° La possibilité de leur accessibilité citoyenne. Ce sont là les trois « facteurs d'efficacité » [6] indispensables d'une institution de promotion et de protection des droits de l'homme.

A. L'indépendance organique et fonctionnelle de l'institution

Comme le disent si bien les responsables du *Centre pour les Droits de l'Homme* des Nations Unies, « Une institution nationale efficace est une institution capable d'agir *indépendamment* du gouvernement et de tout autre pouvoir qui peut se trouver en mesure d'influer sur son action »[7].

L'indépendance *organique* de l'institution de sauvegarde des droits de l'homme est, donc, la condition première de son efficacité. Elle suppose son autonomie fonctionnelle et structurelle par rapport à d'autres pouvoirs étatiques. Par exemple, l'organe de promotion ou de protection des droits de l'homme qui se veut indépendant ne peut dépendre, pour ses besoins budgétaires par exemple, du bon vouloir d'une autre institution. De même, ses membres ne peuvent devoir leur nomination – et conséquemment leur révocation – à une autre institution capricieuse et, de surcroît, non représentative… Plusieurs éléments de l'indépendance entrent ainsi en ligne de compte pour tester l'indépendance institutionnelle et fonctionnelle d'une institution de sauvegarde des droits de l'homme.

Il s'ensuit l'élargissement de la théorie de la séparation des pouvoirs, jadis développée par Montesquieu entre les seuls pouvoirs « législatif », « exécutif » et « judiciaire ». Avec la naissance, en effet, des institutions spécifiques de sauvegarde des droits de l'homme conçus dans cette optique, il convient d'élargir la théorie ancienne de la séparation des pouvoirs, en incluant dans la théorie des trois pouvoirs le « pouvoir des droits de l'homme », comme une composante spécifique du pouvoir juridictionnel, tant il se veut totalement indépendant des autres pouvoirs (*infra*).

Et cette indépendance organique doit pouvoir être affirmée *juridiquement*, c'est-à-dire soit dans la Constitution, soit dans la loi, soit encore dans le traité de création de l'institution en question. Il s'ensuit la nécessité de conférer à l'institution de sauvegarde des droits de l'homme une *personnalité juridique* distincte de celle d'autres organes du pouvoir étatique ou non étatique. Il s'ensuit également la nécessité de prévoir les mécanismes *d'autonomisation de la procédure de nomination* des membres de l'institution en cause et de leur statut social (par exemple prévoir que les membres de l'institution en question, après avoir été nommés par un parlement légitime et représentative, ne peuvent être révoqués que « de la seule volonté de leurs paires »).

Outre cette indépendance organique, une institution de sauvegarde des droits de l'homme doit également pouvoir bénéficier d'une *indépendance fonctionnelle*. C'est cette indépendance qui lui permet, en réalité, de fonctionner efficacement. Parmi les éléments d'une indépendance fonctionnelle efficace, rappelons *l'autonomie financière* de l'institution. Il faut que l'institution de sauvegarde des droits de l'homme ait la maîtrise de ses ressources financières. Ces dernières doivent, en principe, lui être allouées dans le cadre d'un budget voté officiellement par les organes compétents, et l'institution doit pouvoir être à mesure de mouvementer, elle-même, ses ressources.

Il faut y ajouter également le *libre examen* dans la conduite des enquêtes ou autres procédures. Les membres de l'institution de sauvegarde des droits de l'homme doivent, en effet, pouvoir bénéficier de cette *indépendance d'esprit* dans l'accomplissement de leurs tâches. Cela suppose qu'ils ne puissent obéir à aucune injonction des autres pouvoirs et qu'ils n'écoutent que leur propre conscience, dans le respect de la loi. Cela suppose également une clarification et une autonomisation de leurs pouvoirs, autre « facteur d'efficacité » d'une institution de sauvegarde des droits de l'homme.

B. La clarté et l'autonomie des pouvoirs de l'institution

Pour être efficace, une institution de sauvegarde des droits de l'homme doit, en outre, avoir une compétence *clairement définie*. Il ne doit pas y avoir de doute ou de confusion dans sa mission. Celle-ci – et les pouvoirs d'accomplissement qui l'accompagnent – doit pouvoir être définie *clairement* dans le texte créateur. C'est de la sorte, par exemple, qu'on sera à mesure de distinguer une institution de *promotion* de celle de *protection* des droits de l'homme.

Une définition claire des pouvoirs de l'institution de sauvegarde des droits de l'homme permet également de percevoir les priorités politiques poursuivies par l'auteur de l'institution créée, en même temps qu'elle permet de déceler, par ce biais, les moyens mis en œuvre pour y parvenir. Elle éclaire également les citoyens dans leur recherche de garantie.

De toutes les manières, ce qu'il faut éviter c'est que la compétence ou les pouvoirs de l'institution ne soi(en)t défini(e)s d'une manière si vague que le risque de tâtonnement ou de papillonnage des membres ne devienne si grand.

Pou être efficace, une institution de sauvegarde des droits de l'homme doit également avoir une ou des *compétence(s) autonomes*. L'autonomie des compétences de l'institution signifie que l'institution devra pouvoir disposer de *ses* compétences et non des compétences *d'un autre organe* ou des *compétences concurrentes*. Cela constitue la condition même de son indépendance et permet d'éviter le risque de chevauchement des compétences entre les différentes autorités.

Cette autonomie n'exclut cependant pas une bonne dose de *collaboration* et/ou de *complémentarité*, mais, il faut que cela ne se passe pas au mépris de l'efficacité et de la célérité.

Il faut, enfin, que les différents mécanismes de sauvegarde des droits de l'homme existants puissent concourir à la réalisation *des mêmes fins* jugées nobles, à savoir par exemple : un mieux-être et un mieux-vécu des droits de l'homme dans le pays. Ce qui est important, c'est d'éviter précisément qu'un organe ne puisse empiéter sur les compétences d'un autre ou que l'un d'eux ne perçoive pas clairement ce but final.

C'est la raison pour laquelle, avant même que les citoyens puissent accéder à ce mécanisme, ses compétences doivent être clarifiées et rendues autonomes par la loi. Ce sont cette clarté et cette autonomie qui, entre autres, attireront les citoyens vers l'institution en question. De la sorte la possibilité de son accessibilité ne sera qu'accrue.

C. La possibilité d'une accessibilité citoyenne de l'institution

Une institution de sauvegarde des droits de l'homme n'existe que pour promouvoir ou protéger les droits de l'*homme*. Imagine-t-on, un seul instant, une institution de sauvegarde des droits de l'homme ne pas pouvoir entrer en relation avec les personnes dont elle prétend, pourtant, promouvoir ou protéger les droits ?

Il s'ensuit que, pour être efficace, l'institution de sauvegarde des droits de l'homme doit, encore et surtout, être *ouverte*, c'est-à-dire *accessible à tout bénéficiaire des droits de l'homme.*

L'accessibilité de l'institution de sauvegarde des droits de l'homme sera d'autant plus grande qu'elle sera ouverte à tout bénéficiaire des droits et libertés, au premier rang desquels se trouvent *les individus*. Il faut que par des dispositions spéciales, inscrites dans le corps même du texte créateur de l'institution, tous les bénéficiaires (individus, groupes…) se voient reconnaître le *droit de saisir directement*, par une requête ou par tout autre moyen de droit, l'institution de promotion ou de protection des droits de l'homme en cause.

Cela dépend d'un certain nombre de sous-facteurs. Par exemple : la clarté et l'autonomie des compétences de l'institution (*supra*) certes, mais aussi la confiance que les citoyens ont dans cette institution, la proximité directe du siège (ou des antennes) de l'institution concernée ainsi que le caractère peu coûteux de la procédure devant cette institution.

Il s'ensuit que l'accessibilité directe d'une institution de sauvegarde des droits de l'homme dépend tant de son sérieux et de son organisation administrative interne que de la confiance que le public a dans sa mission et dans ses méthodes de travail. Au plan du sérieux, il importe de définir clairement les compétences de l'institution et assurer, entre autres, sa décentralisation administrative. Au plan de la confiance populaire, il faut que la définition des compétences et l'organisation administrative de l'institution contribuent à améliorer ses méthodes de travail en vue d'atteindre des résultats concrets et effectifs.

Telles sont brièvement brossées les quelques notions indispensables qu'il convient de retenir à propos des institutions de promotion et de protection des droits de l'homme. Conçues à la fois dans leur différence et dans leur complémentarité, les institutions de promotion et de protection des droits de l'homme bien pensées sont les premiers jalons d'une meilleure connaissance et d'une meilleure prise en charge institutionnelle de la défense des droits de l'homme. À la diversité des compétences et des registres d'action (notamment) correspond la diversité même des mécanismes existants.

SECTION 2. DIFFÉRENTS MÉCANISMES DE PROMOTION ET DE PROTECTION DES DROITS DE L'HOMME

En théorie, il existe divers mécanismes de promotion ou de protection des droits de l'homme. En pratique cependant, ces mécanismes se compénètrent et, pour les regrouper, on peut s'en tenir à quelques modèles qui sont déjà d'application à travers le monde.

Dans cette section très brève, nous commencerons par ressasser les différents mécanismes de promotion possibles (§ 1), avant d'insister sur le modèle idoine d'une institution de protection des droits de l'homme (§ 2).

§ 1. DIVERSITÉ DES MÉCANISMES DE PROMOTION DES DROITS DE L'HOMME

En général, on distingue dans ce lot les organismes de pure promotion (A) des organismes de pure défense (B). Il n'est cependant pas exclu que certains organismes, à l'intérieur du groupe de promotion, puissent combiner les deux missions de défense et de promotion des droits de l'homme (C). Un aperçu général et succinct du mouvement congolais des ONG (historique et caractéristiques) permettra cependant de nous rendre compte des problèmes et du dynamisme réels des mouvements spécifiquement voués à la défense des droits de l'homme (D).

A. Les organismes de pure promotion

Ce sont ceux qui s'occupent essentiellement de l'*éducation*, de la *vulgarisation* et de la *sensibilisation* en vue d'augmenter les *connaissances citoyennes* en matière de droits et de libertés.

Plusieurs dénominations sont alors, en pratique, usitées. Il peut s'agir des *associations*, tout comme, on rencontre aussi souvent des *organisations non gouvernementales* (O.N.G). Ce type de structures, généralement d'origine privée, relayent ou pallient la mission officielle de l'État dans le domaine de l'implantation et du développement de la *culture des droits de l'homme*. Elles n'ont, en principe, aucun pouvoir de décision.

Même quand la mission de diffuser une culture des droits de l'homme est assumée par l'État lui-même, celui-ci ne peut, logiquement, avoir aucun pouvoir de décision sur les citoyens car, en principe, personne n'est obligé de subir une éducation ou une idéologie donnée, qu'elle s'inspire ou non de bonnes intentions humanistes de l'État ou des privés (*supra*).

Ces mécanismes – de pure promotion – des droits de l'homme sont des mécanismes essentiellement de type coopératif et non décisionnel.

B. Les organismes de pure défense

Ce sont ceux qui s'occupent de la *dénonciation* des actes de violation des droits de l'homme, à la suite de certaines plaintes des victimes. Parfois, ces dénonciations vont jusqu'à entamer le crédit des autorités et provoquer leurs réactions positives ou négatives. C'est ce qui constitue le critère du crédit et de l'efficacité même des actions de ce groupe de structures.

Les organismes de défense des droits de l'homme sont, dans leur grande majorité, des institutions de droit privé (associations, ONG, Églises...). Ils ont été conçus à l'origine pour s'interposer entre l'État et les citoyens, pour assurer la défense de ces derniers contre les mauvais agissements du premier. Mais, ils n'ont, vis-à-vis de l'État, qu'un *pouvoir de dissuasion passive*. Il s'ensuit également leur classement au groupe des organismes de type coopératif et non décisionnel.

C. Les organismes mixtes

Il est possible de rencontrer dans la pratique des organismes qui s'occupent, à la fois, de la promotion et de la défense des droits de l'homme. En pareil cas, il s'agit des organismes qui combinent les méthodes d'action éducatives et les méthodes d'action dénonciatrices.

Puisqu'elles combinent ces deux catégories de méthodes et opèrent sur deux catégories de registres d'action différentes, on peut dire qu'il s'agit des organismes mixtes de promotion des droits de l'homme. Elles sont, elles aussi, à classer parmi les mécanismes de type coopératif, mais plus actifs que les premiers.

Le cas d'un organisme comme l'ASADDHO (Association africaine de défense des droits de l'homme) pourrait être cité ici en exemple (*infra*). Le cas également des différents ombudsman et/ou médiateurs qui existent à travers le monde participe également de ce groupe, dans la mesure où ils n'exercent qu'une « magistrature d'influence » vis-à-vis de l'État (*infra*).

D. Le mouvement congolais des ONG et des ONG des droits de l'homme

Dans la nébuleuse des associations civiles qui sévit au Congo, il est parfois difficile d'isoler le groupe de celles qui, par nature, s'appellent « Organisations non gouvernementales » et « Organisations non gouvernementales des droits de l'homme ». Cet isolement est d'autant plus difficile que le Droit congolais en la matière distingue trois catégories d'« associations sans but lucratif ».

Après avoir défini, en effet, ces dernières comme étant « celles qui ne se livrent pas à des opérations industrielles ou commerciales, si ce n'est à titre accessoire, et qui ne cherchent pas à procurer à leurs membres un gain matériel », la loi distingue, à partir de deux critères (nature et objet), trois grandes catégories d'associations sans but lucratif. Ce sont, en premier lieu, les « associations à caractère culturel, social ou éducatif » ; en second lieu, les « Organisations non gouvernementales de développement (ONGD, en sigle) et, en troisième lieu, les « associations confessionnelles »[8].

Au sein de la catégorie particulière des ONGD, il paraît encore malaisé de classer les « ONG des droits de l'homme » (ONGDH), d'autant plus que, dans leurs historiques, dans leurs regroupements et dans leurs fonctionnements respectifs, les « ONG des droits de l'homme » se sont toujours distinguées des « ONG de développement ». D'où l'existence d'une certaine opinion qui avait prévalu au lendemain de la promulgation de ce Décret-loi, consistant, *grosso modo*, à souhaiter une autre loi spécifique sur les ONG des droits de l'homme. Cette opinion se fondait ainsi notamment sur cette argumentation que, de par sa définition, une « ONGD », aux termes de l'article 36 dudit Décret, est une association sans but lucratif dotée de la personnalité civile dont l'objet concourt plutôt « au développement socio-économique des communautés locales » ; ce qui n'est pas forcément l'objet de toute ONG des droits de l'homme.

En dépit de cette querelle et de cette dichotomie, les organisations non gouvernementales congolaises, réunies au sein du regroupement appelé « Conseil national des ONG de développement » (CNONGD) ou dans d'autres collectifs[9], se classent par « domaines d'intervention ». Au sein de chacune des classifications, l'on retrouve curieusement, entre autres, les « ONG des droits de l'homme »[10].

Il convient de rappeler, ici, brièvement les origines et les critères de création du mouvement des ONG au Congo (1), avant d'indiquer les caractéristiques spécifiques qui, principalement, minent le développement constructif de ce mouvement prometteur (2).

1. Origines et critères du mouvement des ONG en RDC

On ne date pas de très loin le mouvement des *Organisation non gouvernementales* au Congo. Bien que l'on ne dispose pas, à cet effet et avec certitude, du nom ou de l'identité de la première Organisation qui aurait été portée sur les fonds baptismaux, il y a lieu de dire, avec le recul du temps, que ce mouvement date probablement seulement des années 80. C'est, en effet, vers ces années-là qu'on commence à parler spécifiquement des ONG au Zaïre.

Plusieurs facteurs peuvent être relevés dont deux seulement – les principaux sans doute – expliquent la réussite de l'introduction du mouvement : il s'agit, d'une part, de l'essoufflement politique du régime dictatorial du MPR-parti-État – lequel commence, à partir de ces dates, à subir de fortes critiques de l'opinion – et, d'autre part, de l'exacerbation de la crise socio-économique qui, particulièrement au début de ces années, étrangle la population.

Ces deux facteurs ont continué durablement à exercer une influence certaine sur le mouvement des ONG congolaises, jusqu'au déferlement spectaculaire des années 90, où l'on assiste, grâce aux mesures de libéralisation annoncées le 24 avril 1990, presqu'à une sorte d'« inflation sociale », caractérisée par la naissance des associations de tous genres et, principalement, par la création des ONG de différentes tendances et de diverses vocations.

Dans cette nébuleuse, aucun critère sérieux ne préside à la naissance de ces mouvements d'un type tout à fait nouveau. Des associations de type tribal ou familial, on passe vite à des associations de quartiers ou à des regroupements des amis et connaissances, réunis autour d'un intérêt déterminé (le plus souvent social, économique ou politique).

Il faut cependant préciser que le mouvement ne va pas, loin s'en faut, évoluer dans la totale anarchie. Grâce à la critique et au mouvement de « surveillance » des ONG amorcé notamment par les différents Gouvernements (craignant par exemple d'en perdre le contrôle), plusieurs critères de création vont ainsi être enseignés aux présidents ainsi qu'aux membres fondateurs des ONG. Ceux-ci vont, petit à petit, formellement présider à la création de nouvelles ONG ou à la réorganisation des anciennes.

C'est dans ce contexte qu'il leur sera rappelé, par exemple, que pour être « reconnu par la communauté internationale » et avoir la crédibilité d'être l'interlocutrice des autorités, il faut : 1° une organisation plus ou moins structurée, ayant des textes et des organes de direction clairs pour pouvoir « commercer » avec le public ; 2° un objet déterminé permettant aux interlocuteurs de l'ONG de pouvoir l'identifier comme « partenaire » ; 3° des ressources propres et suffisantes pour pouvoir se rendre indépendantes de toutes les autres structures, et notamment politiques et gouvernementales ; 4° une attestation de son caractère « non gouvernemental », c'est-à-dire, une défense tous azimuts de son caractère privé, excluant tout rixe ou tout soutien du pouvoir, etc.

Mais, les ONG congolaises en général, et les ONG des droits de l'homme en particulier, présentent, malgré le rappel de ces critères, des caractéristiques et des symptômes d'une organisation archaïque cachant très mal le souci de la recherche, dans ce domaine, d'un professionnalisme et d'un processus de maturation toujours présent. Il convient donc, de rappeler, avant de terminer, les principales caractéristiques qui minent l'organisation rationnelle et efficace des ONG congolaises pour être au parfum de leurs réalités.

2. *Caractéristiques des ONG congolaises*

Plusieurs « tares » caractérisent les structures sociales appelées « ONG » en République démocratique du Congo. À les observer de près, on peut constater, *grosso modo*, qu'il s'agit des structures matériellement pauvres (a), totalement ou partiellement dépendantes (b), mal organisées du point de vue administratif ou financier (c), et diversifiées ou cacophoniques du point de vue de leur existence et de leurs interventions (d).

a) Des structures matériellement pauvres

La première caractéristique des ONG congolaises est évidemment liée au contexte socio-politico-économique que traverse le pays depuis les années 90, à savoir : *la pauvreté*.

La pauvreté est le premier « goulot d'étranglement » des ONG congolaises. Pratiquement, aucune ONG congolaise n'est capable d'afficher un train de vie – sauf peut-être celui de leurs dirigeants – capable de les rendre crédibles et de crédibiliser, par ce biais, leurs actions et leur représentativité. La pauvreté – surtout matérielle – qui se lit ainsi jusqu'aux structures d'organisation (bâtiments abritant les sièges, matériels de bureaux adéquats, moyens de transport rapides et efficaces...) constitue la première caractéristique et, en même temps, le premier obstacle au développement respectable des ONG congolaises.

Il s'ensuit que les ONG congolaises, fonctionnant dans ce contexte de pauvreté généralisée, ne peuvent échapper ni à la corruption, ni, *a fortiori*, à l'aliénation de leur propre indépendance.

b) Des structures totalement ou partiellement dépendantes

L'une des conséquences découlant du contexte de pauvreté est que, la plupart d'ONG congolaises, sinon toutes, reçoivent l'essentiel de leur financement presque de l'extérieur. L'extérieur ici est, soit le Gouvernement (pour le cas des ONG soutenant les régimes en place), soit les bailleurs de fonds extérieurs – que l'on appelle pudiquement « partenaires » – (cas surtout des ONG ayant des prises de position ou une ligne de conduite opposées au Gouvernement en place).

On voit ainsi la plupart de ces ONG sillonner les capitales occidentales ou inonder les administrations des « partenaires » extérieurs de différentes demandes d'« interventions » financières qui, pour organiser une « session de formation », qui pour tenir une simple « conférence de presse », qui, parfois, pour vilipender le Gouvernement en place.

Bien que leurs démarches de « coopération » ne soit pas, en principe, condamnable, il faut cependant craindre une certaine perte d'indépendance, d'impartialité et de dignité de la part de ces « représentants de la société civile », du fait précisément de ces demandes extérieures.

c) Des structures à organisation administrative et financière aléatoire

Sauf quelques exceptions qui confirment la règle, la plupart d'ONG congolaises accusent également un déficit criant au niveau de leur organisation administrative et financière. La plupart de leurs bailleurs extérieurs n'hésitent pas, du reste, à le leur rappeler ou, même, à en faire une véritable « condition d'octroi d'aide ».

Peu ou certains seulement des ONG disposent, au Congo, de sièges administratifs identifiables (une adresse postale, des coordonnées téléphoniques ou électroniques fiables, un compte en banque lisible, etc.). Peu ou certains seulement font preuve d'une pratique saine et courante de tenues et de redditions des comptes (...). Bref, on assiste à une organisation administrative et financière encore embryonnaire.

Il en découle un manque de confiance et de crédibilité certain de ces ONG congolaises aux yeux, notamment, de leurs « partenaires » officiels et de leurs bailleurs de fonds étrangers.

d) Des structures diversifiées et cacophoniques

Enfin, la nébuleuse des ONG présentes sur la scène sociale et politique du pays fait que la plupart d'entre elles, au lieu d'axer leurs actions sur la défense réelle des intérêts de la population, passent le clair de leur temps à se combattre ou à « se mettre les bâtons dans les roues ». D'autres vont jusqu'à se disputer les faveurs des bailleurs ou à vouloir exercer un certain leadership politique sur les autres.

Cette situation a fort rongé la crédibilité de la société civile congolaise, notamment, avant et au cours des négociations politiques de Sun City et d'autres forums importants du pays.

Bref, les caractéristiques fondamentales de l'organisation structurelle des ONG congolaises contribuent de beaucoup dans le faible développement du mouvement et dans sa décrédibilisation. Comment ne pas, dès lors, déplorer son manque de puissance et d'efficacité, à l'opposé par exemple des Organisations civiles qui règnent en Afrique de l'Ouest ou en Afrique anglophone !

Toutefois, en dépit de ce tableau peu reluisant, il faut avouer que la contribution des ONG congolaises notamment dans le domaine de l'éducation civique, de la conscientisation des populations, de la défense de leurs droits et libertés, de « prise en charge matérielle » desdites populations ainsi que dans l'avancement du processus de démocratisation lui-même, est, quoi qu'on en dise, objectivement indéniable. Il reste cependant à rationaliser le Mouvement et à coordonner les actions en vue des meilleurs résultats, d'une certaine cohérence dans l'action, de lisibilité des interventions et de crédibilité du Mouvement vis-à-vis de l'extérieur.

Tels sont les gages premiers de l'efficacité ainsi que de l'efficience mêmes de ces mécanismes dans la défense concrète des droits des citoyens.

D'autres mécanismes de défense, de promotion ou de protection des droits de l'homme existent aussi. Il serait vain de les énumérer tous ici. Il importe seulement d'insister ici, selon nous, sur le mécanisme qui nous paraisse le mieux à même d'assurer une défense idoine et effective des droits de l'homme. Tel est le modèle qui emporte nos faveurs au milieu de la multiplicité des mécanismes existants.

§2. LE MODÈLE IDOINE D'UN MÉCANISME DE « PROTECTION » DES DROITS DE L'HOMME : APPROCHE THÉORIQUE

Compte tenu du fait qu'un droit de l'homme ne peut, selon nous, être mieux « protégé » que par une institution capable de prendre des sanctions contraignantes à l'encontre des violateurs des droits de l'homme, nous pensons, en ce qui nous concerne, que l'institution d'une *juridiction spéciale* ou, plus exactement, d'un *ordre juridictionnel spécial des droits de l'homme* est, à l'heure actuelle, en tout cas au Congo de cette faiblesse institutionnelle, la solution la plus efficace au problème de l'inefficacité des structures même de sauvegarde des droits de l'homme.

Il faut d'abord poser le problème (A) avant d'esquisser les modalités pratiques de réalisation de l'idée (B)

A. Position du problème

Il est superflu de rappeler que la plupart des violations des droits de l'homme constatées de tous les temps et particulièrement aujourd'hui à travers le monde, sont le fait – troublant – des pouvoirs publics. Qu'il s'agisse du législateur lui-même, des autorités exécutives ou administratives, ou même des cours et tribunaux classiques, la violation des droits de l'homme aujourd'hui n'est plus l'apanage des seuls pouvoirs privés.

Dans ce contexte, la violation par les cours et tribunaux des droits des personnes qu'ils sont censés protéger est, de nos jours, le fait le plus paradoxal et le plus révoltant auquel l'humanité assiste presque impuissante. N'en déplaise aux auteurs du Plan national de promotion et de protection des droits de l'homme, lesquels estiment que « Les cours et tribunaux demeurent *le dernier rempart* pour la sauvegarde des Droits de l'Homme, notamment pour sanctionner leur violation et, ainsi, prévenir et décourager (dissuasion) les atteintes éventuelles »[11], ce rôle n'est plus, de nos jours, complètement assimilé par ces organes chargé de « dire le droit ».

Les différentes violations par les cours et tribunaux des droits de l'homme se manifestent aujourd'hui, en effet, notamment par de nombreuses atteintes portées aux « droits de la défense », par la problématique des arriérés ou des lenteurs judiciaires, ainsi que par d'inquiétantes et fréquentes « erreurs judiciaires »[12], trois fléaux majeurs d'où le monde judiciaire actuel semble incapable de se sortir (...).

Il importe donc qu'au-delà du pouvoir judiciaire classique (justice pénale, justice civile, justice administrative, justice constitutionnelle...), il existe, à l'échelon national, un autre pouvoir juridictionnel de type spécial, chargé du contrôle du respect effectif, par tous les organes de l'État – y compris le pouvoir judiciaire classique – ainsi que par des pouvoirs privés, des droits et libertés dont toute personne humaine ou morale jouit de par sa dignité d'Être et de par les textes juridiques les reconnaissant explicitement.

Ce contrôle effectif des droits et libertés serait confié, à notre avis, à des « cours et tribunaux des droits de l'homme » formant un *ordre juridictionnel spécial et autonome* au milieu des trois pouvoirs classiques de l'État.

Comment peut s'esquisser la réalisation du projet ? En d'autres termes, quelles sont, en grande ligne, les modalités pratiques de réalisation de ce projet de création d'un Ordre juridictionnel spécial et automne des droits de l'homme ? Est-elle simplement utopique ou, au contraire, réalisable ?

B. Modalités pratiques

Si l'on se met d'accord sur le principe de l'introduction imminente d'un tel pouvoir spécial, il importe, par conséquent, d'aménager sa place au sein des institutions habituelles (1) et de bien définir, clairement, sa mission (2).

1. Place du pouvoir juridictionnel spécial des droits de l'homme

Au sein des structures de l'État, les *juridictions spéciales des droits de l'homme* appartiendront, bien entendu, à la catégorie du pouvoir juridictionnel ordinaire. Mais, compte tenu de leur spécificité et de la délicatesse de la mission de contrôle qui leur est confiée – contrôle des actes de « tous » les autres pouvoirs, y compris des actes du pouvoir judiciaire classique –, il est important que l'ordre juridictionnel spécial des droits de l'homme, comme l'ordre juridictionnel administratif en France ou l'ordre juridictionnel constitutionnel ailleurs, trouve une *place spéciale au sein du Pouvoir judiciaire*, mais légèrement au-dessus des autres autorités judiciaires.

En clair l'ordre juridictionnel des droits de l'homme sera composé des *cours spéciales et des tribunaux locaux des droits de l'homme* situés, en tant que corps, au-dessus des autres compartiments du pouvoir juridictionnel et, en même temps, appartenant, conformément à la théorie classique cher à Montesquieu, au « Pouvoir judiciaire » de l'État.

Devant être essaimé à travers le territoire national, cet ordre juridictionnel spécial des droits de l'homme devrait nécessairement avoir, au niveau national, une *cour suprême des droits de l'homme*, au niveau provincial, des *cours régionales des droits de l'homme,* et dans les échelons administratifs inférieurs, des *tribunaux locaux des droits de l'homme*, dont l'organisation et la compétence devraient être mieux précisées par une loi.

Cet ordre juridictionnel spécial des droits de l'homme pourrait également se doter de « greffes » ou d'autres organes auxiliaires chargés de l'aider dans l'accomplissement de sa mission. Celle-ci viserait, précisément, un contrôle effectif et efficient des droits de l'homme sur l'ensemble du territoire national, qu'ils aient été violés par des pouvoirs publics ou par des pouvoirs privés.

Bien entendu, ces cours seront composées des *magistrats nécessairement spécialistes des droits de l'homme,* c'est-à-dire des hommes et des femmes formés à l'Université et remplis de connaissances judiciaires et « droits de l'hommistes », et rompus aux techniques judiciaires acquises dans la pratique de leur profession. Par-dessus tout, ces hommes et ces femmes devraient être dotés de compétences particulières dans le domaine des droits de l'homme, mais surtout être *animés d'un sentiment d'humanité* qui leur permette, non pas de verser dans l'arbitraire ni dans la complaisance, mais, de situer l'homme « au centre » de toute action et de toute intervention administrative et judiciaire.

Ces magistrats spéciaux auront pour mission constitutionnelle de « rendre la justice des droits de l'homme », c'est-à-dire une justice au-delà de la justice du « dire le droit » actuellement confiée aux magistrats de l'ordre judiciaire classique.

La répartition de la fonction juridictionnelle interne devra donc être faite de telle manière que les différentes actions judiciaires, même si elles peuvent se compénétrer, ne puissent cependant pas se chevaucher.

En clair, toute infraction pénale, tout litige civil, tout contentieux administratif, fiscal ou constitutionnel... continuera à relever de son ordre juridictionnel ordinaire. Mais, toute décision judiciaire en rapport avec ces actions qui, malgré son autorité de la chose jugée, constituerait manifestement une atteinte à un droit constitutionnellement, conventionnellement ou légalement protégé, serait de toute évidence « justiciable » devant les juridictions des droits de l'homme, selon les règles de compétence et la déontologie spécifiques qu'il appartiendra à la loi de fixer.

Il importe de mieux préciser cette mission spéciale pour fixer, une fois pour toutes, les esprits.

2. *Mission du pouvoir juridictionnel spécial des droits de l'homme*

Elle sera celle de *dire le droit en matière spécialement des droits de l'homme*, c'est-à-dire, de rendre la justice postulée par le Droit des droits de l'homme, une justice fondée principalement sur le *principe de la centralité de l'homme* vivant sur cette terre des hommes.

Concrètement, les cours spéciales et les tribunaux des droits de l'homme seront chargés d'appliquer, dans le respect des procédures judiciaires, les textes nationaux et internationaux qui reconnaissent aux individus et aux groupes des droits et des libertés déterminés, découlant de leur dignité d'Être. Plus exactement, elles trancheront des litiges qui naîtront des actes de violation des droits de l'homme en ayant pour seule préoccupation, avec une bonne dose d'humanité raisonnable, de « rendre justice » aux victimes, que ces violations soient privées ou publiques, administratives ou judiciaires, petites ou grandes.

La question fondamentale qui devra être réglée ici est, sans nul doute, celle d'éventuels conflits ou chevauchements de compétences judiciaires qui pourraient naître entre les juridictions spéciales des droits de l'homme et les autres juridictions.

La solution à cette question, déjà préconisée au Congo dans le cadre de l'article 73 de la *Charte congolaise des droits de l'homme et du peuple*, sera mieux précisée dans les pages qui suivent (*infra*).

Contentons-nous seulement d'affirmer, pour l'instant, que la mission de rendre la justice des droits de l'homme, pour apparemment complémentaire qu'elle puisse l'être avec celle de la Justice ordinaire, s'en écartera bien clairement, au moins dans une perspective consistant à placer l'homme au-devant de toute préoccupation procédurière ou politique (ordre public, défense de la loi ou de l'autorité, sécurité publique…).

Il s'ensuit, de la sorte, que le niveau de protection des droits de l'homme postulé par ce nouveau système se trouvera considérablement accru. Il placerait ainsi la RDC au rang des premières nations qui auront tenté une telle expérience. Ce serait peut-être une incitation et une invitation faite aux autres systèmes nationaux et internationaux vers cette évolution nécessaire.

Mais, avant cette évolution, constatons d'abord, dans la pratique, comment sont organisés les mécanismes de protection des droits de l'homme à travers le monde.

CHAPITRE II

LES MÉCANISMES DE PROTECTION DES DROITS DE L'HOMME À TRAVERS LE MONDE

La communauté internationale a, de nos jours, pris conscience de l'importance des mécanismes de « protection » des droits de l'homme à l'intérieur d'un système judiciaire donné. Aux procédures traditionnelles à vocation « diplomatique » se juxtaposent aujourd'hui une grande variété de mécanismes de type juridictionnel, sans totalement abandonner l'option « médiationnelle ».

Ces mécanismes (de protection) se rencontrent d'abord au niveau universel, c'est-à-dire à l'intérieur de la communauté des États, dont le modèle d'organisation le plus achevé aujourd'hui demeure l'Organisation des Nations Unies. Ce système intéresse la RDC parce qu'elle est un des membres de l'Organisation des Nations Unies ayant ratifié une bonne partie de ces instruments juridiques (Section 1).

Ces mécanismes existent ensuite au niveau régional, c'est-à-dire à l'intérieur et dans le cadre des relations d'une communauté d'États géographiquement situés, qu'il s'agisse du continent africain, américain ou européen (Section 2).

Enfin, on rencontre aussi, toujours au niveau universel, des mécanismes de protection dits « sectoriels » qu'il importe également de rappeler (Section 3).

SECTION 1. LES MÉCANISMES UNIVERSELS DE PROTECTION DES DROITS DE L'HOMME

En général, les mécanismes onusiens de protection des droits de l'homme sont dépourvus de caractère juridictionnel contraignant, en dépit de leur portée politique et morale indéniable. Leur acceptabilité et leur application directe sont tributaires, dans une large mesure, de la souveraineté des États et de leur acceptation expresse des obligations qui en découlent.

Trois groupes de mécanismes de protection du système onusien de protection des droits de l'homme peuvent, ici, être épinglés.

On y trouve d'abord des mécanismes « du système onusien proprement dit », c'est-à-dire des mécanismes constitués par les organes centraux de l'Organisation des Nations Unies, en tant que structures de traduction de la politique onusienne en matière des droits de l'homme (§ 1).

On y trouve aussi le mécanisme bien connu issu du Pacte international relatif aux droits civils et politiques de 1966, à savoir : le Comité des Droits de l'Homme (§ 2).

Il y a enfin les mécanismes faisant partie du système du Droit international pénal ou – ce qui revient au même – les mécanismes du Droit pénal international humanitaire, dont il convient également de rappeler quelques règles et principes (§ 3).

Tous ces mécanismes concernent la République démocratique du Congo, en tant qu'un des États partie de leurs instruments de création. Les habitants de la République démocratique du Congo peuvent donc toujours y recourir, ne serait-ce qu'à titre de secours, pour la défense de leurs droits. Concrètement, les organes centraux de l'ONU peuvent, dans le domaine des droits de l'homme, constituer symboliquement une certaine caution morale pour les victimes des violations des droits de l'homme.

§ 1. LES MÉCANISMES DU SYSTÈME ONUSIEN PROPREMENT DIT

Nous désignons par cette expression les mécanismes de protection – parfois même de promotion – des droits de l'homme qui relèvent *directement des organes centraux* de l'Organisation des Nations Unies.

Au nombre de ces mécanismes, on note tous les organes de l'Organisation des Nations Unies (A), et spécialement son Conseil économique et social (B) et son Secrétariat Général (C). Il faut ajouter aussi certains organismes subsidiaires comme le Haut Commissariat des Nations Unies aux Droits de l'Homme (HCNUDH) et ses structures opérationnelles (D).

A. Les organes centraux de l'ONU

Pour permettre la réalisation de sa quatrième mission, celle qui consiste à assurer la coopération internationale au moyen des droits de l'homme (art. 2 Ch/NU), l'Organisation des Nations Unies fait participer l'ensemble de ses organes, non seulement à la définition des normes, mais également à un certain contrôle de l'application des normes en matière des droits de l'homme.

Ainsi par exemple, *l'Assemblée Générale* des Nations Unies peut, comme ce fût le cas pour bon nombre d'instruments internationaux, *prendre des résolutions* pour l'application internationale des normes en matière des droits de l'homme. Tel fut le cas par exemple des résolutions qui ont approuvé la Déclaration Universelle des Droits de l'Homme ou la Déclaration sur le droit au développement (*supra*), etc.

De même, le *Conseil de Sécurité* des Nations Unies, dans le cadre de sa mission de préservation de la paix mondiale, peut prendre des mesures, en particulier, pour protéger les droits d'un groupe ou d'une population massivement violés dans un coin du monde. Tel est le cas de bon nombre de résolutions concernant certains peuples, tel que le peuple palestinien ou le peuple sahraoui ou même, la République démocratique du Congo (*supra*).

Mais, l'intervention la plus efficace de cet organe demeure, en ce domaine, la création récente des tribunaux pénaux internationaux chargés de châtier des crimes « les plus graves qui révoltent la conscience de l'humanité » (...).

Cette mission onusienne de protection des droits de l'homme est encore plus spécialement assumée par deux de ses organes les plus directement concernés, à savoir : le Secrétariat Général (C) et le Conseil Économique et Social (B).

B. Le Conseil Économique et Social (ECOSOC)

C'est l'organe principal qui, au sein de l'ONU, s'occupe spécialement de la promotion des droits de l'homme à travers le monde. Sans être une instance de contrôle proprement dit, cet organe central de l'ONU encourage la coopération internationale entre les États particulièrement dans le domaine des droits de l'homme.

Son instrument principal de mise en œuvre de cette politique de coopération internationale en matière des droits de l'homme est la *Commission des Droits de l'Homme* (la Co.D.H.).

La *Commission des Droits de l'Homme* des Nations Unies est un organisme subsidiaire de l'ECOSOC chargée, entre autres, de vulgariser et de diffuser les instruments internationaux en matière des droits de l'homme et de recevoir des rapports des États membres de l'ONU dans leurs politiques de mise en œuvre concrète des instruments internationaux ratifiés par eux.

En tant que structure de vulgarisation et de diffusion, la Commission dispose d'un *Centre pour les Droits de l'Homme* (Ce.D.H.), basé à Genève. En tant que structure de contrôle, elle dispose d'une série de *rapporteurs* – spéciaux et thématiques – chargés de suivre la politique des États en matière de mise en œuvre concrète des droits de l'homme.

Elle a, enfin, qualité d'adresser des recommandations aux États et de faire des rapports à l'ECOSOC sur la façon dont ces États s'acquittent de leurs obligations en matière des droits de l'homme. Ces rapports lui parviennent, en général, par le biais du Secrétariat Général des Nations Unies.

C. Le secrétariat Général

Dans son rôle de « cheville ouvrière » de l'ONU, le Secrétaire Général des Nations Unies dispose d'un *Bureau spécial chargé des droits de l'homme.* Ce bureau est dirigé par le Directeur du Centre pour les Droits de l'Homme (basé à Genève et à New York), qui, à ce titre, a rang de Secrétaire Général adjoint de l'ONU.

Le Bureau des droits de l'homme du Secrétariat général des Nations Unies a pour rôle principal de coordonner toutes les activités de l'ONU en matière des droits de l'homme, qu'il s'agisse des activités de ses organes principaux ou des activités des mécanismes prévus dans les différents Pactes.

C'est au sein de cette structure spéciale qu'on rencontre, notamment, le Haut Commissariat des Nations Unies aux Droits de l'Homme.

D. Le Haut Commissariat des Nations Unies aux Droits de l'Homme (HCNUDH)

Le HCNUDH est un organisme subsidiaire du Secrétariat Général des Nations Unies, relevant de son Bureau spécial, qui coordonne « sur le terrain » la politique onusienne en matière des droits de l'homme.

Pour assurer ce rôle sur terrain, le HCNUDH dispose de ses *Bureaux opérationnels* dans chaque État, lesquels aident et assistent les États membres de l'ONU dans la mise en œuvre concrète des politiques en faveur des droits de l'homme.

Les *Bureaux sur terrain du Haut Commissariat des Nations Unies aux Droits de l'Homme* ne sont donc pas des instances de contrôle proprement dites. Ils limitent leur rôle à l'*aide* ainsi qu'à l'*appui « technique »* apportés aux États.

Il existe un Bureau sur terrain du Haut Commissariat des Nations Unies aux Droits de l'homme en République démocratique du Congo depuis 1998. Son tout premier Directeur fût Monsieur Frej Feniche (Tunisien), dont le soutien et la contribution, notamment à la célébration du cinquantenaire de la DUDH au Congo, furent essentiels.

Le HCNUDH dispose aussi, à titre d'information, de *rapporteurs spéciaux* sur terrain, surtout *géographiques.*

L'actuel Rapporteuse spéciale de l'ONU pour la République démocratique du Congo est Madame Julia Mutoc (de nationalité roumaine). Elle a succédé au célèbre Chilien Roberto Garreton, dont on connaît les démêlées avec les différents régimes de Kinshasa.

Ces rapporteurs spéciaux « surveillent » l'application de tous les droits de l'homme, même ceux issus du PIDCP, dont le mécanisme de sauvegarde est toutefois différent.

§ 2. LE MÉCANISME PRÉVU AU SEIN DU PIDCP

Pour le contrôle de l'application de certains droits particuliers, certains pactes prévoient, au moment même de la signature par les États de leurs engagements, des mécanismes propres de protection des droits de l'homme destinés à contrôler l'application par les États de leurs engagements internationaux.

Dans ce cadre, le mécanisme prévu par le PIDCP – le *Comité des Droits de l'Homme* (C.D.H) – fournit le modèle le plus achevé de *protection non juridictionnelle* des droits de l'homme mise en œuvre au sein du système des Nations Unies.

Il convient d'étudier sa compositions (A), ses missions et son fonctionnement (B) avant d'indiquer brièvement le lien qu'il entretient avec les Nations Unies (C).

A. Composition du Comité des Droits de l'Homme

Institué aux termes de l'article 28 du PIDCP, le *Comité des Droits de l'Homme* est composé de huit membres élus par les États parties au PIDCP, parmi les candidats présentés par les États membres via le Secrétariat Général des Nations Unies.

Ces huit membres doivent nécessairement être ressortissants des États parties au Pacte et aucun État n'a le droit d'y envoyer plus d'un ressortissant. Il s'agit de personnalités considérées comme disposant de « haute qualité » et possédant une « compétence reconnue dans le domaine des droits de l'homme » et une « expérience juridique » (art. 28. 2, PIDCP). Les membres du Comité élus y siègent à titre individuel et non en tant que représentant d'un État déterminé.

Dans cette composition, il est, semble-t-il, tenu compte d'une « répartition géographique équitable » et de la « représentation des diverses formes de civilisation » ainsi que des « principaux systèmes juridiques » existant dans le monde (art. 31, PIDCP). Il s'en faut cependant de beaucoup pour que ce critère soit généralement rencontré.

Le mandat des membres du Comité est de quatre ans renouvelables par élection nouvelle. Avant d'entrer en fonction, ces membres prennent, en séance publique, l'engagement solennel de s'acquitter de leurs fonctions « en toute impartialité et en toute conscience » (art. 38, PIDCP).

Bref, la composition du CDH paraît refléter un conflit permanent existant, depuis toujours au sein du système des Nations Unies, sur l'option juridictionnelle ou non à imprimer aux mécanismes onusiens de protection des droits de l'homme. Ce conflit se reflète aussi au niveau de la mission et du fonctionnement mêmes du CDH.

B. Missions et fonctionnement du Comité des Droits de l'Homme

La mission principale du *Comité des Droits de l'homme* est de recevoir, de la part des États parties au PIDCP, des *rapports* « sur les mesures qu'ils auront arrêtées et qui donnent effet aux droits reconnus dans le présent Pacte et sur les progrès réalisés dans la jouissance de ces droits » (art. 40. 1, PIDCP).

Le Comité étudie ces rapports et, après examen, peut adresser aux États parties *ses propres rapports* et *observations* (art. 40. 4, PIDCP).

Le *Comité des Droits de l'Homme* a également reçu mission de recevoir et d'examiner des *communications étatiques* (art. 41 du PIDCP) et des *communications individuelles* (art. 1er du Protocole) en cas de non observance par un État de ses engagements ou en cas de violation par un État des droits reconnus aux particuliers par le Pacte.

La procédure, *en matière contentieuse*, se présente donc, à cet égard, de la manière suivante :

- S'agissant des communications étatiques : elles font d'abord l'objet d'une *procédure d'explications ou de déclarations préalables internes* entre les deux États concernés ; ensuite, le Comité ne peut être saisi que si ces explications ou ces déclarations internes n'ont pas été fournies ou faites « à la satisfaction des deux États parties » ; enfin, le Comité, après avoir offert ses « bons offices » aux deux États concernés pour une « solution amiable », *dresse son rapport* constatant la présence ou l'absence d'une solution, laquelle doit être « fondée sur le respect des droits de l'homme et des libertés fondamentales, tels que les reconnaît le présent Pacte » (art. 41, PIDCP).
- S'agissant des communications individuelles : elles sont adressées *directement au Comité*, lequel « porte toute communication qui lui est adressée…à l'attention de l'État partie audit Protocole qui a prétendument violé l'une quelconque des dispositions du Pacte » ; dans un délai de six mois, l'État mis en cause doit fournir au Comité ses « explications ou déclarations éclaircissant la question et indiquant, le cas échéant, les mesures qu'il pourrait avoir prises pour remédier à la situation » ; après avoir siégé « à huit clos », le Comité, enfin, « fait ses constatations à l'État partie intéressé et au particulier » et « inclut dans son rapport annuel un résumé de ses activités au titre du présent Protocole » (art. 1er, 2, 4-6 du 1er Protocole).

Qu'il s'agisse des communications individuelles ou étatiques, le *Comité des Droits de l'Homme* ne peut être saisi que par et à l'égard d'un *État qui est partie au Pacte et à son 1er Protocole et qui a accepté la juridiction obligatoire du Comité* (la RDC satisfait à cette condition). De même, la *règle de l'épuisement des voies de recours internes* est, dans les deux cas, d'application. Pour les communications individuelles, il est même ajouté que les communications « anonymes », celles constituant « un abus du droit » ou celles « incompatibles avec les dispositions du Pacte » sont irrecevables par le Comité (art. 3, 1er Protocole).

C'est dire que la « juridiction » internationale offerte par ce mécanisme, très respectueuse de la souveraineté des États, ne peut donner entière satisfaction aux individus. Elle est dépourvue de caractère juridictionnel contraignant, surtout à l'égard des États, ses « obligés ».

C. Lien entre Comité et système des Nations Unies

Bien qu'adopté par les États parties, le Pacte international relatif aux droits civils et politiques est tout de même une convention internationale conclue dans le cadre et sous les auspices de l'Organisation des Nations Unies. Il a fait même l'objet d'une résolution de l'Assemblée Générale de cette Organisation (*supra*).

Le lien entre son mécanisme de contrôle – *le Comité* – et l'Organisation des Nations Unies, selon la volonté de ses initiateurs, peut donc être relevé au moins à quatre niveaux de relations :

1° Pour la tenue de la toute première de ses réunions et pour l'élection régulière de ses membres, les parties ont chargé le *Secrétaire Général des Nations Unies* de convoquer la réunion des États parties (art. 30, PIDCP).

2° Ce même *Secrétaire Général des Nations Unies* « met à la disposition du Comité le personnel et les moyens matériels qui lui sont nécessaires pour s'acquitter efficacement des fonctions qui lui sont confiées en vertu du présent Pacte » (art. 36, PIDCP).

3° *L'Assemblée Générale des Nations Unies*, quant à elle, intervient au moment du vote du budget de l'Organisation, lequel prévoit « des émoluments des membres du Comité...prélevés sur les ressources de l'Organisation des Nations Unies... » (art. 35, PIDCP).

4° Enfin, le Comité peut transmettre au *Conseil Économique et Social*, de même que le Secrétaire Général des Nations Unies peut, après consultation du Comité, communiquer aux *institutions spécialisées de l'ONU* les copies des rapports du Comité, accompagnées ou non de ses observations (art. 40. 3 et 4, PIDCP).

C'est ce qui justifie que le mécanisme prévu par le Pacte soit considéré comme un système de protection organisé dans le cadre du système des Nations Unies. Il est cependant différent du système organisé dans le cadre du Droit pénal international humanitaire.

§3. Les mécanismes du Droit pénal international humanitaire

Répondant au souci de la protection des droits de l'homme *dans les conflits armés*, le Droit pénal international humanitaire organise également, surtout ces derniers temps, des mécanismes appropriés de protection des droits de l'homme. Il s'agit, pour l'essentiel, des mécanismes destinés à châtier les crimes « les plus graves » commis lors des conflits armés et « qui révoltent la conscience de l'humanité ».

La justice pénale internationale constitue donc, d'une certaine manière, le mécanisme international spécial aménagé, à ce jour, par la communauté internationale pour la protection, la prévention et surtout pour la répression des crimes contre les droits de l'homme pendant ou à l'issue d'un conflit armé.

Historiquement, cette Justice pénale internationale a été inaugurée depuis la création d'un certain nombre de *tribunaux militaires* chargés de châtier les crimes les plus graves commis lors de certains conflits armés à travers le monde. C'était le cas entre autres du *Tribunal militaire international de Nuremberg,* créé le 8 août 1945, et du *Tribunal militaire international pour l'Extrême-Orient*, créé le 19 janvier 1946.

À l'heure actuelle, et dans cette optique, fonctionnent encore ce qu'on appelle le *Tribunal pénal international chargé de poursuivre les personnes présumées responsables de violations graves du droit international humanitaire commises sur le territoire de l'ex-Yougoslavie* et le *Tribunal pénal international chargé de juger les personnes présumées responsables d'actes de génocide ou d'autres violations graves du droit international humanitaire commis sur le territoire du Rwanda et les citoyens rwandais présumés responsables de tels actes ou violations commis sur le territoire d'États voisins entre le 1er janvier et le 31 janvier 1994*[1].

Tous ces tribunaux pénaux spéciaux se caractérisent par le fait surtout que leurs compétences territoriales et temporelles sont limitées. Ils ne peuvent, en effet, sanctionner des violations aux règles du Droit pénal international humanitaire commises, d'une part, en dehors des territoires concernés par les résolutions de l'ONU et, d'autre part, au-delà du temps matériel imparti par ces résolutions.

Tenant compte de ces limites territoriales et temporelles, la communauté internationale a senti, depuis quelques temps, la nécessité d'instituer, *en tout temps et pour tout État partie,* une juridiction internationale *permanente* chargée de poursuivre et de sanctionner de tels crimes. C'est l'origine et la raison d'être de la création, le 17 juillet 1998, de la *Cour pénale internationale*, dont il convient à présent d'examiner brièvement le statut et la composition (A), la mission et les compétences (B) ainsi que la procédure de fonctionnement (C).

A. Statut, structures et composition de la Cour pénale internationale

Concernant son statut, en tant que *juridiction pénale internationale*, la Cour pénale internationale est *dotée d'une personnalité juridique internationale et d'une capacité juridique* qui lui permettent d'exercer ses fonctions et d'accomplir sa mission conformément au Statut la créant (art. 4). Elle a un *caractère permanent*, c'est-à-dire qu'elle siège à tout moment, *ad vît in aeternam*. Elle est également voulue *complémentaire* de la juridiction pénale des États, c'est-à-dire que les États ont, dans ce domaine, la juridiction pénale première et le Statut de la Cour parle à cet égard du « devoir de chaque État de soumettre à sa juridiction criminelle les responsables des crimes internationaux »[2].

En ce qui concerne sa structuration, la Cour comprend les « organes » ci-après : la *Présidence*, les *Sections*, le *Bureau du Procureur* et le *Greffe* (art. 34).

Ces organes comprennent un certain nombre de sous-structures, réparties comme suit :

la Présidence comprend *un Président* et *deux Vice-présidents* ;

les Sections comprennent une *Section préliminaire*, une *Section de première instance* et une *Section des Appels*, lesquelles sont subdivisées en *Chambres*, réparties en *Chambre préliminaire*, *Chambre de première instance* et *Chambre des Appels ;*

le Bureau du Procureur comprend *un Procureur* et *un ou plusieurs Procureurs adjoints* ;

le Greffe comprend un *Greffier* principal et un *Greffier adjoint*.

De tous ces organes, seul le Bureau du Procureur est indépendant des autres. Il est même reconnu comme « organe distinct » (art. 42. 1). La nature de sa mission, en effet, l'exige. En revanche, les Sections et la Présidence sont, en réalité, des organes qui forment la Cour à proprement parler, dont le Greffe constitue l'instrument administratif.

Au niveau de la composition, la Cour *stricto sensu* (Présidence et Sections) comprend *18 juges* élus pour un mandat de 9 ans non renouvelable par l'Assemblée des États parties au « Statut de Rome ».

Pour l'élection des juges, il est dressé deux listes complémentaires en fonction des critères attendus de ces derniers : *la liste A* est constituée des candidats ayant « une compétence reconnue dans les domaines du droit pénal et de la procédure pénale ainsi que l'expérience nécessaire du procès pénal, que ce soit en qualité de juge, de procureur ou d'avocat, ou en toute autre qualité similaire » ; *la liste B* est composée des candidats ayant « une expérience reconnue dans des domaines pertinents du droit international tels que le droit international humanitaire et les droits de l'homme, ainsi qu'une grande expérience dans une profession juridique qui présente un intérêt pour le travail judiciaire de la Cour » (art. 36, 3, b) i) et ii)).

Dans les deux cas, ils doivent « jouir d'une haute considération morale » et être « connus pour leur impartialité et leur intégrité ». Ils doivent, de même, « réunir les conditions requises dans leurs États respectifs pour l'exercice des plus hautes fonctions judiciaires ». Enfin, ils doivent avoir « une excellente connaissance et une pratique courante d'au moins une langue de travail de la Cour (l'anglais, le français, le chinois, l'arabe, l'espagnol et le russe).

B. Mission et compétences de la Cour

La Cour Pénale Internationale (C.P.I.) a été créée pour juger et punir les personnes qui sont présumées responsables des crimes considérés comme « les plus graves ayant une portée internationale », c'est-à-dire « qui touchent », en plus des victimes directes elles-mêmes, ce qu'on appelle « la communauté internationale ». Telle est sa mission sublime.

Sa compétence peut être relevée à quatre niveaux :

- *Ratione materiae*, la Cour est compétente (ou sera compétente) pour juger les crimes internationaux suivants : *crimes de guerre, crimes contre l'humanité, crime de génocide* et *crimes d'agression* (art. 5). À l'exception du crime d'agression, les autres crimes sont définis par leurs éléments constitutifs développés aux articles 6 à 8 du Statut créant la Cour.
- *Ratione territoriae,* la Cour sera compétente, en principe, à l'égard des crimes commis sur l'ensemble du « territoire universel », mais, il faut tenir compte, à cet égard, de la difficulté qu'elle pourrait rencontrer notamment de la part des États qui n'ont pas encore ratifié son statut ou, l'ayant ratifié, n'ont pas encore reconnu sa juridiction.
- *Rationae personnae*, elles est également compétente à l'égard de *toute personne*, militaire ou civile, homme ou femme, autorité publique (art. 27) ou simple citoyen..., à qui on aura reproché de tels crimes, sous réserve cependant, non seulement de l'opposition des États quant à sa juridiction, mais également de l'application de l'article 26 qui prône son incompétence à l'égard des *mineurs* (moins de 18 ans).
- *Ratione temporis*, la Cour ne sera compétente qu'à l'égard des crimes « commis après l'entrée en vigueur » de son Statut, c'est-à-dire à partir du 1er juillet 2002, date d'entrée en vigueur de ce Statut. Nous pensons cependant que les États qui ont subi ces crimes avant le 1er juillet 2002 peuvent, *dans le cadre de leurs lois de mise en application du Statut de la Cour*, et ce, au nom du principe de la protection « optimale » des droits de l'homme – lequel sous-tend celui du rejet de l'impunité –, prévoir une compétence temporelle

plus étendue de cette Cour. Mais, c'est surtout dans la responsabilisation de leurs propres juridictions internes que, chez ces États, la solution à l'impunité « temporelle » des grands criminels internationaux ainsi consacrée réside.

C. Procédure de fonctionnement de la Cour

1. *La saisine de la Cour*

En principe, la *saisine* de la Cour Pénale Internationale est *du ressort du seul Procureur près cette juridiction*, qui peut le faire, soit *d'office*, c'est-à-dire de sa propre initiative, soit *à la demande d'un État partie* ou à celle *du Conseil de Sécurité des Nations Unies*.

En théorie, les individus ne seront pas admis à saisir le Procureur. Nous pensons cependant que, toujours au nom du principe de l'augmentation nécessaire des garanties judiciaires à accorder aux victimes de tels crimes, les États peuvent, dans le cadre de leurs lois d'application, prévoir cette possibilité devant leurs propres juridictions internes.

2. *Phase préliminaire : enquête et recevabilité*

Une fois saisie et après avoir vérifié le sérieux des renseignements reçus, le Procureur adresse une *demande d'autorisation d'enquête* à la Chambre préliminaire de la Cour, accompagnée de tous les « éléments justificatifs » pouvant constituer une « base raisonnable » d'ouverture d'une enquête. Les victimes desdits crimes internationaux peuvent, à ce niveau, adresser leurs représentations à la Chambre préliminaire.

Au cours de cette phase préliminaire, un *sursis à enquêter* peut être obtenu dans deux situations possibles :

D'abord, en vertu de l'article 16 du Statut de la Cour, le *Conseil de Sécurité* des Nations Unies peut, dans le cadre d'une résolution prise en vertu du chapitre VII de la Charte des Nations Unies, *demander à la Cour un sursis à enquêter ou à poursuivre* pour un délai maximum de 12 mois, renouvelable à la suite d'une nouvelle demande du même Conseil de Sécurité.

Ensuite, en vertu de l'article 18 du même Statut, le Procureur près la Cour pénale internationale peut, à la demande d'un État concerné, et ce au nom du respect du principe de subsidiarité et de complémentarité qui caractérise la juridiction de la Cour, *surseoir à enquêter en décidant de déférer le soin de l'enquête à cet État*. Cet État demeure, dans ce cas, tenu de « rendre régulièrement compte des progrès de son enquête » au Procureur. Ce sursis à enquêter n'est possible que moyennant autorisation préalable de la Chambre préliminaire.

Il s'ensuit que la décision du suris à enquêter dépend toujours, en dernière instance, de la Cour elle-même.

Dans son *enquête*, le Procureur recherchera, de lui-même, des renseignements supplémentaires susceptibles d'étayer sa future mise en accusation. Il consulte, à cet égard, toutes les sources qui lui paraissent utiles (États, organes de l'ONU, ONG, personnes privées, etc.).

Avant de diligenter son enquête, le Procureur doit se rassurer que l'affaire à lui déférée ne sera pas butée à certaines « questions relatives à la recevabilité ».

Une affaire pourrait, en effet, être jugée *irrecevable* par la Cour si, par exemple, elle fait déjà l'objet d'une enquête ou de poursuites de la part d'un État compétent ou si la personne concernée a déjà été jugée pour le comportement faisant l'objet de la plainte, ou encore, si l'affaire n'est pas suffisamment grave pour que la Cour y donne suite (art. 12). La Cour reste cependant, à cet égard, vigilante, notamment, sur le comportement de l'État enquêteur !

3. Phase contentieuse : arrestation et jugement

Si, après son enquête, le Procureur conclut qu'il y a effectivement une « base raisonnable », c'est-à-dire des charges suffisantes susceptibles de soutenir sa mise en accusation, il adresse une *requête* à la Chambre préliminaire de la Cour aux fins de délivrance d'un *mandat d'arrêt* à l'encontre de la personne présumée coupable (art. 58). Ce mandat est délivré *par la Chambre préliminaire* et exécuté par le Procureur qui, à cet effet, adresse à l'État requis, accompagné dudit mandat, une demande, soit d'*arrestation provisoire*, soit d'*arrestation et de remise* de la personne recherchée (art. 59).

La Cour peut aussi délivrer une *citation à comparaître*, tout comme le présumé coupable peut, de lui-même, *comparaître volontairement* (art. 60. 1).

La première audience de la Chambre préliminaire sera consacrée à la séance de *confirmation des charges* sur lesquelles le Procureur entend s'appuyer pour requérir le renvoi en jugement du présumé coupable.

Au cours de toutes ces phases, les droits de la défense sont garantis au présumé coupable.

Dès que les charges ont été confirmées, la Présidence de la Cour constitue la *Chambre de première instance* aux fins du commencement du procès. Commence alors *la phase du jugement proprement dit*, phase au cours de laquelle toutes les garanties du procès équitable – et notamment le principe de la présomption d'innocence (art. 66) – sont normalement assurées au prévenu.

4. *Phase du dénouement : prononcé du jugement et exécution des peines*

Après une procédure secrète de délibération, la décision de la Cour est obtenue, si possible, *à l'unanimité* ou, à défaut, *à la majorité* (art. 74. 3 et 4). Le prononcé du jugement a lieu, en principe, en séance publique et en présence de l'accusé (art. 76. 4). Il est le fait de la Chambre de première instance qui, à cet égard, peut donner lecture soit de l'ensemble, soit du résumé seulement de la décision écrite (art. 74. 5). Celle-ci ne peut pas statuer *ultra petita*, c'est-à-dire que la Chambre préliminaire ne peut pas aller en dehors des faits et des preuves qui ont été produits et examinés au procès (art. 74, 2).

Les peines applicables devant la Cour pénale internationale sont : *l'emprisonnement à temps* (trente ans au plus), *l'emprisonnement à perpétuité*, l'*amende* et *la confiscation des profits, biens et avoirs tirés directement ou indirectement du crime* (art. 77). Ces peines sont fixées par la Cour en tenant compte de la gravité du crime et de la situation personnelle du condamné (art. 78. 1).

L'exécution desdites peines – en particulier des peines d'emprisonnement – se fera *dans le territoire de l'un des États parties* qui aura offert sa disponibilité à accueillir le condamné. La Cour désigne un tel État sur une liste préalable qui lui aura été, au préalable, soumise (art. 103). Celle des peines d'amende et de confiscation des biens requiert également *la coopération des États parties*, qui doivent, à cet égard, *transférer* les produits de confiscation à la Cour (art. 109).

Il est même prévu la création d'un *fonds au profit des victimes* qui peut être alimenté par les produits de ces confiscations et par le produit des amendes. Ce fonds relève de la compétence de la Cour et est géré en liaison avec les victimes.

5. *Phase des recours*

Le Statut de la Cour organise essentiellement deux voies de recours : *l'appel* et la *révision*.

L'appel peut être interjeté par le condamné, par le Procureur, par le « représentant légal des victimes » ou par « le propriétaire de bonne foi d'un bien affecté » par la condamnation, *devant la Chambre d'Appel* de la Cour qui statue souverainement. Cet appel n'est pas suspensif de la décision, sauf si la Chambre d'Appel, elle-même, l'ordonne (art. 81 et 82). La décision d'appel peut aboutir, soit à l'annulation ou à la modification de la décision ou de la condamnation, soit à la décision d'ordonner un autre procès devant une Chambre de première instance *différente*. Elle peut aussi confirmer la première décision. La Chambre d'Appel est donc la juridiction du deuxième degré après celle de « première instance ».

Quant à la révision du procès, elle est toujours possible aux motifs habituels généralement admis dans les procès pénaux : découverte d'un élément nouveau déterminant ou d'une preuve nouvelle décisive ; faute lourde des magistrats lors de la phase de culpabilité, etc. (art. 84). Dans ce cas, la Chambre d'Appel peut, soit, réunir à nouveau la Chambre de première instance qui a rendu le jugement, soit, constituer une nouvelle Chambre de première instance, soit encore, se saisir de l'affaire.

À l'issue de ce long processus qui, lui-même, est respectueux des droits, même du bourreau, le criminel international est condamné, tandis que l'innocent est obligatoirement acquitté.

Quid des mécanismes de protection des droits de l'homme au niveau régional ?

SECTION 2. LES MÉCANISMES RÉGIONAUX DE PROTECTION DES DROITS DE L'HOMME

Nous nous limiterons ici, autant que faire se pourra, aux mécanismes prévus dans le cadre du système africain (§ 1), dans le cadre du système américain (§ 2) et dans le cadre du système européen (§ 3).

§ 1. DANS LE CADRE DU SYSTÈME AFRICAIN

Aux termes des articles 1er et 2 du Protocole relatif à la Charte africaine des droits de l'homme et des peuples, signé à Ouagadougou le 9 juin 1998, il est créé une *Cour africaine des droits de l'homme et des peuples* pour « compléter » et « renforcer » les fonctions de protection que la Charte africaine avait conférées, en 1981, à la *Commission africaine des droits de l'homme et des peuples*[3].

Compte tenu de ce rôle de *complément* et de *renfort* joué par la récente Cour, il importe, tout d'abord, de savoir quelles étaient, depuis le début, les compétences de la *Commission africaine des droits de l'homme et des peuples* et quel est son sort aujourd'hui (A). Par la suite, il va falloir décrire le mécanisme nouveau de protection des droits de l'homme en Afrique, à savoir : *la Cour africaine des droits de l'homme et des peuples* (B).

A. La Commission africaine des droits de l'homme et des peuples

Créée en même temps que l'adoption de la Charte, la *Commission africaine des droits de l'homme et des peuples* avait été, en 1981, conçue comme un mécanisme de *promotion* et de « protection » des droits de l'homme en Afrique. L'article 45 de la CADHP révèle, en effet, que la mission de *promotion* était beaucoup plus prépondérante que celle de *protection*, affirmée à peine avec retenue et circonspection[4].

Il s'ensuit que ses compétences, nécessairement limitées dans le domaine de la « protection », ne pouvaient lui permettre de s'acquitter efficacement de son rôle.

D'ailleurs, au niveau de la saisine de la commission, seul le mode de *saisine étatique* était largement organisé par la Charte (art. 47-51). Les *communications individuelles* étaient à peine évoquées sans être expressément citées, et cela par le biais subtil d'une expression – *communications autres que celles des États parties à la présente Charte* (art. 55) – que la Commission elle-même n'a même pas senti la nécessité de préciser.

Ces autres communications étaient, du reste, soumises à des *restrictions* qui dépassaient tout bon sens démocratique : contenir l'identité complète de son auteur, ne pas contenir des termes outrageants ou insultants à l'égard de l'État et de ses institutions, ne pas se limiter à rassembler uniquement des nouvelles de la presse, etc.[5].

Par-dessus tout, les conclusions du travail de la Commission devaient se limiter à de simples *rapports* et *recommandations* à adresser à la *Conférence des Chefs d'État et de gouvernement* (art. 52 et 53, CADHP), c'est-à-dire à l'organe qui rassemblait, en réalité, les principaux bourreaux des droits de l'homme dans leurs pays.

Il s'en est suivi donc une hypertrophie et une paralysie criantes de la Commission, ainsi que le révèlent la pauvreté de sa jurisprudence et le fort peu nombre de ses condamnations à l'encontre des États d'un continent où se commettent, probablement, le plus grand nombre de violations de droits de l'homme au monde.

Cela est le résultat d'une affirmation hypertrophiée du rôle de protection miroitée à la Commission, dépourvue de toute indépendance et de moyens de fonctionnement adéquats.

C'est la raison pour laquelle, depuis les travaux de la Commission des Juristes sur la primauté du droit en Afrique, en 1985, de nombreux experts se sont penchés sur la question et ont finalement convaincu les Chefs d'État et de Gouvernement africains sur l'opportunité de la création, aux côtés de la Commission, d'une *Cour africaine des droits de l'homme et des peuples.*

De sorte que, à l'heure actuelle, il importe de parler d'une sorte de séparation des rôles entre la Cour et la Commission, appelées à coexister : celle-ci resterait cantonnée dans son rôle de *promotion*, tandis que la Cour chercherait à *protéger* les droits de l'homme en Afrique.

Comment se présente donc cette nouvelle structure de protection des droits de l'homme en Afrique ?

B. La Cour africaine des droits de l'homme et des peuples

Par la grâce d'un Protocole relatif à la Charte de 1981, signée à Ouagadougou 17 ans après la création de la Commission, la Conférence des Chefs d'État et de Gouvernement de l'Organisation de l'Unité Africaine (O.U.A) a, enfin, accepté l'idée de la création d'une « Cour » africaine des droits de l'homme et des peuples.

Quels sont, en premier lieu, le statut et la composition de cet organe ? (1) Quelles sont, ensuite, sa mission et sa compétence ? (2) Quelle est enfin sa procédure de fonctionnement ? (3).

1. Statut et composition de la Cour

Aucune disposition expresse du Protocole n'indique clairement le *caractère juridictionnel de la Cour*. Celui-ci se révèle cependant aisément à travers l'utilisation des termes comme « cour », « juges », « affaires » ou « différends » « arrêts », et à travers l'organisation de certaines garanties et de certaines règles de procédure judiciaire connues en droit interne.

Par exemple : la garantie de l'indépendance des juges (art. 17), la règle de la « recevabilité » des requêtes, la récusation des juges (art. 22), le principe d'une décision judiciaire contradictoire (art. 26 et 27), etc. Il s'ensuit que la Cour africaine des droits de l'homme et des peuples est un mécanisme de type juridictionnel.

Cependant, *son caractère permanent n'est pas assuré*, car, l'article 15. 4 du Protocole dispose en effet, bien qu'ayant un mandat de six ans, que « Tous les juges, à l'exception du Président, exercent leurs fonctions *à temps partiel* » et que l'option sur le caractère permanent de cette Cour ne dépend, en fin de compte, que de la« décision » de la Conférence des Chefs d'État et de Gouvernement ! S'agit-il, là, d'une façon de se libérer d'une pression psychologique permanente de la Cour ?

La composition de la Cour reflète encore, de façon substantielle, son caractère juridictionnel. En effet, aux termes de l'article 11 du Protocole de Ouagadougou, « La Cour se compose de onze *juges*, ressortissants des États membres de l'OUA, élus à titre personnel parmi des *juristes* jouissant d'une très haute autorité morale, d'une compétence et *expérience juridique, judiciaire ou académique* reconnue dans le domaine des droits de l'homme et des peuples ».

Ces juges sont élus par la Conférence des Chefs d'État et de Gouvernement de l'Organisation de l'Unité Africaine – aujourd'hui muée en *Union Africaine* – sur base d'une liste dressée par le Secrétaire Général de l'Union, après réception d'au moins trois candidatures envoyées par chaque État partie au Protocole. Parmi ces trois candidats, deux au moins doivent avoir la qualité de ressortissants du pays accréditant (art. 12 et 13).

Enfin, la composition de la Cour doit refléter « une répartition géographique équitable ainsi que les grands systèmes juridiques (lesquels ?) ». De même, « la représentation adéquate des deux sexes doit être assurée » (art. 14).

2. *Mission et compétence de la Cour*

Comme le dit l'article 2 précité du Protocole de 1998, « La Cour ... *complète les fonctions de protection* que la Charte Africaine des Droits de l'Homme et des Peuples... a conférées à la Commission Africaine des Droits de l'Homme et des Peuples ».

Il s'agit d'une mission de *complément* dans le rôle de *protection*. Mais, compte tenu du fait que ce rôle de protection ne ressortait pas clairement dans la mission originaire de la Commission, il importe de dire qu'il y a *séparation de fonctions en la matière ;* de sorte que – on peut le dire – la mission de protection est dévolue, à l'heure actuelle, exclusivement à la Cour.

Pour accomplir cette mission, la Cour dispose d'une compétence très étendue : elle est, en effet, « compétente, dit l'article 3 du Protocole, pour connaître *de toutes les affaires et de tous les différends* dont elle est saisie concernant l'interprétation et l'application de la Charte, du présent Protocole et de tout autre instrument pertinent relatif aux droits de l'homme et ratifié par les États concernés ».

L'étendue de cette compétence réside d'abord *au niveau de la nature des affaires et des différends* dont elle peut être saisie : il s'agit de *toutes affaires* ou de *tous litiges* relatifs aux droits de l'homme (violations des droits de l'homme, mauvaise interprétation ou mauvaise application des textes...).

Elle réside ensuite *au niveau des droits et des instruments garantis* : il doit s'agir de tous les *droits reconnus* dans *tous les instruments nationaux, régionaux et internationaux des droits de l'homme.*

Enfin, l'étendue de cette compétence se révèle également au niveau des *victimes des violations* ou des personnes appelées à saisir la Cour : « Ont qualité pour saisir la Cour, dit en effet l'article 5 du Protocole, la *Commission, l'État partie qui a saisi la Commission, l'État partie contre lequel une plainte a été introduite, l'État partie dont le ressortissant est victime d'une violation des droits de l'homme, les organisations intergouvernementales africaines* », auxquels il faut ajouter *les individus* et *les ONG dotées du statut d'observateur auprès de la Commission* (art. 5. 3).

Toutefois, la formulation utilisée pour inclure les individus et les ONG dans cette liste de bénéficiaires d'action semble ne pas pouvoir privilégier ces derniers, dont le droit d'action, à cet égard, dépend, en dernière analyse, de la décision de la Cour elle-même. Aucune contrainte légale ne paraît, du reste, obliger cette dernière à recevoir de telles actions. Ceci est, bien entendu, une introduction regrettable !

3. Procédure de fonctionnement de la Cour

Au niveau du Protocole, il est prévu, tout d'abord, une *phase de recevabilité des requêtes* (art. 6). Celle-ci concerne surtout les plaintes individuelles et celles collectives venant des ONG, entourées de la même suspicion que celles qui ont fondé l'introduction de l'article 56 de la CADHP (problématique de l'anonymat des requêtes, caractère insultant de celles-ci, etc.).

C'est la raison pour laquelle le Protocole prévoit, ici, la possibilité que ces plaintes soient *au préalable examinées au niveau de la Commission.* Pourquoi ? Parce que, simplement, il s'agit d'une méfiance toujours présente et inexpliquée vouée à des actions directes des victimes.

Il est prévu également que la Cour travaille dans cette matière en « complémentarité entre elle et la Commission ». Ceci est regrettable compte tenu du champ limité des compétences de la Commission avant la réforme de Ouagadougou !

Le Protocole prévoit aussi la possibilité d'un *règlement à l'amiable* (art. 9).

Au niveau des *audiences*, le Protocole prévoit que celles-ci seront publiques, tandis que la Cour peut toujours décider le « huit clos » dans les conditions prévues par son règlement. Au cours de ces audiences toutes les garanties du procès équitable seront d'application (droit de représentation et à l'assistance judiciaire, récusation des juges, droit à la contradiction des preuves et des débats, droit à la présomption d'innocence...).

La Cour est habilitée, « lorsqu'elle estime qu'il y a eu violation d'un droit de l'homme ou de peuples », à « ordonner toutes les mesures appropriées afin de *remédier à la situation*, y compris le *paiement d'une juste compensation* ou *l'octroi d'une réparation* ». Dans les « cas d'extrême gravité » ou « d'urgence », la Cour ordonne des *mesures provisoires* qu'elle juge pertinentes. Telles sont les sanctions prévues dans le système juridictionnel africain.

Enfin, au niveau de *l'exécution des arrêts* de la Cour, celle-ci incombe aux États parties au Protocole qui ont souscrit, à cet égard, un engagement (art. 30). La Cour peut faire contrôler l'exécution de cet engagement par la Conférence des Chefs d'État et de Gouvernement, par le biais de son *rapport annuel* (art. 31).

Il s'ensuit que le mécanisme prévu dans le système africain est vraiment innovateur, mais fort circonspect, par rapport aux systèmes existants ailleurs.

Quid du mécanisme prévu dans le cadre du continent américain ?

§2. DANS LE CADRE DU SYSTÈME AMÉRICAIN

Le système américain de promotion et de protection des droits de l'homme connaît, comme le système africain, deux « moyens de protection » des droits de l'homme. Il s'agit de la *Commission interaméricaine des droits de l'homme* et de la *Cour interaméricaine des droits de l'homme*. Ces deux « moyens de protection » sont créés par la Convention américaine relative au droit de l'homme et fonctionnent dans le cadre de l'Organisation des États américains[6].

Telles qu'organisées dans ce système, la *Commission* et la *Cour* interaméricaines des droits de l'homme semblent se différencier essentiellement par leurs compétences : alors que la première regorge des compétences essentiellement de type promotionnel (A), la seconde a reçu, en plus, des compétences de nature protectionniste (B).

A. La Commission interaméricaine des droits de l'homme

Deux questions principales nous intéresseront ici. Il s'agit de la composition (1) ainsi que des attributions et compétences (2) de cet organe.

1. Composition de la Commission

Aux termes des articles 34 à 37 de la Convention américaine des droits de l'homme, la Commission interaméricaine des droits de l'homme comprend 7 « membres » élus à titre personnel par l'Assemblée générale de l'Organisation des États Américains, sur une liste de trois candidats présentée par chacun des États membres.

Ces membres sont choisis parmi les « personnes jouissant d'une haute autorité morale et possédant une compétence reconnue en matière des droits de l'homme ». Ils ont un mandat de 4 ans renouvelable seulement une fois et aucun État ne peut avoir plus d'un ressortissant au sein de la Commission.

Le Conseil permanent de l'OEA peut, le cas échéant, « combler toute lacune survenue au sein de la Commission et due à une cause autre que l'expiration normale du mandat ».

Bref, la Commission interaméricaine des droits de l'homme est composée des membres qui ne sont nécessairement ni juristes, ni *a fortiori* juges. D'ailleurs, la Convention emploie expressément, pour les désigner, l'expression « membres » et non, par exemple, celui de « juges ».

2. *Attributions et compétences de la Commission*

Aux termes des articles 41 à 46 de la Convention, la Commission interaméricaine des droits de l'homme est dotée des attributions et des compétences essentiellement de type « promotionnel ». Elle apparaît, à cet égard, plus comme un organe de « promotion » que comme un mécanisme de « protection » proprement dit.

En effet, pour définir sa mission (ou son « mandat »), la Convention américaine des droits de l'homme utilise, à cet égard, une formule et une tournure assez claires qui prêtent peu à confusion sur le rôle de « promotion » assigné à la Commission. Elle s'exprime, en effet, de cette manière : « La Commission a pour tâche principale de *promouvoir l'observation et la défense des droits de l'homme* » (art. 41).

En dépit du terme « principale » utilisé dans cette citation, il ne s'agit que d'une « tâche de promotion de l'observation et de la défense des droits de l'homme en Amérique ».

Ainsi par exemple, la Commission « stimule une prise de conscience des droits de l'homme chez les peuples d'Amérique » et « prépare des études et rapports jugés utiles pour l'accomplissement de ses fonctions » (art. 41 a et c, Convention). De même, elle « recommande aux gouvernements l'adoption des mesures progressives en faveur des droits de l'homme » ou demande à ces derniers « de lui fournir des renseignements » sur ces mesures (art. 41 b et d, Convention).

La Commission est aussi conçue comme un organe de « consultation » à la disposition des États membres de l'OEA dans le domaine des droits de l'homme (art. 41 e) et peut « adopter, en vertu des pouvoirs dont elle est investie aux termes des articles 44 à 51 de la présente Charte, des mesures concernant les pétitions et autres communications qui lui sont soumises » (art. 41 f). Enfin, elle soumet « un rapport annuel » de ses activités à l'Assemblée générale de l'OEA.

S'agissant de sa compétence, la Commission peut recevoir des « pétitions contenant des dénonciations ou plaintes » émanant de « toute personne ou tout groupe de personnes » ou de « toute entité non gouvernementale et légalement reconnue dans un ou plusieurs États membres de l'Organisation » relatives à une violation par un État de la Convention (art. 44). De même, tout État partie peut également lui adresser des « communications dans lesquelles (il) prétend qu'un autre État partie a violé les droits de l'homme énoncés dans la présente Convention » (art. 45).

C'est donc un système de *pétitions individuelles* et de *communications étatiques* qui est ainsi organisé. Il ne préjuge cependant rien de la nature juridictionnelle de la Commission. En effet, la Commission interaméricaine des droits de l'homme n'est pas de caractère juridictionnel (cf. la nature de ses compétences). Ce caractère a été expressément réservé à la Cour qui, en matière de protection des droits de l'homme, dépasse largement la Commission.

B. La Cour interaméricaine des droits de l'homme

Conçue comme une juridiction internationale des États américains, le caractère juridictionnel de la Cour interaméricaine des droits de l'homme n'apparaît pas seulement au niveau de sa composition (1). Il se révèle encore davantage au niveau de sa compétence et de ses fonctions (2).

1. Composition de la Cour

La Cour est, dit l'article 52.1, composée de 7 « *juges* », ressortissants des États membres de l'Organisation des États américains. Ses membres sont élus à titre personnel parmi des *juristes* jouissant d'une très haute autorité morale, d'une compétence reconnue en matière des droits de l'homme, et réunissant les conditions requises *pour l'exercice des plus hautes fonctions judiciaires* dans leurs pays

Il s'agit des « juges » et non de simples « membres » comme c'est le cas de la Commission.

Les juges de la Cour interaméricaine des droits de l'homme sont élus par l'Assemblée générale de l'OEA pour un mandat de six ans renouvelable une seule fois. L'élection a lieu au scrutin secret et à la majorité absolue « des votes des États parties à la Convention » (art. 53, Convention).

Lors de l'examen des affaires, la Cour admet aussi le système des *juges ad hoc* qui, pour l'examen du cas d'espèce, doivent remplir les mêmes critères d'éligibilité que les juges permanents (art. 55, Convention).

Enfin, dans le système interaméricain des droits de l'homme, la Commission interaméricaine des droits de l'homme « participe aux audiences auxquelles donnent lieu toutes les affaires évoquées devant la Cour » (art. 57, Convention).

2. Compétence et fonctions de la Cour

Au niveau de la saisine de la Cour, l'article 61 de la Convention s'exprime très clairement en édictant que « Seuls les États parties à la présente Convention et la Commission ont qualité pour saisir la Cour ».

Il s'ensuit que, dans le système interaméricain de protection des droits de l'homme, du moins tel qu'il est organisé par la Convention de 1978, les individus ou groupes d'individus ne sont pas titulaires d'une action directe devant la Cour. Ils doivent, pour se faire entendre, passer par la médiation d'un État partie à la Convention ou par celle de la Commission.

Cela veut dire, en d'autres termes, que les États parties et la Commission interaméricaine des droits de l'homme se positionnent comme des organes de recevabilité, mieux de « filtrage », d'éventuelles requêtes individuelles qui seraient adressées à la Cour par des acteurs non étatiques.

La procédure prévue à cet égard aux articles 48 à 51 de la Convention est explicite sur le rôle que les États parties, mais surtout que la Commission, sont appelés à jouer vis-à-vis de la Cour. Ce sont, en effet, ces deux instances qui « défèrent à la Cour » les affaires dont ils sont saisis (art. 51).

Il s'ensuit que le système américain de protection des droits de l'homme organise une *intermédiation institutionnelle* nécessaire entre les individus et la Cour, ce qui n'existe pas dans les rapports directs entre ces derniers et ladite Cour.

Sur le plan de la définition de ses fonctions, la Convention américaine se limite à poser que « La Cour est habilitée à connaître de toute espèce relative à l'interprétation et à l'application des dispositions de la présente Convention » (art. 62. 3), sans que cela ne puisse révéler expressément sa nature juridictionnelle. Cette nature juridictionnelle est, cependant, révélée par l'article 63 suivant : en cas de « violation d'un droit ou d'une liberté protégés par la présente Convention », « ...la Cour *ordonnera* que soit garantie à la partie lésée *la jouissance du droit ou de la liberté enfreints*, ...*ordonnera* également, le cas échéant, *la réparation des conséquences* de la mesure ou de la situation à laquelle a donné lieu la violation... et *le paiement d'une juste indemnité* à la partie lésée ».

Ces sanctions, de nature juridictionnelle, révèlent ainsi que la Cour interaméricaine des droits de l'homme est une *juridiction* internationale protégeant les droits de l'homme dans le cadre régional américain. Même dotée, en plus, d'une mission consultative (art. 64, Convention) et administrative (art. 65, Convention), cette nature juridictionnelle ne peut lui être déniée. Elle constitue, sur le plan international, la deuxième juridiction de protection internationale des droits de l'homme, après celle organisée dans le cadre européen.

§3. Dans le cadre du système européen

Le système européen de protection des droits de l'homme fournit, à ce jour, et comme le dit si fièrement Frédéric Sudre, « le modèle le plus achevé de cette protection juridictionnelle des droits de l'homme, liant l'ordre public européen des droits de l'homme à un juge européen ayant une compétence obligatoire »[7].

Ce modèle découle de la dernière réforme introduite, en 1998, par le Protocole additionnel n° 11 qui a institué, de manière exclusive et permanente, la *Cour européenne des droits de l'homme.*

Ce Protocole additionnel, adopté le 11 mai 1994 et entré en vigueur le 1er novembre 1998, restructure l'ancien système autour de deux idées force, à savoir : d'une part, la suppression des clauses facultatives, jadis en vigueur, d'acceptation du droit de recours individuel et de la juridiction de la Cour et, d'autre part, une réunification organique des trois anciens organes de décision qui avaient existé auparavant (la Commission, la Cour et le Comité des ministres).

Désormais, il n'existe plus, à l'heure actuelle dans le système européen de protection des droits de l'homme, que la seule *Cour européenne des droits de l'homme*, dont la nature (A), la composition (B) et les pouvoirs (C) méritent d'être analysés pour sa mise en parallèle avec les deux précédents systèmes.

A. Nature de la Cour européenne des droits de l'homme

De par sa dénomination et sa composition, la Cour européenne des droits de l'homme est, à l'instar de la Cour interaméricaine une *juridiction* internationale de protection des droits de l'homme au sein du continent européen, plus précisément, au profit des « ressortissants » et de « toute personne se trouvant sous la juridiction des États partie à la Convention européenne des droits de l'homme ».

Elle est, aux termes de l'article 19 de la Convention européenne de sauvegarde des droits de l'homme – tel qu'amendé par le Protocole 11 – instituée *d'une façon permanente*, « afin d'assurer le respect des engagements résultant pour les Hautes Parties contractantes de la présente Convention et de ses Protocoles ».

Il s'agit donc d'une juridiction au sens plein du terme. Ce caractère juridictionnel se révèle encore, de façon plus éclatante, au niveau tant de la composition que de la compétence mêmes de la Cour.

B. Composition de la Cour européenne des droits de l'homme

Aux termes de l'article 20 de la Convention amendée, « La Cour se compose d'un nombre de *juges* égal à celui des Hautes Parties contractantes ».

À l'heure actuelle, et compte tenu de cette règle d'égalité dans la représentation, ce nombre est de *41 juges* représentant les 41 États membres du Conseil de l'Europe. Tous les États membres du Conseil de l'Europe ayant, à l'heure actuelle, adhéré à la convention, il n'y a plus lieu de faire, à cet égard, la distinction traditionnelle entre « États parties à la Convention européenne » et « États membres du Conseil de l'Europe ».

Les juges à la Cour européenne des droits de l'homme sont élus par l'Assemblée parlementaire du Conseil de l'Europe *au titre de chaque État,* sur une liste de trois candidats présentés par chaque État. Ils sont *choisis parmi les personnes jouissant de la plus haute considération morale et réunissant les conditions requises pour l'exercice de hautes fonctions judiciaires ou de jurisconsultes notoires dans leurs pays.* Ils siègent *à titre individuel* (art. 21, CEDH).

Leur mandat est de six ans, renouvelable indéfiniment jusqu'à 70 ans (art. 23. 1 et 6, CEDH) et ne peuvent être « relevés de leurs fonctions » que par décision de leurs pairs constatant « qu'ils ont cessé de répondre aux conditions requises ». Dans cette hypothèse, du reste rarissime, la décision des autres juges est acquise « à la majorité des deux tiers » (art. 24, CEDH).

La Cour comprend des comités, des chambres et une Grande chambre se répartissant les rôles d'examen préliminaire, d'examen de fond, de décision ou d'évocation des litiges, etc. (art. 27-31, CEDH). C'est à travers ces structures que s'exerce la compétence de la Cour.

C. Compétence de la Cour européenne des droits de l'homme

Aux termes de l'article 32. 1 de la Convention, « La compétence de la Cour s'étend à *toutes les questions concernant l'interprétation et l'application de la Convention et de ses Protocoles* qui lui seront soumises... ». Elle est même *juge de sa propre compétence,* puisque l'article 32. 2 ajoute qu'« En cas de contestation sur le point de savoir si la Cour est compétente, *la Cour décide* ».

Au niveau de la saisine, la Cour peut recevoir des *affaires interétatiques* (art. 33, CEDH) tout comme elle peut connaître des *requêtes individuelles* (art. 34, CEDH).

Concernant en particulier les « requêtes individuelles », il y est précisé que celles-ci peuvent émaner soit de « toute personne physique », soit de « toute organisation non gouvernementale », soit encore de « tout groupe de particuliers » qui se prétend victime d'une violation des droits reconnus dans la Convention par un État membre.

Les conditions de recevabilité de ces requêtes individuelles sont, cependant, celles habituellement consacrées : épuisement des voies de recours internes, écoulement d'un délai de six mois à partir de la décision interne, exigence de l'identité du requérant, non litispendance de la même requête, etc. (art. 35, CEDH). Il n'y a cependant pas, comme dans le système africain, la condition du « caractère non insultant de la requête » !

Le système européen reconnaît le droit à une *tierce intervention*, c'est-à-dire que tout État partie ou toute personne intéressé(e), à l'invitation du Président de la Cour, peut, même si il (elle) n'est pas partie directe à l'instance, prendre part aux audiences ou y présenter ses observations écrites, et ce « dans l'intérêt d'une bonne administration de la justice » (art. 36, CEDH).

Il s'agit d'un système hautement contraignant. Le *caractère obligatoire* de la juridiction de la Cour européenne des droits de l'homme est, en effet, doublement affirmé : d'une part, depuis 1998, il n'y a plus « faculté » dans la reconnaissance de la juridiction de la Cour ; d'autre part, depuis ses origines, la force obligatoire des arrêts définitifs de la Cour est constamment réaffirmé (art. 46 de la Convention).

C'est ce *caractère obligatoire*, tant de la juridiction que des décisions de la Cour, qui fait que les États conforment régulièrement leur droit interne aux principes dégagés par la jurisprudence de Strasbourg et contribue, de la sorte, au crédit ainsi qu'à l'efficacité même du système.

En est-il aussi des autres mécanismes universels, sectoriellement organisés ?

SECTION 3. LES MÉCANISMES SECTORIELS DE PROTECTION DES DROITS DE L'HOMME

Les mécanismes sectoriels dont il s'agit ici sont, en réalité, des mécanismes universels s'appliquant à une catégorie large d'États pour la promotion ou la protection d'une *catégorie déterminée des droits de l'homme* ou même *d'un droit de l'homme déterminé.*

Parmi la multitude de mécanismes sectoriels qui existent, nous nous limiterons ici à n'en citer que trois : l'Organisation Internationale du Travail (O.I.T), l'Organisation Mondiale de la Santé (O.M.S) et l'Organisation des Nations Unies pour la Science et la Culture (UNESCO).

§1. L'ORGANISATION INTERNATIONALE DU TRAVAIL

L'Organisation Internationale du Travail (O.I.T), institution spécialisée du système des Nations Unies, est un mécanisme universel et sectoriel de promotion et de protection des droits de l'homme, spécialement *du droit au travail et des droits de l'homme au travail.*

Procédant d'une conviction universelle que « la justice sociale est essentielle pour assurer une paix universelle et durable »[8], l'Organisation Internationale du Travail ne demande pas, au stade actuel, un développement spécial.

Il est cependant utile de noter que ce mécanisme universel n'organise, jusqu'à présent, aucun droit d'action directe au profit des particuliers qui seraient admis à la saisir pour la défense et/ou la protection de leurs droits. Elle constitue néanmoins un forum international où les représentants des États, ceux du patronat et ceux des travailleurs se rencontrent, discutent et édictent des normes générales applicables aux relations de travail.

Ces normes sont d'application universelle et contraignante au sein des États qui y ont souscrit et peuvent fonder, à l'intérieur même des États, des actions individuelles ou collectives, politiques ou judiciaires, pour la promotion et la protection des droits consacrés dans ses instruments.

Il s'ensuit que, au titre de mécanisme dérivé, l'OIT constitue une source de droits et de facultés pour les bénéficiaires internes.

§2. L'Organisation Mondiale de la Santé

Dans le domaine de la santé, l'Organisation Mondiale de la Santé (O.M.S) joue, *mutatis mutandis*, le même rôle que l'Organisation Internationale du Travail.

Il s'ensuit que sa « juridiction » internationale se limite dans la promotion et la protection du droit à la santé et aux droits qui en découlent, tel le droit à l'hygiène et à un environnement sain.

Il n'existe cependant pas de droit d'action directe devant l'O.M.S. pour la revendication d'un quelconque droit relatif à la santé qui aurait été violé.

§3. L'Organisation des Nation Unies pour la Science et la Culture

Il s'agit, comme les deux autres, d'une institution spécialisée du système des Nations Unies s'occupant de la promotion de la science, de la culture et de l'éducation.

Les normes édictées par l'UNESCO, surtout dans le domaine de l'éducation, sont des standards mis à la disposition des États pour l'amélioration de la promotion et de la protection, spécialement, du droit à l'éducation « pour tous ».

Pour tout dire, tous ces organismes internationaux n'offrent pas un droit d'action directe au profit des États ou des particuliers dans le domaine de la protection des droits dont ils s'occupent. Néanmoins, ils peuvent, par leurs *rapports*, contribuer au renforcement de la prise de conscience, par les États, de la nécessité de mieux protéger les droits particuliers de leurs ressortissants ou des personnes se trouvant sous leur juridiction.

À ce titre, ils constituent, au niveau international, des mécanismes dérivés de promotion et de protection des droits de l'homme.

Quid des mécanismes proprement congolais ?

CHAPITRE III

LES MÉCANISMES CONGOLAIS DE SAUVEGARDE DES DROITS DE L'HOMME

Au niveau national, la République démocratique du Congo dispose aussi de ses propres mécanismes de promotion et de protection des droits de l'homme. Ces mécanismes coexistent avec les mécanismes régionaux et internationaux en vigueur.

Les mécanismes nationaux des droits de l'homme constituent le *premier niveau* de protection des droits de l'homme accordé par un État à ses ressortissants (ou habitants). Au nom du principe de subsidiarité qui caractérise les mécanismes internationaux, ils peuvent être considérés comme des garanties de « première ligne » pour une meilleure et efficace sauvegarde des droits de l'homme.

Ils constituent d'ailleurs, en cas de lacunes ou d'inefficience des mécanismes internationaux ou en cas de non ratification par un État desdits mécanismes, les seules garanties possibles. S'ils sont eux-mêmes inefficaces ou inexistants, les mécanismes internationaux les complètent ou les suppléent.

Il y a donc, nécessairement, une relation d'interdépendance et de complémentarité entre la protection nationale et la protection internationale des droits de l'homme. Après tout, le principe du monisme foncier du droit et celui de la « centralité » de l'homme ne commandent-ils pas une telle réciprocité de relation !

À l'heure actuelle, la RDC patauge autour de l'organisation ou de la possibilité d'organisation des structures et des mécanismes aussi divers que variés, dont l'objectif final demeure l'atteinte d'un meilleur niveau de protection des droits de l'homme.

Dès l'accession du pays à l'indépendance (1960), les *Cours et Tribunaux classiques* se sont vite constitutionnellement positionnés comme les seuls mécanismes possibles (Section 1). Cette situation a duré près de trois décennies.

Dans un second moment, suite à de nombreuses critiques de violations des droits de l'homme essuyées par le régime de la Deuxième République, un *Département des droits et libertés du citoyen* avait vu le jour, en 1986, au sein du « Conseil Exécutif » national (Section 2). Il inaugure ainsi, on peut le dire, l'ère de la prise en charge institutionnelle spécifique de la protection des droits de l'homme au Zaïre du maréchal Mobutu.

La nouvelle « Révolution du 17 mai 1997 » n'aura même temps le temps de s'implanter que de nouvelles critiques de violations des droits de l'homme, voire des soupçons de crimes de guerre, crimes contre l'humanité et crime de génocide, vont obliger les nouvelles autorités à cesser de considérer les droits de l'homme comme « une petite affaire ». Pour ne pas continuer à afficher l'image de bourreaux des droits de l'homme, elles vont se résoudre à (re)créer, *contre mauvaise fortune bon cœur*, un *Ministère des Droits Humains*, dont la nature, la mission, les compétences, les structures et les procédures étaient à peine évoqués dans la propagande politique (Section 3).

Dans l'entre-temps, le contexte de guerre (d'une nouvelle guerre dite « de libération » – pour les uns – et « d'agression » – pour les autres –), avec sa cohorte de violations des droits humains, va imposer la tenue, en juin 2001, d'une *Conférence nationale sur les droits de l'homme* qui, en vue de mettre notamment en œuvre le *Plan national de promotion et de protection des droits de l'homme* adopté en octobre 1998, a jugé utile de doter le pays, plutôt, d'une *Commission nationale de promotion et de protection des droits de l'homme et du peuple*, une structure à caractère juridictionnel (Section 4). A-t-elle été mise en pratique ?

Enfin, la tenue du *Dialogue intercongolais* entre les nouveaux belligérants politiques et militaires (de février à décembre 2002), forum politique qui a accouché d'un *Accord politique* dit *global et inclusif* et d'une *Constitution de la Transition* en République démocratique du Congo, a imposé la mise en place d'un *Observatoire national des droits de l'homme* (Section 5), qui vient cohabiter avec le Ministère des droits humains, certes, mais dont l'existence et l'action peinent à se prouver.

Un choix difficile à opérer s'offre ainsi, à l'heure actuelle, au peuple congolais entre la panoplie de tous ces mécanismes. Lequel des cinq est *le plus adéquat* ? Sur la base de quels critères, du reste, peut-on opérer le choix ? Doit-on, par ailleurs, corseter ce choix en se limitant aux seuls mécanismes proposés ?

SECTION 1. LES COURS ET TRIBUNAUX CLASSIQUES DANS LE RÔLE DE PROTECTION DES DROITS DE L'HOMME

Il est de notoriété publique que les Cours et Tribunaux sont, au sein d'un État, les premiers protecteurs des droits de l'homme. Et, le droit constitutionnel congolais, dès l'accession du pays à l'indépendance, leur confie, *derechef*, ce rôle.

La question qu'il convient cependant de se poser est la suivante : Est-il vrai que les Cours et Tribunaux congolais sont réellement – et à quel niveau ? – protecteurs des droits de l'homme ?

L'observation de la pratique tout comme l'existence en droit de certains *obstacles légaux* dans la poursuite de la mission répressive de ces derniers permet-elle de mettre sous le boisseau le problème de la limite structurelle des Cours et Tribunaux dans le rôle de protection des droits de l'homme ? N'est-il pas venu le moment de jeter la base d'une nouvelle théorie de la réorganisation du pouvoir juridictionnel au Congo, sur la base de la notion des droits de l'homme ?

Deux questions offrent donc ici l'occasion d'une réflexion profonde sur cette problématique fondamentale : 1° Quel est, en réalité, le niveau de protection offert par les Cours et Tribunaux classiques dans la sauvegarde optimale des droits de l'homme (§ 1) ; 2° Le constat des limites légales ou structurelles à la protection, par ces Cours et Tribunaux classiques, des mêmes droits de l'homme permet-il de pérenniser la théorie de l'exclusivité de l'exercice du pouvoir judiciaire par ces derniers ? (§ 2).

§ 1. Le niveau de protection des droits offert par les Cours et Tribunaux classiques

Il importe ici, tout d'abord, de faire une topographie générale du Pouvoir judiciaire en République Démocratique avant d'essayer de répondre au premier volet de la problématique.

Une brève topographie du Pouvoir judiciaire au Congo conduit ainsi, nécessairement, à l'auscultation de la mission constitutionnelle (A) ainsi qu'à un bref dépistage de l'organisation et de la compétence judiciaires au Congo (B), avant d'apprécier son rôle dans la protection de quelques droits de l'homme pris en charge judiciairement (C).

A. Mission constitutionnelle des Cours et Tribunaux congolais

La Loi Fondamentale du 19 mai 1960 relative aux structures du Congo inaugure, par son article 185, le principe d'un exercice exclusif par les Cours et tribunaux classiques de la fonction juridictionnelle en matière des droits de l'homme.

Dans son chapitre consacré au « Pouvoir judiciaire », cette Constitution *sui generis* affirme en effet que « Les contestations *qui ont pour objet des droits civils, sont exclusivement du ressort des tribunaux*. Toutes autres contestations sont du ressort des *tribunaux, sauf les exceptions établies par la loi* »[1].

Cette disposition constitutionnelle confirme ainsi le rôle dévolu, dans les démocraties classiques, aux « défenseurs des libertés », tout en plaçant « toutes autres contestations » – civiles, commerciales, électorales, etc. – sous le pouvoir des mêmes défenseurs. Elle accorde pareillement

« l'exclusivité » de la protection judiciaire des droits de l'homme (pour autant que « droits civils » veuille dire « droits de l'homme ») aux mêmes Cours et Tribunaux.

S'agit-il, cependant, d'une véritable « exclusivité » ? Peut-on déjà, en filigrane, noter une certaine diversification de la matière même de la fonction de juger ?

Toujours est-il que le libellé de ce texte constitutionnel n'a pas toujours été maintenu tel quel dans la valse constitutionnelle qui a caractérisé l'évolution politique et constitutionnelle du Congo.

Inaugurée par la Constitution du 1er août 1964, la mission selon laquelle « Les Cours et Tribunaux *appliquent la loi et la coutume* pour autant que celle-ci soit conforme aux lois, à l'ordre public et aux bonnes mœurs » est devenue de tradition constitutionnelle constante[2]. Cette formulation a remplacé la première, celle issue de la « tradition juridique belge ».

Une autre formulation, celle selon laquelle « La *mission de dire le droit* est dévolue au Conseil Judiciaire (ou aux Cours et Tribunaux) »[3] est une autre manière de confirmer la mission reçue depuis 1964, à savoir : *appliquer la loi et la coutume*...

Dès lors, la mission constitutionnelle, voire ontologique, réservée aux Cours et Tribunaux congolais est celle de « dire le droit », c'est-à-dire d'appliquer les lois et les coutumes, en tant que premières sources de droit au Congo (« lois » entendues au sens général, bien évidemment).

Or, toute loi ou toute coutume n'emporte pas nécessairement protection des droits de l'homme. À la vérité, il y a des lois et des coutumes qui n'ont pas pour objet principal et direct la protection des droits de l'homme (par exemple : la loi sur la réglementation de la pêche ou de la forêt ; la loi sur la licence d'exploitation des matières ou substances précieuses...). Quel est le « droit » de l'homme qui est protégé par ces législations, confiées à la « garde » des magistrats ?

Pire, il y a des lois ou des coutumes qui ne font pas bon ménage avec les droits de l'homme (le cas des lois interdisant par exemple le multipartisme ; le cas de la coutume du *Kitswili* chez les *Yansi,* même si le mariage entre descendants jusqu'au quatrième degré est interdit par le Code de la famille), etc.

Une fois confronté à ces lois ou à ces coutumes « conformes à la loi », le juge n'a pas d'autre choix que de les appliquer ; ce qui lui faut, c'est simplement vérifier si les conditions légales et matérielles requises sont réunies pour une telle application. Ne pas le faire constituerait, pour lui, un *déni de justice* dont les conséquences juridiques et administratives sont connues.

Telle est sa mission constitutionnelle. Tel est également son « devoir d'état ».

Il découle de cette constatation que le juge judiciaire, quant il fait application de la loi, obéit d'abord à un devoir juridique : celui de « dire le droit » tel qu'il lui est confectionné, éventuellement agrémenté de quelques considérations prétoriennes qu'il tire de son pouvoir d'« interprétation ». La « marge d'appréciation » qui lui est laissée (notamment dans la confrontation des faits au droit) est, elle-même, encadrée par une série de dispositions qui l'empêchent d'aller « au-delà » de la loi, même si celle-ci, on vient de le voir, est contraire aux droits de l'homme.

Ainsi par exemple, il est tenu de « motiver » sa décision (arguments juridiques et factuels) ; il est tenu de s'en tenir aux faits qui lui ont été rapporté au risque de trancher *ultra petita...*

Bref, la mission constitutionnelle des Cours et Tribunaux qui consiste à « appliquer la loi et la coutume », même si celles-ci affrontent de front les droits de l'homme, est dangereuse et contraire à leur rôle supposé de « défenseurs des libertés ». Pire, les droits de l'homme qui ne sont pas pris en charge judiciairement et qui peuvent, ainsi, être protégés par d'autres mécanismes, contribuent à déchoir les juridictions classiques de leur rôle supposé de « dernier rempart pour la sauvegarde des Droits de l'Homme »[4].

L'existence de ces droits « non pris en charge judiciairement » est ainsi une preuve supplémentaire de l'invalidité de la thèse de la Loi Fondamentale de 1960. Il s'ensuit que la thèse de l'exclusivité est ici à écarter.

Comment se présentent l'organisation et la compétence judiciaires congolaises pour mieux apprécier le rôle des cours et tribunaux classiques dans la protection des droits de l'homme au Congo ?

B. Organisation et compétence judiciaires au Congo

Il y a moyen de séparer la question de l'organisation (1) de celle de la compétence (2) judiciaires pour apprécier clairement les chances ainsi que le niveau de protection des droits de l'homme offerts par les cours et tribunaux congolais.

1. De l'organisation judiciaire congolaise

Mis à part quelques éléments d'organisation judiciaire traditionnelle qui ont déjà été mis en lumière par d'autres auteurs[5], l'organisation judiciaire congolaise post-indépendance se caractérise, depuis ces dernières années, surtout par sa centralisation, sa nébuleuse de règles et de procédures, ainsi que par ses problèmes conjoncturels et institutionnels.

Au nombre des problèmes qui affecte le Pouvoir judiciaire au Congo, que d'aucuns appellent des « obstacles – médiats ou immédiats

– à l'effectivité du pouvoir judiciaire », on cite généralement la crise économique et l'effritement conséquent du traitement du personnel judiciaire ; la corruption ; le tribalisme ; l'inadéquation de la législation ; la très faible densité des juridictions ou leur éloignement géographique par rapport aux justiciables ; l'inadéquation des ressources humaines et des infrastructures, etc. [6].

Parmi ces problèmes, il y a lieu de souligner particulièrement celui relatif à la très faible densité des juridictions, auquel il faut ajouter le principe de l'unicité de l'ordre judiciaire et les carences dans la formation et l'utilisation du personnel judiciaire.

Le système judiciaire congolais est organisé selon un modèle concentré, réunissant l'ensemble des contentieux (administratif, civil, pénal, du travail, etc.) entre les mains des mêmes juges. Ce sont, en effet, les mêmes juridictions (Cour suprême de Justice, Cours d'Appel, Tribunaux de Grande Instance, Tribunaux de Paix, etc.) qui connaissent de toutes et des mêmes affaires. C'est ce qu'on appelle le principe de l'unicité dans l'ordre judiciaire. Bien entendu, des intellectuels congolais ont toujours fait voir à l'autorité les avantages ainsi que les inconvénients que présente un tel système [7].

Au nombre d'avantages, ils insistent surtout sur l'économie des moyens qu'on pouvait réaliser de la suppression de cette unification des contentieux ainsi que sur une certaine « vision d'ensemble » que pouvait présenter le juge congolais dans son application de la loi. Mais, c'est sans rappeler que cette « vision globale » risque, en même temps, de conduire à des jugements tout à fait « approximatifs », là où la technique de la spécialisation présente, dans d'autres cieux, l'avantage de la maîtrise des dossiers et de la précision des notions [8].

Le système judiciaire congolais souffre donc, au niveau de son organisation, surtout d'une faible « couverture judiciaire » nationale. Alors que la création des Tribunaux de paix avait été annoncée comme une politique de « rapprochement de la justice du citoyen » [9], devant être implantés au moins dans chaque « zone » (Territoire) ou dans chaque ville de la République, la grande majorité des populations congolaises est encore aujourd'hui astreinte à de longues distances à pied (parfois même jusqu'à 100 km) pour atteindre un tribunal !

Il s'ensuit que, tant sur le plan de sa conception que sur le plan de l'essaimage des cours et tribunaux, l'organisation judiciaire congolaise actuelle ne peut, en toute hypothèse, prétendre ni à la perfection, ni à l'immutabilité, encore moins à l'exclusivité. Elle est nécessairement perfectible, voire « remplaçable ».

Quelle est, en plus, la compétence dévolue à cette Organisation perfectible ?

2. De la compétence judiciaire congolaise

Si l'on s'en tient aux articles 110 à 115 du Code d'organisation et de compétence judiciaires en vigueur[10], il est permis de soutenir que la compétence des cours et tribunaux congolais est circonscrite par la loi. *Prima facie*, il est permis de douter que le législateur en ait fait de véritables « défenseurs des libertés » tel qu'on pouvait s'y attendre.

Aux termes de la loi, les *Tribunaux de paix* connaissent de toute contestation portant sur le *droit de la famille*, les successions, les *libéralités* et les *conflits fonciers collectifs ou individuels régis par la coutume*. Ils connaissent également de *toutes autres contestations susceptibles d'évaluation* pour autant que *leur valeur ne dépasse pas cinq mille zaïres* (montant et monnaie de 1983 !). Enfin, ils connaissent de *l'exécution des actes authentiques* (art. 110, C.O.C.J). Au plan pénal, ces Tribunaux connaissent des infractions qui sont punissables de *maximum 5 ans* de servitude pénale principale, sans compter le plafonnement d'amende.

Les *Tribunaux de Grande Instance*, quant à eux, connaissent de *toutes les contestations qui ne sont pas de la compétence des Tribunaux de Paix* ou, de ces compétences *si le défendeur fait acter son accord exprès par le Greffier*, ainsi que *de l'exécution de toutes décisions et des autres actes authentiques non expressément réservés aux Tribunaux de* Paix (art. 111 et 112, C.O.C.J). En matière pénale, ces tribunaux connaissent de toutes les infractions, y compris de celles *punissables de mort*. Ils connaissent également de l'appel des jugements rendus en premier ressort par les Tribunaux de Paix.

Mutatis mutandis, les *Cours d'Appel* et la *Cour suprême de Justice* connaissent des mêmes affaires, avec cependant application des privilèges de juridiction, lesquels font d'elles les plus hautes juridictions du pays. En outre, ces deux dernières catégories de juridictions se sont vues octroyées un certain nombre d'autres « matières spéciales », telles les matières administratives et fiscales (Cour d'Appel), les matières administratives, électorales ou constitutionnelles (Cour suprême de Justice) qui élargissent leur champ de compétence et leurs domaines d'action.

Enfin, toutes les juridictions congolaises, à l'exception de la Cour suprême de Justice et de la Cour de sûreté de l'État, connaissent des contestations en matière du *travail*[11].

Bref, l'énumération législative des compétences dévolues aux Cours et Tribunaux de la République démocratique du Congo ne fait ressortir, nulle part et de manière expresse, leur rôle en matière de droits et libertés. À moins que la protection de ces droits et libertés soit assurée par le truchement des « contestations » ou « matières » de natures diverses – ce qui n'est pas toujours le cas –, on peut donc soutenir que la compétence expresse des cours et tribunaux congolais en matière des droits de l'homme relève plus de la virtuosité que de la réalité. N'est-ce pas la conséquence logique de la mission ontologique dévolue à ces juridictions par la Constitution, à savoir : appliquer la loi et la coutume conforme à dette dernière ?

Toutefois, il y a lieu de reconnaître que, par le truchement de certaines matières (pénales, civiles ou du travail...), la protection des droits de l'homme est quand même, d'une certaine manière, prise en charge par les Cours et Tribunaux classiques. C'est l'hypothèse principale où les cours et tribunaux se positionnent comme les « défenseurs de la liberté ».

C. Quelques droits de l'homme pris en charge judiciairement par les cours et tribunaux classiques

Si l'on examine de près certaines compétences spécifiques des cours et tribunaux, il y a moyen de constater effectivement que, par le biais de *certaines incriminations spécifiques*, par exemple, certains droits de l'homme se trouvent être efficacement protégés. De même, par le biais de l'organisation du contentieux en matière du *travail*, il est permis de croire que le législateur vise, sinon à protéger le droit *au* travail, du moins à adoucir les conditions du fonctionnement du Droit *du* travail.

Dans le domaine des incriminations pénales, il y a lieu de noter, par exemple, que la pénalisation du *meurtre*, du *vol*, de l'*arrestation* ou de la *détention arbitraire*, etc. constituent d'autres moyens, sinon les moyens les plus efficaces, de protection respectivement du *droit à la vie*, du *droit à la propriété*, de la *liberté d'aller et de venir*, etc. reconnus constitutionnellement, légalement et conventionnellement. On peut dire, sur ce point, que le Droit pénal vient effectivement au secours du Droit des droits de l'homme et des valeurs éthiques que celui-ci défend[12].

Certes, il n'est pas dit que tout le Droit pénal est et doit être éthique : toutes les valeurs, en effet, protégées par le Droit pénal ne sont pas qu'éthiques ; elles sont sociales (p. ex. défense de l'ordre social) ou politiques (défense de l'ordre politique). Elles ne sont et ne peuvent cependant pas être, toutes, morales ; elles sont même *amorales*, puisque l'incrimination, par exemple, de certains faits en matière du code de la route n'a rien avoir avec la morale.

Mais, le Droit pénal, même si à certains égards il peut se porter à contre-à-faux des principes fondamentaux des droits de l'homme (par exemple en maintenant la peine de mort), sert, en toute évidence, la cause des droits de l'homme par l'incrimination de certains faits et de certains comportements qui troublent la vie de l'homme, la vie de ce dernier en société ou ses biens.

Mais, malheureusement, il n'en est pas ainsi dans tous les cas. Ainsi, quel droit consacré légalement est-il violé, par exemple, par un acte constituant un « outrage à l'emblème national » (art. 138*sexies* du code pénal) ? De même, quelle liberté est-elle violée par un militant écologique qui, « par voie de fait », « se sera opposé à l'exécution des travaux ordonnés ou autorisés par le pouvoir compétent » (art. 141 du code pénal), lorsque, par exemple, ces travaux consisteraient à couper des arbres d'une forêt ? Dans le même ordre d'idées, lequel des droits individuels consacrés légalement est-il violé par un automobiliste qui roule à gauche plutôt qu'à droite de la chaussée ? !

Bref, la protection assurée par le Droit pénal est avant tout une protection légale, sans être nécessairement humaine ou morale. Il s'agit d'une protection partielle, puisque tous les droits de l'homme ne sont pas, à ce jour, « pris en charge » pénalement (par exemple le droit à l'éducation, le droit au développement...). Peut-on sanctionner pénalement un gouvernement qui, par nonchalance ou par incompétence, n'a pas construit une école ? Peut-on comptabiliser pénalement une politique de non développement public ?

Il reste que des pans entiers des droits et des libertés échappent encore aujourd'hui à la protection de la justice pénale. Et, c'est de raison que nous disons que le Droit pénal, comme toute autre « branche » du Droit classique n'accorde qu'une protection partielle des droits de l'homme, même si dans le cas du Droit pénal spécialement, cette protection s'avère plus efficace, en tant que discipline « sanctionnatrice des autres droits »[13].

Le même raisonnement peut également être tenu à l'égard de la justice civile.

En droit civil, en effet, on sait que la réparation d'un fait ou d'un acte ayant causé dommage à autrui ne peut être obtenue qu'en démontrant une triple existence de la *faute*, du *dommage* et du *lien de causalité entre le dommage et la faute.* S'il n'y a pas faute ou s'il n'y a pas de lien de causalité entre la faute et le dommage – alors même que celui-ci existe –, la victime ne peut recevoir aucune réparation de son dommage.

Or, sur le plan des droits de l'homme, toute violation suppose, en principe, une réparation. La valeur suprême accordée à l'homme, à ses attributs et à ses biens le commande. Faut-il alors, comme en droit civil, démontrer, à chaque fois, tant le *fait violateur des droits de l'homme*, le *dommage subi par la victime* que le *lien de causalité* entre le fait violateur et le dommage ? Que dire des droits dont le lien de causalité directe ne serait pas, par exemple, établi entre le fait violateur et le dommage réel subi ?

D'autre part, tout droit de l'homme suppose-t-il le recours à ce mécanisme spécifique du droit civil, à savoir : la réparation ? La violation par exemple du droit aux élections libres, démocratiques et transparentes appartenant à un peuple appelle-t-elle nécessairement une réparation de type civiliste ? Que dire, en clair, des droits dont la réparation de la violation ne nécessite pas une allocation matérielle de type civiliste ?

Il faut donc constater que les moyens judiciaires actuels de protection des droits de l'homme – dans le cadre tant du Droit pénal que du Droit civil (notamment) – sont insuffisants et fragiles pour assurer une protection efficace et efficiente des droits de l'homme, de *tous* les droits de l'homme. Les solutions parfois apportées ne sont pas de la nature du droit violé. Il s'ensuit une « prise en charge » judiciaire presque insuffisante des droits de l'homme offerte par les juridictions actuelles.

Cela est d'autant plus vrai que d'autres obstacles légaux se dressent, encore et parfois, dans la poursuite pénale de certaines violations des droits de l'homme. Ces obstacles réalisent des limites légales à la poursuite. Comment découvrir ces limites ?

§2. LES LIMITES LÉGALES À LA PROTECTION PÉNALE DES DROITS DE L'HOMME

Deux cas de figure se présentent dans le domaine du Droit pénal pour démontrer l'insuffisance et la fragilité de la protection pénale des droits de l'homme par les cours et tribunaux classiques. Il s'agit des cas dans lesquels le juge, saisi d'*un litige pénal touchant les droits de l'homme*, fait application, pour arrêter l'action publique, des causes légales de justification (A) ou recourent, pour acquitter le prévenu, aux causes de non imputabilité (B).

A. Les limites tenant à l'application des causes de justification pénale

Il peut arriver en effet que le juge, lors d'un procès pénal mettant en cause un droit de l'homme particulier, violé par un bourreau (par exemple : le droit à la vie), applique au prévenu les causes de justification prévues par la loi (amnistie, décès du prévenu, etc.). L'action publique, dans ce cas, doit être arrêtée et, éventuellement, le prévenu acquitté de ses forfaits.

Cet acquittement au pénal met également fin à la poursuite des prétentions civiles des victimes, au nom du principe général du droit selon lequel « le pénal tient le civil en état ». Il s'agit d'une véritable paralysie de l'action pénale et civile.

Cette « paralysation légale » des actions pénale et civile est-elle, pour autant, susceptible de mettre fin à la violation du droit à la vie de la victime ? Supprime-t-elle les conséquences, sur les ayants cause de la victime, du meurtre reproché au prévenu acquitté ? Que faut-il alors pour que ces derniers, malgré tout, ne soient pas dépourvus de toute action judiciaire ? N'est-il pas judicieux de recourir, à cet égard, aux solutions que, seul, peut offrir le Droit des droits de l'homme, judiciairement organisé ?

Il y a donc, là, un pan entier de notre droit judiciaire qui n'est pas encore exploré.

B. Les limites tenant à l'application des causes de non imputabilité

Dans le même ordre d'idées, ici, le juge peut également acquitter un meurtrier parce que, faisant application des causes légales de non imputabilité (démence, minorité, etc.), il ne peut légalement mettre à sa charge les faits reprochés au prévenu, sa responsabilité pénale étant, dans cette hypothèse, légalement effacée.

Le procès civil ne va pas s'arrêter pour autant, mais, le fait de laisser « pénalement impuni » le meurtrier peut ne pas l'obliger à réparer son crime ou, en tout cas, ne le convaincra presque jamais de son forfait.

Il en découle que le Droit pénal et le Droit civil, dans ces deux cas, révèlent leur insuffisance et leur fragilité structurelles dans la protection des droits de l'homme et des libertés fondamentales. Ils peuvent, par conséquent, dans ces hypothèses, encourager une certaine impunité et une certaine déresponsabilisation des coupables. Pire, le droit ou la liberté violé (e) risquerait, dans ces cas, de souffrir d'une carence de protection réelle.

C'est la raison pour laquelle nous pensons que *seule l'institution d'un ordre judiciaire spécial des droits de l'homme peut, efficacement et complètement, s'occuper de la protection spécifique et globale des droits et des libertés garantis à l'intérieur d'un ordre juridique donné* (supra). Appartenant au pouvoir judiciaire, cet ordre juridictionnel dépasserait ainsi, au niveau de cette protection, les structures traditionnelles mises en place dans le domaine de la justice, et en particulier placerait son niveau de protection largement au-dessus de celui assuré, à l'heure actuelle, par le ministère dit des Droits Humains, dont l'ancêtre institutionnel fut le Département des Droits et Libertés du Citoyen.

SECTION 2. L'ANCIEN DÉPARTEMENT DES DROITS ET LIBERTÉS DU CITOYEN

On retiendra que la création, en 1986, du Département des Droits et Libertés du Citoyen constitue, au Zaïre de Mobutu, le moment le plus solennel et le plus visible de l'histoire de la protection institutionnelle spécifique des droits de l'homme au pays. Cette création inaugure, à notre sens, l'âge de la prise en charge institutionnelle effective des droits de l'homme au Congo.

En dépit de sa mission et de sa nature spécifique (§ 1), en dépit de son organisation plus ou moins rationnelle (§ 2) et de sa procédure toute particulière (§ 3), l'ancien Département ministériel encourt cependant quelques critiques et quelques reproches (§ 4) qui ont contribué largement à sa décrédibilisation. De même, la nature de ses sanctions (§ 5), en dépit de la forte personnalité de ses titulaires, n'a pas contribué à rendre efficace un mécanisme pourtant voulu être « l'œil et l'oreille du peuple ».

§ 1. NATURE ET MISSION DU DÉPARTEMENT

Créé par l'ordonnance n° 86-268 du 31 octobre 1986, le Département des Droits et Libertés du Citoyen s'est vu confirmé dans sa mission de *protection des droits et libertés du citoyen zaïrois* par une ordonnance de 1987 qui précisait, en même temps, sa nature institutionnelle. Aux termes, en effet, de l'article 1er de cette dernière ordonnance, « Il est créé au sein du Conseil Exécutif un Département chargé de la protection des droits et des libertés des Citoyens, dénommé 'Département des Droits et Libertés du Citoyen' »[14].

Il se dégage de cette disposition réglementaire que le Département des Droits et Libertés du Citoyen zaïrois était un organe de l'Exécutif, c'est-à-dire du Gouvernement, qui, à cette époque, s'appelait « Conseil Exécutif ». Son titulaire, appelé « Commissaire d'État », était membre du Gouvernement de la République, nommé et révoqué *ad nutum* par le Président de la République, dans le cadre des pouvoirs exorbitants qui étaient ceux du « Président-Fondateur du MPR, Président de la République ». Dans la hiérarchie institutionnelle de l'époque, le Commissaire d'État aux Droits et Libertés du Citoyen occupait l'un des cinq premiers rangs des postes ministériels. À un certain moment, il fût même un des « Vice-premiers Commissaires d'État ».

Le Commissaire d'État aux Droits et Libertés du Citoyen, maillon important de la structure gouvernementale du pays, était donc un ministre à la fois ordinaire et puissant, soumis par ailleurs tant à la tutelle du Chef de l'État qu'à toutes les règles déontologiques gouvernant la fonction ministérielle, par exemple la solidarité gouvernementale.

Sa mission, aux termes de l'ordonnance précitée, consistait principalement à *protéger les droits et libertés des citoyens zaïrois ;* ce qui excluait, par principe, toutes autres personnes n'ayant pas la nationalité zaïroise[15]. Cependant, la création, au sein de ce même Département d'une « Cellule de promotion des droits et libertés » laissant clairement apparaître le désir des autorités du Département de se doter d'une mission supplémentaire de *promotion des droits et libertés de tous*, pouvait ne pas le conduire à se limiter à cette mission.

S'agissant de la mission de protection des droits de l'homme, l'article 1er du Règlement interne Organique du Département précisait que « Le Département des Droits et Libertés du Citoyen (avait) pour mission, notamment, de *défendre le Citoyen injustement lésé dans ses droits ou atteint dans ses libertés* par une décision d'une Cour ou d'un Tribunal, d'une administration publique ou privée, ou par des voies de fait, *en prenant toute mesure propre à le rétablir dans ses droits ou libertés*, lorsqu'il aura régulièrement épuisé toutes les voies de recours légales habituelles (...) et que celles-ci se seront révélées inefficientes, *l'injustice dénoncée subsistant d'une manière flagrante* »[16].

Cette mission de protection, on s'en doute, était de caractère *quasi-juridictionnel*, voire *supra-juridictionnel*, puisque le Département pouvait même prendre « toute mesure » à l'encontre d'une « décision d'une Cour ou d'un Tribunal » manifestement attentatoire aux droits et libertés des citoyens. N'étant pas un mal en soi (sauf à fustiger l'appartenance de ce Département au « Conseil Exécutif »), il s'ensuit que cette compétence accordait, *nolens volens*, un pouvoir supra-judiciaire au Département des Droits et Libertés du Citoyen. Sur ce plan donc, on peut dire que, théoriquement, le système ancien était, à notre sens, manifestement plus protecteur que les systèmes gouvernementaux ultérieurs.

La gageure était cependant, pour le citoyen, de démontrer que la décision de justice ou la décision administrative attaquée devant le Département laissait subsister, pour lui et contre lui, une *injustice flagrante ;* cette dernière notion étant définie comme « celle que concourent à établir des éléments de preuve vérifiables et crédibles, en dépit de la décision contraire de la justice ou de l'administration »[17].

Bref, la mission de protection des droits de l'homme confiée à l'ancien Département des Droits et Libertés du Citoyen était conçue avec un certain souci d'efficience et d'efficacité, au vu de la gravité et de l'ampleur des violations constatées, surtout celles que laissait subsister le système judiciaire.

S'agissant de la mission de *promotion*, elle n'était pas, au départ, prévue par les différentes ordonnances créant le ministère. Celle-ci viendra cependant s'y ajouter à l'occasion de la création, au sein du Département, d'une « Cellule de promotion des Droits et Libertés »[18].

Aux termes des articles 1er et 2 de ce texte réglementaire interne Organique, cette Cellule de promotion paraît exercer une double fonction : la *fonction d'étude*, consistant à « rechercher les voies et moyens d'une protection accrue du Citoyen », et une « *fonction en quelque sorte législative* », consistant à « étudier les textes qui instituent les droits et libertés en faveur du Citoyen ou leurs mécanismes de protection, en vue d'éventuelles améliorations... »[19].

Il s'agit, en réalité, d'une double fonction de promotion et non de protection comme telle.

Dans sa motivation, le Département indiquait que la création de cette Cellule répondait à un vœu exprimé par le IV Congrès ordinaire du Parti (MPR – parti-État), lequel demandait au Conseil Exécutif « de poursuivre sa mission en intensifiant toutes les actions de nature à permettre aux Citoyens, chaque fois qu'ils sont injustement lésés ou qu'ils sont menacés de l'être dans leurs droits ou libertés, d'être protégés et sécurisés »[20].

Avec cette deuxième mission, l'ancien Département des Droits et Libertés du Citoyen avait achevé de se consolider comme première structure gouvernementale de sauvegarde institutionnelle des droits de l'homme au Zaïre. Sa mission et sa nature étant ainsi définies, il restait à se doter d'une organisation plus ou moins rationnelle pour assurer, avec efficacité, la « défense » réelle des droits et libertés des citoyens zaïrois dont il avait, précisément, la charge de protection.

§2. Organisation du Département

L'un des acquis du système ancien de protection des droits de l'homme, c'est de s'être doté, ne serait-ce qu'en théorie, d'une certaine organisation plus ou moins rationnelle.

L'article 8 du Règlement interne Organique du Département indiquait que celui-ci comportait, au total, quatre structures administratives chargées d'épauler le Commissaire d'État dans sa tâche. Il s'agissait d'une Administration centrale (A), d'un Corps de Jurisconsultes (B), d'un maillon de Représentants locaux ou extérieurs (B) ainsi que d'une série de Commissions de concertation (C). Il importe d'étudier cette organisation pour juger de son efficience par rapport aux buts assignés à l'ancien Département.

A. L'Administration centrale

L'Administration centrale était, après le Commissaire d'État, la première structure organique retenue. Elle constituait, en quelque sorte, le premier étage du building administratif du Département et comprenait plusieurs appartements : le Cabinet du Commissaire d'État lui-même, le Secrétariat Général, des Directions (six au total), des Divisions ainsi que des Bureaux.

On se limitera ici à peindre les tableaux des trois premiers appartements pour laisser dans l'ombre les pièces qui n'en constituent, en réalité, que des éléments du puzzle.

1. Le Cabinet du Commissaire d'État

Ce Cabinet était composé d'un *Conseiller principal*, chargé de superviser toutes les tâches techniques et administratives du Cabinet et d'assurer la liaison entre le Chef du Département et les autres services. Il était composé également de *cinq Conseillers*, dont quatre étaient placés à la tête de quatre Directions techniques ; le cinquième Conseiller, lui, devant s'occuper de la Direction de l'Inspection, une structure qui apparaît quelque peu « marginale » (*infra*). Enfin, le Cabinet du Commissaire d'État était composé d'un *Secrétaire particulier*, véritable « homme à tout faire » du Commissaire d'État.

Le Cabinet lui-même, en tant que structure collégiale, jouait, en quelque sorte, un rôle politique consistant à concevoir et à mettre en œuvre la politique générale du Département. Ce rôle politique supplantait le rôle strictement administratif que devait jouer le Secrétariat Général.

2. Le Secrétariat Général

Structure administrative ordinaire des départements ministériels, le Secrétariat Général du Département des Droits et Libertés du Citoyen n'avait rien de spécial par rapport à d'autres secrétariats généraux des départements ministériels de l'époque. Il était coiffé par un *Secrétaire Général*, comme tous les autres, et était « responsable de tous les services à caractère administratif du Département ».

Cependant, il faut regretter que son rôle et son influence réelle sur les six « Directions » du Département étaient quasiment nuls compte tenu du rôle « politique » joué par les Directeurs et de leur « attachement » direct au Cabinet du Commissaire d'État (*infra*). Le Secrétaire Général n'avait donc pas, ainsi, un pouvoir direct sur les six Directeurs et ne pouvait pas, en principe, les contrôler.

3. Les Directions

Composé de six directions, le Département des Droits et Libertés du Citoyen avait, à ce niveau, réparti ses tâches entre six Directions politico-administratives : une Direction de l'Inspection, quatre Directions « techniques » et une Direction des Services Généraux. Essayons d'étudier ces six Directions pour bien situer leur nature et leur place dans la hiérarchie administrative du Département.

a) La Direction de l'Inspection

Apparaissant comme le « bras droit » disciplinaire du Commissaire d'État, la Direction de l'Inspection (occupée à l'époque par un colonel de l'armée, juriste de formation) avait une triple tâche : administrative, financière et disciplinaire.

Dans sa tâche administrative, cette Direction avait pour mission de « veiller à la bonne application des directives du Commissaire d'État au sein du Département et, d'une façon générale, à la bonne marche de celui-ci » (art. 12, al. 2, *Règlement interne Organique* du Département). En quelque sorte, c'était la direction de « supervision » du Département.

Dans sa tâche financière, la même Direction avait dans ses attributions le contrôle de la « bonne exécution du budget et (de) la bonne tenue de la comptabilité » (art. 12, al. 4, *Règlement interne Organique*). Ici, son rôle d'Inspecteur financier apparaissait avec clarté, mais non sans une certaine ambiguïté.

Enfin, dans sa tâche disciplinaire, la Direction de l'Inspection constituait « l'instrument particulier destiné à porter à la connaissance du Commissaire d'État les fautes disciplinaires du Personnel non administratif et de lui permettre d'exercer l'action disciplinaire à l'égard de celui-ci » (art. 12, al. 3, *Règlement interne Organique*).

Bref, la Direction de l'Inspection apparaissait comme une structure policière particulière au sein du Département, placé sous l'œil et l'oreille directs du Commissaire d'État. Son Titulaire n'était-il pas d'abord Conseiller du Commissaire d'État ?

b) Les quatre Directions techniques

C'étaient des Directions par lesquelles le Département exerçait véritablement son rôle de promotion et de protection des droits de l'homme. Elles étaient composées essentiellement de juristes, dont, en particulier, le corps des Jurisconsultes (*infra*).

Les quatre directions « techniques » dont parlait le règlement étaient, en fait, les suivantes : la Direction du Contentieux judiciaire, la Direction du Contentieux administratif, la Direction du Contentieux politique et des voies de fait, ainsi que la Direction des Relations internationales. C'étaient des Directions qui entraient directement en contact avec les tiers.

— La *Direction du Contentieux judiciaire* était conçue pour connaître des « plaintes et recours dirigés contre les interventions et décisions *émanant des Cours et Tribunaux*, tant civils que militaires, *et des Parquets de la République* » (art. 15, 1er tiret, *Règlement interne Organique*). C'est la Direction à travers laquelle transparaissait véritablement la nature quasi, voire supra-juridictionnelle du Département, puisque c'est auprès d'elle que les plaintes et recours dirigés contre les décisions « des Cours et Tribunaux » ainsi que contre les interventions « des parquets » devaient être introduits.

— La *Direction du Contentieux administratif* connaissait, elle, des « plaintes et recours dirigés contre les interventions et décisions *émanant de l'administration publique*, des organismes nationaux, des services publics ainsi que des entreprises, publiques, mixtes ou privées » (art. 15, 2e tiret, *Règlement interne Organique*). C'était, en quelque sorte, le « super-Conseil d'État » congolais au sein d'un Département ministériel.

— La Direction du *Contentieux politique et des voies de fait* s'occupait, quant à elle, des « plaintes et recours dirigés contre les interventions et les décisions *émanant des Services d'Ordre et de Sécurité* » (art. 15, 3e tiret, *Règlement interne Organique*). Pouvait-il en être autrement dans un pays où ces services, non seulement qu'ils étaient nombreux, mais surtout que leur « toute puissance » ne pouvait, de toute évidence, pas les mettre hors « orbite » des organes de contrôle ?

— Enfin, la *Direction des Relations internationales* s'occupait, elle, tant des « Zaïrois de l'étranger » que de la « promotion de la coopération entre le Département (...) et les pays dotés de mécanismes spécialisés de protection des droits du citoyen » (art. 15, 4e tiret, *Règlement interne Organique*). C'est ici que devait se déployer ce qu'on appelle la « diplomatie des droits de l'homme », avec toutes ses vérités et mensonges, mais aussi avec toutes ses hypocrisies et ses opportunismes.

Il ressort de cet examen que les quatre Directions « techniques » du Département des Droits et Libertés du Citoyen constituaient des « courroies de transmission » entre les citoyens et le Commissaire d'État dans son rôle de « protecteur » public. Elles constituaient également des canaux d'expression idéologiques et politiques inévitables entre les mains du Commissaire d'État.

Il faut cependant regretter que l'organisation du contentieux des droits de l'homme à ce niveau avait laissé naïvement de côté les « interventions et décisions » pouvant émaner des particuliers ou, plus globalement, des pouvoirs privés. En quelque sorte, l'organisation de ce Département, tout en étant conçu pour lutter contre les « violations verticales » des droits de l'homme (celles émanant des pouvoirs publics contre les citoyens), avait ainsi ignoré la réalité et l'innocuité des « violations horizontales » qui, elles, existent dans les rapports entre particuliers. La preuve en est que, aucune Direction, à l'instar de celles qui prenaient en charge le « contentieux judiciaire », le « contentieux administratif », le contentieux « sécuritaire » ou le contentieux « diplomatique », n'était prévu pour s'occuper du contentieux « privé ».

Ces quatre Directions constituaient donc, malgré tout, au sein du Département ministériel, ce que l'on pourrait qualifier de « voies de recours extraordinaires » au niveau du Département des Droits et Libertés du Citoyen.

Devant être confiées à des personnalités au profil adéquatement vanté – du moins selon leurs types de compétences[21] –, il était permis, à l'époque, d'espérer que ces quatre Directions pouvaient insuffler une certaine « dynamique » des droits de l'homme et contribuer à une certaine amélioration de la situation des droits de l'homme au Zaïre de Mobutu. Mais, malheureusement, il faut regretter que l'impact réel de l'action du Département dans son ensemble n'était que très faiblement visible, du moins aux yeux du commun du mortel ! La faute était-ce au régime, à une mauvaise politique de « marketing » ou, au contraire, au caractère quelque peu austère d'une certaine procédure ?

Avant d'examiner justement cette procédure, il convient de dire un mot sur la Direction des Services Généraux, celle sur laquelle, théoriquement, le Secrétaire Général, en tant que premier responsable du Ministère, pouvait avoir un certain contrôle.

c) La Direction des Services Généraux

Comme son nom l'indique, cette Direction s'occupait des services généralement qualifiés d'administratifs et comprenait : un service du personnel, un service des finances et intendances et un service de presse, documentation et archives, dont les tâches étaient minutieusement décrites à l'article 19 du Règlement interne Organique.

En réalité, le contrôle de ces services reposait, en dernière analyse, sur le Commissaire d'État lui-même par le biais de son Cabinet certes, mais, parfois aussi par le truchement de son Secrétaire particulier qui, de façon occulte ou officielle et conformément à une pratique assez courante dans les Départements ministériels congolais (zaïrois de l'époque), ne manquait pas de « transmettre les ordres » du Chef. Pouvait-il également le faire s'agissant du Corps des Jurisconsultes et des Représentants du Département ?

B. Le Corps des Jurisconsultes et des Représentations du Département

Pour l'accomplissement de sa mission, le Département des Droits et Libertés du Citoyen pouvait compter également sur un « personnel non administratif comprenant un collège de Jurisconsultes – qui seront par la suite appelés collège des *Conseillers-Assistants* – et des Représentations » (art. 20, *Règlement interne Organique*).

Concernant l'institution des *Jurisconsultes*, il faut avouer qu'il s'agissait d'une innovation particulière, puisque peu de services administratifs congolais disposent de telles compétences. Le corps des Jurisconsultes n'existe même pas au niveau de la République !

Habitués à arpenter les hémicycles du « Palais de la Nation » (siège du Parlement) ou du « Palais de Justice » (siège du Ministère de la Justice, des parquets ainsi que de quelques cours et tribunaux), les Jurisconsultes du Département des Droits et Libertés du Citoyen devaient fouiner dans toutes les législations et dans toutes les conventions internationales pour trouver matière à éclairer le travail du Département dans son ensemble. Ils étaient des « juristes d'expérience chargés d'étudier les dossiers provenant des représentations et de présenter des projets de décision » au Commissaire d'État dans le domaine de la promotion et de la protection des droits du citoyen.

Ils travaillaient malheureusement sous la direction des Directeurs-Conseillers, lesquels, comme on le sait, sont des collaborateurs directs du Commissaire d'État et s'occupaient surtout de la « politique » du Département à travers les quatre directions techniques qu'ils dirigeaient (art. 20, al. 2, *Règlement interne Organique*). À chaque Direction étaient adjoints deux Jurisconsultes.

Il faut dire que, vu le nombre de plaintes et recours potentiellement attendus, il était légitime de craindre que les *deux* Jurisconsultes affectés à chacune de ces quatre Directions techniques ne pussent donner un rendement attendu, puisque, en toute logique, comme tout être humain, ils devaient être débordés du travail qu'on leur confiait.

Concernant les *Représentations* du Département, il s'agissait, d'une part, d'une sorte de décentralisation administrative qui consistait à étendre l'action du Département à travers tout le territoire national – son principal champ d'action – et, d'autre part, d'une sorte d'essaimage international qui consistait également à étendre cette action au-delà des frontières nationales, là où pouvaient résider des Zaïrois.

À l'intérieur des frontières nationales, il était prévu que le Département ait des Représentants (*Délégué principal* et *Délégués assistants*) dans la capitale ainsi que dans les différentes régions du pays jusqu'au niveau des collectivités. De même, cette représentation devait être assurée « au sein des entreprises publiques, mixtes ou privées » (art. 21, *in fine*, *Règlement interne Organique*), sans que l'on s'explique correctement le bien-fondé de cette présence dans les entreprises.

En tout état de cause, la fonction principale des Représentations était de « collecter les dossiers à transmettre à l'Administration centrale » pour étude et décision.

Il n'était pas difficile de percevoir, à travers cette volonté de *centralisation*, une autolimitation du rôle même que le Département était appelé à jouer auprès des populations. Bref, le travail des Représentations intérieures et extérieures n'était que de la « poudre aux yeux » lancée par les propagandistes du M.P.R, lesquels n'ont même pas réussi à les implanter. Le Département prévoyait aussi, toujours dans le cadre de son organisation interne, ce qu'on appelait des Commissions permanentes de concertation.

C. Des Commissions permanentes de concertation

Soucieux de prévenir le chevauchement ou le conflit de compétences avec les autres structures gouvernementales ou non gouvernementales, mais surtout, dans le but d'établir des liens de collaboration avec elles, le Département s'était doté, enfin, de Commissions permanentes de concertation. Il s'agissait des plates-formes de collaboration et de concertation destinées à la poursuite des actions communes des différentes structures en matière et en faveur des droits du citoyen.

Par l'intermédiaire de ses Jurisconsultes, le Département assurait ainsi ses contacts, notamment, avec le monde de la justice (Ministère et Cours et Tribunaux compris), avec d'autres Départements ministériels (Intérieur, Affaires étrangères, Fonction publique, Travail et Prévoyance sociale...), avec les structures parlementaires (groupes régionaux de l'ancien Conseil Législatif), avec le monde de l'Ordre et de la Sécurité (la Gendarmerie, l'Agence Nationale de Documentation, la Division Spéciale Présidentielle, le Service d'Actions et de Renseignements Militaires, la Garde Civile...), y compris même avec le monde politique (par exemple avec les « Activistes pour la Défense de la Révolution »).

Sur le plan international, il collaborait également avec des Organismes internationaux œuvrant pour les droits de l'homme, tels que le Conseil Économique et Social des Nations Unies, la Fédération Internationale des Droits de l'Homme, l'Amnesty International, la Croix Rouge Internationale et le Haut Commissariat aux Réfugiés. De même, il rentrait toujours dans ses préoccupations la tâche de collaborer avec « les pays dotés d'une institution spécifique de défense des droits du Citoyens » (art. 26, *Règlement interne Organique*).

Bref, il y a lieu de noter, qu'à travers les « Commissions permanentes de concertation », le souci des autorités de l'époque de placer le Département des Droits et Libertés du Citoyen dans l'orbite du système international de protection des droits de l'homme, tel que ratifié ou consenti par le Zaïre, était évident. Il restait de passer des paroles aux actes.

C'est dans ce cadre, notamment, qu'un certain « Comité du Suivi des Pactes Internationaux des droits humains », en abrégé COSPI, avait été créé pour « veiller à l'exécution par le Zaïre des obligations souscrites par lui en ratifiant les instruments internationaux des droits de l'homme »[22]. Il rentrait également dans la mission de ce Comité la compétence de préparer des rapports périodiques ou ad hoc du Zaïre et d'initier ou de proposer des mesures de nature législative, réglementaire, administrative ou autre utile pour donner effet aux dispositions des conventions souscrites par le Zaïre en matière des droits de l'homme[23].

Pour tout dire, la structure organisationnelle du Département des Droits et Libertés du Citoyen, sans être exempt de critiques, contribuait – du moins en théorie – à rapprocher l'action du Département des populations qu'il était censé défendre. En prenant appui tant sur ses structures internes que sur ses structures externes à créer (décentralisation administrative et essaimage international), l'action de ce Département

« quasi-juridictionnel » devait, en toute logique, contribuer, d'une certaine manière, à enclencher la dynamique tant attendue de protection des droits de l'homme au Zaïre. Elle devait, ainsi, contribuer à rendre ce ministère plus visible auprès de la population, n'eût été le contexte politique de sa naissance et de son fonctionnement. Mais, est-ce le seul reproche que pouvait essuyer ce Département (*infra*).

Comment devait-il être saisi, ce Département ministériel ?

§3. Procédure devant le Département

C'est l'Arrêté départemental n° 0005/CAB/CE/DLC/MAWU/87 du 2 février 1987 qui réglait la procédure devant ce Département[24]. Cette procédure indiquait clairement le parcours de trois phases successives : la phase préjudicielle (A), la phase préliminaire (B) et la phase du contentieux (C), dont il convient également de dire un mot.

A. Phase préjudicielle

C'était la phase de l'exercice et de l'épuisement des « voies de recours ordinaires », qu'il s'agisse des voies de recours judiciaires ou des voies de recours administratives se situant « en dehors du Département ».

Aux termes, en effet, de l'article 1er de l'Arrêté du 1er juillet 1987, et comme pour se défendre devant la critique du dédoublement ou de la superposition de la fonction judiciaire, « Dans le contentieux des droits et libertés, *le Département des Droits et Libertés du Citoyen ne se substitue ni aux Cours et Tribunaux, ni à l'Administration Publique, ni aux Services d'Ordre et de Sécurité* »[25].

En d'autres termes, aux yeux des responsables du Département des Droits et Libertés du Citoyen, il n'était pas question de se substituer à chaque structure ou à chaque organe destiné, chacun dans son domaine, à assurer l'effectivité du respect des droits de l'homme. Dans ce cadre, tout litige concernant les droits de l'homme devait donc, d'abord, être soumis aux autorités chargées de les respecter. En quelque sorte, telle était la phase préjudicielle incontournable pour la recevabilité des « plaintes et recours » devant le Département. « L'intervention du Département constitu(ait) (seulement) *une voie de recours supplémentaire*, celle que le Citoyen n'(était) autorisé à emprunter *qu'en dernier lieu*, après avoir exercé vainement *les voies de recours habituelles* »[26].

Il était même précisé qu'« Aucun requérant ne sera donc recevable à faire examiner sa plainte par l'Administration centrale du Département (...), *s'il ne prouve avoir au préalable régulièrement utilisé et épuisé les procédures d'action et de recours, judiciaires ou administratives, légales ou réglementaires prévues* (...) »[27].

Les voies de recours ordinaires ainsi rappelées constituaient, devant le Département, ce qu'on appelle, en Droit, la « question préjudicielle ». Celle-ci, on le sait, ne peut, à l'occasion d'un litige, être court-circuitée pour atteindre la phase de l'examen de la recevabilité des requêtes. Leur épuisement préalable était donc une des conditions principales de recevabilité des plaintes et recours pour violations des droits et libertés. Telle était donc la phase préjudicielle du contentieux des droits de l'homme devant le Département des droits et Libertés du Citoyen.

Cette phase, contrairement à l'opinion largement répandue à l'époque, ne constituait pas un argument, ni une raison de taille pour dénier au Département sa fonction quasi-juridictionnelle. Le Département contrôlait bel et bien les violations des droits et libertés constatées, y compris celles émanant des cours et tribunaux, tandis que la condition d'épuisement des voies de recours ordinaires ne constituait, elle, qu'une étape dans le déroulement normal du contentieux. C'était un maillon de la chaîne de contrôle.

B. Phase préliminaire

Celle-ci commençait avec la saisine proprement dite du Département, à travers ses structures et ses embranchements.

Au niveau de la procédure de saisine du Département, en effet, il était prévu que toute action, toute plainte, toute requête des citoyens devait être *introduite via les Représentations du Département* tant à l'intérieur qu'à l'extérieur du territoire. Celles-ci se chargeaient, ensuite, de transmettre ces requêtes ou plaintes – *« s'il y a lieu » – à l'Administration centrale* », située à Kinshasa, pour examen, traitement et décision.

Entièrement gratuite, cette procédure ne donnait lieu à la perception d'aucune taxe, d'aucuns frais, ni dépends quelconques (art. 2 et 3, Arrêté départemental précité).

Il était précisé également que les Représentations du Département devaient être *saisies par une requête verbale ou écrite* du plaignant. Celle-ci devait être *actée* par la Représentation (dans un document de quelle nature ?) et *signée* par le plaignant ainsi que par la représentation. Les Représentations étaient aussi habilitées à *se saisir d'office* « devant un cas de violation manifeste des droits ou des libertés d'un Citoyen » ou « lorsque l'autorité de la Zone normalement chargée de redresser cette situation révél(ait) une attitude de démission en ne manifestant aucune réaction ». Elles pouvaient enfin se transporter sur les lieux (art. 4, Arrêté départemental précité).

Il faut avouer que de tels pouvoirs, propres aux « Officiers de Police judiciaire », ne pouvaient être confiés aux simples « Délégués principaux et assistants » sans être « commissionnés » O.P.J. par le Commissaire d'État à la Justice, sur demande de son collègue. La non implantation de ces structures ne permet malheureusement pas de se prononcer sur la nature réelle des fonctions de ces O.P.J. ratés.

Seules les saisines d'office pouvaient s'établir par un *procès-verbal de constat* et contresigné par le citoyen préjudicié (art. 6) ; ce qui révélait donc, d'une certaine manière, la vocation des Représentants internes et externes à être Officiers de police judiciaire à compétence générale ou spéciale. Toutes autres requêtes devaient être *inscrites dans un registre* dans l'ordre des dates de réception, suivant une numérotation continue, en indiquant le nom du plaignant et de la partie adverse et en mentionnant brièvement la violation prétendue.

Ce registre devait également renseigner la date de transmission de la requête à l'Administration centrale ainsi que le sort réservé à ladite requête (art. 7) ; ce qui imposait un *feed back* de l'Administration centrale vers les plaignants via les Représentations.

L'étendue de la fonction des Représentations se limitait à *l'établissement des faits* (relevé de l'injustice flagrante de la violation du droit ou de la liberté dénoncée) et au *constat des procédures préalables* éventuellement engagées par le requérant (art. 8). Dans l'accomplissement de cette tâche, la Représentation pouvait, si elle l'estime nécessaire, *entendre les parties et les témoins* (art. 8, al. 2). De même, elle pouvait *conclure positivement ou négativement* à l'établissement des faits ou au constat des procédures préalables et *donner des conseils écrits* au plaignant (art. 9).

Quelle que soit la nature de sa conclusion, la Représentation n'avait pas le pouvoir de « bloquer » le dossier à son niveau ; elle devait le transmettre à l'Administration centrale pour traitement. Ce dossier devait comprendre, outre le Procès-verbal ou le Rapport de constat de la Représentation, « toutes les pièces qui concourent à prouver la persistance de l'injustice » ainsi que « les pièces qui établissent l'exercice et l'épuisement préalable des procédures habituelles » (art. 10). L'inventaire des pièces ainsi rassemblées devait être cotées et paraphées pour leur transmission (art. 11, al. 1er).

Sauf dans la ville de Kinshasa, le contenu du dossier ainsi constitué devait, si possible, d'abord être *communiqué par phonie* à l'Administration centrale pour raison de célérité, avant d'être transmis *par lettre recommandée à la poste* ou, dans la ville de Kinshasa, *par porteur avec accusé de réception*. Dans tous les cas de transmission, le Gouverneur de Région ou de la Ville de Kinshasa était obligatoirement tenu informé de cette transmission par une *lettre missive* qui devait lui être adressée dans la semaine de la transmission du dossier à l'Administration centrale du Département (art. 11, al. 2 et 3).

Bref, la phase préliminaire de l'examen de la requête était, en partie, déterminante de l'issue de la procédure devant l'Administration centrale du Département. De la dextérité des Représentations dans la « mise en état des dossiers » (établissement des faits et constat de l'exercice ainsi que de l'épuisement des voies de recours) dépendait, en partie, en effet, la décision de l'Administration centrale.

C. Phase contentieuse

C'est celle qui se déroulait devant l'une des Directions – Contentieux judiciaire, Contentieux administratif ou Contentieux politique – de l'Administration centrale du Département. Ces directions centrales « jugeaient » les dossiers « sur pièce » (art. 12).

Les dossiers transmis par les Représentations, même dans leurs formes phoniques mais transcrites sur papier, étaient réceptionnés par une Division « Unique », chargée de les inscrire dans un registre ad hoc aux mêmes conditions de fond et de forme que les registres des Représentations. Ils étaient ensuite envoyés au Cabinet du Commissaire d'État pour affectation, selon la nature du litige et la nature des Directions contentieuses du Département.

Au niveau des Directions contentieuses, le dossier était confié aux deux Jurisconsultes affectés à chacune des quatre Directions techniques pour étude et proposition de décision. Chacun des deux Jurisconsultes établissait son rapport à l'intention du Directeur de la Direction concernée. Au vu des deux rapports, le Directeur réunissait le collège des deux Jurisconsultes – devenus Conseillers-Assistants – afin d'arrêter ensemble la proposition finale de décision. Les propositions de décision se votaient à la majorité des voix et, en cas de désaccord, le Directeur pouvait prendre l'avis des autres Jurisconsultes du Contentieux.

L'ensemble du dossier, comprenant la dernière proposition de décision et toutes les pièces, était soumis au Conseiller principal pour d'éventuelles observations, avant la décision finale du Commissaire d'État[28].

Le texte réglementaire précisait que le projet de décision était rédigé *dans le style des décisions administratives, avec des considérants suivis d'un dispositif* (art. 15, al. 2) ; curieuse formule qui cachait mal le ballottement du Département entre le manteau juridictionnel et le costume gouvernemental.

Était-il réellement efficace ? Quid du sort de ses décisions ? Quelles natures de sanctions pouvait-il, entre autres, prendre ?

§4. Nature et exécution des sanctions du Département

Il ressort des textes organisationnels du Département des Droits et Libertés du Citoyen que cette structure gouvernementale particulière était habilitée à prendre deux types de sanctions à l'encontre de tout violateur des droits ou des libertés du citoyen : une sanction de nature judiciaire pouvant déboucher sur certaines formes de réparation (A) et une sanction de nature politique – beaucoup plus lourde de conséquence vu le contexte politique de l'époque – qui se matérialisait dans l'établissement d'un certain « fichier de moralité » (B).

Ces deux types de sanction étaient soumis à une procédure particulière de suivi et de surveillance de la part tant du Département que du Président-Fondateur du M.P.R, Président de la République, pièce maîtresse du système.

A. La ou les sanction(s) de nature judiciaire

Aux termes de l'article 16 de l'Arrêté départemental du 02 février 1987 réglant la procédure devant le Département, « La décision du Département des Droits et Libertés du Citoyen vis(ait) à *rétablir le Citoyen plaignant dans son droit ou dans la situation où il se trouvait avant qu'atteinte ait été portée à sa liberté* ».

Il s'agit de la mesure de *rétablissement* que le vocabulaire juridique désigne, entre autres, par les expressions « *restauration* d'un état de droit ou de fait antérieur » ou « *redressement* d'une situation critique » ou encore « *remise* de sommes d'argent qui avaient été distraites... »[29].

Les termes « restauration », « redressement » et « remise » couvrent, certes, trois situations matérielles d'un seul et même acte de rétablissement ; mais, en Droit, ils désignent deux mesures spécifiques généralement décidées par des cours et tribunaux, à savoir : la *réparation* et la *restitution.*

La réparation, on le sait, est une mesure d'indemnisation, un dédommagement du préjudice subi à la suite de tout fait quelconque de l'homme ou de la chose sur laquelle celui-ci exerce un certain pouvoir. Si elle s'opère en argent (réparation pécuniaire), la réparation se traduit généralement par ce qu'on appelle les *dommages intérêts.* Si, au contraire, elle est en nature (réparation matérielle), la réparation est synonyme de restitution (*restitutio in integrum*).

Justement, par *restitution,* on entend « le fait de *remettre* au propriétaire une chose dont il avait été privé indûment ou involontairement » ou « le fait de remettre *à qui de droit* une chose que l'on doit rendre... »[30].

La décision de rétablissement jadis de la compétence du Département des Droits et Libertés du Citoyen devait donc, en pratique, se ramener à des mesures de réparation ou de restitution auxquelles les victimes des violations des droits et libertés devaient prétendre. Un travail d'investigation reste cependant à faire pour relever, concrètement, le nombre et la qualité des mesures effectivement prises par le Département dans ce domaine (...).

Quoiqu'il en fut de ses faiblesses ou de ses propres contradictions dans ce domaine, le Département des Droits et Libertés du Citoyen s'est réservé surtout une catégorie particulière de sanction, celle touchant au domaine de la moralité publique. C'était sa sanction « suprême ».

B. La sanction de nature politique

Contre les « récidivistes » ou violateurs patentés des droits de l'homme, le Département s'est « fabriqué », lui-même, un type de sanction politique de nature tout à fait particulière, à savoir : l'établissement d'un Fichier de moralité.

Aux termes de l'article 1er de son arrêté départemental du 16 novembre 1987, ledit Département prescrivait qu'« Il sera tenu *chaque année* à l'Administration centrale du Département, *à l'intention du Président-Fondateur du Mouvement Populaire de la Révolution, Président de la République*, un fichier dénommé 'Fichier de moralité' ». Le *Fichier de moralité*, disait-on, devait reprendre, « d'une part, la liste des graves violations des droits et atteintes aux libertés retenues dans les dossiers étudiés au cours de l'année et, d'autre part, les noms des personnes qui en (étaient) les auteurs » (art. 2).

Était considéré comme violateur des droits de l'homme et, en tant que tel susceptible d'être inscrit au Fichier de moralité, « *celui qui manifest(ait) son intention délibérée de demeurer un violateur*, en refusant systématiquement et en dépit de rappels, d'exécuter la décision de réparation arrêtée à son encontre par le Département (...) » (art. 3). Autrement dit, il s'agissait de *toute autorité* ou de *tout particulier* qui se révélait comme *récidiviste* et donc, comme *violateur patenté* des droits de l'homme[31].

L'effet politique attendu de ce Fichier était naturellement de voir le Président-Fondateur du MPR, Président de la République, prendre certaines mesures de nature politique à l'encontre des violateurs patentés des droits de l'homme. S'ils étaient des responsables publics, ils devaient, de toute évidence, être écartés du « cercle des dinosaures » du régime et, donc, ne plus bénéficier des nominations publiques. S'ils étaient de simples citoyens ou des groupes privés puissants, seul le Président-Fondateur, le « Timonier » du régime, pouvait les ramener à meilleur comportement.

Dans tous les cas, les violateurs patentés des droits de l'homme encouraient, au vu de ce Fichier, le risque de se faire épingler par la redoutable *Commission permanente de discipline* du Comité central du MPR-Parti-État, garant et dépositaire constitutionnels de la doctrine officielle du régime. Cette Commission était, précisément, chargée du contrôle de la « discipline du Parti » et de la sauvegarde des « acquis de la Révolution », tout en s'octroyant également une certaine compétence dans la protection des « droits et devoirs du militant »[32].

Quand on connaît la prééminence, pour ne pas dire l'omnipotence, du Président-Fondateur du MPR dans le régime de la deuxième République, on ne peut manquer d'y voir, là, un certain rôle d'accoudoir, pour ne pas dire, de bouclier que l'ancien Département des Droits et Libertés du Citoyen voulaient lui octroyer. D'ailleurs, le Département espérait que le responsable désigné de la violation des droits de l'homme exécute sa décision de condamnation « en vertu de la discipline du Parti-État » (art. 17, al. 1er, *in fine*). Au surplus, les deux seuls patrons du Département qui ont occupé les rênes du pouvoir des droits de l'homme avant la fin du régime dictatorial de la deuxième République étaient des « membres du Comité central » (Maître Nyimi Mayidika Ngimbi et Maître Sabi Ngapoum) !

Quoiqu'il en soit, et avant d'arriver à la phase ultime de contrôle politique, le Département *notifiait* sa décision à l'autorité chargée de « veiller à la bonne fin de la décision du Département » et, endéans trois mois, il « s'enquérait du niveau d'exécution de ladite décision à l'intention du Président-Fondateur du Mouvement Populaire de la Révolution, Président de la République » (art. 17, al. 3).

La décision du Département faisait l'objet d'une *large publication dans les médias* et classée à la Division Unique ainsi qu'à la Divion de la Documentation et Archives du Département, *pour mémoire.*

Bref, dans les textes, tout était prévu pour que le Département des Droits et Libertés du Citoyen, structure gouvernementale à caractère quasi-juridictionnel, puissent devenir le véritable « Moïse » des Zaïrois en matière des droits de l'homme.

Quels critiques et quels reproches peut-on cependant lui faire au vu de l'évanescence des droits de l'homme au Zaïre de Mobutu ?

§5. Critiques et reproches adressés au Département

De notre point de vue, deux critiques et deux reproches « majeurs » étaient ou peuvent être adressés à l'ancien Département des Droits et Libertés du citoyen (A). Ils supplantent de loin la nocivité de la critique et du reproche « mineurs » qui pouvaient ou qui peuvent encore lui être adressés (B).

A. Critiques et reproches majeurs

Deux critiques infondés, auxquels peuvent se substituer deux reproches pertinents, sont à adresser à l'ancien mécanisme congolais de promotion et de protection des droits de l'homme. Ces deux critiques et reproches concernent, en s'éliminant, tant la nature et la mission (1) que la procédure (2) de l'ancien Département.

1. Concernant la nature et la mission du Département

La *critique* récurrente qui avait été, en son temps, formulée à l'encontre du Département des Droits et Libertés du Citoyen concernait, principalement, son rôle de quasi « super Cour Suprême de Justice ».

Cette critique, formulée officiellement lors d'une Journée d'étude organisée, en 1989, à l'Université de Kinshasa, peut, prosaïquement, être résumée en ces quelques propositions : Puisque le Département des Droits et Libertés du Citoyen pouvait même « casser » la décision de la Cour Suprême de Justice jugée attentatoire à la liberté (art. 1er de son Règlement interne Organique), et puisque le rôle des Cours et Tribunaux dans la protection des droits de l'homme est ainsi, en quelque sorte, minoré par la présence de cette structure de l'Exécutif, celle-ci apparaissait donc comme la dernière instance judiciaire du pays. D'où le qualificatif de « super Cour suprême de Justice »[33].

Il s'agit pourtant, à notre sens, d'une critique inutile et, en même temps, nostalgique du rôle mythique, mais non exclusif, des Cours et Tribunaux dans la protection des droits de l'homme (*supra*).

À titre de rappel, les Cours et Tribunaux, en dépit du « blanc-seing » constitutionnel dont ils bénéficient, ne sont ni les seuls, ni les meilleurs protecteurs des droits de l'homme. Non seulement parce qu'ils peuvent se révéler, eux-mêmes, être des violateurs de ces droits (en matière du *droit au procès équitable*, par exemple), mais aussi parce que tous les droits de l'homme ne sont pas justiciables des juridictions pénales, civiles ou administratives (ainsi du *droit à l'éducation* ou du *droit au développement*). Il importe donc de créer, à notre sens, d'autres mécanismes spécifiques de protection, à même d'assurer, avec un maximum de garanties, la protection de tous les droits – y compris ceux prétendument protégés par les Cours et tribunaux – reconnus à l'homme ou au peuple.

Le seul *reproche* qui, à notre sens, puisse tenir est celui de la *nature gouvernementale* de l'ancien Département des Droits et Libertés du Citoyen.

En effet, pour avoir été créé comme *Département au sein du Conseil Exécutif du Parti-État*, ce mécanisme national particulier de protection des droits de l'homme violait, à coup sûr, le *principe de la séparation des pouvoirs*, dans la mesure où sa « juridiction » particulière (en matière des droits de l'homme) se posait comme un exercice inconstitutionnel de la fonction de juger, incompatible avec la nature d'un organe du Pouvoir Exécutif[34].

Il eusse fallu donc confier cette mission, non pas à un département ministériel, mais à une structure autonome, particulièrement nouvelle, indépendante tant du pouvoir exécutif que du pouvoir judiciaire *stricto sensu*, capable de prendre « toute mesure » à l'encontre notamment des autorités relevant de « tous » les autres pouvoirs de l'État. Le principe de la centralité de l'homme, qui impose celui de sa protection optimale, imposait et impose donc, selon nous, cette solution (*supra*).

En d'autres termes, ce n'est pas tant la compétence que l'appartenance gouvernementale de l'ancien Département des Droits et Libertés du Citoyen qui est répréhensible, du point de vue de la nécessaire « séparation » des pouvoirs et des bénéfices qu'apporte ce principe à la protection des droits de l'homme. Il aurait donc fallu que le « Département des Droits et Libertés du Citoyen » ne fut pas un département ministériel, soumis, comme on le sait, tant à la règle de la solidarité gouvernementale qu'au pouvoir discrétionnaire du chef du Gouvernement. Une telle appartenance ne pouvait logiquement lui laisser aucune indépendance, ni impartialité dans le traitement des cas de violation des droits de l'homme venant, entre autres, des supérieurs ou des collègues du Commissaire d'État.

2. *Concernant la procédure devant le Département*

Il était prévu dans la phase préjudicielle, et ce par souci de ne pas offusquer les autres pouvoirs de l'État, qu'aucune requête individuelle ne pouvait être reçue par l'Administration centrale du Département, si elle n'était pas, au préalable, adressée, notamment, aux autorités judiciaires et administratives chargées de redresser, « en première ligne » les violations des droits de l'homme constatées.

Cette solution, qui n'avait pas enregistré de *critique* majeure surtout de la part des adversaires du Département, encourt cependant, à notre sens, un *reproche* capital.

En effet, toute violation des droits de l'homme n'est pas le fait des autorités administratives ou judiciaires pour être nécessairement portées devant elles. Soumettre l'exercice de « tout » recours à la règle de l'épuisement des voies de recours « ordinaires » est donc, à la fois, un mépris des victimes et une implication intolérable et inopportune de ces autres autorités à un litige qui, en principe, ne les concerne pas. En outre, toute violation des droits de l'homme (par exemple en matière de droit à l'éducation, droit au développement ou droit aux élections libres et démocratiques, *supra*) ne rentre pas dans la compétence explicite des autorités judiciaires pour être, par exemple, portée devant elles. Un juge peut-il recevoir un recours individuel ou collectif pour violation du « droit à l'éducation », au « développement » ?

Enfin, les violations des droits de l'homme qui rentrent souvent dans la compétence des autorités administratives ou judiciaires (parce qu'elles réalisent une faute administrative, une faute pénale ou un délit civil) sont souvent traitées avec un tel manque de diligence, d'indépendance et de compétences que, pour une justice prompte, impartiale et juste, seuls les *juges spéciaux des droits de l'homme* sont, à notre avis, les seuls compétents. Le Département des Droits et Libertés du Citoyen aurait pu paraître jouer ce rôle si, à son détachement gouvernemental, on avait ajouté sa « juridicisation » poussée.

Il s'ensuit donc que le reproche fait à l'ancien Département des Droits et Libertés du Citoyen de s'être positionné comme une « super-Cour Suprême de Justice » ne peut être tenu que par les adeptes d'une organisation judiciaire encore dominée par le mythe du juge judiciaire, du juge administratif, du juge constitutionnel ou du juge « ordinaire » tout court.

C'est la raison pour laquelle, cette règle de l'épuisement préalable des voies de recours dites « ordinaires » est, à notre sens, sans intérêt théorique et pratique, surtout à l'intérieur d'un système juridictionnel qui admet la place des juridictions spéciales des droits de l'homme. Tout au plus existe-t-elle pour quelque commodité institutionnelle dilatoire. Elle ne facilite, en tout cas, pas, au final, la tâche du requérant qui doit, à ce propos, faire face à une multiplicité de structures et de règles avant de devoir attendre une solution à son problème.

B. Critique et reproche mineurs

Cette critique et ce reproche mélangés concernent principalement l'organisation de l'ancien Département.

Dans la perspective d'une « justice » plus proche de « l'homme », il apparaissait, en effet, un peu contradictoire de confier l'exercice même du contentieux à des structures *centrales* qui, bien qu'épaulées par des Représentations internes et externes, ne demeuraient pas moins *distantes* du citoyen, pourtant censé être servi par l'organisation mise en place.

Qu'il s'agisse du Commissaire d'État, chef du Département, ou des Directeurs-Conseillers, chargés des différents contentieux, ces structures de « l'Administration centrale » demeuraient, à tous points égards, éloignés du commun du mortel ; de sorte qu'il y avait peu de chance que le citoyen de Yahuma ou de Djolu (deux territoires des Provinces « Orientale » et de l'Équateur distants de la capitale de plusieurs milliers de kilomètres) puisse facilement saisir le Département.

Outre le fait que les Représentations du Département n'étaient jamais installées dans ces territoires – et Dieu seul sait combien de localités du pays en avaient besoin –, le cantonnement des Représentations dans la capitale[35] et leur réduction au simple rôle de « metteurs en état des dossiers » devaient nécessairement aboutir à l'engorgement du Département, sans compter tout risque possible d'erreur et d'inadéquation dans l'appréciation des dossiers par les « hommes de la capitale ».

En outre, on ne s'expliquait pas très bien le bien-fondé de la confusion du rôle de Directeur d'un Département et de Conseiller d'un Commissaire d'État réuni dans les personnes des mêmes « Directeurs-Conseillers », par ailleurs chargés des contentieux. Sachant que les Conseillers d'un ministre (fonctionnaires politiques) passent avec la disparition du Cabinet de celui-ci, il devait y avoir là une certaine discontinuité dans le service, chaque nouveau Conseiller pouvant avoir sa propre appréciation des dossiers. Il eusse été plus sécurisant pour le citoyen de voir la charge du contentieux – si centralisation pouvait se justifier – au Directeur séparé du Conseiller, dans la mesure où, par l'intermédiaire de l'Administration du Département dont il pouvait logiquement relever, celui-ci devait assurer nécessairement la continuité du service.

Il faut donc, en conclusion, déplorer ici le centralisme administratif et politique instauré par les créateurs du Département des Droits et Libertés du Citoyen et sa « politisation » par le défunt régime du MPR-parti-État. Son manque de crédibilité et son inefficience sur le terrain ne sont-ils pas le résultat de cette conception et de cette organisation administratives« mi figue mi raisin » entre la voie politico-administrative et la voie judiciaire ?

Le Ministère des Droits Humains qui lui a succédé échappe-t-il, lui aussi, à ces critiques et reproches ?

SECTION 3. LE MINISTÈRE DES DROITS HUMAINS (M.D.H.)

La création, en 1998, par le Président L.D. Kabila, d'un ministère dénommé « Ministère des Droits Humains » est intervenue dans un contexte politique et juridique particulièrement « révolutionnaire » qu'il importe de rappeler, avant la recherche de la nature juridique et le rappel des principales attributions de ce ministère. Suite à ce contexte et à une certaine opacité qui transparaît dans la détermination de la nature et la définition des attributions de ce ministère, il importera d'engager une critique et de suggérer quelques pistes de solution à l'épineux problème de sa lisibilité et de sa visibilité, au milieu de tant d'autres mécanismes de sauvegarde des droits de l'homme au Congo.

Trois paragraphes constitueront donc la charpente de cette section : 1° Contexte politique et juridique de création du Ministère des Droits Humains (§ 1) ; 2° Nature juridique et attributions du Ministère des Droits Humains (§ 2) et 3° Critiques et propositions pour la requalification du Ministère des Droit Humains (§ 3).

§1. Contexte politique et juridique de création du M.D.H.

Il s'impose ici de scinder l'analyse du contexte politique (A) de celle du contexte juridique proprement dit (B), en tant que deux éléments majeurs qui ont contribué à forger la physionomie passée ou actuelle du Ministère des Droits Humains.

A. Le contexte politique

Rappelons que le mouvement « révolutionnaire » de l'A.F.D.L. qui, sous la houlette de L.D. Kabila, renversa le régime du Président Mobutu en mai 1997, mît finalement peu de temps (soit 7 mois seulement) pour atteindre son principal objectif, à savoir : « le démantèlement du gouvernement fasciste en place au Congo et l'établissement d'un régime démocratique véritable, dont le peuple congolais a besoin »[36]. La rapidité, le peu d'égards démocratiques (...) ainsi que l'amateurisme politique avec lesquels ce mouvement fut conduit, sans omettre ses mérites opérationnels, ont longtemps été soulignés par plusieurs auteurs[37].

Ce qui importe est de rappeler que le renversement du Gouvernement « mobutiste » de Kinshasa, dirigé à l'époque par le Général Likulia, et son remplacement « révolutionnaire » par le premier « Gouvernement de salut national » sous la houlette de *Mzee* Laurent-Désiré Kabila, apporta quelques changements significatifs dans la nomenclature habituelle des ministères, du moins telle que la pratique mobutienne nous y a habitués. Le premier Gouvernement de l'ère Kabila, en effet, ne retint pas, dans sa nomenclature, ni l'ancien Département des Droits et Libertés du Citoyen, ni le futur Ministère des Droits Humains.

En l'absence d'une justification officielle fournie à l'époque par les nouveaux « maîtres de Kinshasa », il est possible d'avancer deux hypothèses pour justifier cette absence.

La première hypothèse tient au caractère décoratif ou instrumental joué, jadis, par l'ancien Département des Droits et Libertés du Citoyen. En effet, aux yeux des nouvelles autorités, l'ancien Département des Droits et Libertés du Citoyen (dont le titulaire était par ailleurs un des grands « dinosaures » du régime déchu) paraissait un peu trop comme une « simple caisse de résonance » du Mobutisme et de ses idéaux pour être retenu comme nouvel instrument de la nouvelle politique gouvernementale. En outre, pour n'avoir pas donné entièrement satisfaction au peuple, ce malgré l'immense espoir suscité par sa création en 1986, l'ancien « Département » ne pouvait donc être considéré par les nouvelles autorités que comme une des structures du MPR-parti-État, destinée, comme toutes les autres, à la « poubelle de l'histoire ».

La seconde hypothèse, probablement la plus vraisemblable, est liée à l'absence d'une réelle politique et à une véritable pratique des droits de l'homme de la part des autorités du nouveau régime. Certes, le préambule des Statuts de l'A.F.D.L. proclame « l'adhésion de l'A.F.D.L. à toutes les dispositions relatives aux droits de l'homme inscrites dans la Déclaration Universelle des Droits de l'Homme et la Charte de l'Organisation de l'Unité Africaine (sic !) ». Certes, ce même texte constitutif de l'A.F.D.L. proclame également, à l'article 8, ce qu'il était de coutume d'appeler la « conviction idéologique » des membres fondateurs de l'A.F.D.L., selon laquelle « le pouvoir émane du peuple et se fonde sur l'inaliénabilité des droits de l'homme ». Mais, dès leur accession à ce pouvoir, du moins dans leur déclaration publique, aucune allusion publique, aucun programme concret de promotion et/ou de protection des droits de l'homme n'a filtré de la part des autorité des l'A.F.D.L.[38].

Pire, selon le Rapport de plusieurs ONG des droits de l'homme de l'époque, les nouvelles autorités de l'A.F.D.L. ont commis, tant durant la campagne militaire qu'à leur arrivée à Kinshasa, de nombreuses violations des droits de l'homme[39].

Qu'il s'agisse, d'abord, du corsetage du pouvoir politique au moyen d'une Constitution provisoire d'une « magnitude extrême » à l'égard du Président de la République ; qu'il s'agisse, encore, de nombreuses atteintes au droit à la vie, à la liberté, aux biens ou à la sécurité des personnes (particulièrement des « mobutistes » et autres « collabo ») ; qu'il s'agisse, enfin, de cette célèbre et inexplicable mesure d'« interdiction des activités politiques » (...), les droits de l'homme ne firent, en tout cas, pas bon ménage avec les nouvelles autorités du pays. Ils furent particulièrement bafoués, parce que, précisément, étant considérés comme un « petit problème »[40].

Dans ce contexte politique où, d'un côté, les droits de l'homme sont considérés – avec une certaine méfiance et un degré de négligence avéré incontestables – comme un « petit problème » (A.F.D.L.) et où, de l'autre, les mêmes droits de l'homme sont instrumentalisés pour justifier une certaine « aversion » envers les nouvelles autorités (ONU et le reste de la « Communauté internationale »), la création d'un « Ministère des Droits Humains » fut ressentie, non seulement comme un *pis-aller* (autorités de l'A.F.D.L.), mais surtout comme un *test de bonne volonté* des nouveaux dirigeants du Congo (ONU et reste de la « Communauté internationale »).

Un des indices de ce caractère « pis-aller » du ministère fut, précisément, sa création tardive et, en même temps aussi, sa relégation au bas de l'échelle de la hiérarchie gouvernementale (sur une vingtaine des Ministres, en effet, le Ministre des Droits Humains arpentait presque la dernière marche de sortie de l'escalier gouvernemental, avant d'être hissé vers le sommet). Du côté de l'ONU et de la Communauté internationale, le Ministère des Droits Humains leur parut, un moment, comme une sorte de « ministère des Affaires étrangères-bis », dont le titulaire, « estimé par les milieux diplomatiques », fut sollicité à souhait, parfois même « sur la tête » du véritable Ministre des Affaires étrangères. Peut-être aussi le caractère « modéré » de ce premier Ministre des Droits Humains de l'ère Kabila, au milieu des « durs » du régime, a pu largement contribué à forger cette impression !

Il n'empêche que, dans tous les cas et dans chaque camp, la création du Ministère des Droits Humains, *versus Kabila*, était intervenue plutôt dans un climat de méfiance réciproque et, surtout, dans le contexte d'une « diplomatie des droits de l'homme » déployée par les uns et les autres, soit pour se dédouaner et se faire bonne conscience, soit pour enfoncer et tester la bonne volonté des nouveaux dirigeants.

Qu'en est-il du contexte juridique proprement dit de création de ce Ministère ?

B. Le contexte juridique

Sur le plan juridique, la création du Ministère des Droits Humains est intervenue dans un contexte de quasi-vide juridique créé par les conséquences de la nouvelle « révolution afdélienne », laquelle révolution ne permît pas, pendant un long moment, de repérer les assises juridiques de ce ministère et de son action sur le terrain.

On se rappelle que, dans sa « Déclaration de Prise de Pouvoir », le nouveau Président de la République autoproclamé avait annoncé, entre autres « la suspension de toutes les lois pseudo-constitutionnelles existantes et des institutions qui en dépendent », issues du régime ancien[41]. On se rappelle aussi que, lors de la promulgation du Décret-loi constitutionnel du 27 mai 1997, les nouvelles autorités avaient prescrit que tous les actes constitutionnels, législatifs et réglementaires « antérieurs et contraires » au nouvel ordre juridique étaient, de plein droit, abrogés[42].

L'ancien Département des Droits et Libertés du Citoyen fut donc, dans ce contexte, dissout et, avec lui, tous les actes réglementaires qui le créaient.

La nouvelle Constitution transitoire avait, certes, prescrit qu'« En République démocratique du Congo, *l'exercice des droits individuels et collectifs est garanti*, sous réserve du respect de l'ordre public et des bonnes mœurs »[43]. Mais, non seulement que ces droits n'étaient clairement détaillés nulle part dans la Constitution, mais surtout, aucun mécanisme gouvernemental spécifique – à l'image de celui que tout gouvernement « libérateur » était en mesure de donner au peuple – n'y était prévu (*supra*).

Pire, le premier décret présidentiel qui nomme les membres du Gouvernement « de salut national » n'intègre pas le Ministère des Droits Humains parmi les membres du nouveau Gouvernement. Le Ministère des Droits Humains ne sera créé – ou plus exactement – un Ministre des Droits Humains ne sera nommé que lors d'un premier remaniement du Gouvernement intervenu au milieu de l'année 1998, à la suite du contexte politique décrit ci haut, et ce, dans un contexte de quasi-vide juridique insécurisant, voire d'anomie totale.

En dehors, en effet, du décret de nomination du Ministre, et malgré les changements successifs et subséquents des titulaires, le Ministère des Droits Humains fonctionna pendant longtemps, soit de 1998 à 2003, pratiquement sans aucun texte juridique le créant et organisant ses services. Au point qu'avant la détermination de ses attributions par le tout récent Décret du 16 septembre 2003 [44], il y régna un certain flou et une certaine confusion particulièrement préjudiciables à l'action et la cohésion gouvernementales (par exemple des chevauchements de compétence entre le Ministère des Droits Humains et les Ministères de la Justice et/ou des Affaites étrangères).

Ce vide juridique ne manqua pas aussi de justifier une certaine « inertie institutionnelle » de ce ministère, voire occasionner quelques conflits d'attribution avec des structures privées de promotion et/ou de protection des droits de l'homme (par exemple avec les ONG dans le débat concernant l'organisation d'une Conférence nationale des droits de l'homme en 2000-2001).

Bref, le contexte politique et juridique dans lequel naquît le Ministère des Droits Humains, *versus Kabila*, était prévisible des difficultés majeures qu'allaient rencontrées ce ministère dans son action concrète sur le terrain. Malgré les compétences, la dextérité et/ou le « flair politique » de ses différents titulaires, ce contexte défavorable exerça une influence décisive et préjudiciable dans « l'aura » politique et gouvernementale de ce ministère ; ce que n'ont pas contribué à dissiper ses attributions.

§2. Nature et attributions du M.D.H.

Si la définition préalable de la nature d'une institution présage de la question de la détermination de ses attributions, la détermination de la nature d'une institution peut également résulter de la définition préalable de ses attributions. Nature et attributions d'un service, d'un ministère, sont donc deux questions préalables intimement liées dans la connaissance scientifique d'un tel service ou d'un tel ministère.

Dans le cas du M.D.H., la situation se complique parce que, avant même de définir ses attributions, la structure est déjà connue sous le nom de « ministère », c'est-à-dire d'un organe gouvernemental. Pourtant, à l'époque où les « attributions » du ministère n'étaient pas encore « fixées », il était difficile de déterminer sa nature exacte, le « ministère » s'arrogeant plusieurs compétences de natures diverses.

Il importe donc d'analyser, au préalable, ses compétences anciennes et nouvelles (A) pour bien comprendre et concéder le sens de la nature gouvernementale du M.D.H. (B).

A. Attributions du M.D.H.

Dans un Document de présentation générale publié avant la promulgation du Décret du 16 septembre 2003, le Ministère des Droits Humains se présentait lui-même d'une façon pour le moins ambitieuse : il s'agissait d'un ministère « créé par la seule volonté de M'zee Laurent-Désiré Kabila, président de la République, *pour mieux promouvoir* et *protéger*, *en temps de paix comme en temps de guerre*, les *droits des Congolais et des étrangers* résidant sur le territoire de la République démocratique du Congo »[45].

Aux termes de ce Document, il appert que le Ministère des Droits Humains est une structure à la fois de « promotion » et de « protection » des droits de l'homme. Il s'en est fallu cependant de beaucoup, en dépit de cette propagande, que le Ministère des Droits Humains put s'acquitter efficacement de cette double mission. D'ailleurs, avouant sa propre incapacité dans le domaine particulièrement de la « protection » des droits de l'homme, ce Ministère ajoutait qu'« … Il revient au ministère *d'aider les nationaux et les étrangers à mieux connaître leurs droits* et à les faire valoir en toutes circonstances… », tout comme, « Il importe d'insister sur le fait que *le ministère ne se substitue ni aux cours et tribunaux, ni aux services d'ordre et de sécurité. Il intercède en qualité de Médiateur de la République* appelé à amener les autorités administratives et judiciaires à rétablir les citoyens lésés dans leurs droits. *Il joue ce rôle selon les règles de l'art, en usant du tact* et en tenant compte du contexte du cas d'espèce… »[46].

Le Ministère congolais des Droits Humains, n'étant pas une structure juridictionnelle de protection des droits de l'homme, était donc forcément incapable de prendre en charge judiciairement la protection des droits de l'homme. À moins de préciser son propre entendement de la mission de « protection » des droits de l'homme, le Ministère des Droits Humains ne pouvait donc, efficacement, sauvegarder les droits des Congolais et des étrangers. Pas plus qu'« en temps de paix », ce rôle de « protection » des droits de l'homme apparaît, en sus, de la part d'une structure gouvernementale, une tâche pour le moins suspicieuse « en temps de guerre ».

D'autre part, le fait de dire que le M.D.H. s'occupe de la « promotion » et/ou de la « protection » des droits de l'homme n'est pas une manière claire de définir avec exactitude les compétences d'une structure efficace de promotion ou de protection des droits de l'homme (*supra*). Car, ces deux notions à elles seules ne veulent rien dire si, en guise de contenu, elles ne sont pas enrichies d'une série d'attributions clairement formulées. D'où les chevauchements apparents de compétence que l'on a pu épingler précédemment à propos des rapports du ministère avec les autres structures plus ou moins proches de l'objet dont il s'occupe.

Par décret du 16 septembre 2003, et ce, à la faveur de la Constitution de la transition du 4 avril 2003, promulguée à la suite de l'Accord global et inclusif, le Président de la République a semblé clarifier les compétences de chaque ministère du nouveau Gouvernement de transition.

En ce qui concerne le M.D.H., non seulement qu'il occupe le 7e rang dans la hiérarchie ministérielle, il se voit également « attribuer » un certain nombre de compétences définies comme suit :

- « promotion et protection des droits de l'homme et des libertés fondamentales ;
- diffusion et vulgarisation des droits de l'homme ;
- suivi du respect des droits humains ;
- examen des cas flagrants de violation des droits humains par des mécanismes propres tels que la Médiation en matière de droits de l'homme et la Commission de contrôle, sans se substituer aux Cours et Tribunaux, ni aux procédures administratives prévues par la loi ;
- collaboration avec le Haut Commissariat aux Droits de l'Homme, avec la Commission Africaine aux Droits de l'Homme et avec d'autres Institutions Nationales, Régionales et Internationales compétentes en matière des droits de l'homme » [47].

Avant d'avancer quelques critiques visant à clarifier et à améliorer la place ainsi que les compétences de ce ministère, évoquons d'abord la question de la précision de sa nature.

B. Nature du M.D.H.

Il paraît superflu d'évoquer cette question, tant il est suffisamment connu que le Ministère des Droits Humains est *un organe du Gouvernement* et son titulaire, appelé Ministre des Droits Humains, est membre du Gouvernement. Celui-ci, en tant que tel, exerce donc toutes les « attributions communes à tous les ministères » [48] et est soumis, comme tous les autres Ministres, notamment aux règles déontologiques régissant la fonction ministérielle [49].

Il serait cependant irresponsable de ne pas traiter de cette question, tant le caractère ombrageux de la qualité de « Médiateur de la République » que s'octroie le M.D.H. (voir Document de présentation générale de 1998 et Décret de 2003) paraît patent. Le Ministère des Droit Humains en effet, selon ces deux textes, pourrait exercer le rôle de « Médiateur de la République » dans certains « cas flagrants » que des personnes seraient en droit de lui soumettre.

Or l'institution de Médiateur, dont le modèle le plus connu – parce que le plus commenté en doctrine – est *l'Ombudsman scandinave*, ne s'embarrasse guère, on le sait, de la tâche judiciaire de sanctionner des manquements aux droits de l'homme. Qu'est-ce que, en fait, un Médiateur ? Quelle est sa mission et quelle est sa place au milieu des autres pouvoirs étatiques ?

En Suède, où cette institution est née sous l'appellation d'*ombudsman,* il faut savoir que la découverte n'a si jamais été porteuse et n'a pu se maintenir devant la vague des convulsions politiques qu'au prix d'un« savant équilibre » entre l'Exécutif et le Judiciaire (notamment)[50].

Pierre-Yves Monette, qui résume mieux le rôle de l'ombudsman dans le contrôle de l'Administration, nous informe aussi que l'institution de Médiateur, dans le contrôle de l'Administration, n'a pas de sanctions propres de nature contraignante : « ...s'il appartient au juge, dit-il, *avec sanction à la clef*, de dire le droit, tout le droit et rien que le droit, agrémenté de créations prétoriennes fondamentales pour l'évolution du droit, il appartient à l'ombudsman, au-delà de la légalité, de contrôler la *qualité de l'action administrative,* d'exhorter l'Exécutif à la bonne administration comme à la bonne gouvernance et, dans les cas exceptionnels, de lui recommander *plus d'équité* dans ses décisions, *sans jamais toutefois avoir à le sanctionner* »[51].

Il poursuit d'ailleurs la logique de sa conclusion jusqu'à affirmer que le Médiateur n'exerce qu'une « magistrature d'influence » : « ...le contrôle qu'exerce l'ombudsman sur l'administration *ne constitue pas un contrôle de type juridictionnel*. On parle d'ailleurs, pour le décrire, de *contrôle médiationnel*, un contrôle à l'instar de l'institution qui l'exerce, *suis generis*... Ce contrôle-là est de type *consensuel*, basé sur le *dialogue*, l'*adhésion* et la *persuasion*. C'est pour cette raison que l'ombudsman est présenté comme une *magistrature d'influence* »[52] que R. Andersen appelle aussi une « magistrature d'ordre moral »[53].

Si le Ministère des Droits Humains se définit donc comme un « Médiateur de la République », si par ailleurs il est un rouage de la structure gouvernementale, il ne peut, par conséquent, vis-à-vis surtout des violations des droits de l'homme provenant des autorités administratives, prétendre à un contrôle de nature contraignante vis-à-vis de ces dernières. Opérant sous le registre de la « discussion », de la « persuasion », voire de la « négociation », le M.D.H. est donc, selon cette logique, loin d'assurer avec efficacité le rôle de « protection » des droits de l'homme qu'il s'attribue ou qu'on lui attribue pourtant.

De plus, le fait que, en tant que membre de l'équipe gouvernementale, le Ministre des Droits Humains se voit nommer et révoquer presque *ad nutum* par un chef politique ou administratif, contribue efficacement à son affaiblissement en tant que « protecteur des droits de l'homme ». Le Ministre des Droits Humains congolais, du moins dans la logique actuelle du système, n'est pas par exemple issu du parlement pour préserver, ne serait-ce que, un semblant d'indépendance[54].

Or, comme l'affirme Marc Verdussen, « l'intervention du médiateur, quelle qu'elle soit, s'inscrit nécessairement dans le cadre du contrôle *parlementaire* de l'action administrative, dont la responsabilité politique est normalement assumée par l'autorité gouvernementale. *Il est un 'bras du parlement dans sa fonction de contrôle de l'administratio'*. Ceci justifie que le médiateur parlementaire bénéficie d'un statut destiné à préserver *son indépendance à l'égard du gouvernement...* »[55].

Le Ministère congolais des Droits Humains est donc un organe du Gouvernement de la République voulant s'octroyer, sans indépendance statutaire et sans pouvoirs judiciaires contraignants, le rôle de Médiateur de la République dans la défense des droits de l'homme, avec pour principaux registres d'actions la persuasion et la négociation ; la promotion, la diffusion et le suivi des droits de l'homme, sans oublier quelques « Commissions de contrôle » qu'il pourrait diligenter dans certains « cas flagrants » lui soumis. Il n'a, en principe, aucune sanction contraignante textuellement définie.

Cette conception du Ministère des Droits Humains est, à notre sens, inadéquate et dangereuse à plus d'un titre ; raison pour laquelle il faut la critiquer pour provoquer une meilleure requalification de cette structure, dans le respect du principe de la spécialité des fonctions protectrices en matière des droits de l'homme.

§3. Critiques et propositions pour la requalification du M.D.H.

Ces critiques et propositions concernent aussi bien la définition ou la redéfinition des attributions du M.D.H., contribuant ainsi à mieux réaffirmer son véritable rôle (A), que son organisation administrative interne ainsi que sa place dans l'échiquier gouvernemental, à redéfinir (B).

A. Concernant les attributions du M.D.H.

Si l'on peut résumer l'ensemble des compétences attribuées par le Décret du 16 septembre 2003 au Ministère des Droits Humains, on peut dire que celles-ci s'orientent vers quatre types de compétences qu'il importe de rappeler et de préciser : il y a d'abord des compétences de type « promotionnel » (1), puis des compétences de type « protectionnel » (2), ainsi que des compétences de type « médiationnel » (3). Enfin, il y a les compétence de type diplomatique ou compétences de collaboration dans la mise en œuvre de la politique internationale des droits de l'homme (4)[56].

1. *Compétences de type « promotionnel » du M.D.H.*

Les *compétences de promotion* du Ministère des Droits Humains se résument, aux termes du Décret de 2003, en deux termes : « diffusion » et « vulgarisation » des droits de l'homme ainsi que des instruments qui les portent (Décret, art. 1er, B, 7°, 2e tiret).

Ce genre de compétences s'exerce, généralement, comme nous l'avons déjà dit, au moyen des publications, des conférences, des séances d'information ou d'échanges, certes, mais aussi, – en tant que ministère –, au moyen de la collaboration institutionnelle avec les autres ministères ayant la culture ou l'enseignement primaire, secondaire, supérieur, universitaire ou professionnelle dans leurs attributions respectives. Cette collaboration institutionnelle devrait viser notamment l'intégration de l'enseignement des droits de l'homme dans les programmes scolaires, universitaires et professionnels ou dans les politiques du ministère de la culture. En tant que structure gouvernementale appropriée, le Ministère des Droits Humains serait ainsi l'organe le mieux indiqué pour obtenir de l'État des moyens budgétaires nécessaires pour l'accomplissement de cette tâche.

2. *Compétences de type « protectionnel » du M.D.H.*

En revanche, quant aux *compétences de protection*, elles sont, selon nous, très faiblement et très maladroitement confiées à une structure gouvernementale de cette nature. En effet, selon nous, l'octroi à ce ministère d'un pouvoir de procéder à « l'examen des cas flagrants » de violations des droits de l'homme (Décret, art. 1er, B, 7°, 4e tiret) ne peut, en toute hypothèse, être qu'inefficace, sinon dilatoire, dans un contexte où ce même Ministère ne peut « se substituer aux cours et tribunaux ».

Cet examen « politique » ne pouvant pas se solder par des mesures judiciaires de nature sanctionnatrice et contraignante à l'endroit des violateurs des droits de l'homme, il paraît donc maladroit, selon nous, de confier une telle compétence à un organe gouvernemental qui, en toute hypothèse, ne sera pas capable de s'en acquitter avec efficacité et, surtout, en toute indépendance. Il importe donc d'ôter ce type de compétences au Ministère des Droits Humains pour ne pas créer de confusion avec le pouvoir judiciaire et, ainsi, violer le principe nécessaire de la séparation des pouvoirs entre l'Exécutif et le Judiciaire.

3. *Compétences de type médiationnel du M.D.H.*

En ce qui concerne les *compétences de type médiationnel*, elles paraissent transparaître dans l'incise « *suivi* du *respect* des droits humains » utilisée par l'autorité réglementaire (Décret, art. 1er, B, 7°, 3e tiret).

En l'absence d'une interprétation authentique de l'auteur de la norme réglementaire en cause, ce « suivi » du « respect » des droits peut s'entendre de plusieurs manières. Il peut s'agir, par exemple, d'une *surveillance politique* des attitudes générales relatives aux droits de l'homme visant à persuader les auteurs de ces attitudes à plus de respect des droits et des libertés d'autrui (par exemple : que les églises « de réveil » de Kinshasa ou d'ailleurs respectent la quiétude diurne et nocturne des habitants des rues et des quartiers ; que les médias publics ou privés respectent la liberté et la diversité d'opinions ; que le gouvernement observe les droits des fonctionnaires de l'État, etc.). Il peut s'agir également d'un *contrôle diffus* de l'application des normes nationales et internationales en matière des droits de l'homme. C'est précisément ici qu'apparaît l'autre volet des compétences, à savoir : les compétences de type diplomatique du M.D.H.

4. *Compétences de type diplomatique du M.D.H.*

Concernant, enfin, ses *compétences de collaboration dans la mise en œuvre de la politique internationale des droits de l'homme*, il va de soi que le M.D.H, en tant qu'organe gouvernemental, soit habilité à « entrer en contact avec l'étranger » dans le domaine des droits de l'homme, un domaine spécifique dans la diplomatie d'un État.

D'ailleurs, l'autorité réglementaire lui-même parle de « collaboration » avec certaines structures nationales et internationales de promotion et/ou de protection des droits de l'homme : « Haut Commissariat aux Droits de l'Homme », « Commission Africaine aux Droits de l'Homme (sic !) » et « autres Institutions Nationales, Régionales et Internationales compétentes en matière de Droit (sic !) de l'homme » (Décret, art. 1er, 7°, 5e tiret).

Sans être limitative, cette énumération des structures avec lesquelles le Ministère est appelé à collaborer concerne également les ONG nationales ou internationales des droits de l'homme. Elle concerne aussi, logiquement, toute structure qui se sent « compétente en matière des droits de l'homme », par exemple les églises.

De manière plus dense, le M.D.H. devrait s'acquitter de cette mission aussi en surveillant, auprès de l'État, par exemple la question de l'adoption et de l'intégration des normes nationales et internationales des droits de l'homme, et en veillant surtout à ce que celui-ci, dans le cadre de ses obligations internationales, puisse présenter, régulièrement et à temps, des rapports initiaux et périodiques réclamés par les mécanismes spécifiques créés par ces instruments. Cette attribution spécifique est du ressort d'un organe gouvernemental et non d'une autre structure.

Conçu de cette manière, le M.D.H. pourrait, dans le domaine de la promotion et de la protection des droits de l'homme au Congo, à la fois réaffirmer son appartenance au Gouvernement de la République et, en même temps se détacher de tout exercice inconstitutionnel du pouvoir juridictionnel. Il se cantonnerait ainsi strictement sur les compétences lui confiées de type promotionnel, médiationnel et/ou diplomatique, les seuls qui soient constitutionnellement justifiables. Il laisserait ainsi, justement pour éviter la confusion, la compétence de « protection » aux seuls organes habilités à cet effet.

À l'heure actuelle, ce qui reste à l'actuel ministère c'est de commencer son travail d'essaimage sur terrain par une organisation administrative qui tire les bienfaits et repousse les erreurs du passé.

B. Concernant l'organisation administrative du M.D.H.

À notre humble avis, l'organisation du Ministère des Droits Humains devrait, pour une large part, s'inspirer du modèle du défunt Département des Droits et Libertés du Citoyen, tout en en évacuant les incongruités. À la fois pour des raisons de continuité historique et institutionnelle souhaitable et pour prendre en compte les éléments positifs laissés par l'ancien modèle, cette future organisation du M.D.H. devrait, à notre sens, s'inspirer au moins de deux principes : celui de la décentralisation administrative des services (1) et celui du non cumul des fonctions au sein du ministère (2).

1. *Respect du principe de la décentralisation des services*

Rappelons que l'ancien Département des Droits et Libertés du Citoyen comportait, pour son organisation administrative interne, plusieurs niveaux de responsabilité : au sommet de la hiérarchie politico-administrative trônait le *Cabinet du Ministre*, secondé par un *Secrétariat Général*, ayant pour siège Kinshasa, la capitale ; à la base, il devait y être créé des structures locales dirigées par des *Délégués régionaux, sous-régionaux, locaux* (...), secondés par des assistants ; enfin, au niveau extérieur, c'est-à-dire dans les ambassades et autres représentations diplomatiques congolaises, il devait également y avoir des *Représentants* du Département (...).

Cette mouture de l'organisation administrative du Ministère peut, à notre avis, être maintenu tout en l'enrichissant. De même, on devrait éviter aussi les quelques petites erreurs du passé, consistant par exemple à « déresponsabiliser » le Secrétaire Général du Ministère dans l'exercice de son pouvoir hiérarchique sur les organes subordonnés. On devrait éviter également, à ce niveau, tout amateurisme et/ou tout clientélisme dans le recrutement du personnel.

Un des points positifs à retenir de l'organisation ancienne est également l'institution d'un *Collège de jurisconsultes* attachés au Ministère. Un tel collège est nécessaire et utile à plus d'un titre. D'abord, c'est lui qui donnerait des avis sur toute question de droit posé à l'occasion de l'exercice des compétences dévolues au Ministère (*supra*). Ensuite, ce Collège pourrait utilement renseigner le Ministre et les autres décideurs du Ministère sur les textes et autres instruments pertinents en vigueur relatifs aux droits de l'homme. Enfin, le Collège de Jurisconsultes du Ministère garderait la mémoire des décisions du Ministère, dans la perspective de rassemblement d'une sorte de « jurisprudence » de cet organe particulier du Gouvernement. Constitué à titre permanent, ce collège n'exercerait qu'un rôle consultatif et non décisionnel.

Bref, ici devrait être respecté le principe du rapprochement de l'Administration des droits de l'homme à l'Homme qu'elle est censée servir, ce dans le respect des attributions du Ministère.

2. Respect du principe du non cumul des fonctions

Le Ministère des Droits Humains devrait, ici, éviter les erreurs commises par l'ancien Département des Droits et Libertés du Citoyen dans le cumul des fonctions de certains des membres de son personnel, fait qui était de nature à paralyser le fonctionnement même du Département.

Par exemple, il devrait être prescrit que l'exercice des fonctions purement politiques au sein du Cabinet du Ministre (Conseiller, Secrétaire particulier…) est incompatible avec celui de Directeur d'une Direction administrative du Ministère ou de Chef des Services, ou Chef de Bureau, par exemple, selon la nomenclature prévue par le statut de la fonction publique.

La raison de ce refus est simple : le membre du Cabinet du Ministre est un personnage, en principe, non permanent et incertain du point de vue de sa carrière ; sa nomination, ne répondant à aucun statut public stable, il serait par conséquent hasardeux de lui confier, à travers la direction d'une Direction administrative par exemple, la « mémoire » du Ministère.

Seuls les fonctionnaires de l'État, personnages nommés selon les règles et les critères du Statut de la fonction publique, pourraient, selon nous, diriger ces Directions et Services administratifs, ceci dans le but de la conservation de la « mémoire » du Ministère et de la création d'une « jurisprudence » particulière du Ministère.

D'un autre côté, il devrait également être entendu que les Représentants locaux ou extérieurs du Ministère, personnages nommés selon les règles d'un Statut particulier à fixer, s'inspirant à la fois du Statut de la fonction publique et du Statut des magistrats, devraient bénéficier de la qualité d'O.P.J. à compétence spéciale quant aux matières et à compétence générale quant au territoire. Cette qualité leur permettrait, par exemple, de faire des constats et de dresser des procès-verbaux destinés à une lecture politique du Ministère et à une décision judiciaire de l'organe compétent de protection des droits de l'homme.

Le fait que leurs procès verbaux de constat seraient destinés tant au Ministère qu'à l'organe juridictionnel compétent pour la protection des droits de l'homme, justifie leur nature hybride : personnel administratif et judiciaire.

Bref, en s'organisant de cette matière, le Ministère des Droits Humains apparaîtrait, à juste titre, comme un « Ministère de la Justice des Droits de l'Homme » s'occupant du secteur particulier et fondamental des droits de l'homme.

Comme le Ministre de la Justice qui, constitutionnellement, n'a aucun pouvoir de « dire le droit », le Ministère des Droits Humains ne se substituera pas aux organes juridictionnels de protection des droits de l'homme. Il devrait pouvoir veiller seulement à ce que l'administration de la justice des droits de l'homme fonctionne merveilleusement et qu'elle soit la plus efficace et la plus opérationnelle possible dans le pays. Il devrait, dans ce contexte, être la passerelle politique entre l'Ordre juridictionnel des droits de l'homme et le Gouvernement de la République dans le cadre de l'objectif du règne des droits de l'homme pour tous.

Conçu de cette manière, il nous semble que la place de ce Ministère, dont la sublime mission touche à tous les secteurs de l'action gouvernementale, devrait être placée au moins à un rang immédiatement inférieur à celui du Chef du Gouvernement.

Son rôle et sa place ne seraient cependant pas à confondre avec ceux des structures conçues pour s'occuper spécifiquement de la « protection » des droits de l'homme. Il en est ainsi par exemple de la future Commission Congolaise des Droits de l'Homme et du Peuple, dont il convient à présent d'analyser les contours et les éléments.

SECTION 4. LA COMMISSION CONGOLAISE DES DROITS DE L'HOMME ET DU PEUPLE

La Commission Congolaise des Droits de l'Homme et du Peuple est une structure particulière de promotion et de protection des droits de l'homme et du peuple créée en juin 2001 par une Conférence nationale sur les droits de l'homme convoquée et organisée par le Ministère des Droits Humains, avec entre autres buts d'appliquer les principes du Plan national de promotion et de protection des droits de l'homme notamment par la création d'une structure appropriée de promotion et de protection de ces droits.

Pour bien en saisir la portée et la physionomie, il importe d'étudier, tout d'abord, la nature juridique de cette Commission (§ 1). Ensuite, la question des compétences et de la procédure devant cette Commission viendra confirmer ou infirmer cette nature (§ 2). Il importera également d'indiquer quelques éléments utiles sur la composition de cette structure nouvelle encore attendue (§ 3) avant de terminer par l'épineuse question des sanctions qu'elle sera appelée à prononcer (§ 4).

§ 1. Nature juridique de la Commission

La Commission Congolaise des Droits de l'Homme et du Peuple a été créée par les participants (plus ou moins 400 délégués venus de tous les coins du pays et même de l'extérieur) à la Conférence nationale sur les droits de l'homme. Cette Conférence s'est tenue du 23 au 30 juin 2001 à Kinshasa, sous l'égide du Ministère des Droits Humains. Elle a adopté, le 29 juin 2001, presque à l'unanimité, une *Charte congolaise des droits de l'homme et du peuple*, dont la promulgation, à ce jour, est toujours attendue (*supra*).

La Charte congolaise des droits de l'homme et du peuple dispose, en son article 70 al. 2, que « La Commission Nationale des Droits de l'Homme et du Peuple est un *organisme public autonome, indépendant et permanent*. Il est doté de la *personnalité juridique* ». De même, dans l'alinéa 3 du même article, elle indique que la Commission comprend des « chambres », un « greffe », ainsi que des « subdivisions provinciales », même si ses membres sont appelés plutôt des « Commissaires aux Droits de l'Homme et du Peuple » (art. 72, al. 2).

La question principale qui se pose ici est, évidemment, celle de savoir si la Commission, telle que créée par la Conférence nationale sur les droits de l'homme et consacrée comme telle par ce texte programmatoire, est une juridiction, et quelle juridiction.

On sait, comme l'indique Gérard Cornu, qu'une juridiction est un « organe institué pour exercer le pouvoir de juridiction. C'est un pouvoir entendu au sens de *compétence de juger* ». Il s'agit donc d'un organisme qui, saisi d'un litige en matière de protection des droits de l'homme, dispose de la *capacité de rendre des décisions judiciaires définitives, avec effet obligatoire et exécutoire.*

Le nouveau système congolais de protection des droits de l'homme obéit-il à ces critères ? S'agit-il d'un véritable *système juridictionnel* de protection des droits de l'homme ?

Pour répondre à cette question, une analyse sommaire des « caractères-indices » de juridictionnalité de ladite Commission mérite d'être faite (A). Ces caractères juridictionnels se trouvent être énumérés, pour la plupart, dans la Charte elle-même.

Il existe aussi d'autres indices de juridictionnalité qui peuvent aisément être déduits de l'économie générale de la Charte. Mais, plus indubitablement, la nature juridictionnelle de la Commission devrait être recherchée plutôt dans l'intention réelle de l'auteur de la Charte (B). Ce qui nous permettra, à la fois, de suivre l'évolution de la discussion sur le choix du modèle et de comprendre, en fait, que l'option d'un mécanisme de type juridictionnel était, lors des travaux de la Conférence nationale sur les droits de l'homme, la seule qui avait emporté la majorité des voix des participants.

A. Les caractères-indices de la juridictionnalité de la Commission

Les caractères habituellement reconnus et exigés d'un organe juridictionnel de protection des droits de l'homme se trouvent, pour la Commission et comme il l'a été signalé plus haut, être repris, pour la plupart et de manière expresse, dans la Charte congolaise des droits de l'homme et du peuple elle-même, en son article 70 al. 2 et 3 précité.

Plusieurs caractères et indices se trouvent ainsi être contenus dans la Charte. Il s'agit, principalement, des caractères liés à l'*autonomie* et à l'*indépendance* de la Commission, mais aussi à son statut d'organe *permanent*. Il s'agit encore et surtout de la *nature de ses compétences*, de la *procédure de sa saisine* ainsi que de la *qualité des membres* qui la composent. Enfin, l'existence des *chambres* et d'un *greffe* au sein de la Commission complète la liste des caractères et/ou indices juridictionnels expressément révélés par la Charte.

B. L'intention juridictionnaliste des auteurs de la Charte

Après quatre décennies de mépris et d'hibernation des droits de l'homme, mais aussi après échec de plusieurs tentatives de solutions institutionnelles, la majorité des délégués à la Conférence nationale sur les droits de l'homme a voulu, par son vote, rejeter toute solution minimaliste dans la protection des droits de l'homme, en inaugurant ce que nous appelons *l'ère de la juridictionnalisation* ou de la *justiciabilité des droits de l'homme au Congo*.

Il suffit, en effet, de comprendre que les différentes périodes qui ont vu naître des initiatives institutionnelles de promotion et/ou de protection des droits de l'homme ne l'ont été que pour des motifs décoratifs et instrumentalistes pour se convaincre de la conviction de cette nouvelle ère.

La première période de prise en charge institutionnelle des droits de l'homme commence, on le sait, en 1986, avec la création du Département des Droits et Libertés du Citoyen. On connaît les limites de cette ancienne structure de promotion et de protection des droits de l'homme (*supra*).

La seconde période est celle de l'éclosion des organismes privés de « défense » des droits de l'homme ainsi que de la création, en 1998, du Ministère des Droits Humains. On connaît également, ici, notre position sur l'efficacité ou l'inefficacité de cette structure gouvernementale et sur sa requalification (*supra*).

Il a fallu attendre la convocation d'une Conférence nationale sur les droits de l'homme pour que la troisième période, celle de la *juridictionnalisation effective* de la protection des droits de l'homme au Congo, naisse. C'est ce qui a été tenté à la Conférence nationale sur les droits de l'homme, par la création d'une « Commission Congolaise des droits de l'Homme et du Peuple ».

Que l'appellation qui ait remporté la « majorité » des voix des conférenciers ait été une « Commission... », cela ne doit pas dérouter l'analyste sur l'intention réelle et profonde des auteurs de la Charte quant à la question de la nature juridictionnelle de cette structure. Les compétences explicites et la procédure de saisine organisées par les conférenciers pour cette structure nouvelle de promotion et de protection des droits de l'homme au Congo, en effet, offrent un argument supplémentaire à la thèse de la juridictionnalité et dénotent, ainsi, de la volonté sublime des conférenciers de dépasser le stade des simples dénonciations et/ou remontrances en matière de protection des droits de l'homme au Congo.

Dès le jour de son adoption, les participants à la Conférence nationale sur les droits de l'homme, sur proposition de sa 8e Commission, avait – il faut le réaffirmer – adopté une structure proprement juridictionnelle de protection des droits de l'homme, dont les compétences et la procédure de saisine méritent à présent d'être analysées.

§2. Compétences et procédure de saisine de la Commission

A. Compétences de la Commission

La Commission Congolaise des Droits de l'Homme et du Peuple a, aux termes de la Charte, des compétences qui couvrent deux domaines principaux d'intervention des structures de sauvegarde des droits de l'homme, à savoir : la *promotion* et la *protection.*

Aux termes, en effet, de l'article 71 de la Charte, la Commission Congolaise des Droits de l'Homme et du Peuple a le pouvoir, non seulement de « promouvoir », mais surtout, de « protéger » les droits de l'homme. À ce titre, dit la Charte :

« elle reçoit des requêtes individuelles et/ou collectives introduites pour violation des droits et libertés ; constate la ou les violations à ces droits et libertés ; et ordonne toutes mesures de réparation, de redressement ou de satisfaction équitable ;

elle assure la traduction, la vulgarisation et l'éducation par tous les moyens adéquats des normes relatives aux droits de l'homme en République démocratique du Congo ;

elle émet des avis consultatifs en direction des autorités pour assurer la conformité des lois et pratiques publiques ou privées aux normes relatives aux droits et libertés ;

elle est seule compétente pour assurer l'interprétation des normes relatives aux droits de l'homme en République démocratique du Congo » [57].

Recevoir une plainte en matière des droits de l'homme, en constater une violation et, surtout, avoir la capacité d'ordonner – pour remédier à la situation – « toutes mesures » de type juridictionnel (réparation, redressement et/ou satisfaction équitable) n'équivaut-il pas à l'exercice des *compétences juridictionnelles ?*

B. Procédure de saisine de la Commission

Aux termes de l'article 73 de la Charte, « Toute personne ou groupe de personnes victime directe ou indirecte d'une violation des droits et libertés (...) peut saisir la Commission *par une requête individuelle ou collective* tendant à faire redresser ou réparer la violation constatée » [58].

Cette disposition de la Charte ouvre – on le voit – la voie d'action judiciaire en matière des droits de l'homme, tant aux individus qu'aux groupes se trouvant sur le territoire de la République démocratique du Congo. Ce sont des *plaintes* des parties qui sont ici visées.

Une requête, comme le dit Gérard Cornu, est un « acte unilatéral par lequel une partie est fondée, par une disposition expresse de la loi, *à solliciter directement du juge* une mesure d'administration judiciaire ou même *une décision d'ordre juridictionnel* qui suppose que les parties soient entendues ou appelées par le juge... » [59]

Comment ne pas y voir, là, un indice supplémentaire d'exercice de la fonction juridictionnelle ?

Certes, le mot « requête » et le pouvoir de saisir la Commission ne sont pas spécifiques au langage judiciaire. Il n'en demeure pas moins vrai que la solution juridictionnelle postulée (ordonner toutes mesures de réparation, de redressement ou de satisfaction équitable) constitue l'indice patent et sérieux de l'exercice de la fonction juridictionnelle.

Le même article 73, alinéa 2, prévoit même le cas d'un *concours d'actions juridictionnelles* pour donner *priorité* à l'action judiciaire classique, certes, mais, *prépondérance* à l'action judiciaire de défense des droits de l'homme[60].

Comment, dans ce contexte, échapper au constat de l'existence au Congo, depuis la Conférence nationale sur les droits de l'homme, d'un *mode juridictionnel spécifique* de règlement des litiges en matière des droits de l'homme ?

N'y voit-on pas une preuve supplémentaire et superfétatoire dans la composition même de la Commission ?

§3. COMPOSITION DE LA COMMISSION

Selon le vœu des délégués à la Conférence nationale sur les droits de l'homme, la Commission Congolaise des Droits de l'Homme et du Peuple devrait être « composée de 15 membres, *dont deux tiers au moins des juristes, ayant une compétence et une expérience éprouvées en matière des droits de l'homme et de procédure judiciaire* » (art. 72, al. 1er, *infra*). Ces derniers seraient désignés par le parlement, après avis de la Commission Nationale d'Éthique à créer (art. 72, al. 2).

Tandis que ses membres seront appelés *Commissaires aux Droits de l'Homme et du Peuple*, siégeant à titre individuel et pour un mandat renouvelable 7 ans (art. 72 al. 2), la Commission se verra également doté d'un *greffe* au niveau de son siège central et, peut-être même, au niveau de ses « subdivisions provinciales », et des *chambres* d'instance (art. 70, al. 3).

Comment ne pas penser, dans ses conditions, que, tous les indices de juridictionnalité étant réunis, la Commission Congolaise des Droits de l'Homme et du Peuple est un organisme parfaitement juridictionnel d'un type tout à fait particulier ?

Dès l'émergence de l'idée en effet, et à l'instar de la question même du caractère juridictionnel de la Commission, une divergence de vues assez profonde avait, certes, opposé les partisans et les adversaires de la « voie judiciaire », comme pour traduire un débat déjà connu au niveau africain[61]. Au bout de la discussion cependant, ce sont les partisans de la voie judiciaire qui avaient fini par l'emporter.

Pour nous résumer donc, depuis l'adoption de la Charte congolaise des droits de l'homme et du peuple et sous réserve de sa promulgation en tant que loi de la République, il est désormais devenu possible, au Congo, que « toute personne » ou tout « groupe de personnes », alléguant d'une violation d'un des droits reconnus, puisse saisir, d'une façon directe, *un juge spécifique des droits de l'homme*, en l'occurrence la *Commission Congolaise des Droits de l'Homme et du Peuple*, une commission de nature juridictionnelle.

Sa logique intrinsèque est celle d'essayer de concilier la pensée juridique occidentale (qui se réclame de tendance individualiste) et la pensée juridique africaine (qui s'arc-boute derrière le sentiment communautaire), pour réaliser un véritable compromis entre le « peuple » et « l'individu »[62].

Son apport principal est la transposition, dans le domaine des droits de l'homme, d'un type de sanctions particulières qui ne peuvent, logiquement, être prononcées que par un organe de type juridictionnel.

§4. Sanctions susceptibles d'être prononcées par la Commission

À propos des sanctions que la Commission sera appelée à prononcer, celles-ci, selon les termes mêmes de la Charte, seraient constituées de mesures de « redressement », de « réparation » et/ou de « satisfaction équitable » (*supra*).

La Charte ne donne pas la définition de ces concepts, utilisés séparément. Et pourtant la similitude n'est que d'apparence. Et, dans l'entendement même des rédacteurs de la Charte, il n'y a pas du tout équipollence.

Par « redressement », on a pu le noter, il faut entendre soit la correction, soit le rétablissement dans son *prestint état* d'une situation devenue anormale, en l'occurrence une méconnaissance d'un des droits protégés. La « réparation », quant à elle, on le sait, couvre, en droit civil, un si vaste champ d'institutions qu'elle peut prendre la forme soit d'une restitution, soit d'une compensation, soit encore d'une indemnisation.

En revanche, on ne doit pas réduire la « satisfaction équitable » au simple « dédommagement pécuniaire », ainsi que semble le constater, médusé, Johan Callewaert dans la pratique de la Cour européenne des droits de l'homme[63]. La satisfaction équitable, en effet, reconnaît cet auteur, peut également prendre la forme d'une « satisfaction morale », sans nécessairement être de nature matérielle.

C'est dire que les trois types de sanctions susmentionnés ne sont pas à loger sur la même enseigne, pas plus qu'elles ne sont d'application générale sur l'ensemble des droits proclamés.

Ainsi, par exemple, lorsqu'il s'agirait de la violation du « droit à l'éducation » des enfants d'une collectivité de la République (soit parce que l'État n'y a pas ou ne veut pas y construire des écoles, soit parce que des fonds nécessaires ont été débloqués mais détournés par des responsables véreux), il serait difficile d'appliquer, dans ce cas, toutes les règles gouvernant un procès pénal ou civil ordinaire. La violation, en tant que telle, du « droit à l'éducation » des enfants de cette collectivité ne constituant, en l'état actuel du droit positif congolais, ni une infraction pénale (sauf l'aspect « détournement des fonds »), ni une faute civile, on ne peut raisonnablement fonder la condamnation de ou des auteurs de la violation sur le code pénal ou sur l'article 258 du code civil congolais prescrivant la responsabilité aquilienne.

Avec la nouvelle Charte, il serait cependant possible, voire indispensable, que la juridiction spéciale des droits de l'homme – en l'occurrence la Commission – extirpe ce mal (violation du droit à l'éducation) en ayant la capacité de prononcer, à charge des responsables publics, des mesures coercitives tendant à les obliger à « redresser » la situation, c'est-à-dire à *corriger une situation de manque.* Cela passera, entre autres, par *l'imposition judiciaire d'une obligation de construire une école* là où il le fallait.

Voilà qui peut, par exemple, constituer le fondement d'une obligation politique d'inscription au prochain budget national, ce au titre de « poste budgétaire incontournable et incompressible », d'une ligne de crédit pour la « construction de l'école de… ».

Une telle mesure, *prise judiciairement*, serait couverte tant d'une certaine garantie d'impartialité (et donc d'une sorte de « certificat de neutralité politique ») que de l'autorité de la chose jugée, nécessaires pour conférer au droit à l'éducation à la fois un statut budgétaire prioritaire et un contenu juridique concret, avec à la clé l'obligation faite à l'État (et à tous les prétendants au pouvoir d'État) de construire l'école qui a été recommandée judiciairement.

Cette « recommandation judiciaire » fait d'ailleurs naître au profit des citoyens lésés par l'attitude insouciante de l'État, un *droit subjectif à l'acquisition d'une ou des école (s)*, droit subjectif concret que, parfois, des formulations par trop vagues des textes de lois ne sont en mesure de rendre concret.

Dans le même ordre d'idées, on parlerait aussi de« réparation » d'un droit chaque fois que la violation du droit allégué permettrait de constater, selon les règles du droit civil, qu'une personne ou un groupe de personnes aurait subi un dommage réel, certain et personnel du fait de cette violation.

Ainsi – pour rester dans le même exemple – si l'État persisterait, par exemple, dans son refus désinvolte de construire des écoles pour garantir le droit à l'éducation de ses habitants, ceux-ci seraient, à notre sens, fondés, sur base de ce droit consacré judiciairement, à exiger, non seulement l'exécution par l'État de l'obligation judiciaire (construire l'école), mais surtout, la réparation par ce dernier de tous les autres préjudices connexes – moraux et matériels – subis par les habitants ou par l'un d'entre eux du fait de ce « manque d'école » (par exemple, perte d'un bénéfice financier du fait de l'analphabétisme, consécutif à la non-scolarisation structurelle).

Ce serait « trop demander » à l'État, objecterait-on ! Mais, que faut-il *de plus efficace et de plus contraignant* pour obliger un État aux potentialités économiques si vastes et reconnues (mais dont les habitants sont, paradoxalement, parmi les moins scolarisés au monde) à bâtir un système éducatif digne de sa réputation et de ses potentialités économiques ?[64]

De ce point de vue donc, l'intervention de la « justice des droits de l'homme » aura, à notre sens, contribuer non seulement à réparer un tort causé à une frange de la population, mais aussi à réhabiliter les ressorts décisionnels d'un État qui – jusqu'à présent – ne parvient toujours pas à sortir de son long comma.

On voit ainsi que, plutôt que d'être une commission simplement « consultative » (...), la nouvelle Commission Congolaise des Droits de l'Homme et du Peuple se voudrait – et est appelée à être – *une juridiction à part entière, appelée à instruire les litiges des droits de l'homme et à prononcer, le cas échéant, des sanctions judiciaires spécifiquement dignes d'un système efficace et efficient de protection de droits de l'homme.* Mais, cette Commission ne constitue encore qu'une voie vers un régime de pleine juridictionnalisation ou de pleine justiciabilité des droits de l'homme au Congo. Ce régime passe, selon nous, par l'institution, au-delà d'autres structures, d'un Ordre juridictionnel spécial des droits de l'homme (*supra*).

Cet ordre n'est pas encore arrivé. Mais, il faudrait travailler pour que son règne vienne. Il remplacerait ainsi par exemple l'actuel Observatoire National des Droits de l'homme dont les compétences et le contexte (seulement) de création méritent brièvement d'être rappelés.

SECTION 5. L'OBSERVATOIRE NATIONAL DES DROITS DE L'HOMME

Avant d'indiquer sommairement ses compétences (§ 2), il convient de dire un mot sur le contexte d'institution de l'Observatoire National des Droits de l'Homme (§ 1), étant entendu qu'une loi organique le concernant est toujours attendu et que toute étude scientifique y relative est, pour le moins, prématurée.

§ 1. CONTEXTE D'INSTITUTION

L'*Observatoire National des Droits de l'Homme* est une « institution d'appui à la démocratie » créée, le 9 avril 2002, par une résolution des participants au *Dialogue inter-Congolais*, tenu à Sun City en République sud-africaine, du 25 février au 11 avril 2002.

Créée dans un contexte de méfiance entre différents belligérants, cette structure ne pouvait qu'apparaître comme « nouvelle » aux yeux de ceux qui ne se sentaient pas concernés par les travaux de la *Conférence nationale sur les droits de l'homme* initiés à Kinshasa par un gouvernement qu'ils considéraient comme un des belligérants.

En effet, la guerre déclenchée à l'Est du pays le 2 août 1998 par l'armée rwandaise avait fini par opposer le gouvernement de Kinshasa aux rebelles, sous la férule de leurs parrains rwandais, ougandais ou burundais. Le contexte de la guerre avait imposé, après plusieurs années de négociations, un *accord global et inclusif* qui a permis aux anciens belligérants de mettre sur pied « un nouvel ordre politique ». C'est dans le cadre de cet « accord global et inclusif » que l'Observatoire national des droits de l'homme est né, en tant qu'« institutions d'appui à la démocratie ».

Quelles sont ses compétences ?

§2. COMPÉTENCES DE LA NOUVELLE STRUCTURE

La Constitution de la transition, à la suite du point V.4 de l'Accord global et inclusif, prévoit la création de cinq « Institutions d'appui à la démocratie », parmi lesquelles l'*Observatoire national des droits de l'homme*.

Dans une formulation d'ensemble, l'article 155 de ladite Constitution indique que « les institutions d'appui à la démocratie ont pour mission », entre autres, de « promouvoir et de protéger les droits de l'Homme ». On croit savoir qu'il s'agit là de la mission réservée à l'Observatoire National des Droits de l'Homme.

En attendant l'adoption d'une loi organique le concernant, la Résolution du 9 avril 2002 qui l'avait créé, énumère de la façon suivante les « missions » dudit Observatoire :

- « *contrôler l'application* des dispositions et normes juridiques nationales, régionales et internationales relatives aux droits de l'homme ;
- « *recommander* et *faciliter* la ratification ou l'adhésion de la République démocratique du Congo aux nouveaux traités relatifs aux droits de l'homme ;
- « *suivre* et *faire rapport* sur l'état d'application des instruments juridiques internationaux relatifs à la promotion et à la protection des droits humains ;
- « *faire connaître* aux citoyens leurs droits ;

- « examiner la législation interne en matière des droits humains et *faire des recommandations* ;
- « *garantir la jouissance par les citoyens de tous les droits*, tant individuels que collectifs ;
- « *favoriser l'instauration d'un véritable État de droit* ;
- « *promouvoir les associations de défense des droits humains* ;
- « *former les activistes des droits humains, assurer leur protection et garantir leur statut* ;
- « *créer une Commission pour la protection de la femme et de l'enfant* ayant pour mission de : dénoncer toutes formes de violences spécifiques à l'égard de la femme et de l'enfant, des personnes de troisième âge et des personnes vivant avec handicap ; orienter auprès des juridictions compétentes les plaignants ; favoriser l'éducation au développement et l'éducation civique pour une meilleure connaissance citoyenne ; veiller au respect strict des droits et lutter contre leurs violations ».

Ainsi énumérées, les « missions » de l'Observatoire National des Droits de l'Homme ne lui confèrent aucun caractère juridictionnel puisque, pour l'essentiel, l'ensemble de ses pouvoirs se limitent, ainsi qu'on le voit, au domaine de la *promotion*.

Qu'il s'agisse du contrôle ou du suivi de l'application des normes, du pouvoir de recommandations ou d'établissement des rapports ou encore de la mission de faire connaître les droits de l'homme aux citoyens, on est là dans le domaine pur de la « promotion ».

De même, les pouvoirs spécifiques de « promouvoir les associations de défense des droits de l'homme », de « favoriser l'instauration d'un véritable État de droit » ou de « garantir la jouissance par les citoyens de tous leurs droits », outre leur caractère vague et ambigu, ne disent rien en ce qui concerne le pouvoir juridictionnel de l'Observatoire.

Enfin, le fait de confier à cette structure le pouvoir de créer un autre mécanisme spécifique de « protection de la femme et de l'enfant », constitue une délégation outrancière d'un pouvoir exclusif du Parlement et est une source potentielle de conflits entre la « Commission spécifique de la femme et de l'enfant » et l'Observatoire lui-même.

Car, comment reconnaître à celle-là, par exemple le pouvoir de « veiller au respect strict (quel respect ?) *des droits* et de lutter contre leurs violations »et, en même temps, positionner l'Observatoire comme la structure « de promotion et de protection des droits de l'homme – de *tous* les droits de l'homme – en République démocratique du Congo » ?

Enfin, quelle sera la durée d'existence dudit Observatoire ? Va-t-il disparaître avec la durée de la transition ? Aucune réponse à cet égard n'a été, jusqu'à présent, fournie.

Tel est le sens qu'il convient de donner aux mécanismes nouveaux de protection des droits de l'homme. Tel est également le sens d'un cours qui, à l'intitulé *Libertés publiques*, est, aujourd'hui, préféré l'appellation plus moderne et plus réaliste de *Droit des droits de l'homme*.

CONCLUSION GÉNÉRALE

Le *Droit congolais des droits de l'homme*, voilà une construction sémantique que nous nous sommes autorisée pour rendre compte de l'existence, en République démocratique du Congo, d'une série de règles juridiques qui, pour être éparses, ne sont pas moins dotées d'une certaine unité de but et de conception, dans le cadre du principe foncier du Droit.

Le *Droit congolais des droits de l'homme* est donc, comme nous l'avons dit, une discipline scientifique qui, dans la famille du Droit, se propose d'étudier l'ensemble des règles juridiques d'origines diverses (constitutionnelles, conventionnelles, légales, réglementaires, jurisprudentielles et coutumières) qui reconnaissent à l'Homme un certain nombre de droits ou de libertés inhérents à sa personnalité humaine et lui offrent en même temps des garanties nécessaires pour la jouissance et le contrôle desdits droits, en cas de violation ou de méconnaissance de ces derniers.

Ce Droit existe à l'heure actuelle en tant que corps de règles d'origines diverses. Le besoin d'une lecture concentrée et cohérente de ces différentes règles rend compte de la nécessité d'un regroupement systématique des différentes « branches » du Droit reconnaissant des droits et libertés spécifiques à des êtres humains. C'est ce besoin de lecture concentrée et cette nécessité de regroupement scientifique des « branches » d'un même objet qui en appelle à l'érection d'une discipline scientifique autonome de la connaissance juridique, que nous avons appelée *Droit des droits de l'homme* et, puisqu'il s'agit de la République démocratique du Congo, *Droit congolais des droits de l'homme*.

Le Congo, peut-on apostropher, est-il une « nation des droits de l'homme » pour mériter un tel « honneur » ? La réponse est évidemment affirmative. Car, quels que soient le nombre, la fréquence et la forme des violations des droits de l'homme constatés dans ce pays, il est indéniable qu'en tant qu'Êtres humains, les Congolais et les Congolaises ont des droits que n'importe qui est obligé de respecter. Ces droits sont consignés, même de façon « décorative », dans différents instruments qui font le système juridique de ce pays.

En tant que telle donc, une discipline scientifique spécifique pouvant mobiliser les énergies pour une étude sérieuse des garanties et des droits reconnus à ces Êtres, pour une meilleure « promotion » et une meilleure « protection » desdits droits, ne fera que reculer, un tant soit peu, la nuit de l'ignorance. Mieux, elle contribuera au renforcement de la *culture des droits de l'homme*, dans le chef surtout des bourreaux.

Au-delà de ce système de règles juridiques modernes, comment ne pas constater que le passé traditionnel africain regorge, lui aussi, un certain nombre d'acquis et de principes qui constituent, aujourd'hui, une des sources importantes du Droit qu'il s'agisse de reconstruire ? Tout le problème du patrimoine juridique ancestral est, comme dans tout domaine de connaissances, la difficulté d'une assise matérielle (écrit) des principes et des droits qui faisaient la vie de nos aïeux. Heureusement que les contes et autres proverbes suppléent un peu à cette faiblesse, en essayant d'entretenir une certaine mémoire des droits « oubliés ».

Le régime juridique congolais des droits de l'homme que nous avons essayé, modestement, de présenter ici, se présente donc comme une somme des conceptions vécues depuis des siècles, mais qui, au contact d'autres civilisations, s'est trouvée considérablement « modernisée » pour tenir compte des contraintes et des besoins de l'homme « moderne ». Il comprend les « droits garantis » et la « garantie des droits ».

Dans les « droits garantis », il a été question surtout de se consacrer à l'étude des principaux droits qui, pris en échantillon, forment le socle des besoins de l'Être humain. Ils sont politiques, civils, économiques, sociaux, culturels, etc.

Au chapitre des « garanties des droits », nous avons vu que la République démocratique du Congo est dans la croisée des chemins, avec en toile de fond cette interrogation : quel est le meilleur mécanisme, en termes d'efficacité et d'efficience, qui pourrait permettre que des individus et des collectivités vivant dans ce pays puissent faire contrôler le respect de leurs droits par ceux qui sont chargés, précisément, de les respecter ? Quelles institutions efficaces et efficientes peut-on imaginer pour une meilleure promotion et une meilleure protection des droits de l'homme au Congo ?

À cette question nous avons tenté de répondre par une proposition : au-delà des structures judicaires existantes (Cours et tribunaux classiques) et au-delà des mécanismes de type administratif (Ministère des Droits Humains, Observatoire National des Droits de l'Homme) ou de type « associatif » (ONG des droits de l'homme…), la République démocratique du Congo a besoin d'un *Ordre juridictionnel spécial des droits de l'homme.* Cet Ordre, à créer, aura pour mission principale de « rendre la justice des droits de l'homme », une justice qui va au-delà du simple « dire le droit », parce que mettant au centre de toutes les préoccupations l'Homme. Le *principe de la centralité de l'homme*, avec pour conséquence le rejet de tout juridisme anachronique, déteindra sur l'ensemble des activités des magistrats humanistes, puisque telle sera leur vocation première, à savoir : la protection de l'homme et de ses droits.

Il reste qu'une question pratique et importante n'a pas été abordée dans cette étude, à savoir : quel est *le coût* (matériel, financier, humain…) de cette prise en charge des droits ? Question fondamentale dont la recherche de la réponse déborde le cadre matériel de cette étude.

En vérité, les droits de l'homme tels qu'expliqués et tels que « protégés » dans cette étude supposent un coût énorme, en termes de moyens financiers, moyens matériels et moyens humains, que, malheureusement, le pays – vu son état actuel de développement – ne peut pas encore s'offrir le luxe de disponibiliser pour une prise en charge effective desdits droits. Mais, les moyens de toute politique publique ne viennent pas comme à l'époque des mannes du ciel. L'important est de pouvoir s'inscrire dans le cadre d'une politique donnée et pouvoir en rechercher les moyens adéquats de réalisation. En attendant, l'on ne peut s'autoriser un gel de réflexions au motif du gel ou de la carence des moyens.

Notre souhait le plus ardent est que, ici et maintenant, la République démocratique du Congo s'engage dans une politique claire et responsable de « prise en charge » effective des droits qui sont reconnus à des citoyens ou à des habitants du fait de son Droit positif, qu'il soit d'origine nationale ou internationale. Une politique publique et claire des droits de l'homme, prenant en compte les principaux développements déployés dans cet ouvrage, au besoin enrichis par d'autres apports, nous semble être le premier « moyen » que peut s'offrir la RDC pour le développement du Droit des droits de l'homme dans ce pays.

Dès lors, la question du coût de la prise en charge institutionnelle des droits de l'homme peut, à ce stade, se réduire à celle des moyens qu'on s'offre pour l'élaboration d'une politique publique des droits de l'homme. Celle-ci, à notre sens, doit pouvoir prendre en compte deux exigences majeures, à savoir : l'élaboration de la liste et la fixation du contenu des droits garantis aux citoyens (Charte des droits de l'homme) et la mise en place des mécanismes les plus adéquats et efficients pour une meilleure garantie des droits de l'homme au Congo.

Que notre modeste contribution puisse aider à féconder le débat autour de ces grands choix sociétaux.

NOTES

INTRODUCTION

[1] Sur l'étude des droits de l'homme comme « science », voir R. CASSIN, « Science des droits de l'homme : méthodologie et enseignement », Colloque de Nice, 1971, in *Revue des droits de l'homme*, vol. V, 1972.

[2] Dans l'avant-projet de réforme des programmes universitaires congolais, non seulement qu'un cours spécifique de *Droit des droits de l'homme* a été oublié, mais pire, « la Commission a rejeté l'idée d'organiser l'option 'droits humains' à la Faculté de Droit », sans une justification objective et rationnelle. Lire RÉPUBLIQUE DÉMOCRATIQUE DU CONGO, MINISTÈRE DE L'ENSEIGNEMENT SUPÉRIEUR ET UNIVERSITAIRE, ATELIER DE LA TABLE RONDE DES UNIVERSITÉS DU CONGO (TRUC), *La réforme universitaire de Lubumbashi*, Lubumbashi, Hôtel Karavia, 1er-15 septembre 2003, p. 28, Doc. *inédit*. Ce rejet étonne au moment où les besoins en formation en *Droit des droits de l'homme* sont grandissants en RDC et ne sont même pas satisfaits. Bien plus, ce rejet se trouve en contre-mouvement de plusieurs universités du monde qui, à ce jour, ont créé des chaires particulières de droits de l'homme. À l'Université catholique de Louvain par exemple (Belgique), un programme interuniversitaire intitulé « Diplôme d'Etudes spécialisées en Droits de l'homme » est expérimenté depuis 1999 à la satisfaction générale. Au cours de l'année académique 2002-2003, une autre université belge a rejoint les deux pionnières, de sorte qu'à ce jour, le programme est co-organisé par trois universités : l'Université catholique de Louvain (UCL), les Facultés universitaires Saint-Louis (FUSL) et les Facultés universitaires Notre-Dame de la Paix de Namur (FUNDP). Voir *http ://www.drt.ucl.ac.be* ou *http : //www.droit.fundp.ac.be/*. Consulté ce 24 février 2004.

[3] Art. 1er, Charte congolaise des droits de l'homme et du peuple, in RÉPUBLIQUE DÉMOCRATIQUE DU CONGO, MINISTÈRE DES DROITS HUMAINS, *Actes de la Conférence nationale sur les droits de l'homme*, vol. II, Kinshasa, CEDI, juin 2001, p. 11.

[4] Pour une étude des méthodes des sciences sociales, lire avec intérêt M. GRAWITZ, *Méthodes des sciences sociales*, 11e éd., Paris, Dalloz, 2001.

[5] La plupart des manuels publics français insistent en effet sur cette terminologie. Voy. pour s'en convaincre, notamment J. ROBERT, *Libertés publiques*, Paris, Éd. Montchrestien, 1971 ; J. RIVERO, *Les libertés publiques*, t. I : *Les droits de l'homme* et t. II : *Le régime des principales libertés*, Paris, P.U.F, coll. Thémis, 1973-1977 ; G. BURDEAU, *Libertés publiques*, 4e éd., Paris, L.G.D.J., 1972 ; C.A. COLLIARD, *Libertés publiques*, Paris, Dalloz, 1982. Tous ces auteurs abordent, chacun avec ses opinions, la question de la différence conceptuelle qui existerait entre *Libertés publiques*, d'une part, et *Droits de l'homme*, d'autre part. Nous refusons, quant à nous, d'entrer dans cette polémique somme toute dépassée.

[6] J. RIVERO, *Les libertés publiques*, t. I : *Les droits de l'homme*, Paris, P.U.F, coll. « Thémis », p. 22 et s.

[7] P. FOILLARD, *Dictionnaire de droit public*, Paris, Centre de Publications Universitaires, p. 278

[8] J. RIVERO, *Loc. cit*, p. 23. C'est nous qui soulignons.

[9] KAKEZ EKIR N'KAZ AZAMA, *Cours de Droits de l'Homme et du peuple et des Libertés publiques*, Université de Kinshasa, *inédit*, 2002-2003. Nous nous inclinons ici devant la mémoire de l'Illustre disparu et nous regrettons le vide laissé par l'intéressé à la Faculté, vide que la Faculté nous a associé à combler, en nous confiant, de juin à août 2003, la « suppléance » provisoire de ces cours. Que tous soient ici remerciés pour la marque de confiance qu'ils ont témoignée à l'endroit de notre modeste personne et pour leur souci de la relève.

[10] F. SUDRE, *Droit européen et international des droits de l'homme*, Paris, P.U.F, 6e édition refondue, 2003, p. 14.

[11] F. DELPÉRÉE, *Le droit constitutionnel de la Belgique*, Bruxelles-Paris, Bruylant-L.G.D.J., 2000, p. 187.

PREMIÈRE PARTIE

[1] En tant que tentative de systématisation de ce Droit, lire par exemple F. SUDRE, *Droit international et européen des droits de l'homme*, Paris, P.U.F, spéc. 4e édition mise à jour, 1999, 388 p. et 6e édition refondue, 2003, 665 p.

CHAPITRE IER

[1] Lire à ce sujet par exemple, I. NDAYWEL È NZIEM, *Histoire générale du Congo. De l'héritage ancien au temps présent*, Bruxelles-Kinshasa, Duculot-Afrique Éditions, 955 p.

[2] A. RYCKMANS et C. MWELANZAMBI BAKWA, *Droit coutumier africain. Proverbes judiciaires Kongo (Zaïre)*, Paris-Mbandaka, L'Harmattan-Aequatoria, 1992, p. 69. C'est nous qui soulignons.

[3] *Ibid.*, pp. 69-70.

[4] « ... Dieu créa l'homme à son image, à l'image de Dieu il le créa ; mâle et femelle il les créa », Voy. Gn. 1, 27, in *La Bible, Traduction Œcuménique de la Bible*, seconde édition, Alliance Biblique Universelle, éd. du Cerf, Paris, 1982, p. 20.

[5] Dt. 30, 15-20, *Ibid.*, p. 253 : « J'ai mis devant vous le Bien et le Mal, la Vie et la Mort... Choisissez le Bien et la Vie ; rejetez le Mal et fuyez la Mort... », *Ibid.*

[6] Voir à ce sujet, notamment, G. MARCEL, *La dignité humaine et ses assises existentielles*, Paris, Aubier-Montaigne, 1964. À propos de la « dignité humaine » comme limites à toute observation ou à toute violation des droits de l'homme, lire entre autres, S. MARCUS-HELMONS (dir.), *Dignité humaine et hiérarchie : les limites irréductibles,* Colloque organisé par le Centre des Droits de l'Homme de l'Université Catholique de Louvain, 16 octobre 1998, Louvain-la-Neuve, Academia-Bruylant, 1999.

[7] Déclaration de l'Épiscopat du Congo « sur les impératifs de l'action missionnaire en Afrique belge » du 29 juin 1956, in *Revue du clergé africain,* XI, septembre 1956, n° 5, pp. 449-454.

[8] *Ibid.*, pp. 451-452.

[9] Il ne faut pas oublier qu'à l'époque, sous le mandat du ministre libéral Buisseret, les autorités coloniales belges avaient, contre l'avis de la papauté, décidé entre autres de casser le monopole de l'Église sur les écoles, en admettant

le principe de la création, aux côtés des « écoles chrétiennes », des écoles dites « laïques » (Athénées royaux et autres lycées officiels). Le « conflit scolaire » fut donc, en grande partie, le leitmotiv principal de cette volte-face cléricale.

[10] Dans une séance de travail de l'UNISCO (*Union pour les Intérêts Sociaux Congolais*, Organisation syndicale fondée par l'*Association des Anciens Élèves des Pères de Scheut*, ADAPES en sigle), le futur dirigeant de l'*Association des Bakongo*, ABAKO, et nouveau Président dudit Syndicat, avait, en effet, déclaré, en 1946, que la propriété du sol de Léopoldville devait revenir aux « Gens du Sud », c'est-à-dire, principalement aux Bakongo, en tant que « premiers occupants ». Si, vis-à-vis du Colonat, ce discours pouvait être perçu comme une manière de défendre les droits fonciers des indigènes, il ne manquait cependant pas d'effaroucher « les Gens du Haut », c'est-à-dire les non Bakongo, dans un contexte politique qui demandait plus que jamais l'unité et la cohésion nationales. À propos de ce discours et des commentaires qu'il a suscités, lire notamment C.A GILIS, *Kasa-Vubu au cœur du drame congolais*, Bruxelles, Éditions Europe-Afrique, 1964, p. 63.

[11] Extrait tiré de B. VERHAEGEN (en collaboration avec Ch. TSHIMANGA), « L'ABAKO et l'indépendance du Congo belge. Dix ans de nationalisme kongo (1950-1960) », in *Cahiers Africains. Institut Africain-CEDAF*, n°s 53-54-55 (série 2001-2002), Paris, L'Harmattan, 2003, p. 181. C'est nous qui soulignons.

[12] B. VERHEGEN, *Op. cit.*, pp. 277-279. C'est nous qui soulignons.

[13] P. LUMUMBA, *Le Congo terre d'avenir est-il menacé ?*, Bruxelles, Office de Publicité S.A, 1961, 215 p. Sur les « buts » poursuivis par l'auteur en écrivant ce livre, lire spéc. pp. 7-8.

[14] Pour une lecture complète de ce chapitre, lire P. LUMUMBA, *Op. cit.*, pp. 19-37.

[15] P. LUMUMBA, *Op. cit.*, p. 41. C'est nous qui soulignons.

[16] *Ibid.*, p. 42.

[17] J. OMASOMBO TSHONDA et B. VERHAEGEN, « Patrice Lumumba. Jeunesse et apprentissage politique. 1925–1956 », in *Cahiers africains*, n° 33-34, 1998, Paris, L'Harmattan, pp. 192-193.

[18] Nous tenons toutes ces informations et tous ces commentaires, entre autres, de I. NDAYWEL È NZIEM qui en fait large écho, *Op. cit.*, pp. 359-260.

[19] Cet auteur mythique avait, en effet, donné une série de conférences et publié une série d'articles, tant en Français qu'en Néerlandais, sur un « plan de trente ans d'émancipation du Congo belge ». L'essentiel de ces interventions se trouvent être rassemblées dans son ouvrage *Vers l'indépendance du Congo et du Ruanda-Urundi*, publié plus tard aux Presses Universitaires du Zaïre, Kinshasa-Bruxelles, 1977, spéc. pp. 164-202.

[20] Pour Philippe Gérard, le « recentrage des droits de l'homme sur un ensemble de droits politiques (droits qui rendent possible la formation d'une communauté politique démocratique, droits qui ont pour fonction d'instituer des organes et des procédures de décision collective, droits qui ont pour fonction d'assurer la construction d'un espace public) (…) permet de distinguer, parmi les droits de l'homme, ceux qui doivent être considérés comme des conditions d'existence de la société démocratique (…). Ils bénéficient d'une transcendance par rapport aux autorités politiques dont la légitimité est conditionnée par le respect de ces droits » in *Politique et philosophie des droits de l'homme*, notes de cours (Polycopié), Facultés Universitaires Saint-Louis, 2000-2001, pp. 13-14.

[21] Voir par exemple in *L'Avenir*, 24, 25 et août 1956, *passim*.

[22] I. NDAYWEL È NZIEM, *Op. cit.*, p. 520.

[23] DE SCHREVEL, cité par I. NDAYWEL È NZIEM, *Ibid.*

[24] Sur la signification et la portée historique de ces deux documents, lire par exemple B. VERHAEGEN, « Les premiers manifestes politiques à Léopoldville (1950-1956) », in *Cahiers africains*, n° 10, Bruxelles-Paris, Institut africain-L'Harmattan, 1971, 40 p.

[25] I. NDAYWEL È NZIEM, *Histoire générale du Congo, Op. cit.*, p. 821.

[26] Il faut toutefois exclure ici quelques relents « xénophobes » et même quelques attitudes de « tribalisme » qui, épisodiquement et par l'action nocive de certains manipulateurs, retardent la consolidation d'une véritable « nation » congolaise. Ces relents xénophobes ont parfois contraint certains peuples – tel le peuple *Luba* au Katanga en 1991 – à vivre « l'exil » dans leur propre patrie. On parle alors de « populations déplacées », comme pour atténuer la rigueur des critères du droit onusien des réfugiés. Les travaux comme ceux du Professeur Kalele Kabila (Les idéologies régionalistes) le prouvent bien, sans ébranler pourtant tout le sentiment national.

[27] Pour quelques témoignages sur ce déferlement des réfugiés rwandais au Congo (ex-Zaïre), lire par exemple de P. DORDOLODOT, *Les réfugiés rwandais à Bukavu au Zaïre. De nouveaux palestiniens ?*, Paris, L'Harmattan, 1996 (avec la préface du Père MINANI et la postface du Professeur Filip REYNTJENS).

[28] L. NDAYWEL È NZIEM, *Op. cit.*, p. 85. C'est nous qui soulignons.

[29] *Ibid.*, pp. 85-86.

[30] *Ibid.*, pp. 113 et 121.

[31] Pour un récit poignant de ces atrocités, lire par exemple D. VANGGROENWEGHE, *Du sang sur les lianes (Léopold II et son Congo)*, Bruxelles, Didier Hatier, 1986, 315 p. Cet ouvrage n'a pas fait, en Belgique, que des émules. On n'a pas fini de compter les crimes de Léopold II puisque HOCHSCHILD Adam a publié aussi son récit, *Les fantômes du Roi Léopold II : un holocauste oublié*, Paris, Belfond, 1998.

[32] I. NDAYWEL È NZIEM, *Op. cit.*, p. 412.

[33] Le livre écrit à ce sujet par Jacques Vanderlinden étonne à plus d'un titre. L'étonnement vient par exemple de son simple intitulé. Comment une entreprise de colonisation peut-elle être décrite comme une œuvre « d'honneur ? J. VANDERLINDEN, *Pierre Ryckmans 1891-1959. Coloniser dans l'honneur*, Bruxelles, De Boeck Université, 1994, 802 p.

[34] Pour une histoire immédiate de cette phase de la décolonisation et, surtout, pour un condensé d'opinions belges et congolaises à la veille de l'indépendance du Congo, lire avec intérêt KAMBAYI BWATSHIA, *Blancs et Noirs face à la décolonisation du Congo belge*, Kinshasa, P.U.Z, 1992, 152 p.

[35] MATADI NENGA GAMANDA, *Zaïre : La démocratie improbable (Analyse des textes de la transition et projection des effets électoraux)*, Kinshasa, Éd. CEDI, 1997, 275 p.

[36] N'GBANDA NZAMBO-KO-ATUMBA, *Afrique. Démocratie piégée*, Éd. Équilibres aujourd'hui, Paris, 1994, 193 p.

CHAPITRE II

[1] DELPÉRÉE (F.), *Op. cit.*, p. 11. C'est nous qui soulignons.

[2] *Idem.*

[3] Il n'y a pas lieu, à cet égard, de se contenter de la « Brève histoire des Constitutions congolaises » relatée, en son temps et dans son style, par le Père Léon De Saint-Moulin, le seul qui se soit essayé en la matière, in *Zaïre-Afrique*, n° 256, juin-juillet 1991, pp. 291-301. Cette étude est à enrichir par des constitutionnalistes congolais.

[4] Sur cette question, un ouvrage de l'auteur est en préparation : *Droit constitutionnel et institutions politiques du Congo*, Academia-Bruylant, Louvain-la-Neuve (en préparation). Voyez aussi, à titre introductif, NGONDANKOY NKOY-EA-LOONGYA, « La Constitution de la transition issue de l'Accord global et inclusif du 17 décembre 2002 : questions et réflexions d'un citoyen », in *Revue de Droit Africain*, n° 27/2003, pp. 365-414.

[5] Voy., pour plus de détails, Loi du 18 octobre 1908 sur le gouvernement du Congo Belge, in *Codes et lois du Congo Belge*, 8e éd., t. I, Bruxelles, Larcier, 1960, pp. 14-24.

[6] Voy. Loi Fondamentale relative aux libertés publiques du 17 juin 1960, in *Moniteur congolais*, 24 juin 1960, pp. 390-394 et Loi Fondamentale relative aux structures du Congo du 19 mai 1960, in *Moniteur congolais*, 27-28 mai 1960, pp. 353-389.

[7] Art. 1er, Loi Fondamentale relative aux libertés publiques, *Op.cit*, p. 390.

[8] Constitution du 1er août 1964, Préambule et articles 11 à 46, in *Moniteur congolais*, n° spécial, 5 octobre 1965, pp. 3, 6-11.

[9] G. BALANDA, *Le nouveau droit constitutionnel zaïrois*, Paris, Nouvelles Éditions Africaines, 1972, 214 p.

[10] S'agissant de la révision constitutionnelle du 15 août 1974 et de ses commentaires, lire par exemple, Jacques VANDERLINDEN, *La République du Zaïre*, Encyclopédie politique et constitutionnelle, Institut International d'Administration Publique, Paris, Éd. Berger-Levrault, 1975, pp. 36-43. En annexe de cet ouvrage, se trouve être reproduit le texte constitutionnel de 1974, dont beaucoup n'ont pu l'avoir, en 1974, que par le biais de l'*Agence Zaïre-Presse* et dont, aujourd'hui, le numéro est presqu'introuvable.

[11] Acte constitutionnel de la transition, Exposé des motifs, in *J.O.R.Z.*, n° spécial, 9 avril 1994, p. 5.

[12] En réalité, ces deux droits figuraient déjà dans l'*Acte portant dispositions constitutionnelles relatives à la période de transition* (issu de la CNS, mais jamais promulgué par le Chef de l'État) et dans le *Projet de constitution pour la troisième République* issu du même Forum national.

[13] Voy. par exemple, art. 6 du *Projet de Constitution de la troisième République*, Haut-Conseil de la République-Parlement de Transition, Kinshasa, Lingwala, 1996, p. 3.

[14] En vertu de son article 28 cependant, toutes les dispositions constitutionnelles « antérieures » relatives, ici, aux droits et libertés fondamentaux des citoyens et qui ne s'avéraient pas « contraires » audit Décret-loi constitutionnel, restaient en vigueur. Il s'ensuit que, sur ce plan, l'Acte Constitutionnel de la transition, en dépit de sa « suspension » par le pouvoir de l'AFDL, est resté, pendant cette période, juridiquement et partiellement d'application.

[15] Constitution de la transition du 4 avril 2003, in *Journal Officiel de la République démocratique du Congo*, n° spécial, 5 avril 2003, 70 p.

[16] NGONDANKOY NKOY-EA-LOONGYA, « La Constitution congolaise de la transition issue de l'Accord... », *Op. cit.*

[17] RÉPUBLIQUE DÉMOCRACRATIQUE DU CONGO, MINISTÈRE DES DROITS HUMAINS, *Actes de la Conférence nationale sur les droits de l'homme,* vol. II : *Charte congolaise des droits de l'homme et du peuple*, art. 14, Kinshasa, CEDI, 2001, p. 16.

[18] Pour un commentaire sur ce nouveau droit, lire NGONDANKOY NKOY-EA-LOONGYA, « La Constitution congolaise de la transition du 4 avril 2003... » *Op. cit.*

[19] In *Journal Officiel de la République du Zaïre*, n° 7, avril 1982.

[20] Ordonnance-loi n° 82-020 du 31 mars 1982 portant code de l'organisation et de la compétence judiciaires, in *J.O.R.Z.*, n° 7, 1er avril 1982, p. 39, telle que complétée par l'ordonnance-loi n° 83/009 du 29 mars 1983, in *J.O.R.Z.*, n° 7, 1er avril 1983, p. 9.

[21] Pour une prise de conscience et une indication des « chantiers » à réformer en la matière, lire notamment BAYONA-BA-MEYA MUNA KIMVIMBA, « Lacunes à combler en procédure pénale en vue d'améliorer la sauvegarde de la liberté humaine et les droits de la défense », in *Revue interdisciplinaire des droits de l'homme*, vol. I, n° 2, 1995, pp. 5-30.

[22] Les principales lois électorales congolaises qui ont, depuis 1960, régi la fonction politique sont les suivantes : Loi du 23 décembre 1960 sur les élections législatives, *inédite* ; Ordonnance-loi n° 70-026 du 17 avril 1970 portant organisation des élections législatives, in *Moniteur congolais*, n° 9, du 1er mai 1970, pp. 257-267(telle que modifiée ultérieurement) ; Ordonnance-loi n° 70-027 du 17 avril 1970 portant organisation de l'élection du Président de la République, *Idem*, pp. 267-269 (telle que modifiée ultérieurement) ; Loi n° 77/014 du 16 juillet 1977 portant organisation des élections des membres du Bureau politique, du Conseil législatif et des Conseils de Zones urbaines, in *J.O.R.Z.*, n° spécial, 1er août 1977, pp. 467-477 ; Loi n° 77-029 du 30 novembre 1977 portant organisation de l'élection du Président du Mouvement Populaire de la Révolution, in *J.O.R.Z*, n° 2, 15 janvier 1978, pp. 9-13 ; Ordonnance-loi n° 82-007 du 25 février 1982 portant organisation des élections des membres du Conseil Législatif, des Assemblées Régionales, des Conseils de Ville, des Conseils de Zone et des Conseils de Collectivité, in *J.O.R.Z*, n° 6 du 15 mars 1982, pp. 40-47 ; Loi n° 84-001 du 20 janvier 1984 portant organisation de l'élection du Président du Mouvement Populaire de la Révolution, Président de la République, in *J.O.R.Z.*, n° 3, 1er février 1984, pp. 3-15 ; et, enfin, Ordonnance-loi n° 87-002 du 10 janvier 1987 portant organisation des élections des membres du Conseil législatif, des Assemblées régionales, des Conseils de ville, des Conseils de zone et des Conseils de collectivité, in *J.O.R.Z.*, n° spécial, 1987, pp. 3-35.

[23] Dans sa tradition constitutionnelle la plus constante, le Congo rappelle impérativement ce caractère nécessairement hétérosexuel du mariage (« sexe opposé ») et, par conséquent, l'interdiction de célébrer, au Congo, le mariage entre deux personnes de même sexe. En clair, l'homosexualité n'a pas droit de cité au Congo (*infra*).

[24] Loi n° 87-010 du 1er août 1987 portant Code de la Famille, in *J.O.R.Z.*, n° spécial, août 1987, 234 p.

[25] Pour le rappel des conditions d'acquisition de la nationalité congolaise, lire avec intérêt notamment KAPETA NZOVU ILUNGA, *Droit international privé,* cours polycopié, Université de Kinshasa, 1996-1997, 150p. et BOMPAKA NKENYI, *Droit civil/ Les personnes*, Cours polycopié, Université de Kinshasa, 1989-1990.

[26] Décret-loi n° 197 du 29 janvier 1999 modifiant et complétant la loi n° 81-002 du 29 juin 1981 sur la nationalité congolaise, in *J.O.RDC.*, n° spécial, février 1999, pp. 36-48.

[27] Voyez par exemple les articles 16 et 22 qui, contrairement aux législations précédentes, utilisent les expressions vagues de « fonctions publiques spécifiées par la Constitution et la Loi » en lieu et place de « fonction de Chef de l'État », carrément interdite aux naturalisés et aux optants, *Idem*, pp. 41 et 42.

[28] Art. 39, Charte congolaise des droits de l'homme et du peuple, *Op. cit.*, p. 24.

[29] Voyez telle que modifiée par l'ordonnance n° 87-034 du 22 janvier 1987, In *J.O.R.Z.* n° 4, du 15 février 1987, p. 21.

[30] Arrêté départemental n° 0004/CAB/CE/DLC/87 du 2 février 1987 portant règlement interne du Département des Droits et Libertés du Citoyen, in *J.O.R.Z*, n° 5, du 1er mars 1987, pp. 23-29.

[31] Arrêté départemental n° 0005/CAB/CE/DLC/MAWU/87 du 2 février 1987 réglant la procédure devant le Département des Droits et Libertés du Citoyen, *Idem.*, pp. 29-33.

[32] Voir Arrêté Départemental n° 87-308 du 26 février 1987 fixant le modèle de la Fiche d'appréciation synthétique des candidatures, in *J.O.R.Z.*, n° spécial : Élections 1987, pp. 15-17.

[33] C'est nous qui soulignons.

[34] Arrêté départemental n° 0028.CAB/DLC/CE/87 du 16 novembre 1987 portant création d'un Fichier dénommé « Fichier de Moralité », in *J.O.R.Z.*, n° 22, du 15 novembre 1987, pp. 25-26.

[35] Voy. BAYONA-BA-MEYA, *Cours de procédure pénale*, Université de Kinshasa, 1990-1991 (Polycopié) et MUKADI BONYI, *Cours de procédure civile*, Université de Kinshasa, 2002-2003 (Polycopié).

[36] Plusieurs décisions judiciaires d'irrecevabilité abondent et même surabondent en la matière ; il n'est pas possible de les énumérer ici, ne serait-ce qu'à titre exemplatif.

[37] Art. 2. 1 et 60. VII du Règlement Intérieur-cadre des Barreaux de la République démocratique du Congo, in MBUY MBIYE TANAY, *La profession d'avocat au Zaïre*, Kinshasa, Éd. Ntobo, 1991, *passim.*

[38] Ainsi en matière administrative, il n'est que facultatif.

[39] Art. 10, Acte constitutionnel de la Transition, *Op. cit.*, p. 14.

[40] Voyez cet arrêt chez BIBOMBE MUAMBA et al. , *Recueil des principaux arrêts de la jurisprudence administrative*, multigr., Kinshasa, 1998, pp. 54-56.

[41] J.N VUNDISA MUGUMBUSHI, « Quelques principes de base régissant les droits fondamentaux dans l'ordonnancement juridique zaïrois. Réflexions autour de l'arrêt de la Cour Suprême de Justice du 22 mars 1995 (Aff. Ministère Public contre BA et consorts) », in *Revue de Droit Africain*, n° 2, avril 1997, Kinshasa-Bruxelles, 1997, pp. 25-35.

[42] Arrêté ministériel n° 95/0269 du 11 mars 1995 portant enregistrement d'un parti politique dénommé « Mouvement National Congolais Lumumba », Doc., *Inédit.*

[43] Arrêté ministériel n° 91-050 du 17 janvier 1991 portant enregistrement d'un parti politique dénommé « Mouvement National Lumumba », Doc., *Inédit.*

[44] Cet article de la loi, en effet, interdit à un parti d'adopter la dénomination d'un autre parti ou d'utiliser des titres ou appellations déjà utilisés par un autre parti politique, in *J.O.R.Z.*, n° spécial, décembre 1990, p. 6.

[45] Voyez Cour Suprême de Justice, Arrêt n° R.A 329/95 du 30 janvier 1997 : Mouvement National Lumumba contre la République du Zaïre prise en la personne de Monsieur le Vice-premier Ministre et Ministre de l'Intérieur, Doc., *inédit.*

[46] Voyez R. ROBAYE, *Comprendre le droit*, 3e éd., Louvain-la-Neuve, Academia-Bruylant, 2002, pp. 149-150 et 150-152.

CHAPITRE III

[1] Pour un essai de classement et de répertoire des principaux instruments internationaux des droits de l'homme, se reporter par exemple, à O. DE SCHUTTER, F. TULKENS et S. VAN DROOGHENBROECK, *Code de droit international des droits de l'homme*, Bruxelles-Anvers, Bruylant-Maklu, 2000, 526 p(rééd. 2003, 767 p.). Lire également NATIONS UNIES, *Droits de l'homme. Recueil d'instruments internationaux*, vol. I : *Instruments universels* (première et deuxième partie), vol. II : *Instruments régionaux*, Publications des Nations Unies, New York et Genève, 1998.

[2] F. SUDRE, *Op.cit*, pp. 50 et 114.

[3] O. DE SCHUTTER et S. VANDROOGHENBROECK, *Droit international des droits de l'homme devant le juge national*, Bruxelles, Larcier, 1999, p. 15. C'est nous qui soulignons.

[4] Il est d'ailleurs symptomatiquement utile de signaler que toutes les Constitutions congolaises depuis 1964 contiennent, dans leur préambule, une ou plusieurs références à la Déclaration universelle des droits de l'homme, aux principes de laquelle l'État et le peuple congolais ont toujours « proclamé leur adhésion ». *Infra.*

[5] Le propre discours de l'ONU en la matière ne facilite pas également la tâche à la doctrine plus progressiste. Voy. « Introduction » aux Droits de l'homme. Recueil d'instruments internationaux..., *Op. cit.*, p. xiii.

[6] Rés. 217 À (III), A-G/NU, 10 décembre 1948, voir O. DE SCHUTTER et cie, Code de droit international des droits de l'homme, *Op. cit.* (2003), pp. 11-16. Voir également NATIONS UNIES, *Droits de l'homme. Recueil...*, vol. I, Première partie, *Op. cit.*, pp. 1-7.

[7] O. DE SCHUTTER et cie, *Op. cit.*, pp. 86-88 et NATIONS UNIES, *Recueil.., Op. cit.*, vol. I, deuxième partie, pp. 681-683.

[8] Lire ce droit dans O. DE SCHUTTER et cie, *Op. cit.*, 2003, p. 184 et NATIONS UNIES, *Op. cit.*, vol. I, 2e partie, p. 561.

[9] Pour plus de détails, lire NATIONS UNIES, *Ibid.*, pp. 407-414.

[10] Pour l'ensemble de ces « résolutions et déclarations », consulter *www.africa-union.org/home/bienvenue.htm*

[11] Constitution de la Transition du 4 avril 2003, art. 193, *Op. cit.*, p. 45. Cette disposition est de tradition constitutionnelle constante depuis 1964 (*infra*).

[12] Le texte de ratification de ce Traité est, à ce jour, introuvable, mais le Pacte lui-même se trouve être publié, depuis seulement 1999, dans *J.O.RDC*, n° spécial, avril 1999, p. 21-35. Voir également *Les Codes Larcier (de la) République démocratique du Congo*, t. VI, vol. 1, pp. 312-319.

[13] Toutefois, l'article 18. 4 de la Charte congolaise des droits de l'homme et du peuple (texte non encore promulgué)interdit, de façon absolue, la peine de mort sur toute l'étendue de la République (*infra*).

[14] Pour une lecture de ce Pacte et de ses Protocoles facultatifs, voir O. DE SCHUTTER et cie, Code international des droits de l'homme, *Op. cit.*, pp. 13-36 (éd. 2000) et pp. 17-40 et NATIONS UNIES, Recueil... *Op. cit.*, vol. I, 1re partie, pp. 20-49.

[15] Voir texte du Pacte dans J.O.RDC, *Op. cit.*, avril 1999, pp. 12-20.

[16] Il faut toutefois préciser que le Conseil Économique et Social avait comblé la lacune laissée par le PIDESC en décidant par sa Résolution n° 1985/17, complétée par celle n° 1988/4, de créer un *Comité des Droits Économiques, Sociaux et Culturels* (CODESC). Auprès de ce Comité, il manque cependant, jusqu'à ce jour, un mécanisme de présentation des *communications individuelles*. En outre, ce comité encourt la critique de n'être créé que par une « simple résolution internationale » là où le CDH l'était par voie de traité. À propos de l'instauration d'un mécanisme de communications individuelles auprès du CODESC, R. NGOY LUMBU MALENGELA, *Vers l'instauration d'un mécanisme de communications individuelles dans le Pacte international relatif aux droits économiques, sociaux et culturels*, Thèse pour un doctorat en Droit, Université catholique de Louvain (en préparation), 2002 à ce jour. Lire également, pour une étude générale sur ce Comité, R. SODINI, *Le Comité des droits économiques, sociaux et culturels*, Paris, Montchrestien, 2000, 220 p.

[17] Voyez par exemple, pour le cas de la matière des réfugiés, l'existence au Congo de plusieurs sources juridiques : la Convention des Nations Unies du 22 juillet 1951 relative au statut des réfugiés, le Protocole du 16 décembre 1966 sur le même objet, la Convention de l'OUA du 10 septembre 1969 « régissant les aspects propres aux problèmes des réfugiés en Afrique » et la Loi n° 021-2002 du 16 octobre 2002 portant statut des réfugiés en République démocratique du Congo, in Les Codes Larcier (de la) République Démocratique, t. VI, vol. 1, *Op. cit.*, pp. 476-490.

[18] Pour la plupart de ces textes, voir Les codes Larcier (de la) République démocratique du Congo, t. VI, vol. I, *Op. cit.*, pp. 332-350.

[19] Arrêté ministériel du 29 janvier 1999 portant création de la Commission nationale d'enquête sur les massacres et autres atrocités et violations du droit international humanitaire commis en République démocratique du Congo pendant la guerre de libération, *Ibid.*, p. 355

[20] RÉPUBLIQUE DÉMOCRATIQUE DU CONGO, Instruments internationaux relatifs aux droits de l'homme et au droit international humanitaire ratifiés par la République démocratique du Congo, in *J.O.RDC.*, n° spécial, septembre 2001, pp. 119-156.

[21] In Les Codes Larcier..., *Loc. cit.*, pp. 335 (Convention droits politiques), 345 (Convention discrimination femme) et DE SCHUTTER (O) et cie, Code de droit international des droits de l'homme, *Op. cit.*, p. 250 (Convention mariage).

[22] O. DE SCHUTTER et cie, *Code de droit international des droits de l'homme, Op. cit.*, p. 189-208 ; NATIONS UNIES, Recueil..., *Op. cit.*, p. 171-197.

[23] *http://www.unhchr.ch/pdf/reportfr.pdf.* Consulté ce 21 février 2004 à 17h27.

[24] *Ibid.*

[25] Pour une collecte des sources des droits de l'homme en Europe, lire O. DE SCHUTTER et cie, *Op. cit.*, pp. 339-596. Pour un commentaire détaillé spécialement de la Convention européenne des droits de l'homme, lire avec intérêt L.E. PETTITI et cie (dir.), *La Convention européenne des droits de l'homme. Commentaire article par article*, Paris, Économica, 1995, 1225 p. Pour une étude théorique du Droit européen des droits de l'homme, lire J. VELU et R. ERGEC, *La Convention européenne des droits de l'homme*, Bruxelles, Bruylant, 1990, 1185 p.

[26] Pour une icône de ces critiques, voyez F. SUDRE, *Op. cit.*, pp. 110-113.

[27] Lire à ce sujet notamment H. AÏT AHMED qui parle de l'« absence des droits de l'homme dans la Charte de l'OUA », *L'Afro-fascisme. Les droits de l'homme dans la Charte et la pratique de l'OUA*, Paris, L'Harmattan, 1980 ; ou Ntumba Luaba Lumu qui traduit cette absence par les termes de « mise en jachère des droits de

l'homme », Le système africain de promotion et de protection des droits de l'homme et des peuples, in *Droits de l'homme et droit international humanitaire, Séminaire à l'occasion du cinquantenaire de la Déclaration universelle des droits de l'homme*, Presses Universitaires de Kinshasa, 199, pp. 109-110. Se souvenir également ici des critiques acerbes émises par l'ancien Président zambien Julius Nyerere, pour qui l'OUA n'était, en ce moment et à ses dires, qu'un « syndicat des Chefs d'État qui ne protège plus les peuples », P. Daniel cité par E. JOUVE, *L'Organisation de l'Unité Africaine*, Paris, 1984, p. 221.

[28] In *J.O.RDC.*, n° spécial, septembre 2001, pp. 61-62.

[29] *Ibid.*, pp. 38-39.

[30] BALANDA MIKUIN LELIEL, *Cour des Organisations internationales*, Université de Kinshasa, Faculté de Droit, 1994-1995 (polycopié).

[31] MAMPUYA KANUNK'A TSHIABO, *Cours de Droit international public*, Université de Kinshasa, Faculté de Droit, 1993-1994 (inédit).

[32] *http ://ods-dds-ny.un.org/doc/UNDOC/GEN/N99//767/84/PDF/N997684.pdf*

[33] Pour une diffusion de masse (français et anglais) de cette Résolution, voir LINELIT (Ligue Nationale pour les Élections Libres et Transparentes, ONG de défense des droits de l'homme et de développement démocratique en RDC), *Résolution 1291 sur l'envoi des 5.537 casques bleus en République démocratique du Congo et prorogation du mandat de la MONUC*, Kinshasa, Éd. LINELIT, 2000, 24 p.

[34] Voir S/Rés/1279 du 30 novembre 1999 portant création de la MONUC, in *http://www.un.org/CS/GENDOC*, consulté le 22 novembre 2003.

[35] Point 7. g. Rés. 1291/CS-NU du 24 février 2000, *Idem*, pp. 15-17.

[36] Notamment les Résolutions 1234 (1999) du 9 avril 1999, 1258 (1999) du 6 août 1999), 1273 (1999) du 5 novembre 1999 et 1279 (1999) du 30 novembre 1999.

[37] Pour l'institution et le mandat des Rapporteurs spéciaux pour la RDC, lire par exemple Rés. 1994/87 du 9 mars 1994 ; Rés. 1995/69 du 8 mars 1995 ; 1996/77 du 23 avril 1996 ; 1997/58 du 15 avril 1997, 1998/61 du 21 avril 1998 et 1999/56 du 27 avril 1999.

[38] Les textes intégraux de ces deux Plans figurent, entre autres, dans P. TAVERNIER, *Recueil juridique des droits de l'Homme en Afrique 1996-2000*, Bruxelles, Bruylant, 2002, pp. 277-295.

[39] Sur le système africain de promotion et de protection des droits de l'homme, lire Kéba M'BAYE, *Les droits de l'homme en Afrique*, Paris, Pedone, 312 p. ; F. OUGUERGOUZ, *La Charte africaine des droits de l'homme et des peuples*, ..., 2003... ; MUTOY MUBIALA, « Pour la création d'une cour africaine des droits de l'homme et des peuple », in *Congo-Afrique*, n° 322, février 1998 ; NTUMBA LUABA LUMU, « Le système africain de promotion et de protection des droits de l'homme », in Droits de l'homme et droit international humanitaire (...), *Op. cit.*, pp. 118-128.

[40] Ce Plan a été adopté en décembre 1999, soit 8 mois seulement après la Conférence ministérielle de l'OUA du 12 au 16 avril 1999 et confirmé par la Conférence nationale sur les droits de l'homme (23-30 juin 2001). Voir RÉPUBLIQUE DÉMOCRACRATIQUE DU CONGO, MINISTÈRE DES DROITS HUMAINS, *Plan d'action national de promotion et de protection des droits de l'homme en RDC*, Imprimerie CEDI, décembre 2001, 86 p.

[41] *Ibid.*, p. 3

[42] *Ibid.*

[43] Plan, *Op. cit.*, p. 3.

[44] Plan d'action national de promotion et de protection des droits de l'homme en RDC, *Loc. cit.*, pp. 5-8.

[45] Plan, *Ibid.*, pp. 13-17.

[46] Plan, *Op. cit.*, pp. 23-31.

[47] CDH n° 138/1983, NGALULA MPANDAJILA c/ Zaïre, déc. Du 26 mars 1986, in *Sélection des décisions du Comité des droits de l'homme*,p. 172.

[48] CDH n° 314/1988, CHIIKO BWALYA c/ Zaïre, *A/48/40*, vol. I.

[49] Pour une mention succincte de ces deux décisions du CDH, lire F. SUDRE, *Op. cit.*, p. 285 ou NGONDANKOY NKOY-EA-LOONGYA, « 'Composantes' et 'entités' : des concepts inconstitutionnels... », in *Le Potentiel*, n° 2877, 17 juillet 2003., pp. 8-9.

[50] Article 349 du Code de la Famille, *Op.cit*, p. 112.

[51] Observation générale 12 (21), 5 octobre 1984, citée par F. SUDRE, *Op. cit.*, p. 179.

[52] Pour un relevé des grands arrêts de cette instance juridictionnelle régionale européenne, consulter avec intérêt, mais sans aucun espoir d'y trouver un quelconque commentaire doctrinaire, V. BERGER,*Jurisprudence de la Cour Européenne des Droits de l'Homme*, 8e édition, Paris, Sirey, 2002, 783 p.

[53] F. SUDRE, *Loc. cit.*, p. 257.

[54] Consulter à ce propos l'opinion, notamment, de G. BALANDA, *Le nouveau Droit Constitutionnel Zaïrois, Op. cit.*, spéc. pp. 150-153 et pp. 169-171 ; et de LUNDA BULULU, *La conclusion des traités en droit constitutionnel zaïrois. Étude de droit international et de droit interne*, Bruxelles, Bruylant-ULB, 1984, *Passim*.

[55] Voyez aussi, avec certaines modifications formelles, l'article 68, al. 4 et 5, de la Constitution du 24 juin 1967 ; art. 73, al. 4 et 5, de la révision constitutionnelle de 1974 ; art. 114, al. 4 et 5, de la révision constitutionnelle de 1978 ; art. 109, al. 4 et 5, des deux révisions constitutionnelles de 1990 ; art. 112 et 113 de l'Acte constitutionnel de la Transition du 9 avril 1994 et art. 193 et 194 de l'actuelle Constitution de la Transitiondu 4avril 2003, *Op. cit.*, p. 45.

[56] « ... Cette primauté du droit international s'étend-elle à la Constitution ?, s'interroge-t-il. *La réponse ne peut être qu'affirmative.* Car, après tout, ce texte, tout en étant la base du droit interne, n'en fait pas moins partie... La primauté concerne aussi bien les traités antérieurs que postérieurs à la Constitution. Pour ce qui est des traités antérieurs, la République démocratique du Congo était tenue, *en vertu du droit international*, de respecter les traités régulièrement conclus. Insérer dans la Constitution de 1964 une clause contraire à l'un de ces traités aurait eu pour résultat d'engager éventuellement la responsabilité de la République pour violation de ses obligations conventionnelles (...). Tant qu'un traité est en vigueur, *aucune loi contraire ne peut être mise en application*, sous peine de violer le traité, à moins de parvenir à concilier son application avec celle du traité. *Il en sera de même en cas de disposition constitutionnelle postérieure...* », LUNDA BULULU, *Op. cit.*, p. 236. C'est nous qui soulignons.

[57] G. BALANDA, *Op. cit.*, p. 151. C'est nous qui soulignons également.

[58] Voy. Convention de Vienne sur le droit des traités, art. 27 et 46, in *http: www.walter.gehr.net/trai/WVKI.html*. Consulté ce 13/12/2003. Voir aussi Les codes Larcier (de la) République démocratique du Congo, *Op. cit.*, pp. 516 et 519.

[59] G. BURDEAU, *Traité de science politique.* t. III : *Le pouvoir dans l'État*, Paris, Montchrestien, 1969.

[60] F. DELPÉRÉE, *Le droit constitutionnel de la Belgique, Op.cit*, p. 11.

[61] Tel est en effet le point de vue du « père » de la théorie moderne de la « hiérarchie des normes », laquelle fonde le contrôle de constitutionnalité de tous

les autres textes juridiques inférieurs à la Constitution. Lire H. KELSEN, *Théorie générale de l'État*, Bruxelles, Bruylant, 1997 (rééd.).

[62] Pour une étude sur l'emprise du principe de subsidiarité sur l'ordre juridique et institutionnel en général, lire par exemple THOMA (Françoise), *Le principe de subsidiarité en droit communautaire*, Thèse, Université de Paris II, 1998 ; F. DELPÉRÉE, (dir.), *Justice constitutionnelle et subsidiarité*, Bruxelles, Bruylant, 2000 ; UCL. ESPO/API – DÉPARTEMENT DES AFFAIRES PUBLIQUES ET INTERNATIONALES, *Le principe de subsidiarité dans le cadre de la construction de l'Europe*, Louvain-la-Neuve, Université catholique de Louvain, 1993 ; C. MILLON-DELSOL, *Le principe de subsidiarité*, Paris, P.U.F, 1993 ; CONSEIL DE L'EUROPE, *Définition et limites du principe de subsidiarité*, Strasbourg, Conseil de l'Europe, 1994.

DEUXIÈME PARTIE

[1] Voy. par exemple le Projet de Constitution de la troisième République issu de la Conférence nationale souveraine, *Op. cit.*, art. 20, p. 14.

CHAPITRE IER

[1] Art. 2, Loi Fondamentale du 17 juin 1960, *Op. cit.*, p. 390 et art. 2, Charte congolaise des droits de l'homme et du peuple, *Op. cit.*, p. 11.

[2] Pour une introduction à la philosophie bantoue, lire avec intérêt TEMPELS (P.), *La philosophie bantoue*, Paris, Éditions africaines, coll. Présence africaine, 1949 ; ou A. KAGAME, *La philosophie bantu-rwandaise de l'Être*, Bruxelles, Duculot, 1956.

[3] Selon l'article 76 de la Charte congolaise des droits de l'homme et du peuple, en effet, « L'État veille à ce que le statut des ONG et des activistes des droits de l'homme et autres mécanismes de promotion et de défense *soit protégé par une loi garantissant des droits et obligations spécifiques* », *Op. cit.*, p. 36.

[4] Art. 2, Loi Fondamentale relative aux libertés publiques, *Op.cit*, p. 390. C'est nous qui soulignons.

[5] Voy. par exemple l'article 30 qui avait réservé le « droit de créer un parti politique ou de s'y affilier » aux Congolais. Voy. également, dans le même sens, l'article 28 sur le droit de réunions et des manifestations pacifiques.

[6] Art. 46, Constitution du 1er août 1964, *Op.cit*, p. 11.

[7] Art. 58, al. 1 et 2, Constitution de la Transition du 4 avril 2003, *Op. cit.*, p. 16.

[8] J. COMBACAU, *Droit international public*, 2e éd., Paris, Montchrestien, 1995, p. 393.

[9] Charte congolaise des droits de l'homme et du peuple, *Op. cit.*, p. 11.

[10] Art. 12.1, Constitution du 1er août 1964, *Op. cit.*, p. 6.

[11] Voy. art. 47, al. 3-5, Constitution de la Transition du 4 avril 2003, *Op. cit.*, pp. 14-15.

[12] Pour la nomenclature des institutions de la transition démocratique du Congo sous la Constitution du 4 avril 2003, voy. art. 64-96 et art. 154-160. Un commentaire de cette organisation politico-administrative peut être trouvé dans NGONDANKOY NKOY-EA-LOONGYA, « La Constitution de la transition du 4 avril 2003... », *Op. cit.*

[13] Pour ces expressions, voir notamment J. VELU, *Le contrôle de constitutionnalité et de compatibilité avec les traités*, Bruxelles, Bruylant, 1992.

[14] Constitution de la transition, 4 avril 200, art. 118, *Op. cit.*, pp. 30-31.

[15] Constitution de la transition du 4 avril 2003, art. 2, al. 1 et 2, *Op. cit.*, p. 4.

[16] Art. 185, Loi Fondamentale relative aux structures du Congo, *Op. cit.*, p. 376.

[17] F. DELPÉRÉE, *Op. cit.*, p. 279.

[18] P. WACHSMANN, La prééminence du droit dans la jurisprudence de la Cour européenne des droits de l'homme, in *Mélanges J. Schwob*, Bruxelles, Bruylant, 1997, p. 241.

[19] Lire art. 5.1 de la Loi Fondamentale relative aux libertés publiques, *Op. cit.*, p. 391.

[20] Art. 20, al. 1er, Projet de Constitution de la troisième République, Haut-Conseil de la République – Parlement de Transition, *Op. cit.*, p. 5.

[21] Art. 10, Constitution de la Transition, *Op. cit.*, p. 14.

[22] Voy. par exemple les articles 21 et 22 du PIDCP qui soumettent l'exercice du droit à des réunions pacifiques et du droit d'association à ces restrictions, Code de droit international des droits de l'homme, *Op. cit.*, p. 24.

[23] Voy. art. 18, 54 et 53 de la Charte congolaise des droits de l'homme et du peuple, *Op. cit.*, pp. 17 et 28.

[24] Voyez, tel que résumé, l'arrêt de la Cour européenne des droits de l'homme dans Affaire F. c. SUISSE, in V. BERGER, *Op. cit.*, pp. 362-364.

[25] Art. 4, al. 3, Charte congolaise des droits de l'homme et du peuple, *Op. cit.*, p. 12.

[26] Lire, pour plus de détails, SUDRE (F.), *Op. cit.*, pp. 212-216.

[27] Art. 4, al. 2, *Idem.*

[28] Voir Convention de l'OIT n° 111 concernant la discrimination en matière d'emploi et de profession, art. 1er, in *J.O.RDC*, n° spécial, septembre 2001, p. 132. Jusqu'à présent, la RDC n'a pas encore « spécifié » ce que l'on peut ainsi entendre, par exemple, par « origine nationale ». N'étant pas expressément visé par la Convention, ce critère ne laisse-t-il pas par ailleurs les États libres de réglementer notamment l'accès des étrangers à leur marché d'emploi ? !

[29] Selon l'article 4.1 du Pacte international relatif aux droits civils et politiques, « Dans le cas où un danger public exceptionnel menace l'existence de la nation et est proclamé par un acte officiel, les États parties au présent Pacte *peuvent prendre*, dans la stricte mesure où la situation l'exige, *des mesures dérogeant aux obligations prévues dans le présent Pacte*, sous réserve que ces mesures ne soient pas incompatibles avec les autres obligations que leur impose le droit international et qu'elles n'entraînent pas une discrimination fondée uniquement sur la race, la couleur, le sexe, la langue, la religion ou l'origine sociale », in O. DE SCHUTTER et cie, *Op. cit.*, p. 18.

[30] Voy. art. 4, al. 4, Charte congolaise des droits de l'homme et du people, *Op. cit.*, p. 12

[31] F. OUGUERGOUZ, *La Charte africaine des droits de l'homme et des peuples*, Paris, PUF, p. 257 et s. Ou le même auteur dans L'absence de clause de dérogation dans certains traités relatifs aux droits de l'homme : les réponses du Droit international général, *RGDIP*, 1994, p. 289.

[32] Voy. art. 60, « Charte africaine des droits de l'homme et des peuples », in O. DE SCHUTTER et cie, *Op. cit.* p. 711.

[33] Art. 74 et 135, Constitution de la transition du 4 avril 2003, *Op. cit.*, pp. 19 et 35.

[34] Art. 136, al. 2, Constitution de la transition..., *Idem*, p. 35.

[35] Art. 4. 1 et 3, PIDCP, *Op.cit*, p. 18 ; et art. 4. 4, C.C.D.H.P, *Op. cit.*, p. 12.

[36] La République démocratique du Congo, par décret n° 009/01 du 28 mars 2001, a déclaré « adhérer à ladite Convention » et s'est « engagée à en exécuter fidèlement toutes les clauses », y compris la clause de l'article 4. Voyez cette Déclaration d'adhésion et la Convention elle-même (n° 87 concernant la liberté syndicale et la protection du droit syndical), in RÉPUBLIQUE DÉMOCRATIQUE DU CONGO, Instruments internationaux relatifs aux droits de l'homme et au droit international humanitaire ratifiés par la République démocratique du Congo, in *J.O.RDC.*, n° spécial, septembre 2001, pp. 122-125.

[37] Selon KEBA M'BAYE, cependant, les articles 2 à 7 de la Charte africaine des droits de l'homme et des peuples consacrent aussi l'existence des droits dits « intangibles », du fait de la « forme péremptoire » de la rédaction desdits articles, *Op. cit.*, pp. 167 et ss.

[38] Voy. Art. 12, al. 2 de la Constitution du 1er août 1964, *Op. cit.*, pp. 6-10.

[39] Art. 4, al. 5, *Op. cit.*, p. 12.

[40] Voyez, en lecture combinée, art. 4, al. 5 de la Charte congolaise des droits de l'homme et du peuple et art ; 4.2 du PIDCP, *Op. cit.* pp. 12 et 14.

[41] KEBA M'BAYE, *Op. cit.*, p. 167.

CHAPITRE II

[1] NTUMBA LUABA LUMU, Le système africain de promotion et de protection des droits de l'homme et des peuples, *Op. cit.,* pp. 117 et 116.

[2] Voir notamment KEBA M'BAYE pour qui « un droit n'est réel que parce qu'il est le devoir d'une autre personne physique ou morale », in Les droits de l'homme en Afrique, *Op. cit.*, p. 164.

[3] F. DELPÉRÉE, *Op. cit.*, p. 152.

[4] Sauf à donner un caractère obligatoire à l'article 15 de la DUDH qui, péremptoirement, affirme, sans en donner les moyens de réalisation, que « Tout individu a droit à une nationalité » et que « Nul ne peut être arbitrairement privé de sa nationalité, ni du droit de changer de nationalité », Code de droit international des droits de l'homme, *Op. cit.*, pp. 15-16.

[5] On comprend donc pourquoi la Charte congolaise des droits de l'homme et du peuple, dans son article 39, reprend cette tautologie : « Tout *Congolais* a droit à la *nationalité congolaise.* Nul ne peut en être privé », *Op. cit.*, p. 24. C'est nous qui soulignons.

[6] Il est faux, à cet égard, d'affirmer qu'un certain Droit international ferait obligation aux États d'accorder, *nolens volens*, la nationalité à certaines catégories spécifiques. Aux termes, en effet, de la Convention sur la réduction des cas d'apatridie du 30 août 1961, texte généralement évoqué au soutien d'une telle thèse, les États parties à cette Convention internationale avaient convenu, certes, qu'« ...il (était) *souhaitable* de réduire les cas d'apatridie par voie d'accord international » et d'accorder, dans ce cadre, la nationalité à des personnes qui, nées sur leur territoire, ne pourraient autrement obtenir une autre nationalité que celle à laquelle elles peuvent prétendre. Mais, cette attribution de la nationalité se fait nécessairement

aux conditions souverainement posées par chaque État à l'acquisition de sa nationalité. Pour le texte de cette Convention, consulter *http://www.unchr.ch/french/html/menu3/b/o_reduce_fr.html.* Jusqu'à preuve du contraire, la République démocratique du Congo n'est pas encore partie à cette Convention !

7 Décret-loi n° 197 du 29 janvier 1999 modifiant et complétant la loi n° 81-002 du 29 janvier 1981 sur la nationalité congolaise, chap. II et chap. III, *Op. cit.*, pp. 39 et 40.

8 Art. 4, Décret-loi n° 197 du 29 janvier 1999, *Op. cit.*, p. 39. Voy. aussi art. 4, Loi n° 81-002 du 29 janvier 1981 sur la nationalité zaïroise, *Op. cit.*, p. 33 ; sur le plan constitutionnel, voy. art. 6, al. 2, Const. 1er août 1964, *Op. cit*, p. 5 et art. 12, al. 2, du Projet de Constitution de la deuxième République (CNS), *Op. cit,* p. 12.

9 Toutefois, pour l'accès à certaines fonctions publiques spécifiques, la réunion cumulative des deux critères est parfois exigée. Ainsi par exemple, un des Projets de Constitution de la troisième République avait prévu que tout candidat Président de la République « doit posséder la nationalité congolaise d'origine *de père et de mère* ». Voy. République Fédérale du Congo, *Constitution*, Conférence Nationale Souveraine, Kinshasa, Palais du peuple, novembre 1992, art. 104, p. 58. Lire aussi NGONDANKOY NKOY-ea-LOONGYA, « Les conditions fondamentales d'accès à la fonction présidentielle en droit constitutionnel congolais », *in Annales de la Faculté de Droit*, Université de Kinshasa, Publication de la Faculté de Droit, vol. XI-XXVI, août 2003, spéc. pp. 126-136.

10 Pour l'essentiel du Droit congolais de la nationalité, lire entre autres, BOMPAKA NKENI, *Droit civil : Les personnes*, cours polycopié, Université de Kinshasa, 1989 à 2003 ; KAPETA NZOVU ILUNGA, *Droit international privé*, cours polycopié, Université de Kinshasa, 1990-2003.

11 Exposé des motifs du Code de la Famille, Loi n° 87-010, *Op. cit.*, p. 10.

12 Auxquelles il convient d'ajouter, logiquement et *de lege ferenda,* un des dialectes locaux.

13 Voy. PNUD, *Rapport mondial sur le développement humain 2000*, Copyright © 2000, Nations Unies, New York, publié à Bruxelles chez De Boeck & Larcier, 2000, pp. 160 et 161. Pour des données plus récentes, voy. PNUD, *Rapport mondial sur le développement 2002,* Copyright © 2002, Nations Unies, New York, publié également à Bruxelles, chez De Boeck et Larcier, 2002, p. 152.

14 Lire à ce sujet, J.P. BEMBA, *Le choix de la liberté*, Paris, Éd. Vénus, 2000.

15 C. NGUYA NDILA MALENGANA, *Nationalité et citoyenneté au Congo/Kinshasa. Le cas du Kivu.*, Paris, L'Harmattan, 2001, spéc. pp. 179-180.

16 I. NDAYWEL, « Introduction », in *La Constitution de la troisième République du Congo-Zaïre adoptée par la CNS*, Paris, L'Harmattan, 2002, p. 19.

17 Art. 3, al. 1er, Const. du 1er août 1964 ; art. 2, Const. du 24 juin 1967.

18 Art. 10, al. 1er, Const. du 4 avril 2003.

19 Art. 9, Loi const. du 15 août 1974.

20 PIDCP, *Op. cit.*, p. 21.

21 R. CARRÉ DE MALBERG, *Contribution à la théorie générale de l'État*, t. II, Paris, rééd ; CNRS, 1962, p. 411.

22 Voy. par exemple, art. 65 de la Loi électorale du 17 avril 1970 *contra* art. 2 de la Constitution du 24 juin 1967, *Op.cit*, respectivement, p. 264 et p. 21.

23 L'article 10 de la Constitution de la Transition du 4 avril 2003, successeur de nombreux autres articles constitutionnels sur la question, n'échappe pas à ce mélange du genre et dispose que « La souveraineté *nationale* appartient au *peuple* »,

Op. cit, p. 6. Comment concilier la souveraineté « populaire » ainsi affirmée avec la souveraineté « nationale » déjà désignée ?

[24] En Belgique par exemple, une loi octroyant le droit de vote aux étrangers « non Union européenne » pour les élections communales vient d'être adoptée sous le Gouvernement Verhosftat II et ce, sur pied de l'article 8, al. 4, de la Constitution. Quelques propos des parlementaires de l'Extrême droite belge (Vlaams Blok) illustrent cependant les difficultés d'un abandon total des grands principes de souveraineté gouvernant la matière des élections. Pour Bart Laeremans, par exemple, « ... Maintenant que les Marocains, les Turcs et les Congolais peuvent voter, le PS et le MR mettront des eurocrates sur les listes afin d'endiguer l'islamisation... ». Pour Francis Van den Eynde, l'octroi du droit de vote à plus ou moins 150.000 étrangers constitue carrément « un pas vers l'anéantissement de la Belgique » et une occasion de proclamer la fameuse « Flandre libre et indépendante ». Voir tous ces propos dans *Compte rendu analytique de la séance plénière de la Chambre des représentants belge*, jeudi 19 février 2004, in *http://www.lachambre.be/doc/PCRA/pdf/51/ap052.pdf*, consulté ce 26/02/2004 à 8.04 h.

[25] Art. 10, al. 5, Constitution de la transition du 4 avril 2003, *Idem*, p. 6

[26] Une nouvelle loi électorale en République démocratique du Congo est toujours, à l'heure actuelle, attendue, conformément aux articles 104 et 118 de la Constitution de la transition.

[27] F. DELPÉRÉE, *Op. cit.*, p. 158.

[28] Voy. art. 7 et 8, Loi n° 84-001 du 20 janvier 1984 portant organisation de l'élection du Président du Mouvement Populaire de la Révolution, Président de la République, in *J.O.R.Z*, n° 3, 1er février 1984, p. 6.

[29] Art. 21, al. 2, Constitution du 24 juin 1967, *Op. cit.*, p. 23. Pour un commentaire détaillé de ces conditions, lire NGONDANKOY NKOY-ea-LOONGYA, « Les conditions fondamentales d'accès à la fonction présidentielle en droit constitutionnel congolais », *Op. cit.*, pp. 111-153.

[30] Art. 9-13, Loi n° 84-001, *Op. cit.*, pp. 6-7.

[31] Art. 67 et 150, Constitution de la transition du 4 avril 2003, *Op. cit.*, pp. 18 et 38.

[32] Voyez par exemple, art. 8, Loi n° 84-001 du 20 janvier 1984, *Op. cit.*, p. 6

[33] Art. 18. 4°), Loi n° 70-026 du 17 avril 1970 portant organisation des élections législatives, in *J.O.R.Z*, n° 9, 1er mai 1970, p. 259.

[34] Voy. par exemple art. 11 al. 2 et art. 12. 12 du Décret-loi n° 194 du 29 janvier 1999 relatif aux partis et groupements politiques, in *J.O.R.D.C*, n° spécial, février 1999, pp. 9 et 10. Adopté dans le cadre du régime de l'A.F.D.L.

[35] *Op. cit.*, p. 6.

[36] Art. 5, Constitution du 24 juin 1967 ; art. 12, Révisions constitutionnelles du 15 août 1974, du 15 novembre 1980, du 1er janvier 1983, du 27 juin 1988 et des 5 juillet et 15 novembre 1990 ; art. 11 de l'Acte constitutionnel de la Transition du 9 avril 1994 et art. 17 de l'actuelle Constitution de la Transition du 4 avril 2003.

[37] M. WALINE, cité et complété par F. DELPÉRÉE, *Le droit constitutionnel de la Belgique, Op. cit.*, p. 161.

[38] Le Code de 1981 parlait explicitement de « fonction de Chef de l'État » (art. 15), *Op. cit.*, p. 41.

[39] Aux termes de l'article 8 de la loi sur la fonction publique congolaise, par exemple, « Nul ne peut être recruté comme agent de carrière (des services publics de l'État) s'il ne remplit les conditions suivantes : 1) être de nationalité zaïroise

(congolaise) ; 2) jouir de la plénitude des droits civiques ; 3) être de bonne moralité ; 4) avoir atteint l'âge de 16 ans au minimum et de 30 ans maximum (...) ; 5) au-delà de l'âge de 35 ans, le candidat ne peut être recruté que sur décision du Président (...) de la République ; 6) avoir subi avec succès les épreuves d'un concours de recrutement, sauf pour le cas exceptionnel de recrutement sur titre prévu à l'article 9, paragraphe 1 ; 7) être de bonne santé et posséder des aptitudes physiques indispensables pour les fonctions à exercer (...). Voy. Loi n° 81-003 du 17 juillet 1981 portant statut du personnel de carrière des services publics de l'État, in J.O.R.Z, n° 15, 1er août 1981, p. 12.

40 Lire Cl. KABANGE NTABALA, *Droit administratif.* t. II : *Le statut de la fonction publique en République démocratique du Congo. Genèse, évolution, problèmes et solutions proposées*, Université de Kinshasa, Imprimeries Saint-Paul, Kinshasa, 2000, p. 28.

41 *Ibid.*, pp. 49-58.

42 F. DELPÉRÉE, *Op. cit.*, p. 160.

43 NGONDANKOY NKOY-EA-LOONGYA, « 'Composantes et entités : des concepts polémiques, inconstitutionnels et inconventionnels, in *Op. cit.*, pp. 8-9.

44 Art. 66, al. 2 et 3 ; art. 83, al. 2 ; art. 89, al. 2 et 3 ; art. 89, al. 1 et 2 ; art. 105, al. 1 et 2, Constitution de la transition du 4 avril 2003, *Op. cit.*, pp. 18, 21, 22, 24 et 26.

45 Voy. NGONDANKOY NKOY-EA-LOONGYA, « 'Composantes' et 'entités', des concepts polémiques, inconstitutionnels et inconventionnels », *Loc. cit.*, 2 p.

46 Se reporter, à cet égard, au critère de la « formulation péremptoire » déjà dégagé, pour ce qui concerne la CADHP, par KEBA M'BAYE, *Op. cit.*, p. 165.

47 Art. 3, Constitution de la Transition du 4 avril 2003, *Op. cit.*, p. 5.

48 Haut-Conseil de la République - Parlement de Transition, *Projet de Constitution de la troisième République*, art. 7, Kinshasa-Lingwala, octobre 1996, p. 3, Doc. inédit.

49 Acte Constitutionnel de la Transition, 9 avril 1994, art. 37, al. 2, *Op. cit.*, p. 24.

50 Art. 30, Const. du 1er août 1964 : « Tout Congolais a le droit de créer un parti politique ou de s'y affilier. *Nul ne peut imposer de parti unique sur tout ou partie du territoire de la République.* Les partis ou groupements politiques concourent à l'expression du suffrage. Ils se forment et exercent leur activité librement. Ils doivent respecter les principes de la souveraineté nationale, de la démocratie et les lois de la République », *Op. cit.*, pp. 8-9 (C'est nous qui soulignons).

51 Voyez Décret-loi constitutionnel n° 194 du 29 janvier 1999 relatif aux partis et regroupements politiques, in *J.O.RDC.*, n° spécial, février 1999, pp. 7-16, abrogé par la Loi n° 001/2001 du 17 mai 2001 portant organisation et fonctionnement des partis et regroupements politiques, in *J.O.RDC.*, n° spécial, 17 mai 2001, 24 p.

52 Notons qu'une résolution du Dialogue intercongolais (n° DIC/CPJ/04) du 18 avril 2002 avait, dans le cadre de la « libéralisation effective de la vie politique », prévu que le futur parlement de transition devait « élaborer à cet effet une nouvelle législation ». L'on croit savoir qu'il s'agit du fondement de la future loi sur les partis politiques qui, au moment de l'écriture de ce livre, n'est pas encore officiellement adoptée, ni promulguée.

53 Art. 1er, Loi n° 001/2001 du 17 mai 2001, *Op. cit.*, p. 8.

54 Voyez de manière combinée : art 30, Const. 1er août 1964, *Op. cit.* pp. 8-9 ; art. 6, Projet de Constitution de la troisième République, *Op. cit.*, p. 2 ; art. 11, al. 5 et 6 Const. du 4 avril 2003, *Op. cit.*, p. 7.

[55] Art. 10, Décret-loi du 17 mai 2001, *Op. cit.*

[56] Pour une étude partielle (1960 à 1974) de l'évolution constitutionnelle et politique de la République démocratique du Congo de cette époque, lire avec intérêt J. VANDERLINDEN, *La République du Zaïre*, Encyclopédie politique et constitutionnelle, Institut international d'administration publique, Paris, Éd. Berger-Levrault, 1975, 77 p.

[57] Art. 61, Ordonnance-loi n° 70-026 du 1er avril 1970 portant organisation des Élections Législatives, *Op. cit*, p. 263.

[58] Rapporté par S. SAROLEA, *Revue Belge de Droit International*, 1997, p. 671 ; Voir aussi B. BLEROT, *Revue de l'Administration Publique*, 1997, p. 233.

[59] Voir également le Statut du Haut Commissariat des Nations Unies pour les Réfugiés du 14 décembre 1950, ainsi que la Convention relative au statut des apatrides du 28 septembre 1954, comme complément à ce « droit des réfugiés », in O. DE SHUTTER et cie, *Op. cit.*, pp. 54-92.

[60] Convention relative aux aspects particuliers du statut des réfugiés en Afrique, adoptée à Addis-Abeba, le 10 septembre 1969, in *http://www.africa-union.org/home/Bienvenue.htm*, consulté ce 20/12/2003

[61] Pour un éclairage sur la question, à partir de la jurisprudence de certains États, lire notamment J.Y. CARLIER, D. VAN HEULE, K. HULLMANN ET C. PENA GALIANO, *Qu'est-ce qu'un réfugié ? Étude de jurisprudence comparée*, Bruxelles, Bruylant, 1998.

[62] Telle est la formulation récente de l'article 35 de la Constitution de la transition. À ces motifs de poursuite ou de persécution, l'Acte constitutionnel de la transition du 9 avril 1994 ajoute : « l'action en faveur de la lutte de libération nationale et de la liberté du travail scientifique et culturel ». Pourquoi a-t-on abandonné ces motifs ?

[63] *Idem.*

[64] Pour une analyse de la définition du terme « réfugié », des conditions de reconnaissance de la qualité de réfugié et du statut des réfugiés, notamment en Belgique, voir, entre autres J.-Y. CARLIER, *Droit des réfugiés*, Story-Scientia, 1989 ; le même auteur, « La reconnaissance de la qualité de réfugié. Chronique de jurisprudence », in *Revue du droit des étrangers*, n° 105, 1999, pp. 675-698 ou *Questions spéciales : droit d'asile*, notes de cours, Université catholique de Louvain, 2000-2001 (inédit).

[65] Pour une vision plus restrictive des conditions de reconnaissance de la qualité de réfugié, se reporter au Droit belge, tel qu'il est commenté avec ingéniosité par J.-Y. CARLIER, *Op. cit.*, surtout, in *Revue du droit des étrangers*, n° 105, 1999, pp. 675-698.

[66] L. DUGUIT, *Traité de droit constitutionnel*, t. V, 1925, p. 440. C'est nous qui soulignons.

[67] ESMEIN et NEZARD, *Éléments de droit constitutionnel français et comparé*, t. I, 1927, p. 588. C'est nous qui soulignons également.

[68] P. ROSSI, *Cours de droit constitutionnel professé à la faculté de Droit de Paris*, recueilli par A. Porée, 1867, t. III, pp. 164-165. Les soulignements sont nôtres.

[69] Un des représentants de la thèse déclaratoire de la pétition déclare imperturbablement que « … la pétition *ne doit pas être comminatoire*, ni revêtir la forme impérative d'une 'mise en demeure' », E. PIERRE, *Traité de droit politique, électoral et parlementaire*, t. II, 1902-1910, p. 491, n° 575. Pour un autre représentant de la même thèse, « … un des caractères de la pétition est d'être *une demande gracieuse* : l'autorité à laquelle on s'adresse *n'étant pas obligée d'accorder satisfaction*…Cette

forme de recours s'apparente *à la prière, à la supplique...* », MOREAU, *Manuel de droit public français*, t. II : *Droit administratif*, 1909, pp. 447-448. Du côté de la thèse opposée (thèse comminatoire), on s'applique surtout à rappeler que la pétition est d'abord une plainte ou une « réclamation », et que les autorités chargées de son examiner doivent y répondre nécessairement. Voy. surtout les auteurs allemands, tels DE MOHL, *Beetroege zür Lehre vom Petitionsrecht in konstitutionellen Staaten*, dans *Staatsrecht und Politik*, 1860, t. I, p. 223 et s.

70 M. RICHARD, *Le droit de pétition. Étude de droit public interne et de droit international public*, Paris, Librairie du recueil Sirey, 1932, p. 6. C'est nous qui soulignons.

71 *Ibid.*, p. 7.

72 *Ibid.*, p. 46.

73 BURLAMAQUI, *Principes du Droit Naturel*, Genève, 1747, pp. 61.

74 *Ibid.*, p. 66.

75 BLACKSTONE, *Commentaires*, Livre I, chap. I, p. 178.

76 Constitution de la transition, *Op. cit.*, p. 11.

77 Rapportés par M. RICHARD, *Op. cit.*, p. 12.

78 Convention américaine relative aux droits de l'homme, in O. DE SCHUTTER et cie, *Op. cit.*, 2003, p. 642.

79 Art. 165 et 166 du Code pénal, livre II.

80 Aux termes duquel, « *Sauf les exceptions établies par la loi*, toute personne jouit des droits civils depuis sa conception, *à condition qu'elle naisse vivante* ».

81 En témoigne cet amas de « témoignages » rassemblés par divers spécialistes d'obédience chrétienne, in Fédération internationale des Universités catholiques. Centre de recherche, *Droits de l'Homme. Approche chrétienne*, Rome, Éd. Herder, 1984, *passim*.

82 Réserve faite de l'interdiction absolue décidée par la Conférence nationale sur les droits de l'homme du 23 au 19 juin 2001 et qui n'est restée, jusqu'aujourd'hui, que lettre morte. Voy. article 18, al. 4 de la Charte congolaise des droits de l'homme et du peuple, *Op. cit.* p. 17.

83 *Ibid.*

84 Voyez CEDH, Aff. Mc Cann et autres c/ Royaume Uni, 27 septembre 1995, Série À n° 324 et CEDH, Aff. Güleç c/ Turquie, 27 juillet 1998, Recueil 1998 – IV, In Vincent Berger, Jurisprudence de la Cour européenne des droits de l'homme, *Op. cit.*, pp. 7-11 et 13-15.

85 CEDH, Aff. Soering c/ Royaume Uni, 7 juillet 1989, Série À n° 161, *Idem*, pp. 22-25, spéc. §11.

86 In O. DE SCHUTTER et cie, *Op. cit.*, 2003, pp. 256-275.

87 CEDH, Arrêt Tyrer, 25 avril 1978 : châtiments judiciaires corporels dans l'île de Man, citée par F. SUDRE, *Op. cit.*, p. 204.

88 *Ibid.*

89 Voy. l'Épitre de Paul aux Romains, chap. VI à VIII, spéc. les versets 22-23 ; 4-6 ; 1-17, in La Bible de Jérusalem, *Op. cit.*, pp. 1979-1981.

90 G. CORNU, *Vocabulaire juridique, Op. cit.*, p. 523.

91 D. Alland et S. Rials (dir.), *Dictionnaire de la culture juridique*, Paris, P.U.F, 2003, p. 946.

92 Voy. Déclaration française des droits de l'homme et du citoyen, art. 1, 4 et 5. Doc., multigraph.

93 Voy. art. 4-16 des 21 articles de ladite Loi, *Op. cit.*, pp. 390-394.

[94] C'est depuis 1964, soit quatre ans seulement après l'indépendance, que, grâce à l'adoption de la première Constitution « nationale », cette liberté voit expressément le jour en Droit congolais. Voy. art. 40 et 41, Constitution du 1er août 1964, *Op. cit.*, p. 10.

[95] Art. 41, Constitution du 1er août 1964, *Idem* ; Voyez également art. 15, Constitution du 24 juin 1967, *Op. cit.*, p. 22 ; art. 23, Loi constitutionnelle du 15 août 1974, *Op. cit.* ; art. 25, Révision constitutionnelle du 27 juin 1988, *Op. cit.*, p. 10 ; art. 25, Révision constitutionnelle du 5 juillet 1990, *Op. cit.*, p. 11 ; art. 26, Acte constitutionnel de la Transition du 9 avril 1994, *Op. cit.*, p. 20 et art. 33, Constitution de la transition du 4 avril 2003, *Op. cit.*, p. 11.

[96] Voyez particulièrement art. 26 de l'Acte constitutionnel de la transition du 9 avril 1994 et art. 33 de la Constitution de la transition du 4 avril 2003. Évidemment, la liste de ces motifs n'est qu'énonciative.

[97] Art. 40, Loi Fondamentale relative aux libertés publiques, *Op. cit.*, p. 10

[98] Art. 15, *Idem*, p. 393.

[99] Art. 25 et 26, Constitution du 1er août 1964, *Op. cit.*, p. 8.

[100] Art. 27, al. 2, *in fine*, Constitution du 4 avril 2003, *Op. cit.*, p. 10.

[101] Voir par exemple, au Congo, la Loi n° 96-002 du 22 juin 1996 « fixant les modalités » de la liberté de presse, in *J.O.R.D.C*, n° spécial, août 2001, 30 p. Les principales « innovations » introduites par cette loi auraient été la suppression du régime d'*autorisation* au profit de celui de la *déclaration* de parution d'un organe de presse, la reconnaissance aux privés de la « possibilité de recevoir et d'émettre des signaux radio et télévision », la soumission de l'ensemble du secteur de la presse (écrite et audiovisuelle, privée et publique) au même statut légal, la reconnaissance d'un droit de recours juridictionnel au profit de toute personne lésée par la diffusion d'une information... Bref, cette loi se caractériserait principalement par la volonté de concilier la *liberté* et la *responsabilité* de la presse. *Ibidem*, Exposé des motifs, pp. 5-7.

[102] Pour l'ensemble de ces prescriptions, lire Département de l'Enseignement supérieur et universitaire et la Recherche scientifique, *Le Règlement des étudiants des Instituts supérieurs et des Universités et le Règlement des résidences estudiantines*, Document, Commission permanente des études, Kinshasa, 1988, 16 p.

[103] Art. 40 à 42, Constitution de la transition du 4 avril 2003, *Op. cit.*, p. 13. Cfr *infra*, p. 180.

[104] Art. 30, *Ibid.*, p. 29.

[105] In *J.O.R.D.C*, n° spécial, février 1999, pp. 17-33.

[106] Art. 1er Décret-loi n° 195 du 29 janvier 1999..., *Ibid.*, p. 17.

[107] Art. 6, Décret, *Ibid.*, p. 18.

[108] Art. 3, Décret, *Ibid.*, p. 17.

[109] *Ibid.*

[110] Décret-loi n° 195, *Op. cit.*, Préambule, p. 17.

[111] Art. 30, Constitution de la transition du 4 avril 2003, *comp.* Art. 10, Acte constitutionnel de la transition du 9 avril 1994, *Op. cit.*, pp. 11 et 14.

[112] Voyez, pour une critique de cette jurisprudence, VUNDISA MUGUMBUSHI (V.N), *Op. cit.*

[113] Voy. art. 3 et 4 du Décret-loi n° 196 du 29 janvier 1999 portant réglementation des manifestations publiques et des réunions publiques, in *J.O.R.D.C.*, n° spécial, février 1999, p. 34.

[114] Art. 2, *Idem*, p. 33.

[115] L'article 5 de la Loi fondamentale du 17 juin 1960 relative aux libertés publiques énonce que la liberté individuelle est un grand principe et un droit fondamental dont aucune personne ne peut être privée, « sauf dans les cas suivants et selon les voies légales », c'est-à-dire, dans les hypothèses d'arrestation, de détention ou de poursuites judiciaires ou administratives légalement définies. Le droit à la sûreté individuelle naît ainsi dans le sillage de cette protection particulière de la liberté, dont le pouvoir judiciaire ou administratif, on s'en doute, se trouve être le premier bourreau légal. Voyez Loi Fondamentale, *Op. cit.*, p. 391.

[116] Loi Fondamentale relative aux libertés publiques, *Op. cit.*, art. 5.3, p. 391.

[117] Voy. art. 25, C.C.D.H.P et art. 22, Const. du 4 avril 2003. Toutefois, les « composantes » du droit à un procès équitable (p. ex. le droit à la présomption d'innocence, le droit à un avocat, le droit à publicité des audiences…) sont, dans ces deux textes de référence, dissociées et bénéficient, chacune, d'un statut presque autonome. Voy. art. 18-25, Const. du 4 avril 2003 et art. 22-28, C.C.D.H.P.

[118] MATADI NENGA GAMANDA, *Le droit à un procès équitable*, Louvain-la-Neuve, Academia-Bruylant et Éditions Droit et Idées Nouvelles, 2002, 174 p.

[119] Lire à ce sujet V. BERGER, *Op. cit.*, spéc. pp. 149-208.

[120] J.-J. MUKENDI WA MULUMBA, Préface à l'ouvrage « de haute facture » de MATADI NENGA GAMANDA, *Op. cit.*, pp. 5-6.

[121] Le Bâtonnier MATADI NENGA GAMANDA s'y est pourtant essayé, *Op. cit.*

[122] Ord-loi n° 82-020 du 31 mars 1982 portant code de l'organisation et de compétence judiciaires, in *J.O.R.Z*, n° 7 du 1er avril 1982, telle que complétée par l'Ord-loi n° 83/009 du 29 mars 1983, in *J.O.R.Z*, 1er avril 1963, p. 9.

[123] Pour un essai dans ce sens, lire avec intérêt MATADI NENGA GAMANDA, *La question du pouvoir judiciaire en République démocratique du Congo. Contribution à une théorie de réforme*, Kinshasa, Éd. Droit et Idées Nouvelles, 2001, 530 p.

[124] Sur la condition sociale des magistrats congolais et son impact sur la qualité de la justice rendue, lire avec humour E. BOSHAB, « La misère de la justice et justice de la misère en République démocratique du Congo », in *Revue de la Recherche Juridique*, Presses Universitaires d'Aix-Marseille, 1998-3, pp. 1163-1184.

[125] Pour plus de détails, lire avec bonheur J. VAN COMPERNOLLE, *Droits liés aux garanties procédurales*, cours polycopié, Université catholique – Facultés universitaires Saint-Louis de Louvain, 2000-2001.

[126] À propos spécialement des garanties de l'« égalité des armes » et de la présomption d'innocence, lire avec intérêt M. VERDUSSEN, *Droits liés aux garanties procédurales*, notes de cours (polycopié), Université catholique de Louvain – Facultés universitaires Saint-Louis, 2000-2001.

[127] NGONDANKOY NKOY-EA-LOONGYA, « Les conditions fondamentales d'accès à la fonction présidentielle… », *Op. cit.* pp. 137-144.

[128] En témoigne l'arrêt Salabiaku c/ France, CEDH, 7 octobre 1988, Série À n° 141-A, in V. BERGER, *Op. cit.*, pp. 298-299.

[129] Article 17 de l'actuelle Constitution de la transition du 4 avril 2003, *Op. cit.*, p. 8 et art. 11 de l'ancien Acte constitutionnel de la transition, *Op. cit.*, p. 14.

[130] Aux termes de l'article 17 de la Constitution de la transition du 4 avril 2003, « Tous les *Congolais* sont égaux devant la loi et ont droit à une égale protection des lois. Aucun *Congolais* ne peut, en matière d'éducation et d'accès aux fonctions publiques, ni en aucune matière, faire l'objet d'une mesure discriminatoire, qu'elle résulte de la loi ou d'un acte de l'exécutif, en raison de sa religion, de son sexe,

de son origine familiale, de sa condition sociale, de sa résidence, de ses opinions ou de ses convictions politiques, de son appartenance à une race, à une tribu, à une minorité culturelle ou linguistique », *Op. cit.*, p. 8.

131 Art. 14, Const. du 4 avril 2003, *Op. cit.*, p. 7.

132 F. SUDRE, *Op. cit.*, p. 305.

133 *Ibid.*, p. 307.

134 Pour des regards croisés sur ce droit, lire notamment (Collectif), *Vie privée et droits de l'homme. Actes du Troisième Colloque international sur la Convention européenne des droits de l'homme (Bruxelles, 30 septembre – 3 octobre 1970)*, Bruxelles, Bruylant, 1973, 575 p.

135 Art. 167 et 168 du Code pénal, livre II.

136 Voir CEDH, Lopez-Ostra c/ Espagne, du 9 décembre 1994 ; Guerra et crts c/ Italie, du 19 février 1998 ; McGinley et Egan c/ Royaume Uni, du 9 juin 1998, etc. ; voir aussi F. SUDRE, *Op. cit.*, pp. 252-254.

137 Voy. Convention internationale sur le consentement au mariage, l'âge minimum du mariage et l'enregistrement des mariages du 7 novembre 1962, in O. DE SCHUTTER, *Op. cit.*, 2003, p. 250.

138 Il faut être particulièrement attentif à la conjonction de coordination « et » utilisée ici par le législateur, en lieu et place, par exemple, de la préposition « ou ».

139 In O. DE SCHUTTER et cie, *Op. Cit.*, pp. 36-46.

140 En témoigne ce colloque organisé à l'Université catholique de Louvain et consacré au droit au développement, avec en toile de fond, cette question plus ou moins provocante : Le droit au développement est-il un droit ?...

141 Aux termes de cet article, « Tous les peuples ont le droit de disposer d'eux-mêmes. En vertu de ce droit, ils déterminent librement leur statut politique et *assurent librement leur développement économique*, social et culturel », Voy. O. DE SCHUTTER et cie, *Op. cit.*, 2003, pp. 17 et 41. C'est nous qui soulignons.

142 Voir par exemple art. 7, Const. 24 juin 1967, *Op. cit.*, p. 21 et art. 14 de toutes les révisions constitutionnelles à partir de 1970.

143 M. BETTATI et B. KOUCHNER, *Le devoir d'ingérence : peut-on les laisser mourir ?*, Paris, Denoël, 1987. Voyez, pour une opinion contraire à ce « devoir », S. BULA BULA, « La doctrine d'ingérence humanitaire revisitée », in *RADIC*, n° 3, t. 9, Septembre 1997, pp. 600-638.

144 Loi n° 015/2002 du 16 octobre 2002 portant code du travail, in *http://www.fec.cd./code_travail.* Consulté ce 02/01/2004. Voir aussi Les Codes Larcier (de la) République démocratique du Congo, *Op. cit.*, t. IV : *Droit du travail et de la sécurité sociale*, pp. 3-38.

145 Constitution de la transition du 4 avril 2003, art. 39, *Op. cit.*, p. 12. C'est nous qui soulignons. Le droit au travail apparaît pour la première fois dans l'article 17. 1° de la Loi fondamentale relative aux Libertés publiques qui énonce que « Les pouvoirs publics *doivent tendre à assurer* à chacun (notamment) le *droit au travail*, au libre choix de son travail et à la protection contre le chômage… ». Ignoré par la Constitution du 1er août 1964 (qui ne reconnaît que le droit de grève et la liberté syndicale, art. 28), ce droit est, dès 1967, proclamé comme un « droit et un devoir pour tous les Congolais » (Constitution du 24 juin 1967, art. 17). Avant d'être de nouveau reconnu sous ces deux aspects (1981-2003), il fut pendant très longtemps, et notamment dans le cadre du « salongo » de la deuxième République, conçu uniquement comme un « *devoir* (de tout Zaïrois) de contribuer, par le travail, à la construction et à la prospérité de son pays » (voy. notamment art. 25,

al. 1er, Révision constitutionnelle du 15 août 1974). Depuis lors, le travail, dans la tradition constitutionnelle du pays, a été considéré à la fois comme un « droit » et un « devoir ».

146 In O. DE SCHUTTER et cie, *Op. cit.*, 2003, p. 42.

147 Loi n° 015/2002 du 16 octobre 2002, art. 2, *Op.cit*, p. 3.

148 Art. 212.6, *in fine*, *Idem*.

149 Art. 208-211, *Ibid.*

150 Art. 203, Nouveau Code du travail, Loi n° 015/2002, *Op. cit.*, p. 25.

151 Aux termes de cette Convention, en effet, chaque État membre de l'OIT s'était « engagé à formuler et à appliquer une politique nationale visant à promouvoir, par des méthodes adaptées aux circonstances et aux usages nationaux, *l'égalité de chances et de traitement en matière d'emploi et de profession*, afin d'*éliminer toute discrimination en cette matière* ». Et, « Aux fins de (ladite) Convention, le terme 'discrimination' comprend (entre autres) toute distinction, exclusion ou *préférence* fondée (notamment) sur la race, la couleur, le sexe, la religion ou *l'ascendance nationale*..., qui a pour effet de *détruire ou d'altérer l'égalité de chances ou de traitement en matière d'emploi ou de profession* ». Voy. cette Convention ainsi que les instruments d'adhésion de la RDC dans République démocratique du Congo, Instruments internationaux relatifs aux droits de l'homme et au droit international humanitaire ratifiés par la République démocratique du Congo, spéc. les « Instruments adoptés sous l'égide de l'Organisation Internationale du Travail », in *J.O.RDC*, n° spécial, septembre 2001, pp. 130-132.

152 Voyez toutes ces définitions dans *Le Robert micro. Dictionnaire d'apprentissage de la langue française*, Paris, Dictionnaires Le Robert, édition de poche, 1998, p. 221.

153 Art. 7, h), Loi n° 015/2002, *Op. cit.*, p. 4.

154 *Idem.*

155 À ces deux adjectifs, ne faut-il pas également ajouter l'adjectif « régulière » ajouté par la Charte congolaise des droits de l'homme et du peuple, art. 48, al. 1er, *Op.cit*, p. 27 ?

156 Art. 7, k), Loi n° 015/2002, *Op. cit.*, p. 4.

157 Voy. par exemple les chapitres II et IV du Titre VIIe du nouveau Code du Travail, *Op. cit.*, p. 21

158 Art. 119 du nouveau Code du travail, Loi n° 015/2002, *Op. cit.*, p. 17.

159 Outre l'article 42 de l'actuelle Constitution de la transition, le droit de grève est aussi reconnu par l'article 49 de la Charte congolaise des droits de l'homme et du peuple, par l'article 8, d) du Pacte international relatif aux droits économiques, sociaux et culturels. La Charte africaine des droits de l'homme et des peuples ne le reconnaît pas. Les différentes Constitutions du pays depuis l'indépendance le reconnaissent tout en le soumettant à un régime assez strict fait plus de limitations que d'autorisations.

160 L'article 28 de la Constitution du 1er août 1964 qui avait inauguré cette interdiction, en dehors des explications liées au changement des articles, ne fournit aucune justification à cette interdiction. Voy. Constitution du 1er août 1964, Mémoire explicatif, *Op. cit.*, p. 62

161 Art. 237 combiné à l'article 230 du nouveau Code du travail, Loi n° 015/2002, *Op. cit.*, p. 28.

162 Art. 233 et 234 du nouveau Code du travail, *Idem*.

163 Art. 38, Const. 4 avril 2003, *Op. cit.*, p. 12.

[164] Ainsi par exemple l'article 26 de la Loi constitutionnelle n° 74-024 du 15 août 1974 avait reconnu que « Tous les Zaïrois ont le droit de constituer des associations et *des sociétés* », Op. cit. Quant à l'Acte constitutionnel de la transition (art. 10), il paraît reconnaître ce droit à toute personne : « La République du Zaïre garantit l'exercice des droits et libertés individuels et collectifs, notamment les libertés (...) *d'entreprise...* », *Op. cit.*, p. 14.

[165] LE ROBERT. Dictionnaire de la langue française..., *Op. cit.*, p. 73.

[166] Selon les statistiques de l'un des plus grands spécialistes du football africain, Gérard Dreyfus, journaliste à la « Radio France Internationale » et présenté comme une « véritable encyclopédie du football africain », l'équipe nationale de football congolaise a, par deux fois (soit en 1968 et en 1974) déjà remporté la Coupe d'Afrique des Nations. Classée au 5e rang des champions d'Afrique, la RDC, qui a déjà organisé la CAN chez elle, est cependant victime, ces dernières années, de ses problèmes politiques et socio-économiques qui ont gangrené le secteur de ses sports, au point d'être la « première nation à être éliminée » au cours de la 26e édition de la CAN organisée en Tunisie, du 24/01 au 14/02/2004. Lire les « Statistiques de Gérard Dreyfus » in *http://www.rft.fr/Fichiers/sports/can2004stats5.asp*, consulté ce 14 février 2004, à 9.58 h.

[167] Voir par exemple le Décret du 2 août 1913 sur les commerçants et la preuve des engagements commerciaux, le Décret du 31 juillet 1912 sur les livres du commerce, la loi particulière n° 73-009 du 5 janvier 1973 sur le commerce ainsi que l'ordonnance-loi n° 90-046 du 9 août 1990 portant réglementation du petit commerce, in *Les Codes Larcier (de la) République démocratique du Congo*, t. III : *Droit commercial et économique*, vol. 1 : *Droit commercial*, pp. 1, 28, 29 et 34.

[168] Art. 4, 1°), O-L du 8 août 1990 sur le petit commerce, *Idem*, p. 34.

[169] Art. 3, *Ibid.* C'est nous qui soulignons. Les chiffres donnés dans cette législation sont ceux de 1990, totalement dépassés aujourd'hui par la conjoncture économique.

[170] Pour plus de détails, consulter la *Loi financière de la République du Zaïre* (1983) et, surtout, MASAMBA MAKELA, *Droit économique*, Cours polycopié, Université de Kinshasa, 1989-1990 ; BUKA-EKA-NGOY, *Droit commercial général*, Cours polycopié, Université de Kinshasa, 1992-1993, etc.

[171] MOBUTU SESE SEKO, entretien télévisé, in Th. MICHEL, *Mobutu Roi du Zaïre*, Doc. vidéo-sonore, copyright, 2004.

[172] Loi n° 80-008 du 18 juillet 1980 modifiant et complétant la loi n° 73-021 du 20 juillet 1973 portant régime général des biens, régime foncier et immobilier et régime des sûretés, in *J.O.R.Z.*, n° 15, 1er août 1980, p. 3.

[173] Voir DIKETE ONATSUNGU, *Droit civil : Les biens*, Cours (inédit), Université de Kinshasa, 1990-1991 ; Voir également KALAMBAYI LUMPUNGU, *Droit civil : Les biens*, Cours polycopié, Université de Kinshasa, 2002-2003.

[174] Constitution de la Transition du 4 avril 2003, *Op. cit.*, p. 12.

[175] Voyez art. 14, Loi Fondamentale relative aux libertés publiques, *Op. cit.*, p. 393 ; art. 43, Constitution du 1er août 1964, *Op. cit.*, pp. 10-11 ; art. 14, Constitution du 24 juin 1967, *Op. cit.*, p. 22 ; art. 22 de la Révision constitutionnelle de 1974, *Op. cit.* ; art. 21 de toutes les révisions constitutionnelles à partir de 1980 jusqu'à 1990 ; art. 22 de l'Acte constitutionnel de la Transition, *Op. cit.*, p. 19.

[176] Art. 9 et 10 de la « Loi dite foncière », in KALONGO MBIKAYI et cie, *Code civil et commercial congolais*, Kinshasa, C.R.D.J, 1997, pp. 174-175.

[177] C.S.J., R.C. 220, 1er octobre 1980, inédit. Voy. aussi KALONGO MBIKAYI, *Loc. cit.*, p. 173.

[178] DIKETE ONATSUNGU, *Op. cit*, inédit.

[179] Loi portant régime général des biens, régime foncier et immobilier..., *Op. cit.*, p. 3.

[180] Loi n° 77-001 du 22 février 1977 sur l'expropriation pour cause d'utilité publique, in *J.O.R.Z.*, n° 7, 1er avril 1977, p. 197. Voir aussi Les Codes Larcier (de la) République démocratique du Congo, t. VI, vol. 2, *Op. cit.*, pp. 216-217.

[181] Art. 2, Loi du 22 février 1977 sur l'expropriation..., in Les Codes Larcier..., *Op. cit.*, p. 216.

[182] Art. 1er, *Idem.*

[183] Cela ne veut cependant pas dire que le droit à la propriété mobilière est insusceptible d'autres mesures de limitation ou de privation. Il en est ainsi par exemple dans l'hypothèse des saisies judiciaires des biens (art. 106 à 139, Code de procédure civile).

[184] Art. 7 et 8, Loi du 22 février 1977, *Op. cit.*, p. 216.

[185] Ni la Loi Fondamentale relative aux libertés publiques, ni la Constitution du 1er août 1964 ne prévoient un droit dénommé « droit à la santé ». Sans être victime, ce faisant, d'une quelconque minimisation de la part du Constituant, le droit à la santé semble avoir souffert plutôt, en Droit constitutionnel congolais, d'une sorte d'évidence exagérée et d'une sorte d'« amour égoïste » des droits-libertés (droits civils et politiques). Voy. Loi Fondamentale relative aux libertés publiques, *Op. cit.*, pp. 390-394 et Constitution du 1er août 1964, *Op. cit.*, pp. 6-11.

[186] Ceci ne veut cependant pas dire que l'article 12 du PIDESC, auquel la RDC est liée depuis 1972, n'était pas applicable en l'absence des dispositions constitutionnelles et légales expresses ayant proclamé le « droit à la santé ».

[187] Art. 43, al. 4, Constitution de la transition du 4 avril 2003 : « Les *soins* et l'éducation à donner aux enfants constituent, pour les parents, *un droit naturel* et *un devoir* qu'ils exercent sous la surveillance et avec l'aide des pouvoirs publics », *Op. cit.*, p. 14. L'expression « droit naturel » ici renvoie-t-elle à l'opposition naturelle entre « droit positif » – le seul qui serait susceptible d'être invoqué devant le juge – et « droit naturel » – un droit qui ne serait pas susceptible de ce contrôle judiciaire – ?

[188] Art. 12. 1, PIDESC, *Op. cit.*, p. 40.

[189] Charte congolaise des droits de l'homme et du peuple, art. 53, al. 1er et 2, *Op. cit.*, p. 28.

[190] Art. 54, *Ibid.*

[191] Selon le Rapport du PNUD (2002), la RDC est classée au 155e rang des États répondant à certains critères sanitaires de développement. Avec ses 65 % des « personnes souffrant de malnutrition », ses 20 % de « population utilisant des équipements sanitaires appropriées » et l'« espérance de vie à la naissance » de sa population limitée à 46 ans, il est fort tentant de penser qu'une alimentation moins saine, insuffisante et déséquilibrée serait probablement un facteur important dans cette décote. Lire Programme Des Nations Unies Pour Le Développement, Rapport mondial sur le développement humain 2002, *Op. cit.*, pp. 169, 173 et 177.

[192] Art. 11. 1 et 2, PIDESC, *Op. cit.*, p. 40.

[193] *J.O.R.Z*, n° 18, 15 septembre 1978, p. 31 et s.

[194] Art. 2, *Ibid.*

[195] Ord. n° 74-414 du 5 décembre 1053 portant police sanitaire de l'immigration, in *B.A.*, 1954, p. 3. Voir aussi Les Codes Larcier (de la) République démocratique du Congo, *Op. cit.*, p. 474.

[196] Voir Ord. du 5 décembre 1953, *Op. cit.*, complété par l'Ord. n° 74-446 du 14 décembre 1953 portant police sanitaire des personnes en voyage international, *B.A.*, 1954, p. 7 ; *Erratum*, p. 190 et par l'Ord. n° 74-213 du 22 juin 1954 portant lutte contre les maladies quarantenaires, épidémiques, endémiques et autres maladies transmissibles et portant police sanitaire de la navigation intérieure, fluviale et aérienne, *B.A*, 1954, p. 120.

[197] Ce droit ne figure nulle part dans le PIDESC (1966). Sa reconnaissance internationale est donc postérieure aux deux premiers Pactes du système des Nations Unies. D'où l'appellation « droit de la troisième génération ».

[198] Aux termes de l'article 30 de l'A.C.T., « Toute personne a droit à un environnement sain. Elle a le devoir de le défendre. L'État veille à la protection de l'environnement », *Op. cit.*, pp. 21-22.

[199] Art. 4, Ordonnance du 1er juillet 1914 portant interdiction de la pollution et de la contamination des sources d'eau et parties de cours d'eau, in *B.A.C*, 1914, p. 399 ; Voir aussi Les Codes Larcier (de la) République démocratique du Congo, t. VI, vol. 2, *Op. cit.*, p. 199.

[200] Ordonnance n° 75-231 fixant les attributions du Département de l'Environnement, Conservation de la nature et Tourisme et complétant l'ordonnance n° 69-146 du 1er août 1969 sur le même objet, in *J.O.R.Z.*, n° 18, 15 septembre 1975, p. 11.

[201] Voy. art. 39 et 41 de la Constitution du 1er août 1964 ; art. 15 et 16 de la Constitution du 24 juin 1967 ; art. 22 et 25 des révisions constitutionnelles à partir des années 70 et art. 23 et 26 de l'Acte Constitutionnel de la Transition.

[202] Art. 32 : « *Le domicile est inviolable.* Il ne peut y être effectué de visite ou de perquisition que dans les formes et conditions prévues par la loi » ; art. 33 : « Aucun Congolais ne peut être expulsé du territoire de la République. Aucun Congolais ne peut, pour des raisons politiques, ethniques ou autres, être contraint à l'exil ou à résider hors de son lieu de résidence habituelle. *Tout Congolais a le droit de circuler librement sur tout le territoire de la République, d'y établir sa résidence, de le quitter et d'y revenir…* », Constitution de la Transition du 4 avril 2003, *Op. cit.*, p. 11. C'est nous qui soulignons.

[203] En ce sens, lire avec intérêt R. SAINT-ALARY, « Rapport de synthèse », in Travaux de l'Association Capitant, *Le droit au logement (Journées mexicaines)*, Paris, Économica, t. XXXIII, 1984, pp. 12-13.

[204] *Ibid.*, p. 15.

[205] *Ibid.*

[206] Art. 12.2, PIDESC, *Op. cit.*, p. 40.

[207] Loi-cadre n° 86-005 du 22 septembre 1986 sur l'enseignement national, in *J.O.R.Z.*, n° spécial, septembre1986, p. 12. Voir aussi *Les codes Larcier (de la) République démocratique du Congo*, t. VI : *Droit public et administratif*, vol. 2 : *Droit administratif*, Bruxelles-Kinshasa, Larcier-Afrique-Éditions, pp. 62-73.

[208] Ordonnance-loi n° 025-81 portant organisation générale de l'enseignement supérieur et universitaire, in *J.O.R.Z*, n° 20, 15 octobre 1981. Voir aussi Les Codes Larcier, *Loc. cit.*, pp. 100-118.

[209] Exemples : O-L n° 81-026 du 3 octobre 1981 relative à la collation des grades académiques aux universités, in *J.O.R.Z.*, n° 20, 15 octobre 1981, p. 13 ; Ord. n° 88-092 du 7 juillet 1988 instituant un examen d'État en vue de l'obtention d'un diplôme d'État d'études secondaires du cycle long, in *J.O.R.Z*, n° 14, 15 juillet 1988, p. 18 ; etc.

[210] CEDH, Valsamis et Afstratiou c/ Grèce, 18 décembre 1996, *Rec.*, 1996, 2312. Cité par F. SUDRE, *Op. cit.*, p. 268. C'est nous qui soulignons.

[211] Art. 61, Loi-cadre sur l'enseignement national, *Op. cit.*, p. 67.

[212] Aux termes de l'article 136 de la Loi-cadre, « Est punie, *conformément aux dispositions du code pénal*, toute personne qui enfreint les dispositions de l'article 61 de la présente loi », *Idem*, p. 72. On ne connaît ni la disposition précise du « code pénal » qui réprime cette infraction, ni le taux, ni la nature des peines annoncées. Toutefois, selon un décret de 1922, « Les contraventions aux décrets, ordonnances, arrêtés, règlements d'administration intérieure et de police à l'égard desquelles la loi ne détermine pas de peines particulières, seront punies d'une *servitude pénale de deux mois au maximum* et d'une *amende n'excédant pas deux mille francs*, ou d'une de ces peines seulement », Décret du 6 août 1922 sur les infractions à l'égard desquelles la loi ne détermine pas de peines particulières, art. 1er, in *B.O.*, 1922, p. 817. Est-ce la base légale de la sanction de la discrimination en matière d'admission à l'école ?

[213] Il s'agit ici de la période sous le Ministre libéral Buisseret, ancien ministre belge des Colonies, qui, dans le cadre de la guéguerre entre les clercs et les laïcs, avait supprimé, au Congo belge, le « monopole scolaire » des missions chrétiennes, fait qui lui a permis d'autoriser la création des « athénées royaux » ou autres lycées à côté des « collèges missionnaires » ou autres « séminaires », petits et grands. La question du pluralisme éducatif dans les écoles, au Congo, date donc de cette époque déjà. Elle a été matérialisée par plusieurs décrets qu'il n'est pas possible d'« exhumer » tous ici.

[214] Voy. art. 132, 133 et 134 combinés avec les articles 140 et 142 de la Loi-cadre, *Op. cit.*, pp. 72-73.

[215] L'article 115 de la Loi-cadre précise que l'obligation scolaire pèse sur « tout enfant zaïrois, garçon ou fille, âgé de six à quinze ans » ou, autrement dit, sur tout enfant « entrant en première année primaire » pour cesser « lorsque l'enfant termine ces études primaires ou lorsque, sans les avoir achevées, il atteint l'âge de 15 ans ». Dans ce contexte, puisque « Le chef de famille est tenu de satisfaire à (cette) obligation scolaire » (art. 116), on peut dire que la liberté des parents en matière d'éducation s'arrête au « choix du genre » d'éducation et ne se prolonge pas jusqu'à la liberté de ne pas choisir la voie scolaire pour leur enfant. Pour ces références, voy. Loi-cadre, *Op. cit.*, p. 71.

[216] Voir, pour plus de détails, les articles 43, 44, et 82 à 88 de la Loi-cadre sur l'enseignement national, *Op. cit.*, pp. 65 et 69.

[217] Art. 13.1, PIDESC.

[218] O-L n° 025-81 du 3 octobre 1981 portant organisation générale de l'enseignement supérieur et universitaire, *Op. cit.*, p. 104.

[219] Voir Ord. n° 77-018 du 22 février 1977 portant réglementation relative à l'octroi des bourses et prêts d'études et de perfectionnement, in *J.O.R.Z*, n° 7, 1er avril 1977, p. 202 ; Ord. n° 81-159 du 7 octobre 1981 portant modalités d'octroi et de remboursement des bourses d'études et de perfectionnement, in *J.O.R.Z.*, n° 21, 1er novembre 1981, p. 41 et Arrêté départemental n° ESU/CA-BCE/0111/82 portant règlement de l'octroi, du remboursement et du recouvrement des bourses d'études et de perfectionnement, in *J.O.R.Z.*, n° 5, 1er mars 1983, p. 48. Voir également ces textes in Les Codes Larcier (de la) République démocratique du Congo, *Op. cit.*, t. VI, vol. 2, pp. 82-84.

[220] Voy. art. 81-96 de l'Ord. n° 81-160 du 7 octobre 1981 portant statut du personnel de l'enseignement supérieur et universitaire, in Les Codes Larcier, *Op. cit.*, t. VI, vol. 2, pp. 113-114.

[221] Sur le financement des établissements d'enseignement au Congo, voy. art. 99-103 de la Loi-cadre sur l'enseignement national, *Op. cit.*, pp. 70-71.

[222] Art. 13. 1, Loi Fondamentale relative aux libertés publiques, *Op. cit.*, p. 393.

[223] Art. 35, al. 1er, Constitution du 1er août 1964, *Op. cit.*, p. 9.

TROISIÈME PARTIE

CHAPITRE IER

[1] R. PELLOUX, « Vrais et faux droits de l'homme », in *R.D.P*, 1981, p. 53.

[2] J. RIVERO, « Déclarations parallèles et nouveaux droits de l'homme », *Op. cit.*, p. 323.

[3] F. DELPÉRÉE, *Le droit constitutionnel de la Belgique, Op. cit.*, p. 171.

[4] F. SUDRE, *Op. cit.*, p. 341.

[5] Pour une idée sur ces conditions, lire NATIONS UNIES, CENTRE POUR LES DROITS DE L'HOMME, *Institutions nationales pour les droits de l'homme. Manuel sur la création et le renforcement d'institutions nationales pour la promotion et la protection des droits de l'homme*, Série sur la Formation professionnelle, n° 4, New York et Genève, 1996, pp. 10-17.

[6] NATIONS UNIES, CENTRE POUR LES DROITS DE L'HOMME, *Op. cit.*, p. 10.

[7] *Ibid.*

[8] Voir art. 1 et 2, Décret-loi n° 195 du 29 janvier 1999 portant réglementation des associations sans but lucratif et des établissements d'utilité publique, in *J.O.RDC*, n° spécial, février 1999, p. 17.

[9] Par exemple la Fédération des ONG Laïques à vocation Économique au Congo, FOLECO en sigle,et la Confédération Nationale des ONG du Congo, CONACO en sigle.

[10] Consulter pour plus de détails *http://www.congonline.com/ONG/ongcongo.htm*. Notons que la définition et la classification des ONG proposées par ce regroupement sont, à tout le moins, éléphantesques, puisqu'elles prennent en compte pratiquement toutes les associations sans but lucratif œuvrant au Congo dans les domaines spécifiés, et ce, y compris même les associations confessionnelles. Or, la loi est formelle dans la distinction entre toutes ces associations(voy. art. 2 précité) !

[11] RÉPUBLIQUE DÉMOCRACRATIQUE DU CONGO, MINISTÈRE DES DROITS HUMAINS, *Plan national de promotion et de protection des droits de l'homme, Op. cit.*, p. 65.

[12] Sur les erreurs judiciaires, lire avec des récits poignants J. VERGES, *Les erreurs judiciaires*, coll. « Que sais-je ? », n° 3656, Paris, PUF, 2002, 126 p.

CHAPITRE II

[1] Conseil de Sécurité des Nations Unies, Rés. 827, New York, 25 mai 1993 (ex-Yougoslavie) et S/Rés. 955, New York, 8 novembre 1994, in E. DAVID et Cie, *Code de droit international humanitaire*, *Op. cit.*, pp. 384-454 et 454-510.

[2] Préambule du Statut de la Cour pénale internationale, 6e considérant, E. DAVID, *Op. cit.*, p. 511.

[3] Voy. Protocole relatif à la Charte africaine des droits de l'homme et des peuples, art. 1 et 2 + Préambule dernier considérant, in O. DE SCHUTTER, *Code de droit international des droits de l'homme, Op. cit.*, p. 713.

[4] Aux termes de l'article 45 de la CADHP, « La Commission a pour mission de : 1. *Promouvoir les droits de l'homme et des peuples* et notamment : a) Rassembler de la documentation, faire des études et des recherches sur les problèmes africains dans le domaine des droits de l'homme et des peuples, organiser des séminaires, des colloques et des conférences, diffuser des informations, encourager les organismes nationaux et locaux s'occupant des droits de l'homme et des peuples (...), donner des avis ou faire des recommandations aux gouvernements ; b) Formuler ou élaborer, en vue de servir de base à l'élaboration de textes législatifs par les gouvernements africains, des principes et règles qui permettent de résoudre les problèmes juridiques relatifs à la jouissance des droits de l'homme et des peuples et des libertés fondamentales ; c) Coopérer avec les autres institutions africaines ou internationales qui s'intéressent et à la protection des droits de l'homme et des peuples. 2. *Assurer la protection des droits de l'homme et des peuples dans les conditions fixées par la présente Charte* (...) ».

[5] Voir art. 56 de la CADHP, *Idem.*, p. 710.

[6] Voy. Convention américaine relative aux droits de l'homme, ouverte à la signature des États membres de l'OEA à San José (Costa Rica) le 22 novembre 1969 et entrée en vigueur le 18 juillet 1978, ainsi que ses deux Protocoles additionnels du 6 octobre 1993 et du 16 novembre 1999, in Olivier DE SCHUTTER, *Op. cit.*, pp. 481-513.

[7] F. SUDRE, *Op. Cit.*, p. 341

[8] Déclaration de l'OIT relative aux principes et droits fondamentaux au travail, 19 juin 1998.

CHAPITRE III

[1] Art. 185, Loi Fondamentale relative aux structures du Congo du 19 mai 1960, *Op. cit.*, p. 376.

[2] Voy. par exemple art. 123, al. 1er, Constitution du 1er août 1964 ; art. 57, al. 1er, Constitution du 24 juin 1967 ; art. 116 du Code d'organisation et de compétence judiciaires, etc.

[3] Art. 67, al. 1er, Révision constitutionnelle de 1974 ; art. 106, al. 1er, Révision constitutionnelle de 1981 ; art. 101, Révision constitutionnelle de 1983, Révisions constitutionnelles de 1990, etc.

[4] RÉPUBLIQUE DÉMOCRATIQUE DU CONGO, Plan national de promotion et de protection des droits de l'homme, *Op. cit.*, p. 65.

[5] Voir à ce sujet, par exemple, A. SOHIER, *Le traité élémentaire du droit coutumier du Congo belge*, Bruxelles, Larcier, 1949, 221 p. ; J. VANDERLINDEN, *Essai sur les juridictions de droit coutumier dans les territoires d'Afrique centrale*, Bruxelles,

Académie des Sciences Coloniales, 1959, 218 p. ; J.M. PAUWELS, *Introduction au droit coutumier congolais*, Kinshasa, Cours polycopié, Université Lovanium, 1970, 67 p. ; A. RUBENS, *Le droit judiciaire congolais*, t. I et II, Léopoldville, P.U.Z, Université Lovanium, 1970, 340 et 350 p. ; A. DURIEUX, *Droit écrit et droit coutumier en Afrique centrale*, Bruxelles, Académie Royale des Sciences d'Outre-mer, 1970, 57 p. ; E. LAMY, *Le droit privé zaïrois (Introduction à l'étude du droit écrit et du droit coutumier zaïrois)*, Kinshasa, P.U.Z, 1975, 285 p.

[6] Pour un tableau descriptif de ces maux, lire avec intérêt MATADI NENGA GAMANDA, *La question du pouvoir judiciaire en République démocratique du Congo*, Kinshasa, Éd. Droit et Idées nouvelles, 2001, pp. 159-244.

[7] Voir notamment KISAKA-kia-NGOY, *Organisation et compétence judiciaires*, Cours polycopié, Université de Kinshasa, 2000, passim ; BAYONA-BA-MEYA, *Procédure pénale*, Cours polycopié, Université de Kinshasa, 1989-1990 ; LUZOLO BAMBI LESSA, *Procédure pénale*, Cours polycopié, Université de Kinshasa, 2002-2003, etc.

[8] Lire en ce sens, comme éléments d'atténuation, BAYONA BA MEYA, *Op. cit.*, p. 56-57.

[9] Commentaires et Rapport sur l'Ordonnance-loi n° 68/246 du 10 juillet 1968 portant code de l'organisation et de la compétence judiciaires, *Op. cit.*

[10] Ordonnance-loi n° 82-020 du 31 mars 1982 (*Journal Officiel* n° 7 du 1er avril 1982, p. 39), telle que complétée par l'Ordonnance-loi n° 83/009 du 29 mars 1983 portant code de l'organisation et de compétence judiciaires, in *Journal Officiel de la République du Zaïre*, n° 7, du 1er avril 1983, p. 9.

[11] Par la Loi n° 002-2001 du 3 juillet 2001, le législateur a, cependant, introduit dernièrement des juridictions spéciales en matière de commerce ; ce qui ne manquera pas de transférer certains litiges relatifs au droit du travail à cette catégorie de juridictions spéciales, in *Journal Officiel de la République démocratique du Congo*, n° 14 du 15 juillet 2001, p. 4 et s. Le mouvement de spécialisation juridictionnelle ainsi amorcé va-t-il se poursuivre et s'étendre notamment dans le domaine des droits de l'homme ?

[12] Lire en ce sens notamment de P. QUIRINI, *Les droits des citoyens congolais*, Kinshasa, CEPAS, 78 p. (Troisième édition mise à jour par Pierre AKELE ADAU).

[13] LIKULIA BOLINGO, *Droit pénal spécial zaïrois*, Paris, L.G.D.J, 1980 ; P. AKELE ADAU, *Droit pénal spécial*, Cours polycopié, Université de Kinshasa, 2002-2003.

[14] Ordonnance n° 87-034 du 22 janvier 1987 modifiant l'ordonnance n° 86-268 du 31 octobre 1986 portant création d'un Département des Droits et Libertés des citoyens, in *Journal Officiel de la République du Zaïre*, n° 4, du 14 février 1987, p. 21.

[15] L'article 7 du Règlement interne organique du Département précisait que « Bénéficient des interventions du Département les *citoyens zaïrois* résidant dans la République ainsi que ceux résidant à l'étranger... ». Cf. Arrêté départemental n° 0004/CAB/CE/DLC/87 du 2 février 1987 portant règlement interne organique du Département des Droits et Libertés du Citoyen, in *Journal Officiel de la République du Zaïre*, n° 5, du 1er mars 1987, p. 23. C'est nous qui soulignons.

[16] Arrêté départemental n° 0004/CAB/CE/DLC/87 du 2 février 1987..., *Op. cit.*, p. 23.

[17] Article 2, *Idem*, p. 23

[18] Arrêté départemental n° 0053/CAB/DLC/CE/BI/88 du 17 juin 1988 portant création d'une Cellule de promotion des Droits et Libertés », in *Journal Officiel de la République du Zaïre*, n° 13, du 1er juillet 1988, p. 11.

[19] *Idem.* À propos de la « fonction en quelque sorte législative », lire l'Exposé des motifs de cet Arrêté, 5e paragraphe, tel que présenté par le titulaire même du Département, Maître NIMY MAYIDIKA NGIMBI, p. 12.

[20] Exposé des motifs, Arrêté départemental n° 0053/CAB/DLC/CE/BI/88, *Op. cit.*, p. 11

[21] Aux termes de l'arrêté départemental n° 0003/CAB/CE/DLC/87 du 02/02/1987, les personnalités ci-après, toutes professeurs de droit, étaient nommées à la tête des quatre Directions techniques du Département : Direction de l'Inspection : le colonel-Professeur MPONGO BOKAKO ; Direction du Contentieux judicaire : le Professeur NYABIRUNGU MWENE SONGA ; Direction du Contentieux administratif : le Professeur KITETE KEKUMBA OMOMBO ; Direction des Relations internationales : le Professeur LWAMBA KATANSI, in *Journal Officiel de la République du Zaïre*, n° 5 du 1er mars 1987, p. 22.

[22] Art. 1er, Arrêté départemental n° 0016/CAB/DLC/CE/BI/87 du 1er juillet 1987 portant création d'un comité chargé du suivi des pactes internationaux sur les droits de l'homme, in *Journal Officiel de la République du Zaïre*, n° 15, du 1er août 1987, p. 24.

[23] Art. 2, 2° à 4°, *Idem*, p. 24.

[24] In *Journal Officiel de la République du Zaïre* n° 5 du 1er mars 1987, pp. 29-33.

[25] Art. 1er, al. 1er, Arrêté départemental n° 005/CAB/CE/DLC/MAWU/87..., *Op. cit.*, p. 30. C'est nous qui soulignons.

[26] *Ibid.*

[27] *Ibid.*

[28] À cause des « conflits de compétence » que cette procédure ne put malheureusement éviter, un arrêté du 18 avril 1988 instaura une nouvelle procédure au profit du *Directeur-Conseiller* et de la *réunion du Cabinet* en matière de proposition et d'adoption de décision. En effet, cet arrêté prescrivait que « *Le Directeur-Conseiller trait(ait) directement le dossier* (... et qu') Il (pouvait) *se faire assister* dans ce travail par le Conseiller-Assistant de son Contentieux (...). L'étude du dossier se termin(ait) *par une proposition de décision signée par le Conseiller-Directeur* » (art. 1er). De même, « La proposition de décision (était) soumise (...) au Commissaire d'État (...) » et elle devait ensuite être « *examinée au cours d'une réunion de cabinet présidée par le Chef du Département* et à laquelle (prenaient) part *le Secrétaire d'État, le Conseiller Principal, le Secrétaire Général* ainsi que *les Conseillers-Directeurs*, en vue de son adoption » (art. 2). Cf. Arrêté départemental n° 0046/CAB/DLC/CE/88 du 18 avril 1988 modifiant et complétant l'Arrêté départemental n° 0005/CAB/CE/DLC/MAWU/87 du 02 février 1987 réglant la procédure devant le Département des Droits et Libertés du Citoyen, in *Journal Officiel de la République du Zaïre*, n° 9, du 1er mai 1988, p. 24.

[29] Voir G. CORNU, *Vocabulaire juridique*, Paris, P.U.F., 2002, pp. 786-787. C'est nous qui soulignons.

[30] *Ibid.*, p. 785.

[31] Voyez, pour plus de détails, l'Arrêté départemental n° 0028/CAB/DLC/CE/87 du 16 novembre 1987 portant création d'un Fichier dénommé « Fichier de Moralité », in *Journal Officiel de la République du Zaïre*, n° 22, du 15 novembre 1987, pp. 25-26.

[32] Pour le rôle de dépositaire de la doctrine du MPR, voyez art. 63 de la Constitution « mise à jour le 27 juin 1988 » : « Le Comité Central est *le dépositaire et le garant du Mobutisme.* À ce titre, *il est compétent pour connaître de tout acte de*

nature à porter atteinte à la doctrine du Mouvement Populaire de la Révolution (...), in *Journal Officiel de la République du Zaïre*, n° 1, 1er janvier 1983, p. 25. Pour la place et le rôle de sa fameuse Commission de discipline, voyez art. 28 du Règlement Intérieur dudit Comité : « La Commission Permanente de Discipline a pour rôle : – de veiller au respect de la discipline au sein du Parti ; – de suivre et d'apprécier le comportement des militants dans la réalisation des vœux et dans l'application des résolutions du Congrès ; – *de sauvegarder les acquis de la Révolution et de protéger le militant dans ses droits et devoirs ;* – de suivre la conduite des cadres dans la gestion des affaires publiques ; – *de déceler tout cas de manquement, de déviationnisme et d'en faire rapport au Comité* », in *Journal Officiel de la République du Zaïre*, n° 1, du 1er janvier 1987, p. 26.

[33] Il est regrettable que les Conclusions de la *Journée d'étude* organisée en octobre 1989 par le *Salon Juridique* de la Faculté de Droit de l'Université de Kinshasa n'aient pas pu être rendues publiques sous forme écrite. Nous nous sommes contentés, ici, de nos propres notes (manuscrites), en tant qu'un des participants à cette Journée. Le lecteur nous excusera donc nos éventuelles failles dans la transcription fidèle de l'opinion majoritaire qui avait été défendue lors de cette Journée.

[34] Aux termes des articles 93 et 101 de la « Constitution mise à jour le 27 juin 1988 », « Le Conseil Exécutif (était) l'organe exécutif du Mouvement Populaire de la Révolution », tandis que « La mission de dire (était) dévolue au Conseil Judiciaire », *Op.cit*, pp. 38 et 41.

[35] Voyez Arrêté départemental n° 0007/CAB/DLC/CE/87 du 2 février portant nomination des Délégués Principaux et des Délégués Assistants du Département des Droits et Libertés du Citoyen (dans la seule ville de Kinshasa), in *Journal Officiel de la République du Zaïre*, n° 5, du 1er mars 1987, pp. 33-36.

[36] ALLIANCE DES FORCES DÉMOCRATIQUES POUR LA LIBÉRATION DU CONGO, Statuts, Préambule, in *http://www.congonline.com/Politiq/statuts.htm*

[37] Dans la foulée, lire entre autres J.C. WILLAME, *L'odyssée Kabila. Trajectoire pour un Congo nouveau*, Paris, Karthala, 1999, 250 p. ; C. BRAECKMAN et cie, *Kabila prend le pouvoir*, Bruxelles, collection Les livres du GRIP, 1999, 180 p. ; G. DE VILLERS (Coll. J. OMASOMBO), « Guerre et politique. Les trente derniers mois de L-D. Kabila (août 1997-janvier 2001) », in *Cahiers africains*, n° 47-48, Bruxelles-Paris, CEDAF-L'Harmattan, 2001 ; G. DE VILLERS et J.C WILLAME, « Chronique politique d'un entre-deux-guerres (1997-1998) », in *Cahiers africains*, n° 35-36, Bruxelles-Paris, CEDAF-L'Harmattan, 2002 ; E. KENNES (Coll. MUNKANA N'GE), « Essai biographique sur Laurent Désiré Kabila », in *Cahiers africains*, n° 57-58-59 (série 2002), Bruxelles-Paris, CEDAF-L'Harmattan, 2003, 436p.

[38] Lire par exemple « Le Discours d'investiture du Président de la République », L.D. KABILA, in *Le Potentiel*, n° 1032, Kinshasa, Vendredi 30 mai 1997.

[39] Lire par exemple HUMAN RIGHTS WACH, *République démocratique du Congo, un cheminement incertain : Transition et violations des droits de l'homme*, Rapport Décembre 1997, vol. 9, n° 9 (A), in *http://www.org/french/reports/drc1997/* consulté ce 24/01/2004 ; Lire aussi AZADHO, « Kinshasa : Recrudescence des vols à main armée », Communiqué de presse, n° 13/97, Kinshasa, 14 août 1997 ; LA VOIX DES SANS VOIX, « Bastonnade contre Forces du futur et Journalistes », Communiqué de presse, n° 024/C/VSV/CD/97, Kinshasa, 27 novembre 1997 ; CADDHOM, « Déclaration du CADDHOM à la suite du scellage de ses Bureaux de l'arrestation de ses Activistes dans l'Est de la R.D. Congo depuis le 23 août 1997 », 10 septembre 1997.

[40] Dans des propos attribués au Président L.D. Kabila, les droits de l'homme dans la politique des nouvelles autorités de l'A.F.D.L seraient considérés comme

« un petit problème », malgré de nombreuses critiques à elles adressées au sujet par exemple d'une prétendue disparition, au début 1997, de plus ou moins 100.000 « réfugiés » rwandais ou assimilés dans l'Est du Congo, selon plusieurs éditions des Journaux parlés des grandes radios internationales de cette époque (RFI, BBC, VOA, Africa n° 1, etc.). Cette question des droits de l'homme fut d'ailleurs – on s'en souvient – pendant de longs mois à l'origine d'une grande divergence entre les nouvelles autorités de l'AFDL et l'Organisation des Nations Unies, dont une « Commission d'enquête », décidée à la suite de ces critiques, fut particulièrement torpillée par les nouvelles autorités, avant finalement de « rebrousser chemin » sans atteindre le but lui assigné. La figure de l'intraitable Ministre, Étienne Richard Mbaya, chargé de cette question au niveau du nouveau Gouvernement, revient ici à l'image avec force éclat.

[41] ALLIANCE DES FORCES DÉMOCRATIQUES POUR LA LIBÉRATION DU CONGO, « Déclaration de Prise de Pouvoir », Lubumbashi, 17 mai 1997, in *Agence France Presse* (entre autres), Dépêche, 18 mai 1997.

[42] Art. 29, Décret-loi constitutionnel n° 003 du 27 mai 1997, *Op. cit.*, p. 28.

[43] Art. 2, *Idem*, p. 14.

[44] Décret n° 03/27 du 16 septembre 2003 fixant les attributions des Ministères, in *J.O.RDC*, n° spécial, 20 septembre 2003.

[45] RÉPUBLIQUE DÉMOCRACRATIQUE DU CONGO, MINISTÈRE DES DROITS HUMAINS, *Mission-Projets prioritaires-Principales réalisations-Difficultés rencontrées-Perspectives d'avenir. Tout savoir sur le ministère des Droits Humains*, Dépliant de connaissance générale, s.d. Ce dépliant, faiblement distribué, fut accessible au public depuis au moins décembre 1998.

[46] *Idem.*

[47] Art. 1er, B, 7°, Décret n° 03/027 du 16 septembre 2003, *Op. cit.*, p. 25.

[48] Art. 1er, B, *Idem*, p. 22.

[49] Art. 22-25, Décret n° 03/025 du 16 septembre 2003 portant organisation et fonctionnement du Gouvernement de Transition ainsi que les modalités pratiques de collaboration entre le Président de la République, les Vice-présidents de la République, les Ministres et les Vice-ministres, *Loc. cit.*, p. 21.

[50] À propos de ce « savant équilibre » et des considérations y attachées, on peut lire utilement A. LEGRAND, *L'ombudsman scandinave. Études comparées sur le contrôle de l'administration*, L.G.D.J, Paris, 1970, pp. 15-19.

[51] P-Y. MONETTE, « Du contrôle de la légalité au contrôle de l'équité : une analyse du contrôle exercé par l'ombudsman parlementaire sur l'action de l'administration », in *Revue belge de droit constitutionnel*, n° 1, Bruylant, Bruxelles, 2001, pp. 6-7.

[52] *Ibid.*, p. 5

[53] Cité par P-Y. MONETTE, *Op. cit.*

[54] Sur la procédure de nomination des Ministres instituée par l'actuelle Constitution de la transition, voir art. 89, al 2 : « Les Ministres et les Vice-ministres sont nommés et révoqués par le Président de la République,sur proposition des composantes et entités au Dialogue inter-congolais », *Op. cit.*, p. 22.

[55] M. VERDUSSEN, « Le médiateur parlementaire : données comparatives », in *Le médiateur*, publication du Centre d'études constitutionnelles et administratives de l'Université catholique de Louvain, Bruxelles, Bruylant, 1995, p. 17. C'est nous qui soulignons.

[56] Voy. Décret n° 03/27 du 16 septembre 2003, *Op. cit.*, p. 25. Ce classement de compétences, opéré par nous-même, ne résulte pas du règlement.

[57] RÉPUBLIQUE DÉMOCRACRATIQUE DU CONGO, MINISTÈRE DES DROITS HUMAINS, *Actes de la Conférence nationale sur les droits de l'homme*, vol. II : *Charte congolaise des droits de l'homme et du peuple*, art. 71, Imprimerie CEDI, Kinshasa, 30 juin 2001, pp. 33-34.

[58] *Ibid.*, p. 34.

[59] G. CORNU, *Op. cit.*, p. 775.

[60] Aux termes de cet article, « Au cas où la violation d'un droit ou d'une liberté constitue *en même temps* une infraction pénale ou une contestation de nature civile, la victime saisit *d'abord* les Cours et Tribunaux ; si la violation du droit ou de la liberté demeure en dépit de la décision judiciaire devenue définitive, *elle saisit la Commission pour le redressement de la violation ou pour une satisfaction équitable.* Cette règle *ne s'applique pas si le recours aux Cours et Tribunaux n'est pas effectif et adéquat* », Charte congolaise..., *Op. cit.*, p. 35.

[61] Dans le cadre de l'adoption de la Charte africaine des droits de l'homme et du peuple, une telle divergence avait été aussi remarquée, en 1981, au sujet de la mise en place ou non d'une *Cour africaine des droits de l'homme et du peuple.* Les adversaires de la voie judiciaire arguaient alors que les traditions juridiques africaines privilégiaient la conciliation au duel judiciaire. Près de deux décennies après, on se demande si l'adoption de ladite Cour par le Protocole de Ouagadougou (1998) n'a pas remis en cause ces « traditions juridiques africaines ». Pour un éclairage sur la question, voy. MUTOY MUBIALA, « Vers la création d'une cour africaine des droits de l'homme et des peuples », in *Congo-Afrique*, février 1998, n° 322, pp. 81-86 ; Voy aussi NTUMBA LUABA LUMU, « Le système africain de promotion et de protection des droits de l'homme et des peuples », *Op. cit.*, p. 125.

[62] Voyez, mais à propos de la Charte africaine des droits de l'homme et des peuples, KEBA M'BAYE, *Les droits de l'homme en Afrique*, Paris, Pedone, 1992, 312 p. ; E. KODJO, « La Charte africaine des droits de l'homme et des peuples », in *Revue universelle des droits de l'homme*, vol. I, 1989 ; F. OUGUERGOUZ, *La Charte africaine des droits de l'homme et des peuples. Une approche juridique des droits de l'homme entre tradition et modernité*, Paris-Genève, PUF-IUHEI, 1993.

[63] Pour cet auteur, « comme la 'satisfaction équitable' prend, par nature, la forme d'un dédommagement pécuniaire, l'obligation de l'État concerné se résume, à ce niveau, à en régler le montant dans un délai acceptable, in L.-E. PETTITI, E., DECAUX, P. et P-H. IMBERT (dir.) *La convention européenne des droits de l'homme...*, *Op. cit.*, p. 854. Un contenu plus réel de la notion de « satisfaction équitable », telle qu'elle est contenue dans l'article 50 de la CEDH, est plutôt fourni par J.L. SHARPE, *Op. cit.*, pp. 809-842.

[64] Selon le PNUD, en matière d'enseignement et d'instruction – pour ne prendre que ce « paramètre du développement humain » – la République démocratique du Congo vient en 152e position sur les 174 États étudiés, in *Rapport mondial sur le développement humain 2000*, éd. De Boeck et Larcier, Bruxelles, 2000, p. 197.

BIBLIOGRAPHIE

I. Ouvrages

A. Sur les droits de l'homme

AÏT AHMED (H.), *L'Afro-fascisme. Les droits de l'homme dans la Charte et la pratique de l'OUA*, Paris, L'Harmattan, 1980.

BETTATI (M.) et KOUCHNER (B.), *Le devoir d'ingérence : peut-on les laisser mourir ?*, Paris, Denoël, 1987.

BURDEAU (G.), *Libertés publiques*, 4e éd., Paris, L.G.D.J, 1972.

CABRILLAC (R.), FRISON-ROCHE (M.A.) et REVET (T.) (dir.), *Libertés et Droits fondamentaux*, Paris, Dalloz, 8e éd., 2002.

CARLIER (J.-Y.), *Droit des réfugiés*, Bruxelles, Story-Scientia, 1989.

CARLIER (J.-Y.), VAN HEULE (D.), HULLMANN (K.) et PENA GALIANO (C.), *Qu'est-ce qu'un réfugié ? Étude de jurisprudence comparée*, Bruxelles, Bruylant, 1998.

COLLIARD (C.A.), *Libertés publiques*, 6e éd., Paris, Dalloz, 1982.

DE MOHL, Beetroege zür Lehre vom Petitionsrecht in konstitutionellen Staaten, dans Staatsrecht und Politik, 1860, t. I.

DE SCHUTTER (O.) et VANDROOGHENBROECK (S.), *Droit international des droits de l'homme devant le juge national*, Bruxelles, Larcier, 1999.

de QUIRINI (P.), *Les droits des citoyens congolais*, Kinshasa, CEPAS (Troisième édition mise à jour par Pierre AKELE ADAU).

FÉDÉRATION INTERNATIONALE DES UNIVERSITÉS CATHOLIQUES. CENTRE DE RECHERCHE, *Droits de l'Homme. Approche chrétienne*, Rome, Éd. Herder, 1984.

KEBA M'BAYE, *Les droits de l'homme en Afrique*, Paris, Pedone, 1982.

LEGRAND (A.), *L'ombudsman scandinave. Études comparées sur le contrôle de l'administration*, Paris, L.G.D.J, 1970.

LOCHAK (D.), *Les droits de l'homme*, Paris, la Découverte, « Repères », 2002.

MADIOT (Y.), *Droits de l'homme*, Paris, Masson, 2e éd., 1991.

MATADI NENGA GAMANDA, *Le droit à un procès équitable*, Louvain-la-Neuve, Academia-Bruylant et Éditions Droit et Idées Nouvelles, 2002.

MOURGEON (J.), *Les droits de l'homme*, Paris, P.U.F, coll. « Que sais-je ? », n° 1728, 6e éd., 1996.

OUGUERGOUZ (F.), *La Charte africaine des droits de l'homme et des peuples. Une approche juridique des droits de l'homme entre tradition et modernité*, Paris-Genève, PUF-IUHEI, 1993.

PETTITI (L.E), DECAUX (E.) et IMBERT (P.H.) (dir.), *La convention européenne des droits de l'homme. Commentaire article par article*, Paris, Economica, 1995.

RICHARD (M.), Le droit de pétition.Étude de droit public interne et de droit international public, Paris, Librairie du recueil Sirey, 1932.

RIVERO (J.), *Les libertés publiques*, – t. I : *Les droits de l'homme*, Paris, PUF, Coll. Thémis, 8e éd., 1997 ; – t. II : *Le régime des principales libertés*, Paris, PUF, coll. Thémis, 6e éd., 1997.

ROBERT (J.), *Libertés publiques*, Paris, Éd. Montchrestien, 1971.

SERIAUX (A.), SERMET (L.), VIRIOT-BARRIAL (D.) *Droits et libertés fondamentales*, Paris, Ellipses, 1998.

SODINI (R.), *Le Comité des droits économiques, sociaux et culturels*, Paris, Montchrestien, 2000.

SUDRE (F.), *Droit international et européen des droits de l'homme,* 4e éd. (1999) et 6e éd. (2003), Paris, P.U.F.

TAVERNIER (P.) (dir.), *Recueil juridique des droits de l'homme en Afrique 1996-2000*, Bruxelles, Bruylant, 2002.

TRAVAUX DE L'ASSOCIATION CAPITANT, *Le droit au logement (Journées mexicaines)*, Paris, Economica, t. XXXIII, 1984.

UNIVERSITE DE KINSHASA, DEPARTEMENT DE DROIT INTERNATIONAL, *Droits de l'homme et droit international humanitaire. Séminaire de formation à l'occasion du cinquantenaire de la Déclaration universelle des droits de l'homme*, 18 novembre-10 décembre 1998, Kinshasa, Presses universitaires de Kinshasa, 1998.

VILLEY (M.), *Le droit et les droits de l'homme*, Paris, PUF, « Questions », 1983.

WACHSMAN (P.), *Les droits de l'homme*, Paris, Dalloz, « Connaissance du droit », 3e éd., 1999.

B. Sur le Droit en général

ALLAND (D.) et RIALS (S.) (dir.), *Dictionnaire de la culture juridique*, Paris, P.U.F, 2003.

BALANDA (G.), *Le nouveau Droit Constitutionnel Zaïrois*, Paris, Nouvelles Éditions Africaines, 1972.

BURLAMAQUI, *Principes du Droit Naturel*, Genève, 1747.

BURDEAU (G.), *Traité de science politique*. t. III : *Le pouvoir dans l'État*, Paris, Montchrestien, 1969.

BLACKSTONE, *Commentaires*, Livre I, chap. I, p. 178.

CARRE DE MALBERG (R.), *Contribution à la théorie générale de l'État*, t. II, Paris, rééd, CNRS, 1962.

COMBACAU (J.), *Droit international public*, 2e éd., Paris, Montchrestien, 1995, p. 393.

CORNU (G.), *Vocabulaire juridique*, Paris, P.U.F, 2002.

DELPEREE (F.), *Le droit constitutionnel de la Belgique*, Bruxelles-Paris, Bruylant-LGDJ, 2000.

DUGUIT (L.), *Traité de droit constitutionnel*, t. V, 1925.

DUPUY (P.M.), *Droit international public*, Paris, Dalloz, 6e éd., 2002.

DURIEUX (A.), *Droit écrit et droit coutumier en Afrique centrale*, Bruxelles, Académie Royale des Sciences d'Outre-mer, 1970.

ESMEIN et NEZARD, *Éléments de droit constitutionnel français et comparé*, t. I, 1927.

KABANGE NTABALA (Cl.), *Droit administratif.* t. II : *Le statut de la fonction publique en République démocratique du Congo. Genèse, évolution, problèmes et solutions proposées*, Université de Kinshasa, Imprimeries Saint-Paul, Kinshasa, 2000.

KELSEN (H.), *Théorie générale de l'État, suivi de la doctrine du droit naturel et le positivisme,* Bruxelles, Bruylant, 1997 (rééd.).

LAMY (E.), *Le droit privé zaïrois (Introduction à l'étude du droit écrit et du droit coutumier zaïrois)*, Kinshasa, P.U.Z, 1975.

LIKULIA BOLNGO, *Droit pénal spécial zaïrois*, Paris, L.G.D.J, 1980.

LUNDA BULULU, *La conclusion des traités en droit constitutionnel zaïrois. Étude de droit international et de droit interne*, Bruxelles, Bruylant-ULB, 1984.

MATADI NENGA GAMANDA, *La question du pouvoir judiciaire en République démocratique du Congo. Contribution à une théorie de réforme*, Kinshasa, Éd. Droit et Idées Nouvelles, 2001.

MBUY MBIYE TANAY, *La profession d'avocat au Zaïre*, Kinshasa, Ed. Ntobo, 1991.

MOREAU, *Manuel de droit public français*, t. II : *Droit administratif*, 1909.

NGUYANDILA MALENGANA (C.), *Nationalité et citoyenneté au Congo/Kinshasa. Le cas du Kivu*, Paris, L'Harmattan, 2001.

ROBAYE (R.), *Comprendre le droit*, 3e éd., Louvain-la-Neuve, Academia-Bruylant, 2002.

ROSSI (P.), *Cours de droit constitutionnel professé à la faculté de Droit de Paris*, recueilli par A. POREE, 1867, t. III.

RUBENS (A.) *Le droit judiciaire congolais*, t. I et II, Léopoldville, P.U.Z, Université Lovanium, 1970.

RYCKMANS (A.) et MWELANZAMBI BAKWA (C.), *Droit coutumier africain. Proverbes judiciaires Kongo (Zaïre)*, Paris-Mbandaka, L'Harmattan-Aequatoria, 1992.

SOHIER (A.), *Le traité élémentaire du droit coutumier du Congo belge*, Bruxelles, Larcier, 1949.

VANDERLINDEN (J.), *Essai sur les juridictions de droit coutumier dans les territoires d'Afrique centrale*, Bruxelles, Académie des Sciences Coloniales, 1959.

VELU (J.), *Le contrôle de constitutionnalité et de compatibilité avec les traités*, Bruxelles, Bruylant, 1992.

VERGES (J.), *Les erreurs judiciaires*, coll. « Que sais-je ? », n° 3656, Paris, PUF, 2002.

C. Sur les connaissances générales

BEMBA (J.P.), *Le choix de la liberté*, Paris, Éd. Vénus, 2000.

BRAECKMAN (C.) et al. , *Kabila prend le pouvoir*, Bruxelles, collection Les livres du GRIP, 1999, 180 p.

DE VILLERS (G.) (Coll. J. OMASOMBO), Guerre et politique. Les trente derniers mois de L-D. Kabila (août 1997-janvier 2001), in *Cahiers africains*, n° 47-48, Bruxelles-Paris, CEDAF-L'Harmattan, 2001.

DE VILLERS (G.) et WILLAME (J.C.), Chronique politique d'un entre-deux-guerres (1997-1998), in *Cahiers africains*, n° 35-36, Bruxelles-Paris, CEDAF-L'Harmattan, 2002.

GILIS (C.A.), *Kasa-Vubu au cœur du drame congolais*, Bruxelles, Éditions Europe-Afrique, 1964.

HOCHSCHILD (A.), *Les fantômes du Roi Léopold II : un holocauste oublié*, Paris, Belfond, 1998.

JOUVE (E.), *L'Organisation de l'Unité Africaine*, Paris, 1984.

KAGAME (A.), *La philosophie bantu-rwandaise de l'Être*, Bruxelles, Duculot, 1956.

KAMBAYI BWATSHIA, *Blancs et Noirs face à la décolonisation du Congo-belge*, Kinshasa, P.U.Z, 1992.

KENNES E. (Coll. MUNKANA N'GE), Essai biographique sur Laurent Désiré KABILA, in *Cahiers africains*, n° 57-58-59 (série 2002), Bruxelles-Paris, CEDAF-L'Harmattan, 2003, 436 p.

La Bible, Traduction Œcuménique de la Bible, seconde édition, Alliance Biblique Universelle, éd. du Cerf, Paris, 1982.

Le Robert micro. Dictionnaire d'apprentissage de la langue française, Paris, Dictionnaires Le Robert, édition de poche, 1998.

LUMUMBA (P.), *Le Congo terre d'avenir est-il menacé ?*, Bruxelles, Office de Publicité S.A, 1961.

MARCEL (G.), *La dignité humaine et ses assises existentielles*, Paris, Aubier-Montaigne, 1964.

MARCUS-HELMONS (S.) (dir.), *Dignité humaine et hiérarchie : les limites irréductibles*, Colloque organisé par le Centre des Droits de l'Homme de l'Université catholique de Louvain le 16 octobre 1998, Louvain-la-Neuve, Academia-Bruylant, 1999.

MATADI NENGA GAMANDA, *Zaïre : La démocratie improbable (Analyse des textes de la transition et projection des effets électoraux)*, Kinshasa, Éd. CEDI, 1997.

NDAYWEL è NZIEM (I.), *Histoire générale du Congo. De l'héritage ancien à la République démocratique*, Bruxelles-Paris-Kinshasa, De Boeck et Larcier-Afrique Éditions, 1998.

N'GBANDA NZAMBO-ko-ATUMBA, *Afrique. Démocratie piégée*, Éd. Équilibres aujourd'hui, Paris, 1994.

TEMPELS (P.), *La philosophie bantoue*, Paris, Éditions africaines, coll. Présence africaine, 1949.

VAN BILSEN, *Vers l'indépendance du Congo et du Ruanda-Urundi*, P.U.Z., Kinshasa, 1977.

VANDERLINDEN (J.), *Pierre Ryckmans 1891-1959. Coloniser dans l'honneur*, Bruxelles, De Boeck Université, 1994.

VANDERLINDEN (J.), *La République du Zaïre*, Encyclopédie politique et constitutionnelle, Institut international d'administration publique, Paris, Éd. Berger-Levrault, 1975.

VANGGROENWEGHE (D.), *Du sang sur les lianes (Léopold II et son Congo)*, Bruxelles, Didier Hâtier, 1986.

VERHAEGEN (B.) (Collab. Ch. TSHIMANGA), « L'ABAKO et l'indépendance du Congo belge. Dix ans de nationalisme kongo (1950-1960) », in *Cahiers Africains. Institut Africain-CEDAF*, n°s 53-54-55 (série 2001-2002), Paris, L'Harmattan, 2003.

WILLAME (J.C.), *L'odyssée Kabila. Trajectoire pour un Congo nouveau*, Paris, Karthala, 1999, 250 p.

II. Cours

AKELE ADAU (P.), *Droit pénal spécial*, Cours polycopié, Université de Kinshasa, 2002-2003

BALANDA MIKUIN LELIEL, *Cours des Organisations internationales*, Université de Kinshasa, Faculté de Droit, 1994-1995 (inédit).

BAYONA-ba-MEYA, *Cours de procédure pénale*, Université de Kinshasa, 1990-1991 (Polycopié).

BOMPAKA NKENYI, *Droit civil/ Les personnes*, Cours polycopié, Université de Kinshasa, 1989-1990.

BUKA-eka-NGOY, *Droit commercial général*, Cours polycopié, Université de Kinshasa, 1992-1993.

CARLIER (J.-Y.), *Questions spéciales : droit d'asile*, notes de cours, Université catholique de Louvain, 2000-2001 (inédit).

DIKETE ONATSUNGU, *Droit civil : Les biens*, Cours (inédit), Université de Kinshasa, 1990-1991.

GERARD (P.), *Politique et philosophie des droits de l'homme*, notes de cours, Facultés Universitaires Saint-Louis, 2000-2001.

KAKEZ EKIR N'KAZ AZAMA, *Cours de Droits de l'Homme et du peuple et des Libertés publiques*, Université de Kinshasa, inédit, 2002-2003.

KALAMBAYI LUMPUNGU, *Droit civil : Les biens*, Cours polycopié, Université de Kinshasa, 2002-2003.

KAPETA NZOVU ILUNGA, *Droit international privé*, cours polycopié, Université de Kinshasa, 1996-1997.

KISAKA-kia-NGOY, *Organisation et compétence judiciaires*, Cours polycopié, Université de Kinshasa, 2000.

LUZOLO BAMBI LESSA, *Procédure pénale*, Cours polycopié, Université de Kinshasa, 2002-2003.

MAMPUYA KANUNK'A TSHIABO, *Cours de Droit international public*, Université de Kinshasa, Faculté de Droit, 1993-1994 (inédit).

MASAMBA MAKELA, *Droit économique*, Cours polycopié, Université de Kinshasa, 1989-1990.

MUKADI BONYI, *Cours de procédure civile*, Université de Kinshasa, 2002-2003 (Polycopié).

PAUWELS (J.M.), *Introduction au droit coutumier congolais*, Kinshasa, Cours polycopié, Université Lovanium, 1970.

Van COMPERNOLLE (J.), *Droits liés aux garanties procédurales*, cours polycopié, Université catholique - Facultés universitaires Saint-Louis de Louvain, 2000-2001.

VERDUSSEN (M.), *Droits liés aux garanties procédurales*, notes de cours (polycopié), Université catholique de Louvain - Facultés universitaires Saint-Louis, 2000-2001.

III. Articles et revues scientifiques

BAYONA-ba-MEYA MUNA KIMVIMBA, « Lacunes à combler en procédure pénale en vue d'améliorer la sauvegarde de la liberté humaine et les droits de la défense », in *Revue interdisciplinaire des droits de l'homme*, vol. I, n° 2, 1995, pp. 5-30.

BOSHAB (E.), « La misère de la justice et justice de la misère en République démocratique du Congo », in *Revue de la Recherche Juridique*, Presses Universitaires d'Aix-Marseille, 1998-3, pp. 1163-1184.

BULA BULA (S.), « La doctrine d'ingérence humanitaire revisitée », in *RADIC*, n° 3, t. 9, septembre 1997, pp. 600-638.

CARLIER (J.-Y.), « La reconnaissance de la qualité de réfugié. Chronique de jurisprudence », in *Revue du droit des étrangers*, n° 105, 1999, pp. 675-698.

De SAINT-MOULIN (L.), « Brève histoire des Constitutions du Zaïre », in *Zaïre-Afrique*, n° 256, juin-juillet 1991, pp. 291-301.

DE VILLERS (G.) (Coll. J. OMASOMBO), « Guerre et politique. Les trente derniers mois de L-D. Kabila (août 1997-janvier 2001) », in *Cahiers africains*, n° 47-48, Bruxelles-Paris, CEDAF-L'Harmattan, 2001.

DE VILLERS (G.) et WILLAME (J.C.), « République démocratique du Congo. Chronique politique d'un entre-deux-guerres (1997-1998) », in *Cahiers africains*, n° 35-36, Bruxelles-Paris, CEDAF-L'Harmattan, 2000.

KABILA (L.D.), « Discours d'investiture », in *Le Potentiel*, n° 1032, Kinshasa, vendredi 30 mai 1997.

KENNES E. (Coll. MUNKANA N'GE), « Essai biographique sur Laurent Désiré KABILA », in *Cahiers africains*, n° 57-58-59 (série 2002), Bruxelles-Paris, CEDAF-L'Harmattan, 2003.

KODJO (E.), « La Charte africaine des droits de l'homme et des peuples », in *Revue universelle des droits de l'homme*, vol. I, 1989.

MONETTE (P.-Y.), « Du contrôle de la légalité au contrôle de l'équité : une analyse du contrôle exercé par l'Ombudsman parlementaire sur l'action de l'administration », in *Revue de droit constitutionnel belge*, n° 1, Bruxelles, Bruylant, 2001, pp. 2-37.

MUTOY MUBIALA, « Vers la création d'une Cour africaine des droits de l'homme et des peuples », in *Congo-Afrique*, n° 322, février 1998, pp. 81-86.

NGONDANKOY NKOY-ea-LOONGYA, « Composantes et entités : des concepts polémiques, inconstitutionnels et inconventionnels », in *Le Potentiel*, n° 2877, 17 juillet 2003, pp. 8-9.

NGONDANKOY NKOY-ea-LOONGYA, « Les conditions fondamentales d'accès à la fonction présidentielle en droit constitutionnel congolais », in *Annales de la Faculté de Droit*, Université de Kinshasa, vol. XI-XXVI, août 2003, pp. 111-153.

OMASOMBO TSHONDA (J.) et VERHAEGEN (B.), « Patrice Lumumba. Jeunesse et apprentissage politique. 1925-1956 », in *Cahiers africains*, n° 33-34, 1998, Paris, L'Harmattan.

PELLOUX (R.), « Vrais et faux droits de l'homme », in *R.D.P*, 1981, p. 53.

RIVERO (J.), « Déclarations parallèles et nouveaux droits de l'homme », *Op. cit.*, p. 323.

VERDUSSEN (M.), « Le médiateur parlementaire : données comparatives », in *Le médiateur*, Publications du Centre d'études constitutionnelles et administratives de l'Université catholique de Louvain, Bruxelles, Bruylant, 1995, pp. 11-45.

VUNDISA MUGUMBUSHI (J.N.), « Quelques principes de base régissant les droits fondamentaux dans l'ordonnancement juridique zaïrois. Réflexions autour de l'arrêt de la Cour Suprême de Justice du 22 mars 1995 (Aff. Ministère Public contre BA et consorts) », in *Revue de Droit Africain*, n° 2, avril 1997, Kinshasa-Bruxelles, 1997, pp. 25-35.

IV. CONSTITUTIONS, CODES ET LOIS, RÈGLEMENTS ET DOCUMENTS OFFICIELS

A. Constitutions, Actes constitutionnels et Projets de Constitution

Loi du 18 octobre 1908 sur le gouvernement du Congo belge, in *Codes et lois du Congo Belge*, 8e éd., t. I, Bruxelles, Larcier, 1960, pp. 14-24.

Loi Fondamentale relative aux libertés publiques, 17 juin 1960, in *Moniteur congolais*, 24 juin 1960, pp. 390-394.

Loi Fondamentale relative aux structures du Congo du 19 mai 1960, in *Moniteur congolais*, 27-28 mai 1960, pp. 353-389.

Constitution de la République démocratique du Congo, 1er août 1964, in *Moniteur congolais,* n° spécial, 5 octobre 1965.

Constitution de la République démocratique du Congo, 24 juin 1967, *Imprimeries du Gouvernement central,* 1967.

Constitutions de la République du Zaïre (révisions de 1970 à 1990), in *Journal Officiel de la République du Zaïre,* n° spéciaux, 1970-1990.

Actes portant dispositions constitutionnelles relatives à la période de transition, *Conférence nationale souveraine*, Kinshasa, Palais du peuple, 1992.

Projet de Constitution de la République fédérale du Congo, *Conférence nationale souveraine*, Kinshasa, Palais du peuple, novembre 1992.

Loi n° 93-001 du 02 avril 1993 portant Acte constitutionnel harmonisé relatif à la période de transition, in *Journal Officiel de la République du Zaïre*, n° spécial, avril 1993, pp. 3-60.

Acte constitutionnel de la Transition, 9 avril 1994, in *Journal Officiel de la République du Zaïre*, 1994.

Projet de constitution de la troisième République, *Haut Conseil de la République – Parlement de Transition*, Palais du peuple, Kinshasa-Lingwala, octobre 1996.

Décret-loi constitutionnel n° 003 du 27 mai 1997 relatif à l'organisation et à l'exercice du pouvoir en République démocratique du Congo, in *Journal Officiel de la République démocratique du Congo,* n° spécial, mai 1997.

Projet de constitution de la troisième République, *Sous-commission constitutionnelle, Commission des Réformes institutionnelles*, 1998.

Décret-loi constitutionnel n° 074 du 25 mai 1998 portant révision des dispositions du chapitre II du décret-loi constitutionnel n° 003 du 27 mai 1997 relatif à l'organisation et à l'exercice du pouvoir en République démocratique du Congo, in *Journal Officiel de la République démocratique du Congo*, n° spécial, mai 1998.

Constitution de la Transition, in *Journal Officiel de la République démocratique du Congo*, n° spécial, 5 avril 2003.

Constitution de la Belgique du 17 février 1994, art. 8, Bruxelles, Bruylant, 2002, p. 7.

Accord global et inclusif sur la transition en République démocratique du Congo, in *J.O.R.D.C.*, n° spécial, 5 avril 2003, pp. 49-69.

B. Codes, Lois, Ordonnances-lois et Décrets-lois

Les Codes Larcier (de la) République démocratique du Congo : t. I : *Droit civil et judiciaire* ; t. II : *Droit pénal* ; t. III : *Droit commercial et économique*, vol. 1 : *Droit commercial*, vol. II : *Droit économique* ; t. IV : *Droit du travail et de la sécurité sociale* ; t. V : *Droit fiscal* ; t. VI : *Droit public et administratif*, vol. I : *Droit public*, vol. II : *Droit administratif*, Bruxelles-Kinshasa, Larcier-Afrique Editions, 2003.

DAVID (E.) et Cie, *Code de droit international humanitaire*, Bruxelles, Bruylant, 2002, 750 p.

DE SCHUTTER (O.) et cie, *Code de droit international des droits de l'homme*, Bruxelles, Bruylant, 2000 (526 p) et 2003 (767 p).

KALONGO MBIKAYI et cie, *Code civil et commercial congolais*, Kinshasa, C.R.D.J, 1997, 645 p.

REPUBLIQUE DEMOCRATIQUE DU CONGO, Instruments internationaux en matière des droits de l'homme ratifiés par la République démocratique du Congo, in *J.O.R.D.C.*, n° spécial, 1998.

REPUBIQUE DEMOCRATIQUE DU CONGO, Instruments internationaux relatifs aux droits de l'homme et au droit international humanitaire ratifiés par la République démocratique du Congo, spéc. les « Instruments adoptés sous l'égide de l'Organisation Internationale du Travail », in *J.O.R.D.C.*, n° spécial, septembre 2001, pp. 130-132.

Loi n° 001/2001 du 17 mai 2001 portant organisation et fonctionnement des partis et regroupements politiques, in *J.O.R.D.C.*, n° spécial, 17 mai 2001, 24 p.

Loi n° 96-002 du 22 juin 1996 « fixant les modalités » de la liberté de presse, in *J.O.R.D.C.*, n° spécial, août 2001, 30 p.

Loi n° 81-003 du 17 juillet 1981 portant statut du personnel de carrière des services publics de l'État, in *J.O.R.D.C.*, n° 15, 1er août 1981, 28 p.

Loi n° 77/014 du 1er juillet 1977 portant organisation des élections des membres du Bureau Politique, du Conseil Législatif et des Conseils des Zones urbaines, in *J.O.R.Z.*, n° spécial, du 1er août 1977, pp. 467-477.

Loi n° 77-029 du 30 novembre 1977 portant organisation de l'élection du Président du Mouvement Populaire de la Révolution, in *J.O.R.Z.*, n° 2, du 15 janvier 1978, pp. 9-13.

Loi n° 84-001 du 20 janvier 1984 portant organisation de l'élection du Président du Mouvement Populaire de la Révolution, Président de la République, in *J.O.R.Z.*, n° 3, du 1er février 1984.

Loi n° 81-002 du 29 juin 1981 sur la nationalité zaïroise, in *J.O.R.Z.*, (Code de la Famille), n° spécial, 1er août 1987.

Loi-cadre n° 86-005 du 22 septembre 1986 sur l'enseignement national, in *J.O.R.Z.*, n° spécial, septembre1986.

Loi n° 87-010 du 1er août 1987 portant Code de la Famille, in *J.O.R.Z.*, n° spécial, août 1987, 234 p.

Loi n° 77-001 du 22 février 1977 sur l'expropriation pour cause d'utilité publique, in *J.O.R.Z.*, n° 7, 1er avril 1977, p. 197.

Loi n° 80-008 du 18 juillet 1980 modifiant et complétant la loi n° 73-021 du 20 juillet 1973 portant régime général des biens, régime foncier et immobilier et régime des sûretés, in *J.O.R.Z.*, n° 15, 1er août 1980, p. 3.

Ordonnance n° 74-414 du 5 décembre 1953 portant police sanitaire de l'immigration, in *Bulletin Administratif*, 1954, p. 3.

Ordonnance du 5 décembre 1953, complété par l'Ord. n° 74-446 du 14 décembre 1953 portant police sanitaire des personnes en voyage international, in *Bulletin Administratif*, 1954, p. 7.

Ordonnance n° 74-213 du 22 juin 1954 portant lutte contre les maladies quarantenaires, épidémiques, endémiques et autres maladies transmissibles et portant police sanitaire de la navigation intérieure, fluviale et aérienne, in *Bulletin Administratif*, 1954, p. 120.

Ordonnance du 1er juillet 1914 portant interdiction de la pollution et de la contamination des sources d'eau et parties de cours d'eau, in *Bulletin Administratif du Congo*, 1914, p. 399.

Ordonnance-loi n° 82-020 du 31 mars 1982 portant code de l'organisation et de la compétence judiciaires, in *J.O.R.Z.*, n° 7 du 1er avril 1982, telle que complétée par l'Ord-loi n° 83/009 du 29 mars 1983, in *J.O.R.Z*, 1er avril 1983, p. 9.

Ordonnance-loi n° 70-026 du 17 avril 1970 portant organisation des élections législatives, in *Moniteur Congolais*, n° 9, 1er mai 1970, p. 267.

Ordonnance-loi n° 70-027 du 17 avril 1970 portant organisation de l'élection du Président de la République, in *Moniteur Congolais*, n° 9, 1er mai 1970.

Ordonnance-loi n° 70/052 du 21 septembre 1970 modifiant et complétant l'ordonnance-loi n° 70-026 du 17 avril 1970 portant organisation des élections législatives, in *Moniteur Congolais*, n° 22, 15 novembre 1970, p. 725.

Ordonnance-loi n° 70/53 du 28 septembre 1970 modifiant et complétant l'ordonnance-loi n° 70-027 du 17 avril 1970 portant organisation de l'élection du Président de la République, in *Moniteur Congolais*, n° 23, 1er décembre 1970, p. 761.

Ordonnance-loi n° 82-017 du 31 mars 1982 relative à la procédure devant la Cour suprême de justice, in *J.O.R.Z.*, n° 7, 1er avril 1982.

Ordonnance-loi n° 82-007 du 25 février 1982 portant organisation des élections des membres du Conseil Législatif, des Assemblées Régionales, des Conseils de Ville, des Conseils de Zone et des Conseils de Collectivité, in *J.O.R.Z*, n° 6 du 15 mars 1982, pp. 40-47.

Ordonnance-loi n° 87-002 du 10 janvier 1987 portant organisation des élections des membres du Conseil législatif, des Assemblées régionales, des Conseils de ville, des Conseils de zone et des Conseils de collectivité, in *J.O.R.Z.*, n° spécial, 1987, pp. 3-35.

Ordonnance-loi n° 025-81 portant organisation générale de l'enseignement supérieur et universitaire, in *J.O.R.Z*, n° 20, 15 octobre 1981.

Ordonnance-loi n° 81-026 du 3 octobre 1981 relative à la collation des grades académiques aux universités, in *J.O.R.Z.*, n° 20, 15 octobre 1981, p. 13.

Décret du 6 août 1922 sur les infractions à l'égard desquelles la loi ne détermine pas de peines particulières, art. 1er, in *Bulletin Officiel*, 1922, p. 817.

Décret-loi n° 194 du 29 janvier 1999 relatif aux partis et regroupements politiques, in *J.O.R.Z.*, n° spécial, février 1999, pp. 7-16.

Décret-loi n° 197 du 29 janvier 1999 modifiant et complétant la loi n° 81-002 du 29 juin 1981 sur la nationalité congolaise, in *J.O.R.Z.*, n° spécial, février 1999, pp. 36-48.

Décret-loi n° 03-001 du 15 avril 2003 portant amnistie pour faits de guerre, infractions politiques et d'opinion, in *J.O.R.D.C.*, n° spécial, 17 avril 2003, 6 p.

Décret-loi n° 195 du 29 janvier 1999 portant réglementation des associations sans but lucratif et des établissements d'utilité publique, in *J.O.R.D.C.*, n° spécial, février 1999, p. 17.

Décret-loi n° 196 du 29 janvier 1999 portant réglementation des manifestations publiques et des réunions publiques, in *J.O.R.D.C.*, n° spécial, février 1999.

C. Ordonnances, Décrets et Arrêtés

Ordonnance n° 87-034 du 22 janvier 1987 modifiant l'ordonnance n° 86-268 du 31 octobre 1986 portant création d'un Département des Droits et Libertés des citoyens, in *J.O.R.Z.*, n° 4, du 14 février 1987, p. 21.

Ordonnance n° 87-034 du 22 janvier 1987, in *J.O.R.Z.*, n° 4, du 15 février 1987, p. 21.

Ordonnance n° 88-092 du 7 juillet 1988 instituant un examen d'État en vue de l'obtention d'un diplôme d'État d'études secondaires du cycle long, in *J.O.R.Z.*, n° 14, 15 juillet 1988, p. 18.

Ordonnance n° 77-018 du 22 février 1977 portant réglementation relative à l'octroi des bourses et prêts d'études et de perfectionnement, in *J.O.R.Z*, n° 7, 1er avril 1977, p. 202.

Ordonnance n° 81-159 du 7 octobre 1981 portant modalités d'octroi et de remboursement des bourses d'études et de perfectionnement, in *J.O.R.Z.*, n° 21, 1er novembre 1981, p. 41

Ordonnance n° 75-231 fixant les attributions du Département de l'Environnement, Conservation de la nature et Tourisme et complétant l'ordonnance n° 69-146 du 1er août 1969 sur le même objet, in *J.O.R.Z.*, n° 18, 15 septembre 1975, p. 11.

Ordonnance n° 81-160 du 7 octobre 1981 portant statut du personnel de l'enseignement supérieur et universitaire, in *Les Codes Larcier (de la) République démocratique du Congo.*, t. VI, vol. 2, pp. 113-114.

Décret n° 03/27 du 16 septembre 2003 fixant les attributions des Ministères, in *J.O.RDC*, n° spécial, 20 septembre 2003.

Décret n° 03/025 du 16 septembre 2003 portant organisation et fonctionnement du Gouvernement de Transition ainsi que les modalités pratiques de collaboration entre le Président de la République, les Vice-présidents de la République, les Ministres et les Vice-ministres, in *J.O.RDC.*, p. 21.

Arrêté départemental n° 0004/CAB/CE/DLC/87 du 2 février 1987 portant règlement interne du Département des Droits et Libertés du Citoyen, in *J.O.R.Z.*, n° 5, 1er mars 1987, pp. 23-29.

Arrêté départemental n° 0005/CAB/CE/DLC/MAWU/87 du 2 février 1987 réglant la procédure devant le Département des Droits et Libertés du Citoyen, *J.O.R.Z.*, n° 5, 1er mars 1987, pp. 29-33.

Arrêté Départemental n° 87-308 du 26 février 1987 fixant le modèle de la Fiche d'appréciation synthétique des candidatures, in *J.O.R.Z.*, n° spécial : Élections 1987, pp. 15-17.

Arrêté départemental n° 0028 CAB/DLC/CE/87 du 16 novembre 1987 portant création d'un Fichier dénommé « Fichier de Moralité », in *J.O.R.Z.*, n° 22, du 15 novembre 1987, pp. 25-26.

Arrêté ministériel n° 95/0269 du 11 mars 1995 portant enregistrement d'un parti politique dénommé « Mouvement National Congolais Lumumba », Doc., *Inédit.*

Arrêté ministériel n° 91-050 du 17 janvier 1991 portant enregistrement d'un parti politique dénommé « Mouvement National Lumumba », Doc., *Inédit.*

Arrêté départemental n° ESU/CA-BCE/0111/82 portant règlement de l'octroi, du remboursement et du recouvrement des bourses d'études et de perfectionnement, in *J.O.R.Z.*, n° 5, 1er mars 1983, p. 48.

Arrêté départemental n° 0004/CAB/CE/DLC/87 du 2 février 1987 portant règlement interne organique du Département des Droits et Libertés du Citoyen, in *J.O.R.Z.*, n° 5, du 1er mars 1987, p. 23.

Arrêté départemental n° 0053/CAB/DLC/CE/BI/88 du 17 juin 1988 portant création d'une Cellule de promotion des Droits et Libertés », in *J.O.R.Z.*, n° 13, du 1er juillet 1988, p. 11.

Arrêté départemental n° 0016/CAB/DLC/CE/BI/87 du 1er juillet 1987 portant création d'un comité chargé du suivi des pactes internationaux sur les droits de l'homme, in *J.O.R.Z.*, n° 15, du 1er août 1987, p. 24.

Arrêté départemental n° 0046/CAB/DLC/CE/88 du 18 avril 1988 modifiant et complétant l'Arrêté départemental n° 0005/CAB/CE/DLC/MAWU/87 du 02 février 1987 réglant la procédure devant le Département des Droits et Libertés du Citoyen, in *J.O.R.Z.*, n° 9, du 1er mai 1988, p. 24.

Arrêté départemental n° 0007/CAB/DLC/CE/87 du 2 février portant nomination des Délégués Principaux et des Délégués Assistants du Département des Droits et Libertés du Citoyen (dans la seule ville de Kinshasa), in *J.O.R.Z.*, n° 5, du 1er mars 1987, pp. 33-36.

D. Autres documents officiels

DÉPARTEMENT DE L'ENSEIGNEMENT SUPÉRIEUR ET UNIVERSITAIRE ET DE LA RECHERCHE SCIENTIFIQUE, *Le Règlement des étudiants des Instituts supérieurs et des Universités et le Règlement des résidences estudiantines*, Document, Commission Permanente des Études (C.P.E), Kinshasa, 1988, 16 p.

RÉPUBLIQUE DÉMOCRATIQUE DU CONGO, MINISTÈRE DE L'ENSEIGNEMENT SUPÉRIEUR ET UNIVERSITAIRE, ATELIER DE LA TABLE RONDE DES UNIVERSITÉS DU CONGO (TRUC), *La réforme universitaire de Lubumbashi*, Lubumbashi, Hôtel Karavia, 1er-15 septembre 2003, p. 28, Doc. *inédit*.

RÉPUBLIQUE DÉMOCRATIQUE DU CONGO, MINISTÈRE DES DROITS HUMAINS, *Actes de la Conférence nationale dur les droits de l'homme*, vol. I : *Allocutions et discours*, vol. II : *Charte congolaise des droits de l'homme et du peuple*, vol. III : *Rapports et recommandations*, Kinshasa, Imprimerie CEDI, 2001.

RÉPUBLIQUE DÉMOCRATIQUE DU CONGO, MINISTÈRE DES DROITS HUMAINS, *Plan d'action national de promotion et de protection des droits de l'homme en RDC*, Imprimerie CEDI, décembre 2001, 86 p.

RÉPUBLIQUE DÉMOCRATIQUE DU CONGO, MINISTÈRE DES DROITS HUMAINS, *Mission – Projets prioritaires – Principales réalisations – Difficultés rencontrées – Perspectives d'avenir. Tout savoir sur le ministère des Droits humains*, Dépliant de connaissance générale, s.d.

NATIONS UNIES, CENTRE POUR LES DROITS DE L'HOMME, *Institutions nationales pour les droits de l'homme. Manuel sur la création et le renforcement d'institutions nationales pour la promotion et la protection des droits de l'homme*, Série sur la formation professionnelle, n° 4, New York et Genève, 1996.

NATIONS UNIES, *Droits de l'homme. Institutions nationales pour la promotion et la protection des droits de l'homme*, Fiche d'information n° 19, New York-Genève, 1993, 17 p.

NATIONS UNIES, CENTRE POUR LES DROITS DE L'HOMME, *La Charte internationale des droits de l'homme*, New York-Genève, 1984, 48 p.

NATIONS UNIES, *Droits de l'homme. Séminaire africain sur les normes internationales en matière de droits de l'homme et l'administration de la justice*, Le Caire (Egypte), 8-12 juillet 1991, 51 p.

NATIONS UNIES, *Droits de l'homme. Mécanismes des droits de l'homme*, Fiche d'information n ° 1, New York - Genève, 1992, 26 p.

NATIONS UNIES, *Droits de l'homme. Recueil d'instruments internationaux*, vol. I : *Instruments universels* (première et deuxième partie), vol. II : *Instruments régionaux*, Publications des Nations Unies, New York et Genève, 1998.

NATIONS UNIES, CENTRE POUR LES DROITS DE L'HOMME, *Institutions nationales pour les droits de l'homme. Manuel sur la création et le renforcement d'institutions nationales pour la promotion et la protection des droits de l'homme*, Série sur la Formation professionnelle, n° 4, New York et Genève, 1996, pp. 10-17.

PNUD, *Rapport mondial sur le développement humain 2000*, Copyright © 2000, Nations Unies, New York, publié à Bruxelles chez De Boeck & Larcier, 2000, pp. 160 et 161.

PNUD, *Rapport mondial sur le développement 2002,* Copyright © 2002, Nations Unies, New York, publié également à Bruxelles, chez De Boeck et Larcier, 2002, p. 152.

LINELIT (Ligue Nationale pour les Elections Libres et Transparentes, ONG de défense des droits de l'homme et de développement démocratique en RDC), *Résolution 1291 sur l'envoi des 5.537 casques bleus en République démocratique du Congo et prorogation du mandat de la MONUC*, Kinshasa, Ed. LINELIT, 2000, 24 p.

HUMAN RIGHTS WACH, *République démocratique du Congo, un cheminement incertain : Transition et violations des droits de l'homme*, Rapport Décembre 1997, vol. 9, n° 9 (A),

AZADHO, « Kinshasa : Recrudescence des vols à main armée », Communiqué de presse, n° 13/97, Kinshasa, 14 août 1997 ; LA VOIX DES SANS VOIX, « Bastonnade contre Forces du futur et Journalistes », Communiqué de presse, n° 024/C/VSV/CD/97, Kinshasa, 27 novembre 1997.

CADDHOM, « Déclaration du CADDHOM à la suite du scellage de ses Bureaux de l'arrestation de ses Activistes dans l'Est de la R.D. Congo depuis le 23 août 1997 », 10 septembre 1997.

MICHEL (Th.), *Mobutu Roi du Zaïre*, Doc. vidéo-sonore, copyright, 2004.

V. JURISPRUDENCE

BIBOMBE MUAMBA et al. , *Recueil des principaux arrêts de la jurisprudence administrative*, multigr., Kinshasa, 1998, pp. 54-56.

BERGER (V.), *Jurisprudence de la Cour européenne des droits de l'homme*, 8e éd. Paris, Sirey, 2002, 783 p.

CEDH, Valsamis et Afstratiou c/ Grèce, 18 décembre 1996, *Rec.*, 1996, 2312. Cité par F. SUDRE, in Vincent Berger *Jurisprudence de la Cour européenne des droits de l'homme*, p. 268.

CEDH, Lopez-Ostra c/ Espagne, du 9 décembre 1994 ; Guerra et crts c/ Italie, du 19 février 1998 ; McGinley et Egan c/ Royaume Uni, du 9 juin 1998, etc. ; voir aussi Frédéric SUDRE, *Op. cit.*, pp. 252-254.

CEDH, SALABIAKU c/ France, CEDH, 7 octobre 1988, Série A n° 141-A, in Vincent BERGER, *Op. cit.*, pp. 298-299.

CEDH, Aff. Mc Cann et autres c/ Royaume Uni, 27 septembre 1995, Série A n° 324 et CEDH, Aff. Güleç c/ Turquie, 27 juillet 1998, Recueil 1998 - IV, in Vincent BERGER, *Jurisprudence de la Cour européenne des droits de l'homme*, 8 e éd., Paris, Sirey, 2002, pp. 7-11 et 13-15.

CEDH, Aff. Soering c/ Royaume Uni, 7 juillet 1989, Série A n° 161, *Idem*, pp. 22-25, spéc. §11.

CEDH, Arrêt Tyrer, 25 avril 1978 : châtiments judiciaires corporels dans l'île de Man, citée par Frédéric SUDRE, *Op. cit.*, p. 204.

C.S.J, Arrêt n° R.A 329/95 du 30 janvier 1997 : Mouvement National Lumumba contre la République du Zaïre prise en la personne de Monsieur le Vice-premier Ministre et Ministre de l'Intérieur, Doc., *inédit*.

CDH n° 138/1983, NGALULA MPANDAJILA c/ Zaïre, Déc. Du 26 mars 1986, in *Sélection des décisions du Comité des droits de l'homme*, p. 172.

CDH n° 314/1988, CHIIKO BWALYA c/ Zaïre, *A/48/40*, vol. I.

CDH, Observation générale 12 (21), 5 octobre 1984, citée par Frédéric SUDRE, Droit international et européen des droits de l'homme, *Op. cit.*, p. 179.

CEDH, F. c. SUISSE, in Vincent BERGER, *Op. cit.*, pp. 362-364.

VI. Sites Internet

http ://www.unchr.ch/french/html/menu3/b/o_reduce_fr.htm

http ://www.drt.ucl.ac.be

http ://www.drt.ucl.ac.be

http ://www.droit.fundp.ac.be/desdh/defaut.htm

http ://www.unhchr.ch/pdf/reportfr.pdf

http ://www.un.org/CS/GENDOC

http ://www.walter.gehr.net/trai/WVKI.html

http ://ods-dds-ny.un.org/doc/UNDOC/GEN/N99//767/84/PDF/N997684.pdf

http ://www.africa-union.org/home/Bienvenue.htm

http ://www.rfi.fr/Fichiers/sports/can2004stats5.asp

http ://www.congonline.com/ONG/ongcongo.htm

http ://www.fed-parl.be
http ://www.hrw.org/french/reports/drc1997/

TABLE DES MATIÈRES

DEUXIÈME PARTIE
LES DROITS ET LIBERTÉS GARANTIS

CHAPITRE III
LES MÉCANISMES CONGOLAIS DE SAUVEGARDE DES DROITS DE L'HOMME 363

www.ingramcontent.com/pod-product-compliance
Lightning Source LLC
LaVergne TN
LVHW010637051026
849532LV00001B/95

* 9 7 8 2 8 7 2 0 9 7 6 0 9 *